Gerhard Ritter

Die Heidelberger Universität im Mittelalter (1386–1508)

Ein Stück deutscher Geschichte

Zweite, unveränderte Auflage

HEIDELBERG 1986

CARL WINTER · UNIVERSITÄTSVERLAG

CIP-Kurztitelaufnahme der Deutschen Bibliothek

Ritter, Gerhard:

Die Heidelberger Universität im Mittelalter: (1386–1508); e. Stück dt. Geschichte / Gerhard Ritter. – 2., unveränd. Aufl., [Nachdr. d. Ausg.] Heidelberg, Winter, 1936. – Heidelberg: Winter, 1986.

ISBN 3-533-03742-8 kart.
ISBN 3-533-03743-6 Gewebe

ISBN 3-533-03742-8 kart.
ISBN 3-533-03743-6 Ln.

Vorrede

Die Heidelberger Universität ist als eine der altehrwürdigsten deutschen Hochschulen schon sehr frühe Gegenstand geschichtlichen Interesses gewesen. Schon der Frühhumanismus (Peter Antonius Finariensis um 1500, Jakob Wimpfeling 1499 und 1505) pries ihren alten Ruhm, bemühte sich, ihr Alter womöglich noch über das von Wien und Prag hinaufzurücken und feierte das hundertjährige Gedächtnis ihres ersten Rektors Marsilius von Inghen als ein Ereignis deutscher Wissenschaftsgeschichte. Akademische Festreden bei Universitätsjubiläen oder auch gelehrter Sammeleifer, der keines besonderen Anlasses bedurfte (besonders in historisch-geographischen Beschreibungen der Pfalz, allgemeinen Kosmographien u. dgl.) haben dann von Jahrhundert zu Jahrhundert immer von neuem einzelne Stücke der Universitätsgeschichte ans Licht gerückt: bald die Gründungsvorgänge, bald die Entwicklung einzelner Fakultäten und wissenschaftlichen Anstalten, bald einzelne besonders wichtige Geschehnisse. Einen ersten, handschrift gebliebenen Versuch historischer Gesamtdarstellung unternahm zu Anfang des 17. Jahrhunderts der Theologe David Pareus, der Späteren vielfach als Quelle gedient hat. Mit welcher Sorgfalt und Pietät man schon damals die Schätze des Universitätsarchivs hütete, beweist ihre dreimalige Flüchtung (in Fässern) aus den Schrecken des dreißigjährigen Krieges und der französischen Pfalzverwüstung. Nicht alles, aber das meiste von dem ältesten Urkunden- und Aktenbestand der Universität ist so erhalten geblieben.

Eine systematische und kritische Auswertung dieser Quellenbestände ist freilich erst spät und nur unvollkommen durchgeführt worden. Die pfälzischen Landeshistoriker und Jubiläumsschriftsteller des 17. und 18. Jahrhunderts, die sich damit befaßten, brachten es nicht über Gelegenheitsarbeiten, Dissertations- oder Programmschriften und Zeitschriftenaufsätze hinaus, in denen einzelne, bequem zur Hand liegende Aktenbände oder Urkundengruppen ausgezogen und mit Hilfe älterer Vorlagen kommentiert wurden. So schrieb der Theologe Johann Heinrich Hottinger über die Anfänge der Universität (1656), der Kirchenhistoriker Carl Casimir Wundt

über den ersten Rektor Marsilius von Inghen (1775), die Geschichte der
Bibliothek (1776), der juristischen und philosophischen Fakultät (1777—83).
Seine Brüder und Kollegen Daniel Ludwig und Friedrich Peter Wundt
veröffentlichten allerhand urkundliche Beiträge und Übersichten zur älteren
Universitätsgeschichte im Rahmen der pfälzischen Landes= und Kirchen=
historie. Der Theologe C. Büttinghausen sammelte bibliographisches
Material und Beiträge zur Heidelberger Gelehrtengeschichte (seit 1763);
der Mediziner Schoenmetzel schilderte die Anfänge der medizinischen Fa=
kultät (1769—71); der Jesuit Johannes Jung untersuchte den Anteil der
Hochschule an den großen Reformkonzilien des 15. Jahrhunderts (1772).
Der Philosophieprofessor Joh. Schwab sammelte zum vierhundertjährigen
Jubiläum 1786 die endlose Namenliste der Rektoren, samt Lebensnachrich=
ten und Bibliographie ihrer Schriften, kam aber nur bis 1630 und starb
darüber hinweg; Nachträge und Berichtigungen lieferte Friedrich Peter
Wundt (1788—1803). Eine große Fülle derartiger Schriften enthält die
Battsche und Häussersche Sammlung der Universitätsbibliothek. Sie sind
zum Teil mit Sorgfalt und gelehrter Detailkenntnis gearbeitet. Aber sie
bleiben alle im rein Antiquarischen stecken, sind Altertumskunde, noch nicht
Geschichte. Erst die Historiographie des 19. Jahrhunderts mit ihren um=
fassenden Aussichten auf das Ganze der nationalen Vergangenheit, bei ge=
steigerter Sorgfalt im Kleinen und wesentlich verbesserten kritischen Metho=
den, führte darüber hinaus.

Hier kam der erste starke Anstoß durch Ludwig Häussers jugendlich frische
Geschichte der rheinischen Pfalz (1845), die früheste seiner großen, klassisch
gewordenen Geschichtserzählungen. Daß er, der politische Vorkämpfer
nationaler Einheit im deutschen Südwesten, die Geschichte seines damals
längst zerstörten Heimatstaates mit soviel innerer Anteilnahme (trotz aller
politischen Kritik) nachzuerleben und seinen Lesern lebendig zu machen ver=
stand, wird immer ein schönes Zeugnis für die geistige Weite und Reife der
kleindeutsch=liberalen Geschichtschreibung bilden. In den Rahmen dieser
Landes= (und zugleich der altdeutschen Reichs=) Geschichte stellte er die
äußeren Schicksale der Heidelberger Universität. Als wichtigste Trägerin
kurpfälzischer Bildungsbestrebungen hat er sie mit überraschend großer
Ausführlichkeit behandelt und zwar zumeist aus den Originalquellen, in
deren rascher und treffsicherer Auswahl er Meister war. Natürlich dringt
seine Skizze nicht tiefer in das geistige Leben der Hochschule ein, am wenig=
sten in den Zeiten theologischer Vorherrschaft, für deren geschichtliches Ver=

ständnis dem Liberalismus jener Epoche noch viele Voraussetzungen fehl=
ten. Dafür rückt sie das Lokalgeschichtliche zum ersten Mal in einen größeren
allgemeinen Zusammenhang.

Die Höhe dieser Geschichtsansicht wurde von dem Buche nicht festgehal=
ten, das zum ersten — und bisher einzigen — Mal die Gesamtgeschichte der
Universität durch mehr als vier Jahrhunderte aus den Originalquellen
darzustellen unternahm: Joh. Friedrich Hautz' Geschichte der Universität
Heidelberg (2 Bände 1862, bis 1803 führend). Der Verfasser, Lyzeums=
direktor in Heidelberg, hat durch beinahe vierzig Jahre an diesem Werk ge=
arbeitet und eine erste Bresche durch das Chaos ungeheurer Aktenmassen
gelegt, auch die öffentlichen Archive von Karlsruhe, München, Speyer und
Straßburg fleißig benützt. Jeder Nachfolger wird ihm dafür dankbar sein,
auch wenn dieser Dank durch die verdrießliche Beobachtung zahlloser Irr=
tümer, Falschlesungen, Unklarheiten und Verwirrungen im einzelnen ver=
mindert wird. (Da das Werk von fremder Hand aus dem Nachlaß veröffent=
licht wurde, darf man seinen Verfasser gewiß nicht allein verantwortlich
machen). Es bietet eine nützliche Übersicht der wichtigsten äußeren Tatsachen,
schematisch nach Regierungszeiten der pfälzischen Kurfürsten abgeteilt und
im trockenen Ton eines Aktenreferates. Das Thema ist so gut wie ausschließ=
lich als ein Stück lokaler Schul= und Erziehungsgeschichte aufgefaßt.

Seither ist die Aufgabe quellenmäßiger Forschung wesentlich erleichtert
worden durch die großen Publikationen des Jubiläumsjahres 1886. Vor
allem hat Eduard Winkelmann, weitgehend unterstützt von dem Privat=
dozenten Dr. Adolf Koch, im Auftrag der Universität durch sein großes Ur=
kundenbuch (I. Band eine Auswahl wichtigster Texte, II. Band Regesten)
Licht und Übersicht in die schwer übersehbaren Aktenmassen des Universi=
tätsarchivs gebracht. Was das bedeutet, zeigt dessen äußerer Umfang:
allein die älteren, seit 1846 in der Universitätsbibliothek aufgestellten Ar=
chivalien umfassen rund 5560 Aktenfaszikel, 986 gebundene Handschriften=
bände (meist Folianten) und 127 Urkunden. Seither hat sich dieser Bestand
in den Reposituren der Verwaltung mehr als verdoppelt.

Einen ähnlichen Dienst wie das Urkundenbuch leistete Gustav Toepkes
ungewöhnlich sorgsam gearbeitete und reich ausgestattete Matrikelausgabe
(3 Bände bis 1662, ersch. 1884, seither durch Hintzelmann auf 6 Bände bis 1870
gebracht). Dazu kam später die Sammlung der „Statuten und Reforma=
tionen" (seit 1558) durch A. Thorbecke (1891) und noch manche andere Einzel=
publikation. Der Stoff lag also jetzt bereit. Aber der Bearbeiter blieb aus.

Oder vielmehr: er erschien und blieb jahrzehntelang am Werk, brachte es aber schließlich doch nicht mehr zu Ende. Dr. August Thorbecke, Lehrer und zuletzt Direktor an der Heidelberger höheren Mädchenschule, hatte 1886 im Auftrag der Universität eine Schrift über „Die älteste Zeit der Universität Heidelberg 1386 — 1449" veröffentlicht, die den ersten Band einer Gesamtdarstellung bilden sollte. Sie gibt (außer einer kurzen Erzählung der Gründungsgeschichte und der äußeren Ereignisse bis zur Regierungszeit Ludwigs IV.) im wesentlichen eine Schilderung der Universitäts= und Fakultätsverfassung, ihrer Organe und der Promotionsordnung der Fakultäten im Mittelalter. Eine überaus saubere und solide Untersuchung, deren gründlicher Aktenkenntnis auch dieses Buch sehr viel verdankt. Die Arbeit an ihrer Fortsetzung hat Thorbecke mit einem rastlosen Fleiß betrieben, von dem ganze Berge von Bücher= und Aktenexzerpten und =abschriften in seinem Nachlaß zeugen; einzelne dieser Notizen waren noch für meine Arbeit verwendbar, insbesondere die sorgsamen Exzerpte aus den pfälzischen Kopialbüchern des Karlsruher Archivs. Zum Abschluß der Arbeit ist Thorbecke, den sein Lehrerberuf immer stärker in Anspruch nahm, nicht mehr gelangt. Es wäre ein unbedingt zuverlässiger, stoffreicher Tatsachenbericht geworden, und die Verzettelung dieses Lebenswerkes in rasch veraltende Vorarbeiten bleibt aufrichtig zu beklagen.

So blieb der Wunsch der Universität, das 1886 vollendete Halbjahrtausend ihrer Geschichte zu einer wissenschaftlich wohl fundierten Darstellung geformt zu sehen, unerfüllt. Die Anregung, diese Aufgabe nach dem Tode Thorbeckes wieder aufzugreifen und durch Bereitstellung besonderer Mittel energisch zu fördern, ging von dem (1934 verstorbenen) Kunsthistoriker Carl Neumann aus, dessen vielseitiges historisches Interesse mit besonderer Leidenschaft den Problemen deutscher Geistesgeschichte seit dem späten Mittelalter zugewandt war. Der Verfasser dieses Buches verdankt den Gesprächen und der Korrespondenz mit diesem reichen, tiefgebildeten und eigenwilligen Geiste stärkste Anregungen, und es ist ihm und allen, die Carl Neumanns Eifer für die neue Universitätsgeschichte kannten, ein aufrichtiger Schmerz, daß er das Erscheinen dieses ersten Bandes nicht mehr miterlebt hat. Als Dekan der philosophischen Fakultät stellte er Januar 1914 den Antrag, die Fakultät möge die Fortsetzung des Thorbeckeschen Werkes in der Weise fördern, daß sie einzelne Abschnitte der Universitätsgeschichte als Jahrespreisaufgaben bearbeiten lasse. (Den ersten Anstoß zu

diesem Vorschlag haben wohl die 1913 erschienenen, von Hermann Oncken
angeregten Bücher von Keller und Schneider über die Reorganisations=
epoche von 1803—1813 gegeben, Preisarbeiten der Corps=Sueviastiftung
für Bearbeitung der Universitäts= und badischen Landesgeschichte). Ein
Gutachten des Bibliotheksdirektors und pfälzischen Historikers Jakob Wille
(vom 27. I. 1914) erhob Bedenken gegen die Zerstückelung der Aufgabe und
schlug statt dessen vor, das Ganze der Universitätsgeschichte Einem Autor
anzuvertrauen, und zwar einem jüngeren Gelehrten, der seine ganze Zeit
und Kraft diesem Unternehmen widmen könne. Darüber ist dann lange in
einer Fakultätskommission, der Carl Neumann vorstand, später in einem
Ausschuß der Heidelberger Akademie hin und her verhandelt worden. Auch
die Finanzierungsfrage (ob durch Beiträge der Fakultäten, Selbstbesteue=
rung der Fakultätsmitglieder, durch die badische Regierung, die badische
historische Kommission oder die Heidelberger Akademie) wurde vielseitig
erwogen. Zuletzt übernahm es die Akademie auf Antrag Hermann Onckens
(vom 19. 4. 1916), den Verfasser dieses Buches, seinen 1911 in Heidelberg
promovierten Schüler, damals Oberlehrer in Magdeburg und seit Anfang
1915 im Felde, als Bearbeiter zu berufen und zunächst durch ein festes
Jahresgehalt zu besolden.

Von jetzt an muß ich persönlich sprechen, weil mir dieses Buch im eigent=
lichen Wortsinn zum Schicksal geworden ist. Eine erste, mich völlig über=
raschende Anfrage Hermann Onckens, ob ich wohl bereit sein würde, eine
solche Aufgabe zu übernehmen, hatte mich schon im September 1915 im
fernen Litauen erreicht, als einfachen Gefreiten der Infanterie, auf einem
ersten kurzen Halt meiner Truppe nach wochenlangen Märschen und Kämp=
fen mit den Russen. Viel Zeit zum Besinnen blieb nicht: gleich darauf
wurde zu einem neuen Waldgefecht angetreten, und so mußte dieser wich=
tigste Entschluß meines Lebens (er bedeutete die Aufgabe meines bisherigen
Berufes und damit aller früheren Lebensziele) fast im Handumdrehen ge=
faßt werden. Als dann das Unwahrscheinliche geschah und ich nach viert=
halb Jahren Frontkämpferdasein, mehrfachen schweren Verwundungen
und kurzer Gefangenschaft gesund und bücherhungrig heimkehrte, seit An=
fang 1919 vom Schuldienst losgelöst, stand ich vor einer Aufgabe, deren
Schwierigkeiten ich doch nur von ferne geahnt hatte.

Zwar im Stil der üblichen Universitätsgeschichten, als Referat über die
wichtigsten statutarischen Bestimmungen und Aufzählung der namhaftesten
Professoren, wäre das Werk — zum mindesten der erste Band, der bis an

die Reformationszeit heranführen sollte — rasch zu erledigen gewesen.
Aber das lockte mich nicht und lag auch nicht in der Absicht meiner Auftrag=
geber. Um so weniger, als dieser Teil des Unternehmens für die älteste
Zeit durch Hautz und Thorbecke im wesentlichen schon erledigt war. Was
mir von Anfang an vorschwebte, war der Versuch, die Geschichte der älte=
sten reichsdeutschen Universität als ein „Stück deutscher Geschichte" zu ge=
stalten: mit der unbedingten Wirklichkeitsnähe und konzentrierten An=
schaulichkeit, die allein im engen Rahmen lokalgeschichtlicher Erzählung
erreicht werden kann, und doch mit der ganzen Weite der Problemstellung
und den Ausblicken, die ein zugleich nationales und universalgeschichtliches
Thema erfordert. Sobald ich aber mit solchen Absichten an die mittelalter=
liche Universität herantrat, sah ich mich in die unendliche, mir bis dahin völlig
unbekannte Sandwüste spätscholastischer Philosophie, Theologie und Juris=
prudenz geführt, in der es kaum einen Wegweiser und fast gar keine betre=
tenen Pfade (in Gestalt von brauchbaren Spezialarbeiten oder von neueren
Quellenausgaben) gibt. Unbetretenes Land — für den neuzeitlichen Histori=
ker ein seltenes, allzu seltenes und darum freudig begrüßtes Erlebnis!
Aber die Mühe war größer als ich gedacht. Ich entschloß mich, meine Quel=
lenlektüre nicht auf die Universitätsakten im engeren Sinn zu beschränken,
sondern aus den Bibliotheken Europas möglichst viel von dem zusammenzu=
suchen, was an Kollegheften und sonstigem schriftlichen Nachlaß der Heidel=
berger Magister des 14. und 15. Jahrhunderts noch aufzutreiben war. Das
meiste fand sich in Rom — in den Codices der ehemaligen Palatina. Zur
geistigen Bewältigung dieses Materials mußte ich mir zunächst das Rüst=
zeug verschaffen: es geschah in den drei großen Akademieabhandlungen
„Studien zur Spätscholastik I—III" (1921, 1922, 1927) und einer Reihe
größerer und kleinerer Aufsätze in verschiedenen Zeitschriften.

Über alledem kam es dann doch so, wie es die Akademie sich nicht wün=
schen konnte: neue, andersartige, zum Teil anspruchsvolle literarische Ar=
beiten traten neben das Hauptgeschäft, und der akademische Dozenten=
beruf, in den ich 1921 eingetreten war, entführte mich schon 1924 nach
Hamburg in ein volles Lehramt. Ich habe von dort aus versucht, die mit
dem 10. Kapitel abgebrochene Darstellung fortzusetzen, wurde ihr aber seit
1925 durch neuen Ortswechsel, durch die Vorbereitung meiner großen Stein=
biographie und vieles andere völlig entfremdet. Erst Ende 1932 hatte ich
die Arme wieder einigermaßen frei — aber nun waren mir alle Fäden
entglitten und mußten erst mühsam wieder aufgesammelt werden.

Indem ich heute den erſten Band endlich im Druck vorlege, gedenke ich mit aufrichtigem Dank der Mitglieder der Heidelberger Akademie, die mir das Vertrauen ſchenkten, mich an dieſes Werk zu berufen, und die ſo viel Geduld aufbringen mußten, bis eine erſte Frucht ihres Vertrauens ſichtbar wurde. Ehe der zweite Band erſcheinen kann (der die erſte Blütezeit unſerer Univer= ſität als Hochburg reformierten Bekenntniſſes und ihren Zuſammenbruch im dreißigjährigen Kriege umfaſſen ſoll), wird man bereits das 550. Univerſitäts= jubiläum (1936) feiern können. Mein Dank gilt ferner den Vorſtänden der Bibliotheken und Archive, die ich benutzte, insbeſondere der Univerſitäts= bibliothek zu Heidelberg, die mit nie verſagender Bereitwilligkeit mir auch nach auswärts Auskunft erteilte und Schriften zuſandte, und allen Freun= den und Kollegen, die mich mit ihrem Rat und ihrer Hilfe unterſtützten. Mit Wehmut gedenke ich insbeſondere des freundſchaftlich drängenden Eifers und der vielfachen Beratung, mit der Hans von Schubert (geſt. 1931) als Sekretär der Akademie das Werden des Buches verfolgte. Herrn Dozenten Dr. Berney danke ich für Mithilfe bei der Korrektur, Frl. Aenne Hoon für die Anfertigung des Registers. Und endlich gebührt auch dem Winterſchen Verlag Dank, der trotz der ſtarken Verminderung buchhändleriſcher Erfolgs= ausſichten dem verſpäteten Werk die Treue gehalten hat.

Der Abſchluß des Manuſkriptes erfolgte im Oktober 1934; die Druck= legung begann (mit großen Unterbrechungen) Januar 1935.

Freiburg, Januar 1936. Gerhard Ritter.

Inhaltsübersicht

Verzeichnis der Tafeln.

Abkürzungen.

U.A. = Universitätsarchiv auf der Universitätsbibliothek Heidelberg, Repertorium.
G.L.A. = Generallandesarchiv Karlsruhe.
a.f.a. = annales facultatis artium (Protokollbücher der Fakultätsversammlungen).
a.u. = annales universitatis (Protokollbücher der Universitätsversammlungen).
P.L.V. = Codex Palatinus latinus der vatikanischen Bibliothek.
C.l.m. = Codex latinus Monacensis (Münchener Hof= und Universitätsbibliothek).
Z.G.O. = Zeitschrift für Geschichte des Oberrheins.
N.A.G.St.Hg. = Neues Archiv für Geschichte der Stadt Heidelberg.

Meine Studien = Gerhard Ritter, Studien zur Spätscholastik, in den Sitzungsberichten
      der Heidelberger Akademie, Phil.=histor. Klasse. Bd. I 1921, II 1922,
      III 1927.

Für Zitate aus der älteren Literatur vgl. Erman und Horn : Bibliographie der
deutschen Universitäten. Bd. II 1904.

Druckfehlerberichtigung.

S. 100, Zeile 1 v. oben lies: Joh. von Noet statt Joh. v. Soest.
S. 115, „ 3 v. unten „ : „ „ „ „ „ „ „
S. 136, Anmerkung 3, Zeile 5 v. unten lies: s. l. statt f. l.
S. 137, Zeile 9 v. unten und Anmerkung 1: Der Meriansche Kupferstich erschien
      schon 1620, nicht erst 1623.
S. 226, Anmerkung 2 ist zu verweisen auf Exkurs 7 (statt 6).
S. 332, Anmerkung 1 lies: Martin statt Hermann.
S. 344, Zeile 13 v. unten lies 13. (statt 14.) Jahrhunderts.

Die Heidelberger Universität
im Mittelalter
(1386–1508)

Die Heidelberger Universität ist die älteste unter den heutigen reichs=
deutschen Hochschulen, aber nicht die älteste des deutschen Sprachgebietes
überhaupt; vergeblich hat sie auf diesen Ruhm zeitweise Anspruch er=
hoben[1]. Sie ist auch kaum jemals im Verlauf ihrer langen, mehr als halb=
tausendjährigen Geschichte die größte oder glänzendste der deutschen For=
schungsstätten gewesen. Immer blieb das äußere Maß ihrer Leistungen
gebunden (soweit sich geistige Kräfte überhaupt binden lassen) an den be=
scheidenen Macht= und Besitzumfang des engeren Heimatstaates, der sie
geschaffen hatte und mit seinen Kräften trug. Entsprechend den wechsel=
vollen Geschicken dieses Staates und entsprechend seiner wechselnden Be=
deutung im Ganzen des nationalen Lebens hat auch sie Gunst wie Un=
gunst des Schicksals erfahren: bescheidene, ja unscheinbare Anfänge voll
Not und Unruhe, kurze Zeiten fast europäischen Glanzes in der Refor=
mationsepoche, rasch endend in der erschütternden Katastrophe des Dreißig=
jährigen Krieges, neue mühsame, aber hoffnungsreiche Anfänge auf den
rauchenden Trümmern, nach wenigen Jahrzehnten wiederum rohe Zer=
störung durch die Kriegsflammen, einen ärmlichen Wiederaufbau und ein
langes, träges Hindämmern durch mehr als hundert Jahre im Rahmen
eines verrottenden Kleinstaates, neuen Untergang im Strudel der euro=
päischen Revolution, der die alte Kurpfalz für immer hinwegschwemmte,
endlich planvolle Erneuerung und zäh=bewußtes Emporarbeiten mit Hilfe
des jungen, regsamen badischen Staates, aber zugleich mitten im Strome,
ja zeitweise an der Spitze jener Bewegung, die leidenschaftlich und sehn=
suchtsvoll hinausdrängte über die Grenzen des engeren Territoriums zur
Einigung der gesamten Nation. Erst das fünfte Jahrhundert also dieser
stürmisch bewegten Geschichte, die so viel von Versagen der Kräfte, von

---

[1] Ich lasse diese Einleitung zu dem Gesamtwerk so stehen, wie ich sie 1922 im ersten
Eifer des Anpackens einer neuen Lebensaufgabe niedergeschrieben habe. — Thor=
becke, Univ. Hg., S. 3*—6* (Anm. 2) bespricht ausführlich die Fabeleien des 16. bis
18. Jhdts. von einem Gründungsjahr 1346. In der 1735 errichteten Aula wurden
sie sogar inschriftlich verewigt (bis 1885): Rupertus fundavit. Fundatio 1346. Vgl.
auch Hautz, I., 111ff. (kritiklos). Schon Wimpfeling, Epit. rer. Germ., c. 56 nannte
Heidelberg die älteste deutsche Universität.

1*

gescheiterten Hoffnungen zu erzählen weiß, hat der Universität eine längere Epoche kräftigen und ruhigen Emporblühens, konzentrierter Kräfte-
sammlung, geistiger Leistungen von wahrhaft universaler Tragweite be-
schert. Und doch ist die Historie der Heidelberger Universität unstreitig
mehr als eine territoriale oder gar lokale Angelegenheit. Es ist kaum zuviel gesagt: die historischen Schicksale dieser deutschen Hochschule lassen uns
in das Herz unserer neueren nationalen Geschichte hineinblicken. Was
ihren Lebenslauf in fünf Jahrhunderten mit so viel Spannungen, mit
Geschehnissen von höchstem dramatischem Reiz erfüllt, ist nichts anderes,
als die Tragödie unserer deutschen Vergangenheit selber: die Tragödie
eines Volkes, das in unerhört mühsamen Versuchen, auf die Höhe politischer Macht und geistiger Freiheit emporzuklimmen, immer und immer
wieder zurückgeworfen wird — durch innere Erschütterungen und Hemmungen wie durch äußere Katastrophen, in unlösbarer wechselseitiger Verflechtung von Innerem und Äußerem, von Schuld und Verhängnis. Das
ist es, und nichts Geringeres, was dieses Einzelschicksal in engem Rahmen
widerspiegelt. Welche andere deutsche Hochschule könnte das in gleichem
Maße von sich sagen? Viele von ihnen sind Neugründungen der letzten
beiden Jahrhunderte. Von den ältesten ist Prag schon in den Hussiten-
unruhen zu einer böhmischen Landesuniversität von begrenzter Wirksamkeit geworden; auch Wien hat bei wachsender Größe und Bedeutung doch
mehr und mehr einen Sondercharakter angenommen, in demselben Maße,
als das habsburgische Territorium aus dem Gesamtleben der Nation allmählich mit der Richtung nach Südosten hinauswuchs, und es bleibt Aufgabe der Zukunft, die hier entstandene Spaltung des nationalen Lebens
zu überwinden. Von den anderen Hochschulen des 14. Jahrhunderts ist
Erfurt gänzlich, Köln für lange Zwischenzeiten untergegangen; nur Heidelberg hat sich fast ohne Unterbrechung bis heute behauptet. Die Universitätsgründungen der folgenden beiden Jahrhunderte aber sind teilweise
dauernd (abgesehen von der neuesten Entwicklung) im bloß-Territorialen
stecken geblieben, teilweise nach kurzer Blüte wieder verschwunden, oder
sie haben zwar größere Bedeutung im nationalen Leben gewonnen, wie
Leipzig, Wittenberg-Halle, Ingolstadt-München, erfreuten sich aber einer
weit ruhigeren äußeren Entwicklung als Heidelberg; denn im Vergleich
mit der Pfalz sind ihre Heimatstaaten weniger tief und unmittelbar von
den Stürmen erschüttert worden, die das deutsche Gesamtvaterland bedrohten.

Merkwürdiges Schicksal des heimatlichen Bodens, auf dem die Heidel=
berger Universität aufwuchs! Diese Landschaften am Neckar und Rhein,
halb fränkisches, halb alemannisches Stammgebiet, waren einst das Herz
des Reiches gewesen, in jener frühen Glanzepoche deutscher Geschichte,
als die salischen Kaiser die großen Reichstage und Reichssynoden in den
Städten am Oberrhein von Mainz bis Speyer um sich versammelten, als
sie den Kern ihrer Heeresaufgebote aus ihren fränkischen Vasallen beriefen,
und dann wieder, als die Staufer alle Höhen des Pfälzer= und Wasgen=
waldes mit den Burgen ihrer Ministerialen krönten. Aber gerade die enge
Verbindung dieses Landes mit dem Königshause, das Fehlen einer ein=
gesessenen Stammesdynastie wurde ihm zum Verhängnis, sobald der Glanz
des Kaisernamens verblich. Auf den Trümmern des Reichsgutes erhob sich
ein unendlicher Streit lokaler Gewalten um den Vorrang an Besitz und
Macht. In langen fehdereichen Zeiträumen gelang es dem pfälzischen
Hause, mühsam genug, hier das Fundament eines neuen Staates zu legen,
der, wunderlich zusammengeflickt wie nur einer in deutschen Landen, doch
von früh auf einen ungemein regsamen Lebenswillen bekundete. Aber
je mehr nun seit dem Sturz des Stauferhauses das politische Schwergewicht
Deutschlands sich weiter nach Osten verschob, um so mehr mußten diese
oberrheinischen Lande zur Grenzmark des Reiches werden, von Jahr=
hundert zu Jahrhundert fühlbarer bedroht, sei es durch den zähe und schon
frühzeitig mit bewußter politischer Kunst vordrängenden großen Nachbarn
im Westen, sei es durch die Konflikte der modernen europäischen Groß=
mächte, die sie auf deutschem Boden auszufechten hatten. Stärker als die
innerdeutschen Territorien empfand dieser rheinische Mittelstaat von jeher
die Schwüle der Atmosphäre, wenn sich in Europa ein Gewitter zusammen=
zog. In dem Kampfe der spanisch=habsburgischen Weltmacht gegen den
Eigenwillen des deutschen protestantischen Fürstentums ist er zum erstenmal
zusammengebrochen; spätere Kämpfe Frankreichs mit Habsburg und dem
Reiche haben dasselbe Schicksal zum zweiten und zum dritten Male über ihn
gebracht. Es war, als ob diese sonnig=wärmsten Landschaften deutscher Erde
dazu vorbestimmt wären, nach dem Glanz der alten Kaiserzeiten nun auch
das politische Elend Deutschlands am unmittelbarsten und am tiefsten von
allen auszukosten. Der Universität ist nichts von alledem erspart geblieben;
nicht umsonst fristete sie ihr Leben unmittelbar vor den Toren einer starken
Festung. Was deren Trümmer den Deutschen wieder und wieder zu er=
zählen wissen, davon hat sie ihr redliches Teil miterlebt und mitgelitten.

Aber dafür ist ihr auch ein gerüttelt Maß von der Liebe zugefallen, mit der die Deutschen in den letzten vier Menschenaltern diesen unvergleichlichen Winkel ihres Landes zwischen Neckartal und Rheinebene überschüttet haben.

„In Deinen Tälern wachte mein Herz mir auf
zum Leben."

So bekannte mit Entzücken vor allem die Romantik. Aber nicht sie allein. Für alle Deutschen hat seit jenen Tagen der Name Heidelberg einen Klang von eigener Art bekommen, in dem die romantisch=ästhetischen mit den nationalen Empfindungen kaum unterscheidbar ineinander schwingen. Schwerlich ist es bloßer Zufall, daß die romantische Literatur gerade hier ihre Richtung auf das Volkstümlich=Deutsche zuerst und am stärksten entwickelt hat. Aber wie diese geistige Bewegung, deren Ursprung in viel größerer Tiefe lag, als in der Sphäre des bloß=Ästhetischen, von vornherein weit über die Grenzen der Poesie und Kunst hinausgriff und mächtige Gebiete des wissenschaftlichen Denkens neu befruchtete, so hat sie auch sogleich nachhaltig auf das geistige Leben unserer Universität eingewirkt, deren Neuaufstieg soeben begann. Und zu den romantischen Einflüssen trat schon frühe — vielfach mit ihnen im Widerstreit — jene besondere Art politischen und geistigen Freiheitsbewußtseins, das man im neuen Jahrhundert hier in den südwestlichen Grenzgebieten Deutschlands mit Eifersucht pflegte. Romantik und Liberalismus: man glaubt die Spuren dieser doppelten, einander kreuzenden Einwirkungen bis in die letzten Menschenalter zu erkennen. Sie sind naturgemäß schwer in eine bestimmte Formel zu fassen. Man kann sie zu finden glauben in einer gewissen Offenheit für geistige Bewegungen außerhalb des engeren Bezirkes der Fachwissenschaften; mancher wird den Eindruck haben, daß die ewigen Wandlungen im Prozeß des Denkens, der ruhelose Wechsel in dem unendlichen Fortschreiten der Ideen über sich selbst hinaus durch immer erneutes Heraussetzen des Entgegengesetzten, auf dem Boden dieser Geistigkeit eine besonders empfindliche Resonanz zu finden pflegten. Doch wie man auch diese Merkmale näher bestimmen möge: unleugbar ist die Tatsache eines ungemein lebendigen, in immer neuen Gestalten sich forterbenden Heidelberger Geistes selber und seiner Eigenart im Ganzen des deutschen Geisteslebens. Schon die Tatsache, daß es gelang, die Vielköpfigkeit einer modernen Forschungsstätte so zu einem Kreise mit beharrender Mitte zu sammeln, gibt der Universitätsgeschichte des letzten Jahrhunderts ihren besonderen

geiſtesgeſchichtlichen Reiz. Nicht minder anziehend iſt ihre Rolle in der
Geſchichte der nationalen Einigungsbewegung. Zumal um die Mitte des
19. Jahrhunderts war ſie in beſonderem Sinne eine nationale Univerſität:
innerlich gleichſam dazu vorbeſtimmt, angetrieben durch ihre eigene Ver=
gangenheit und die ihres Landes, geiſtige Führerin des deutſchen Südens
zu ſein auf dem Wege zu einem größeren und ſtärkeren Deutſchland. Und
ſo ſtrömten ihr denn die Jugend und die gelehrten Köpfe aus allen Teilen
des Vaterlandes zu. Es war ein wechſelſeitiges Geben und Nehmen.

Seit der Gründung des Bismarckiſchen Reiches freilich begann Heidel=
berg dieſe Sonderſtellung im Rahmen der neuen, größeren Verhältniſſe
zu verlieren. Überall wurde der territoriale Sondercharakter der mittleren
und kleinen deutſchen Univerſitäten, ſoweit er noch beſtand, allmählich ver=
wiſcht. Unterdeſſen trat in Heidelberg das badiſche Element, der Charakter
als Landesuniverſität nach und nach wieder ſtärker hervor. Und ſeine be=
ſondere Stellung als geiſtiges Zentrum im deutſchen Südweſten löſte mit
bewußter Abſicht (neben dem emporblühenden Freiburg) das neugewon=
nene Straßburg ab. Das iſt heute auch vorüber. Das Schickſal der Deutſchen
hat wieder einmal ſeinen tragiſchen Grundcharakter bewährt. Der Heidel=
berger Muſenſohn, der heute vom Königſtuhl hinüberſchaut auf die Türme
des alten Kaiſerdoms zu Speyer und auf die Horizontlinie des pfälziſch=
elſäſſiſchen Grenzgebirges, bedarf wahrlich nicht mehr der Erinnerung an
langverblaßte Zeiten des Glückes und der Not, um ſich der beſtändigen
Gefährdung deutſchen Lebens bewußt zu werden, von der unſere Grenz=
lande ſo viel zu erzählen haben. Eine nationale Sonderſtellung darf heute
keine einzelne deutſche Univerſität mehr beanſpruchen. Aber die nationale
Erziehungsaufgabe unſerer Univerſitäten insgeſamt iſt größer geworden
denn je.

Man kann die Geſchichte der Heidelberger Hochſchule nicht anders er=
zählen, denn als ein Stück deutſcher Geſchichte. Nicht als ob damit der
volle Inhalt ihres geiſtigen Lebens bereits umſchrieben wäre. Nirgends
wäre eine national verengerte Geſchichtsbetrachtung weniger am Platze,
nirgends drängen ſich die univerſalen Geſichtspunkte mit ſtärker fühlbarer
Notwendigkeit auf, als in der geiſtesgeſchichtlichen Arbeit. Überdies gehört
die hervorragende Rolle, die den deutſchen Univerſitäten als Trägerinnen
einer einheitlichen, über alle Stammes= und ſtaatlichen Grenzen hinweg=
reichenden deutſchen Geiſteskultur in der Entwicklung unſeres National=
bewußtſeins zugefallen iſt, erſt der Geſchichte der letzten Jahrhunderte an.

Sie ist das natürliche Ergebnis der allgemeinen politischen Verhältnisse Deutschlands gewesen und von den Gelehrtenkorporationen zunächst keineswegs erstrebt worden. Sie alle haben sich vielmehr seit den Tagen der mittelalterlichen Scholastik — und vollends in deren Bannkreis! — in erster Linie als Mitglieder einer großen abendländischen Gemeinschaft des Geistes empfunden. Aber wenn es Recht und Pflicht der Wissenschaft selber ist, allein nach den ewigen Sternen emporzublicken, die in strenger Unnahbarkeit über allen Völkern und Zeiten thronen, so bleibt ihrer Geschichtsschreibung doch das Vorrecht, auch auf den Boden der mütterlichen Erde zu achten, der ihr irdisches Leben nährt und trägt. Denn wie alle menschliche Kultur, so gedeiht auch die Wissenschaft trotz jener künstlichen Isolierung nach außen hin, die ihrer Erkenntnisarbeit unentbehrlich ist, um so kräftiger, je tiefer ihre letzten seelischen Antriebe verwurzelt liegen in den unendlichen Abgründen des Herzens, des Gemütes, des Wollens: in all den tausend irrationalen Lebensregungen, die den Geist einer Nation und einer Epoche ausmachen. Zumal von den Geisteswissenschaften gilt es, daß echte Gelehrsamkeit immer dann am fruchtbarsten ist, wenn sie die Fülle des Kulturbewußtseins ihrer Zeit, ihres Volkes in sich zusammenfaßt. Je mehr sie sich in schulmäßiger Isolierung von jenen lebendigen Kräften abschließt, um sich die schwere Aufgabe unbeirrter Wahrheitsuche zu erleichtern, um so stärker droht ihr dafür die Gefahr sterilen Verdorrens. Auf diese Zusammenhänge, auf die nahe oder ferne Beziehung der wissenschaftlichen Leistung in jeder Epoche zum Gesamtleben der Zeit und der Nation hat darum eine historische Betrachtung sorgsam zu achten, die den Gang der geschichtlichen Entwicklung von innen her verstehen möchte.

Das also ist die Aufgabe, die unserer Darstellung als oberstes Ziel vor Augen schwebt: die Geschichte der Heidelberger Universität — der pfälzischen, badischen und nationalen Hochschule wie der Werkstätte gelehrter Forschung — im lebendigen Zusammenhang der deutschen Gesamtgeschichte und schließlich der abendländischen Geistesgeschichte zu erfassen.

Erstes Buch
Vorgeschichte

Erstes Kapitel

Geſchichtliche Vorausſetzungen

Die älteſten deutſchen Univerſitäten ſind zu einem Zeitpunkt begründet worden, als alle größeren Kulturſtaaten Europas, aber ſelbſt die Nebenſchauplätze der mittelalterlichen Kultur, wie Spanien, Portugal und Irland, längſt eigene „Generalſtudien" beſaßen. Dieſe auffallende Verſpätung zu erklären, genügt es nicht, auf die deutſche „Wanderluſt" oder auf die Ausnahmeſtellung des deutſchen Kaiſertums und die darin vielleicht begründete Bevorzugung der Deutſchen an den italieniſchen Hochſchulen zu verweiſen[1]. Gewiß: Deutſchland war das Land der Mitte; das abgelegene Spanien und die britiſche Inſel mochten dringendere Gründe haben, ihren Landeskindern die gelehrte Bildung näher zugänglich zu machen. Aber die Italienfahrten der deutſchen Kaiſer waren in erſter Linie militäriſche Expeditionen; eine Förderung der deutſchen Kultur iſt daraus nicht ohne weiteres abzuleiten. Wie die geſamte Kultur der Gotik, ſo iſt auch die ſcholaſtiſche Bildung ſpäter von Frankreich, nicht von Italien her nach Deutſchland eingedrungen. In den romaniſchen Ländern aber blühte das Univerſitätsweſen raſch und faſt plötzlich zu demſelben Zeitpunkt auf, als die Macht des Kaiſertums verfiel: im 13. Jahrhundert.

In Wahrheit iſt das verſpätete Auftreten des ſcholaſtiſchen Bildungsweſens in Deutſchland nur aus dem Geſamtverlauf der deutſchen Geſchichte im ſpäteren Mittelalter zu begreifen, von der die Geſchichte der Bildung doch immer nur ein Teil iſt. Indem wir die wichtigſten hier mitwirkenden Momente uns klarzumachen ſuchen, werden wir von ſelbſt dazu geführt, die treibenden Motive und die allgemeinere Bedeutung auch der Heidelberger Univerſitätsgründung aus dieſen Zuſammenhängen zu verſtehen.

Im weiteſten Sinne käme es hier auf die Erklärung der Erſcheinung an, daß Deutſchland den Vorſprung ſeines Bildungsweſens, den es im 10. und Anfang des 11. Jahrhunderts infolge früher erreichter politiſcher

---

[1] Denifle, Univ. I, 751; übrigens meint D. ſelbſt nicht, damit die Sache erklärt zu haben.

Ordnung vor den west= und südeuropäischen Ländern besaß, spätestens seit dem Ablauf des 11. Jahrhunderts wieder zu verlieren begann. Schon in der Epoche der Salierkaiser traten in Italien und Frankreich jene nie= mals ganz unterbrochenen Zusammenhänge der geistigen Bildung mit den spätantiken Kulturtraditionen wieder stärker hervor, die einst Karl der Große im Frankenreiche bewußt gepflegt und erneuert hatte; demgegen= über zeigten sich jetzt in der Entwicklung Deutschlands die Folgen der Tat= sache, daß dieses Reich von allen Ländern Karls am spätesten christianisiert und nur in einzelnen Zentren kirchlicher Bildung von seinen Kulturbestre= bungen mitberührt worden war. Eine historische Erklärung dieser allge= meinen Erscheinung würde indessen den Rahmen unserer Betrachtung weit überschreiten. Faßt man die gelehrten Studien im besonderen ins Auge, so liegt das charakteristische Merkmal der romanischen Verhältnisse darin, daß die wissenschaftlichen Bestrebungen in Italien sich auffallend früh zu säkularisieren begannen, während in Frankreich umgekehrt die Kirche ihren alten Pflichten als Pflegerin der höheren geistigen Bildung mit einem in Deutschland unbekannten Eifer und Erfolge nachkam.

In Italien konnte die Entwicklung der Universitäten an die Entwick= lung der uralten Grammatiker= und Rhetorenschulen anknüpfen; auch die Begünstigung gleichzeitig durch Kaiser und Papst kam ihnen zugute. Ent= scheidend aber für ihr Emporkommen waren die praktischen Bedürfnisse des italienischen Städtewesens. Wer die tiefgreifenden Unterschiede dieser italienischen Städtekultur von dem Leben der — seit dem 12. und 13. Jahr= hundert ja gleichfalls, freilich langsamer aufblühenden — deutschen Städte aus seinen wirtschaftlichen, sozialen, rechtlichen, politischen und endlich geistigen Voraussetzungen zu erklären wüßte, hätte damit zugleich die abgrundtiefe Verschiedenheit der späteren italienischen Renaissance von der deutschen Kultur im Reformationszeitalter begreiflich gemacht. Für die Geschichte des mittelalterlichen Universitätswesens ist wohl am wichtigsten die in Italien lebendige Tradition des römischen Rechtes; in Deutschland fand dieses Recht erst im 15. Jahrhundert einen natürlichen Nährboden in den politischen Bedürfnissen der im Kampf gegen lokale Gewalten sich zentralisierenden Territorialstaaten. Römisches Recht und griechisch=arabi= sche Medizin — das waren die Lieblingswissenschaften der Italiener; die rational durchdachte politische Kunst der jungen italienischen Fürstentümer und Stadtstaaten wie die sinnlich=weltfrohe Kultur der den mittelalterlichen Lebensformen langsam entwachsenden neuen Gesellschaft führten diesen

Studien eine öffentliche Teilnahme zu, wie sie unter den Deutschen gar nicht zu erwarten stand. Freilich sind recht ansehnliche Scharen deutscher Italienfahrer schon im 13. Jahrhundert alljährlich über die Alpen gewandert, um sich im Süden gelehrte Bildung zu holen. Aber die bei weitem größte Zahl der deutschen Hörer in Italien studierte noch im 14. Jahrhundert kanonisches, nicht kaiserliches Recht. Von dem weltlichen Geiste der italienischen Legisten ist in Deutschland vor dem 15. Jahrhundert nicht viel zu bemerken; weniger jedenfalls, als für die Entwicklung des deutschen Staates gut war. Auch die juristische Bildung stand hier lange ganz überwiegend im Dienste der Kirche.

Weiter als der Vergleich Deutschlands mit Italien führt darum der mit Frankreich. Beiden Ländern war damals vor allem gemeinsam die verhältnismäßig geringe Bedeutung des Staates für die Entwicklung des geistigen Lebens, dessen Pflege immer noch, wie seit den Tagen des karolingischen Kaiserreiches, wesentlich bei der Kirche lag. Wer die Verschiedenheiten in der Entwicklung der gelehrten Bildung diesseits und jenseits der Vogesen exakt erklären wollte, müßte darum tief in das Innere der Kirchengeschichte beider Länder eindringen. Entscheidend ist hier vor allem die Zeit auf der Höhe des Mittelalters, von der Mitte des 12. bis zu der des 13. Jahrhunderts. Das war die große Zeit der römischen Papstkirche. Wie weit hatte ihre geistige und politische Macht damals das Ansehen des Staates im Abendlande überflügelt! Beinahe schrankenlos war die Herrschaft ihrer Ideen über die abendländische Menschheit in der Epoche der Kreuzzüge; die edelsten und tiefsten Geister stellten sich willig in ihren Dienst. Unermeßlich war ihr Reichtum an irdischen Gütern und menschlichen Talenten. Nirgends aber riß der Schwung ihrer Ideale die Menschen zu stärkerer Bewegung fort, als in Frankreich, dem Lande der ritterlichen Kreuzfahrer, der prachtvollen Kathedralbauten, der zahllosen Kloster- und Ordensgründungen und der religiösen Ekstasen. Hier erhob sich im 12. Jahrhundert jene stürmische Bewegung der Geister, die in ihren Folgen für die Organisation und den Geist der mittelalterlichen Scholastik viel wichtiger geworden ist, als der juristisch-medizinische Studienbetrieb in Italien. Es war der Sturm und Drang einer talentvollen, wilden Jugend, in dessen geistige Triebkräfte uns die Schriften und Briefe Abälards hineinblicken lassen, während die abenteuerliche Außenseite ihres Lebens noch heute in den Liedern der Vaganten mit unsterblicher Frische weiterlebt. Hier wie in Italien ruhen die Anfänge der Entwicklung in einer spontanen Zu-

sammenscharung wandernder Scholaren um berühmte Lehrer, nicht in
planmäßigen Organisationen der öffentlichen Gewalt. Während aber dort
die weltlichen Stadtobrigkeiten die Hauptarbeit bei der festen Einordnung
dieses Treibens in die bürgerliche Ordnung leisteten, übernahm hier die
Kirche eine ähnliche Aufgabe.

Wie günstig war in Frankreich der Boden dafür vorbereitet! Seit dem
11. Jahrhundert schon waren die Kloster= und Domschulen in einen Flor
gekommen, der die deutschen Schwesteranstalten weit in den Schatten stellte.
Ihr Ruf war lange vor Gründung der Pariser Universität ein europäischer;
den Umkreis der alten karolingischen „sieben freien Künste" hatten sie längst
überschritten. Während sich eine Theologie von großer Kühnheit hier aus=
bildete, drangen seit dem 12. Jahrhundert auch die juristischen und medi=
zinischen Studien ein. Nicht nur das Königtum, auch einzelne der großen
selbstherrlichen Seigneurs wurden allmählich auf die Vorteile aufmerksam,
die ein juristisch geschultes Beamtentum der Verwaltung bot. Schon Papst
Alexander III. sah sich veranlaßt (Laterankonzil 1179), das Überhand=
nehmen der zivilrechtlichen Studien an den französischen klerikalen Schulen
zugunsten der Theologie einzudämmen. Die Rechtsschule von Orleans
eroberte sich seit dem 13. Jahrhundert einen ebenbürtigen Platz neben der
altberühmten Schwesteranstalt zu Bologna. Ein selbständiger französischer
Zweig der römischen Rechtswissenschaft blühte hier auf. Aber selbst eine
Erneuerung römisch=heidnischer Autoren ohne Entstellung ihrer Lebens=
ideale durch christliche Umgestaltung fand in diesem Lande der antiken
Kulturtraditionen einen jederzeit aufnahmefähigen Boden; literarische
Erscheinungen wie die Vagantenpoesie und wie Peter von Blois zeigten
es deutlich. Blühte das kirchliche Schulwesen hauptsächlich im Norden des
Landes, so gab der Süden, in dem die verschiedenartigen Kulturen des
Mittelmeergebietes aufeinanderstießen, den immer erneuten Anstoß der
geistigen Bewegung. Frankreich war das Land der Albigenser und aller
der Ketzergefahren, die aus dem Orient und aus der arabischen Geistes=
sphäre jenseits der Pyrenäen herüberkamen. Aus der lebendigen Anschau=
ung dieser Gefahren ist recht eigentlich die Tätigkeit des Dominikanerordens
erwachsen. Die Kirche, wenn sie sich geistig behaupten wollte, mußte vor
allem in Frankreich notgedrungen eine Kirche gebildeter Männer sein. Das
war die Erkenntnis, die der Ursprung der französischen Scholastik und des
französischen Universitätswesens geworden ist. Was die Seele der neuen
Bewegung ausmachte, war die Hoffnung — die zu Anfang die Geister

fast berauschte —, mit Hilfe der dialektischen Künste des Altertums die ewige Wahrheit der christlichen Offenbarung gegen Heiden und Ketzer unwiderleglich zu erweisen. Die Hoffnung war zu kühn, als daß sie nicht dem christlichen Dogma selber hätte gefährlich werden können. Die Kirche Frankreichs — die Kirche eines Bernhard von Clairvaux und der Zister-zienserreform! — sah sich bald veranlaßt, den sophistischen Ausschweifun-gen eines Abälard entgegenzutreten. Aber die einmal in Gang geratene Bewegung war nicht mehr aufzuhalten. Sie war es um so weniger, als bald darauf das Einströmen neuer antiker Gedankenmassen aus dem Kultur-kreis des Mittelmeeres, das Bekanntwerden fast sämtlicher aristotelischer Schriften und ihrer arabisch-jüdischen Kommentatoren, eine neue, noch viel ärgere Krisis der christlichen Wissenschaft heraufführte. Sie bedurfte zu ihrer Überwindung der scharfsinnigsten Arbeit ganzer Generationen von Gelehrten, wie sie nur die Organisation der Universitäten zu liefern ver-mochte. Überdies aber hatte inzwischen das Papsttum erkannt, daß sich in den akademischen Korporationen — ähnlich wie in den neuen Bettel-orden — eine Handhabe bot, seine Alleinherrschaft in der Kirche gewaltig zu befestigen. Die ältesten Zünfte der dialektischen Turnierfechter waren aus den lokalen Studienanstalten der französischen Kirche herausgewachsen oder hatten sich daran ankristallisiert. Indem nun das Papsttum diese Korporationen rücksichtslos, mit Hilfe geistlicher Zwangsmittel, von den fiskalischen und rechtlichen Ansprüchen der lokalen Kirchenbehörden eman-zipierte und unter eigenen Schutz nahm, schuf es sich eine neue, ungemein wirksame Grundlage seiner Herrschaft über die Geister. Die Universitäten zogen daraus den Vorteil, daß ihre Grade eine ähnlich allgemeine Geltung erhielten, wie die kirchlichen Weihen. Die französische Kirche aber kam dem Ziele immer näher, das diese ganze Bewegung ursprünglich erstrebt hatte: bis in die unteren Pfarrstellen drang die akademische Bildung all-mählich vor[1]. Schon zu Anfang des 13. Jahrhunderts war soviel erreicht,

---

[1] Ein interessantes Zeugnis für das Bewußtsein der Franzosen des 14. Jahr-hunderts, daß ihr Klerus durchschnittlich eine höhere Bildung besitze als der deutsche, enthält ein Schreiben H. v. Langensteins an Kg. Wenzel um 1381 (M.J.Ö.G., E.B. VII, 436ff.) in einem Zitat aus einer (mir nicht zugänglichen) französischen Quelle: In Frankreich sind danach die Bischöfe gebildete Männer und erprobte Doktoren, non scientie expertes, ut apud Theutonicos moris, fere illiterati layci tractantes arma et loricas, non biblias, nonque ad scientie libros, sed pecunie libras summo studio anhelentes.

daß der Magistergrad fast als Vorbedingung für die Erlangung einer an=
sehnlichen Prälatenstelle in Frankreich angesehen werden konnte.

Es wäre sicherlich lehrreich, das gegenseitige Verhältnis von Adel und
Bildung in der französischen und der deutschen Kirche des Mittelalters
miteinander zu vergleichen. Feudalisiert waren beide; der übermächtige
Einfluß der großen Barone auf die französischen Bistümer, die Verwelt=
lichung der Domstifter waren im 11. Jahrhundert ein so schreiender Miß=
stand geworden, daß dort zuerst der Ruf nach Reform, nach der Befreiung
der Kirche vom Einfluß der weltlichen Großen laut wurde. Wie stand es
aber mit den Klöstern der Benediktiner, die den Hauptanteil an der För=
derung der wissenschaftlichen Studien bis zum 12. Jahrhundert hatten?
Waren sie in demselben Maße zu Adelsspitälern geworden, wie die älteren
deutschen Ordensanstalten? Jedenfalls scheint es nicht, daß sie wie die
deutschen Konvente unter der Ausschließlichkeit des altfreien Adels ge=
litten haben. Rascher als in Deutschland verschmolzen überhaupt in Frank=
reich die Unterschiede des alten Hochadels und der Ministerialen, des neuen
Schwertadels, in einer neuen ritterlichen Gesellschaft. Während die deut=
schen Domstifter noch bis in die letzten Jahrhunderte des Mittelalters das
hochadlige Blut bei ihren Bischofswahlen bevorzugten und damit die
Familienpolitik der deutschen Könige fortsetzten, galt in Frankreich längst
vor der Gründung der Universitäten gelehrte Bildung als Freibrief für
die Besetzung kirchlicher Ehrenstellen. Eine Laufbahn, wie die des Begrün=
ders von Notredame de Paris, Maurice de Sully, der vermöge gelehrter
Bildung vom einfachen Bauernknaben zum Bischof von Paris aufstieg,
war schon damals gar nicht so selten. Der geistliche Reformeifer der clunia=
censischen Bewegung im 11. und der Zisterzienser im 12. Jahrhundert hat
zwar sein Ziel: die Entweltlichung des Klerus, bei weitem nicht erreicht.
Aber eine sehr merkliche Hebung des geistigen und sittlichen Niveaus des
französischen Episkopats, der Kollegiatstifter und Klöster ist ihm zweifellos
gelungen. Überdies fehlt es nicht an Beispielen gelehrter Laienbildung,
die darauf schließen lassen, von der französischen Aristokratie sei auch außer=
halb des Klerus die Aneignung wissenschaftlicher Bildung nicht in dem
Maße als standeswidrig empfunden worden, wie von dem deutschen Laien=
adel, über den seit Wipos oft zitierten Versen an Heinrich III.[1] (1041)
bis in die Tage des Humanismus die Klage nicht abreißt, daß er im Gegen=
satz zu den Welschen seine Söhne nicht auf die Schulbank schicken möge.

---

[1] Vgl. Wattenbach, G. Qu. II⁴, 11.

Die französische Kirche blieb somit auch für die selbständig gewordenen Universitäten die nährende, mütterliche Pflegerin; in großem Maß=stabe machte sie ihren Pfründenbesitz für wissenschaftliche Zwecke verfüg=bar. Das schwache französische Königtum aber trug zu alledem nicht mehr bei, als daß es die Aufsicht über die gelehrten Korporationen restlos der Kirche auslieferte: nicht einmal die notdürftigste Polizeige=walt behielt es sich gegenüber der Pariser Universität vor. Unter Ver=zicht auf jede rechtliche und finanzielle Oberhoheit erklärte sich der Staat bereit, diesen kirchlichen Anstalten und ihren sämtlichen Angehörigen den weitestgehenden Schutz und die größte äußere Freiheit zu garantieren[1]. Deren internationale politische Stellung, als Staat im Staate, war damit besiegelt.

Bis in die Einzelheiten hat man später in Deutschland versucht, diese Organisationsformen und politisch=rechtlichen Verhältnisse nachzuahmen. Aber wie völlig anders lagen dort die Voraussetzungen der staatlichen und kirchlichen Entwicklung! Es fehlte die nahe und dauernde Berührung mit der Kultur der Mittelmeerländer, die ihr antikes Geisteserbe noch lange nicht völlig erschöpft hatte und erst allmählich in die abendländische Wissen=schaft ausströmte. Die Deutschen lebten auf einem weit jüngeren Kultur=boden, als die Erben der alten gallisch=römischen Herrschaft. Für lange Jahrhunderte standen hier die zivilisatorischen, praktisch=wirtschaftlichen Aufgaben naturnotwendig allem anderen voran. Bis zur Höhe des Mittel=alters, bis in die staufische Epoche, dauerte auch in dem kulturell am frühe=sten entwickelten Westen die Urbarmachung des Landes durch große Wald=rodungen an. Es ist gewiß kein bloßer Zufall, daß z. B. die Geschichte des westfälischen Landes jenseits des Gebirgskammes der Hardt erst im 12. Jahrhundert deutlicher erkennbar wird: erst die staufischen Burgen=bauten und das Vordringen der Klöster haben damals die Einöde des großen Waldgebirges in größerem Maße für menschliche Siedlungen zu=gänglich gemacht. Und noch weniger ist es natürlich als Zufall zu betrach=ten, daß der so viel später besiedelte Osten Deutschlands bis ins späte Mittelalter zur Fortentwicklung geistiger Bildung fast gar nichts beigetragen

---

[1] Die einzige bekannte Ausnahme: die von Philipp IV. angeordnete polizeiliche Überwachung des Studiums von Orleans und Auflösung des dortigen Universitäts=verbandes, bestätigt durch ihren völligen Mißerfolg die Regel. Charakteristisch ist, daß hier der Papst die Universität gegen das Königtum schützte. Vgl. Denifle, Univ. I., 260ff.

hat[1]. Zu den wirtschaftlichen Aufgaben aber traten als weiteres Hemmnis politische Nöte. Frankreichs innere Entwicklung blieb seit Überwindung der bösen spätkarolingischen Zeiten für Jahrhunderte von außen ungestört. Die Deutschen erschöpften ihre Kräfte an niemals endenden politischen Aufgaben: der Kolonisation des Ostens, der Behauptung ihrer Macht= stellung in Italien, den Kämpfen zwischen Kaiser und Papst, Königtum und Vasallen. Endlich aber waren politische Stellung und Aufgabe der Kirche diesseits und jenseits der Vogesen sehr verschieden.

Die französische Kirche erfreute sich eines natürlichen Einverständnisses mit dem Königtum angesichts der beide bedrohenden Macht der großen Vasallen; ohne dem Königtum dienstbar zu sein (jedenfalls außerhalb der engeren königlichen Herrschaftssphäre nicht vor dem Erstarken der könig= lichen Macht gegen Ende des 13. Jahrhunderts) beanspruchte sie seinen Schutz gegen den Übermut der Barone. Anderseits war sie selber, eingeengt durch diese kräftigen weltlichen Gewalten, außerstande, in demselben Um= fang eigene Territorialherrschaften auszubauen, wie das in Deutschland geschah. Die großen kirchlichen Reformbestrebungen des 11. und 12. Jahr= hunderts wirkten, wenn auch nur mit teilweisem Erfolge, in derselben Richtung. Vollends seit dem kräftigen Regimente Philipps des Schönen war an die Ausbildung kirchlicher Territorialgewalten, die den hohen Klerus von seinen geistlichen Aufgaben stärker hinweggeführt hätte, nicht mehr zu denken. Anders in Deutschland. Die deutsche Kirche des früheren Mittelalters war von den Königen planmäßig als politisches, ja als mili= tärisches Machtinstrument organisiert worden, um in den vom König ein= gesetzten Prälaten überall ein zuverlässiges Gegengewicht gegen die lokale Macht der großen weltlichen Vasallen in der Hand zu halten. Die Folge war einmal eine rasch zunehmende Entfremdung dieser regierenden stark= fäustigen Bischöfe und Reichsäbte von ihren eigentlichen geistlichen Auf= gaben; sie wurde in der überall durchgeführten Trennung von Bischofs= und Stiftsgut, Abts= und Klosterbesitz auch äußerlich deutlich sichtbar. So= dann aber führte die Übertragung fürstlicher Amtsbefugnisse auf die In= haber von Reichskirchen im Laufe der Zeit dazu, daß die fürstlichen Prä= laten ähnlich wie die weltlichen Reichsfürsten ihren gesamten Besitz als Lehnsgut auffaßten, als Reichsvasallen aber die Bedrängnis des deutschen

---

[1] Doch ist der Anteil der von den Ritterorden besiedelten Gebiete und insbeson= dere dieser Orden selbst an den juristischen Auslandsstudien bereits im 14. Jahrhundert sehr erheblich.

Königtums zum allmählichen Erwerb immer weiterer staatlicher Hoheits=
rechte für ihren Besitz ausnutzen konnten und so den Grund zu den späteren
geistlichen Landesherrschaften legten. Die Niederlage des deutschen König=
tums im Kampf mit den Päpsten, die das Ernennungsrecht der Bischöfe
aus der Hand des Königs auf lokale Interessentengruppen übertrug, die
sich im meist landschaftlich gruppierten Adel der Domstifter zusammen=
fanden, begünstigte diese Entwicklung. Seit Friedrich II. zahlreiche staat=
liche Hoheitsrechte an die Reichsfürsten preisgegeben hatte, wurde sie un=
aufhaltsam. Ihre Rückwirkung auf die Geschichte des deutschen Bildungs=
wesens ist nicht zu verkennen.

Zunächst freilich konnte es den Anschein haben, als ob die Steigerung
kirchlicher Macht und kirchlichen Reichtums, wie sie die Erhebung der
Reichskircheninhaber in den Reichsfürstenstand mit sich brachte, auch den
bestehenden kirchlichen Bildungsanstalten zugutekommen müsse. Und in
der Tat beruht die frühmittelalterliche Blüte der Studien in Deutschland
auf dem Ansehen und der Tätigkeit jener hochadligen Benediktinerklöster,
die nur Freigeborene aufnahmen und deren Äbte als Reichsfürsten ein
ritterlich=höfisches Leben führten. Auch verdanken die geistlichen Historio=
graphen der Sachsen= und Salierzeit gewiß das Beste ihrer Kunst, eine
gewisse Weite des Gesichtskreises, der engen Verbindung der deutschen
Kirche mit der Kaiserpolitik. Dennoch erwies sich diese Verbindung auf
die Dauer als schädlich für die kirchlichen Bildungsbestrebungen. Es konnte
gar nicht anders sein, als daß die politischen Aufgaben des Klerus diesen
den nächstliegenden Pflichten des geistlichen Amtes entfremdeten. In den
alten, vornehmen Benediktinerklöstern wurde allmählich die Verwaltung
und der Genuß des großen weltlichen Besitzes Selbstzweck. Überdies starben
diese Klöster mit dem Rückgang der hochadligen Geschlechter langsam aus;
wie die Abnahme ihrer Studien mit diesem Verkümmerungsprozeß zu=
sammenhängt, hat Alois Schulte anschaulich gemacht[1]. Die neuen Orden
der Cluniacenser und Zisterzienser, die an ihre Stelle traten, betonten zwar
grundsätzlich im Gegensatz zu den alten Benediktinern die ausschließlich
geistlichen Aufgaben des Mönchtums; dafür aber zog mit ihnen ein Geist
strenger Askese ein, der der Entfaltung wissenschaftlicher Tätigkeit höchst
ungünstig war. Wie segensreich diese geistliche Reformbewegung in Frank=
reich auf die Hebung des geistigen Niveaus der Kirche gewirkt hat, hörten
wir schon. In Deutschland hat sie das ohnedies vorhandene Übergewicht

---

[1] Der Adel u. d. dt. Kirche im M.A. (1910), 235ff.

der praktischen Alltagsinteressen im Leben der Kirche noch verstärkt. Weit mehr in wirtschaftlicher Arbeit an der Erschließung des deutschen Landes als in gelehrten Studien liegen die Verdienste der Reformklöster begründet. Die Reste aristokratisch feiner und freierer Bildung in den vornehmen alten Abteien hat die neue Bewegung vollends ausgelöscht, wie Ekkeharts IV. Klagen über die Reform von St. Gallen anschaulich zeigen.

Denselben Niedergang zeigen aber auch die Dom= und Stiftsschulen in Deutschland. Auch hier machte sich die starke Belastung des Klerus mit politischen Aufgaben und das dadurch verstärkte Schwergewicht seiner adligen Familienverbindungen, seine Verflechtung in weltliche Interessen aller Art sehr frühe geltend. So groß die Leistungen des älteren deutschen Episkopates in der Politik und Verwaltung gewesen sind — noch heute erzählen die großen romanischen Dombauten von den heroischen Zeiten dieses willenskräftigen geistlichen Fürstentums —: der Zustand der deut= schen Domschulen galt schon in der Salierzeit den französischen gegenüber nicht mehr als gleichwertig. Andere Ursachen mögen bei diesem Verfall mitgewirkt haben; Tatsache ist jedenfalls, daß gleichzeitig mit der Auf= lösung des gemeinsamen Lebens der Domkapitel und der Feudalisierung ihrer Pfründen durch die benachbarten Adelsfamilien das wissenschaftliche Leben der Domschulen verkümmerte. Der vornehme Domherr, der sich Scholaster nannte, überließ das Schulhalten geringschätzig einem „magister puerorum", der oft kärglich genug besoldet wurde. Das eigentliche Inter= esse der edlen Herren galt ganz anderen Dingen, als der Schulstube und dem Chordienst. Pfründenverwaltung, Jagd, Krieg und große Politik füllten ihr Leben aus, und an politischer Unruhe hat es im mittelalterlichen Deutschland niemals gefehlt. Oft genug drangen die Parteiungen bis in den Kreis der einzelnen Stifter selber ein. Vor allem der Investiturstreit hat hier verwüstend gewirkt. Der Unterricht konnte dabei unmöglich ge= deihen. Spätestens im 12. Jahrhundert mußte das ganze kirchliche Bil= dungswesen in Deutschland als hoffnungslos rückständig gelten. Von der gewaltigen Umwälzung der abendländischen Wissenschaft im 13. Jahr= hundert haben diese Anstalten überhaupt keine Notiz genommen; sie blieben bei dem alten Schema der „sieben freien Künste", das jetzt praktisch außer lateinischer Grammatik, Briefstil, Chorgesang und Musiktheorie noch etwas Rechnen und die primitivsten Elemente der Logik umfaßte. Damit sanken sie zu bloßen Vorschulen der eigentlich wissenschaftlichen Bildung der Zeit herab. Aber auch mit diesem Pensum stand es nicht immer zum

Besten. Erhaltene Schulordnungen oberrheinischer Stiftsschulen aus dem 13. und 14. Jahrhundert lassen erkennen, daß Chorgesang, Notenschreiben und einige stilistisch=grammatische Kenntnisse als das Wesentliche galten[1]. In St. Gallen kam es Ende des 13. Jahrhunderts vor, daß der Abt und ein Teil der Mönche ihren Namen nicht schreiben konnten. Dasselbe wird von dem Propst und vier Domherren des Meißener Stiftes aus dem Jahre 1358, ähnliches aus anderen Stiften berichtet. So grobe Fälle von Un= wissenheit mögen immerhin Ausnahmen gewesen sein. Die Einsicht aber, daß die Fürsorge für den Unterricht des Klerus in Deutschland völlig un= zureichend sei, war schon um 1300[2] der öffentlichen Meinung seit langem geläufig.

Es kennzeichnet die geistige Haltung und die politische Stellung der deutschen Kirche im ausgehenden Mittelalter in außerordentlicher Weise, daß sie von sich aus keine ernstlichen Anstalten getroffen hat, diesem Übel= stand abzuhelfen. Von den 20 Universitäten, die bis zur Reformationszeit in Deutschland gegründet wurden, sind allein Würzburg und Mainz als Stiftungen geistlicher Landesherren zu betrachten. Beide waren höchst unbedeutend, und längst waren ihnen die weltlichen Fürsten und Städte zuvorgekommen. Wie ist das zu begreifen?

Nicht als ob der Kirche selber die Lücken und Mängel ihres Bildungs= wesens verborgen geblieben wären. Vor allem die juristische Bildung wurde dem höheren Klerus immer unentbehrlicher, je mehr sich die geist= liche Gerichtsbarkeit ausdehnte und der Charakter der Kirche als Rechts= institut sich einseitig verschärfte. Und gerade darin versagten die Dom= schulen völlig. Die Zahl der im Ausland studierenden deutschen Kleriker schwillt deshalb seit dem 12. Jahrhundert zu bedeutender Höhe an. Auf allen welschen Hochschulen sind sie zu finden. Die Kirche begünstigte das durch Befreiung der studierenden Stiftskanoniker von der Residenzpflicht, durch Dispense von der Priesterweihe und allen persönlichen Amtspflichten für die auf Universitäten wirkenden Inhaber von Pfarrpfründen und durch Versendung von Ordensbrüdern an ausländische Generalstudien. Gerade die Tatsache, daß der geistig regsamste Teil des deutschen Klerus seine wissenschaftliche Bildung im Ausland suchte, trug rückwirkend dazu bei,

---

[1] Vgl. Mone, Z.G.O. I, 269 (Speierer Domschule, 14. Jhd.), 266 (Baseler Domschule 1289).

[2] Vgl. Hugo von Trimberg, Renner, V. 2772, Ausg. d. hist. Ver. Bamberg (1833), p. 37.

die höheren (juristischen und theologischen) Studien den bestehenden Stifts-
und Klosterschulen vollends zu entfremden und diese dadurch zu bloßen
Vorbereitungsanstalten herabzudrücken. Aber wie unvollkommen war
dieses Surrogat eigener heimischer Lehranstalten! Immer nur einer beschränkten Anzahl von Klerikern war doch das teure Auslandsstudium
möglich; es gehörte schon ein gutes Vermögen oder besonderer Ehrgeiz,
Wissensdurst oder Abenteuerlust dazu, wenn einer nicht bequemere Wege
der Pfründenversorgung vorzog. Und welche Gefahren sittlicher und geistiger Verwilderung brachte nicht das abenteuerliche Leben der Vaganten
mit sich! Wieviel deutsche Jugend mag auf diesen Welschlandfahrten zu-
grundegegangen sein! Der Ruf insbesondere der Pariser Laster war schon
im Mittelalter bedeutend. Die deutsche Kirche mußte es als ihre dringendste Aufgabe empfinden, dieses ganze Treiben ihrer künftigen Geistlichen wieder unter ihre unmittelbare Aufsicht zu bringen. Das Ansehen
ihres Standes sank erschreckend, seit mit dem Verfall des kirchlichen Schul-
wesens auch die Möglichkeit geschwunden war, nennenswerte Ansprüche
an die wissenschaftliche Vorbildung derer zu stellen, die sich zu den Weihen
drängten. Der unwissende Pfaffe wurde ein dankbares Thema der satiri-
schen Literatur seit dem 13. Jahrhundert. „Während die ganze Kultur-
welt mächtig vorwärts drängte, blieb die Bildung der Geistlichen auf dem
Punkte stehen, auf dem sie sich fünfhundert Jahre vorher befand. Sie
genügte dem Zeitalter nicht mehr[1]."

Das Kritische dieser Lage wurde für den deutschen Säkularklerus eher
noch verschärft statt gemildert durch das Auftreten der Bettelmönche. In
Frankreich hatten sie den Universitäten große Talente zugeführt und den
Anstoß zur Verbesserung der Unterrichtsorganisation gegeben. In Deutschland blickten sie — vor allem die Dominikaner — mit unverhohlener Gering-
schätzung auf den ungebildeten Pfarrklerus herab. Das war einer der
Gründe für die ewigen Reibungen zwischen Pfaffen und Bettelmönchen.
Bald richteten sie überaus zahlreiche Studienhäuser ein. In Köln besaßen
sie eine theologische Schule von Weltruf, die sich fortdauernd behauptete;
aber sie pflegten seit der Mitte des 13. Jahrhunderts auch die philosophischen Disziplinen. Weniger bedeutend verliefen die parallelen Unternehmungen der deutschen Minoriten; um so größer waren deren Erfolge
in der Heranbildung von praktischen Seelsorgern und Predigern; Bertold
von Regensburg war einer der Ihren. Auch der neue Orden der Augustiner-

---

[1] A. Hauck, A. K.G. V, 2, 318.

eremiten zeigte erfolgreichen Eifer in den Studien, und selbst die Zister=
zienser ließen sich jetzt von Rom her zu einer Verbesserung ihres Studien=
betriebes drängen. Das alles geschah um die Mitte des 13. Jahrhunderts,
als die scholastische Theologie in ihrer Blüte stand und das geistige Leben
der abendländischen Kirche nach allen Seiten mächtig befruchtete, als in
den Mittelmeerländern ein Generalstudium nach dem andern eröffnet
wurde und der Triumph der ecclesia Romana über den Staat vollendet
schien. Daß es den Deutschen an wissenschaftlichem Eifer und an begabten
Köpfen durchaus nicht fehlte, zeigten seit den Tagen Hugos von Sankt
Viktor die zahlreichen deutschen Lehrer, die an auswärtigen Hochschulen
glänzten, bewies unter den einheimischen Gelehrten um die Mitte des
13. Jahrhunderts vor allen andern der Name Alberts des Großen, der zeit=
weise den Regensburger Bischofsstuhl zierte, recht eigentlich der Anfänger
der neuen aristotelisch=christlichen Philosophie, und in der nächsten Genera=
tion eine ganze Reihe namhafter Theologen in den deutschen Bettelorden:
Ulrich von Straßburg, Hugo Ripilin, Dietrich von Freiberg, Heinrich von
Friemar, Thomas von Straßburg, Hermann von Schildesche, um nur die
wichtigsten zu nennen, endlich und vor allem die überragende Gestalt
Meister Eckarts. Massenhaft drang in die Klöster seit dem 12. Jahr=
hundert scholastische Literatur ein[1]. Aber die deutsche Weltkirche, deren
begabtester Nachwuchs nach Paris oder Italien auswanderte, um sich dort
an dem neuen Lichte sattzutrinken, das über Europa aufgegangen war,
tat nichts, um ein wenig von dem Überfluß dieser Weisheit in eigenen
Brunnen aufzufangen.

Und doch gab es auch im deutschen Boden verheißungsvolle Stellen, an
denen sich die Wasser bereits zu stauen schienen und nur noch auf die Öff=
nung des Schachtes warteten, um kräftig daraus hervorzusprudeln. In
Köln, der blühendsten, verkehrsreichsten Stadt Deutschlands, dem Sitz des
mächtigsten deutschen Kirchenfürsten und der berühmten Ordensstudien,
an denen Albert, wohl auch Thomas von Aquino und später Duns Scotus
lehrten, schien alles zur Gründung einer Universität einzuladen. In Erfurt
bestanden schon im 13. Jahrhundert blühende Studienanstalten an Klöstern
und Stiftskirchen (man spricht von tausend Scholaren), die sich bereits zu

---

[1] A. Hauck, K.G. V, 1, 241. — Auffallend ist der starke Anteil des Adels an
der kirchlichen Gelehrsamkeit auch der Bettelorden; gerade die größten Geister gingen
aus ihm hervor: Ekkehart und Albert stammten aus Ministerialenfamilien; Hugo
von St. Viktor war als Graf von Blankenburg geboren.

einer Art von Generalstudium vereinigten, das die aristotelische Philo=
sophie im Sinne der ausländischen Hochschulen lehrte. Im nächsten Jahr=
hundert galt diese Anstalt als die meistbesuchte in Deutschland; zu ihrer
Konstituierung als Universität fehlte nichts als die päpstliche Privilegie=
rung und die Ergänzung durch eine oder mehrere der „oberen" Fakul=
täten: Medizin, Jurisprudenz und Theologie. Auch von anderen Orten
sind vereinzelte Spuren gelehrter Tätigkeit vor 1300 erhalten[1]. Aber alle
diese Ansätze blieben ungenützt.

Das 13. Jahrhundert ist das kritische Jahrhundert der mittelalterlichen
deutschen Geschichte: die Zeit, in der die seit langem chronische Auflösung
der Reichsverfassung in ein akutes Stadium trat. Durch den Zerfall der
Monarchie ist die ganze deutsche Kulturentwicklung aufs stärkste bestimmt
worden. Einen Augenblick lang erwägt man wohl die Möglichkeit, wie
sich die Stellung der deutschen Weltkirche im Leben der Nation und die
Geschichte der deutschen Bildung hätten gestalten können, wenn schon im
13. Jahrhundert alle die drängenden geistigen Kräfte des deutschen Lebens
zu weithin wirksamer Tätigkeit an großen Studienanstalten zusammen=
gefaßt worden wären. Aber freilich: den deutschen Episkopat bewegten
damals andere Sorgen. Die Weltkirche hatte alle Kräfte anzuspannen, um
in dem politischen Chaos, das seit dem Interregnum über Deutschland
hereinbrach, ebenso wie alle anderen aristokratischen Gewalten des Landes
den Ausbau eigenen territorialen Besitzes zu vollziehen. Je roher die
Formen des Kampfes wurden, in dem sich langsam die Grundlagen einer
politischen Neuordnung herausbildeten, je verworrener sich die Gegensätze
der Machtgruppen durcheinander schoben, um so tiefer wurden auch die
geistlichen Landesherren in ein Knäuel von kriegerischen Unternehmungen
verstrickt. Die Geschichte des deutschen Episkopates ging mehr und mehr
auf in den Machtkämpfen der deutschen Adelsgruppen untereinander und
gegen die politischen Emporkömmlinge, die Städte. Persönlichkeiten von
überragender Bedeutung, die über diese Tagesfragen hinausblickend die
großen Kulturaufgaben der Kirche weitherzig gefördert hätten, sind im
13. Jahrhundert unter dem deutschen Episkopat nicht zu finden. Im ein=
zelnen sind manche kirchliche Reformen geleistet worden; aber eigentlich
nichts, was über den sorgsamen Ausbau kirchenrechtlicher Institutionen
hinausgeführt hätte. Wieweit persönliche Beschränktheit der Kirchenfürsten,
wieweit der Zwang der äußeren Lage an dem Versagen des Episkopates

---

[1] Vgl. darüber Kaufmann, Dt. Universitäten I, 158ff.

in den Fragen des kirchlichen Bildungswejens jchuld war, ijt nicht ohne
weiteres zu erkennen. Man müßte die finanzielle Lage der Bistümer
jtudieren — ihre Belajtung gleichzeitig durch kriegerijch=politijche Aufgaben
und durch immer mehr gejteigerte Geldanjprüche der Päpjte —, um hier
zu einem gerechten Urteil zu kommen.

Auch diejen Dingen gegenüber gilt es, lieber zu verjtehen als zu ver=
dammen. Man jieht in der Tat nicht, wie die Kirche anders als durch
rückjichtsloje Selbjtverteidigung mit weltlichen Mitteln ihre politijche Stel=
lung und ihren Bejitz in der allgemeinen Auflöjung des deutjchen Staates
hätte behaupten können; man kann auch finden, gerade das Fernbleiben
der akademijchen Schulübungen habe der theologijchen Arbeit in Deutjch=
land jene religiöje Unmittelbarkeit und Freiheit von jchulmäßig=jophijti=
jchem Nebenwerk gejichert, die ihre wertvolljte Eigenart ausmachten[1]. In
der Tat: vielleicht konnte eine deutjche Theologie in kraftvoller deutjcher
Proja, wie jie das Zeitalter Ekarts und Bertolds hervorbrachte, nur
darum entjtehen, weil Deutjchland damals noch keine Univerjitäten bejaß.
Aber indem jich nun die geijtige Bewegung diejes Zeitalters ohne jede
Organijation durch die Weltkirche, ja fajt ohne Teilnahme des Säkular=
klerus vollzog, in den Studienhäujern der Bettelorden und in den Kreijen
gebildeter Laien, konnte es gar nicht ausbleiben, daß die deutjche Epijkopal=
kirche die Führung auf ihrem eigenjten Gebiete verlor: in der Erweckung
geijtlichen Lebens.

Überdies begannen die äußeren Grundlagen der Laienbildung jich zu
erweitern. Seit dem Ende des 13. Jahrhunderts bildeten jich überall in
Deutjchland die jtädtijchen Ratsjchulen aus, z. T. über und neben älteren
Pfarrjchulen, die vielfach zu bloßen Übungsjtunden für die zeremonialen
Verrichtungen der Chorknaben herabgejunken waren. Es wäre irrig, den
Unterricht diejer neuen Schulgattung, die nur teilweije den weltlichen, rein
praktijchen Bedürfnijjen des Bürgertums entjprungen war und jich häufig
mit Schreiben und Rechnen begnügte, in Gegenjatz zum kirchlichen Wejen
zu jtellen. Geijtliche blieben auch hier noch lange Zeit die Lehrer, die An=
wartjchaft auf Beteiligung an dem jtändig wachjenden kirchlichen Pfründen=
wejen lockte wohl die Mehrzahl der Schüler, und das Aufjichtsrecht des
Bijchofs bzw. des Domjcholajters wurde im allgemeinen anerkannt. Aber
in der bloßen Tatjache, daß die Gründung und wirtjchaftliche Unterhal=
tung diejer Schulen nicht mehr ausjchließlich von der Kirche her erfolgte,

---

[1] So urteilt A. Hauck, K.G.V. 1, 242f.

kündigte sich bereits etwas grundsätzlich Neues an. Die Kirche selber fühlte, daß ihr das Monopol der Bildung entglitt; die endlosen Streitigkeiten mit den Städten um den Patronat dieser Schulen beweisen es. Die Laienwelt begann sich selber ihre Bildung zu verschaffen, da die offizielle Kirche versagte. Nach und nach entstand eine neue Schicht lesekundiger und damit für die Einwirkung geistlicher und weltlicher Literatur zugänglicher Laien in den Städten — der beste Nährboden für jene Bewegung einer neuen, innigeren Frömmigkeit, die des offiziellen Priestertums auf dem Wege zum ewigen Heil entbehren zu können meinte. In tausend Formen und aus tausend Wurzeln, von der stillen Beschaulichkeit der oberdeutschen Mystiker bis zu den radikalen Ketzereien waldensischer Konventikel, wucherte seit dem Ende des 13. Jahrhunderts ein von der Kirche ungeleitetes geistliches Leben auf, das, ohne sich seiner Gegensätzlichkeit zum Herkommen immer bewußt zu sein, doch die geheimen Wasser der Tiefe in einer anderen Richtung an sich zu ziehen begann, als in der ihres gewohnten Laufes. Im Inneren des Erdreichs begannen die verborgensten, zartesten Wurzelfasern abzutrocknen, aus denen der stolze Baum der kirchlichen Hierarchie seine Kräfte sog. Noch hatte sich der Sturm jener massiven Kritik durch selbstbewußte weltliche Mächte nicht erhoben, der später die Krone dieses Baumes gewaltig schütteln sollte. Noch waren die rechtlichen und materiellen Grundlagen der Hierarchie nicht ernstlich in Frage gestellt. Aber die geistigen Vorgänge der Tiefe waren nicht minder bedrohlich; der deutschen Kirche standen kaum andere Waffen dagegen zur Verfügung, als die der äußerlichen Gewalt.

Unwiederholbar lösen die Epochen des historischen Geschehens einander ab; im großen betrachtet, ist kein versäumter Augenblick je wieder einzuholen. Als die Kirche in der Lösung der ihr gestellten Kulturaufgaben versagte, traten andere Mächte auf den Plan, die ihr das mangelhaft geleistete Werk aus der Hand nahmen. Es wäre ein Irrtum, wollte man den weltlichen Gründern der ältesten deutschen Universitäten die Absicht zuschreiben, sich geistige Waffen im Kampfe mit der päpstlichen Hierarchie zu verschaffen. Seit den Mißerfolgen Ludwigs des Baiern in diesem Kampfe bestand danach fürs erste kein Bedürfnis. Aber freilich: wer mag sagen, wieviel die deutsche Kirche damals, als sie den Landesfürsten und den Ratsherren der deutschen Städte die Organisation alles höheren Unterrichts untätig überließ, an Möglichkeiten eingebüßt hat, ihre äußere Machtstellung auch innerlich tiefer zu begründen und zu befestigen? Wenn die katholische

Kirche in Frankreich einen Teil ihres Ansehens selbst durch die Stürme der
großen Revolution hat hindurchretten können, so verdankt sie das in erster
Linie ihren Leistungen im höheren Schulwesen in soviel Jahrhunderten.
In Deutschland hatten es die protestantischen Landesherren des 16. Jahr=
hunderts leicht, die Unterrichtsorganisation aus der Verbindung mit der
alten Kirche loszulösen. Und auch nach Gründung der Universitäten blieb
es hier die Regel, daß aristokratische Vetternschaft und persönliche Wohl=
habenheit in der Kirche immer noch ebensoviel oder mehr Aussicht auf
Vorwärtskommen zu höheren Stellen boten, als gelehrte Bildung[1].

Das deutsche Universitätswesen ist von Laienhänden der Kirche ge=
schenkt worden. Um den Vorgang in seinen Motiven und seiner allgemei=
neren Bedeutung zu verstehen, werfen wir zunächst einen Blick auf den
Stand der Laienbildung in dem Deutschland des 14. Jahrhunderts.

Zur Entwicklung einer selbständigen, von der Kirche sich emanzipieren=
den Laienbildung großen Stils, wie sie in Italien aufblühte, fehlten bei
uns damals alle geistigen und sozialen Voraussetzungen. Zwar finden sich
genug Ansätze zur geistigen Emanzipation der Laienwelt von der kirch=
lichen Bevormundung aller Lebensverhältnisse in den kirchenpolitischen
Kampfschriften und selbst in der poetisch=satirischen populären Literatur
jener Tage; aber weit charakteristischer für den Geist jener Zeit ist doch
das naive Beharren in dem Banne kirchlicher Traditionen selbst da, wo
die Konsequenz neuer Gedanken aus den alten Bahnen herauszudrängen
scheint. Typisch dafür ist die sprichwörtliche kirchliche Devotion des „Pfaffen=
königs" Karls IV., den man als frühesten Vertreter der Renaissance in
Deutschland zu bezeichnen pflegt.

Alle deutsche Laienbildung dieser Zeit, soweit sie nicht von ausschließ=
lich religiösen und kirchlichen Idealen erfüllt war, stand noch immer unter
der Nachwirkung jener älteren Glanzepoche des Rittertums, in der zum
ersten Male der deutsche Laienstand eigene Bildungsideale aufgerichtet
hatte. Der Adelsstand, insbesondere der Schwertadel, der nach seiner poli=
tischen Machtstellung, beruflichen Tätigkeit und dadurch mitbedingten
seelischen Struktur zu einer gewissen geistig=ethischen Selbständigkeit gegen=
über der Kirche am meisten prädestiniert war, hatte diese Bildung geschaffen

---

[1] Bittere Klagen darüber in der Adventsrede des Matth. v. Krakau vor Urban VI.,
1385, M.J.Ö.G. 24, p. 315.

und getragen. Die europäische Stellung und die politischen Unterneh=
mungen des Kaisertums hatten seinem Leben Schwung und Glanz ver=
liehen. Mit der Katastrophe des Stauferhauses waren die Wurzeln dieser
höfischen Kultur zerschnitten worden. Seitdem siechte sie dahin. Mit der
höfischen Zucht und ritterlichen Dichtung verfiel seit der Mitte des 13. Jahr=
hunderts der allgemeine Kulturstand des ritterlichen deutschen Adels,
dessen Leben in mehr oder weniger kleinlichem Fehdewesen aufging, dessen
niedere Schichten, die einst vom Glück so begünstigten Ministerialen, oft
elend genug um ihre nackte Existenz zu fechten hatten[1]. Auch an den
Fürstenhöfen war das Leben rauher, „unhövelicher" geworden seit den
Tagen der Minnesänger. Aus den höchsten deutschen Gesellschaftsschichten
des 14. Jahrhunderts sind uns Züge barbarischer Roheit überliefert, die
einen Mangel an den einfachsten Elementen höherer Bildung anzudeuten
scheinen: so von dem Abte Mangold von Reichenau, der 1384 Bischof von
Konstanz wurde, daß er einst fünf in einer Fehde gefangenen Konstanzer
Fischern mit eigener Hand die Augen ausstieß; oder von dem Pfalzgrafen
Ruprecht II., dem Neffen und Mitregenten des Universitätsgründers, daß
er 1388 in dem großen Städtekriege 60 Mann gefangenes Gesindel aus
dem Troß der Stadt Worms in einem Ziegelofen lebendig verbrennen ließ.
Auch in Italien war das politische Leben seit dem Sturz des Kaisertums ein
Kampf aller gegen alle geworden, und er vollzog sich in wahrscheinlich
noch viel blutigeren Formen als bei uns. Aber die Leichtigkeit, mit der
sich dort die Elemente einer modernen Gesellschaft aus den alten feudalen
Verhältnissen herauslösten und neu kristallisierten, zeigt deutlicher als irgend
etwas anderes, wie mächtig dort die im übrigen Europa längst verschüt=
teten antiken Grundlagen des sozialen Lebens unter der Decke des mittel=
alterlichen Lehnsstaates fortbestanden hatten. Der Verfall dieses Staates
wirkte nicht wie in Deutschland zunächst lähmend, sondern eher befreiend
auf die Entwicklung des geistigen Lebens. In Italien fand sich vor allem
noch, wie einst in der Antike, jene enge Verbindung zwischen Land und
Stadt, jener Typus einer städtischen Aristokratie, deren Vorhandensein den
ungebrochenen Übergang aus der geistigen Welt des Mittelalters in die
der Renaissance so ungemein erleichtert hat und die dem übrigen Europa
damals noch mehr oder weniger fehlte; nirgends sonst bestand wie dort
eine enge Verbindung statt eines natürlichen Gegensatzes zwischen mili=

---

[1] Der Dergleich mit dem Schicksal des modernen deutschen Offizierstandes nach
1919 drängt sich unmittelbar auf.

tärisch-diplomatischen und literarischen Bildungsinteressen. Der jahr=
hundertelang fortgesetzte Bürgerkrieg schien in Italien das Fortwirken
alter Kulturtraditionen und das Neuaufblühen geistigen Lebens außer=
halb der Kirche gar nicht zu hemmen; in Deutschland verkümmerten unter
den Stürmen der Zeit die Ansätze einer freien, weltlichen Bildung, die sich
in der Blüteepoche der ritterlich=feudalen Kultur hervorgewagt hatten.
Dafür wucherten um so stärker die religiösen Ideen auf dem von den Bettel=
mönchen frisch gepflügten Boden. Das Leben in Deutschland wurde fröm=
mer und geistlicher, indem es zugleich wilder und formloser wurde.

Will man die Tragweite dieser Veränderungen für die deutsche Bil=
dungsgeschichte abschätzen, so darf man die Tatsache nicht aus dem Auge
verlieren, daß der Einfluß des französischen Geistes, dem einst die Kunst=
und Lebensformen der aristokratischen Minnesingerepoche entsprungen
waren, nach dem Ende der Stauferzeit ungeschwächt fortdauerte, ja sich
noch erheblich verstärkte. Mit der Größe der eigenen Leistung nahm die
Originalität der Deutschen in ritterlicher Dichtung und kirchlicher Baukunst
ab; das französische Muster aber blieb nach wie vor Leitstern, weit länger
als in Italien, das als ein Land mit eigenen starken Kulturtraditionen
einen so viel kürzeren Weg zur geistigen Selbständigkeit hatte als Deutsch=
land. In der Tat gehören auch die ältesten deutschen Universitätsgrün=
dungen in den Zusammenhang dieser großen Invasion französischer Geistes=
art, die seit dem 12. Jahrhundert stetig zunimmt; die Nachahmung des
höfischen Minnedienstes im 12., der Sieg hochgotischer Formen in der Kunst
im 13. und 14. Jahrhundert und die Übernahme französischer Scholastik
nach Deutschland seit 1348 sind aufeinander folgende Merkmale einer
Bewegung. Es hat Zeiten gegeben (um 1300), in denen die französische
Kultur für uns zu einer politischen Gefahr zu werden drohte. Die eigent=
liche Blüte des französischen Geistes war damals bereits vorüber. Die
großen Denker und religiösen Propheten seit der Mitte des 12. Jahr=
hunderts waren keine Franzosen, sondern Deutsche, Engländer und Ita=
liener. Aber Frankreich besaß immer noch vor uns den unschätzbaren Vor=
zug starker Formtraditionen, einer Gesellschaft mit eigenem Lebensstil und
eines leistungsfähigen, organisierten Bildungswesens. Als nun das fran=
zösische Königtum unter Philipp dem Schönen zum ersten Male die Kräfte
der Nation straffer zusammenfaßte und kräftige Stöße gegen den morschen,
abbröckelnden Bau des heiligen römischen Reiches an dessen Westgrenze
richtete, schien eine Epoche geistiger und politischer Hegemonie Frankreichs

heraufzuziehen, die in manchem an das Zeitalter Ludwigs XIV. gemahnen mochte[1]. Wer darf sagen, wie die politische und Kulturentwicklung des deutschen Westens verlaufen wäre ohne die spätere Ablenkung Frankreichs durch den englischen Krieg und die damit verbundene Schwächung und Verwirrung des Staates im Innern? Wie ein Magnet zog der Hof des Königs von Frankreich die benachbarten kleinen Dynasten an. Karl IV., der Begründer der ältesten deutschen Universität, ist als Sohn des luxemburgischen Hauses in Frankreich erzogen worden; in seiner Familie wie in den meisten Dynastien des deutschen Westens war das seit vielen Generationen üblich. Wie der gebildete deutsche Klerus sein Wissen an französischen Bildungsstätten erwarb, so gehörte es seit dem 12. Jahrhundert zum guten Stil der adligen Gesellschaft, den feinen Umgangston, die „höveschheit", an der Quelle selbst, d. h. an französischen Höfen zu erlernen. Französische Sprachkenntnisse oder zum mindesten französisch klingende Redewendungen mochte auch der ritterliche Ministeriale nicht missen, der Wert darauf legte, durch Bildung unter seinen Standesgenossen zu glänzen — vielleicht ohne deshalb die unter dem deutschen Laienadel sehr seltene Kunst des Lesens und Schreibens zu verstehen. Von Landschaft zu Landschaft läßt sich die wechselnde Intensität dieses fremdländischen Einflusses in Literatur und Kunst verfolgen — am größten war sie naturgemäß im Westen[2]: auch die oberrheinischen Lande waren ihm auf das stärkste unterworfen.

In höchst naiver Weise kommt das Bewußtsein dieser Lage sogar in der volkstümlichen Spruch- und Lehrdichtung zum Ausdruck, die uns viel mehr vom wirklichen inneren Leben der Deutschen in jener Zeit verrät, als die epigonenhaften Nachbildungen der älteren Minnelieder und Ritterepen. In diesen halb poetischen, halb theologischen und meist recht form-

---

[1] Kern, Anfänge d. frz. Ausdehnungspolitik, 51ff., betont stark die Unterschiede der beiden Epochen: es fehlte im 14. Jhd. die Geschlossenheit des späteren französischen Nationalstaates und die Klarheit des französischen Nationa bewußtseins; die politische Stellung der Grenzländer richtet sich mehr nach politisch-dynastischen Sonderinteressen der lokalen politischen Gewalthaber, als nach sprachlichen und Kulturbeziehungen usw. Doch auch wer alle diese Einschränkungen im Auge behält, wird — wie K. selbst — die Mitwirkung der Kulturbeziehungen bei der politischen Entfremdung der westlichen deutschen Grenzländer nicht verkennen.

[2] Vielleicht am meisten kennzeichnend hierfür ist der mhd. Ausdruck „Vlaeminc" zur Bezeichnung eines Mannes von Bildung und die künstliche Einmischung niederfränkisch-flämischer Wortformen in die mhd. Dichtersprache!

losen Literaturerzeugnissen beginnt doch allmählich etwas Neues sich aus=
zusprechen: der Geist einer bürgerlichen Laienbildung, die sich seit dem
Verwelken des höfisch=ritterlichen Wesens aus recht barbarischen Anfängen
mühsam emporarbeitete. Neben der sonst so verbreiteten romantisch=
rittertümelnden Sentimentalität regt sich hier fühlbar ein wirkliches Bil=
dungsstreben — in seltsam unbeholfener Form. Sie wissen recht wohl,
diese bürgerlichen Sänger, daß feinere Bildung und höfischer Anstand in
Deutschland selten geworden sind und als ein „welscher Gast" Einlaß bei
uns begehren. Geradezu sagenhaft erscheint ihnen das geheimnisvolle
Wissen der „weisen Meister" zu Paris. Aber das wenige, was ihnen selber
an Bildung zuteil geworden ist — auf deutschen Trivialschulen oder im
Ausland — das wissen sie als ihren wertvollsten Besitz zu schätzen. Wie
einst die Vaganten des 12. Jahrhunderts gemeint hatten, auf Grund ihrer
lateinischen Schulbildung den gemeinen Haufen verachten zu dürfen, so
prunkt jetzt der „Marner" samt seinen Genossen und Nachfolgern mit
seinem stattlichen Schulsack voll wunderlichen Scheinwissens, so stolziert
jetzt der bürgerliche Singmeister gravitätisch im starren Panzer dialektisch=
sophistischer Turnierkünste einher und ahmt im französischen Geschmack
akademische Redegefechte nach: vom Sängerwettstreit auf der Wartburg
bis zu dem zunftmäßigen Wettsingen der „Meistersinger"; nur daß frei=
lich diese dichtenden Handwerksmeister mit ihren theologischen Gegen=
ständen und zopfig=schulmäßigen Tabulaturen bereits erkennen lassen, daß
sie inzwischen den akademischen Schulbetrieb aus nächster Nähe (vielleicht
an ihren eigenen Söhnen!) bewundernd kennengelernt hatten[1]. Der kleine
Mann, der jetzt in die Literatur eindringt, will den sozial höherstehenden
ritterbürtigen Sänger durch seine „Kunst", d. i. durch sein Wissen über=
trumpfen. Und somit beginnt schon frühe das literarische Vorspiel zu dem
Wettlauf zwischen Adel und Bildung, der später eine der merkwürdigsten
sozialen Folgeerscheinungen der Universitätsgründungen bilden sollte.

Freilich, bei aller naiven Ehrfurcht des deutschen Bürgersmannes vor
dem Besitz des Wissens: sein eigener Wissensdurst hält sich doch meist in
sehr engen Grenzen. Das ewige Heil und die zeitliche Wohlfahrt verbürgt
doch in erster Linie ein frommer Sinn, ein wackeres Herz, eine starke Faust,
ein helles Auge — praktische Tugenden also, keine dianoetischen im Sinne
der Aristoteliker. Ein bürgerlicher Schulmeister wie Hugo von Trimberg

<hr />

[1] Vgl. dazu jetzt W. Stammler, Die Wurzeln des Meistergesangs. Dt. Viertel=
jahrsschr. f. Litwiss. I, 54 f.

weiß den Wert des Wissens für diese und jene Welt recht wohl zu schätzen; indessen:

> Manger hin ze Paris vert,
> Der wenik lernet und vil verzert ...
> Waʒ sol tieffe und große kunst,
> Diu niht erwirbet gotes gunst?
> Swer hoffertich ist mit siner kunst
> Und niht wirbet nach gotes gunst,
> Warʒu wil der vil puche lerne
> Ʒe Paris, Orlens, ze Salerne?
> Da von lert uns alle schon
> Ein buch, heiʒʒet „enchiridion" ...[1]

Das ist die echte Grundstimmung des Bürgertums in dieser Zeit: prak= tisch=nüchtern und devot zugleich. Ganz gewiß ist es kein historischer Zu= fall, daß die ältesten deutschen Universitäten von deutschen Landesfürsten begründet sind und nicht von den Ratsherren deutscher Städte. Die neuere Geschichtschreibung liebt es wohl (nicht immer ohne Beimischung bürgerlich= liberaler Vorurteile) die Städte vorzugsweise als die Träger des Fortschritts im Leben des spätmittelalterlichen Deutschland zu betrachten. Und doch ist ein solches Urteil politisch wie geistesgeschichtlich nur eingeschränkt richtig.

Es ist wahr: die Ausbildung einer geregelten inneren Verwaltung, in der die organisatorische Hauptleistung der Städte lag und mit der sie den fürstlichen Territorien vorangingen, mußte irgendwann auch einmal dem Studienwesen zugutekommen. Was das spätere Mittelalter von den Uni= versitäten in erster Linie erwartete, war die Ausbildung von praktischen Juristen und von Schulmeistern. Nach beiden entwickelte sich in den Städten im 14. Jahrhundert eine steigende Nachfrage: die städtischen Schulen ver= langten Magister „der freien Künste" als Lehrer, die Stadtverwaltung be= durfte immer mehr der juristisch vorgebildeten Beamten. Vor allem das einflußreiche Amt des städtischen Kanzlers, des „Stadtschreibers", gewöhnte man sich mit ausgebildeten Juristen zu besetzen. Für Köln ist schon 1358 ein Doktor des geistlichen Rechts als „clericus civitatis" bezeugt, und schon 1326 ist dort von der Verwendung von „magistri", also vermutlich akade= misch gebildeten Beamten in der Kanzlei die Rede[2]. So schnell vollzog

---

[1] Renner, v. 13390/91, 13426/33, l. c. 154.
[2] Ennen, Stadt Köln II, 518.

sich die Entwicklung in kleineren Städten nun freilich nicht; die Verwen=
dung eines akademischen Juristen wird in den meisten wohl erst im 15. Jahr=
hundert üblich geworden sein; vor der Gründung der deutschen Univer=
sitäten waren sie eine große Seltenheit. Aber außer der Verwaltung und
den diplomatischen Geschäften machten auch die häufigen und komplizierten
Prozesse, die die Städte um ihre Privilegien und andere Rechtsfragen zu
führen hatten, das Bedürfnis nach juristisch geschulten Beratern (Rechts=
konsulenten, Stadtpfaffen, Advokaten, Syndici) äußerst dringend. Es war
natürlich, daß man sie lange dem Klerikerstande entnahm, dessen Auslands=
studium, wie die Quellen der Zeit beweglich klagen, seit langem weit mehr
auf juristische als auf theologische Ausbildung gerichtet war[1] — eine
Folge der zunehmenden Erstarrung des kirchlichen Lebens in romanischen
Rechtsformen. An dieser Stelle gingen die Bildungsinteressen der Kirche
und der Städte einander parallel.

Scheint das nicht doch darauf hinzudeuten, daß die Städte an erster
Stelle berufen waren, die Kulturaufgaben zu übernehmen, die von der
Kirche vernachlässigt wurden? War es nicht ein Zeichen der neuen Zeit,
daß die großen Dombauten am Rheine, die das 13. Jahrhundert unvoll=
endet hinterlassen hatte, nur durch Übernahme der Baulasten auf die
Bürgerschaften durchgeführt werden konnten? Indessen: eine eigene städti=
sche Kultur, ein geistiges Leben von höherer Bedeutung entwickelte sich
doch nur sehr allmählich. Es mag sein (wie Dehio bemerkt[2]), daß in der
Kunstentwicklung die eigentlich „heroischen" Glanzleistungen der rheini=
schen Städtearchitektur bereits in die Frühzeit des neuen Städtewesens,
in die Epoche der aristokratischen „Geschlechter"=Herrschaft fallen — im
ganzen war dieses Bürgertum zunächst gewiß nicht reicher an geistiger
Bildung als der kriegerische Adel. Seine geistige Kultur stand nicht auf
der gleichen Höhe wie seine technisch=zivilisatorische Leistung. Eine gewisse
Enge und Beschränktheit macht sich oft genug auch in der städtischen Politik
bemerkbar — als Folge der Tatsache, daß es den deutschen Städten im

---

[1] Vgl. die angebl. Bulle Innocenz' IV. von 1254 bei Deboulay, Hist. univ.
Paris. III, 265 nach Matth. Paris.; Denifle, Chart. univ. Paris. I, 261/62 bezweifelt
mit gutem Grunde ihre Echtheit. Als Zeugnis der Meinung d. Zeit ist sie in jedem
Falle lehrreich. — Vgl. auch die bei Luchaire, La société frç. au temps de Phil.
Aug. (Paris 1909), p. 83 angeführte Predigt des Pariser Kanzlers Prévostin a. d.
Anfang des 13. Jhd.s, als Beispiel zahlreicher ähnlicher Äußerungen.

[2] Geschichte d. dtsch. Kunst II, 31.

Unterschied von den italienischen nirgends gelang, einen größeren eigenen Territorialbesitz zusammenzubringen; man kennt die Kleinlichkeit und Schwäche dieser Politik der Kirchturmsinteressen zur Genüge aus der Geschichte aller Städtebünde, die Hanse nicht ausgenommen. Dazu kamen nun die Hemmungen weitschauender Kulturpolitik durch innere Kämpfe. Überall lag die alte Aristokratie patrizischer Familien im Streit mit der aufstrebenden, rohen und kulturlosen Demokratie der Zünfte. Abgesehen von gelehrter Rechtskenntnis mochte den geistigen Bedürfnissen dieses kriegerischen Bürgertums noch lange genügen, was die städtischen Elementar- und Lateinschulen zu bieten hatten. An und für sich war die technische Schwierigkeit, ein „Generalstudium" zu errichten, ja gar nicht so groß. Ein paar Professoren mit kirchlichen Pfründen auszustatten, konnte dem Rat einer größeren deutschen Stadt (dem ja meist die Verfügung auch über kirchliche Benefizien zustand) keine besonderen Schwierigkeiten machen. Die Beschaffung von ein paar hundert Gulden jährlicher Zuschüsse aus laufenden Mitteln, die Bereitstellung von Lehrräumen und Wohnungen, die Einholung der nötigen päpstlichen Privilegien — das alles waren letztlich Geldfragen, die im Ganzen eines großen städtischen Haushaltes eine fast lächerlich geringe Rolle spielten[1]. Um so mehr, als kirchliche Stiftungen und private Wohltätigkeit die Finanzierung wesentlich erleichterten und schließlich alle Ausgaben sich durch indirekte wirtschaftliche Vorteile aus dem Zustrom zahlreicher Studierender reichlich bezahlt machten. Gleichwohl haben erst Ende des 14. Jahrhunderts die Obrigkeiten der beiden deutschen Städte, in denen das kirchliche Schulwesen seit über einem Jahrhundert am höchsten entwickelt war: Erfurt und Köln, den längst zu erwartenden, wahrlich nicht mehr schweren Schritt getan, die bestehenden Studienanstalten erweitert und ihnen das päpstliche Privileg verschafft. In beiden Städten regierten damals im wesentlichen (in Köln sogar ausschließlich) noch die alten „Geschlechter", nicht die Zünfte. Aber diese Gründungen waren längst nicht mehr die ersten auf deutschem Boden.

Was den ersten Schritt: die Übertragung des französischen Vorbildes auf deutschen Boden, veranlaßte, war der Weitblick eines Staatsmannes, der über die allerengsten Notwendigkeiten des Tages hinaus das tiefere Bedürfnis der Kirche und des Staates zu erkennen vermochte. Darauf kam es schließlich noch mehr an als auf die nicht sehr bedeutenden technisch-

---

[1] Vgl. die Etats der Stadt Erfurt von 1483, 1486 und 1505 bei Benary, Zur Geschichte d. St. u. Univ. Erfurt (1919), p. 134, nr. 142.

finanziellen Voraussetzungen der Gründung. Dieser staatsmännische Weit=
blick aber fand sich nicht zuerst in der Ratsstube einer deutschen Stadt oder
an der Kurie eines deutschen Bischofs, sondern am Hofe des bedeutendsten
deutschen Territorialfürsten seiner Zeit: am Hofe Karls IV., desjenigen
Herrschers, der nach Herkommen und Erziehung, Charakter, Schicksal und
politischer Stellung weitaus am meisten befähigt war, über die Grenzen des
deutschen Landes und Herkommens hinauszublicken. Seine unmittelbaren
Nachahmer waren diejenigen beiden deutschen Territorialfürsten, die nächst
ihm am frühesten, jedenfalls innerhalb ihrer Generation mit dem klarsten
Bewußtsein und stärksten Ehrgeiz aus dem politischen Wirrwarr des zer=
fallenden Reiches hinausstrebten zu einer festeren, geschlossenen Organi=
sation ihres Hausbesitzes: Rudolf IV. von Habsburg=Österreich und Ru=
precht I. von der Pfalz. Der deutsche Territorialstaat, das heißt diejenige
politische Macht des ausgehenden deutschen Mittelalters, der allein die
Zukunft gehörte, hat somit das Universitätswesen bei uns begründet, hat
die Lücke endlich ausgefüllt, die seit Jahrhunderten im kirchlichen Bildungs=
wesen klaffte und hat damit seine eigene Stellung gegenüber der Kirche
unendlich verstärkt. Es war eine seiner ersten Taten, sobald er aus dem
politischen Chaos des zertrümmerten alten Reiches erkennbar emportauchte.
Im Rahmen des mitteleuropäisch=westfränkischen Lebens bedeutete sie eine
sehr bemerkenswerte Neuerung. Nur außerhalb dieses Kulturkreises, in
dem normannisch=sizilischen Staate Friedrichs II. und den spanischen König=
reichen, die ohnedies beide in wesentlich anderen politischen Formen lebten,
hatte bisher die weltliche Monarchie der Kirche ihre höchsten Bildungs=
anstalten errichtet und verliehen. Wenn dasselbe jetzt in Deutschland ge=
schah, so fragt man nicht ohne Spannung nach den Motiven.

Zweites Kapitel

Die Gründung

Für die Gründungsgeschichten der ältesten deutschen Universitäten sind uns die Motive der Stifter nicht durch unmittelbare Zeugnisse überliefert. Denn die Stiftungsbriefe benutzen einen konventionellen Phrasenschatz, aus dem sich nur wenig Positives entnehmen läßt. Wir sind also auf Rück= schlüsse aus allgemeineren historischen Verhältnissen angewiesen, und es ist bei den engen politischen Beziehungen, die zwischen Prag, Wien und Heidel= berg bestanden, von vornherein klar, daß eine Betrachtung dieser Verhält= nisse sich nicht auf eine einzelne der drei Universitäten beschränken darf.

Verhältnismäßig am einfachsten sind die Motive Karls IV. zu erkennen. Hier stimmt alles zusammen: persönliche Bildungsinteressen des Monarchen mit den offenbaren Bedürfnissen seiner territorialen Hausmacht. Das Ziel einer moderneren Staatsverwaltung nach französischem Muster, das er sich für sein Erbland Böhmen gesteckt hatte, war ohne Ausbildung zahlreicher juristischer Beamter nicht zu erreichen. Die Universität und die zu einer rein weltlichen Behörde umgestaltete kaiserliche Kanzlei sollten zur Schule des neuen Beamtentums werden, das den neuen Staat aufbauen half. Karls eigenes Studium an der Pariser Universität und seine französische Erziehung überhaupt weist deutlich auf die Quelle dieser Pläne hin. Die Universitäts= gründung steht hier im Zusammenhang einer frühen Nachahmung französi= scher Verwaltungskunst, wie sie in anderen deutschen Territorien erst im Laufe des folgenden Jahrhunderts üblich wurde. Ihre Motive sind aber damit nicht erschöpft. Viel allgemeiner waren Karls Bestrebungen darauf gerichtet, den Kulturstand seines Landes zu heben, seine Hauptstadt zu einer geistigen Zentrale des Ostens zu machen. Für die böhmische Kirche war die Schaffung einer eigenen theologischen Fakultät gewiß nicht minder be= deutsam, als die Errichtung des Prager Erzbistums. Hier im Osten mußte der Zwang, die akademische Bildung auf weiten Wanderfahrten bei frem= den Völkern holen zu müssen, als besonders lästig empfunden werden[1].

---

[1] Das sprach auch der Stiftbrief Karls IV. von 1348 aus, doch hat Matthaesius,

Aber nicht das französische Muster allein hat dem Böhmenkönig vor=
geschwebt. Was ihn und seine Universität in ganz einzigartiger Weise
kennzeichnet, ist die intime Berührung mit den ersten Anfängen italieni=
scher Renaissance, die er auf dem Umwege über Avignon und in Italien
selbst gewann. Wie er neben französischen auch italienische Künstler berief,
wie sein Kanzler Johann von Neumarkt der erste deutsche Bewunderer
und Nachahmer des italienischen Humanismus wurde, so war auch die
Universität neben dem Pariser zugleich dem Bologneser Muster nachgebildet.
Das blieb in Deutschland Ausnahme. Karl IV. war überhaupt durchaus
mehr als bloßer Repräsentant des deutschen Fürstenstandes: in gewissem
Sinn eine internationale Persönlichkeit. Man hat seinen Kulturbestrebun=
gen im Geist der frühen Renaissance neuerdings viel liebevolles Studium
zugewandt. Daß sie in die Breite und in die Zukunft, bis auf die Anfänge
des deutschen Humanismus, unmittelbar nachgewirkt hätten, scheint un=
erweisbar zu bleiben. Ein deutscher Landesfürst, der selber in Paris studiert
hatte, der seine eigene Biographie und theologische Betrachtungen nieder=
zuschreiben Fähigkeit und Muße besaß: welch ein ungewöhnliches Phä=
nomen im 14. Jahrhundert! Ein gleiches Maß persönlicher Bildungs=
interessen dürfen wir bei den andern fürstlichen Gründern nicht entfernt
voraussetzen.

Ruprecht I. von der Pfalz hat sein Leben lang in enger persönlicher
Berührung mit Karl von Böhmen gestanden[1]. Nach Überwindung anfäng=
licher politischer Gegensätze schlossen die beiden Männer eine Freundschaft
miteinander, aus der sie beide erheblichen politischen Nutzen zogen. Wäh=
rend des Römerzuges von 1354/55 erscheint der Pfälzer als Reichsverweser,
in zahlreichen andern Fällen als Stellvertreter in Reichsangelegenheiten;
überaus häufig wirkte er als vornehmster Ratgeber des Reichsoberhauptes.
Aber auch ohne diese besonderen Beziehungen wäre als höchst wahrschein=
lich anzunehmen, daß das Vorbild der Prager Universitätsgründung un=
mittelbar auf Ruprecht eingewirkt hat. Bei allen östlichen Nachbarn hatte
dieses Beispiel sogleich Nachahmung gefunden: in Krakau, in Ungarn (Fünf=
kirchen), in Wien. Daß es sich dabei um den Ehrgeiz politischer Neben=

Mitt. d. V. f. Gesch. d. Dt. i. B. LII, 471 gezeigt, daß diese Wendung formelhaft
aus dem Salerner Stiftbrief (1252) übernommen ist.

[1] In diesem Zusammenhang verdient auch notiert zu werden, daß Ruprechts
Neffe und Mitregent Ruprecht II. i. J. 1365 in der kaiserl. Stiftungsurkunde für das
Genfer Generalstudium als Zeuge erscheint.

buhler handelte, war am deutlichsten in Österreich geworden, dessen Herr=
scher Rudolf IV. die gewagtesten Mittel aufbot, um seinen Besitz als einen
geschlossenen, von Kaiser und Reich möglichst unabhängigen Territorial=
staat zu begründen. Urkundenfälschung und die Anmaßung prunkvoller
Titel mußten dazu ebensogut dienen wie die wertvolleren Mittel innerer
Reformen: Festlegung der Erbfolge, Münz= und Steuerordnung, Gerichts=
reform und endlich der Abschluß zahlreicher Erbverträge mit benachbarten
Fürsten. Die Rivalität gegenüber dem Böhmenkönig kam schon äußerlich
recht sichtbar in dem ungeheuren Neubau des Stephansdomes zum Aus=
druck, der als Gegenstück zum gleichzeitigen Prager Dombau gedacht war.
Hatte Prag seinen Erzbischof, so mußte Wien zum mindesten seinen Bischof
bekommen; vermehrte dort der Glanz einer Universität, deren rasch ver=
breiteten internationalen Ruf die böhmischen Chronisten nicht laut genug
zu preisen wußten, den Ruhm der landesherrlichen Hauptstadt, so durfte
es in Wien auch an einem solchen Gegenstück nicht fehlen. Der Stiftungs=
brief Erzherzog Rudolfs für die Wiener Universität von 1365, mit seinen
starken und z. T. wörtlichen Anklängen an den im Vorjahre erlassenen
Stiftbrief des Polenkönigs für Krakau, im Druck nicht weniger als 24 Seiten
umfassend[1], zeugt überlaut von der Ruhmsucht seines Urhebers: in der
Häufung majestätisch dröhnender Phrasen über die Vollgewalt des Stifters
wie in der Massenbesiegelung durch ein ganzes Aufgebot von Vasallen.

Die Entfaltung fürstlicher Macht, zu der die Kolonialländer des Ostens
Raum und Möglichkeit boten, ließ sich in den engen und verwickelten poli=
tischen Verhältnissen am Rhein nicht in allem nachahmen. Wohl aber die
Gründung der Universitäten. Das Habsburger wie das Luxemburgische
Haus — beide aus dem Westen stammend — übertrugen ein Stück westlich=
französischer Kultur nach ihren östlichen Territorien, indem sie Hochschulen
gründeten. Es ist leicht einzusehen, daß die äußeren Voraussetzungen für
eine solche Übertragung am Rhein ungleich günstiger lagen.

Von der politischen Seite her wird man den Motiven des Heidelberger
Stifters am besten gerecht werden. Zwar scheinen ihm literarische Inter=
essen nicht gänzlich fremd gewesen zu sein. Es gibt vereinzelte Notizen,
die erkennen lassen, daß der Heidelberger Hof schon damals für den fürst=
lichen Privatgebrauch Abschriften poetischer und prosaischer Werke in deut=

---

[1] Kink, Univ. Wien II, (U.B.), nr. 1. Vgl. auch d. Studie von K. Schrauf in:
Gesch. d. Stadt Wien, hrsg. v. Wiener Altert.=Ver., II, 2, 961—1017.

scher Sprache fertigen ließ[1]. Immerhin besagt das im Grunde sehr wenig. Ruprecht selber hob gelegentlich seine Unkenntnis des Lateinischen und gelehrter Dinge überhaupt hervor[2], und wenn das auch aus diplomatischen Gründen geschah, um sich einer unbequemen kirchenrechtlichen Auseinandersetzung zu entziehen: von der Wesensart des böhmischen Königs, von dem Typus des feinen, klugen und kühlen Diplomaten, des Hofmannes mit europäischer Bildung, hatte der schwertkundige Alte gewiß nicht viel an sich[3]. Ihn erfüllten viel ausschließlicher praktisch-politische Interessen. Die Ausdehnung und innere Festigung seines Territorialbesitzes ist das beherrschende Motiv seines Handelns, von dem jeder Erklärungsversuch auszugehen hat.

Man kann ihn mit Fug und Recht als den eigentlichen Begründer dieses Territorialstaates bezeichnen. Erst durch sein Verdienst gewannen die Pfalzgrafen bei Rhein diejenige gesicherte Stellung im Reichsrecht und als Landesherren, die sie befähigte, ihren bunten und zerstückten territorialen Besitz allmählich zu einem Staate auszubauen. Lange hatte das politische Schicksal dieser Lande hin- und hergeschwankt, seit Friedrich Barbarossa den ersten Grund zu der späteren Pfalzgrafschaft durch Belehnung seines Bruders Konrad mit dem rheinischen Pfalzgrafenamte und Zuweisung gewisser, von den Staufern aus salischem Hausgut ererbter Hoheitsrechte am Rhein gelegt hatte. Aus diesen offenbar sehr dürftigen und nebelhaften Anfängen hatte sich erst allmählich am Neckar, Mittel- und Niederrhein durch Summierung von allerhand verschiedenartigen Hoheitsrechten ein territorialer Besitz gebildet. Fast immer im engen Anschluß an die Politik der Kaiser hatten seine Inhaber sich selber und ihren Besitz vorwärtsgebracht — solange, als die Kaiser hier noch wesentliche Hoheitsrechte zu vergeben hatten. Seit das Ganze aus staufischer und welfischer Hand in die der Wittelsbacher gekommen war, schienen die rheinischen Besitzungen eine Zeitlang zu einem Nebenlande von Baiern zu werden. Erst in der

---

[1] Es handelt sich um je eine erhaltene Abschrift der Predigten Bertholds von Regensburg für seine Gemahlin, der Weltchronik Rudolfs von Ems und des Lebens der hl. Elisabeth für Ruprecht selbst. Das einzelne s. bei Thorbecke, N. 4—5 zu pag. 6.

[2] In dem oft zitierten Schreiben an Karl V. v. 1379, Okt. 10, über das kirchl. Schisma: DRTA I, nr. 149: . . . quia sola materna lingua utimur et simplex laicus sumus et litteras ignoramus . . .

[3] Vgl. die Charakteristik der Limburger Chronik, bei Koch-Wille, Regesten der Pfalzgrafen, nr. 4917.

zweiten Hälfte des 13. Jahrhunderts war durch Teilung der wittelsbachi=
schen Linien die rheinische Pfalz zum Kern eines selbständigen Territorial=
besitzes geworden, der dann aus dem Erbe der Staufer um Besitzrechte
in den weitentfernten „oberpfälzischen", um Amberg gruppierten Land=
schaften vergrößert wurde. Das politische Ansehen dieses höchst loderen
territorialen Gebildes beruhte aber damals noch mehr auf der historischen
Würde des Pfalzgrafenamtes, die mit seinem Besitz verbunden war, als
auf realen Machtmitteln. Und zu Anfang des 14. Jahrhunderts, unter
dem heillosen Regimente des Pfalzgrafen Rudolf, des Vaters unseres
Ruprecht, drohten auch diese Anfänge in den Wirren der wittelsbachischen
Familienstreitigkeiten wieder unterzugehen. König Ludwig IV. nahm das
ganze Besitztum seines landflüchtig gestorbenen Bruders an sich; vergeblich
suchte dessen kriegerische Witwe Mechtild das Erbe ihrer Söhne zu behaup=
ten. Ruprecht I. hat in seiner Jugend halb durch Trotz und Drohung,
halb durch politische und militärische Dienste von seinem Oheim die Heraus=
gabe dieses Erbes erkämpfen müssen. Der Familienvertrag von Pavia
(1329) begründete die Selbständigkeit des pfälzischen Besitzes neben den
bairischen Territorien bis zum 18. Jahrhundert. Seit dann Ruprecht I.
durch den Tod seines Bruders Herr des Ganzen geworden war und dessen
Sohn, seinen späteren Nachfolger Ruprecht II., durch geschickte Verständi=
gung zum fügsamen Mitregenten gewonnen hatte, gelang es ihm mit
ungewöhnlicher Klugheit und Energie, die politischen und rechtlichen
Grundlagen dieses Hausbesitzes völlig neu zu festigen. Mit kriegerischen
und friedlichen Mitteln, durch Gewalt und Vertrag, durch Fehde und Kauf,
in unendlichen Einzelkontrakten und kriegerischen Unternehmungen, schob
er seine Macht unablässig vorwärts, alle Wechselfälle dieses stürmisch be=
wegten Zeitalters ausnutzend. Vor allem verstand er das Verhältnis zu
Karl IV. politisch auszuwerten. Böhmen und Pfalz waren die haupt=
gewinner bei der Errichtung der „Goldenen Bulle" von 1356. Indem der
pfälzische Zweig des wittelsbachischen Hauses allein den Besitz der Kur=
würde zugesprochen erhielt, durfte er sich sogar des Vorrangs vor den
bairischen Vettern rühmen. Nächst dem böhmischen König galt der Pfalz=
graf als der erste der weltlichen Kurfürsten; allerhand herkömmliche, halb
zeremonielle Ehrenrechte, wie das Richteramt über den König in privat=
rechtlichen Streitigkeiten und das Reichsvikariat in bestimmten Fällen,
brachten das nachdrücklich zur Geltung. Praktisch wichtiger war die innere
Festigung des jungen Territoriums, die Ruprecht zu verdanken war und

die dem pfälzischen Kurhause von jetzt an dauernd eine bedeutende Rolle in der Reichspolitik sicherte.

Die in der goldenen Bulle den Kurfürsten verliehenen Hoheitsrechte mußte Ruprecht systematisch zur Stärkung der Finanzkraft seines Territoriums auszunutzen. Die Erweiterung seiner Gerechtsame mit Hilfe großer Geldmittel, die Zusammenlegung zerstreuten Besitzes durch Tausch, Verpfändung und Kauf, die Umwandlung lehnsrechtlicher in geldwirtschaftliche Beziehungen — das alles waren Mittel, die in der Stille, aber nachhaltig wirkten. In seine Regierung fallen die Anfänge einer regelmäßigen Verwaltung, eines wohlgeordneten pfälzischen Kanzleiwesens, von dem die Copialbücher im Karlsruher Archive heute noch zeugen: Dinge, die wiederum auf das Vorbild Karls IV. hinweisen. Beachtet man, in welch ausgedehntem Maße schon wenige Jahre nach der Gründung der Universität die Professoren als Gesandte, Ratgeber und richterliche Beamte des kurfürstlichen Hofes verwendet wurden, so leuchtet der innere Zusammenhang der Universitätsgründung mit den politischen Bestrebungen Ruprechts unmittelbar ein.

Kein Zweifel: der Ehrgeiz dieses jungen pfälzischen Staates ging darauf aus, es in allen Stücken den Böhmen gleichzutun. Gewaltig war der Eindruck, den der schnelle Aufstieg dieses unscheinbaren Territoriums unter Ruprechts starker Hand bei den Zeitgenossen hervorrief. Er spiegelt sich in den bewundernden Äußerungen zeitgenössischer Chroniken wie in dem fast patriarchalischen Ansehen, das der ehrwürdige Alte im ganzen Reich genoß. Man rief ihn als Schiedsrichter und Vermittler in den größten Streitigkeiten der Reichsstände an. Die durch ihn vermittelte „Heidelberger Stallung" von 1384 war der letzte große Ausgleich vor dem Ausbruch des allgemeinen Ständekampfes (1387/88). Auf den Kurfürstentagen trat er um so stärker hervor, je mehr sich der Kaiser in seinen böhmischen Erblanden zurückhielt und das Reich sich selber überließ. Vollends seit nach Karls Tode die Zügel des Reiches in die Hände des jungen und leichtsinnigen Wenzel übergingen, fiel das allgemeine Vertrauen dem alten Pfalzgrafen „Rotbart" zu. Das Gerücht hat Ruprecht nachgesagt, er habe selber bereits nach der Königskrone gestrebt, die einst seinem Großneffen zufallen sollte. Erwiesen ist das nicht. Aber es zeigt, was man seinem Ehrgeiz zutraute. Die Gründung der Universität Heidelberg war die letzte große Tat eines Lebens, das nach den höchsten Zielen griff. Man hat die Vermutung aufgestellt, es sei dem Kurfürsten wesentlich darauf ange=

kommen, durch die Universitätsgründung den Glanz und die wirtschaftliche
Wohlfahrt seiner Heidelberger Residenz zu mehren. Gewiß werden auch
solche mehr lokalen Motive eine Rolle gespielt haben. Blickt man auf das
Ganze seines Lebenswerkes, so erscheint diese Unternehmung doch in weit
größere Zusammenhänge verflochten: sie war eines der Mittel, durch die
der werdende moderne Territorialstaat sein geschichtliches Daseinsrecht er=
wies, durch die er sich emporarbeitete aus der Enge halb privaten adligen
Familienbesitzes, verworrener mittelalterlicher Rechtsverhältnisse auf die
Höhenlage echten staatlichen Daseins. In diesem Zusammenhang erscheint
die Gründung der Heidelberger Universität wenn nicht als Ruprechts
größte, so doch als seine bleibend bedeutsamste Tat.

Das wird vollends deutlich werden, wenn wir die besonderen geschicht=
lichen Vorgänge betrachten, die zu ihrer Ausführung den Anstoß gaben:
das Zurückfluten der deutschen Akademiker aus Frankreich im Moment einer
großen kirchlich=politischen Krisis. Um die Bedeutung dieser Ereignisse zu
verstehen, suchen wir uns über den Umfang und die allgemeine Richtung
der Auslands=Studienfahrten, insbesondere der Westdeutschen, klarzu=
werden.

Die peregrinatio academica der Deutschen hatte seit der Gründung der
beiden ostdeutschen Universitäten ihren Höhepunkt überschritten. Zwar
blieb die Entwicklung der Wiener Universität und dementsprechend ihre
Anziehungskraft auf die Auslandsfahrer in den ersten Jahrzehnten — so=
viel sich bis heute erkennen läßt — recht kümmerlich; um so mehr aber
scheint die rasch aufblühende Prager Hochschule, eine Anstalt von weit mehr
als territorialem Zuschnitt, die wanderlustigen Scholaren an sich gezogen
zu haben[1]. Doch galt das naturgemäß weit mehr für den Osten und Nor=
den, als für die westdeutschen Landschaften[2], die von jeher am Auslands=
studium weitaus am stärksten beteiligt gewesen waren — ein Verhältnis,
das nunmehr erst recht hervortreten mußte. Dabei scheint — soweit die
mir zur Verfügung stehenden dürftigen Zahlenangaben schon heute ein
Urteil gestatten — der deutsche Südwesten seine Söhne mit Vorliebe nach
Italien, der Nordwesten statt dessen nach Frankreich entsandt zu haben.
In Bologna treffen im 14. Jahrhundert aus dem ganzen Norden, Osten
und Südosten Deutschlands, dazu aus Burgund und den skandinavischen

---

[1] Vgl. Anhang: Exkurs 1 (auch für das folgende).
[2] Vgl. Exkurs 2.

Ländern zusammen nur etwa halb so viele Studenten ein, wie aus den rheinischen Gebieten und Schwaben, und von diesen wiederum stammt fast die Hälfte aus den oberrheinischen Diözesen Konstanz, Basel und Straß= burg. Weitaus die größte Zahl dieser Italienfahrer gehörte dem Kleriker= stande an; selten trifft man (bis zur Mitte des 14. Jahrhunderts) einen Laien unter ihnen. Die Söhne wohlhabender Patrizierfamilien und Adels= geschlechter spielten hier die Hauptrolle: es waren die geborenen Anwärter auf kirchliche Prälatenstellen, vielfach schon ältere Kanoniker, Pröpste und Archidiakonen, die hier ihre Aussichten auf weiteres Vorwärtskommen durch juristische Kenntnisse und vollends durch den — fast als Adelsdiplom geachteten — italienischen Doktortitel zu verbessern suchten[1]. Immerhin war es jährlich wohl kaum ein volles Hundert, das mit solchen Zielen über die Alpen zog. Erheblich größer scheint der Zustrom nach Frankreich gewesen zu sein. Als Juristenuniversität behauptete Orleans neben Padua, Bologna und Siena den ersten Platz. Die Mediziner lockte Montpellier, die Konkurrentin des altberühmten Salerno. Für die Theologie (und Philo= sophie) aber besaß Paris wenn nicht das Monopol, so doch einen weit= gehenden Vorrang vor allen Schwesteranstalten. Hier wie auf andern französischen Universitäten überwiegt in ganz auffallender Weise der Anteil der niederländischen und überhaupt der niederrheinischen Landsleute, neben denen die Zahl der Südwest= und Ostdeutschen fast verschwindet. Die enge Verbindung der niederländischen Nordwestecke des Reiches mit der fran= zösischen Kultur — die im nächsten Jahrhundert durch den Einfluß des burgundischen Hofes noch erheblich verstärkt werden sollte — tritt darin bereits zutage[2]. Zugleich aber lassen die Akten der deutschen Korporation in Paris erkennen, daß hier sozialer Rang und finanzieller Wohlstand der Scholaren nicht in dem Maße eine Rolle spielten, wie in Italien. Neben wohlhabenden Promovenden aus gutem Hause erscheinen hier überaus häufig jene armen Schlucker, die ihre Promotionsgebühren nicht zahlen können, weil sie keinerlei regelmäßige Einnahmen besitzen. Gar mancher

---

[1] Vgl. Luschin von Ebengreuth, S.=B. A. Wien, Ph.=hist. Kl. 127, p. 50, 52ff. und Denifle, Univ. I, 151ff., sowie die in Exkurs 1 zitierte Ausgabe der Akten der Nation. — Zu ganz ähnlichem Ergebnis gelangt Stölzel, Gelehrtes Richtertum, 55ff. für das 16. Jahrhundert.

[2] Hier ist wohl auch die Erklärung für die sonst auffallende Tatsache zu suchen, daß der fruchtbare flandrische Kulturboden erst 1426 (Löwen) eine eigene Universität hervorbrachte.

fahrende Scholar von geringer Herkunft hoffte hier, ſich mit Hilfe wohl=
tätiger Stiftungen durchzuſchlagen, bis er wenigſtens die niederſten akade=
miſchen Grade erobert hatte. In der Heimat konnte er dann ſchon als
einfacher Bakkalar der freien Künſte darauf rechnen, als gelehrter Mann
zu gelten[1] und irgendeine Schulmeiſterpfründe oder ſonſt eine Stelle im
Pfarrdienſt zu ergattern. Hatte er Glück und brachte es bis zum Magiſter,
ſo winkte ihm gar die Ausſicht, an der großen Pfründenſupplik (rotulus)
der Univerſität beteiligt zu werden, die häufig, insbeſondere nach jedem
Papſtwechſel, an die Curie in Avignon überſandt zu werden pflegte und
für alle Beteiligten päpſtliche Proviſion mit kirchlichen Pfründen erbat.

Denn auf die Verſorgung ihrer Mitglieder mit kirchlichen Renten war
die ganze Exiſtenz dieſer akademiſchen Korporationen geſtellt. Wie die
Begründung geiſtlicher Stiftungen damals die häufigſte, weil ſicherſte Form
der Kapitalsanlage zur Sicherung feſter lebenslänglicher Rentenbezüge
darſtellte, ſo läßt ſich die ſpätmittelalterliche Kirche als eine rieſige Renten=
anſtalt mit unermeßlichem Kapitalbeſitz auffaſſen. Der Kampf um die Be=
teiligung an ihren Zinserträgniſſen wird von privaten und öffentlichen,
geiſtlichen und weltlichen Anwärtern mit friedlichen und kriegeriſchen Mit=
teln geführt, weckt die allgemeine Begehrlichkeit und erfüllt das ganze
öffentliche Leben mit immer erneutem Streit. Für den Durchſchnitt der
Studierenden bedeutete — damals wie heute — akademiſche Bildung in
erſter Linie: Anwartſchaft auf Pfründenverſorgung. Die Tatſache, daß
dieſes Ziel ſeit dem Ausbruch des kirchlichen Schismas den deutſchen Stu=
dierenden in Paris unerreichbar wurde, gab den entſcheidenden Anſtoß zu
jenen Vorgängen, die zur Gründung unſerer Univerſität die Möglichkeit
und den unmittelbaren Anlaß boten.

Der internationale Charakter des Variſer Weltinſtituts hatte ſich in ſei=
ner Blütezeit, im 12. und 13. Jahrhundert, auch darin bewährt, daß die Uni=
verſität ihren nichtfranzöſiſchen Mitgliedern nicht ſelten den Zugang zu fran=
zöſiſchen Pfründen vermittelte, wie ſie umgekehrt auch bedeutende einheimi=
ſche Profeſſoren in ausländiſchen Prälatenſtellen unterzubringen wußte. Im
14. Jahrhundert trat das nationalfranzöſiſche Element im Rahmen des
Ganzen doch fühlbar ſtärker hervor. Daß die zahlreichen Gründungen von
Studienhäuſern (Kollegien) mit ihren wohltätigen ſozialen Wirkungen ganz
überwiegend franzöſiſchen Akademikern zugute kamen, war natürlich, wurde

---

[1] Vgl. die häufig (z. B. bei Kaemmel, Geſch. d. dt. Schulweſens 6) zitierte
Stelle a. d. Ulmer Chronik des Felix Faber, bei Goldaſt, Script. rer. Suevic., p. 67.

aber doch von den Deutschen offenbar als Benachteiligung empfunden[1]. Jn
der Tat drückte sich darin ihr Minoritätsverhältnis innerhalb der akademischen
Körperschaft aus. Seitdem die französisch-englischen Kriege die Engländer
von Paris vertrieben hatten, wurde die „englische" Nation, die auch Schot=
ten, Skandinavier und Osteuropäer mitumfaßte, wesentlich nur noch von
Deutschen gebildet; als die kleinste und einzige nichtfranzösische (abgesehen
von dem deutschen Anteil an der „pikardischen" Korporation) fühlte sie sich
von dem Übergewicht der Romanen stark eingeengt. Zwar nahm das Stu=
dium der Deutschen in Paris seit der Mitte des Jahrhunderts zu; doch was
bedeuteten die 55 Graduierten der „anglikanischen" Nation, die auf der
Pfründensupplik von 1362 an letzter Stelle erschienen, unter der Gesamt=
zahl von 441 Magistern der artistischen (philosophischen) Fakultät[2]! Seit
der Sitz der päpstlichen Kurie durch Philipp den Schönen gewaltsam nach
Avignon verlegt war, stand diese stark unter französischem Einfluß, der den
Mitgliedern der Pariser Universität zunächst in verbesserten Aussichten auf
päpstliche Provisionen und in verstärktem Eingreifen des Papstes zugunsten
der akademischen Korporation in deren Konflikten mit lokalen kirchlichen
Behörden zugute kam. Solange keine Reibungen zwischen den Nationen
eintraten, besaßen auch die Deutschen den vollen Mitgenuß dieser Vorteile.
Aber je mehr im Lauf der Jahrzehnte französisches Königtum und avigno=
nesisches Papsttum einander unentbehrlich wurden, um so mehr konnte das
enge Verhältnis zur Kurie als ein französisches Vorrecht erscheinen. Strei=
tigkeiten zwischen den landsmannschaftlichen Korporationen waren auch
früher schon vorgekommen; seit den sechziger Jahren scheinen sie an Häu=
figkeit und Zähigkeit zuzunehmen. Wir hören von Kämpfen der deutschen
Nation um die Grenzen ihres Rekrutierungsgebietes und um die Gleich=
berechtigung auf der Pfründensupplik, von Beschwerden über das „Tribu=
lieren" deutscher Kandidaten bei den Examina, über die Bevorzugung fran=
zösischer Prüflinge, die Zurückweisung deutscher Bakkalare vom Magister=

---

[1] Vgl. ihre Bitte an Karl IV., ein deutsches Kollegium zu errichten: Auct. chart.
I, 530.

[2] Über die Zahl der in Paris Studierenden vgl. Thurot, De l'organisation de
l'enseignement dans l'université de Paris, p. 33 (zwischen 1—2000), ferner Denifle,
Univ. I, 96 u. Chart. univ. Paris. III, 504, 1679 u. Schwab, Gerson, p. 78 (bis zu
10000). Ein von Spirgatis (Beih. 1 zum Centralbl. f. Bibl.wesen, 1888) entdecktes
Personalverzeichnis von 1464 weist einen Gesamtbestand von rund 3000 auf. Für
das folgende vgl. meine „Studien zur Spätscholastik‘, Tl. I: Marsilius v. Jnghen u. d.
okkamist. Schule in Deutschland" (S.=B. A. Hdbg., phil.=hist. Kl. 1921, 4. Abh.), p. 17ff.

examen, weil sie nicht in Paris ihren niederen Grad erworben hatten und über die Zurücksetzung der Deutschen in den Examenskommissionen. Das alles läßt sich vielleicht schon als Vorspiel zu den späteren entscheidenden Kämpfen auffassen, die zur Sprengung des internationalen Verbands der Hochschule führten. Diese selber aber wurden erst durch das welthistorische Ereignis von 1378 veranlaßt: durch die große Spaltung der abendländischen Kirche.

Die Aufstellung eines Gegenpapstes gegen den Italiener Urban VI. war das Werk der französischen Mitglieder des Kardinalskollegiums und fand von Anfang an die zwar vorsichtige, aber doch unverkennbare Unterstützung der französischen Krone. Daß die französische und die deutsche Politik in dieser Frage verschiedene Wege gehen würden, ließ sich sehr bald nach Bekanntwerden der Spaltung des Kardinalkollegiums erkennen. Es ist darum begreiflich, daß die deutschen Mitglieder der Pariser Universität fast vom ersten Augenblick an sich in ihrer Stellung zur Frage des Schismas von ihren französischen Kollegen unterschieden: sie durften es unter keinen Umständen mit dem römischen Papste verderben, falls dieser in der deutschen Heimat Anerkennung fand. Andernfalls hätten sie den Besitz ihrer heimischen Pfründen gefährdet. Vielen wird es auch Gewissenssache gewesen sein, an dem einmal erwählten Papste festzuhalten, da die Argumente für dessen Unrechtmäßigkeit bei ihnen nicht wie bei den Franzosen durch nationalpolitische Motive unterstützt wurden. Zum mindesten mochte ihnen die Rechtsfrage zweifelhaft erscheinen und die Pietät, die sie mit der Heimat verband, sie eher auf die andere Seite ziehen.

Die geistige Führung der Deutschen fiel den Theologen zu, unter denen Heinrich von Langenstein und Konrad von Gelnhausen (letzterer damals noch nicht theologischer Doktor) besonders hervorragten. Es war natürlich, daß diese Männer ihre Stellung zwischen den beiden Lagern nahmen. Aber es kennzeichnet ihren geistigen Rang, daß sie einen Standpunkt über den Parteien suchten, indem sie das allgemeine Konzil proklamierten, das die Spaltung der Kirche beseitigen sollte. Ihre berühmten Flugschriften waren die Vorboten einer späteren Bewegung von welthistorischer Tragweite, der sich bald auch Frankreich, enttäuscht von den Mißerfolgen seines avignonesischen Papsttums, eifrig zuwenden sollte. Aber vorderhand fand die Konzilsidee weder bei den beiden Päpsten, noch bei den deutschen Fürsten, noch am französischen Hofe geneigte Ohren: jede von beiden Parteien hoffte noch, sich gegen die andere durchzusetzen. Karl V. von Frankreich

ließ sich, der Form nach entgegenkommend, die Argumente der deutschen
Gelehrten in einer Denkschrift vortragen. In der Sache hat er wahrscheinlich nie geschwankt. Jedenfalls verlangte er bereits im Mai 1379 in befeh-
lendem Ton[1] die offizielle Anerkennung seines Papstes und Verwerfung
Urbans durch die Universität. Diese fügte sich; seitdem gehörte sie offiziell
zur klementistischen Obedienz. Doch wußten sich die deutschen Mitglieder
der englischen und pikardischen Nation der Teilnahme an dem betreffenden
Universitätsbeschluß zu entziehen. Langenstein und Konrad von Gelnhausen erhoben gerade jetzt ihre Stimme als Wortführer der Opposition,
und es kennzeichnet den Ernst und die Echtheit ihrer Gesinnung, daß sie
gleichzeitig gegen die Entscheidung der deutschen Fürsten für Urban ankämpften, auch nachdem diese in Paris bekannt geworden war. Aber die
Mehrzahl ihrer Landsleute fand diesen Mut nicht; weder wagten sie, sich
vorbehaltlos für das Konzil zu bekennen[2], noch offen auf Urbans Seite
zu treten. Vor allem die deutschen Mitglieder der artistischen Fakultät, in
der „Nation" organisiert, versuchten immer wieder, durch Neutralitäts-
erklärungen und Kompromisse um eine klare Entscheidung herumzukommen,
soweit sie nicht schon jetzt vorzogen, Paris zu verlassen.

Dieses Hinhalten war aber nur solange möglich, als auch die Gesamtkorporation der Universität in Erkenntnis der ihr aus einer nationalen
Spaltung drohenden Gefahren es vermied, aus ihrem Bekenntnis zu Clemens VII. praktische Folgerungen zu ziehen. Aber nach dem Tode Karls V.
(September 1380) wurde das Bündnis zwischen der Krone und dem Papste
so eng, daß sich weitere Vermittlungspolitik als unmöglich erwies. Einen
Versuch der Universität (Mai 1381), den Konzilsplan Langensteins als Ausweg aus den kirchlichen Wirrnissen zu proklamieren, beantwortete der Regent Ludwig von Anjou mit einer brutalen Verfolgung, ja teilweisen Ein-
kerkerung der Urbanisten und Anhänger der Konzilsidee. Gleichzeitig begannen rücksichtslose Eingriffe des Papstes in den Betrieb der Universität,
um deren Unterwerfung praktisch wirksam zu machen. Seitdem wurde die
Stellung der Deutschen unhaltbar. Ihre Abwanderung nahm großen Umfang an. Seit Beginn des Schismas hatten sie auf Teilnahme an der
Pfründensupplik verzichten müssen; jetzt schwand die Hoffnung, daß darin
bald ein Wandel eintreten möchte. Schon kam es vereinzelt vor, daß
deutsche Studierende auf der Reise in Frankreich als „Schismatiker" an-

---

[1] Vobis districte precipiendo mandantes. Chart. III, nr. 1624.
[2] Beschluß d. Nation v. 20. Mai 1381, Auct. I, 608.

gehalten und beraubt wurden. Am bittersten aber empfand man die Un=
möglichkeit, als Anhänger Urbans in Paris einen akademischen Grad zu
erlangen; denn dazu war die Mitwirkung kirchlicher Behörden notwendig,
die sich jetzt dem Avignoneser unterstellten oder von ihm rücksichtslos neu
besetzt wurden. Der Versuch der Deutschen (in Verbindung mit den Flä=
mingen und anderen Unzufriedenen), das päpstliche Vorgehen durch Gegen=
maßregeln unwirksam zu machen, scheiterte im Juli 1382 in einem Prozeß
vor dem Pariser Staatsgerichtshof („Parlament"). In der ungeheuren Er=
regung der Scholaren über diese Entscheidung wäre es fast zu blutigen
Schlägereien gekommen.

In der deutschen Nation wurde die Atmosphäre nunmehr unerträglich.
Schon längst bestand hier ein Gegensatz zwischen den deutschen und den
schottischen Mitgliedern, deren Heimat zur klementistischen Obedienz ge=
hörte. Jetzt gewannen die Klementisten Oberwasser. Neue Magisternamen
erscheinen im Herbst 1382 an Stelle der alten in den Registern. Eine oppo=
sitionelle Gruppe, bestehend aus den Schotten und einigen klementistisch
gesinnten Deutschen, anscheinend unter Führung eines persönlich verbitter=
ten Intriganten[1], rief die Universität gegen ihre urbanistischen Genossen
zu Hilfe und setzte die gewaltsame Unterwerfung der Nation unter den
Willen des Avignonesers und seiner Organe durch. Ihre offizielle Beteili=
gung an der Pfründensupplik wurde so ermöglicht. Aber es war ein Pyrr=
hussieg. Mit der äußeren und inneren Bedeutung der Korporation war
es jetzt zu Ende, da sie alle ansehnlichen Mitglieder verloren hatte. Sie
siechte dahin, und erst die spätere Abwendung der Universität und Frank=
reichs von dem Avignoneser hat der deutschen Nation ein, wenn auch schwä=
cheres Neuaufblühen ermöglicht.

So geschah es, daß die universale Hochschule der abendländischen Chri=
stenheit von nationalen Spaltungen ebenso gesprengt wurde, wie der Bau
der kirchlichen Hierarchie selber. Für Deutschland war der Vorgang von
größter Bedeutung. Was Paris verlor, gewannen die Deutschen mit einem
Male an geistigen Kräften wieder. Die okkamistische Schule, der die hervor=
ragendsten deutschen Lehrer in Paris durchweg angehörten, ist als die letzte
bedeutende Erscheinung in der Geschichte der mittelalterlichen Scholastik zu
betrachten. Gerade noch rechtzeitig wurde es jetzt ermöglicht, diese Tradi=
tionen nach Deutschland hinüberzuleiten. Mit den „artistischen" Magistern

---

[1] Henricus Poelmann, vgl. Auct. 621, 622, 624, 644, 646, 651.

der deutschen Nation hatten auch die deutschen Theologen Paris verlassen[1].
Die beiden Universitäten des deutschen Ostens beeiferten sich, die berühmten
Landsleute an sich zu ziehen. Aus dem Jahre 1381 hören wir von dem
Plane des Prager Erzbischofs und des Böhmenkönigs Wenzel, mit ihrer
Hilfe den Glanz der Pariser Universität gewissermaßen von der Seine an
die Moldau zu verpflanzen, und daß die erste Berufung bereits erfolgt sei[2].
Es war vorauszusehen, daß die großen Pläne des Böhmen den Ehrgeiz
des Österreichers auch diesmal nicht ruhen lassen würden. Nicht weniger
als 9 Pariser Magister sammelten sich in den ersten Jahren des Schismas
in Wien, und spätestens 1383 berief Erzherzog Albrecht III. den berühm=
testen der Ausgewanderten, den Theologen, Astronomen und Kirchen=
politiker Heinrich von Langenstein dorthin — den bedeutendsten und viel=
seitigsten deutschen Scholastiker des 14. Jahrhunderts. Binnen kurzem zog
er eine glänzende Schar von Genossen nach sich und gestaltete die gesamte
Organisation der Universität so gründlich um, daß der Herzog das Werk
selber als Neugründung betrachtete. Jetzt war auch der rechte Augenblick
für den Pfalzgrafen gekommen. War es ein lange vorbereiteter Plan, der
jetzt zur Reife kam, oder war es ein rascher Entschluß? Jedenfalls griff er
jetzt zu, als sich der rechte Mann darbot, mit dessen Hilfe er das Beispiel
der fürstlichen Standesgenossen in Prag und Wien nachahmen konnte.

Betrachtet man die lange Reihe der Neugründungen, die damals rasch
aufeinander folgten: Heidelberg (1386), Köln (1389), Erfurt (1392), Würz=
burg (1402), Leipzig (1409), so glaubt man dahinter den Einfluß der Tat=
sache zu erkennen, daß es jetzt mit einem Male zahlreiche Hochschullehrer
in Deutschland gab, die nach angemessener Beschäftigung verlangten.
Wenigstens auf die ältesten der genannten Gründungen werden sie persön=
lich eingewirkt haben. Für Heidelberg läßt sich der Kreis der Männer
ziemlich deutlich erkennen, die damals den Kurfürsten berieten.

Das nahe Ladenburg war die ständige Residenz des Wormser Bischofs
Eckard von Dersch, den der bekannte Chronist Tritheim als einen stillen,
gelehrten Mann bezeichnet, der ganz im Studium seiner Bücher auf=
gegangen sei. Man hat von einem gelehrten Freundeskreise gesprochen,

---

[1] Akten der theolog. Fakultät sind nicht erhalten. Wir können also die Abwande=
rung im einzelnen nicht verfolgen. Die Theologen bewahrten aber Fühlung mit ihren
Landsleuten in der artist. Fakultät. H. v. Langenstein erscheint 1378 als deren Be=
rater und Fürsprecher, s. meine Studien I, 13.

[2] Chart. univ. Par. III, nr. 1642.

der sich um ihn gesammelt habe[1]; überliefert sind nur einige Briefe Hein=
rich von Langensteins an ihn[2], die auf eine persönliche Bekanntschaft der
beiden Männer schließen lassen. Einer dieser Briefe soll im Kloster Eber=
bach im Rheingau geschrieben sein[3], in dem sich der asketisch fromme Theo=
loge nach seinem Weggang von Paris eine Zeitlang aufhielt, als Gast seines
Freundes, des gelehrten Abtes Jakob von Eltville. Er verkehrte damals
bei einer Reihe von geistlichen und weltlichen Herrn dieser mittelrheinischen
Gegenden, mit denen er teilweise noch später in Briefverkehr blieb. Min=
destens eine dieser Reisen führte ihn nach Worms[4]. Sehr wahrscheinlich
also, daß er mit Bischof Eckard auch in persönlichen Verkehr trat. Mit dem
Wormser Dompropst Konrad von Gelnhausen, seinem Pariser Kampf=
genossen, war er ohnedies seit langem geistig und wohl auch persönlich
verbunden; vermutlich hatte dieser damals schon gleichfalls Paris den
Rücken gekehrt[5]. Aus dem Kreise der Wormser Prälaten erscheint überdies
noch der Propst des Stiftes St. Martin und spätere Erzbischof von Trier,
Graf Otto von Ziegenhain, Professor der Theologie, unter seinen Bekannten.
Und endlich ist es mir nicht unwahrscheinlich, daß mit ihm zusammen im
Eberbacher Kloster, theologische Studien betreibend, der Mann sich auf=
hielt, dessen Name mit den Anfängen der Heidelberger Hochschule für immer
aufs engste verbunden bleibt: ihr Organisator und erster Rektor, Marsilius
von Inghen[6].

Von hier aus knüpfen sich deutlich sichtbare Fäden zum Heidelberger
Hofe hinüber. Die nahen Beziehungen des Wormser Bischofs zum Kur=
fürsten bedürfen keiner Erörterung. Die Erweiterung des pfälzischen Ein=
flusses im Wormser Bistum, die Ausnutzung der Streitigkeiten zwischen
dem Bischof und der Stadt Worms gehörte zu den Hauptanliegen Ruprechts;

---

[1] Vgl. K. Wiemann, Eckard v. Ders (Diss.). Hallesche Beitr. 3. Gesch. III, 1893:
H. Salt, H.Jb. XV, 517ff. Gottlob, Ztschr. f. Geschichtsk. v. Freiburg i. Br., VII
222ff.

[2] Zwei Briefe ed. Sommerfeldt, H.Jb. XXX, 43 u. 297; vgl. ferner Hart=
wig, H. v. Langenstein II, 31, 33.

[3] Belege s. meine Studien I, 34, N. 1.

[4] Traktat in Briefform aus Worms, an Jak. v. Eltville gerichtet, ed. Sommer=
feldt, Ztschr. f. kathol. Theol. 29, 405ff.

[5] Für die Frage eines Zwischenaufenthaltes Konrads in Prag ist zu beachten,
daß Denifle, Univ. I, 603, Zeile 15 aus Mon. univ. Prag. II, 271 „prepositus
Wormaciensis" statt „Wratislawiensis" verlesen hat.

[6] Die Gründe für meine Vermutung s. in meinen Studien I, 33.

eben in jenen Jahren spielten Verhandlungen, die im Spätjahr 1386 dem
Pfalzgrafen die Hälfte von Ladenburg und ein enges Bündnis mit dem
Wormjer Stift einbrachten. Der Wormjer Dompropft Konrad von Geln=
hausen wird schon 1360 in einer Supplik als „clericus et servitor" Pfalz=
graf Ruprechts bezeichnet; vielleicht war er damals in der kurfürftlichen
Kanzlei tätig[1]? In einer Urkunde Ruprechts II. von 1390 wird er „unjer
Rat" (consiliarius noster) genannt[2]. Als Parijer Profefjor hatte er eben
erft (wahrjcheinlich 1380 oder 1381) seinen berühmten „Eintrachtsbrief",
der für das allgemeine Konzil werben sollte, mit einem Widmungsjchreiben
an den Pfalzgrafen überjandt[3]. Auch Heinrich von Langenftein hat später
den Heidelberger Hof mit einer Konzilsjchrift zu bearbeiten verjucht; viel=
leicht ging auch das auf eine perjönliche Bekanntjchaft mit den beiden
Pfalzgrafen zurück? Niemand hat später so deutlich und mit so ftarkem
nationalen Pathos wie er seine Freude darüber geäußert, daß das kirch=
liche Schisma den Deutschen, die bisher im Dunkeln saßen, das Licht der
Weisheit gebracht und es den übermütigen Galliern genommen habe[4].
Sollte der lebhafte und tätige Mann, deffen Mitwirkung bei der Neu=
organijation der Wiener Hochjchule nur wenige Monate früher begann,
ehe Ruprecht die erften Schritte zur Begründung des Heidelberger Studiums
tat[5], auch hier seine Hand im Spiele gehabt haben? Dann war es um so
bedeutjamer, daß er nicht selber, sondern sein ehemaliger Parijer Kollege
Marjilius von Inghen zu der Heidelberger Gründung berufen wurde. Faft
möchte man politijche Motive dahinter vermuten, wenn man die kirchen=
politijche Haltung der beiden Gelehrten mit den politijchen Abjichten des
Kurfürften vergleicht.

Daß Heinrich von Langenftein und Konrad die eifrigften Verfechter des
Konzilsgedankens waren, den sie zuerft in die Debatte geworfen hatten,

---

[1] Mitteilung a. d. vatikan. Regiftern dch. Sauerland, Jb. d. Gej. f. lothr. Gejch.
XXI (1910), 350. Die Stelle ift auch in der neuesten Biographie Konrads von D. E.
Culley (Leipz. Diff. 1913) überjehen, ebenso die Pfründengejuche bzw. =verleihungen
von 1347 (ibid. XVIII, 519/20), 1357 u. 1363 (ibid. XXI, 350).

[2] U.B. I, p. 51.

[3] Bliemetzrieder, Liter. Polemik z. Zt. d. gr. Schismas, Publ. d. öftr. Inft. I.
Das überjandte Exemplar, eine Prachthandjchrift, ift im Vatikan noch erhalten.

[4] Meine Studien I, 31, 196ff.

[5] Früheste Erwähnung in der Wiener Matrikel nach Schrauf (l. c. 971): Oktober
1384. Das päpftliche Diplom für Heidelberg ift 23. Okt. 1385 datiert, die kurfürft=
liche Supplik also vielleicht schon Ende 1384 aufgejetzt.

wissen wir bereits. Ob Konrad auch nach der Rückkehr in die Heimat daran festgehalten hat, ist unbekannt; Langenstein hat bis ans Ende seines Lebens die deutschen Fürsten und Notabeln in immer neuen Flugschriften bestürmt, die starre Anhänglichkeit an den römischen Papst aufzugeben, um die Einheit der Kirche durch das Konzil wieder herzustellen. Der praktischen Tagespolitik erschienen diese Bestrebungen damals noch mehr oder weniger als utopische Ideologien gelehrter Theoretiker; den Traditionen der politischen Praxis schlug ihr Programm in unerhörter Weise ins Gesicht. Schwerlich haben die Argumente Langensteins auf Ruprecht tieferen Eindruck gemacht. Was die Not des Tages zu fordern schien, war Verteidigung und Ausbreitung der Anhängerschaft Urbans. Ihr widmete sich die pfälzische Politik mit allem Nachdruck.

Hätte an der Spitze des Reiches ein Größerer gestanden, als Karls ungleicher Sohn Wenzel, so ließe sich wohl eine aktivere deutsche Reichspolitik vorstellen, die ihren Papst mit allen Mitteln europäischer Diplomatie zum Siege zu führen oder, falls das nicht gelang, die Herstellung der kirchlichen Einheit durch Ausgleich der streitenden Parteien selber herbeizuführen unternahm. Wenzel begnügte sich damit, den politischen Zerfall des Reiches durch Eindringen der klementistischen Propaganda mit Hilfe kleiner Mittel nach Möglichkeit zu hindern. Dem großen europäischen Gegner Frankreichs, dem englischen König, schloß er sich mit Hilfe einer Familienverbindung an, ohne das Bündnis kirchenpolitisch auszunutzen und ohne die alten Verbindungen der Luxemburger mit Frankreich zu lösen. Die aktive Verteidigung der römischen Obedienz gegen Westen fiel den rheinischen Kurfürsten zu. Jetzt trat die politische Autorität des Pfälzers stärker als jemals hervor. Zugleich gewann seine Politik (vermutlich ungewollt und jedenfalls ohne sich im geringsten von den pfälzischen Territorialinteressen zu entfernen[1]) einen größeren nationalen Zug. Überall an der deutschen Westgrenze stand die Propaganda für Clemens VII. in engstem Zusammenhang mit dem Vordringen des französischen Einflusses. Diese Propaganda wurde auf das lebhafteste betrieben; Papst und Königtum von Frankreich arbeiteten dabei Hand in Hand. Während der Pariser Hof durch Ausnutzung von Familienverbindungen, durch Pensionszahlungen an kleine deutsche Territorialherren sich Waffenhilfe gegen England und politischen Einfluß sicherte,

---

[1] Politische Handelsgeschäfte betrieb er (trotz des Urbanistenbundes!) im Oktober 1379 mit Adolf von Mainz, obwohl dieser damals ganz auf seiten Clemens' VII. stand. Koch-Wille, Regesten der Pfalzgrafen, nr. 4311/12.

hatte Clemens ein Füllhorn von Gnadenerweiſungen für jeden bereit, der ſich ihm anſchließen wollte, nutzte jeden Zwieſpalt zwiſchen Biſchof, Domkapitel und Biſchofsſtadt für ſeine Sache aus, überſäte Deutſchland mit einem Schwarm von Sendboten aller Art, vom Legaten bis zum predigenden Bettelmönch, und ſcheute die größten Geldzahlungen und Beſtechungsſummen nicht, um die großen Herren für ſich zu gewinnen. Zu Anfang der achtziger Jahre hatte dieſe Werbetätigkeit höchſt bedrohliche Erfolge aufzuweiſen. Daß der romaniſch geſittete äußerſte Weſten des Reiches dem Avignoneſer raſch zufiel, war zu erwarten; aber darüber hinaus war Herzog Philipp der Kühne von Burgund, ſeit 1380 Dormund des franzöſiſchen Königs, eben jetzt dabei, ſeinen Beſitz durch die Erbſchaft von Flandern zu erweitern und dort auf die Anerkennung Clemens' VII. mit politiſchen Mitteln zu drücken. Im Innern Deutſchlands war der bedeutendſte Erfolg des Avignoneſers die Gewinnung des Herzogs Leopold von Öſterreich, dem der große habsburgiſche Beſitz im Südweſten des Reiches und ein großer Teil der Alpenländer gehörte. Freiburg i. Br. wurde ſo zur Zentrale der klementiſtiſchen Propaganda. Eine erſte Eheverbindung zwiſchen den Häuſern Habsburg und Burgund wurde angeknüpft. Eine Reihe ſüddeutſcher Bistümer, vor allem Konſtanz, Baſel und Straßburg, gingen ganz oder zeitweiſe zu Clemens über. Dasſelbe tat, wenn auch ſchwankend, der bedeutendſte Nachbar und Rivale der Pfalz an deren Südgrenze, Markgraf Bernhard von Baden. Am Niederrhein ſtanden die Grafſchaften Mark und Cleve im Solde Frankreichs; mit ihnen gehörte auch der Wittelsbacher Albrecht, Herr des wittelsbachiſchen Beſitzes in den Niederlanden, zur klementiſtiſchen Partei. Am nächſten aber berührte den Pfalzgrafen der Streit um das Erzbistum Mainz. Den dortigen Erzſtuhl ſuchte ſchon ſeit 1371 vergeblich der junge und tatkräftige Biſchof von Speyer, Adolf von Naſſau, gegen den kaiſerlichen Günſtling Ludwig von Meißen zu gewinnen, den der römiſche Papſt inveſtiert hatte. Als Adolf ſich jetzt mit dem rückſichtsloſen Egoismus des kleinen deutſchen Partikularfürſten an Clemens anſchloß, der ihm ſogleich das Pallium verlieh[1], ſchien es, als ſollte der ganze deutſche Weſten an den franzöſiſchen Papſt verloren gehen: vom Oberrhein bis nach Weſel konnte er auf Anhang rechnen, falls Adolf ſich in Speyer und Mainz behauptete.

---

[1] 29. Okt. 1379: die Eidesleiſtung für Speier (1380, März 12) wurde u. a. durch Abt Jakob v. Eltville abgenommen. Es ſcheint alſo, daß dieſer Gaſtfreund Langen-

Diese Gefahr vor allem war es, die Ruprecht von der Pfalz zu angriffs=
weiſer Abwehr rief. Seiner energiſchen Tätigkeit war es in erſter Linie
zu verdanken, daß die Kurfürſtentage des Jahres 1379 nicht nur ſcharfe
Abſagen gegen Clemens erließen, ſondern obendrein zur Gründung eines
engen Bündniſſes zwiſchen den rheiniſchen Kurfürſten führten (ſpäter trat
auch der rheiniſche Städtebund bei) mit dem ausgeſprochenen Zweck, das
Vordringen des clementiſtiſchen Einfluſſes zu verhindern. Eine ſpätere Er=
weiterung des Bundes durch militäriſche Abreden (zu Oberweſel, Januar
1380) zeigte unverkennbar, daß die Spitze dieſes Bundes ſich gegen Adolf
von Mainz richtete[1], gegen den Ruprecht noch in demſelben Jahre (übrigens
ohne Unterſtützung durch die Bundesgenoſſen) eine blutige Fehde durch=
führte. Die Hoffnung, in dieſem Streite den eigenen Territorialbeſitz zu
erweitern, ſtand auch hier, wie es ſcheint, im Vordergrund der pfalzgräf=
lichen Intereſſen. Aber darüber hinaus mußte es in der Tat in den Län=
dern des Kurfürſten zu unerträglicher Verwirrung führen, wenn der In=
haber des Mainzer und Speyerer Stuhles mit kirchlichen Strafen, Exkom=
munikation und Einſperrung, gegen die Anhänger desſelben Papſtes ein=
ſchritt, den der Landesherr als Haupt der Kirche verehrte[2]. Und auch nach=
dem Adolf, dem Druck des Weſeler Bündniſſes nachgebend, zu Urban über=
getreten und von ihm nunmehr in das Erzbistum eingeſetzt war, blieb
Ruprecht eifrig für die Sache des römiſchen Papſtes tätig, deſſen Legat viel
an ſeinem Hofe weilte und der ihm zum Dank die in der goldenen Bulle
erworbenen Privilegien ausdrücklich beſtätigte[3]. Von der Erregung der
rheiniſchen Kurfürſten über das Vordringen der franzöſiſchen Politik in Ver=
bindung mit der Propaganda des Gegenpapſtes gibt die merkwürdige Nach=
richt eine Vorſtellung, ſie hätten Urban aufgefordert, gegen die franzö=
ſiſchen Schismatiker das Kreuz zu predigen[4]. In dieſen Jahren begannen

---

ſteins erſt ſpäter (wohl zuſammen mit Adolf?) zu Urban übergetreten iſt. Sauer=
land, Reg. 3. Geſch. d. Rheinl. VI, nr. 1366.

[1] Die gegenteilige Anſicht von Eſchbach ſcheint mir durch Hauck, l. c. 699,
N. 6 zutreffend widerlegt.

[2] Das Recht dazu verlieh ihm Clemens ausdrücklich, ſ. Valois I, 277, N. 2.
Von der allgemeinen Verwirrung in Deutſchland infolge des Schismas erzählt eine
von Bliemetzrieder, M.J.Ö.G. 30, 502ff. hrsg. Flugſchrift, deren Herkunft a. d.
Mainzer Erzdiözeſe Hauck V, 701, N. 5 in Zweifel zieht. Ähnlich Chron. Magunt.,
ed. Hegel, 45/46. Daß man ſich im Laufe der Jahre praktiſch über dieſe Schwierig=
keiten hinwegzuhelfen wußte, betont Hauck, l. c. 747.

[3] Koch=Wille, l. c., nr. 4394.   [4] D.R.T.A. I, 237.

die Vorwürfe gegen König Wenzel, er tue nichts, um die Westgrenze des Reiches gegen Frankreich zu schützen — jene Vorwürfe, die man später zu seiner Absetzung verwendete[1]. In weiten Kreisen im Reiche scheint damals ein lebhaftes Empfinden für die Gefahr erwacht zu sein, die Deutschland ständig von Westen her bedrohte. Die Erinnerung an Frankreichs alte Pläne, die Kaiserkrone für das Haus Valois zu gewinnen, wurde wieder lebendig[2]. Ruprecht aber erwies sich als vornehmster Wortführer des deutschen Fürstenstandes in jenem Brief an Karl V. von Frankreich[3], in dem er das Ansinnen, von Urban zu lassen, zurückwies und den König auf= forderte, seinerseits zu dem römischen Papste zurückzukehren, „dessen Recht klarer sei, als die Sonne".

In diese politischen Zusammenhänge gehört die Gründung der Heidel= berger Universität, deren Aufgabe es vom ersten Tage an gewesen ist, ein Sammelpunkt der durch das Schisma aus Frankreich vertriebenen Deut= schen[4], ein lebendiger Protest gegen die Einbeziehung der universal=kirch= lichen Bildungsinstitute in das System der nationalfranzösischen Kirchen= politik zu werden. Ohne die Motive der Beteiligten in modernem Sinne umzufärben, läßt sich mit gutem Grunde sagen, daß diese Gründung eine nationale Tat war. Es ist im höchsten Grade denkwürdig, wie damals der Zerfall der abendländischen Kirche in zwei getrennte Heerlager auf einmal die nationalen Gegensätzlichkeiten der europäischen Staatenwelt ans Licht brachte und verschärfte, wie überall das kirchenpolitische Glaubensbekennt= nis der Landesherren über die Stellung der Untertanen — der Kleriker wie der Laien — entschied; es war eine bloße Konsequenz dieser Tatsache, daß nun auch die Landesherren Ersatz für die gesprengte Einheit des kirch= lichen Bildungswesens schaffen mußten. Ruprecht hat die Aufgabe rasch begriffen. Eben erst (Ende 1379) war der Versuch gemacht worden, die Erfurter Studienanstalten mit Clemens' VII. Hilfe zu einer Universität

---

[1] Magdeb. Schöppenchronik (ed. 1869), p. 279, zum Jahre 1379; Straßburger Chronik d. Jak. Twinger II, 844, 3. Jahre 1388.

[2] D.R.T.A. III, 22, 248, 256, 261, 274—276.

[3] D.R.T.A. I, 263.

[4] Es ist interessant, wie das Problem der kirchlichen Versorgung für die Männer der Wissenschaft, das im Schisma sich verschärfte, bis in die unmittelbare Umgebung Ruprechts hineinspielt: am 17. 3. 80 bittet Wenzel den Rat der Stadt Straßburg, für die (offenbar durch clementistische Einflüsse gefährdete) Bepfründung Burdarts, der Leibarzt (physicus) des Pfalzgrafen sei, zu sorgen (Koch=Wille, nr. 4327) Burdart war später der erste Dizekanzler und Conservator der Universität.

auszubauen, deren Kanzler der schismatische Erzbischof Adolf von Mainz
sein sollte[1]. Adolf kehrte schon im nächsten Jahre zum römischen Papste
zurück, und jene schismatische Gründung kam nicht zustande. Dem Pfalz=
grafen mag aber dieser Konkurrenzplan ebenso wie die Wiener Neugrün=
dung (1384) ein Ansporn gewesen sein. Was er brauchte, war ein Ge=
lehrter als Organisator, an dessen urbanistischer Gesinnung kein Zweifel
sein konnte. Heinrich von Langenstein, der Konziliarist, mochte besser in
Wien unterkommen, bei den Habsburgern, deren kirchenpolitische Stellung
zwischen den beiden Lagern geteilt war[2]. Konrad von Gelnhausen hatte
zwar schon früher seine konziliaren Ideen der urbanistischen Überzeugung
des Heidelberger Hofes anzupassen versucht[3]; aber eindeutiger als er scheint
Marsilius von Inghen für Urban eingetreten zu sein. Ihn berief Ruprecht
zur Organisation der neuen Universität.

Marsilius, aus der angesehenen niederländischen Familie von Inghen,
die in der Gegend von Nymwegen zu Hause war, reich bepfründet mit
Kanonikerpräbenden am Niederrhein, ist der erste einer Reihe von Nieder=
ländern, die das neueröffnete Generalstudium später den Rhein herauf=
führte; mit ihm beginnen jene historisch ungemein bedeutsamen Bezie=
hungen Heidelbergs zu den Niederlanden, die über die Humanistenzeit mit
dem Auftreten Rudolf Agricolas und dem Calvinismus des 16. Jahr=
hunderts bis in die Tage der Aufklärung hinüberreichen, in denen der
Sohn des Leidener Theologen Coccejus hier als Pufendorfs Nachfolger
Natur= und Völkerrecht lehrte. Nächst Heinrich von Langenstein darf Mar=
silius als weitaus bedeutendster der deutschen Gelehrten gelten, die das
Schisma aus Paris vertrieb. An Vielseitigkeit der literarischen Produktion
hat er sie alle übertroffen; aber neben der großen Ausdehnung seines
Wissens, das er in didaktisch wirksamer Form niederzulegen wußte, ver=
dient auch die konsequente Energie Beachtung, mit der er die Grundsätze
der okkamistischen Schule in allen wesentlichen Fächern der philosophischen
und theologischen Disziplinen zur Geltung zu bringen verstand. Als Ge=

---

[1] Gesch.=Qu. d. Prov. Sachsen, Bd. 8, Tl. I, p. 2/3 (Weißenborn).

[2] Albrecht III. war Urbanist, Leopold III. Clementist. Daß H. v. L. selbst auf
diesen Umstand Hoffnung setzte, zeigt sein Brief an Leopolds Kanzler Fr. v. Brixen,
M.J.Ö.G., E.B. VII, 436ff.

[3] Vgl. den Zusatz „si velit" in dem für Ruprecht bestimmten Exemplar der ep.
conc. (Bliemetzrieder, Literar. Polemik, p. 139, Z. 3) sowie die von Bliemetz=
rieder hervorgehobenen Stellen in der Widmung für Ruprecht.

lehrter war er wohl besser als irgendein anderer geeignet, die Traditionen
dieser Schule in Deutschland fortzupflanzen. Als Organisator konnte er
sich reicher Erfahrung in der Praxis des Pariser akademischen Lebens
rühmen. Dort hatte er nicht nur als Lehrer den größten Zulauf unter
allen deutschen Genossen gehabt, sondern auch als ihr anerkannter Führer
in amtlichen Dingen wie in der kollegialen Geselligkeit außerhalb der Schul=
stube gegolten. Als Vertreter der Nation vor der Fakultät und Universität,
als ihr Vorkämpfer im Streit mit den andern Nationen hatte er reichlich
Gelegenheit gefunden, in die komplizierten Statuten, Gewohnheiten und
Privilegien der Pariser Korporationen einzudringen. Zweimal hatte er
das ehrenvolle Amt des Pariser Rektors bekleidet, dessen Träger zu den
höchsten Standespersonen Frankreichs gezählt wurde. Mehrmals war er
Gesandter der Nation und der Universität für Verhandlungen mit der
Kurie gewesen; sein Auftreten hatte Papst Urban V. veranlaßt, ihn unter
glänzenden Bedingungen — aber dennoch ohne Erfolg — an die Univer=
sität Montpellier zu berufen. Seine zweite Gesandtenreise führte ihn
gerade in dem Augenblick nach Italien, als die verhängnisvollen Papst=
wahlen des Jahres 1378 stattfanden. Für seine Stellung zu den Ereignissen
ist es bezeichnend, daß er damals nicht wie ein Teil der französischen Mit=
gesandten nach der Spaltung des Kardinalkollegiums sich von Urban ge=
trennt hatte, sondern an dessen Hof geblieben war. Ein Schreiben, das er
in diesen aufgeregten Wochen an die Universität sandte, ist erhalten ge=
blieben. Es atmet größte Aufregung, ja fast Verzweiflung über die bevor=
stehende Spaltung der Kirche Gottes. Als einzig Erfreuliches in allem Un=
glück, das er ringsum sich verbreiten sieht, weiß er von der Approbation
des jungen deutschen Königs Wenzel durch Papst Urban zu berichten; es
war dasjenige Ereignis, das bis auf weiteres über die kirchenpolitische
Stellung Deutschlands entschied. Es ist nicht ausgeschlossen, daß Marsilius
bereits in jenen Monaten (Sommer 1378) den Bischof Eckard von Worsch
kennengelernt hat, der gerade als kaiserlicher Gesandter in Rom weilte.
Nach Paris ist er damals, wie es scheint, gar nicht mehr zurückgekehrt, und
wir sind auf unsichere Vermutungen über seinen Aufenthalt in den Zwischen=
jahren angewiesen. Einzelne Spuren deuten nach Prag, andere nach Kloster
Eberbach hin. Die große Spaltung der Pariser Universität hat er offenbar
nicht mehr selber miterlebt. Aber er hat — wohl durch Erzählungen seiner
ehemaligen Kollegen instruiert — sehr entschieden Stellung zu den dortigen
Ereignissen genommen. Eine Denkschrift, die er etwa 1391 für den Pfalz=

grafen Ruprecht II. anfertigte, ist uns erhalten[1]; sie ist dazu bestimmt,
eine Werbeschrift Langensteins, die den Kurfürsten in seiner Stellungnahme
für den römischen Papst zugunsten des Konzils irremachen wollte, zu wider=
legen. Man sieht hier die beiden ehemaligen Kollegen in Fechterstellung
gegeneinander stehen. Die Denkschrift des Marsilius gehört zu den ent=
schiedensten Äußerungen urbanistischer Parteigesinnung, die wir überhaupt
besitzen. Als ihr Verfasser sie niederschrieb, stand er freilich schon einige
Jahre im Dienste des Pfälzer Hofes; dennoch wird die Vermutung nicht
zu kühn sein, daß er schon vor seiner Übersiedlung nach Heidelberg zu den
entschiedenen Parteigängern Urbans gehört habe. Als solchen hatte ihn
eben erst (1382) der Graf Adolf von Cleve in Avignon denunziert, und
bereits seit 1380 sind Verfügungen Clemens' VII. nachweisbar, die den
schismatischen Magister aus dem Besitz seiner niederrheinischen Pfründen
entfernen sollten.

Vielleicht empfahl ihn Bischof Eckard, der selber zu den eifrigen Urba=
nisten zählte und vermutlich als Verfasser einer uns erhaltenen urbanisti=
schen Parteischrift zu betrachten ist, dem Heidelberger Hofe. Neben ihm
erscheint Konrad von Gelnhausen als zweiter geistiger Vater der neuen
Hochschule. Es ist sehr wahrscheinlich, daß der Wormser Dompropst, den
der Papst in der Stiftungsbulle sogleich zum Kanzler der Universität er=
nannte, mit seinen bedeutenden Kenntnissen des kanonischen Rechtes bei
der Ausarbeitung der kurfürstlichen Privilegienbriefe, bei den Verhand=
lungen mit der Kurie, die der Gründung vorausgingen, und ähnlichen
Rechtsakten mitgewirkt hat. Er stand damals schon in vorgerücktem Lebens=
alter[2]; bis an sein Lebensende hat er als Kanzler, juristischer und theolo=
gischer Lehrer seine Fürsorge der Universität zugewandt, die ihn später
neben Marsilius und Ruprecht als ihren Gründer feierte[3]. Aus einer ver=
mögenden Gelnhauser Bürgersfamilie stammend, deren Mitglieder als
Notare, bischöfliche und fürstliche Kanzleibeamte schon seit Generationen
nachweisbar sind, war er nach dem Erwerb des artistischen Licentiaten=
grades in Paris den üblichen Weg des deutschen Rechtshörers nach Italien
gezogen. In Bologna, wo er 1369 als Vorstandsmitglied (Prokurator) der

---

[1] Von mir veröffentlicht: l. c. 196ff.

[2] Promotion bei den Pariser Artisten: 1344; das vorgeschriebene Mindestalter
des Promovenden betrug 21 Jahre. Marsilius, der 1362 promovierte, stand also
1386 vermutlich in den besten Mannesjahren (doch s. Ritter, l. c. 7, N. 3).

[3] S. Calendarium academicum von 1387, Toepke I, 621ff.

deutschen Nation erscheint, erwarb er den Doktorgrad für das Kirchenrecht
und kehrte später nach Paris zurück, um dort theologische Studien zu treiben.
Die sorglose Art, wie der angesehene Prälat — er war inzwischen längst
Kanoniker an mehreren Stiftern und Domprobst von Worms geworden —
dort den formellen Erwerb der artistischen und theologischen Grade ver=
nachlässigte (vielleicht durch amtliche Geschäfte häufig nach Hause abge=
rufen), läßt vermuten, daß er sich selber erst in zweiter Linie als Gelehrten,
in erster als Mann der Kirche empfand[1]. In jedem Falle war er ein Kirchen=
mann von außerordentlichem Format. Schon daß er sich mit den kanoni=
stischen Studien nicht begnügte, sondern die Theologie mit einem Eifer
betrieb, von dem eine ansehnliche Reihe eigener theologischer Abhandlungen
in seinem Nachlaß zeugt, war durchaus nicht gewöhnlich. Wenn er dem
königlichen Kanzler Philipp de Mezières mit entzückten Worten den Reiz
schildert, den die Atmosphäre der Pariser Kultur auf ihn ausübe, so traut
man diesem feingebildeten Geiste die Ehrlichkeit seiner Versicherungen ohne
weiteres zu. Philipp de Mezières war einer der bedeutendsten Publizisten
des damaligen Frankreich; mit ihm stand Konrad in persönlichem Verkehr[2];
von hier aus mag sich ihm der Zugang zum königlichen Hofe von Frank=
reich eröffnet haben. Jedenfalls fand er Gelegenheit, Karl V. zuerst münd=
lich und dann auf dessen Wunsch auch schriftlich seinen Konzilsplan zu ent=
wickeln (Sommer 1379). Die Art, wie er seine Aufgabe löste (epistola
brevis), zeigt, daß dieser Professor sich auf die Erfassung von politischen
Situationen verstand. Seiner Denkschrift fehlt das aufgeregte, rhetorische
Pathos, das die Flugschriften seines Genossen Langenstein durchpulst. Sie
geht mehr darauf aus, dem französischen Hofe das Konzil als ein juristisch
wohlbegründetes Auskunftsmittel der hohen Politik zu empfehlen. Und
indem er ein Zusammengehen Karls V. mit König Wenzel und Pfalzgraf
Ruprecht bei der Einberufung des Konzils empfiehlt, spielt er ziemlich
deutlich auf die gerade damals verhandelten Pläne einer Eheverbindung
zwischen dem französischen Königshause und den pfälzischen Wittelsbachern
an[3]. Der Kern der von ihm (im folgenden Jahre noch ausführlicher) ent=

---

[1] Auct. chart. univ. Paris. I, 567. — Konrad v. G. deshalb, weil er publizistisch
nicht so häufig hervorgetreten ist, wie H. v. Langenstein, für einen „stillen, gelehrten
Theoretiker" zu erklären (Kneer, R.Q.S., Suppl. I, 124, ähnlich auch noch D. E. Cul=
ley, l. c. 28ff.), sehe ich mit Wenck (H.3. 76, 18) nicht den mindesten Anlaß.

[2] R.Q.S. IX, 188 (Schmitz).

[3] S. d. „epistola brevis", ed. H. Kaiser, H.Vjschr. III, 379—94.

wickelten kirchenrechtlichen Gedanken ging ſpäter in die Flugſchriften Lan=
genſteins über; ſie riefen eine ungeheuer lebhafte Debatte unter den
Pariſer Gelehrten hervor und haben noch Jahrzehnte nachgewirkt, bis in
die Epoche der großen europäiſchen Konzilsbewegung hinein. Der hervor=
ragendſte Vertreter der Pariſer Univerſität in dieſer ſpäteren Epoche,
Johannes Gerſon, nannte Konrad einen „großen und frommen" Mann.
Das ungewöhnliche Anſehen, das dieſem deutſchen Theologen und Juriſten
in Paris zuteil geworden war, ſcheint in ſolchen Worten nachzuklingen.

Das waren die Männer, in deren Händen die Anfänge unſerer Uni=
verſität ruhten. Der Geiſt, der ſie beſeelte, hat ihr auf lange hinaus die
Richtung gewieſen.

Als Marſilius von Jnghen nach Lehrern für die neu zu begründende
Hochſchule Umſchau hielt, gewann er als erſten einen Prager Magiſter zum
Genoſſen und Helfer. Und gleich im erſten Jahre wanderten der jungen
Hochſchule aus Prag nicht weniger als 24 Magiſter und Bakkalare zu (die
Zahl der begleitenden Scholaren iſt unbekannt); ohne ihre Mithilfe wäre
die Gründung ſchwerlich ſo bald über kümmerliche Anfänge hinausgedie=
hen[1]. Unter den erſten Prager Ankömmlingen erſchien der eben erſt als
Rektor im Kampf mit den Tſchechen berühmt gewordene Theologe Konrad
von Soltau; der 18. Oktober 1386, der Tag der Eröffnungsfeier unſerer
Univerſität, iſt zugleich das letzte Datum, unter dem er noch in den Prager
Univerſitätsakten genannt wird[2]. Es liegt ſehr nahe, einen inneren Zu=
ſammenhang dieſer Tatſache mit der Vorgeſchichte der Heidelberger Univer=
ſitätsgründung zu ſuchen. Dürfen wir hier den letzten, heute noch erkenn=
baren Strang im Gewebe der Motive vermuten, die zu dieſer Gründung
hinführten? Keinen günſtigeren Augenblick konnte der Pfalzgraf zu ihrer
Ausführung wählen, als eben dieſen, in dem nicht nur die große Hochſchule
des Weſtens durch nationale Gegenſätze geſprengt wurde, ſondern ſich
gleichzeitig im Oſten ein ganz ähnlicher Vorgang vollzog: den Augenblick
der erſten ſchweren Erſchütterung der Prager Univerſität durch den Kampf
der Slawen gegen die Deutſchen.

------

[1] Bis z. J. 1401 kamen 14 weitere mag. art. und der oberen Fakultäten und
19 bacc. art. aus Prag hinzu.

[2] Mitt. d. V. f. Geſch. d. Dt. i. B., Bd. 52, p. 482, N. 2.

Man kennt die merkwürdige Verbindung von ſozialen, religiöſen und
nationalen Motiven, die in eben jenen Jahrzehnten den ſeit lange ſchwe=
lenden Haß des Tſchechentums gegen die deutſchen Einwanderer in Böhmen
zur offenen Glut entfachte: wie ſich da der natürliche Gegenſatz der Armen
gegen die Reichen, der kulturell Aufſtrebenden gegen die geiſtig Beſitzenden
und Überlegenen mehr und mehr verband mit dem asketiſchen Eifer und
den apokalyptiſchen Drohungen der tſchechiſchen Volkspredigt, um das
böhmiſche Volk aufzuregen gegen die Herrenkaſte der Deutſchen am Hofe,
im ſtädtiſchen Patriziat, unter den Prälaten der Kirche und den gelehrten
Pfründnern der Univerſität. An der Prager Hochſchule beſaßen die Deut=
ſchen von Anfang an ein ganz beträchtliches Übergewicht. Aus neueren
Quellenunterſuchungen[1] wiſſen wir, daß es nicht auf irgendwelcher ver=
faſſungsmäßigen Begünſtigung des deutſchen Elementes beruhte, ſondern
nur auf deſſen ungleich höherer Anteilnahme an den gelehrten Studien:
auf der zahlenmäßigen und geiſtigen Überlegenheit der Deutſchen. Wohl
ſtanden der einen böhmiſchen „Nation" drei überwiegend deutſche gegen=
über; aber in den entſcheidenden Univerſitätsverſammlungen wurde nicht
nach Nationen, ſondern nach Köpfen abgeſtimmt, und wahrſcheinlich nur
in der Beſetzung gewiſſer Ämter kam die Nationeneinteilung verfaſſungs=
mäßig zur Geltung. Freilich wurde ſo die Überzahl der Deutſchen praktiſch
erſt recht wirkſam: im Jahre 1384 betrug die Zahl der tſchechiſchen Univer=
ſitätsmitglieder kaum ein Zehntel der Geſamtzahl[2]. Bald nach dem Tode
Karls IV., dem eine nationaliſtiſche Abgrenzung ſeiner Univerſität völlig
ferngelegen hatte und der recht genau wußte, wem er deren Blüte ver=
dankte, begannen nun die Verſuche der Tſchechen, ſich eine bevorrechtete Stel=
lung an der Hochſchule zu erkämpfen. Der Streit entbrannte zuerſt um
wirtſchaftliche Vorrechte: die Böhmen verlangten eine verfaſſungsmäßige
Beteiligung an den — zur Verſorgung der Magiſter beſtimmten — Stellen

---

[1] Fr. Matthaeſius, Der Auszug der deutſchen Studenten aus Prag (1409.)
Mitt. d. V. f. Geſch. d. Dtſch. in Böhmen, Bd. 52/53. Hier ſind alle bisher erſchienenen
deutſchen und tſchechiſchen Quellenpublikationen ſorgſam verwendet und die älteren
Kontroverſen zwiſchen tſchechiſcher und deutſcher (Palacký, Tomek, Höfler, Bachmann),
katholiſcher und proteſtantiſcher (Höfler, Lechler, Paulſen) Auffaſſung überwunden.
Paulſen, H. 3. 45, 266ff., überſah das hiſtoriſche und zahlenmäßige Minderrecht der
Tſchechen und interpretierte aus dem roh aggreſſiven Charakter ihres Vorgehens 1384, interpretierte
auch die Quellen unrichtig.
[2] Appellation der Univerſ. von 1384: Fontes rer. Austr., Abt. I, Bd. 6 (Geſchicht=
ſchreiber d. huſſit. Bewegung, Teil II), p. 132.

in den beiden Kollegienhäusern der Universität, die bisher ohne feste Ord=
nung durch Selbstergänzung der Kollegiaten besetzt worden waren. Der
Verlauf des Streites zeigt die lokale Kirchenbehörde, den Erzbischof und
Kanzler Johann von Jenstein, an der Seite der Böhmen: mit herrischen
Edikten und kirchlichen Strafen griff er zu ihren Gunsten ein und verhin=
derte gleichzeitig eine Gegenaktion der Deutschen, die ihrerseits auf eine
Lahmlegung der böhmischen Nation in den Universitätsversammlungen ab=
gezielt zu haben scheint[1]. Vergebens kämpfte der Rektor Konrad von Soltau
und die deutsche Mehrheit auf der Universität mit den von Paris her wohl=
bekannten Mitteln: Appellation an den Papst und Einstellung des Unter=
richtsbetriebs, gegen diese Schmälerung ihrer Rechte an. Wir hören von
offener Widersetzlichkeit der Böhmen, die bewaffnet in den Hörsälen er=
schienen, von schweren Unruhen, ja von einem Überfall auf den Rektor
und andere deutsche Gelehrte durch vermummte Tschechen und ihre Miß=
handlung durch „unblutige" Schläge, wie die tschechisch gesinnte Univer=
sitätschronik rühmend hervorhebt. Entscheidend aber war die Haltung des
Königs Wenzel, den die Deutschen vergeblich für ihre Sache zu gewinnen
suchten. Jetzt zum ersten Male mochten sie den Wechsel empfinden, der
seit Karls IV. Tode im Regimente Böhmens eingetreten war: hatten sie
früher am Hofe als Träger der höheren Kultur jederzeit Rückhalt gefunden,
so versagte sich jetzt der schwache Nachfolger Karls, der selber mehr und mehr
in die Abhängigkeit von den böhmischen Baronen geriet, der Aufgabe, sie vor
dem Haß der Landeseinwohner zu schützen. Die entscheidenden Verhand=
lungen fanden gerade in jenen Monaten (Anfang 1385) statt, als man in
Heidelberg die ersten Schritte zur Neugründung einer pfälzischen Hochschule
tat. Im Sommer 1385 war die Niederlage der Deutschen besiegelt: Konrad
von Soltau mußte alle seine Schritte beim Papste widerrufen; die Böhmen
erhielten einen beträchtlichen Anteil am Karlskollegium fest zugesichert.
Die Enttäuschung der Deutschen muß groß gewesen sein; hatte doch die
Sprengung der Pariser Hochschule gerade auch in Prag die größten Hoff=
nungen erweckt[2], und vielleicht beruhte das auffallend große Übergewicht
der Deutschen, das uns von dort aus dem Jahre 1384 berichtet wird, auf
eben diesem Ereignis. Das Verhalten der Böhmen und Johann von Jen=
steins aber scheint es nicht wenigen verleidet zu haben, die großen Pläne
des Erzbischofs verwirklichen zu helfen. Außer den Heidelberger Abwan=

---

[1] Appellation des Rektors 1384: l. c., p. 130.
[2] Siehe ob. S. 49.

derern verließ damals auch der berühmteste deutsche Theologe der Zeit neben Langenstein, Heinrich von Oyta, das ungastliche Prag, um seinem Freunde nach Wien zu folgen. Die Entrüstung der Deutschen über den neuen Böhmenkönig, der „in seinem Prag und Böhmen hockte, gleichwie ein Schwein im Stalle, und die Universität völlig herunterbrachte", findet noch nach Jahrzehnten in den Aufzeichnungen einer Mainzer Papst= und Kaiserchronik kräftigen Ausdruck. Die besseren Magister, meint der Chronist, hat er alle gleichsam verjagt, und die davon nach Heidelberg und zu anderen deutschen Fürsten gekommen sind, haben viel dazu getan, auf Wenzels Absetzung hinzuwirken[1].

Mag der Chronist als zuverlässig gelten oder nicht: das gegenseitige Verhältnis des pfälzischen und des böhmischen Staates und dementspre= chend auch der beiden Hochschulen, wie es sich in den nächsten Jahrzehnten gestalten sollte, hat er überaus zutreffend charakterisiert. Der Stern des Pfälzers ging auf, während der des Böhmen verblich: das war die poli= tische Konstellation der Stunde, in der die Heidelberger Universität ins Leben trat.

Unter allen territorialen Neubildungen des 14. Jahrhunderts mußte die rheinische Pfalz als eines der künstlichsten Gebilde gelten: ein Staat ohne festen landschaftlichen Zusammenhang, ohne natürlichen Mittelpunkt in einer zentral gelegenen, bedeutenden Landeshauptstadt. Dem entsprach die Neugründung der Heidelberger Universität auf völlig unbeackertem Boden. Der Vorgang war einzigartig innerhalb des Zeitalters. Prag, Wien und Erfurt konnten an längst bestehende, z. T. sehr bedeutende Stifts= schulen, Köln außerdem an die blühenden Generalstudien der Bettelorden anknüpfen. In dem kleinen, noch recht dörflichen Heidelberg[2] war von einem nennenswerten Schulwesen überhaupt noch nicht die Rede. Über die Klosterschulen der Franziskaner und Augustinereremiten, die sich seit

----

[1] N. A. d. G. f. ä. dt. G.=K. 1878, IV, 80: Sed in Praga et in Bohemia more porcino manens, illud sollempne studium ibidem in Praga ad nichilum redegit. Nullum sollempnem virum nobilem seu litteratum curavit et doctores omnes meliores quasi expulit: Quorum aliqui ad Renum Heidelbergam et alibi venerunt et ibidem se principibus conjunxerunt et ad ejusdem regis depositionem labora= verunt.

[2] Die Zahl der bürgerlichen Einwohner berechnet Fr. Eulenburg, Ztschr. f. Soz. u. Wirtschaftsgesch. III, 455 ff. auf etwa 3800 Seelen im Jahre 1439.

dem 13. Jahrhundert hier angesiedelt hatten, ist Näheres nicht bekannt[1].
Von Bedeutung waren sie gewiß noch viel weniger, als die Domschulen
in den benachbarten Bischofsstädten Worms und Speyer, über deren Zu=
stand ein vielsagendes Schweigen in den Quellen herrscht. Keinerlei kirch=
liche Einrichtung bot sich dem neuen Studium zur Anknüpfung dar; den=
noch ist eine Gründung ohne Mitwirkung der Kirche gewiß keinen Augen=
blick in Frage gekommen. Der erste Schritt, den der Kurfürst tat, um seinen
Plan zu verwirklichen, war die Bitte an den Papst, die neue Universität
als kirchliche Anstalt durch förmlichen Stiftbrief zu errichten und zu privi=
legieren[2]. Ende 1385 führten die Verhandlungen an der Kurie zum Er=
folg; die päpstliche Stiftungsbulle, vom 23. Oktober 1385 datiert, wurde
erst nach Bezahlung der Kosten dem Bittsteller ausgehändigt. Am 24. Juni
1386 traf sie — wenn wir dem Bericht des Marsilius in seiner knappen
Einleitung zum ältesten Statutenbuch folgen dürfen[3] — auf Schloß Wersau
bei Schwetzingen ein. Zwei Tage darauf wurde in förmlicher Beratung
der drei Regenten — Ruprechts des Älteren, seines Neffen und Groß=
neffen — mit den kurfürstlichen Räten der endgültige Beschluß zur Grün=
dung gefaßt. Der 26. Juni 1386 wäre danach als der eigentliche Stiftungs=
tag unserer Universität zu betrachten. Mit der praktischen Ausführung des
Beschlusses wurde Marsilius von Inghen betraut, den man in den „ge=
schworenen Rat" des Kurfürsten berief und als pfalzgräflichen „pfaffen"
auffallend hoch besoldete: nicht aus kirchlichen, sondern rein aus fürstlichen
Mitteln. Bis zum Oktober gelang es dann, die ersten akademischen Lehrer
zusammenzubringen und die kurfürstlichen Stiftungsbriefe vorzubereiten:
vom 1. Oktober 1386 sind diese datiert. Am 18. Oktober wurde das neue
Studium durch eine feierliche Messe der Magister und Scholaren eröffnet;
tags darauf begannen die ersten Vorlesungen.

---

[1] Sillib, N. A. f. Gesch. d. St. Heidelberg IV, 10 u. V, 177. — Die lokalpatrioti=
schen Fabeleien von Hautz, Gesch. d. Univ. 104—108, Gesch. d. Neckarschule (1849)
u. Lycei Heid. Origines (1846) über eine alte Benediktinerschule u. d. „älteste deutsche
Stadtschule" stützen sich auf kritiklos gesammelte Notizen später Chronisten u. Kom=
pilatoren.

[2] Stiftbrief Urbans VI.: „fuit propositum nobis, ipse dux ... desideret ... fier
et ordinari per sedem apostolicam ... studium generale" (U.B. I, 3).

[3] Ganz exakt ist er nicht: vgl. die Datierungen: U.B. I, p. 1, 3. 14; p. 2, 3. 6
und die Anmerkungen Winkelmanns zu U.B. I, nr. 1; vgl. auch S. 1, 3. 16 mit
S. 3, 3. 20!

Schon diese wenigen Daten lassen das enge Zusammenwirken der geist=
lichen Gewalt mit der weltlichen bei dem Gründungsakte erkennen. Von
vornherein war die Stellung des Kurfürsten dadurch außerordentlich be=
günstigt, daß die große Kirchenspaltung den römischen Papst um seiner
eigenen Machtstellung willen nötigte, den Wünschen seiner Anhänger in
jeder Weise entgegenzukommen. Die avignonesischen Päpste der vor=
schismatischen Zeit hatten versucht (wie es scheint), der Pariser theologi=
schen Fakultät eine Art Monopol künstlich zu erhalten. Der Wiener Hoch=
schule war 1365 kein Privileg für Theologie verliehen worden. Von der=
artigen Beschränkungen konnte 1386 natürlich keine Rede sein. Die Wiener
benutzten damals die Gelegenheit, ihre alte Lücke zu schließen. Und wenn
in dem Stiftbrief Urbans VI. für Heidelberg Zivilrecht und Medizin nicht
ausdrücklich als erlaubt genannt wurden, so bedeutete das schon dem Wort=
laut nach keinen Ausschluß, sondern beruhte vielleicht darauf, daß Ruprecht
nur für Theologie und Kirchenrecht die päpstliche Einwilligung ausdrück=
lich erbeten hatte[1].

Im übrigen galt die Mitwirkung des Papstes bei dem Gründungsakte
keineswegs allerorten als unentbehrlich. In Spanien, Italien und Frank=
reich hatte man sich seit langem vielfach mit kaiserlichen oder landesfürst=
lichen Privilegien begnügt. Die deutschen Territorialherren des 14. Jahr=
hunderts dagegen fühlten wohl selber, daß die Grundlagen ihres Macht=
besitzes doch nicht hinreichten, um ihre Landesanstalten allein darauf zu
gründen. Noch waren diese jungen Territorialstaaten nicht genug gefestigt,
um den akademischen Bürgern entfernt dieselben rechtlichen und wirtschaft=
lichen Garantien einer gesicherten Existenz während des Studiums bieten
zu können, wie die Kirche. Soweit es sich um die Organisation und Siche=
rung des geistlichen Gerichtsstandes für die Studierenden und um ihre Ver=
sorgung mit Pfründen handelte, mußten diese Garantien in einzelnen Ver=
handlungen mit der Kurie und mit lokalen kirchlichen Behörden erworben
werden. Wir werden davon noch hören. Bei der Erwerbung des päpst=
lichen Stiftsbriefes handelte es sich zunächst ausschließlich darum, den an
der neuen Universität zu erwerbenden akademischen Graden die allgemeine

---

[1] U.B. I, 3, 3. 45. Wenn Denifle, Univ. I, 380ff. auf das Pariser Vorbild
verweist, so steht dem entgegen, daß in Paris Medizin gelehrt wurde! — Kaufmann,
Univ. II, 16 hält die anfängliche Versagung der theolog. Fakultät in Wien u. andern=
orts für ein bloßes Manöver, um doppelte Gebühren für die betr. Bulle zu erpressen.

Anerkennung zu sichern[1]. Dazu war naturgemäß das geistliche Haupt der abendländischen Christenheit am besten befähigt. Aber auch der Kaiser besaß — insbesondere nach Auffassung der italienischen Legisten — diese Befugnis. Nichts bezeichnet darum besser den Charakter der deutschen Universitätsgründungen, als die Tatsache, daß schon Karl IV., der selber im Ausland acht neuen Generalstudien kaiserliche Stiftbriefe verlieh, für die Gründung seiner Landesuniversität ein päpstliches Privileg zu erwerben nötig fand, und daß vor der Gründung von Freiburg (1456) in Deutschland kein kaiserlicher Privilegienbrief erbeten und erteilt worden ist. Es führt durchaus irre, wenn man die deutschen Universitätsgründungen des 14. Jahrhunderts mit der Opposition weltlicher Mächte gegen das System der päpstlichen Hierarchie in Verbindung bringt, wie sie in der Epoche Ludwigs des Baiern und dann wieder später in der großen Konzilsbewegung hervortraten[2]. Wer Geist und Geschichte der deutschen Hochschulen im Mittelalter verstehen will, muß sich von vornherein deutlich machen, daß sie zwar nicht wie die Pariser Hochschule aus dem Schoße der Kirche hervorgegangen, aber durchaus im kirchlichen Geiste, als gehorsame Töchter des Papstes und des Landesherren zugleich, gegründet und organisiert worden sind — nicht als vorwiegend weltliche Institute, wie ihre italienischen Schwestern. Juristische Betrachtung mag streiten, ob ihr Charakter als staatlich oder als kirchlich zu betrachten sei; das historische Leben selber kannte diese strenge Unterscheidung nicht. Wenn Karl IV. ein Recht auf die Gründung auch ohne päpstliche Erlaubnis behauptete, dennoch aber die Zustimmung des Papstes erbat, so handelte er genau nach den Richtlinien seiner Gesamtpolitik: das vollste Einvernehmen mit der Kirche zu wahren, ohne von der Selbständigkeit seiner fürstlichen Politik das Geringste preiszugeben. Ruprecht I., in ungleich geringerer fürstlicher Stellung, berief sich in seinen Stiftungsurkunden ausdrücklich auf die Genehmigung des Papstes, nahm aber den Akt der Gründung trotz des Wortlautes der päpstlichen Bulle, die ihn formell als Handlung des Papstes erscheinen ließ, für sich selber in Anspruch und verfügte aus eigener Machtvollkommenheit über die allgemeine Verfassung der Anstalt. So zeigt schon der Wortlaut der ältesten

---

[1] U.B. I, nr. 2. Inhaltlich zeigt die Bulle das überall angewendete Kanzleischema. Vgl. Kaufmann, D.Z.G.W. I, 131f. Auch die Wendungen über Heidelbergs landschaftliche Vorzüge sind nichts als formularmäßige Phrasen.

[2] Die ältere Geschichtschreibung (Meiners, auch noch Muther), insbesondere die liberal-nationale (Häusser, Friedjung) neigt zu diesem Irrtum.

Urkunden, daß man sich eines Gegensatzes der weltlichen und geistlichen Gewalt in diesen Fragen nicht bewußt war; beide arbeiteten Hand in Hand; eben diese Ergänzung statt der gegenseitigen Ausschließung ist das Kennzeichen echt mittelalterlichen Geistes. Aber freilich: der Staat nahm von jetzt an zu — als Träger der Macht wie als Förderer der Kultur —, die Kirche ab. Neben dem gemeinen Nutzen des Landes erscheint in den Stiftungsurkunden Ruprechts ganz unbefangen die Mehrung der Ehre Gottes, der Nutzen der Kirche und die Heranbildung tüchtiger, gebildeter Männer als Zweck der Gründung[1]. Damit sprach sich der weltliche Staat ohne viel Aufhebens selber die Verpflichtung und das Recht zur Über= nahme solcher Kulturaufgaben zu, die früher als Privileg der Kirche gegolten hatten. Wer von beiden Gewalten auf die Dauer den Vorrang in der Leitung der Studien behaupten würde, darüber hatten nicht juri= stische Klauseln in den Urkunden, sondern die lebendigen Ereignisse der historischen Entwicklung zu entscheiden[2]. Wir werden später an der Ge= schichte unserer Hochschule alle Hauptepochen im Wandel des Verhältnisses von Staat und Kirche in Deutschland gleichsam ablesen können.

Einstweilen kam man über den Grundriß, der auf den Pergamenten stand, nicht viel hinaus. Als man am 18. Oktober 1386 im Kirchlein zum Heiligen Geist die feierliche Messe las, um das neue Studium „zur Ehre Gottes, der allerheiligsten Jungfrau, aller Heiligen und des ganzen himm=

---

[1] Vgl. U.B. I, 9, Z. 6/7; ibid. Z. 30—32. — Ruprecht II betont 1390 (U.B. I, 51, Z. 12) ausschließlich den Nutzen des Studiums für die Kirche. Er spricht von den „fideles in Alemannia inferiori et media“, denkt also nicht nur an das eigene Terri= torium. Mit auffallender Devotion nennt er U.B. I, 52[a] die „frischule, von unserm heiligen vatter, dem babest impetriret und erworben“; ähnlich ibid. 61.

[2] Die vielerörterte Frage, ob staatliche, ob kirchliche Anstalten (vgl. Kaufmann, Dt. Univ. II, 45, 80—110 u. D.Z.G.W. I, 118ff. contra Paulsen, H.Z. 45, 282ff.), scheint mir a. d. im Text angedeuteten Gründen nur heuristischen Wert zu besitzen, ohne selber eindeutig lösbar zu sein. (So auch etwa Fr. v. Bezold, H.Z. 80, 443 u. ö.) Kaufmann, der a. a. O. wertvollstes Material zu ihrer Beurteilung zusammen= trägt, scheint mir doch die historisch so überaus interessanten u. charakteristischen Unter= schiede der verschiedenen Zeiten u. Länder allzu wenig zu berücksichtigen, indem er den weltlichen Charakter der mittelalterlichen Universitäten schlechthin zu erweisen sucht. Sehr einleuchtend sind die Ausführungen Denifles, Univ. I, 763ff., bes. 792ff., der aber an anderer Stelle häufig ganz einseitig=juristisch verfährt, indem er z. B. Heidelberg als Universität mit nur päpstlichem Stiftbrief, Prag und Wien da= gegen als Hochschulen mit päpstl. und landesherrlichen Stiftbriefen betrachtet. Das heißt m. E. den Unterschied gewaltig übertreiben.

5*

lischen Hofstaates" zu eröffnen, fanden sich außer den ersten Scholaren nur drei Lehrer beisammen: Marsilius und der Prager Magister Heilmann Wunnenberg aus Worms als Philosophen, der belgische Zisterziensermönch Meister Reginaldus von Alna als Theologe. So unscheinbar waren die Anfänge eines Werkes, das heute schon fast fünfeinhalb Jahrhunderte überdauert hat — unscheinbarer, als die irgendeiner anderen deutschen Hochschule. Es war ein selten großer historischer Moment gewesen, der ihre Gründung ermöglicht hatte; bald sollte sich zeigen, daß die Gunst dieses Momentes groß genug war, der neuen Universität eine ungeahnt glückliche Anfangsentwicklung zu gestatten.

Zweites Buch

Grundzüge der Organisation

I. Abschnitt: Äußerer Bestand

Drittes Kapitel

Frequenz der erſten Jahrzehnte. Die Rotuli.

Was den Gründern der älteſten deutſchen Univerſitäten vorſchwebte, war nichts Geringeres als eine Nachahmung der berühmteſten internatio=nalen Hochſchulen Europas. Die Durchführung ſo kühner Pläne hing aber zu einem ganz weſentlichen Teil davon ab, ob es gelingen würde, eine Anzahl von Scholaren herbeizulocken, die ſich mit den Beſucherzahlen jener bewunderten Vorbilder einigermaßen in Vergleich ſtellen ließ. Ehe wir uns der rechtlichen Organiſation unſerer Univerſität zuwenden, wird es deshalb zweckmäßig ſein, die Beſucherzahlen Heidelbergs, ihre Entwicklung in den erſten Jahrzehnten und weiterhin (im Überblick) bis zum Ende des 15. Jahrhunderts zu verfolgen und gleichzeitig die Zuſammenſetzung der Hochſchulbeſucher im einzelnen anſchaulich zu machen.

Wie es bei Neugründungen damals zu geſchehen pflegte, übertraf die Zahl der im erſten Jahre Immatrikulierten alle ſpäteren Jahresziffern; erſt im vorigen Jahrhundert ſind ähnliche Inſkriptionszahlen hier wieder erreicht und überholt worden. Bis zum Ende des erſter Rektorates (Oſtern 1387) wurden 16 Magiſter und 165 weitere Namen in die Matrikel ein=geſchrieben; am 16. Dezember 1387, alſo wenig ſpäter als ein Jahr nach Eröffnung des Studiums, betrug die Geſamtzahl der Univerſitätsverwand=ten 579, darunter 34 Magiſter und Bakkalare der drei „oberen" Fakultäten (9 nachweislich aus Paris, 23 aus Prag) und 24 Bakkalare der Philoſophie[1]. Das ſind — abſolut genommen — keine überraſchend großen Zahlen, weder im Vergleich mit heutigen noch mit damaligen Verhältniſſen[2]; aber er=ſtaunlich wirken ſie, wenn man die Dürftigkeit des erſten Anfangs, die peri=pheriſche Lage und die armſelige ſtädtiſche Entwicklung Heidelbergs daneben=

---

[1] Toepke, I, 2.

[2] In Prag ſollen 1374 allein in einem Semeſter 722 Studierende immatrikuliert ſein (Matthaeſius, l. c. Bd. 53, p. 78); in Köln wurden im erſten Jahr 738 Namen inſkribiert (Keuſſen, Kölner Matrikel I², p. 54).

hält. Im Gegensatz zu den Anfängen so mancher späteren Hochschule — künstlichen Schöpfungen landesherrlicher Laune — erwies sich eben doch, wie stark das Bedürfnis empfunden wurde, dem die Neugründung abzuhelfen bestimmt war. Freilich darf man beileibe nicht glauben, alle diese Immatrikulierten seien wirkliche Jünger der Wissenschaft gewesen. Die Universität legte vielmehr Wert darauf, in den Kreis ihrer Angehörigen alles aufzunehmen, was irgend an Klerikern in Heidelberg und in den benachbarten Bischofsstädten an ihren Privilegien teilhaben wollte. Da finden wir Schloßkapläne und Kanzleibeamte des Landesfürsten, Kanoniker benachbarter Stifter, die Geistlichen der Heidelberger Kirchen, Mönche aus den Zisterzienserklöstern des Landes — ganze Gruppen von Personen in Amt und Brot, die bestenfalls nur teilweise des Studierens wegen sich eintragen ließen[1]. So begreift sich leicht, daß die Namenliste bereits im zweiten Jahre gewaltig zusammenschrumpfte (1388: 247, 1389: 177) und in der Folge sich — mit sehr starken Schwankungen nach oben und unten — auf einem Durchschnitt von jährlich etwa 125—135 (je nach dem Zeitraum der Berechnung[2]) hielt. Immerhin war auch dieser Durchschnitt für den Anfang stattlich genug. Wie günstig schien im Vergleich mit Heidelberg der üppige kirchliche Nährboden des heiligen Köln für die Entwicklung einer Universität! Gleich bei der Eröffnung im Jahre 1389 hatte man nicht 3, sondern 21 Magister zur Hand. Und doch übertrafen die Heidelberger Besucherzahlen der ersten Jahrzehnte nicht unerheblich die gleichzeitigen kölnischen. Erst im zweiten Drittel des 15. Jahrhunderts begann die niederrheinische Hochschule ihre pfälzische Rivalin zu überflügeln, während diese in ihrer äußeren Entwicklung stehen blieb[3]. Dieses Stehenbleiben aber, sachlich begründet in den natürlichen (lokalen wie territorialen) Schranken ihrer äußeren Existenz, brachte sie auch in Rückstand gegenüber so mancher

---

[1] Ich bezweifle darum, daß wirklich „über 500" im ersten Jahr hier studiert haben, wie Thorbecke 17 meint; die späteren Jahresziffern sprechen dagegen, und der Prozentsatz der später in der Matrikel nicht eingetragenen Studierenden (vgl. Toepke, I, p. XIXff.) war schwerlich sehr beträchtlich. Anderseits scheinen in Heidelberg die Universitätshandwerker und ähnliche Schutzverwandte (wenigstens anfangs) nur ausnahmsweise immatrikuliert zu sein. Vgl. Toepke, I, p. XXVII und Thorbecke 45*, N. 55.

[2] 1386—1449: jährlich 135, 1386—1416: jährlich 133, 1386—1622: jährlich 129, 1386—1540: jährlich 124 im Durchschnitt.

[3] Immatrikulationen in Köln 1389—1416: jährlich 107, 1389—1449: jährlich 149 im Durchschnitt.

späteren Neugründung. Faßt man die ganze Epoche der mittelalterlichen Hochschule (1386—1540) ins Auge, so steht sie mit einer durchschnittlichen Frequenz von 219 (berechnet auf Grund einer angenommenen durchschnittlichen Studiendauer von 1¾ bis 2 Jahren) unter den deutschen Hochschulen des heutigen Reichsgebietes erst an siebenter Stelle: weit hinter Leipzig (504) und Erfurt (427), erheblich auch hinter Köln (388) zurück und selbst den kleinsten Schwesteranstalten, wie Tübingen (161) und Freiburg (147) nicht allzu weit voran — eher eine kleine als eine mittlere deutsche Universität[1]. Mit dem Umfang der alten zentralen Generalstudien zu Prag und Wien konnte sich freilich auch keine der genannten größeren messen.

Bis es zu diesen verhältnismäßig stabilen Verhältnissen kam, ging es durch stürmische Anfangszeiten hindurch. Und es hat seinen eigenen Reiz, in dem Auf und Ab der Zahlenkurven unserer Matrikel die großen und kleinen Ereignisse gewissermaßen abzulesen, die das Schicksal unserer Universität in den ersten Jahrzehnten bestimmen halfen.

Gleich im zweiten Jahr geriet sie in eine gefährliche Krisis, die beinahe zu ihrer völligen Auflösung geführt hätte. Die Kölner Neugründung veranlaßte eine Massenabwanderung niederrheinischer Magister und Scholaren, die einen sehr erheblichen Prozentsatz der Mitglieder ausmachten; von den 421 Studierenden der Diözesen Köln, Lüttich, Utrecht, Cambrai und Münster, die zwischen 1386 und 1401 hier eingeschrieben wurden, lassen sich nicht weniger als 127 in der Kölner Matrikel nachweisen; allein im ersten Kölner Jahrgang finden sich 15 Magister, die von Heidelberg kamen. Im November 1388 wütete überdies die Pest in Heidelberg und zwang fast alle Scholaren und Magister zur Flucht[2]; dazu kam die Fehde des Pfalzgrafen mit den Bürgerschaften von Speyer, Worms, Mainz und Straßburg — eine Teilhandlung des großen Städtekriegs von 1388 —, die von beiden Seiten mit wilder Grausamkeit geführt wurde und den Zuzug von Scholaren aus den Diözesen Worms und Speyer fast gänzlich ins Stocken brachte. Zwei Jahre nach der Eröffnung der Hochschule saß also Marsilius von Inghen wieder vereinsamt mit wenigen Kollegen und Scholaren in dem unwirtlich gewordenen Heidelberg und ließ eine Bittmesse für die Erhaltung des Studiums zelebrieren, während draußen in der Rheinebene

---

[1] Vgl. Eulenburg, Frequenz der deutschen Universitäten: A. d. Sächs. G. d. W., ph.-hist. Kl., Bd. 24 (1904), Nr. II, p. 53. Für das folgende stütze ich mich auf die (z. T. unter meiner Beratung entstandenen) Berechnungen von B. Scharnke, l. c.

[2] Toepke, I, 34.

und an der Bergstraße die Dörfer in Flammen standen. Noch steckte man
in den allerersten Anfängen der Organisation: an auskömmlichen Pfründen
und Besoldungen für die Lehrer fehlte es ebenso wie an eigenen Räumen
für die Universität: Dienstwohnungen und Hörsälen. Dennoch gelang es
— wohl dank der Energie des Marsilius — die Suspension der Anstalt zu
vermeiden. Rettung brachte vor allem die Aufstellung einer Pfründen=
supplik an die Kurie zum Papstwechsel von 1389.

Diese gemeinsamen Bittgesuche (Rotuli) der Universität[1] pflegten
jedesmal — hier wie andernorts — eine große Menge Pfründenbedürftiger
herbeizuziehen und damit die Zahl der Immatrikulierten gewaltig zu ver=
mehren. Sie enthielten außer allerhand Bitten für das Gesamtinteresse
der Universität (caput rotuli) als Hauptteil eine Zusammenstellung von
Bittgesuchen aller am Rotulus beteiligten Universitätsmitglieder um päpst=
liche Provision mit irgendwelchen kirchlichen Benefizien, die gerade vakant
waren oder demnächst werden mußten. Da die Aussicht auf Gewährung
reicher Gnaden naturgemäß größer war für die ersten als für die späteren
Plätze, wurde für die Eintragung nach Rang und Würden, Anciennität
und bürgerlicher oder adliger Abstammung eine genaue Reihenfolge fest=
gesetzt, die übrigens auch für das Auftreten der Akademiker bei öffentlichen
Aufzügen, Schulfeierlichkeiten u. dgl. galt. Die sehr erheblichen Kosten
(Reisegeld der Gesandten, Gebühren und Bestechungsgelder an der Kurie)
wurden durch Einzeichnungsgebühren und nötigenfalls durch ergänzende
Umlagen aufgebracht. Im Unterschied von den Pariser Rotuli, die nur
die Namen von Magistern enthielten, ließ man in Deutschland auch Nicht=
graduierte in großer Zahl sich beteiligen; und auch ehemaligen Univer=
sitätsmitgliedern, vor allem ehemaligen Dozenten, blieb das Recht der Be=
teiligung offen. Viele ließen sich auch erst zum Zweck der „Inrotulierung"
in die Matrikel aufnehmen. Ihnen wurde 1401 die Verpflichtung auf=
erlegt, wenigstens ein Jahr lang studirenshalber sich in Heidelberg aufzu=
halten. Die geringe Sorgfalt, mit der die mittelalterlichen Matrikeln ge=
führt wurden, ließ es aber geschehen, daß auch solche Personen in der
Supplik erscheinen, die in der Matrikel gar nicht aufzufinden sind (1401
sind es 12% der Namen!): sei es, daß sie zugelassen wurden, ohne über=
haupt der Universität anzugehören, sei es, daß ihre Immatrikulation ein=
fach vergessen war. Nach alledem eignen sich diese Rotuli sehr wenig dazu,

---

[1] Zum folgenden vgl. die vortrefflichen Zusammenstellungen Thorbeckes p. 29,
N. 92. Über die rotuli von 1387 u. 1389 vgl. noch Denifle, Univ. I, 387.

uns eine zuverlässige Übersicht über den gleichzeitigen Bestand einer Univer=
sität an Mitgliedern zu verschaffen. Um so besser erfüllten sie aber ihren
praktischen Zweck: der Korporation möglichst zahlreiche neue Mitglieder
zuzuführen und die wirtschaftliche Lage ihrer Angehörigen entsprechend
ihrem jeweiligen „Dienstalter" (wenn der moderne Ausdruck hier erlaubt
ist) zu verbessern. Wenn irgendwo, so zeigte sich an diesem Punkte die
straffe Zentralisation der spätmittelalterlichen Papstkirche von ihrer vorteil=
haften Seite. Welche kirchliche Instanz in Deutschland wäre weitblickend
und selbstlos genug gewesen, um für die allgemeinen kirchlichen Aufgaben,
die von den Universitäten erfüllt wurden, die nötigen finanziellen Mittel
freizumachen?

Jener Rotulus von 1389, den Marsilius von Inghen und Konrad von
Soltau persönlich nach Rom überbrachten, ist uns nicht erhalten. Wir hören
aber von starker Beteiligung und verfolgen in der Matrikel einen jähen
Aufstieg der Immatrikulationszahlen. Einen neuen bösen Rückschlag be=
wirkte bald darauf die Eröffnung des Erfurter Studiums im Frühjahr 1392[1];
vor allem aus der Mainzer Diözese, zu der Erfurt gehörte, ließ der Zuzug
stark nach. Jedoch gegen Ende der neunziger Jahre, als das Magister=
kollegium sich dank der wirtschaftlichen Fürsorge, die Ruprecht II. der Uni=
versität angedeihen ließ, vervollständigt hatte, stiegen die Besucherzahlen
rasch wieder an. Einen ersten Höhepunkt erreichten sie kurz nach der
Königswahl des dritten Ruprecht. Den Hauptanstoß gab auch hier wieder
die Absendung eines Rotulus: der großen Supplik von 1401, des einzigen
von den uns überlieferten sechs Heidelberger Rotuli, der uns vollständig,
und zwar in der Originalausfertigung, erhalten ist[2]. Schon der äußeren
Form nach eines der merkwürdigsten Aktenstücke, die man sich denken kann:
eine Pergamentrolle von über 7 Meter Länge, bedeckt mit den Supplit=
von 405 Bittstellern. Von den 34 Magistern, die da (bis auf einen an
bevorzugter Stelle) erscheinen, dürfen weitaus die meisten als wirkliche
Lehrer der Hochschule betrachtet werden, wie ein Vergleich mit den Ver=
handlungsprotokollen der Universität und der Artistenfakultät zeigt[3]. Fragt

---

[1] Immatrikulationszahlen vom November 1388 bis 23. 6. 1389: 11; 23. 6. 1389
bis 24. 3. 1390: 353; 1391: 98; 1392: 32.

[2] Abgedruckt: U. B. I, Nr. 54. Sorgsame statistische Durcharbeitung durch Thor=
beke 20* und durch Fr. Eulenburg; vgl. Exkurs 3!

[3] Nur 8 vermag ich in den a. f. a. und a. u. nicht zum Jahre 1401 nachzuweisen,
von denen aber zwei ausdrücklich als „actu regentes" bezeichnet werden, also in den
a. f. a. wohl nur zufällig nicht zu identifizieren sind, von den übrigen sind vier als

man nach der Zahl der studierenden Scholaren, so sind auch hier — aus den oben erörterten Gründen — erhebliche Abstriche zu machen. Ander=seits ist zu bedenken, daß weder die Nichtkleriker noch im allgemeinen die immatrikulierten Ordensbrüder Pfründen erbitten konnten[1]. Daß aber alle Scholaren schlechthin geistlichen Charakter getragen hätten, ist nach=weislich ein Irrtum[2], wenn auch sicherlich ein großer Prozentsatz die niedern Weihen besaß. Bei alledem ergibt sich doch schon das Bild einer sehr statt=lichen Korporation — um so mehr, als der Zugang sich auch in den folgen=den Jahren auf erheblicher Höhe hielt, obgleich der Rotulus zu einer ebenso großen Enttäuschung wurde (er wurde nicht bewilligt) wie der gleichzeitige Romzug König Ruprechts: das politische Verhältnis zwischen dem deutschen Papst und dem deutschen Gegenkönig wollte sich eben in diesem Unglücks=jahr weder im Großen noch im Kleinen recht fruchtbar gestalten.

Indessen die Hochschule war seit der Wende des Jahrhunderts aus der eigentlich kritischen Epoche der ersten Anfänge und Fehlschläge heraus; auch die äußere Lage der Magister hatte sich seit der Inkorporation ver=hältnismäßig zahlreicher kirchlicher Pfründen an die Universität (um 1400) merklich gebessert. Vorübergehendes starkes Sinken der Besucherzahlen, gewöhnlich durch den Ausbruch pestartiger Krankheiten in den engen, fin=steren Gassen des Städtchens oder durch kriegerische Unruhen in der Nach=barschaft hervorgerufen, blieb freilich nicht aus. Aber im ganzen bedeuten doch die Jahrzehnte des pfälzischen Königtums und des Konstanzer Konzils für unsere Universität eine Epoche stetiger äußerer Aufwärtsentwicklung, gipfelnd in einem neuen Zustrom besonders zahlreicher Scholaren, als 1418 nach Beendigung des Schismas die Heidelberger sich anschickten, dem neu=gewählten Papst Martin V. zur Thronbesteigung ihren fünften Rotulus zu überreichen. Zweifellos wurde die äußere Blüte dieser Jahrzehnte der Tätigkeit hervorragender Lehrer mitverdankt. Wir werden sie später noch kennen lernen.

frühere Mitglieder der Universität, die beiden letzten als soeben erst promovierte daher in der Fakultät noch nicht mitstimmende Artistenmagister zu erkennen.

[1] Der Theologe Fr. Johannes Holtsadel ist der einzige religiosus, der genannt wird; er bittet um „vollen Sündenablaß".

[2] Gegen Thorbecke 23*; „clericus" und „scholaris" waren damals noch keines=wegs gleichbedeutend: s. darüber Keussen, Kölner Matrikel I², p. 23* und Kauf=mann II, 80ff. Daß es zahlreiche Laienstudenten gab, beweist vor allem die Praxis der akademischen Gerichtsbarkeit. Vgl. darüber Kapitel 5; über die Prozentzahlen später oben im Text.

Zusammensetzung der Studentenschaft im 15. Jahrhundert

Die toten Zahlen der Statistik beginnen erst zu reden, wenn man sie nach der Zusammensetzung der Studentenschaft befragt. Wir versuchen, uns aus ihnen die landschaftliche und soziale Bedeutung der Universität anschaulich zu machen[1].

Daß die Gebiete des Mittelrheins, also der Diözesen Worms, Speyer, Mainz und Trier (um die Herkunftsbezeichnung der mittelalterlichen Matrikel zu gebrauchen) von Anfang an weitaus die größte Zahl der Besucher stellten, nimmt uns nicht wunder[2]. Darin ist in den ersten beiden Jahrhunderten kaum ein Wandel eingetreten. Auffallend ist dagegen die anfänglich sehr starke Beteiligung der niederrheinischen Diözesen (Köln, Lüttich, Utrecht), die in den ersten Jahrzehnten fast ständig den Zuzug vom Oberrhein (Diözesen Straßburg, Basel, Konstanz) und in einzelnen Jahren selbst den vom Mittelrhein übertraf. Der Grund ist einmal die uns bereits bekannte Tatsache, daß die niederrheinischen Landsleute am Studium in Paris besonders stark beteiligt gewesen waren und nun sogleich der neueröffneten rheinischen Hochschule zuströmten, sodann aber die Zugehörigkeit des größten Teils jener Landschaften zur römischen Obedienz, während am Oberrhein der Einfluß des Avignonesers überwog[3]. Tatsächlich blieb der oberrheinische Zuzug bis zur Jahrhundertwende verschwindend gering (Höchstzahl jährlich 16!), während der vom Niederrhein noch um 1400 fast ein halbes Hundert erreichte. Wandel in diesen Verhältnissen schuf einmal

---

[1] Angaben über das zahlenmäßige Verhältnis der verschiedenen Fakultäten f. u. im 6. Kapitel; über die Immatrikulationsbestimmungen vgl. den Schluß des 5. Kapitels.

[2] Ich verzichte im folgenden auf eingehende Zahlenangaben, da B. Scharnke diese Verhältnisse bereits viel anschaulicher durch farbige Kurventafeln graphisch dargestellt hat, als es die trockene Mitteilung von Prozentzahlen vermöchte.

[3] Überdies mag die ob. S. 42 bemerkte Tatsache mitspielen, daß man am Oberrhein von jeher das Studium auf italienischen Hochschulen bevorzugte.

die wachsende Anziehungskraft der Kölner Hochschule, sodann die Beendigung des Schismas. Gegen Ende des 15. Jahrhunderts verschwinden die niederrheinischen Diözesen immer mehr aus der Matrikel, während die Zahl der oberrheinischen Landsleute andauernd steigt[1].

Neben den rheinischen Landschaften ist der Zuzug aus dem übrigen Deutschland von Anfang an recht gering geblieben. Nur aus den schwäbisch-bairischen und den fränkischen Diözesen war er überhaupt jemals nennenswert; deren Anteil scheint nach der Mitte des 15. Jahrhunderts noch ein wenig gestiegen zu sein. Aber auch da hat er, soviel ich zu erkennen vermag[2], die Höchstzahl 24 (aus Schwaben und Baiern zusammen) nur in einzelnen Jahren erreicht. Das übrige Deutschland entsandte von Anfang an nur vereinzelt Studierende (nie mehr als jährlich 10) nach Heidelberg; und auch deren Zahl sank nach der Gründung der norddeutschen Universitäten noch weiter herab. Der Einfluß Heidelbergs blieb also bis zur Reformations-zeit im wesentlichen auf die mittelrheinischen Landschaften und einige un-mittelbar angrenzende Nachbargebiete beschränkt. Letztlich entscheidend wirkte in diesen Dingen, wie Eulenburg einleuchtend gezeigt hat, die all-gemeine Verkehrslage der Universitätsstadt. Wie Leipzig seine Stellung unter den größten deutschen Universitäten bis in das letzte Jahrhundert hinein weit weniger dem Ruf bedeutender Lehrer, als (ähnlich wie Erfurt) seiner zentralen Lage und der Bedeutung seiner Messe verdankte, so standen umgekehrt der äußeren Entwicklung Heidelbergs vor allem geographische Hindernisse im Wege. Der fahrende Student benutzte aus naheliegenden Gründen in jenen Zeiten geringer öffentlicher Sicherheit überall die gang-barsten Handelswege. Man kann ziemlich deutlich an dem Schwanken der Matrikelziffern verfolgen, wie der akademische Zuzug aus bestimmten Gegenden zu stocken pflegt, sobald dort auf den Straßen kriegerischer Er-eignisse wegen der Planwagen des Kaufmannes verschwindet. Im fehde-reichen 15. Jahrhundert und in den von blutigen Kämpfen so viel heim-gesuchten Ländern der Pfalz war das nur allzu häufig der Fall.

----

[1] Im einzelnen spiegelt sich das wechselnde politische Verhältnis der mittel- und oberrheinischen Bistümer zur Kurpfalz auch in den Ziffern der Matrikel ziemlich deutlich wieder.

[2] Die Untersuchungen Scharnkes, auf die ich mich hier stütze, erfassen nur die Jahrzehnte 1386—1401, 1449—63, 1471—85. Zu berücksichtigen ist auch stets ein gewisser Prozentsatz (schätzungsweise 20—25% im Durchschnitt) Studierender, deren Herkunft sich nicht nachweisen läßt. Vgl. ferner die Zusammenstellung von Thor-becke, p. 18f. (im ganzen zutreffend).

Die bequemsten Zugangsstraßen nach Heidelberg bot das Rhein=
tal; dort aber entstand unserer Hochschule eine Konkurrentin nach der
andern: Köln, Basel, Freiburg, Mainz, in weiterem Sinne auch Trier.
Zum oberen Neckar= und unteren Maintal bestanden ebenfalls noch gute
Verbindungen; im ganzen aber wandten die schwäbischen und ostfränki=
schen Landschaften ihr Gesicht doch mehr nach Osten. Tatsächlich wanderte
ein außerordentlich großer Teil der süddeutschen Scholaren regelmäßig nach
Leipzig und Erfurt, bis Ingolstadt und Tübingen deren Rolle teilweise
ablösten. Von der oberen Donau führte die große Handelsstraße Augsburg
—Nürnberg nach Leipzig, vom oberen Main war es am nächsten nach Thü=
ringen hinüber.

Gern erführe man Näheres über die soziale Zusammensetzung der Stu=
dentenschaft. Leider sind die Angaben der Matrikel zu dieser Frage beson=
ders dürftig, ungleichmäßig und unzuverlässig. Nicht einmal über die Zu=
gehörigkeit zum geistlichen oder weltlichen Stand sind sie ausreichend[1].
Setzen wir aber voraus, daß wenigstens seit Beginn des 15. Jahrhunderts
eine gewisse Gleichmäßigkeit in der Handhabung der Matrikelbestimmungen
üblich war, die eine Vergleichung von Durchschnittszahlen gestattet[2], so er=
gibt sich das Bild einer überraschend starken Abnahme des geistlichen Standes
innerhalb der Studentenschaft — also einer rasch fortschreitenden Verwelt=
lichung des Studiums! In dem Zeitraum von 1409—1419 wird fast die
Hälfte (48,1%), 1449—1463 nur noch ein Viertel (26,3%), 1471—1485
gar nur noch ein Siebentel (14,65%) und endlich kurz vor der Reformations=
epoche, 1505—1515, nur noch ein Vierzehntel (7,6%) als „geistlich" be=
zeichnet. Das scheint eine glänzende Bestätigung der schon von Kaufmann
vertretenen Meinung, daß „die Universitäten auch in Deutschland die
Stätten gewesen sind, auf denen die Wissenschaften aus der engen Verbin=
dung und der Abhängigkeit von dem geistlichen Stande gelöst wurden; und
das geschah nicht durch eine Umgestaltung der mittelalterlichen Universität,
sondern auf der und durch die mittelalterliche Universität". In der Tat

---

[1] Eine sehr große Zahl Studierender nahm sicherlich erst nach der Immatriku=
lation die Weihen, viele erst nach Abschluß des Studiums. Viele Namen, bei denen
in unserer Matrikel der Zusatz „clericus" fehlt, tauchen nachweislich mit dieser Be=
zeichnung auf anderen Universitäten auf. Ähnliche Abweichungen ergeben sich beim
Vergleich des Rotulus von 1401 mit der Matrikel.

[2] Nur dadurch, daß in den ersten Jahrzehnten die Unordnung besonders groß
war, ist es wohl zu erklären, daß in dem Zeitraum von 1386—1401 nur 20,28% der
Immatrikulierten als clerici bezeichnet sind.

sieht man an diesen Zahlen deutlich, wie der „Prozeß der Verweltlichung längst im Flusse war", ehe der Humanismus ihn beschleunigen half[1].

Eindeutiger noch und anschaulicher ergibt sich das aus der genaueren Betrachtung des geistlichen Elements.

Die Hauptmasse der studierenden Kleriker machten zu Anfang offenbar jene „Minoristen" oder „Halbpfaffen" aus, die ihr Latein auf irgendeiner Pfarr= oder Klosterschule gelernt, als Gehilfen des Ortspfarrers und An= wärter auf eine kirchliche Pfründe die niederen Weihen empfangen hatten und nun auf den niedersten akademischen Grad, den Bakkalar der Artisten, in seltenen Fällen auch auf den artistischen Magister lossteuerten, um sich durch diese Würde für die Stellung eines Pfarrers, Schulmeisters, Leut= priesters, Vikars oder dgl. zu empfehlen. Sie sind der eigentlich repräsen= tative Typus des ältesten deutschen Scholarentums; die Zahl der studie= renden Inhaber höherer Weihen (Subdiakonen, Diakonen, Priester) und Stiftskanoniker verschwindet neben ihnen. Die Erteilung der verschiedenen Weihen konnte sehr rasch nacheinander, unter Umständen gar an einem Tage, erfolgen. So begnügte sich die Masse der Studierenden, die auf ein geistliches Amt warteten, mit den niederen Weihen, die dem einzelnen größere Freiheit erlaubten und u. a. nicht die Pflicht des Zölibats auf= erlegten. Die lesenden Magister freilich waren — ohne durchweg Kleriker zu sein — regelmäßig unverheiratet: als Anwärter auf die besoldeten Lehr= stellen der Universität, von denen ein großer Teil den Erwerb der Priester= weihen voraussetzte[2].

Die große Masse also der immatrikulierten „Kleriker" studierte, um mit kirchlichen Pfründen versorgt zu werden oder stand bereits im Dienste der Weltkirche[3]. Daneben erschien die Zahl der studierenden Mönche in den ersten Jahrzehnten ganz gering. Hier in Heidelberg geschah es nicht,

---

[1] Kaufmann, l. c. II, 87. — Die obigen, z. T. von Scharnke, z. T. von mir selbst berechneten Zahlen sind absolut genommen gewiß zu niedrig (aus den vorhin erörterten Gründen); die absolut konsequente Abnahme macht es aber schwer, an bloße Zufallsergebnisse zu glauben.

[2] Vgl. unten Kap. 7!

[3] Warum studiert man Logik? fragt ein ungenannter Autor im Codex Amplon. 12⁰, nr. 13 (Erfurt), fol. 5ᴿ. Die Antwort lautet: Einige studieren, weil sie die Wissenschaft lernen wollen, alii, ut magistri nominentur, ut perfecti videantur, alii student, ut alios doceant, alii vero student, ut divites efficiantur et propter superbiam, et licet plures sunt fines accibiles, tamen possunt reduci ad illos fines, sicud etiam studere propter necessaria corporis.

wie in Köln, daß man ganze Stadtklöster der Universität inkorporierte (ohne allerdings die Insassen einzeln zu immatrikulieren). Umso bemerkenswerter ist, daß es im Laufe des Jahrhunderts der Mönche im Verhältnis zu den Weltgeistlichen immer mehr wurde, so daß kurz vor der Reformation die — absolut genommen, immer noch bescheidene — Zahl studierender Kloster= brüder die der Weltkleriker um ein Mehrfaches übertraf[1]. Die Gründe, aus denen der wachsende Anteil des Mönchtums an den wissenschaftlichen Studien seit der Mitte des Jahrhunderts zu erklären ist, werden wir später zu erörtern haben. Hier interessiert uns nur die Tatsache des fast radikal wirkenden Wandels der geistlichen Korporation in eine weltliche Bildungs= anstalt im Lauf eines Jahrhunderts. Die Zahl der kirchlichen Pfründen, denen der Durchschnittsakademiker um 1400 zustrebte, hatte sich seitdem sicherlich nicht vermindert, sondern eher noch vermehrt. Aber abgesehen davon, daß sich der klerikale Nachwuchs auf eine immer größere Zahl von Universitäten verteilte: der Bedarf weltlicher Behörden an akademisch geschulten Kräften hatte unterdessen rapide zugenommen; das weltliche Recht der Legisten verdrängte mehr und mehr die dem Kleriker bis 1469 allein erlaubten kanonistischen Rechtsstudien. Vor allem aber wandelte sich der Charakter der niederen Schulen, aus denen die Universität ihren Nach= wuchs bezog: je mehr ein regelmäßiges städtisches Schulwesen mit akade= misch gebildeten Kräften aufkam, um so mehr verlor die „Trivialschule" den Zusammenhang mit den allernächsten Bedürfnissen des geistlichen Amtes: an der Stelle des halbgeistlichen „Minoristen" bezog als ihr Pro= dukt ein in weltlichem Wissen vorgebildeter Scholar die Universität, der sich dem geistlichen Beruf erst später zuwenden mochte. Der wachsende Wohlstand des Bürgertums aber wird in zahlreichen Fällen das Studium

---

[1] In Leipzig klagte man um 1502 umgekehrt über Abwendung der Mönche vom Studium. Ebendort stieß aber auch die Klosterreform auf große Schwierigkeiten, vgl.: Festschrift zum Historikertag 1894, p. 180. Von den studierenden Geistlichen in Heidel= berg erscheinen als Weltgeistliche: 1387—1401: 86,9%, 1409—19: 91,8%; 1449 bis 1463: 79,8%; 1471—85: 51,6%; 1505—15: 22,4%. Entsprechend Mönche: 13,1 — 8,2 — 20,2 — 48,4 — 76,7%. Abgesehen von den Zahlen des ersten Zeitraums erscheint auch hier die Entwicklung absolut konsequent. Die absoluten Zahlen der immatrikulierten Mönche steigern sich erst seit der Mitte des Jahrhunderts merkbar. Auf die oben angegebenen Zeiträume bezogen sind es die folgenden (zu beachten ist hier, daß die gewählten Zeitabschnitte verschieden lang sind, was die Deutlichkeit des Bildes etwas trübt!): 64 — 39 — 93 — 120 — 99. Entsprechend die absoluten Zahlen der Weltkleriker: 423 — 444 — 367 — 128 — 29.

ohne frühzeitige Abhängigkeit von kirchlicher Versorgung ermöglicht haben. Es ist sehr bemerkenswert, daß selbst in Köln, wo doch das geistliche Element offenbar stärker als in Heidelberg hervortrat, eine ähnliche Verweltlichung schon um die Mitte des Jahrhunderts sich geltend macht[1].

Um die Beteiligung der Geistlichen am akademischen Leben recht zu würdigen, ist es lehrreich, den Umfang ihrer Teilnahme an den Promotionen klarzustellen. Man kann daran ebensowohl die Intensität des wissenschaftlichen Eifers der Kleriker messen, wie die besondere Richtung ihrer Studieninteressen erkennen. Die theologische Fakultät war natürlich ihre ausschließliche Domäne; wir werden aber später sehen, daß deren Promotionen im Ganzen des Studienbetriebes überhaupt nicht ins Gewicht fallen. In der Artistenfakultät blieb ihre Beteiligung dauernd unter dem Prozentsatz, den das Verhältnis ihrer Zahl zu der der übrigen Immatrikulierten eigentlich erwarten ließe, und zwar in beiden Graden (Bakkalariat und Magisterium[2]). Es scheint also, daß gar mancher geistliche Pfründner sich nur, um äußeren Vorschriften (z. B. seines Stiftes) zu genügen, in die Listen einschreiben ließ. Diejenigen Kleriker aber, die höher hinauswollten, bemühten sich mit Vorliebe um den Erwerb juristischer Grade, vor allem natürlich des Kirchenrechts. Daran scheint sich auch bis Ende des 15. Jahrhunderts nichts geändert zu haben[3] — nur sieht man häufig den Promo=

---

[1] Vgl. Keussen, Matrikel der Universität Köln I, 2. Aufl. 1928, Tabelle II p. 190*ff. In dieselbe Richtung weist auch die (nur in Köln nachzuweisende) Verschiebung des Anteils der Fakultäten am Studium: ebd. Tabelle IV. Danach nimmt der Anteil der Theologen von 1400—1500 ganz gewaltig ab (11 : 1%), ebenso derjenige der Kanoniker (22 : 9%), während der Anteil der Artisten von 40 auf 87% steigt. Vgl. dazu auch Eulenburg, l. c. 312 und 195, der aber die Probleme nur ganz oberflächlich anfaßt, z. T. verkennt.

[2] Ich berechne für den Zeitraum 1409—19, in dem die Kleriker nicht weniger als 48,1% der Immatrikulierten ausmachten, ihren Anteil an den Promotionen zum bacc. art. auf nur 37,6%. (Von den damals hier inskribierten Scholaren erlangten diesen Grad in Heidelberg insgesamt 255, darunter 96 Kleriker; weitere 28 Scholaren geistlichen und weltlichen Charakters wurden hier bereits als bacc. art., von anderen Hochschulen kommend, aufgenommen.) Einen noch etwas geringeren Prozentsatz errechnet, meines Erachtens irrtümlich, B. Scharnke (33,3%).

[3] Anders, m. E. unzutreffend, Scharnke a. a. O. Von den 1409—19 Immatrikulierten und später hier zum bacc. jur. Promovierten sind 53,3% (statt, wie zu erwarten, 48,1%) geistlichen Standes, mit Zurechnung der später geistlich Gewordenen sogar 60%; entsprechend sind 43,75 bzw. 56,25% von den zum lic. jur. Promovierten Kleriker.

venden erst nach Erwerbung seines Grades geistliche Weihen nehmen. Das
juristische Studium diente eben mehr als jedes andere dazu, Laien aus
vermögendem Stande und besonders dem Adel zu stattlichen kirchlichen
Pfründen zu verhelfen.

An eben diesen Promotionen geistlicher Universitätsmitglieder hatten
die Ordensleute nur in der theologischen Fakultät einen nennenswerten
Anteil[1]. Der Anreiz, den die akademischen Würden für andere hatten: ihr
besonderer Wert im Kampfe um soziale Geltung und wirtschaftliche Siche=
rung, fiel für die Klosterinsassen weg[2]. Wenn sie der Wissenschaft sich
widmeten, so geschah es im Gehorsam gegen ihre Oberen und um sich
theologische Kenntnisse insbesondere für Predigt und Disputation anzu=
eignen. Der eigentliche gelehrte Orden des Spätmittelalters, die Domini=
kaner, errichteten hier erst 1476 auf Veranlassung Friedrichs I. eine Nieder=
lassung nebst Studienanstalt für Philosophie und Theologie, die der Univer=
sität angeschlossen wurde. Seine Mitglieder erscheinen seitdem — freilich
in geringer Anzahl — unter den Immatrikulierten[3]. Vereinzelt kamen
auch Angehörige anderer Orden — merkwürdig wenige von den Augustiner=
eremiten, obwohl in deren Heidelberger Kloster die Universität ihre erste
Unterkunft fand und obwohl seit 1456 die Mitglieder der rheinisch=schwäbi=
schen Ordensprovinz der Augustiner ihr philosophisches Studium in Heidel=
berg absolvieren sollten[4]. Das Hauptkontingent stellten von Anfang an die
Zisterzienser, deren Generalkapitel zu unserer Universität in einem beson=
deren Verhältnis stand.

Die scholastisch=wissenschaftliche Erziehung der Mönche dieses Ordens
war — wie die aller Orden, zumal in Deutschland — erst eine ziemlich

---

[1] 1449—63: immatrikulierte Mönche: 5,3% der Gesamtzahl. Anteil an den Pro=
motionen zum bacc. art.: 1,19%, zum mag. art.: 2,9%, zum bacc. jur. 2,8%.

[2] Die Frage, ob und inwieweit etwa akademische Bildung bei der Abtswahl eine
Rolle spielte, ist noch nicht untersucht.

[3] Ich zähle 1505—15 (also in einem Zeitraum, der hier verhältnismäßig sehr
viele Mönche sah) nur 22 Dominikaner. Betr. Studienanstalt s. unten Kap. 16, ferner
U.B. II, 459, 470, 474, 586. Sie war analog dem sogleich unten im Text genannten
St. Jakobsstift der Zisterzienser organisiert.

[4] N. A. f. Gesch. d. St. Heidelberg IV, 13. Die Universität genehmigte 1476,
13. 1., den Augustinern die Abhaltung von Vorlesungen und Übungen; dafür soll
der Rektor Intitulationsgebühren von ihnen einziehen. A. u. III, 186ᵛ. Ich zähle
von 1505—15 insgesamt je 4 Augustinereremiten und Prämonstratenser, 6 Bene=
diktiner, 8 Karmeliter, 51 Zisterzienser, 0 Minoriten, 4 aus verschiedenen anderen
Orden.

6*

junge und nicht übermäßig eifrig gepflegte Tradition. Erst das Vorbild
der Bettelorden hatte sie veranlaßt, ihre veralteten Schuleinrichtungen zu
verbessern und den Mönchen den Zugang zu den Universitätsstudien zu
eröffnen. Nach dem Muster jener Orden besaßen sie seit dem 14. Jahrhundert ein eigenes Studienhaus (das Bernhardinerkolleg) in Paris, in das
diejenigen deutschen Klöster, die eine Klosterschule unterhielten, jährlich je
zwei ihrer Mitglieder entsenden sollten. Durch das kirchliche Schisma wurde
die Benutzung dieser Einrichtung für die Mehrzahl der deutschen Konvente
unmöglich; denn auch der Zisterzienserorden zerfiel jetzt in zwei Hälften:
die eine römischer, die andere avignonesischer Obedienz. An Stelle des
schismatisch gewordenen Abtes von Citeaux ernannte Urban VI. einen
eigenen Generalvikar zum Oberhaupt der deutschen Konvente[1]. Diesen
Augenblick benutzten die Gründer unserer Hochschule sehr gewandt dazu,
um den Zustrom mönchischer Studierender, der bisher nach Paris gegangen
war, jetzt nach Heidelberg zu lenken. Gleich im ersten Jahre, ehe noch die
Universität eigene Räume besaß, erbaute Pfalzgraf Ruprecht am Fuß des
Schloßbergs, unweit dem Neckar außerhalb der Stadtmauern, ein eigenes
Haus zur Aufnahme von Zisterziensermönchen, die hier studieren wollten:
das St. Jakobsstift, wahrscheinlich im Anschluß an eine bereits bestehende
Spitalskapelle zu St. Jakob. Bereits am 21. Dezember 1387 erteilte Ur-
ban VI. die Genehmigung zu dem Plan, verlieh dem Kollegium dieselben
Privilegien, wie sie das Pariser Studienhaus besaß, zu dessen Ersatz er die
neue Stiftung ausdrücklich bestimmte, und beauftragte auf Wunsch des
Kurfürsten den Abt des nahegelegenen großen Schönauer Klosters mit der
Aufsicht. Es liegt nahe, als den Urheber des Gedankens Marsilius von
Inghen selber zu betrachten, der — wie ich vermute — erst jüngst zusammen
mit Langenstein im Zisterzienserkloster Eberbach am Rhein als theologischer
Schüler des gelehrten Abtes Jakob von Eltville geweilt hatte[2]. Der Erfolg
war durch Zuzug von 15 Mönchen (darunter auch solchen vom Niederrhein)
gleich im ersten Jahre gesichert, obwohl die päpstliche Bulle erst 1390 aus-

---

[1] Hauck, K.G. V, 2, 720.

[2] S. Gerh. Ritter, Studien I, 33. Über die St. Jakobskapelle vgl. N. Arch. f. d.
Gesch. d. Stadt Heidelberg II, 134 N und Wirths Archiv II, 125f. Sie stand am
Eingang des heutigen „Friesenberges", auf dem Grundstück des späteren Karmeliter-
klosters. Eine Beschreibung des domus St. Jacobi gibt Werner von Themar in seiner
an den Provisor Sti. Jacobi gerichteten Ode Vers 25—32, bei Mone, Quellensamm-
lung III, 160.

gefertigt wurde, das Generalkapitel der deutschen Äbte[1] seine Zustimmung erst 1394 aussprach und 1397 nur die pfälzischen Klöster zur Entsendung je eines Mitgliedes nach Heidelberg verpflichtete. Auf die Dauer aber haben sich die Hoffnungen auf starken Zuzug, die Marsilius von Inghen auf das Jakobsstift setzen mochte, nicht verwirklicht. Seit der Beendigung des Schismas scheint das Studium in Paris wieder üblich geworden zu sein; mit der Pariser theologischen Fakultät und dem dortigen altberühmten Ordens= institut konnten die Heidelberger natürlich nicht konkurrieren. Und allzu groß war der wissenschaftliche Eifer des Ordens überhaupt nicht. Wir hören von immer wiederholten, ziemlich vergeblichen Versuchen der Ge= neralkapitel, ihn zu beleben, Anfang des 16. Jahrhunderts gar von dro= hender gänzlicher Verödung des Jakobsstiftes, die nur vorübergehend da= durch aufgehalten werden konnte, daß man 35 deutsche Klöster zur Be= schickung von Heidelberg (in Konkurrenz mit Paris) verpflichtete (1503 und 1518). Immerhin wurden jährlich im Durchschnitt drei Insassen des Stiftes immatrikuliert, fast ausnahmslos Angehörige südwestdeutscher und rheini= scher Konvente, und der unverhältnismäßig große Anteil, den sie an den Promotionen der Theologen nahmen[2], zeigt deutlich, wie stark diese Fa= kultät am Studium der Mönche interessiert war.

---

[1] In Heilsbronn bei Ansbach, nicht in Citeaux, wie Obser (Z.G.O., N. F. XVIII, 19) meint. Der Zusammenhang der Gründung mit dem Schisma von 1378 wurde bisher übersehen. So erklären und lösen sich auch die bei Wundt, Pfälz. Magazin III, 394 angeführten Echtheitszweifel. Vgl. U.B. II, 64 u. 103, dazu Toepke I, 673 (innerer Ausbau des Hauses 1390/91) u. U.B. I, nr. 27. Die Bitte Ruprechts I. an den Papst wurde von der Universität 1389 erneuert: Hautz, II, 359 (erbärmlicher Abdruck). Die Heidelberger bitten darin u. a., der Papst möge verbieten, daß die deutschen Klöster nach Beendigung des Schismas gezwungen würden, ihre studieren= den Insassen nach Paris zu schicken; ferner möge er dem Schönauer Abt das Recht der Einsetzung eines Priors und der Promotion geeigneter Stiftsinsassen zu theolo= gischen Lektoren (im Zusammenwirken mit der theologischen Fakultät) verleihen. Das erste wurde bewilligt, das zweite sehr bemerkenswerterweise (in der zitierten Bulle jedenfalls) nicht.

[2] Die Akten der theolog. Fakultät sind nur lückenhaft geführt. 1404—49 scheinen indessen die Promotionen regelmäßig verzeichnet zu sein (s. Toepke, II, 586ff.). Es sind 45 Personen aufgeführt, davon 8 (= 17,7%) Religiose des Zisterzienserordens. Im ganzen sind in der Matrikel 442 Insassen des Stiftes nachweisbar. Obser, a.a.O. — Eine Notiz, die auf abweichenden Studiengang der mönchischen Theologen (schnel= lere Beendigung der Sentenzenvorlesung als sonst üblich?) schließen läßt, s. U.B. I, p. 22, Z. 1ff.

Neben Weltgeistlichen und Mönchen bilden die Kanoniker geistlicher Stifter das dritte klerikale Element der Universität. Seine Betrachtung ist vor allem deshalb interessant, weil die Kollegiat= und Domstifter in Deutsch=land diejenige Stelle des sozialen Organismus bedeuten, an der zuerst gelehrte Bildung in Wettbewerb mit den sozialen Vorrechten des feudalen Adels trat. Während an den Fürstenhöfen erst im Laufe des 15. Jahr=hunderts der rechtsgelehrte Rat bürgerlicher Abkunft seinen Platz neben den adligen Standesgenossen der Fürsten eroberte, hatte die kirchliche Gesetz=gebung schon lange vor Gründung der ersten deutschen Universitäten durch=gesetzt, daß die meisten deutschen Stifter ein zweijähriges akademisches Studium (das sog. kanonische biennium) statutenmäßig zur Vorbedingung für die Aufnahme des Kanonikers in das Kapitel machten. Überdies wirkte vor allem die päpstliche Gesetzgebung dem feudalen Adel, der sich immer ausschließlicher das Vorrecht auf die Kapitelpfründen verschaffte, dadurch entgegen, daß sie wenigstens einzelne Plätze in den hochadligen Dom=stiftern für Graduierte des kirchlichen Rechts und der Theologie zu sichern suchte. Es ist derselbe Kampf, den die päpstliche Zentralverwaltung, im Bund mit den ihr ergebenen Universitäten, überall gegen das Überwuchern lokaler und insbesondere feudaler Familieninteressen in der Besetzung kirch=licher Ämter zu führen hatte — nirgends erfolgloser als in Deutschland, wo sie damit eine immer stärker anschwellende Opposition hervorrief. Wie wenig in Wahrheit die kanonischen Bestimmungen innegehalten wurden, wie sich der Adel des Eindringens gelehrter bürgerlicher Elemente in die Stiftspfründen zu erwehren wußte, davon geben auch die Akten unserer Universität eine gewisse Anschauung. Sie zeigen zunächst, daß die Zahl der in Heidelberg studierenden Stiftsgeistlichen auffallend gering gewesen ist und außer allem Verhältnis zu der Zahl der Kapitelplätze oberrheinischer Stifter steht[1]. Wichtiger jedoch ist die Beobachtung, daß sie während des

---

[1] Vorausgesetzt ist dabei, daß der Anwärter auf einen Kapitelplatz meistens sein Studium erst begann, nachdem er bereits als Kanoniker (nicht als Kapitelmitglied!) rezipiert war, und daß er in der Matrikel normalerweise auch als solcher bezeichnet wird. Sicher scheint mir das freilich durchaus nicht. Ausdrücklich bezeugt wird der Beginn des „biennium" in der Matrikel nur in einzelnen Fällen (nicht regelmäßig, wie Scharnke l. c. meint). Das geht u. a. aus dem Eintrag Toepke I, 240, Nr. 2 hervor. Studienzeugnisse für studierende Kleriker finden sich in den a. u. sehr häufig. Beispiele: U.B. II, 466, 475 und Keussen, Mitt. a. d. Stadtarchiv von Köln XV, reg. 428. Die Vorschrift des akademischen biennium und die Reservation bürgerlicher

15. Jahrhunderts dauernd abnimmt[1], was schwerlich allein aus der Ab=
wanderung nach ausländischen und anderen deutschen Universitäten zu
erklären ist; denn gleichzeitig verschiebt sich das Verhältnis zwischen den
studierenden Kanonikern abliger und bürgerlicher Herkunft in ganz auf=
fallender Weise; während vor 1400 die bürgerlichen weitaus überwiegen,
erscheinen gegen Ende des folgenden Jahrhunderts fast nur noch adlige
Stiftsherrn in der Matrikel[2]: offenbar doch deshalb, weil die Stifter noch
ausschließlicher als früher zu feudalen „Adelsspitälern" geworden sind. Und
somit liegt der Schluß sehr nahe, daß die Abnahme der Zahl studierender
Kanoniker mit der fortschreitenden Verdrängung nichtadliger Mitglieder
aus den Stiftern ursächlich zusammenhängt. Deutlicher noch reden die
Verhandlungsprotokolle der Universität. Da hören wir gleich zu Anfang
von Versuchen des Wormser Stiftsklerus, seine Mitglieder geradezu am
Studium in Heidelberg zu hindern[3] (es mochte freilich oft genug als Vor=
wand dienen, sich der lästigen Präsenzpflicht zu entziehen und ein lockeres
Leben in akademischer Freiheit zu führen); und späterhin wiederholt sich
dauernd der Kampf der Universität, die eine Anzahl von Kapitelplätzen
in den größten Stiftskollegien der Pfalz besaß, mit eben diesen Stiftern
um die Gleichberechtigung der professoralen Inhaber mit den Kapitularen
vom Adel[4]. Schwerlich hätte sie mit diesen Bemühungen Erfolg gehabt,
wenn ihr nicht außer dem päpstlichen Privileg die eifrige Unterstützung
des Landesherrn zur Seite gestanden hätte, der schon frühzeitig, vor allem

---

Gelehrtenpfründen ist auch an vielen oberrheinischen Dom= und Kollegiatstiftern nach=
weisbar, z. T. schon seit Anfang des 14. Jahrhunderts.

[1] Zahl der als „canonici" immatrikulierten Studierenden 1387—1401 nach
Scharnke, a. a. O.: 166 = 6,9% der Gesamtzahl. Entsprechend 1409—19: 65 =
6,5%; 1449—63: 58 = 3,3%; 1471—85: 24 = 1,5%.

[2] 1387—1401: 42 = 30,7% nobiles, 124 = 69,3% Nichtadlige; 1409—19:
36,9%; 1449—63: 46,3%; 1471—85: 95,8% nobiles, entsprechend 61,1% bzw.
53,4% bzw. 4,2% Nichtadlige. Die Zählung der Adligen ruht indessen auf einiger=
maßen unsicheren Grundlagen. Die Matrikel bezeichnet bis 1521 nur Angehörige des
Hochadels ausdrücklich als solche, einfache Ritterliche dagegen nur hier und da. Hier
mußten die sorgsamen, aber durchaus nicht exakten Angaben des Toepkeschen Namen=
registers aushelfen.

[3] 1389, Juni. U.B. II, 42.

[4] U.B. II, 135, 143, 213, 223, 257, 258, 267, 507—509. (Zu U.B. II, 509 vgl.
Lossen, Staat und Kirche in der Pfalz, 52 u. Anh. Nr. 16. — Vertragliche Einigung:
U.B. II, 111, 392; vgl. auch U.B. I, Nr. 59 u. 63.)

aber seit den Reformkonzilien, bemüht war, das geistliche Leben der kirch=
lichen Korporationen zu restaurieren.

Mit diesem Kampfe der Gelehrten bürgerlicher Abstammung um ihre
Gleichberechtigung innerhalb der adligen Korporationen vertrug sich sehr
wohl die selbstverständliche Devotion, mit der man den Edelgeborenen
innerhalb des akademischen Lebens selber begegnete. Von Anfang an
räumten die Statuten den Studierenden von edlem Geblüt bei öffentlichen
Aufzügen und auf den Rotuli den Vortritt vor allen andern, solchen vom
Hochadel sogar vor den Magistern der medizinischen und artistischen Fa=
kultät ein[1]. Vereinzelt wurden auch schon im 15. Jahrhundert studierende
Mitglieder des Hochadels ehrenhalber zu Rektoren gewählt[2], eine Sitte,
die dann im folgenden Jahrhundert immer häufiger und mit besonderer
Vorliebe gegenüber den Prinzen des kurfürstlichen Hauses geübt wurde.
Übrigens blieb die Beteiligung des Adels am Studium bis in die zweite
Hälfte des 15. Jahrhunderts ziemlich gering, ohne daß sich wesentliche
Schwankungen der Teilnehmerzahl erkennen lassen. Dagegen ist deutlich
eine Zunahme des adligen Laienelementes im Verhältnis zu den Klerikern
von adliger Abkunft zu verfolgen[3]. Das entspricht durchaus dem Gang
der allgemeinen Entwicklung in Deutschland: allmählich wandte sich auch
ein Teil des Adels, unbefriedigt von der rohen kriegerischen Tradition der
älteren Generation, juristischen Studien zu, als Vorbereitung zum Eintritt
in den fürstlichen Hof= und Staatsdienst. Von Anfang an wurde die Juris=
prudenz von den adligen Studierenden weitaus bevorzugt. Auch der adlige
Kleriker fand den Erwerb kanonischer Rechtskenntnisse offenbar noch am
meisten den Traditionen und Ansprüchen seines Standes entsprechend;

---

[1] U.B. I, p. 18 u. 81, sowie Thorbecke 18*.

[2] Erster Rektor von Adel: Gerlach von Homburg, Mainzer Kanoniker, ein nicht
graduierter reicher Scholar, später Gönner der Universität und päpstlicher Subkonser=
vator, 1393 gewählt, s. Toepke, I, 55; der zweite: Graf Adolf von Nassau, Domherr
aller drei Erzstifter, später Erzbischof von Mainz, 1443/44. Vgl. Thorbecke 38*,
N. 11—12. Vielleicht ist es kein Zufall, daß aus Gerlachs Rektorat die Universitäts=
protokolle fehlen! 2 Rektoratsreden Adolfs von Nassau im Cod. Pal. Lat. 454 (Univ.=
Bibl. Heidelberg).

[3] 1387—1401 sind 141 = 5,9% der Gesamtzahl als nobiles erkennbar; 1409
bis 1419: 45 = 4,5%; 1449—63: 91 = 5,2%; 1471—85: 92 = 5,4%. Von diesen
sind in den gleichen Zeiträumen als Kleriker nachzuweisen: a) 63 = 44,7%; b) 30 =
66,7%; c) 44 = 48,9%; d) 28 = 30,4%. Der Anteil des Hochadels (dux, comes,
baro) an der Gesamtzahl der nobiles beträgt durchschnittlich 8—9%.

wenn er sich überhaupt tiefer auf das Studium einließ, begnügte er sich nur selten mit den philosophischen Graden[1]. Die eigentliche Blütezeit des adligen Rechtsstudiums aber beginnt erst im 16. Jahrhundert und hängt mit dem großen Wandel in der sozialen Stellung und politischen Tätigkeit des niederen deutschen Adels zusammen, den die allmähliche Überwindung des mittelalterlichen Lehnsstaates mit sich brachte.

Leider ist es nicht möglich, in ähnlicher Weise den verhältnismäßigen Anteil bürgerlich-städtischer und bäuerlicher Elemente am Studium zahlenmäßig zu berechnen[2]. Noch sind Stadt und Land in Westdeutschland zu wenig scharf gegeneinander abgegrenzt, als daß wir über den allgemeinen Eindruck weit überwiegend städtischer Beteiligung hinauskommen könnten. Immerhin zeigt jede Durchsicht des Ortsregisters unserer Matrikel, daß neben den größeren auch die kleineren und kleinsten Städte in sehr beträchtlichem Umfang beteiligt waren, und daß für den Anteil der ländlichen Ortschaften — bis zu den Dörfern und Weilern herab — in erster Linie die Nähe von städtischen und Klosterschulen die entscheidende Rolle spielte[3].

---

[1] Bei der relativ geringen Zahl juristischer Promotionen überhaupt ist eine exakte Verhältnisberechnung nicht zu gewinnen. Immerhin wird es kein Zufall sein, daß z. B. 1409—19 der Anteil adeliger Studierender am Studium überhaupt 4,5%, un den Promotionen zum bacc. art. und mag. art. nur 1,6 bzw. 1,2%, zum bacc. jur. dagegen 6,7%, zum lic. jur. gar 12,7% beträgt. Ähnliche Zahlen ergeben sich für alle von S c h a r n k e untersuchten Zeiträume. Vgl. auch oben S. 82, N. 3.

[2] Über den Umfang des „akademischen Proletariats" vgl. Kapitel 8.

[3] Bestätigt durch die Ergebnisse S t ö l z e l s (Gelehrtes Richtertum, Anlage IV, u. S. 130ff.).

Fünftes Kapitel

Die gefreite Korporation

Wir überblicken jetzt den äußeren Umfang und den besonderen Wirkungs=
kreis des Heidelberger Generalstudiums. Wien und Prag konnten es immer=
hin wagen, ihre Besucherzahlen mit denen der großen Hochschulen des Aus=
landes — wenn auch nicht den größten — zu vergleichen. Ihre Stellung
war zwar längst nicht in demselben Sinne eine internationale, wie die der
alma mater Parisiensis, aber doch eine mitteleuropäische. Wahrscheinlich
übertraf ihre Besucherzahl die höchste Frequenzziffer, die alle späteren deut=
schen Hochschulgründungen bis 1500 zusammen jemals erreicht haben.
Heidelberg eröffnet demgegenüber die lange Reihe der Neugründungen
von landschaftlich begrenzter Wirksamkeit. Dieser äußere Unterschied be=
dingte notwendig einen inneren. Die geschichtliche Stellung der Heidel=
berger Universitätsverfassung wird dadurch bezeichnet, daß hier zum ersten
Male ganz deutlich (viel deutlicher als in Wien und Prag) die Unmöglich=
keit sich erwies, die Organisation der Pariser Hochschule in allen Zügen
nachzuahmen. In tastenden Versuchen der Anfangsjahre hat man hier die
für Deutschland notwendigen Abwandlungen der (zunächst gerade hier ängst=
lich festgehaltenen) Pariser Traditionen gefunden. Spätere Neugründun=
gen zeigen dann (mit gewissen Abweichungen im einzelnen) überall das=
selbe fertige Schema.

Bologna und Paris waren in erster Linie Fremdenuniversitäten, ihre
Verfassungen überaus charakteristische Produkte der dem Mittelalter eigen=
tümlichen Art von Rechtsbildung: planlos=organisch aus historischen Zu=
fälligkeiten erwachsen, vom Standpunkt der juristischen Ratio wahre Un=
geheuer unübersichtlichen Gewohnheitsrechtes, aber ein vollkommener Aus=
druck der mannigfaltigen Lebensbedürfnisse, denen sie zu dienen hatten.

Das wichtigste dieser Bedürfnisse war der Rechtsschutz landfremder Studie=
render in einer Zeit, die noch keine ausgebildete und in gesetzlich normierten
Formen wirkende Aufsichts= und Verwaltungstätigkeit des Staates kannte.
Hierfür in erster Linie diente der Zusammenschluß der Studierenden zu
einer rechtlich autonomen Körperschaft, einer „Universitas", durchgeführt
nicht ohne Mithilfe der Päpste und gegen den Widerstand weltlicher und
lokaler kirchlicher Gewalten. Sie umfaßte, nach Landsmannschaften ge=
gliedert, alle Studierenden im wörtlichen Sinne: in Paris außer der Masse
der einfachen Scholaren auch die Graduierten der artistischen Fakultät, die
ja vielfach im Kirchenrecht und in der Theologie weiterstudierten. Die
politischen Rechte der Korporation (d. h. insbesondere das aktive und pas=
sive Wahlrecht zu den Ehrenämtern bis zum Rektor hinauf) besaßen an
der Rechtsschule von Bologna nur die Studierenden — meist Männer von
gutem Stande und reiferem Alter —, in Paris nur die Magister[1] der niedern
Fakultät als ansehnlichste der Genossen. Außerhalb der Genossenschaft aber
standen die Dozenten der höheren Disziplinen — in Bologna die Rechts=
lehrer, in ihrer abhängigen Stellung gegenüber den Studierenden mutatis
mutandis etwa den heutigen Fechtlehrern vergleichbar —, in Paris die
Doktoren des Kirchenrechts und der Theologie, darunter hochbepfründete
Prälaten, hochangesehen, aber ursprünglich rechtlos innerhalb der großen
Korporation, in Doktorenkollegien bzw. Fakultäten außerhalb der „universitas" im engeren Sinne organisiert. Die scharfe ursprüngliche Trennung
von Lehranstalt (studium generale) und politischer Gemeinschaft der Aka=
demiker (universitas scolarium bzw. magistrorum et scolarium) ist das
auffallendste Kennzeichen dieser großen Organisationen. Wesentlich ihret=
wegen war deren Verfassung so erstaunlich verwickelt — Gerichtsbarkeit,
Promotionsrecht, wirtschaftliche Verwaltung, Gesetzgebung auf so mannig=
faltige, miteinander konkurrierende Zuständigkeiten verteilt. Freilich war
man in Paris seit langem dabei, die verschiedenen akademischen Körper=
schaften zu einer Gesamtkorporation zu verschmelzen; in der Stellung des
Artistenrektors an der Spitze der gesamten Hochschule kam das deutlich zum
Ausdruck.

---

[1] Die Höchstgraduierten der „niederen" Artistenfakultät als Magister, die der drei
„oberen" Fakultäten als Doktoren zu bezeichnen, war zwar keine ganz feste und von
Anfang an geltende Regel, wurde aber doch überwiegender Sprachgebrauch auch in
Deutschland. Einzelnachweise dazu bei Kaufmann, Zentralbl. f. Bibl.wesen XI,
204 ff.

Für Deutschland ergab sich eine erste Abweichung von diesen Vorbildern schon daraus, daß man hier planmäßige Neugründungen zu schaffen hatte, ohne an bodenständige Traditionen gebunden zu sein. Gleichwohl zeigen die ältesten kurfürstlichen Privilegienbriefe für Heidelberg — vermutlich von Marsilius[1], vielleicht mit Hilfe Konrads von Gelnhausen ausgearbeitet — das Bestreben, nach Pariser Muster nur die wichtigsten „Freiheiten" der Korporation urkundlich festzulegen, alle Fragen der Einzelorganisation dagegen deren künftiger Entschließung zu überlassen. Spätere deutsche Hochschulen haben ihre Verfassung häufig von vornherein kodifiziert; in Heidelberg ist ein fester Rechtszustand erst allmählich — in den Grund= zügen bis 1400 — aus Einzelbeschlüssen erwachsen. Eine eigentliche Kodi= fikation verdankte er erst den fürstlichen „Reformationen" des 15. und 16. Jahrhunderts. Bis dahin mußten als Niederschlag der korporativen Gesetzgebung die schwerfälligen Verhandlungsprotokolle der Universität und der Fakultäten dienen, aus denen man für den praktischen Gebrauch (bei der seit 1421 jährlich zweimal erfolgenden Statutenverlesung[2]) beson= dere Auszüge anlegte. Die allgemeine Rechtslage aber der gefreiten Kor= poration innerhalb der Kirche und der bürgerlichen Gesellschaft beruhte auf den Freiheitsbriefen der beiden Stifter und späteren Verleihungen der Päpste — Urkunden, die man als kostbarste Schätze des Archivs verwahrte[3]. Die Stiftbriefe Ruprechts I. galten als die wichtigsten unter ihnen.

Man kann nicht sagen, daß diese fünf Diplome des Jahres 1386 irgend= einer Vorlage unmittelbar nachgeschrieben wären[4]. Inhaltlich aber mar= schieren der Reihe nach — eingeleitet durch einen barbarisch=pathetischen Phrasenschwulst, wie ihn die Urkundenrhetorik des Zeitalters liebte — alle die Bestimmungen auf, die seit Jahrhunderten in Paris zum Begriff der akademischen Korporation und der akademischen Freiheit gehörten. Der Stifter würde sich des päpstlichen Privilegs unwürdig erweisen, heißt es

---

[1] U.B. I, p. 2[7]: Instante magistro Marsilio . . . dominus dux . . . . studium privilegiavit.

[2] Thorbecke 46f. Älteste Einladung dazu: f. U.B. II, 211.

[3] U.B. I, 2[6]ff.

[4] Das ergibt ein genauer Vergleich von U.B. I, Nr. 4—8 mit den entsprechenden Privilegien für Prag, Krakau, Wien, Neapel, Bologna, Paris. Letztere jetzt zusammen= gestellt bei Denifle, Chart. I, II, 1, III, Register. (Vgl. auch Fournier, Statuts et privilèges usw., 1890.) Auch die späteren Kölner und Leipziger Privilegien zeigen keine unmittelbaren Anklänge an die Heidelberger.

ausdrücklich, wenn die junge Universität nicht als „treue Jüngerin" der Pariser Hochschule in allem und jedem in deren Fußstapfen treten würde. Am merkwürdigsten ist der Versuch, das wichtigste politische Recht inner= halb der Universitas genau wie in Paris allein den Artisten vorzubehalten, ohne doch die Voraussetzung dieser Bestimmung, die historische Unter= scheidung zwischen Universität als politischer Körperschaft und Studium als Lehranstalt, grundsätzlich anzuerkennen. Dielmehr wird immer wieder betont[1], daß alle Nationen und Fakultäten zusammen nur eine ungeteilte Universitas ausmachen sollen, innerhalb deren aller Streit um politische Rechte u. dgl. zu unterbleiben habe. Gleichwohl sollen nur die Artisten das aktive und passive Wahlrecht zum Rektor besitzen[2]: eine auf die Dauer unhaltbare Bestimmung, die schon Anfang 1387 durch Konrad von Soltau, den ehemaligen Prager Rektor, angefochten wurde (in Prag bestand sie nicht[3]). Auch die ursprünglich geplante Einteilung der Artisten in „Natio= nen" erwies sich als unpraktisch: sie ist nie ins Leben getreten, weil die Zahl der Studierenden viel zu klein blieb. Dagegen hat Marsilius in der Frage der Rektorwahl seinen Willen in langen und offenbar heftigen Strei= tigkeiten durchgesetzt. Erst 1393 gab er — selber im Begriff, in die theolo= gische Fakultät aufzusteigen — zögernd nach: eine zunächst versuchsweise eingeführte Neuordnung der Statuten ermöglichte die Rektorwahl des Theologen Konrad von Soltau durch alle vier Fakultäten[4]. Erst seit dieser Statutenänderung hatte die alte Unterscheidung zwischen universitas und studium ihre rechtliche Bedeutung verloren, wenngleich sie auch dann begrifflich und sprachlich noch lange weiterbestand. Die Fakultäten, deren Organisation auf der Gliederung des Studiums in wissenschaftliche Diszi= plinen beruhte, und ihre Gesamtvertretung in der allgemeinen Magister= versammlung der Universität wurden an Stelle der Landsmannschaften zu ausschließlichen Trägern der akademischen Korporation. Alle politischen Rechte aber innerhalb der Genossenschaft waren — wie in Paris — aus=

---

[1] U.B. I, Nr. 11—12.

[2] U.B. I, 5, Nr. 4.

[3] U.B. I, 16, Z. 36ff. Marsilius berief sich zu ihrer Verteidigung auf die päpst= liche Bestätigung der Pariser Verfassung und auf die Verpflichtung der Heidelberger durch den päpstlichen Stiftbrief, diese nachzuahmen. Auch werde sich ein einfacher Scholar schwerlich ein Herz fassen, mit seinen Nöten den Rektor anzugehen, wenn dieser ein Doktor sei — ein deutlich aus den Pariser Verhältnissen abstrahiertes Argu= ment, das auf Heidelberg gar nicht paßte.

[4] Toepke, I, 3, N. 3; U.B. I, Nr. 17, 31.

schließlich im Besitz der Magister und Doktoren. Von einer Einwirkung italienischer Vorbilder, die auf manchen andern deutschen Hochschulen auch den Scholaren einen Anteil am Wahlrecht verschaffte, ist in Heidelberg von Anfang an nichts zu verspüren[1]. Ihre Rechtsstellung innerhalb der akademischen Genossenschaft beschränkte sich darauf, daß sie an deren allgemeinen Privilegien teilnahmen. Darin unterschieden sie sich in keiner Weise von den Universitätshandwerkern (Kopisten, Pergamenthändlern, Buchhändlern nebst Gesellen usw.), den Angestellten der Bursen und den Dienstboten der Universitätsangehörigen, die — einem alten Herkommen entsprechend — gleichfalls zur privilegierten Körperschaft gerechnet werden sollten[2]. Das Regiment und die Verwaltung fielen ausschließlich den Dozenten zu, die das Moment der Dauer im ständigen Wechsel des Personalbestandes repräsentierten.

Mit alledem war eine sehr erhebliche Vereinfachung gegenüber dem französischen Verfassungsschema erreicht. Man erkennt das am deutlichsten an dem Vergleich des Matrikelwesens hier und dort. Während in Paris die Annahme und listenmäßige Verzeichnung von Scholaren den einzelnen Lehrern, ihre wirtschaftliche und rechtliche Organisation den Landsmannschaften überlassen blieb, wurde in Heidelberg gleich zu Beginn des Studiums (22. 11. 1386) eine gemeinsame Universitätsmatrikel angelegt — vom Rektor geführt —, eine wichtige Neuerung, die allerdings damals schon in Wien ihr Vorbild hatte[3]. Das gesetzmäßige Haupt der Gesamtkorporation, nicht die Landsmannschaft entschied über die Aufnahme des einzelnen in die akademische Körperschaft. Der Genossenschaftsgedanke durchkreuzte nicht mehr, wie an den großen Fremdenuniversitäten des Auslands, die natürlichen Autoritätsverhältnisse der Lehranstalt. Für die spä=

---

[1] Über den einzigen Fall von Zulassung der Scholaren zur Beratung der Universität (am 22. 11. 1386) s. Toepke I, p. V.

[2] U.B. I, 6³ff., dazu Thorbecke 45*, N. 55 und Toepke I, p. XXVII, ferner U.B. I, Nr. 133, Abs. 1. Die Zahl dieser (nur teilweise immatrikulierten) „Universitätsverwandten" erhellt am deutlichsten aus dem Heidelberger Einwohnerverzeichnis von 1588, N. Arch. f. G. d. St. Heidelberg I, 129ff. — Die Wählbarkeit vornehmer Scholaren zum Rektor in Ausnahmefällen (s. ob. S. 88) beweist natürlich nichts für die allgemeine Rechtslage der Scholarenschaft.

[3] Weder in Wien noch in Köln gab es von Anfang an Universitätsmatrikeln. Vgl. auch die Art der Aufstellung der Rotuli: in Paris durch die Nationen und Doktorenkollegien getrennt, auch durch getrennte Gesandtschaften dem Papst überbracht — in Heidelberg durch die Universität gemeinsam!

tere Entwicklung der deutschen Universitäten war es aber von größter Be=
deutung, daß ihnen gleichwohl der Charakter als privilegierte, bis zu einem
gewissen Grade sogar autonome Körperschaften erhalten blieb. Die Summe
der akademischen „Freiheiten", die sich die Korporationen von Bo=
logna und Paris in jahrhundertelangen Kämpfen errungen hatten, fielen
ihren deutschen Töchtern mühelos als Erbe zu. Ihre Aufzählung bildet
den wichtigsten Bestandteil der rupertinischen Freiheitsbriefe.

Da erscheint zunächst das uralte Privileg aller Fremdenhochschulen —
es stammte in seinem Kern aus den Zeiten Friedrich Barbarossas —, das
allen Universitätsmitgliedern auf der Zureise und am Orte des Studiums
sicheres Geleit und besonderen Rechtsschutz verspricht. Vorsichtiger=
weise wird gleich die höchst unbestimmte Generalversicherung hinzugefügt:
sie sollen alle Privilegien und Freiheiten, Vorrechte und Immunitäten
genießen, die jemals die Könige von Frankreich den Pariser Studierenden
gewährt haben, und zwar in allen dem Pfalzgrafen unterworfenen Ge=
bieten, „soweit das Landesherkommen dies zuläßt[1]". Exakter sind die um=
ständlichen Einzelbestimmungen gefaßt, die dem Studierenden auskömm=
liche und preiswerte Mietwohnungen sichern sollen; auch hier ist
alles (ähnlich wie schon in Wien) den Pariser Traditionen nachgebildet: von
der gemischten Wohnungskommission bis zu der akademischen Gerichtsbar=
keit des Rektors und der landsmannschaftlichen „Prokuratoren" über Miet=
streitigkeiten, die sich zugleich auf verwandte Klagesachen, wie über Bücher=
kauf und geliehenes Geld, erstrecken soll. Der Zustrom Auswärtiger erwies
sich später nicht als so bedeutend, wie man es von Paris her gewohnt war.
Die Wohnungskommission ist wahrscheinlich nie ins Leben getreten. Umso
wichtiger war die (gleichfalls traditionelle) Befreiung der Besucher des
Studiums von allen Zöllen, Akzisen und sonstigen Auflagen auf der Zu=
reise und in Heidelberg für ihre Habe und ihren Lebensunterhalt, ver=
bunden mit dem Recht des steuerfreien Weinschanks innerhalb gewisser
Grenzen. Unzweifelhaft lag ihr das kanonische Steuerprivileg der
Kleriker als Vorbild zugrunde, das denn auch ausdrücklich angerufen wurde,
als der Kurfürst später die große Pfründenanstalt der Universität, das
Heilig=Geist=Stift, begründete und deren Besitz gleichfalls von allen welt=

---

[1] U.B. I, Nr. 5. Cod.Pal.Lat.Vat. 474, fol. 32ᵃ enthält eine Beschwerde des
Rektors Joh. v. Frankfurt beim Kurfürsten, undatiert, über die Verletzung dieses Privi=
legs durch einen dominus de Wynsberg, der zureisenden Studierenden Geld abge=
nötigt habe — der einzige mir bekannte Fall dieser Art.

lichen Auflagen befreite[1]. Indessen führte überall in Deutschland die fort=
schreitende Ausbildung einer rationellen Verwaltung durch die weltlichen
Obrigkeiten im 15. Jahrhundert dazu, dieses klerikale Steuerprivileg streng
zu überwachen und womöglich zu beschränken. So auch hier. Zunächst
beobachtet man das erfolgreiche Bemühen der Stadtverwaltung, jede un=
gesetzliche Erweiterung dieses Vorrechtes — insbesondere beim Erwerb
von abgabepflichtigen Grundstücken oder durch die Errichtung professoraler
herbergs= und Schankbetriebe mit steuerfreiem (darum konkurrenzlos bil=
ligem) Wein — mit hilfe der Landesobrigkeit zu unterdrücken[2]. Zu Anfang
des 16. Jahrhunderts führte das zu größeren Streitigkeiten — in einem
Zeitpunkt, als die Universität ihre Freiheiten von allen Seiten bedroht sah.
Denn damals glaubte sich auch der Landesherr berechtigt, trotz aller Privi=
legien die Universität in gewissen Ausnahmefällen großen Finanzbedarfs
ebenso wie andere geistliche Korporationen seines Landes zu außerordent=
lichen Steuern („Schatzungen“) heranzuziehen[3]. Die fortdauernde Aus=
dehnung der staatlichen Macht, die in den westeuropäischen Ländern längst
das Prinzip der Steuerfreiheit der „toten hand“ durchbrochen hatte, ließ
sich auch in Deutschland auf die Dauer durch papierene Schranken kein
halt gebieten.

Zäher und erfolgreicher behauptete die akademische Korporation das
vierte ihrer großen Privilegien: den besonderen Gerichtsstand ihrer Mit=
glieder. Das war der Punkt, an dem geistliche und weltliche Gewalt am
schärfsten miteinander konkurrierten. In Paris hatte das Königtum mehr
durch passive Zurückhaltung als durch ausdrückliches Privileg die Univer=

---

[1] Stiftungsurkunde bei T h o e m e s , Stift zum heil. Geist 17/18. Dazu U.B. I,
99[32]ff. Dieses klerikale Privileg scheint mir bei K a u f m a n n II nicht genügend be=
achtet. Auch die kurfürstl. Stadtordnung von 1465 (Oberrhein. Stadtrechte I, Abt. 5,
ed. K o e h n e , 483ff., vgl. auch U.B. II, 434) unterscheidet deutlich die Steuerbarkeit
von Akademikern und Klerikern auf der einen, „Laien“ auf der anderen Seite.

[2] U.B. I, Nr. 116, 133, II, 189, Kurfürstl. Ungeldordnungen von 1478 u. 1479
s. Oberrheinische Stadtrechte 517ff. (den Abdruck U.B. I, Nr. 133 hat K o e h n e nicht
bemerkt!) Auseinandersetzungen mit der Stadt: U.B. II, 65/66. Großer Streit 1509
bis 1511: U.B. II, 632, dazu h a u t z I, 402ff. — Über die Steuerfreiheit der häuser
und Grundstücke vgl. unten: Kapitel 7. — Verschärfte Kontrolle der kurfürstlichen
Weggelderheber um 1444: U.B. I, 150[36]ff.

[3] U.B. II, 534, 539/40, 542, 558 (1496—98 betr.). Über das kurpfälz. Steuer=
wesen vgl. T h o e l k e , N. hdlb. Jbb., Bd. XVII, 115ff. K. C h r i s t , N. A. d. St. hdlbg.
III, 200ff. Fr. E u l e n b u r g , Z. f. Sozial= u. Wirtschaftsgesch. III (1895), 424ff. Die
Arbeit von L. B l a s s e (heidelbg. Diss. 1914) ist wertlos.

ſitätsmitglieder weltlichen wie geiſtlichen Standes der Gerichtsbarkeit der Kirche überlaſſen. Das berühmte Gerichtsprivileg Philipp Auguſts von 1200 enthielt nicht mehr als eine Beſchränkung der weltlichen Behörden im ſtrafprozeſſualen Verfahren gegen Mitglieder der Univerſität; weit mehr gewohnheitsrechtlich als durch förmliche Geſetzgebung war daraus allmählich eine Exemtion der Univerſität von aller weltlichen Gerichtsbar= keit geworden[1] — ein Entwicklungsprozeß, den die Praxis ſeit dem Ende des 14. Jahrhunderts teilweiſe wieder rückgängig machte. In offenſicht= licher Anlehnung an dieſe Pariſer Traditionen iſt nun auch das Gerichts= privileg Ruprechts I. abgefaßt. Es erteilt der Univerſität, formell betrachtet, keinen beſonderen Gerichtsſtand, ſondern überweiſt die ſtudierenden Kle= riker dem Biſchof von Worms als ihrem ordentlichen Richter (judex ordi- narius[2]), während über die Laienſtudenten nur gewiſſe Beſtimmungen ſtrafprozeſſualer Art getroffen werden, wie ſie ähnlich auch für die Kleriker gelten ſollen. Die Abſicht iſt in beiden Fällen — ganz nach Pariſer Muſter —, die Scholaren vor übereilter Verhaftung, roher Behandlung im Kerker und unnötiger Verlängerung der Haft zu ſchützen. Der biſchöfliche Gerichtsherr ſowohl wie der weltliche, vertreten durch Vogt und Schultheiß von Heidel= berg[3], werden angewieſen, außer in Fällen ſchwerer Vergehen die verhaf= teten Magiſter und Scholaren — nötigenfalls gegen Kautionsſtellung — auf Anſuchen ihres Magiſters bzw. des Rektors zu entlaſſen, falls ſie ver= ſprechen, ſich vor Gericht zu ſtellen (stare iuri et impetentibus via iuris respondere), beim Verdacht ſchwerer Vergehen aber die Häftlinge ehren= haft (honeste) zu behandeln bis zur gerichtlichen Entſcheidung. Verhaftete Kleriker der Univerſität, die ſich ſchwerer Vergehen ſchuldig gemacht haben, ſind von der weltlichen Behörde dem biſchöflichen Richter zu überweiſen.

---

[1] Hierüber am klarſten Fr. Stein, Akademiſche Gerichtsbarkeit, § 4.

[2] So verſtehe ich den Satz U.B. I, 942 mit Kaufmann II, 109 gegen Stein, a. a. O., 61, N. 23.

[3] Beides ſind kurfürſtliche Beamte, beide im 15. Jahrhundert regelmäßig von Adel; der Vogt iſt der Vorläufer des ſpäteren „Oberamtmanns", der Vertreter der landesherrlichen Gerichtshoheit im Bezirk des ſpäteren „Oberamtes" Heidelberg, der Stadtſchultheiß (ſpäter „Stadtdirektor") bekleidet etwa dieſelbe Stellung im Heidel= berger Stadtbezirk, während der „Bürgermeiſter" mit ſeinen 12 „Ratsverwandten" das Selbſtverwaltungsorgan der Stadtgemeinde darſtellt, aber nur die niedere Polizei= gerichtsbarkeit beſitzt. Vgl. Widder, Geograph.=hiſtor. Beſchreibung d. Pfalz I, 78ff.; K. Chriſt, N. A. d. St. Hdlbg. I, 164 und Bad. Weistümer I (ed. Brinkmann) betr. Vogtei Heidelberg (Regiſter).

Welcher Art die Gerichtsbarkeit sein soll, die für weltliche Magister und Scholaren zuständig ist, darüber sagt das ganze Gerichtsprivileg kein Wort, und es bezeichnet den Geist dieser echt mittelalterlichen Gesetzgebung, daß sich auch nirgends sonst in Statuten und Privilegien eine grundsätzliche und juristisch exakte Regelung dieser fundamentalen Frage findet[1]. Offenbar galt der besondere Gerichtsstand der Korporationsmitglieder vor ihrem Rektor längst als selbstverständliches Attribut der privilegierten Genossenschaft; nur die tatsächliche Handhabung in der Praxis kann uns genauer darüber belehren, wie weit oder wie eng diese Gerichtshoheit begrenzt war.

Statutarisch wurde bei der Gründung, wie es scheint, nur jene vereinzelte Sonderbestimmung festgelegt, die wir schon früher kennenlernten: die gerichtliche Entscheidung des Rektors in Zivilstreitigkeiten mit Bürgern über Mietsachen und verwandte Angelegenheiten, die mit dem Studienbetrieb unmittelbar zusammenhängen[2]. In Paris war die Gerichtsbarkeit des Rektors tatsächlich auf diese Dinge und daneben — strafrechtlich — auf reine Disziplinarangelegenheiten beschränkt geblieben. Marsilius von Inghen ließ Ruprecht zunächst keinen Schritt darüber hinausgehen. Aber das Pariser akademische Leben ruhte in allem und jedem auf den Schultern mächtiger lokaler kirchlicher Gewalten, die mit Eifersucht jeden Eingriff der weltlichen Justiz in die akademische Sphäre abzuwehren verstanden. Die Masse der Studierenden — Fremde und Einheimische, Kleriker und Weltliche, in einem Studentenghetto zusammenwohnend — wurde im Verhältnis zu der Pariser Bürgerschaft als eine große Rechtsgemeinschaft klerikalen Charakters empfunden. In Heidelberg fehlte die ansehnliche kirchliche Behörde, in deren Schirm und Schatten die junge Hochschule sich hätte bergen können gegen die Machtansprüche der weltlichen Justiz. Der bischöfliche „Ordinarius" drüben in Worms besaß weder die Macht noch auch nur das Interesse, sich dieser Aufgabe ernstlich anzunehmen. Nicht einmal die kirchliche Gerichtsbarkeit über die studierenden Kleriker hat er ernstlich zu behaupten gesucht; hätte die Universität nicht von sich aus frühzeitig auf die Exemtion ihrer weltlichen Mitglieder von der Laiengewalt gedrungen, so hätte keine kirchliche Behörde einen Finger darum gerührt. Immer nur der Landesherr (und daneben, aber nur in bestimmten Fällen und auf besonderen Anruf, der Papst) erscheint als Patron der akademischen Korporation. Höchst bezeichnend, wie er (gleich als gäbe es keine kanonischen Rechtsbestimmun-

---

[1] Anders z. B. in Wien und Rostock.
[2] U.B. I, p. 8, 3. 20ff.

gen!) die Gerichtsbarkeit über die Kleriker seiner Landeshochschule dem bischöflichen Ordinarius ausdrücklich „einräumt" und ihm „befiehlt" (ordinamus), einen Kerker und ein eigenes Offiziat für diesen Zweck in Heidelberg einzurichten, ja im Falle des Mißbrauchs mit Zurücknahme dieses „Zugeständnisses" droht! Nur das traditionelle freundschaftliche Einvernehmen des Pfalzgrafen mit seinen Bischöfen[1] macht es verständlich, daß diese Usurpation hoheitlicher Rechte keinen Widerspruch von geistlicher Seite erfuhr. Im Gegenteil! Als sich — bereits wenige Wochen nach der Gründung — die Unzulänglichkeit der bischöflichen Gerichtsverwaltung herausstellte (der Bischof hatte das verlangte Offiziat tatsächlich nicht eingerichtet) und die Universität nunmehr bat (bezeichnenderweise wieder durch den Kurfürsten[2]!), dem Rektor die Stellvertretung in geistlichen Strafsachen zu übertragen, ernannte Eckard von Dersch statt dessen den Vogt (Vizedominus[3]) des Kurfürsten zu seinem Stellvertreter. Das war nun freilich nicht im Sinne der Universität; denn auch abgesehen von dem kanonistischen Bedenken, Kleriker unter Laiengewalt geraten zu lassen[4], drohte diese Anordnung die Korporation in rechtliche Abhängigkeit von dem Landesherrn zu bringen. Aber sie zeigt unverkennbar, wer in Heidelberg allein imstande war, Gerichtshoheit und Gerichtsschutz wirksam auszuüben; der Unterschied zwischen den allgemeinen Verhältnissen in Paris und denen unserer kleinen deutschen Residenzstadt wird dadurch überraschend deutlich beleuchtet[5]. Immer wieder hat die Universität darauf gedrängt, diese Entscheidung rückgängig zu machen. Erst Ende 1394, unter dem Rektorate des

---

[1] R. Lossen, Staat und Kirche in der Pfalz, 80ff. — Kaufmann, II, 109ff. betont mit Recht gegen Stein a. a. O., daß derartige Verordnungen wie die genannte des Kurfürsten beweisen, daß die akademische Gerichtsbarkeit nicht ohne weiteres geistlichen Ursprungs ist, sondern mit dem korporativen Charakter der Hochschule zusammenhängt. Unser Fall beweist aber zugleich, daß der Gegensatz der beiden Gewalten nicht immer mit prinzipieller Schärfe empfunden wurde.

[2] Hautz, I, 152; U.B. II, 16.

[3] Im 14. Jahrhundert regelmäßig der Stellvertreter des Landesherrn, wenn dieser in seinen bairischen Besitzungen sich aufhält.

[4] Das bemerkte schon Marsilius in den Akten. Die „Verdunkelung" des geistlichen Charakters der studierenden Kleriker durch ihre Scholareneigenschaft, von der Kaufmann II 101 spricht, blieb also damals doch nicht ohne Widerspruch. Übrigens ist die Anordnung Eckards nur ein neuer Beleg für die auch sonst im 14./15. Jahrhundert bekannte Neigung des Klerus, Mängel der geistlichen Gerichtsbarkeit durch freiwillige Inanspruchnahme des weltlichen Richters auszugleichen.

[5] Hierfür vgl. auch die Stelle U.B. I, 148[31]ff. (von 1444), in der die Universität

Kanoniften Johann von Soeft, erreichte fie, daß dem Rektor, zunächft wider=
ruflich, die Befugnis übertragen wurde, geiftliche Univerfitätsangehörige
gefangenzulegen und mit ihnen nach „Form Rechtens" zu verfahren[1].
Daraus ift dann ein Gewohnheitsrecht, und zwar in fehr erweitertem Sinne,
geworden. Der Rektor übte tatfächlich die Gerichtsbarkeit in Straffachen[2],
aber auch die in Zivilklagen[3], über geiftliche Korporationsmitglieder —
übrigens ohne daß jemals die Erinnerung daran verdunkelt wurde, daß
er in diefer Tätigkeit nur als Vikar des Bifchofs fungierte[4].

Weniger deutlich ift der Kampf um die Exemtion der weltlichen Univer=
fitätsmitglieder vom Vogt und Stadtfchultheißen zu verfolgen. Vermutlich
hat fich die Gerichtsbarkeit des Rektors von Anfang an nicht ftreng auf
jene wenigen Fälle von Mietftreitigkeiten u. dgl. befchränkt. Schon das
fog. fünfte Privileg Ruprechts, deffen Datierung und urfprünglicher Cha=
rakter indeffen unficher bleibt[5], fpricht davon, daß der Rektor „und viere
darczu, die fie under feczen, vollen gewalt, macht und richtunge" haben
follen „über alle fachen, die meinfter und fchuler mit einander zu fchaffen
haben" „fowie über alle Streitigkeiten zwifchen „Laien" (d. h. Nichtakade=
mikern) und Korporationsmitgliedern, verpflichtet auch die weltlichen Be=
hörden zur Unterftützung des Rektors in der Ausübung feiner Amtsgewalt
über Lehrer und Scholaren. Nach modernen Rechtsbegriffen fcheint damit
die volle Gerichtsbarkeit des Rektors in allen Zivilfachen ausgefprochen,

---

gegen die Neigung ihrer eigenen Mitglieder kämpft, Streitigkeiten untereinander lieber
beim Landesherrn oder feinen Räten als beim Univerfitätsgericht anzubringen!

[1] U.B. I, Nr. 36.

[2] Die Univerfität beftritt daher fogar den Orden das Recht, ihre ftudierenden
Mönche gefangenzufetzen; vgl. U.B. II, 99/101. Der dort genannte Mönch ftudierte
überdies zur angegebenen Zeit gar nicht mehr!

[3] 3. B. U.B. II, 283, 284, 287. Der dort genannte Student Wipert war „paftor
in Steten", alfo Geiftlicher (a. u. II, 145ᵛ).

[4] Ausdrücklich betont 3. B. 1446: a. u. II, 207; 1467: a. u. III, 131ᵛ; 1477:
a. u. III, 199ff.

[5] U.B. I, Nr. 9. Datierung und Eschatokoll überhaupt fehlt. Es find nur Ab=
fchriften erhalten, deren ältefte datierbare 1396 entftanden ift (f. U.B. II, 9 u. Toepke,
I, 678, N. 2). Die deutfche Sprache läßt darauf fchließen, daß es fich um eine Zufammen=
faffung aller bis dahin erlaffenen Privilegien zum Zwecke öffentlicher Bekanntmachung
für die Bürgerfchaft, nicht um ein eigentliches Diplom handelt. Neu gegenüber U.B. I,
Nr. 4—8 find eigentlich nur die oben im Text erwähnten Beftimmungen betr. Gerichts=
barkeit. Die „viere darczu" (f. ob.!) find offenbar die Prokuratoren der Nationen.
Demnach Entftehung fchwerlich lange nach 1386.

die Verfolgung von Straftaten dagegen (an weltlichen Universitätsmitglie=
dern) dem höheren weltlichen Gericht überlassen zu sein, vor allem in
schweren Fällen, in denen ja nicht einmal die Auslieferung vom Schult=
heiß verlangt wurde. Die Praxis aber zeigt zunächst eine sehr ausgedehnte
Disziplinargesetzgebung der Korporation und ihre richterliche Handhabung
durch den Rektor; sodann aber, daß die Grenzen der akademischen Gerichts=
barkeit in Straf= wie in bürgerlichen Klagesachen tatsächlich viel weiter
gezogen wurden. Die Universität nahm es als selbstverständlich an, daß
sie auch über kriminelle Vergehen, wie Diebstahl, selber zu entscheiden
hatte, beanspruchte Herausgabe gefangener Verbrecher und — wie alle
geistlichen Gerichte — Mitwirkung des weltlichen Armes bei der Straf=
exekution. Dabei konnte es freilich vorkommen, daß sich der Schultheiß
weigerte, ohne besonderen kurfürstlichen Befehl diesen Rechtsanspruch an=
zuerkennen und sich nur an die Instruktionen seiner Oberen gebunden
erklärte[1]. Immerhin scheint die Strafgewalt des Rektors auch in schweren
Fällen grundsätzlich nicht bestritten zu sein. Erfolglos dagegen blieb der
(urkundlich besser begründete) Anspruch des akademischen Gerichtes, die
Entscheidung in allen Streitigkeiten zwischen Bürgern und Akademikern
zu treffen. Spätestens 1420 einigten sich Bürgerschaft und Universität statt
dessen auf den alten Rechtsgrundsatz, daß der Kläger dem Beklagten in
dessen Gerichtsstand zu folgen habe, verabredeten aber überdies, daß in
solchen Prozessen die zwei Bürgermeister als Beisitzer des akademischen
und der Rektor mit einem oder zwei Professoren als Assessoren des welt=
lichen Gerichts mitzuwirken hätten[2].

---

[1] Bestrafung eines als Professorendiener zur Korporation gehörenden Laien
durch den Rektor wegen Diebstahls 1398: a. u. I, 71a (Strafe: Rückgabe des Gestoh=
lenen). — Verhandlung mit dem Schultheißen wegen Auslieferung eines Studenten,
der beim Diebstahl ertappt ist und dafür im städt. Turm sitzt, 1434: a. u. II, 120 bis
121. Der Rektor beruft sich ausschließlich auf die deutsche Urkunde U.B. I, Nr. 9,
setzt seinen Willen aber erst nach Verhandlung mit dem kurfürstlichen Protonotar
durch. Das akademische Gericht (die allgemeine Magisterversammlung) läßt sich den
Angeklagten durch die städtischen Knechte vorführen, verurteilt ihn zur Rückgabe des
Gestohlenen, Ausschluß aus der Korporation und Verbannung aus Heidelberg. Die
Stadtknechte führen ihn darauf über die Neckarbrücke aus dem Stadtgebiet. Vgl. auch
U.B. I, 19[11]ff.
[2] U.B. I, Nr. 80. Tatsächlich finden wir die beiden Bürgermeister bei der Ver=
handlung über die Klage eines Bürgers gegen einen Professor 1428, 2, VIIIff. an=
wesend: a. u. II, 69.

Aus alledem ergibt sich, daß die Praxis der akademischen Gerichtsbar=
keit sich wesentlich anders gestaltete, als die Gründer wahrscheinlich selber
sich vorgestellt hatten. In kurzer Zeit war es der Korporation gelungen,
weit mehr durch Gewohnheitsrecht als durch förmliche Erweiterung ihrer
Privilegien, den ganzen Umfang der Gerichtshoheit an sich zu bringen,
den in Paris die kirchlichen Behörden (gleichfalls mehr tatsächlich als formell
berechtigt) ausübten. Die Universität selber trat gewissermaßen an die
Stelle der passiv bleibenden kirchlichen Obrigkeit, unterstützt von ihren fürst=
lichen Patronen.

Aber war das akademische Gericht nach seiner Verfassung und seinen
Machtmitteln auch wohl imstande, die so erweiterten Aufgaben wirklich
zu erfüllen?

Was wir über die Formen des Rechtsganges, die Zusammensetzung
des Spruchkollegiums und die gesetzlichen Grundlagen der Urteilsbildung
hören, läßt erkennen, daß es an festen Verwaltungstraditionen[1] und gesetz=
lichen Rechtsnormen durchaus fehlte. Der eigentliche Träger der Gerichts=
barkeit in erster Instanz war der Rektor; gegen seine Entscheidung konnte
die Versammlung „aller Doktoren und Magister" angerufen werden; auch
von Appellation an den Papst ist gelegentlich die Rede; doch ist diese, so=
viel ich sehe, niemals zur Tatsache geworden. Natürlich war der halb=
jährliche Wechsel des Rektorats der Herausbildung fester Geschäftstradi=
tionen höchst ungünstig. Tatsächlich wagte der Rektor angesichts der Kritik
seiner Kollegen kaum einen Schritt zu tun, ohne sich vorher von den an=
gesehensten Professoren oder der allgemeinen Magisterversammlung In=
struktionen zu erbitten. Nur die belanglosesten Disziplinarsachen scheint er
selbständig erledigt zu haben. In allen etwas ernsteren Fällen fungieren
als seine Beisitzer — an Stelle der ursprünglich vorgesehenen 4 „Prokura=
toren" — einige besonders angesehene Doktoren und wohl auch Magister
der Artistenfakultät, die der Vorsitzende, offenbar ohne feste Regel, nach
Bedarf beruft. Aber auch dieser Ausschuß dient nur der Vorberatung, in
Straffällen der Untersuchung. Alle wichtigen Entscheidungen werden in
der Vollversammlung aller Lehrer getroffen — nach vielfach chaotischen
Verhandlungen, in denen es so völlig an festen Geschäftsregeln fehlt, daß
sogar gelegentlich das Prinzip der Majorität für die Urteilsfindung erst
zur Debatte gestellt werden muß[2]. Das Urteil selber wird schließlich als

---

[1] Festsetzung von Taxen für Zitationen im Zivilprozeß: 1397; s. U.B. II, 104.
[2] 3. B. a. u. II, 69 (1428). Hier wird ein Ausschuß zuerst von 4, dann von

„conclusum" der Versammlung durch den Rektor verkündet. Von dessen Geschäftsgewandtheit und persönlichem Eifer in der Bearbeitung seiner „Beisitzer" hängt es ab, ob überhaupt ein Beschluß zustandekommt. So wurde 1428 in drei schwierigen Sitzungen über die Klage eines Heidelberger Bürgers gegen einen Magister auf Rückzahlung von vier Gulden entschieden — ein Prozeß, der damals schon ein Jahr dauerte. In der vierten Sitzung kam man nach stundenlangen Beratungen abermals zu keiner Entscheidung, und nur der persönlichen Überredungskunst von zwei angesehenen Doktoren, die den verurteilten Magister gütlich zur Zahlung bewogen, war es zu verdanken, daß der Prozeß überhaupt ein Ende nahm[1]. Von der Beobachtung bestimmter allgemeiner Rechtsnormen für die Urteilsfindung ist nirgends, soviel ich sehe, ausdrücklich die Rede. In Zivilstreitigkeiten trug das ganze Verfahren offenbar den Charakter des Schiedsgerichts; in Strafsachen hielt man sich an die akademischen Disziplinargesetze, deren Strafen wie überall denen des kanonischen Rechtes nachgebildet waren[2].

Eben der disziplinare Zweck dieser Strafgesetzgebung machte sie wenig geeignet zur Verfolgung eigentlicher Verbrechen. Sie war in erster Linie dazu bestimmt, die klerikale Lebensführung der Korporationsmitglieder und ihre Absonderung von dem weltlichen Treiben der „Laien" sicherzustellen. In der Tat begnügen sich die ältesten Disziplinargesetze mit solchen Vorschriften, die das Ideal klerikaler Lebensweise forderte: Studienpflicht, Verbot des Würfelspiels, der Teilnahme am Fechtunterricht und des Waffentragens[3], des Ausgehens nach dem Läuten der Abend- (oder „Wein"-)glocke, besonders ohne Licht, in Vermummung und bewaffnet. Sehr bald aber

---

16 Doktoren bzw. Magistern berufen, die der Rektor persönlich vor dem Zusammentritt „einzeln und gemeinsam" ausführlich über die Rechtslage (eine Zivilklage) instruiert; kurz vorher (ibid. 68ᴿ) bilden „omnes doctores et plures de facultate artium" den Ausschuß in einer Strafsache. — Daß für die Abstimmung das Majoritätsprinzip keineswegs selbstverständlich war, zeigt ein Beschluß der Artisten 1456: Ablehnende Stimmen sollen nur dann gelten, wenn der Grund der Ablehnung offen vertreten, von der Fakultät geprüft und gültig befunden ist; dann aber solle sie den Beschluß hindern: a. f. a. II, 34ᵛ.

[1] a. u. II, 69.

[2] Auf dieses Vorbild weist der Jurist Otto de Lapide 1421 bei der Statutenverlesung ausdrücklich hin: U.B. I, 120.

[3] U.B. I, Nr. 14, Nr. 19. Das letztere Verbot schon 1393 undurchführbar, wie N. 1 zu Nr. 19 zeigt.

mußten Strafandrohungen für solche Vergehen hinzugefügt werden, die
nach unseren Begriffen bereits in das Gebiet der Kriminalgerichtsbarkeit
gehören: disziplinare und strafrechtliche Gesichtspunkte fielen hier ununter-
scheidbar zusammen. Diebstahl in den Gärten, wörtliche und tätliche Krän-
kungen der Bürger, nächtliche Straßenaufzüge mit und ohne Masken,
niedrige Verunreinigung von öffentlichen Straßen und Plätzen, nächtliches
Hetzen von Schweinen und Zerbrechen von Töpfen auf den Gassen, Wegfangen von Tauben und Gänsen, leichtsinniges Schwören, Fluchen und
Lästern, Überklettern der Stadtmauern, Mitnehmen zweifelhafter Frauenspersonen in die Studentenhäuser (Bursen), blutige Raufereien aller Art,
Spionage, Gebrauch des Nachschlüssels[1] — das alles in seinem bunten
Durcheinander und seiner ständigen Wiederkehr in den Universitätsverhand-
lungen und bei der jährlichen Statutenverkündigung ergibt ein anschauliches
Gesamtbild des studentischen Lebens und Treibens mit ebensoviel
lustigen, ja komischen, wie rohen und gemeinen Zügen. Die letzteren, die
vor allem in der zweiten Jahrhunderthälfte stärker hervortreten, erscheinen
in unseren Quellen, die ja nur die Verfehlungen festhalten, unzweifelhaft
in einseitig scharfer Beleuchtung. Immerhin bleibt doch ein starker Eindruck von der Unzulänglichkeit der akademischen Gerichtsgewalt in allen
ernsteren Fällen. Die sprichwörtliche Schwäche des professoralen Regi-
mentes ist sich in allen Jahrhunderten seither wesentlich gleich geblieben.
Sie hing nicht nur mit der Besorgnis der dürftig besoldeten Magister zusammen, durch allzu große Strenge ihre Studenten zu verlieren. Das wilde
Scholarenvolk des Mittelalters ließ Schlimmeres befürchten: keine ernstere
Bestrafung, ja Zurückweisung vom Examen ist im 15. Jahrhundert erfolgt,
ohne daß die Magister sich eidlich, in vielen Fällen überdies durch Notariatsinstrument geloben ließen, der also Betroffene wolle auf Rache in jeder
Form verzichten[2].

Vor allem aber fehlte es dem akademischen Gericht an ausreichenden
Strafmitteln und eigenen Exekutivorganen. Man begreift ohne weiteres,
daß die Handhabung jener barbarischen Strafjustiz, die dem späten Mittelalter geläufig war, unmöglich Aufgabe der akademischen Korporation sein
konnte — auch ohne den kanonischen Grundsatz: „ecclesia non sitit san-
guinem" zur Begründung heranzuziehen. Aber verhängnisvoll war es,

---

[1] U.B. I, Nr. 25; ibid. p. 36, 40, 41, 58, 63, 65, 91, 143; Nr. 72—74, 76, 84,
87, 99, 100, 115; U.B. II, 87, 131, 214, 278, 340 u. ö.; s. auch Thorbecke 54*ff.

[2] Beispiele: U.B. I, 398ff.; U.B. II, 332; a. u. III, 301ᵛ u. ö.

daß die Privilegierten den Sinn ihrer Vorrechte zu gerne dahin auslegten, als wären sie vor schweren Strafen, vor allem vor Freiheitsstrafen, nun überhaupt mehr oder weniger geschützt. Sehr lehrreich werden diese An= schauungen sichtbar in den Verhandlungen der Universität über die Ein= richtung eines akademischen Karzers, die der Kurfürst 1467 in der richtigen Einsicht gefordert hatte, daß ohne Freiheitsstrafen die Gerichtsgewalt des Rektors nur ein Schatten sei[1]. Man werde sagen — so hieß es da bedenk= lich —, die Universität habe ihre Privilegien verloren, wenn sie erst ein= mal anfinge, Studenten mit Karzer zu bestrafen. Man werde die Einge= kerkerten und ihre Eltern in Verruf bringen im ganzen Lande. Selbst „Laien" kämen in Heidelberg nur selten in den Turm; welcher Eindruck, wenn nun — wie zu erwarten — um so häufiger Scholaren eingesperrt würden! Der Besuch der Universität werde gewaltig nachlassen und der Gerechtigkeit doch nicht Genüge geschehen. Und wer soll die Kosten auf= bringen für den Unterhalt des Gefängnisses und für die nötigen Wächter? Das freilich vermochte man nicht zu leugnen, daß in Fällen schwerster Ver= gehen die Privilegien Freiheitsstrafen zuließen. Aber jede Erinnerung daran schien geschwunden, daß in solchen Fällen weltliche Scholaren von Rechts wegen dem Schultheißen überlassen bleiben sollten, und auch darun, daß die Statuten von 1387 sogar leichte Vergehen mit Karzer bedrohten[2]. Man beschloß, zunächst versuchsweise, zur Bestrafung schwerster Fälle den Fürsten und die Bürgermeister um die Erlaubnis zur Mitbenutzung der städtischen Kerker (des Turmes an der Neckarbrücke und des Diebsturmes beim Augustinerkloster, heute Hexenturm geheißen) zu bitten, fand aber, vorher sei es nötig, gesetzliche Bestimmungen darüber zu geben, in welchen Fällen überhaupt Freiheitsstrafen angewendet werden sollten. Schon dieses letzte Bedenken offenbart aufs deutlichste, wie wenig in der Tat der ganze Apparat der akademischen Gerichtsbarkeit auf selbständige Aburtei= lung eigentlicher Verbrechen eingerichtet war. Offenbar hatte die Univer= sität selber ein richtiges Gefühl dafür. Längst übte sie die Gewohnheit, wenn sie sich gegenüber den Ausschreitungen der Studierenden nicht mehr zu helfen wußte, einfach den Schuldigen den Schutz ihres Gerichtsprivilegs zu entziehen und sie damit den ordentlichen Gerichten zu überlassen. Un= würdige Mitglieder, wie notorische Strolche und Kuppler, Nachtschwärmer,

---

[1] a. u. III, 131. S. auch Thorbecke 52*, N. 91. Ebendort über weitere Ver= handlungen 1476.

[2] U.B. I, 19, Z. 3 u. 7.

Einbrecher, Mädchenschänder u. dgl. sollten ohne weiteres und ganz allgemein von den Vorrechten der Korporation ausgeschlossen sein[1]. Im Einzelfall freilich war es immer zweifelhaft, ob der Rektor von dieser Drohung wirklich Gebrauch machen würde. Aber sie gab dem Universitätsgericht die Möglichkeit, sich von der schwersten Verantwortung formell zu entlasten. Tatsächlich sind Gefängnisstrafen im 15. Jahrhundert nur sehr selten verhängt worden[2], und erst 1545 hat die Landesobrigkeit die Errichtung eines akademischen Karzers durchgesetzt. Auslieferung der Bestraften an die städtischen Turmknechte bedeutete ja auch nichts anderes, als freiwilligen Verzicht auf eine Vorzugsbehandlung, den die Privilegien dem gebildeten Akademiker gerade gewähren wollten.

An Stelle der Freiheitsstrafen wurden in den weitaus meisten Fällen verhältnismäßig hohe Geldbußen auferlegt — gewöhnlich ein bis zwei Gulden —, die der stets bedürftigen Universitätskasse sehr willkommen, aber mehr den Eltern der Betroffenen als diesen selber schmerzlich waren. Als schwere Strafarten galten Beschlagnahme bzw. Zurückgabe verbotenen und gestohlenen Besitzes, zeitweise oder dauernde Zurückweisung vom Examen (eine oft ausgesprochene, weit weniger häufig aber ausgeführte Strafe), Verlust des akademischen Grades oder des Lehrstuhls, Entziehung des Schutzes, Ausstoßung aus der Korporation, endlich vorübergehende oder dauernde Verbannung aus Heidelberg[3]. Prügelstrafe scheint — jedenfalls außerhalb der Studentenhäuser — niemals verhängt zu sein. Das Recht der Exkommunikation — das wirksamste Machtmittel der geistlichen Gerichte — hat der Rektor, soviel ich sehe, nicht besessen und ausgeübt. Wo einmal davon die Rede ist, geht sie von den ordentlichen kirchlichen Obrigkeiten aus, ebenso wie die öffentliche Kirchenbuße (Prozession im Büßerhemd, mit der Kerze in der Hand, in und rings um die Heiliggeistkirche), die man wohl über solche Übeltäter verhängt, die sich an Studierenden geistlichen Standes vergriffen haben[4]. Dagegen legt das Universitätsgericht

---

[1] U.B. I, 19; 120[5]ff.; 141[6]ff.; 142[20]ff.; 170[28]; Toepke, I, p. XVI, N. 2.

[2] Beispiele: U.B. II, 519; a. u. II, 208[v]; a. u. III, 199. S. auch Hautz, I, 179, N. 233 (1388). Vor 1400 sind Einkerkerungen überhaupt häufiger, z. B. a. u. I, 46[v] (1391, 19. 6., wegen Waffentragens).

[3] Beispiele: U.B. II, 69, 332.

[4] Beispiel: U.B. I, 137[2]ff.; in dem dort berührten Falle (Totschlag eines studierenden Klerikers) hatten die Missetäter nach a. u. II, 141[R] Absolution von einem „dominus decanus" zu erbitten; das könnte der Neustadter Stiftsdechant, der Haupt-

nicht selten den von ihm Verurteilten auf, sich kirchliche Absolution binnen bestimmter Fristen zu verschaffen, Wallfahrten an heilige Orte zu voll= führen, Andachtskerzen zu stiften u. dgl.[1].

Alles in allem ist nicht zu leugnen, daß die Ansprüche der Korporation auf rechtliche Selbständigkeit größer waren als ihre Fähigkeit von dieser Autonomie den richtigen Gebrauch zu machen. Eben die Vorzüge, die sonst das geistliche Gericht vor dem weltlichen auszeichneten: die feste for= male Regelung des Verfahrens auf Grund eines den Zeitbedürfnissen einigermaßen angepaßten, aus der Praxis erwachsenen Gesetzbuches, die Wirksamkeit der Strafmittel, der klar geregelte Instanzenzug, die Ver= sehung durch gewandte und juristisch geschulte Berufsbeamte mit relativer Unparteilichkeit — alles das fehlte hier völlig. Gewiß: das eifrige Bemühen der Professoren, den guten Ruf der Hochschule zu wahren, die Gelegen= heit zu Reibungen zwischen Studenten und Bürgern zu vermindern, nächt= lichem Unfug zu steuern, schweres Ärgernis durch bereitwilligen Schaden= ersatz und persönliche Vermittlung wettzumachen, tritt immer wieder her= vor[2]. Aber in diesem engen Zusammenleben in den Gassen der kleinen Stadt war die rechtliche Exemtion ohne immer erneute Konflikte mit der Bürgerschaft gar nicht zu behaupten[3]. In wievielen Fällen ließ sich wohl von vornherein erkennen, wer bei den Raufereien zwischen Studenten, ritterlichem Hofgesinde, Troßknechten und Bürgern, auf Gassen und Markt und Tanzböden, in Schenken und Dirnenhäusern jedesmal der schuldige Teil war? Und doch hing die Frage der gerichtlichen Kompetenz wesent= lich davon ab. Im Grunde war es doch ein innerer Widerspruch, daß die Universität fortwährend die Unterstützung des „weltlichen Armes" in An= spruch nahm und schwere Ahndung für Schädigung ihrer Mitglieder for= derte, gleichzeitig aber sich gegen dessen Zugriff mit einer Zähigkeit wehrte, als gälte es das kostbarste Palladium ihrer Freiheit zu schützen[4]. Ertappte

---

konservator der Universität (s. darüber unten!) gewesen sein. — Vgl. auch Hautz, I, 150.

[1] Beispiele: a. u. I, 73[R] (1400); a. u. II, 68 (1428): Nachts haben 4 Studenten Unfug verübt und u. a. den Bürgern Schweine getötet. Strafe: Geldstrafe, Weg= nahme der Waffen, Schadenersatz (für den sich verschiedene Magister persönlich ver= bürgen), Verbannung auf 3 Wochen, unterdessen eine Wallfahrt in Begleitung des Magisters, in dessen Burse die Sünder wohnten.

[2] Vgl. z. B. den Inhalt der vorigen Anmerkung!

[3] Über die sog. „Studentenkriege" später zusammenfassend im 16. Kapitel!

[4] Eben dies hält der Schultheiß dem beschwerdeführenden Rektor in der U.B.I,

3. B. ein Bürger — was nicht selten vorgekommen zu sein scheint — einen
Scholaren beim Diebstahl in seinem Hause oder Weingarten, so sollte er
ihn zunächst auffordern, unmittelbar oder durch Vermittlung des Rektors
Schadenersatz zu leisten; schlug jener dieses Ansinnen ab, so sollte der Ge=
schädigte nicht etwa das Recht haben, den Übeltäter festzunehmen, sondern
sich dessen Kleidung merken, die Wohnung, die er aufsuchen würde, „aus
der Entfernung" (a remotis) beobachten und dann den Rektor ersuchen,
die gesamte Scholarenschaft des betreffenden Hauses zu verhören[1]. Das
hieß in der Tat der Geduld der Heidelberger Bürger mehr zumuten, als
in menschlichem Vermögen liegt, und man begreift, daß die kurfürstliche
Regierung nicht dafür zu haben war, alle Beschwerden der Universität
über Verletzung ihrer Privilegien ohne weiteres zu unterstützen, sondern
zu deren großem Verdruß öfters zwischen den Parteien zu vermitteln
suchte[2]. Mit Recht mochte die Korporation ihre Freiheiten bedroht glauben,
wenn pfalzgräfliche Scharwächter sich herausnehmen, einen am Schloß=
wall umherstreichenden Studenten wegen Spionageverdachts ohne weiteres
am Galgen aufzuknüpfen[3]. Anderseits ist es verständlich, daß die Landes=
obrigkeit mehr und mehr sich über die z. T. kleinlichen Bedenken der ge=

Nr. 96 bezeugten Mordsache von 1434 vor: a. u. II, 113[R]. Auch gab es wohl Streit
um die beschlagnahmten Waffen der Studenten u. dgl.

[1] U.B. I, Nr. 19 (1387).

[2] So offenbar im Studentenkrieg von 1406 (s. Thorbecke, 39ff.); ferner bei der
Ermordung eines Studenten durch Heidelberger „Bürgersöhne" (Metzgergesellen) 1434,
a. u. II, 113ff. (erwähnt z. T. U.B. II, 266) und öfter. Interessant ist zu beobachten,
wie die Universität den privilegierten Gerichtsstand ihrer Mitglieder geradezu als
deren — materiell wertvollen — Privatbesitz auffaßt und verteidigt. 1473 bittet der
Kurfürst, den Ausgleich eines Handels zwischen sieben von Rittern seines Gefolges
verwundeten Studenten und ihren Schädigern ihm zu überlassen. Die Universität
willfahrt ihm, holt aber zuvor das Einverständnis der Verwundeten bzw. ihrer Eltern
ein, „da sie deren Rechten nichts vergeben dürfe" (a. u. III, 172ᵛ). Ähnliche Auffas=
sung der Strafe als Entschädigung für die Geschädigten (daneben allerdings auch als
kirchlicher Buße) in der interessanten Sühneurkunde von 1436, U.B. I, Nr. 96; U.B.
II, 279.

[3] U.B. II, 232; Thorbecke 38, Hautz I, 283. Beschwerden der Universität
über Feldhüter und Scharwächter: a. u. I, 41ᵛ; U.B. I, 150²²ff.; U.B. II, 324, 395.
Häufig wird mit der fürstl. Regierung darüber verhandelt, wer den Schutz der Univer=
sität gegen das Hofgesinde und dessen Aburteilung vorkommenden Falls zu über=
nehmen habe. 1467 werden urkundlich hierzu Vogt, Schultheiß oder Hofmarschall
bestimmt. a. u. III, 131.

lehrten Herren[1] hinwegsetzte, um einen geordneten, zuverlässigen Polizei=
dienst überhaupt durchführen zu können. Seit dem tatkräftigen und rück=
sichtslosen Regiment Friedrichs I. mußten es sich die Akademiker mehr als
einmal gefallen lassen, ihre wirklichen oder vermeintlichen Privilegien dem
öffentlichen Wohl geopfert zu sehen[2].

Die Exemtion der akademischen Körperschaft von der Gerichtsbarkeit
und den Steuerlasten der bürgerlichen Gemeinde beruhte ausschließlich auf
einem Willensakt der Landesobrigkeit. Die Universität legte größten Wert
darauf, diese Vorrechte bei jedem Regierungswechsel (zum ersten Male
1410) sogleich in feierlicher Form bestätigen zu lassen. Auf kurfürstliches
Geheiß mußten Vogt und Schultheiß alljährlich die „Freiheiten des Stu=
diums" bekanntmachen lassen und die sorgsame Beachtung des Gerichts=
privilegs, dessen Verletzung der Kurfürst mit hohen Strafen bedrohte, dem
Rektor vor versammelter Magisterschaft in der Universitätskapelle feierlich
geloben[3]. Aber damit war die Summe der akademischen Privilegien noch
nicht erschöpft. So gut wie innerhalb der bürgerlichen Gemeinde bean=
spruchte die Universität auch innerhalb der Kirche eine bevorzugte
Rechtsstellung. Auch das war alte Pariser Tradition: mit Hilfe des päpst=
lichen Stuhles sich von den lokalen kirchlichen Gewalten zu emanzipieren.
Die wirtschaftliche Seite dieses Verhältnisses — die Pfründenversorgung
der Lehrer und Scholaren mit Hilfe der „Rotuli" — kam schon früher zur
Sprache[4]. Eben dieses Eindringen von einzelnen Akademikern in die kirch=
lichen Pfründen des Landes auf Grund päpstlicher Provision und die Be=

---

[1] Vgl. die ergebnislosen Verhandlungen über eine neue Polizeiordnung 1446:
a. u. II, 207; U.B. II, 330. Die Universität bat in ihrer Ratlosigkeit selber um eine
kurfürstliche Scharwache, wollte aber den Führer eidlich auf höchst komplizierte In=
struktionen verpflichten, die eine Verhaftung von Studenten nur in gewissen Aus=
nahmefällen gestatteten.

[2] Vgl. U.B. II, 406, 408, 416, 418, 420, 519, 534, 558 u. ä. Schon früher setzte
sich die Polizei praktisch über professorale Bedenken hinweg: U.B. II, 269, 395 u. ö.
Vgl. auch die „Ordnung über Waffentragen" von 1466: Oberrhein. Stadtrechte I, 5,
p. 495ff. Danach zahlen Studenten polizeiliche Geldstrafen nur an den Rektor, können
aber nachtsüber von der Scharwache in Haft gehalten werden.

[3] U.B. I, Nr. 8—9. Auch jeder neubestellte Vogt bzw. Schultheiß leistet den Eid
in derselben Weise. Beispiele: a. u. II, 141 (1437); a. u. III, 251 (1483) u. ö.

[4] Siehe S. 74f.

schlagnahme gewisser Stelleneinkünfte für die allgemeinen Zwecke der Hoch=
schule erzeugte nun fortwährend Rechtsstreitigkeiten mit andern Anwär=
tern und kirchlichen Behörden aller Art, von denen die Akten der Universität
erfüllt sind[1]. Wem stand die richterliche Entscheidung in derartigen Pro=
zessen zu? Die Universität berief sich regelmäßig auf ihre päpstlichen Privi=
legien. Aber alle Streitigkeiten an der römischen Kurie durchzufechten,
war bei der Häufung der dort anhängigen Prozesse und der bekannten
Kostspieligkeit des römischen Prozeßganges natürlich aussichtslos. Nach
Pariser Muster erbat und erreichte deshalb auch unsere Universität die
Ernennung besonderer päpstlicher Delegierter, sog. „Konservatoren",
die das Recht der gefreiten Korporation gegen fremde Anfechtung — von
geistlicher wie von weltlicher Seite — zu vertreten hatten. Sie werden in
der päpstlichen Bulle ausdrücklich als geistliche „Richter" (judices) bezeichnet
und erhalten Vollmacht, Streitsachen der Universität mit jedermann vor
ihr Forum zu ziehen und zu schlichten, nötigenfalls mit Hilfe kirchlicher
Strafen und Anrufung des weltlichen Armes[2]. Ursprünglich wurden die
Dekane des Domstiftes zu Konstanz, der Andreaskirche in Köln und des
Stiftes St. Marien in Neustadt a. d. Hardt zu Konservatoren berufen[3].
Praktisch in Tätigkeit getreten scheint nur der Neustädter Dekan[4], der auch
in späteren päpstlichen Erlassen zusammen mit dem von St. Viktor in Mainz
und dem Abt von Schönau erneut zum Konservator päpstlicher Privilegien
für die Universität bestellt wird[5]. In der Folge erscheint er dann wohl

---

[1] Einzelne Beispiele: U.B. II, 135, 213, 223, 257/8, 507/09 u. ö.

[2] U.B. I, Nr. 26: Bulle Bonifaz' IX. vom 9. 11. 1389 in Bestätigung einer nicht
ausgefertigten Entschließung Urbans VI. vom 2. 1. 1387. Der Stil weist deutlich auf
die Benützung eines älteren Formulars hin.

[3] Dem Kölner Stifte gehörte Marsilius von Inghen als Kanoniker und Thesaurar
an, das Neustädter war die Lieblingsstiftung Ruprechts I., der sich auch dort begraben
ließ (vgl. Remling, U.B. der Bischöfe von Speier I, 608); über die Beziehungen
des Konstanzer Domdechanten zur Universität ist nichts bekannt. Er hieß Ulrich Güt=
tinger; vgl. Cartellieri=Rieder, Reg. episc. Const. II, Nr. 6678 sub 27. 11. 1387.

[4] Die beiden andern werden sonst nur noch 2. 8. 1387 (U.B. I, Nr. 24) erwähnt.
Dem Dekan von St. Andreä fertigte die Universität am 1. 8. 1427 ein Transsumpt der
Ernennungsbulle von 1389 zu seiner Instruktion aus, damit man in die Lage käme,
bei Gelegenheit von seinem Schutze Gebrauch zu machen. Offenbar war das bis dahin
noch nie geschehen.

[5] U.B. I, Nr. 46 (1. 12. 1398), Nr. 48—50 (1. 7. 1400). In Nr. 46 und 48 An=
klänge an das Privileg Gregors XI. für Bologna vom 28. 1. 1371, vgl. Chart. stud.
Bonon. II, 242, Nr. 551. — U.B. I, Nr. 50 (nicht Nr. 57, wie U.B. II, 145 angibt)

geradezu als „Hauptexekutor" und läßt ſich ſchon frühzeitig durch Sub=
konſervatoren (auch „Subexekutoren" genannt), meiſt geiſtliche Profeſſoren
der Univerſität ſelber, vertreten[1]. In manchen, beſonders in ſchwierigen
Fällen werden auch beſondere rechtskundige Anwälte der Univerſität, syndici oder procuratores genannt, zu ſeiner Unterſtützung ernannt[2]. Die
ganze Einrichtung bot der akademiſchen Korporation die (theoretiſch-juri-
ſtiſche) Möglichkeit, durch befreundete Prälaten oder gar durch eigene Mitglieder (als päpſtliche Subdelegierte) mit kirchlichen Strafen, vor allem mit
dem gefürchteten Mittel der Exkommunikation, gegen ihre Widerſacher
vorzugehen und die Durchſetzung ihrer Rechtsanſprüche (darunter ſo weltlicher Dinge, wie der Lieferung von Zehnten, Getreide u. dgl.!) zu erzwingen[3]. Offenbar wurde damit die ordentliche kirchliche Gerichtsbarkeit,
insbeſondere die der Diözeſanbiſchöfe, aufs empfindlichſte durchkreuzt, und
um ſo mehr, als die Konſervatoren vom Papſte ausdrücklich ermächtigt
waren, ihre Gerichtsgewalt bis zu zwei Tagereiſen über ihren Wohnſitz
hinaus auszudehnen[4]. Da es ſich in der Hauptſache um auswärtige Prälaten handelte, und da man den Begriff des „Schutzes der Privilegien"
meiſt ſehr dehnbar faßte, ſo hätte dieſes Privileg eigentlich zu einer Ausdehnung der akademiſchen Gerichtsbarkeit weit über Heidelberg und über
den Kreis der Hochſchulmitglieder hinausführen müſſen. Indeſſen darf
man die praktiſche Tragweite dieſer theoretiſchen Beſtimmungen beileibe
nicht überſchätzen[5]. Selten zeigt ſich ſo deutlich wie an dieſem Punkte,

---

wird nach a. u. II, 35 ff. durch den Schönauer Abt ausgeführt. Der Schönauer Abt
zuſammen mit den Dekanen von Worms und Neuſtadt dient auch als päpſtlicher Exe-
kutor für die Erhebung des König Ruprecht 1403 zugeſtandenen kirchlichen Zehnten,
ſ. R.T.A. V, Nr. 400.

[1] U.B. II, 94. Als Subkonſervatoren werden zunächſt erwähnt Heilmann Wunnenberger und Gerlach von Homburg, beide in Sachen der Befreiung Konrads von
Soltau 1394: a. u. I, 52ᵛ bzw. 55ᵛ. Weitere Beiſpiele: Peter de Boſchuſen, 12. 9. 1399
Lic. decr. (Notiz Thorbeckes a. d. Münchener Geh. Hausarchiv); U.B. II, 206 (1420);
227 f. (1424); 310 (1443); 451 (1472); 508 (1487).

[2] 1394: U.B. I, 59³⁴; dazu a. u. I, 52ᵛ, 55ᴿ. Ferner 1432: U.B. II, 259.

[3] Vgl. die Drohung von 1522 bei Hautz I, 150.

[4] U.B. I, 47⁹ f.

[5] Gegen Stein a. a. O. 63 f. u. Muther, Z. Geſch. d. Rechtswiſſ., 23 ff. — Die
Drohungen z. B. des Schönauer Abtes (a. u. II, 35 ff.) gegen die Biſchöfe und den
geſamten Klerus von drei Diözeſen mit Abſetzung und Exkommunikation, falls ſie der
Ausführung der päpſtlichen Bulle U.B. I, Nr. 50 (betr. Inkorporation von drei Pfarr-

wie enge Grenzen dem Mißbrauch geistlicher Gerichtsgewalt im 15. Jahr=
hundert bereits durch den Widerstand der Laienwelt gesteckt waren. Was
nützte alle päpstliche Privilegierung, wenn nicht die Unterstützung des welt=
lichen Armes der tatsächlichen Ohnmacht der Konservatoren zu Hilfe kam!
Der Prozeß, den die Universität 1394/95 um die Befreiung Konrads von
Soltau zu führen hatte, zeigte es sogleich sehr deutlich: ehe nicht der Landes=
herr seine Unterstützung zugesagt hatte, wagte sie nicht einmal die Klage
anzustrengen; ernstliche Hilfe erwartete und erlangte sie tatsächlich nur
vom Kurfürsten und den Bischöfen der umliegenden Diözesen, die sie durch
ihre Konservatoren um Hilfe bitten ließ. Der Mainzer Konservator, von
dem sie die wichtigste Förderung des Prozesses erwartete, ließ sich von ihr
vorher schriftlich geloben, daß sie ihn durch Anrufen des Pfalzgrafen gegen
alle Gefahren schützen wolle, die er sich dabei auf den Hals ziehen könnte[1].
Und auch in den folgenden Jahren hat man den Eindruck, daß die Gerichts=
barkeit der Konservatoren der Korporation häufig mehr Unannehmlich=
keiten als Förderung verschafft; Sehdeansagen weltlicher Gegner[2] und der=
gleichen Verwicklungen schüchterten sie so ein, daß sie bereits 1396 ihren
Hauptkonservator allen seinen Stellvertretern untersagen ließ, irgendeine
Gerichtsgewalt außerhalb der Mauern von Heidelberg auszuüben[3]. Auch
die Proteste geistlicher Behörden blieben nicht aus, so daß schließlich 1402
beschlossen wurde, die Konservatoren dürften sich keiner Klage eines Stu=
denten mehr annehmen, es sei denn zuvor von der Magisterversammlung
geprüft, ob die Person und die Sache des Klagenden überhaupt vor die
akademische Gerichtsbarkeit gehörten[4]. Tatsächlich hört man seitdem nur
noch wenig — abgesehen von rein formalen Geschäften[5] — von der Tätig=
keit der Konservatoren; um so häufiger dagegen von Bitten der Univer=

---

kirchen der Universität) widerstehen, sind natürlich rein formelhaft zu verstehen, wirken
aber auch so geradezu grotesk.

[1] a. u. I, 53—58.

[2] So 1395, 12. 4., a. u. I, 59^R. Auch hier wird an erster Stelle der Landesherr
um Schutz angerufen.

[3] U.B. II, 94.

[4] a. u. I, 78^R (28. 1. 1402).

[5] Hierher gehört vor allem die Besetzung der inkorporierten Pfarrstellen, z. B.
U.B. II, 162, 227. Als 1443 der Neustadter Dekan in einem Streit des Artistenkollegs
mit Schriesheimer Kirchen als Schiedsrichter auftritt, beruft er sich mit einer Um=
ständlichkeit auf seine päpstliche Einsetzung, die das Ungewöhnliche des Vorgangs
deutlich erkennen läßt (Akten des Artistenkollegs, U.A. I, 3, Nr. 32, f. 16).

sität um den Schutz der kurfürstlichen Regierung. Während die Konser=
vatorengerichtsbarkeit die großen Universitäten, wie Leipzig und Wien,
dauernd in die ärgerlichsten Händel verstrickte, scheint man in Heidelberg
die natürliche Unvollkommenheit dieser Rechtswaffe frühzeitig begriffen
zu haben.

Dank der Einsetzung päpstlicher Konservatoren in Verbindung mit der
Gerichtsbarkeit des Rektors über Kleriker durfte die Universität sich gegen=
über der Gerichtsgewalt der bischöflichen Obrigkeit als tatsächlich exmiert
betrachten. Formell freilich blieb der Rektor als Richter über Geistliche eine
Art Offizial des Wormser Bischofs, und nirgends war die Beseitigung der
geistlichen Obergewalt des Wormser und Mainzer Stuhles ausdrücklich aus=
gesprochen. Auch diese letzte Fessel (wenn es eine war) suchte die Korpo=
ration abzustreifen. In dem großen Rotulus von 1401 erbat sie die Unter=
stellung sämtlicher Lehrer, der Universitätskapelle und ihrer Kapläne un=
mittelbar unter den päpstlichen Stuhl[1]. Nichts kann deutlicher bezeugen,
in welchem Grade sie sich selber als geistliche Körperschaft empfand[2]. Um
so mehr ist die Regelung bemerkenswert, die später tatsächlich getroffen
wurde. Jener Rotulus von 1401 kehrte ohne Erfolg in das Universitäts=
archiv zurück. Die Universität als solche und ihre Marienkapelle[3] wurde
demnach nicht exmiert. Wohl aber waren schon längst die ihr inkorpo=
rierten Kirchen (St. Peter in Heidelberg, Altdorf und Lauda) dem päpst=
lichen Konservator unmittelbar und ausschließlich unterstellt[4], und seit spä=
testens 1418 besaßen überdies die meisten Professoren die Exemtion als
Mitglieder einer rein geistlichen Korporation: des (später zu besprechen=
den) Heiliggeiststiftes. Martin V. bestätigte damals ein (sonst anscheinend
nicht erhaltenes) älteres Dekret Gregors XII., das die sämtlichen Ange=
hörigen des Stiftes, vom Dozenten bis zum letzten Kirchendiener, von aller
Gerichtsbarkeit der Ordinarien befreite und unmittelbar dem päpstlichen
Stuhl unterstellte. Die geistliche Strafgewalt über die Stiftsmitglieder sollte
in erster Instanz dem Stiftsdechanten zustehen[5]. Es scheint, daß dieses

---

[1] U.B. I, Nr. 54.

[2] Das scheint mir Kaufmann II, 109/10 zu verkennen.

[3] Vgl. U.B. I, 177, 3. 1—2 (Befragung des bischöfl. Ordinarius wegen einer
Altarpfründe der Kapelle 1459).

[4] U.B. I, Nr. 50.

[5] Copialbuch (U.A. I, 3, 33), fol. 85R—93R. Das Gerichtsprivileg f. 91R. Die
Bestätigung Martins V. (zitiert U.B. II, 197) bezieht sich nicht etwa nur auf Gregors
Bulle vom 18. 3. 1409 (U.B. II, 172), wie man nach Hautz I 256 N. 11 annehmen

Privileg allen praktischen Bedürfnissen genügt hat — um so mehr, als das Verhältnis der Universität zu dem Wormser Obern im allgemeinen ein freundschaftliches gewesen ist.

In der Einrichtung der Konservatoren-Gerichtsbarkeit kommen die geistlichen Charakterzüge der akademischen Korporation am schärfsten zum Ausdruck; ihr Zwittercharakter dagegen als geistlich-weltliches Gebilde offenbart sich am merkwürdigsten in der Stellung des Kanzleramtes. Ursprünglich erwachsen aus dem Aufsichtsrecht lokaler kirchlicher Behörden — insbesondere der Domkapitel — über das klerikale Schulwesen, hatte das Kanzleramt bereits in Frankreich dadurch viel an wirklicher Autorität verloren, daß sich die akademischen Korporationen mit Hilfe der Päpste eine weitgehende Autonomie erkämpft hatten. Dennoch war es sicherlich mehr als bloßer Traditionalismus, wenn alle deutschen und sogar die italienischen Universitäten die Einrichtung nachahmten. Das tieferliegende Motiv ist an dem italienischen Beispiel deutlicher zu erkennen: es war das Bedürfnis, das wichtige akademische Geschäft der Promotionen dem Getriebe des akademischen Cliquenwesens, der Selbstsucht der Professoren zu entziehen und die Würde des akademischen Grades dadurch zu steigern, daß man seine Verleihung einer neutralen, übergeordneten Instanz übertrug, die ursprünglich auch eine gewisse Aufsicht über die Prüfungen übte. Wie in modernen Lebensverhältnissen die Errichtung staatlicher Prüfungskommissionen, so war im Mittelalter die Berufung kirchlicher Organe zu diesem Zweck selbstverständlich. Deshalb haben auch nicht etwa bloß die Päpste, sondern ebensowohl weltliche Landesobrigkeiten die Ernennung von angesehenen Prälaten zu Kanzlern vollzogen und ihnen das Promotionsrecht verliehen. Zwar besaß der akademische Grad seine Geltung keineswegs ursprünglich wegen der kirchlichen — oder indirekt päpstlichen — Approbation[1]; aber diese erschien dem Zeitalter doch unentbehrlich (zumal in Deutschland), um ihm die rechte Autorität zu sichern.

Wieweit dieser beabsichtigte Zweck praktisch erreicht wurde, hing wesentlich von der tatsächlichen Bedeutung der kirchlichen Organe ab, denen die Kanzlerwürde zufiel. Der Erzbischof von Prag hat mehrfach höchst wirksam in die innere Entwicklung der dortigen Hochschule eingegriffen, der Probst

---

müßte, sondern auch auf U.B. II, 184. — Über die geistliche Gerichtsbarkeit d. Dechanten s. auch das Statut von 1418 (Karlsruhe, G.L.A., Copbch. 516, fol. 96ᵛ).

[1] Das hat Kaufmann II, 146ff. mit Recht betont; er müht sich aber vergeblich, den kirchlichen Charakter des Kanzleramts abzustreiten.

von St. Stephan in Wien wenigstens öfters den Versuch gemacht, eine wirk=
liche Aufsicht über das Prüfungswesen zu entwickeln und gewisse Miß=
bräuche abzustellen; seine Bemühungen scheiterten freilich an dem eifer=
süchtigen Selbständigkeitsdrang der gelehrten Korporation. Der Heidel=
berger Kanzler hat so weitgehende Versuche gar nicht erst angestellt. Über=
all in Deutschland litt die Stellung des Kanzlers darunter, daß sie gewisser=
maßen erst künstlich geschaffen, das Universitätswesen nicht wie in Frank=
reich aus dem Schoße der Kirche hervorgegangen war, sodaß es nun in
deren Organismus eine Art von Fremdkörper darstellte. In Heidelberg
war das stärker noch als andernorts zu spüren.

Es entsprach dem sonstigen Verhalten Ruprechts bei der Gründung,
daß er den Wormser Domprobst nicht selber zum Kanzler ernannte, son=
dern durch den Papst dazu berufen ließ[1]. Die Art, wie Konrad von Geln=
hausen diesen Posten ausfüllte: mit persönlicher Beteiligung am Unter=
richt, ohne doch darin aufzugehen, erinnert wiederum lebhaft an das
Pariser Vorbild. Auch unter seinen Nachfolgern hat es — bis zu den Zeiten
Johann von Dalbergs — nicht an gelehrten und für ihre Aufgabe inter=
essierten Männern gefehlt. Aber das enge Vertrauensverhältnis der Worm=
ser Kirche zum pfälzischen Hofe, ihre politische Machtlosigkeit und wohl auch
die lokale Trennung des Domstiftes von Heidelberg haben sehr rasch be=
wirkt, daß aus dem Kanzleramt eine leere Formalität wurde. Schon
Konrad von Gelnhausen setzte einen Stellvertreter (Vizekanzler) zur Erledi=
gung der laufenden Geschäfte (Mitwirkung bei den Magister= und Doktor=
promotionen) an Ort und Stelle ein: Burkart, den Dekan von Neustadt,
Konservator der päpstlichen Privilegien und Leibarzt (physicus) Rup=
rechts I.[2] Schon in den neunziger Jahren kam dann die Sitte auf, Mit=
glieder des Lehrkörpers mit der Vertretung zu beauftragen: zunächst ein=
zelne hervorragende Professoren, wie Marsilius von Inghen, Johann von
Soest — einmal auch den Bischof selber, Matthaeus von Krakau[3] — und
diese nur für bestimmte Fälle; daraus wurde dann seit 1407 — unter dem
Dompropst Dietrich Boghel — ein dauerndes Vizekanzleramt, ausgeübt

---

[1] U.B. I, 4[7]ff. Die Einzelbestimmungen über das Kanzleramt stimmen wörtlich
mit dem päpstlichen Privileg für Prag überein.

[2] 1388, vor 9. Febr. a. u. I, 40 mit ungenauem Datum zitiert: U.B. II, 38.
Ein „meister Burckart" als Arzt des Pfalzgrafen erscheint noch 1404: Chmel, Reg.
Ruperti, Nr. 1726.

[3] Toepke, II, 367.

anfangs durch eine Art Ausschuß aller Fakultäten (in dem aber der jeweils Rangälteste die andern als seine Vertreter in bestimmter Reihenfolge neben sich hatte), seit 1429 regelmäßig durch die Dekane bzw. Vizedekane der vier Fakultäten, ohne daß es dazu einer besonderen Ernennung bedurfte, daneben auch wohl durch einzelne bekannte Theologen und Juristen, die als vicecancellarii generales der Universität fungierten[1]. Der ursprüngliche Sinn des Kanzleramtes war mit dieser Regelung, so bequem sie für die Universität sein mochte, natürlich zerstört und drohte geradezu in Vergessenheit zu geraten, und einzelne Kanzler von gelehrter Bildung, wie der kurfürstliche Rat Ludwig Ast, empfanden das sehr wohl. Aber alle Versuche, wenigstens die persönliche Mitwirkung des Kanzlers bei den Magisterprüfungen wiederherzustellen (etwa die Promotion von vorheriger persönlicher Vorstellung der Kandidaten abhängig zu machen[2]), scheiterten an technischen Schwierigkeiten (Geschäftsüberlastung, räumlicher Entfernung des Kanzlers u. dgl.) und noch mehr an dem zähen Widerstand der Fakultäten — nicht zum Segen des akademischen Lebens, möchte man vermuten, wenn man die schweren Mißbräuche bedenkt, die zumal in der zweiten Hälfte des 15. Jahrhunderts bei den Examina aufkamen. Freilich war damals bereits die staatliche Obrigkeit im Begriff, an Stelle der kirchlichen das innere Leben der Hochschule zu überwachen und von Zeit zu Zeit neu zu regeln. Als 1489 der Dompropst Peter Anton de Clapis (als Humanist P. A. Finariensis) den Versuch seiner Vorgänger erneuerte, die halbvergessenen Kanzlerrechte zu förmlicher Anerkennung und womöglich größerer Wirksamkeit zu bringen, fand die widerstrebende Universität den Kurfürsten auf ihrer Seite[3]. Tatsächlichen Einfluß haben die Pfalzgrafen den Kirchenbehörden ihres Landes niemals auf die Universität auszuüben gestattet, und so ist es auch nicht mehr als eine bloße Kuriosität, daß die Heidelberger Kanzlerwürde für kurze Zeit kein Geringerer als Enea Silvio

---

[1] So 1441 Joh. Wenck, U.B. II, 302. Im übrigen Belege bei Thorbecke 66*, N. 157. Vgl. auch Hautz II, 390 (theol. Fakultät).

[2] Das wünschte L. Ast. Streit mit den Artisten darüber 1443/44, f. a. f. a. I, 202—203, 252^R, 229^v.

[3] U.B. II, 510—11; Thorbecke, a. a. O.; U.B. I, Nr. 138. Das Birret und die Handschuhe, die der Propst als Examensgeschenk verlangte, sind offenbar nur als symbolische Anerkennung seiner Rechte gedacht. Charakteristischer ist sein Verlangen, bei Promotionen der oberen Fakultäten womöglich persönlich mitzuwirken. Anzunehmen, daß er wie der Baseler Bischof, der sein Kanzleramt der Universität förmlich verpachtete (!), vor allem auf Geldeinnahme ausgewesen sei, liegt kein Anlaß vor.

Piccolomini, der früheste Vermittler italienischer Bildung für die Deutschen, als Attribut einer Nebenpfründe besessen hat[1].

———————

Niemand wird verkennen, daß die rechtliche Sonderstellung der akademischen Korporationen innerhalb der formlosen politischen Welt des spätmittelalterlichen Deutschland, im ganzen betrachtet, eine geschichtliche Notwendigkeit gewesen ist und in gewissem Sinne segensreich auch für die spätere Zukunft gewirkt hat. Aber doch wird man zweifeln müssen, ob die Steigerung ihrer rechtlichen Autonomie über das Maß ihrer ausländischen Vorbilder hinaus, die sie dank der Unfertigkeit der deutschen Staatsgewalten zu erringen verstanden, mit dem sonstigen Charakter gerade der deutschen Hochschulen glücklich zusammenstimmt. In Bologna — und in abgestuftem Grade auch in Paris — war der Durchschnitt zum mindesten der landfremden Scholarenschaft gewiß weit mehr den Kinderschuhen entwachsen, als das jugendliche Volk, das die Kollegstuben und Bursen der deutschen Hochschulen füllte. Unter diesen deutschen Studenten, denen das Studium jetzt so leicht erreichbar geworden war, finden sich überaus viele Halbflügge und Verwahrloste, die mehr in eine Erziehungsanstalt als in eine gefreite Korporation hineinpaßten. Ein erheblicher Teil der Schwierigkeiten, mit denen die akademische Disziplin zu kämpfen hatte, beruhte sicherlich darauf, daß die Aufnahme in die Genossenschaft keinerlei Vorbildung, Schulzeugnis und bestimmte Altersstufe voraussetzte. Wahllos, nur nach Ermessen des Rektors, konnte alles aufgenommen werden, was sich unter dem Vorwand des Studiums oder als Universitätshandwerker oder Hausgesinde von Studenten und Lehrern zur Teilnahme an den Privilegien drängte. Wer den Vorlesungen wegen mangelnder Lateinkenntnisse nicht folgen konnte, war darauf angewiesen, seine Lücken durch Privatunterricht oder mit Hilfe einer Burse oder der städtischen Trivialschule zu ergänzen. Erst 1464 wurde beschlossen, Kinder unter 14 Jahren[2] nicht mehr zu immatrikulieren — eine Regel, die bald wieder durchbrochen und im 16. Jahrhundert dadurch umgangen wurde, daß man an Stelle der 7—14jährigen Knaben deren Väter oder Lehrer durch Handschlag verpflichtete. Wer aber einmal das akademische Bürgerrecht erworben hatte, behielt es dauernd, es sei denn, daß er exkludiert wurde oder ein bürger-

———————

[1] U.B. II, 384 u. unten Kap. 15.
[2] Das nach dem kanonischen Recht zur Eidesleistung erforderte Mindestalter.

liches Gewerbe ergriff. Schon damit entfiel die Möglichkeit, unlautere Elemente fernzuhalten; sie fehlte um so mehr, als die Universität nicht einmal die einzige Kontrolle ernsthaft durchzusetzen verstand, über die sie verfügte: die Verpflichtung aller Neueintretenden, dem Rektor eidlich Gehorsam zu geloben und sich in die Matrikel einschreiben zu lassen. Die geringe Einzeichnungsgebühr (anfangs ein Schilling, seit 1387 das Doppelte), bis zum 18. Jahrhundert unverändert und Mittellosen ohne strenge Prüfung erlassen[1], schreckte gewiß niemanden ab. Aber mancher lockere Vogel mochte es vorziehen, die Privilegien des Akademikerstandes zu genießen, ohne dessen Pflichten auf sich zu nehmen. Vergebens erging das Gebot, nur Eingeschriebene in die Bursen aufzunehmen, zu den Vorlesungen und Prüfungen zuzulassen; vergebens ordnete man die Prüflinge im Bakkalariatsexamen und die Pfründensuchenden auf dem Rotulus nach der Reihenfolge ihrer Immatrikulation, um dadurch einen Anreiz zu frühzeitiger Einzeichnung zu schaffen. Es war doch nicht nur Unordnung und Nachlässigkeit der Geschäftsführung — die unvermeidliche Begleiterscheinung professoraler Verwaltungstätigkeit, solange dem Rektor keine eigene Kanzlei mit festen Geschäftstraditionen zur Seite stand —, die den Erfolg solcher Bestimmungen verhinderte. Gleichzeitig spielte doch auch der Ehrgeiz der Korporation, den Kreis ihrer Mitglieder möglichst zu erweitern, die Eifersucht, ihre Privilegien auch in zweifelhaften Fällen geltend zu machen, eine gefährliche Rolle. Die Stiftbriefe Ruprechts machten den Genuß dieser Privilegien durchaus nicht von der vorherigen Einzeichnung in die Listen abhängig; und so erhielt sich in der Tat lange die Rechtsauffassung, daß alle Personen, die sich Lehrens oder Lernens halber zur Universität begaben, an deren Vorrechten ohne weiteres teilnahmen von dem Augenblick, wo sie das kurpfälzische Gebiet betraten, bis zu dem, wo sie dieses wieder verließen[2]. So blieben auch die mehrfach wiederholten Drohungen, die Universität werde den Nichtinskribierten in Konfliktsfällen

---

[1] Thorbecke 48*, N. 73 ff.

[2] Der Gedanke des besonderen Schutzes für die Zureisenden, den die Tradition der Authentica habita Friedrichs I. überlieferte und Ruprechts Privileg U.B. I, Nr. 5 aussprach, spielt hier eine wichtige Rolle. — In diesem Zusammenhang ist auch das Institut der privilegierten Universitätsboten zu erwähnen, für die die Universität alle Vorrechte zureisender Studierender auch in außerpfälzischen Gebieten in Anspruch nahm. Geleitsbrief von 1397 s. b. Kirchenheim, Die Universitätsbotenanstalten des MA., Festschr. d. Hdbger. histor.-philos. Vereins 1886, p. 129, wiederholt im U.B. I, Nr. 44.

gegenüber der weltlichen Obrigkeit keinen Schutz gewähren, ohne rechten Ernst und ohne Wirkung. Trug sie doch kein Bedenken, Nichtintitulierte gleichwohl vor ihr Gerichtsforum zu ziehen! Damit aber entfiel jede Möglichkeit, rechtlich-exakt zu entscheiden, ob jeder einzelne, der sich in Scholarengewandung in Heidelberg herumtrieb und sich auf die akademischen Freiheiten berief, dies von Rechts wegen tun dürfe. Erst gegen Ende des 15. Jahrhunderts gewann die Anschauung die Oberhand, daß die Immatrikulation rechtliche Voraussetzung der Zugehörigkeit zur Korporation sei. Eine wirksame Kontrolle fehlte freilich auch dann noch lange, und um so mehr, als die Universität bis zur Reformation durch Otto Heinrich (1558) es vermied, eine bestimmte Frist festzusetzen, bis zu der sich Ankömmlinge beim Rektor anzumelden hatten. Praktisch blieb ihnen bis dahin immer die Möglichkeit, die Immatrikulation bei der Anmeldung zum Examen nachzuholen[1].

In allen diesen Erscheinungen zeigt sich deutlich, daß das Matrikelwesen eine Neuerung des akademischen Lebens war, die zu dessen ursprünglicher Eigenart in einem gewissen Gegensatz stand. Der Anstaltscharakter der deutschen Hochschulen — gegenüber den losen korporativen Verbänden des Pariser Studiums — suchte darin eine äußere Form zu gewinnen; aber solange, bis die Polizeigewalt des Landesfürsten straffere Vorschriften erzwang und eine wirksamere Kontrolle ermöglichte, blieb man in Ansätzen stecken.

---

[1] Für weitere Einzelheiten und für die Formalitäten der Immatrikulation vgl. Toepkes vortreffliche Einleitung; dazu Thorbecke 51ff. — Belege: U.B. I, 35[1]; 38[37]; 143[22]ff.; 197[15]ff. Eid der Immatrikulierten: U.B. I, Nr. 12; Toepke, I, 649ff.

Sechstes Kapitel.

Die politische Verfassung und ihre Organe.

Das formale Schema der Heidelberger Universitätsverfassung zeigt keine sonderlich bemerkenswerten Abweichungen vom herkömmlichen. Es ist anfangs so primitiv wie nur möglich: alle politische Entscheidung ruht bei der Vollversammlung der „Magister" und „Doktoren", deren Leitung und Berufung dem Rektor zusteht. Diese Konferenz gilt indessen ursprünglich — wieder in genauer und bewußter Nachahmung des Pariser Vorbilds — als Vereinigung der Einzelkorporationen, der vier Fakultäten, nicht der Einzelmitglieder der Gesamtkorporation. Jede Fakultät führt demgemäß eine Stimme ohne Rücksicht auf ihre Mitgliederzahl[1]. Daß diese Bestimmung in den so viel kleineren Verhältnissen Heidelbergs unnatürlich war, erkannte die Universität bald selber; als sie 1393 das Statut über die Rektorwahl änderte (s. ob. S. 93), schuf sie gleichzeitig ein einheitliches consilium universitatis, in dem nach Köpfen abgestimmt wurde. Im wesentlichen war das ein Sieg der jüngeren Magister, die in der Artistenfakultät die Hauptmasse ausmachten — um so mehr, als nunmehr auch die unbesoldeten Graduierten, die sich ohne bestimmte Lehrtätigkeit und ohne vollen Anteil an den Fakultätsgeschäften hier aufhielten (magistri non actu regentes), das Stimmrecht erhielten[2]. Aber je mehr sich so der Kreis der Stimmberechtigten erweiterte, um so notwendiger erwies es sich, die laufenden Verwaltungsgeschäfte durch ständige Ausschüsse zu erledigen, besonders wichtige und schwierige Sachen durch eigens hierzu gewählte Komissionen vorbereiten zu lassen. Von der Schwerfälligkeit der Plenarverhandlungen in allen ernsteren Fällen zeugen ihre Protokolle; oft genug ging es überaus stürmisch dabei zu, so daß schon 1393 bestimmt wurde, im Falle allzu großen Geschreis oder auf besonderen Antrag solle die Beratung der strittigen Punkte in engerem Kreise fortgesetzt werden. Außer dem Rektor

---

[1] U.B. I, Nr. 17 u. p. 54, Z. 34.

[2] Ibid. Nr. 31. Die Änderung erfolgte zunächst probeweise, wurde mehrmals verlängert und schließlich dauernd.

und sämtlichen Doktoren[1] nahmen nur drei — bei jeder Rektorwahl neu
zu bestimmende — Deputierte der Artistenfakultät daran teil; die Be=
schlüsse dieses engeren Gremiums sollten ebenso als Gesetz gelten, wie die
der Plenarversammlung. Formell besaßen die Artisten seit jener Neu=
ordnung in der Vollversammlung mit ihren ein bis zwei Dutzend Stimmen
das Übergewicht über die (durchschnittlich 7—8) Stimmen der Doktoren.
Vermutlich war das die Entschädigung für ihren Verzicht auf das Vorrecht,
stets den Rektor aus ihren Reihen zu stellen. War das Verhältnis ihrer
Stimmen vorher wie 3 : 1 gewesen, so stand es jetzt (falls die Artisten unter
sich einig waren) etwa wie 1 : 2. Praktisch freilich kam schon im Plenum
die moralische Autorität der angesehenen Doktoren, des bleibenden Grund=
stocks der Lehrenden, gegenüber den wechselnden Scharen der jüngeren,
unbesoldeten Lehrer stark zur Geltung. Verfassungskonflikte, in denen
engerer Rat und allgemeine Magisterversammlung in offenen Gegensatz
zueinander getreten wären, sind übrigens nicht zu beobachten. Die letztere
scheint ihre Stellung als endgültig entscheidende Instanz zunächst behauptet
zu haben. Wohl aber entwickelte sich die Praxis, daß der Rektor die wichtig=
sten Materien mit den Doktoren und älteren Magistern vorberiet. Daran
knüpfte offenbar die Reform Friedrichs I. 1452 an, indem sie — in Um=
gestaltung jenes Ratsausschusses von 1393 — einen engeren Senat als
ausschließlich regierende Behörde an die Stelle der allgemeinen Magister=
versammlung setzte — was immerhin als unerhörte Neuerung und Ent=
rechtung der Artisten empfunden wurde.

Die ursprünglich rein demokratische Verfassung erhielt also erst in der
Mitte des 15. Jahrhunderts mehr aristokratische Formen. Demokratischen
Ursprungs war wohl auch der häufige Wechsel des Rektorates: anfangs
alljährlich viermal, seit 1393 nur noch zweimal (am Tage vor Johanni
— 23. Juni — und vor dem Feste des hl. Thomas — 20. Dezember),
wurde die feierliche Neuwahl vollzogen: wie alle wichtigen Akte der Univer=
sität in religiösen Formen, unter Anrufung des heiligen Geistes. Praktisch
bedeutete sie gleichwohl nicht mehr als eine reine Formalität, da vertrau=
liche Vorbesprechungen regelmäßig das Ergebnis von vorneherein gesichert

---

[1] Thorbecke 44 (u. danach Kaufmann II, 169) übersetzt das „singuli doctores"
U.B. I, 54, Z. 10 u. 41 irrig mit „je ein Doktor der drei oberen Fakultäten". Dem
widerspricht sowohl der Sprachgebrauch wie die Praxis. Die Reform Friedrichs I.,
der 1452 alle Doktoren (8) neben nur 4 Magistern zum Senat berief, müßte nach
Thorbeckes Darstellung ganz unbegreiflich erscheinen.

hatten[1]. Das passive Wahlrecht besaßen nur die wirklich lesenden, voll=
berechtigten Lehrer (actu regentes) — seit 1393 aller Fakultäten —, das
aktive die sämtlichen Mitglieder der allgemeinen Magisterversammlung[2].
Der Besitz mindestens der niederen Klerikerweihen war für den Rektor zwar
herkömmlich, aber (trotz seiner Stellung als bischöflicher Gerichtsoffizial!)
nicht satzungsmäßig vorgeschrieben. Immerhin zeigt die Zähigkeit, mit der
man sich noch in der Mitte des 16. Jahrhunderts gegen die Zulassung ver=
heirateter Rektoren wehrte, wie stark und wie lange der Charakter des
Amtes als geistlich empfunden wurde. Noch deutlicher spricht die Tatsache,
daß von den Rektoraten des ersten Jahrhunderts über zwei Fünftel von
den Theologen und nur etwa ein Achtel von den Artisten geführt wurden[3].
Mönche sind in Heidelberg niemals zu Rektoren gewählt worden, obwohl
die Statuten sich nicht ausdrücklich dagegen aussprechen. Offenbar galt es
hier wie an allen deutschen Universitäten als selbstverständlicher Grundsatz,
daß die gefreite Korporation nicht von einem Manne regiert werden könne,
der zu unbedingtem Gehorsam gegen seine Oberen verpflichtet war. Da=
gegen waren Religiose von der „Regenz", d. h. von der Mitwirkung an den
Beschlüssen und Verwaltungsgeschäften der Magisterversammlung, keines=
wegs ausgeschlossen[4]. Wie geringfügig aber dieses Element im ganzen der
Korporation geblieben ist, haben wir bereits früher gesehen; auch scheint
es, daß ein Teil der mönchischen Lehrer sich von den regelmäßigen Geschäften
der akademischen Verwaltung fernhielt[5], die sich ja in der Hauptsache um
wirtschaftliche und andere Fragen drehten, an denen sie nicht persönlich
interessiert waren.

[1] Die Bestimmung der Statuten, ein etwa ergebnisloser erster Wahlgang im
Plenum solle durch einen zweiten im engeren Rat und nötigenfalls durch einen dritten
ergänzt werden, bei dem jede Fakultät (nach ältestem Herkommen) nur eine Stimme
führte, scheint niemals aktuell geworden zu sein.

[2] U.B. I, Nr. 31. Schon 1393 wurde die Wahl hochadliger Personen auch ohne
akademischen Grad vorgesehen. Im 15. Jahrhundert wurden nur Geistliche, im 16.
auch Weltliche von Adel zu Ehrenrektoren gewählt. S. ob. S. 88. Weitere Einzel=
heiten bei Thorbecke 45f., oben S. 93 u. Toepke I, 626/27.

[3] In den 200 nächsten Rektorwahlen nach 1393 werden gewählt: 48 Theologen
83mal (41%), 37 Juristen 74mal (37%), 6 Mediziner 15mal (7,5%), 26 Artisten
26mal (13%). — Scharnke, a. a. O., 72.

[4] Dgl. die Mitwirkung des Reginaldus de Alna und des Wilhelmitaners und
Theologieprofessors Joh. Holtsadel bei den regelmäßigen Magisterversammlungen!

[5] Beispiel: Der Zisterzienser Joh. de Mulbrunn, den die Universität „frater et
socius noster" nennt, als sie ihm Juni 1398 die Seelmesse hält, ohne daß er je

Das ebenso ehren= wie mühevolle Amt eines mittelalterlichen Univer=
sitätsrektors ist oft mit allen seinen Nöten geschildert worden. Überall
wirkte die Erinnerung nach an die glanzvolle Stellung, die das Oberhaupt
der Pariser akademischen Korporationen genoß, das mit den höchsten
Standespersonen Frankreichs in das Pariser Parlament berufen wurde und
mit dem Bischof von Paris bei öffentlichen Aufzügen um den Vorrang
stritt. Marsilius von Inghen hatte selber zweimal diese Würde bekleidet.
In den kleinen deutschen Universitätsstädten trat indessen der Unterschied
zwischen den akademischen Standesansprüchen und der Dürftigkeit des
äußeren Lebens, wie es nun einmal war, gelegentlich ziemlich grotesk zu=
tage. Alle Feierlichkeit seiner Würde hinderte den Heidelberger Rektor
nicht, von vornehmen Herren, die er immatrikulierte, ein reichliches „Trink=
geld" (propinatum) für sich selber, den Pedellen und die Universitätskasse
entgegenzunehmen. Aber mit Eifersucht wachte die Korporation darüber,
nach außen hin ansehnlich repräsentiert zu werden. Sicherlich lagen trübe
Erfahrungen vor, als sie 1444 dem Rektor statutarisch ein würdevolles
Auftreten auf der Straße, im Anzug und Gebahren zur Pflicht machte.
Später wurde ihm geradezu empfohlen, sich recht häufig in der Öffent=
lichkeit in Begleitung eines Dieners zu zeigen (1529). Auch bei privatem
Kirchenbesuch sollte er sich durch einen vorausgeschickten Pedellen oder
Famulus einen Ehrenplatz sichern (1444). Dabei läßt es tief in die soziale
Rivalität zwischen Akademikern und ritterlichem Hofgefolge hineinblicken,
wenn man erfährt, daß die Magister dieses Statut der pfalzgräflichen Re=
gierung nicht mitzuteilen wagten. Von äußeren Abzeichen der rektoralen
Würde — dem hie und da üblichen Rektormantel („Doktorstrumpf") nebst
Pelz= oder Seidenbarett — ist in dem ziemlich ärmlich ausgestatteten
Heidelberg nicht die Rede. Aber unentbehrlich waren die beiden silbernen
S i e g e l , die Ruprecht gleich zu Anfang für die Gesamtkorporation an=
fertigen ließ, und der vergoldete silberne Stab, den der Pedell bei feier=
lichen Aufzügen dem Rektor als Szepter vorantrug. Seit der Umarbei=
tung von 1492 war das ein kostbares Kleinod spätgotischer Goldschmiede=
kunst mit seinem zierlichen, einer offenen Kapelle ähnlichen Baldachin=
aufsatz in filigranartig feiner Arbeit, in dessen Innern man das Christus=
kind, die vier Fakultäten lehrend, erblickt. Es ist neben dem noch älteren

in den Beratungen als Mitregent genannt wäre (a. u. I, 69ᵛ). Derselbe ist offenbar
mit dem „Johannes Monachus s. theolog. doctor" gemeint, dem die Universität am
20. 2. 1398 eine Beisteuer zum Ausbau „seines Hauses" bewilligt. a. u. I, 69ᵛ.

Szepter der Artisten die einzige Reliquie dieser Art, die unserer Universität seit dem Mittelalter erhalten geblieben ist, und eine Seltenheit unter den akademischen Altertümern Europas überhaupt[1].

Vergleicht man die Fülle der zeitraubenden und z. T. recht heiklen Aufgaben, die dem Rektor oblagen, mit seiner überaus geringen Machtbefugnis und der ebenso geringen Geschäftserfahrung, die er infolge des halbjährigen Amtswechsels besaß, so begreift man leicht, daß dieses Amt gar vielen mehr als Last denn als Ehre galt, zu dessen Übernahme man den Gewählten durch hohe Geldstrafen zwingen mußte. Von all den Schwierigkeiten, die schon das laufende Geschäft der Immatrikulationen, weiterhin aber die Handhabung der Disziplin und Gerichtsbarkeit über das unruhige Scholarenvolk, die ständige Reibung mit geistlichen und weltlichen Behörden, die Anrufung der Konservatoren durch einzelne und durch die Korporation, das Verhältnis zum Hofe und zur Bürgerschaft, die Verteidigung der Privilegien und dergleichen Dinge mit sich brachten, können wir uns bereits eine Vorstellung machen. Daneben aber stand eine nicht unbedeutende Verwaltungsarbeit im engern Sinne: Kontrolle der Studentenbursen und Kollegienhäuser, Beaufsichtigung der drei allmählich entstehenden akademischen Büchereien und des Archivs, endlich die Verwaltung der laufenden Einnahmen aus Gebühren und Strafgeldern bis zur Abrechnung (computus), die der Rektor jedesmal einige Wochen nach Abschluß seiner Amtstätigkeit vor einer Kommission zu leisten hatte. In allem und jedem aber war er gebunden an den Rat, die Zustimmung, die rege Kritik seiner Kollegen, ohne deren Vorwissen er von den laufenden Einnahmen nicht mehr als einen Gulden ausgeben durfte[2].

Eine stehende Verwaltungsorganisation für alle diese Aufgaben besaß die Universität im 15. Jahrhundert noch nicht — abgesehen von den syndici und procuratores, die man für besonders schwierige Rechtsfälle, später wohl auch auf Dauer zu ernennen pflegte, und von der Einrichtung der Pedellen. Denn das Pedellenamt bedeutete ja im Mittelalter weit mehr als heute: eine Art Mittelding zwischen Schreibhilfe, Notariat oder Sekretariat und Dienertätigkeit, und wurde auch in Heidelberg gewöhnlich von

---

[1] Einzelnachweise bei Thorbecke 48ff., auf den ich mich für diesen Abschnitt überhaupt statt weiterer Quellenbelege beziehe. Der Aufsatz von W. Lübke (Ruperto-Carola, 1886, S. 27ff.) ist dadurch überholt.

[2] Über die ihm zustehende Entschädigung vgl. Kap. 7.

akademisch Gebildeten, öfter sogar von Graduierten versehen[1]. Durch das Pedellenamt war also wohl eine gewisse Stetigkeit wenigstens der laufenden Schreibarbeit gesichert. Aber sie blieb mangelhaft genug. Unzweifelhaft gehört es zu den ärgsten Schäden des akademischen Betriebes jener Tage, daß schwierige Geschäfte unerledigt von einem Rektor dem andern zugeschoben und so oft ins Endlose verschleppt wurden.

Innerhalb und neben der Universität standen die vier Fakultäten wie deren verkleinerte Abbilder: gleichfalls vollentwickelte Korporationen mit selbständiger Organisation, eigener Verwaltung und eigenen äußeren Abzeichen ihrer Autonomie. Die Stellung der Universität über ihnen als einer Art von Oberinstanz mit gewissen Aufsichtsbefugnissen war in Heidelberg statutarisch ebensowenig fest geregelt wie andernorts. Daß sie mehr bedeuteten als bloße Teilorgane des Ganzen, kam bei der Aufnahme neuer Magister besonders deutlich zum Ausdruck: jeder Neueintretende bedurfte einer besonderen feierlichen Aufnahme sowohl in den Rat der Universität wie in den seiner Fakultät[2]. Die historische Rangordnung der Fakultäten, bis heute im Zeremoniell der deutschen Hochschulen erhalten, ist bekannt; ebenso die mittelalterliche Unterscheidung der drei „oberen" von der „Artisten"fakultät, die den übrigen als eine Art Vorschule diente, ohne daß der Besitz des artistischen Magistergrades, das äußere Kennzeichen der Vollendung dieser Vorstudien, für den Eintritt in die „höhere" Disziplin unbedingt erforderlich gewesen wäre[3]. Für die Theologiestudierenden war er praktisch freilich kaum zu entbehren; wer ihn nicht besaß, mußte bis zum Erwerb des theologischen Bakkalariats zwei Jahre länger studieren. Im übrigen legten die „Magister" der Artisten großen Wert auf die formelle Gleichberechtigung ihrer Fakultät mit den drei „oberen" Korporationen der „Doktoren" und auf die äußere Wertschätzung ihres Dozentencharakters. Daraus ergaben sich die merkwürdigsten Rangstreitigkeiten, deren Wichtigkeit nur dem sich ganz erschließt, der das zähe Fortleben des akademischen Zeremoniells mit seiner Wertbetonung äußerlicher Gradabstufungen bis in die neueste Zeit kennt — nur daß diese Dinge im Mittelalter (im Gegen-

---

[1] 1501 wird sogar der praepositus der Realistenburse Artistenpedell: a. f. a. II, 174ᵛ.

[2] Einzelheiten darüber, sowie über die Immatrikulation, Gebührenzahlung, inceptio, Eidesleistung usw. bei Thorbecke 62f. u. Toepke I, Anh. II.

[3] Doch verlangten ihn z. B. die Erfurter Theologen von allen „weltlichen", d. h. nichtmönchischen Studierenden (Erfurter Statuten: Gesch. Qu. d. Prov. Sachsen VIII, 2, p. 54, § 51). Vgl. auch Hermelink, Theolog. Fak. Tübingen, S. 19ff.

fatz zu heute) zugleich ihre fehr reale (fchon früher befprochene) Bedeutung befaßen: wegen ihrer Rückwirkung auf die Namenlifte des Rotulus. Da ftritt man alfo, ob die Baffalare der Juriften, vielfach ältere Männer von kirchlichem oder weltlichem Beamtenrang, bei öffentlichen Prozeffionen vor oder hinter den jüngeren Artiftenmagiftern einhergehen follten; wo die ftudierenden Grafen und Barone, wo die einfachen Ritterlichen, wo die Kanoniker ihre Plätze bei Schulakten und beim Kirchgang einzunehmen hätten. Wo follte der Artiftendekan, der einfacher Baffalar der Theologie war, feinen Sitzplatz einnehmen: bei den Baffalaren oder den Lizentiaten oder den Doftoren diefer Fakultät? Wie follte er erfcheinen: in der ein= fachen cappa des Baffalare oder im Magifterbirett? Und wie follte es vollends mit alledem gehalten werden, wenn der Rektor als Artift fich um die theologifchen Grade bewarb? Die ganze uns fo fremd gewordene Eigen= art des mittelalterlichen Studiums mit ihrer Mifchung von Studierenden und Lehrenden innerhalb der „oberen" Fakultäten weht uns aus den Statutenbüchern entgegen, in denen diefe Fragen mit forgfamer Kafuiftik geregelt wurden[1].

Einer förmlichen Ordnung ihrer politifchen Organifation bedurfte eigentlich nur die Artiftenfakultät, zu deren ftimmberechtigten „Regenten" auch die Baffalare und Lizentiaten der oberen Fakultäten zählten, fo= weit fie graduierte Artiftenmagifter waren. Erft wenn fie die Doftorwürde erlangten, traten fie förmlich in die „obere" Genoffenfchaft über. Deren „regierende" Mitglieder bildeten alfo ausfchließlich die Doftoren, und ihre Zahl blieb dauernd eng begrenzt. Die Theologen brachten es im ganzen 15. Jahrhundert nicht über 3 bzw. 6 Genoffen hinaus, und fo mochten ihre Fakultätsgefchäfte auch ohne förmliche ftatutarifche Verfaffung erledigt werden. Vollends der Inhaber des einzigen medizinifchen Lehrftuhls befaß für gewöhnlich keinen gleichberechtigten Genoffen, wenn auch der eine oder andere halbgraduierte als Lehrer neben ihm wirkte. Das Dekanat verfah in allen drei oberen Fakultäten der rangältefte Profeffor ohne befondere Wahl auf Lebenszeit. Im allgemeinen war das ein fehr einfaches Gefchäft: Leitung des Fakultätsrates und der nicht eben zahlreichen Promotionen, alljährliche Verkündigung der Statuten, Verwaltung der Fakultätskaffe, des

---

[1] U.B. I, 44[14]ff.; a. f. a. II, 30f. (1455/56); ibid. 55[v] (1463); hautz II, 387/88 (1464/69); über den Birretftreit zwifchen Artiften und Juriften von 1497 (U.B. II, 541 u. ö.) wird noch in anderm Zufammenhang zu reden fein. Vgl. auch Thor= becke 68.

Siegels (das die Juristen und Theologen seit der Mitte des 15. Jahrhunderts führten) und der Akten (die bei den Medizinern gänzlich fehlten, bei den andern über Statuten und Promotionsnotizen nicht hinausgingen[1]). Im übrigen lief der Studienbetrieb, abgesehen von den spärlichen, in regel= mäßigen Terminen abgehaltenen Disputationen und gewissen Predigt= übungen der Theologen, von selber in gleichmäßigen Bahnen: in diesen Fakultäten, deren geringe Schülerzahl den Unterhalt unbesoldeter Lehrer aus Lehreinnahmen unmöglich machte, bestanden im Unterschiede zur Artistenfakultät von Anfang an festbesoldete Lehrstühle, denen ihr beson= deres Fachgebiet ein für allemal vorgeschrieben war. Hier zuerst taucht auch der Name des „Ordinarius" auf: er bezeichnet aber gewöhnlich nur den rangältesten Doktor der Juristen, und zwar in beiden Zweigen, dem kirchlichen wie dem weltlichen Recht[2]; von diesen beiden genoß der Ka= nonist (es war regelmäßig der Lehrer der Dekretalen) das größere Ansehen; er verwaltete auch meistens das Dekanat. Diese verschiedene Bewertung der einzelnen juristischen Lehrstellen hatte zur Folge, daß sich allmählich innerhalb der Fakultät eine Art Anciennetät ausbildete, indem die Inhaber der minder ansehnlichen Stellen der Reihe nach in die besseren aufzurücken trachteten[3]. An Stelle und in Ermangelung von Doktoren wurden in allen „oberen Fakultäten" nicht selten Mindergraduierte zur Versehung von Lehrstellen herangezogen und in die Korporation aufgenommen. Auch von nichtbesoldeten Doktoren ist gelegentlich die Rede, die ausnahmsweise bei den Promotionen mitwirken durften[4]. Im übrigen fehlt es völlig an Nachrichten über den etwaigen Rechtsanspruch solcher Nichtordinarien auf Mitwirkung bei den Fakultätsgeschäften und über ihre regelmäßige Lehr= tätigkeit.

Völlig anders lagen die Verhältnisse in der Artistenfakultät. Sie bildete mit ihren durchschnittlich zwei Dutzend Magistern weitaus den Hauptbestandteil der Universität. Die Zahl der ihr angehörenden Studenten

---

[1] Über die Fakultätsakten der oberen Fakultäten vgl. Toepke I, 623ff. u. II, 500ff. — Über ihre Verfassung, Siegel usw. vgl. Thorbecke 97, 103ff., 109.

[2] Doch wird auch gelegentlich ein lic. decret., der eine ordentliche Professur ver= sieht, so bezeichnet; vgl. Toepke II, 524 (Nik. Burgmann).

[3] Vgl. die Zusammenstellung Thorbeckes: N. 278 zu S. 101. Nach der Finanz= ordnung von 1413 bezog der Dekretalist als ständiger Dekan 40 fl. mehr als seine Kollegen; in dem Bericht von 1410 (Hautz II, 369) heißt er allein „ordinarius" und bezieht 120 statt 52 bzw. 60 fl. vom Zollanteil.

[4] a. a. O. N. 296 zu S. 104; dazu der S. 86*, Z. 4 erwähnte Fall Job Dener.

läßt sich mangels einer Sondermatrikel nicht berechnen; schätzungsweise
werden es aber mindestens drei Viertel aller Studierenden gewesen sein,
während die Juristen etwas über ein Zehntel ausgemacht haben mögen[1].
So bildete denn die Organisation dieser Fakultät ein vollkommenes Gegen=
stück zur akademischen Gesamtkorporation. Der Wahl des Rektors entsprach
die des Dekans seit 1393 jährlich zweimal zu denselben Terminen wie jene[2]
durch den „Fakultätsrat". Ursprünglich bestand — wenigstens statutarisch
— keinerlei Beschränkung für die Teilnahme an dieser Magisterversamm=
lung und im Wahlrecht. Mit der Zeit indessen, als die Zahl der alljährlich
Promovierten immer mehr zunahm, mochte es sich als notwendig erweisen,
nur diejenigen zu den Beratungen zuzulassen, die bereits ihre zwei Pflicht=
jahre (das biennium) regelmäßiger Vorlesungstätigkeit abgeleistet bzw.
(wenn sie von auswärts als Magister zugezogen waren) ein Probejahr
hinter sich und damit erwiesen hatten, daß sie zu dem dauernden Stamm
der Heidelberger Dozenten zu zählen waren. So beschloß man 1434, die
frisch Promovierten sollten künftig nur zu der jährlichen Verteilung der
Vorlesungen und Übungen (der Aufstellung des sog. „ordinarius") zu=
gezogen werden, an der regelmäßigen „Regierung" dagegen keinen Anteil
haben[3]. Diese „Regierung" umfaßte noch umfangreichere Geschäfte als die

---

[1] Diese Zahlen ergeben sich aus Thorbeckes Zählung (S. 67, N. 131) der 1386
bis 1449 von auswärts kommenden, hier immatrikulierten Graduierten aller Fakul=
täten — natürlich ist das ein sehr unsicherer Maßstab; aber nur für die Graduierten
wird ja die Fakultätszugehörigkeit in der Matrikel vermerkt. Im ganzen werden da=
nach 1386—1449 immatrikuliert: 409 Graduierte, davon 315 (= 77,01%) Artisten,
29 (= 7,09%) Mediziner, 39 (= 9,5%) Kanonisten, 9 (= 2,02%) Legisten, 3 (=
0,7%) Graduierte beider Rechte, zusammen 51 (= 12,22%) Juristen, endlich 14
(= 3,4%) Theologen. Ganz ähnliche Prozentzahlen (darunter 77% Artisten) ergeben
sich, wenn man nur die von Th. errechneten Zahlen der Bakkalare vergleicht. — Für
Köln vgl. oben S. 94, N. 1.

[2] Das einzelne bei Toepke II, 363, N. 2.

[3] U.B. I, 133. Die Zahl der neu Promovierten nahm gerade damals stark zu.
Es promovierten in den Jahrzehnten: 1392—1402: 11; 1403/12: 69; 1413/22: 83;
1423/32: 115; 1433/42: 134. Demnach jährlich im Durchschnitt von 1392—1442: 8,24;
1443—1492: 13,22; 1493—1542: 13,8. — Eulenburg, a. a. O., 314. — Im übrigen
vgl. (auch für das folgende) Thorbecke 80ff.; Toepke II, 361ff. über die Fakultäts=
akten. — Eine Vorzugsstellung der älteren Magister (wie im Universitätsrat) scheint
nur in den ersten Jahrzehnten bestanden zu haben. Vgl. Thorbecke 83. Zu einer so
gehässigen Beschränkung der Regenz, wie etwa in der großen Leipziger Fakultät
(s. darüber Geß in: Festschrift z. Historikertag 1894, S. 184ff.), ist es in Heidelberg
nicht gekommen.

der Universität. Zwar fiel die gerichtliche Tätigkeit und die Fürsorge für die Privilegien weg; statt dessen nahm die Ordnung und Beaufsichtigung des Studienbetriebs, insbesondere die Regelung der zahlreichen Disputationen und Promotionen, aber auch die Fürsorge für den Betrieb verschiedener Bursen und Kollegien um so mehr Zeit in Anspruch. Sämtlichen ordentlichen Disputationen — die jeden Sonnabend stattfanden — hatte der Dekan von Anfang bis Ende beizuwohnen: sicherlich eine der schwersten Lasten seines Amtes[1]. Auch an der Aufsicht über die Disziplin hatte er seinen Anteil: seine Strafkompetenz ging bis zu einem halben Gulden und bezog sich auf Ausschreitungen und Versäumnisse der Magister und Bakkalare während der Übungen und Disputationen. Gegen Lärmen, Schimpfen und gegenseitige Beleidigungen auf der Fakultätsversammlung ging die Genossenschaft selber mit Strafen vor: Geldbußen, zeitweiser Ausschluß von der Regenz oder Entziehung der venia legendi für ein Jahr konnten verhängt werden. Hierfür wurde ein eigener Ausschuß von vier Senioren als Fakultätsgericht gebildet. Den meisten Zeitaufwand aber erforderte die eigene Wirtschaftsverwaltung der Fakultät. Ihre laufenden Einnahmen, vor allem aus Promotionsgeldern u. dgl., waren größer als die der Universität. Ihre Kasse wurde von einzelnen Magistern, aber auch von anderen Fakultäten und der Universität selber, häufig um Darlehen angegangen. Die Verwaltung führte der Dekan, ähnlich wie der Rektor mißtrauisch kontrolliert durch einen oder mehrere Kollegen, Inhaber von Doppelschlüsseln zu der nur gemeinsam zu öffnenden Fakultätstruhe. Dazu kam ein stattlicher Besitz von Kapitalien, teilweise durch Ausleihen und Umwandlung in Gülten ergiebiger gemacht: an Häusern, eigener Bibliothek, an Gärten, Grundstücken aller Art — alles das verwaltet mit der ganzen gravitätischen Umständlichkeit spätmittelalterlichen Schreibwerks, zu dem die häufigen notariellen Beurkundungen mit ihrem endlosen altväterischen Formelwesen ebenso gehören wie die niemals vergessenen „Imbisse", „Zutrünke" und Darbietungen von Zuckerwerk bei jeder sich irgend bietenden Gelegenheit: seien es nun Abrechnungen oder Ämterwahlen. Und endlich durften auch die äußeren Abzeichen der korporativen Würde nicht fehlen: das Fakultätssiegel (von 1403) und vor allem der eigene Pedell (seit 1448) mit eigenem, höchst kunstvoll gearbeitetem Szepter (von 1403/54), dessen zweistöckiger gotischer Tabernakelaufsatz in seinem Innern das Bild der heiligen Katharina birgt, der Schutzheiligen der Fakultät. Ihr

---

[1] U.B. I, 154^26. Ihn entschädigten doppelte Präsenzgelder.

Jahrestag (25. November) war ähnlich wie in Paris ein großer Festtag der ganzen Universität[1], begangen mit allem kirchlichen und akademischen Pomp im festlich geschmückten Chor der Heiliggeistkirche, mit Vesper, Messe, Orgelspiel, Prozession und Predigt; aber auch mit der weniger ernsthaften Nachfeier in Pfälzerwein, ohne die ein Heidelberger dies academicus damals nicht zu denken war. Denn auch das gehört ja zu den bezeichnenden Charakterzügen spätmittelalterlichen Lebens: daß die Frömmigkeit zum Alltagsgewand geworden ist, das man in jeder Gesellschaft trägt — in der der Heiligen so gut wie unter den Kindern dieser Welt.

---

[1] Hartfelder, Das Katharinenfest der Heidelberger Artistenfakultät. Neue Heidelbg. Jahrb. I, 52ff. (mit Abdruck einer Festpredigt des Jod. Gallus).

Siebentes Kapitel.

Wirtschaftliche Grundlagen des akademischen Lebens. Universitätsgebäude. Berufungswesen. Die ältesten Kollegien und Bursen.

Das einträchtige Zusammenwirken von Staat und Kirche, das alles akademische Leben des Mittelalters charakterisiert, trat an keinem Punkte greifbarer in die Erscheinung, als in der wirtschaftlichen Versorgung der Hochschule. Mit entschlossenem Griff, ohne lange Vorverhandlung mit kirchlichen Behörden um Pfründenerträgnisse, hatte Ruprecht I. die Besoldung der ersten Professoren auf seine Kammerkasse übernommen; auch die Wohnungsmiete scheint er ihnen erstattet zu haben[1]. Aber von Anfang bestrebten sich die pfälzischen Regenten, einen Teil dieser Last von ihrer meist geldbedürftigen Schatulle auf die stärkeren Schultern der Kirche ab-zuwälzen.

Ein päpstliches „Residenzprivileg", das Ruprecht den studierenden und lehrenden Klerikern beschaffte und das ihnen ausdrücklich die Freiheit gab, auch auf der Universität die Einnahmen ihrer außerhalb Heidelbergs ge-legenen Pfründen fünf Jahre lang weiter zu genießen, hatte mehr formal-juristische als praktische Bedeutung: es bestätigte nur gegen mögliche Ein-wände lokaler Kirchenbehörden einen Grundsatz, der seit Jahrhunderten allgemein in Übung und von den Päpsten schon vielfach — freilich nicht überall und nicht immer so weitgehend — anerkannt war[2]. Unvergleich-lich wichtiger war die Erschließung dauernder Einnahmequellen aus dem großen Kapitalbesitz der Kirche. Der älteste Erwerb dieser Art war die

---

[1] Bericht der Univers. v. 1410, bei Hautz II, 366ff.

[2] U.B. I, Nr. 24 (1387), fast wörtlich übereinstimmend mit dem gleichen Privileg für Wien (Kink II, 29ff.) und Bologna (Chart. stud. Bon. II, 241) — 1444 freilich wünschte die Universität eine Erweiterung dieses Privilegs: die Freiheit sollte künftig ohne Begrenzung auf fünf Jahre und ohne bischöfl. Genehmigung für die Pfarrer gelten: U.B. I, 149, Abs. 1.

9*

Zuwendung von zwei weit entlegenen Pfarreien, deren Patronat der Pfalz=
graf besaß: zu Altdorf a. d. Schwarzach im Bistum Eichstätt (mit Filialen
zu Mögeldorf, Leinburg, Feucht und Kornberg) und zu Lauda a. d. Tauber
in der Diözese Würzburg[1] — beide schon vor 1395 verwertbar gemacht,
jedoch erst 1400 formell mit der Universität verbunden. Denn erst um die
Jahrhundertwende — in einem Augenblick höchster Bedrängnis des römi=
schen Papsttums und in engem Zusammenhang mit seiner allgemeinen
Kirchenpolitik — gelang es Ruprecht III., in größerem Maßstabe kirch=
lichen Pfründenbesitz für akademische Zwecke flüssig zu machen: 1398 in=
korporierte auf seine Bitten Bonifaz IX. der Universität zwölf Kanonikate
verschiedener Stiftskirchen in Speyer, Worms, Wimpfen und Mosbach; es
war der erste Schritt zur Begründung des rein professoralen „königlichen
Stiftes zum heiligen Geist", der Lieblingsschöpfung König Ruprechts, die
freilich erst seine Nachfolger zum formellen Abschluß brachten. Zwei Jahre
später wurde die Heiliggeistkirche zu Heidelberg aus dem Parochialverband
zu St. Peter losgelöst, damit zu einer selbständigen Hauptkirche erhoben
und mit vier Pfründen des von Ruprecht I. einst begründeten Marien=
stiftes zu Neustadt a. d. Hardt ausgestattet (von denen zunächst nur drei
ihr wirklich einverleibt wurden[2]). Gleichzeitig erhielt die Universität (bzw.
ihr Konservator) durch Papst und Landesherrn in aller Form den Patronat
über die Pfarrkirchen zu St. Peter in Heidelberg, zu St. Lorenz in Altdorf
und zu St. Jakob in Lauda übertragen, die alle drei mit der Universitäts=
kapelle uniert wurden[3]. Freunde und Gönner der Hochschule ergänzten
diese Maßnahmen durch Stiftung einer ganzen Reihe von „Benefizien":

[1] U.B. I, 60³¹, 61⁴¹.

[2] U.B. I, nr. 46, 47, 59. Die Inkorporationen wurden erst jeweils nach dem
Tode des derzeitigen Pfründeninhabers wirksam. Am 24. 11. 1402 erfolgte ein heftiger
Protest der betroffenen Wormser Stiftskirche (U.B. II, 135). Durch Bulle vom 22. 12.
1402 hob Bonifaz IX. die Inkorporation aller 3. 3. noch nicht anheimgefallenen
Pfründen wieder auf; das betraf 3 von den oben genannten 12 Kanonikaten, die
Pfarreien in Lauda und St. Peter in Heidelberg, sowie 2 von den 4 Neustädter Pfrün=
den; durch neuen Erlaß vom 4. 8. 1404 gab der Papst dann die Inkorporation jener
3 Kanonikate, der Pfarreien und einer dritten Neustädter Pfründe wieder frei: U.B. I,
57, 58 (mit irreführendem Titelregest, danach irrig Thorbecke S. 24, N. 60), U.B. II,
145/46. Die vierte Neustädter Pfründe besaß 1405 Conr. v. Soest (U.B. I, 99⁶), der
sie nach seiner Erhebung auf den Regensburger Bischofsstuhl 1428 der Universität
abtrat (U.A. I, 3, 34, f. 4ᵛ).

[3] U.B. I, Nr. 50, 51; II, 119. Streitigkeit um die Altdorfer Pfarrei m. d. Eich=
stätter Bischof: U.B. II, 134.

bepfründeten Altarſtellen an den Altären der akademiſchen Kirchen — die mittelalterliche Form der Stipendiengründung für Studierende und vor allem für Dozenten[1]. Erſt ſeit dieſen kirchlichen Dotierungen durfte die junge Hochſchule ihren äußeren Beſtand als geſichert betrachten; erſt jetzt gewannen auch ihre Beſucherzahlen (wir hörten es ſchon) eine gewiſſe Feſtigkeit. Im erſten Jahrzehnt dagegen, in dem ſie faſt ganz auf welt= liche Geldquellen angewieſen war, blieben ihrer Erweiterung ziemlich enge Grenzen geſteckt.

Zwar die Sterne erſter Ordnung, wie Marſilius von Inghen und Mat= thaeus von Krakau, wurden geradezu glänzend beſoldet. Aber für das Aus= kommen der übrigen zu ſorgen, machte offenbar viel Not; in der Haupt= ſache waren ſie wohl zunächſt auf privaten Pfründenbeſitz angewieſen und legten eben darum auf das Abſenden von Rotuli großen Wert. Die vom Landesherrn ausgeworfenen Gehälter aber wurden nicht etwa aus einer zentralen Kammerkaſſe gezahlt — dazu fehlte es der fürſtlichen Finanz= verwaltung noch an der Überſichtlichkeit und Regelmäßigkeit der Ein= künfte —, ſondern, wie damals die meiſten landesherrlichen Ausgabe= poſten, auf verſchiedene lokale Einnahmequellen (ſo auf die Heidelberger Herbſtbede, den Mannheimer Neckarzoll u. a. m.) angewieſen. Zunächſt erfolgten derartige Aufwendungen (wie auch ſolche für Baulichkeiten u. dgl.) offenbar wechſelnd und je nach Bedarf auf Anfordern. Es war deshalb ſchon ein großer Fortſchritt, als 1393 der Univerſität eine feſte und regel= mäßige Einnahmequelle überwieſen wurde, die ſie ein für allemal der Einzelanforderungen an die Kammerkaſſe überhob. Die Art, wie das geſchah, iſt ungemein bezeichnend für die Finanzverwaltung des mittel= alterlichen Staates. Marſilius von Inghen, 1390 Geſandter der Univer= ſität in Rom, hatte dort für Ruprecht II. einen großen Jubelablaß einge= handelt, den eben damals der große Finanzkünſtler Bonifaz IX. durch Agenten überall ausbieten ließ. Es war bekanntlich das erſtemal, daß man einen ſolchen Ablaß ohne perſönliche Wallfahrt nach der Stadt Petri er= werben konnte, und der Pfalzgraf hatte auf den Rat ſeines Beichtvaters beſchloſſen, die auf dieſe Weiſe erſparten 3000 Gulden ſeiner Univerſität als einer kirchlichen Anſtalt zuzuwenden[2]. Einen Teil dieſes Geldes ver=

---

[1] U.B. II, 120 (Stiftung des Colinus), I, Nr. 52, 53, II, 140, 159 (dazu vgl. Hautz II, 370, Abſ. 2 u. Toepke III, 878/79), 170; Thoemes l. c. 19ff. Beſtim= mungen über die Beſetzung durch die Univerſität: U.B. I, Nr. 67.

[2] U.B. I, Nr. 29.

wandte sie stiftungsgemäß für Bauzwecke, die größere Hälfte dagegen —
zusammen mit anderen Geschenken und Gefäll=Überschüssen — dazu, um
gewisse Renteneinnahmen ursprünglich staatlicher und kirchlicher Herkunft
in ihren Privatbesitz zu bringen. Mit 2000 Gulden, die sie dem Pfalzgrafen
vorstreckte, löste dieser Johannis 1393 für sie einen Zollanteil (Turnos[1])
an den Zollstätten zu Bacharach und Kaiserswerth ein, der ehemals (an=
scheinend von Karl IV.) gewissen kleinen rheinischen Adligen verpfändet
gewesen war und für die er vorlängst das Einlösungsrecht vom Kaiser er=
worben hatte[2]. Der Ertrag wurde für je drei Doktoren der theologischen
und juristischen Fakultät und einen Mediziner bestimmt. Damit waren die
ältesten ordentlichen Lehrstühle begründet. Am selben Tage erhielten auch
die Artisten ihre feste finanzielle Ausstattung; der Kurfürst verkaufte ihnen
(in der Form einer Schenkung) die Hälfte eines Korn= und Weinzehnts
in Schriesheim a. d. Bergstraße, die einst Ruprecht I. käuflich von den Zister=
ziensern zu Schönau erworben hatte[3]; diese Rente wurde zur finanziellen
Hauptstütze des soeben begründeten Studienhauses der Artisten: des collegium artistarum.

Die Errichtung von Studienhäusern nach Pariser Vorbild gehörte
zu den frühesten Anliegen der Stifter unserer Hochschule. Abgesehen da=
von, daß sie eine gewisse äußere Regelmäßigkeit des Studiums vermöge
ihrer halbklösterlichen Lebensordnungen garantierten (wie denn die ganze
Einrichtung ursprünglich den Bettelorden nachgebildet war), bestand ihr
Hauptvorzug in einer erheblichen Verbilligung des wirtschaftlichen Unter=
haltes der darin untergebrachten Magister bzw. Scholaren. Von der ältesten
Heidelberger Anstalt dieser Art, dem Studienhause zu St. Jakob für studie=

---

[1] Der Name stammt von livre tournois. Tours war Münzstätte.

[2] U.B. I, 51[40], 56; Hautz II, 368; Toepke I, 662, N. 4. Vgl. auch H. Flied=
ner, Die Rheinzölle der Kurpfalz am Mittelrhein, in Bacharach u. Caub. Westdt. Zs.
Ergänzungsheft XV, 1910: S. 115. Der Turnos verblieb der Universität bis zur Auf=
hebung der Zölle 1803.

[3] S. die U.B. II, 60 zitierte Urkunde bei Tolner cod. dipl. 127; vgl. damit
Hautz II, 368 und U.B. I, 51[39], ferner die Akten des Artistenkollegs, U.A. I, 3, Nr. 32,
fol. 7ff. Die andere Hälfte des Zehnten kaufte 1403 Nik. Burgmann (U.A. I, 3, 32,
fol. 8[v], s. auch U.B. II, 138) anscheinend im Auftrage Gerlachs von Homburg, der
damit 1405 zwei Altarpfründen dotierte (s. U.B. II, 159) von den Schönauer Mönchen.
Diese hatten den ganzen Zehnten 1384 vom Kloster Ellwangen (Diöz. Augsburg)
pfandweise erworben, das ihn 1451 wieder einlöste. Dazu Hautz I, 213, N. 113.
Nach den Akten des Artistenkollegs (U.A. I, 3, 32) scheint es, daß die Einlösungssumme
zum Ankauf von Zehnten u. dgl. in Hirschhorn, Dossenheim u. a. verwandt wurde.

rende Zisterziensermönche, hörten wir schon[1]. Eine Nachahmung der Pariser Sorbonne stellte der Plan dar, für dessen Verwirklichung Konrad von Gelnhausen fast sein ganzes Vermögen testamentarisch bestimmte: die Errichtung eines großen Studienhauses für 12 ordentliche Lehrer. Wirklich wurde im Mai 1390 ein Grundstück „hinter dem Marktbrunnentor" (außerhalb der alten Stadtmauer, vermutlich in der Gegend der heutigen „Saulenpelz"gassen[2]) für diesen Zweck angekauft und darauf ein Neubau „bis zum oberen Stockwerk" durchgeführt, doch schon im November wieder eingestellt; das Gebäude stand noch 1410 unvollendet und ist niemals von der Universität benutzt worden[3]. Inzwischen hatte sich nämlich die Lage völlig verschoben: Ruprecht II. hatte die Juden aus Heidelberg vertrieben und ihre Häuser der Universität zuzuwenden versprochen — eine Schenkung, die er im Mai 1391 wirklich vollzog.

Seit den großen Judenmeteleien von 1349 hatte Pfalzgraf Ruprecht I., gewandt in Finanzkünsten wie wenige seiner Standesgenossen, sich ein Geschäft daraus gemacht, die flüchtenden Juden gegen hohe Schutzgelder in seinen Landen aufzunehmen. In Heidelberg hatte sich unter ihm eine ganze Judengemeinde mit stattlichem Grundbesitz, eigener Synagoge und Gerichtsbarkeit angesammelt, die alljährlich ihre besondere Judensteuer zahlte. Juden waren mehrfach am Hofe und in der fürstlichen Verwaltung tätig: Gottlieb, der Leibarzt, Moses Nürnberger, der als Steuererheber zugleich die fürstlichen Weingärten verwaltete, die Burg- und Scharwache besoldete, und andere, die steuerfrei auf kurfürstlichen Schlössern wohnen durften. Mit großen Summen war die fürstliche Kasse an pfälzische und auswärtige jüdische Geldverleiher verschuldet. Bargeld stand eben hoch im Wert, und der benachbarte Markgraf von Baden hatte durch Ruprechts Vermittlung einst sogar seine Krone an Straßburger Juden verpfändet. Noch in seinem letzten Lebensjahr erneuerte der alte Pfalzgraf einzelne

---

[1] S. ob. S. 84 f.

[2] U. A. Heidelbg. I, 205 (K. Christ). Damit will freilich die Bezeichnung „collegii edificandi apud s. Petrum" (Toepke I, 641 u. 677, Zeile 6) nicht recht stimmen. Offenbar bezieht sie sich aber doch auf denselben Bauplan?

[3] Diese Tatsache wurde bisher nirgends bemerkt. Dadurch und durch andere Versehen ist in der Geschichte der Heidelberger Universitätshäuser eine arge Verwirrung entstanden. Vgl. U.B. I, Nr. 28, 29. Einstellung des Baus: a. u. I, 44, 2. 11. 1390; Hautz II, 367, Abs. 5. — Vorbild der Sorbonne: Toepke I, 642. Das Grundstück wurde 1423 verkauft U.B. II, 222. Konrads Schenkung schätzte die Univ. auf 1000 fl.: Toepke I, 627.

Schutzverträge mit jüdischen Untertanen, und den Heidelberger Studenten wurde ausdrücklich die Kränkung der Juden bei Strafe verboten. Zu den ersten Taten seines Nachfolgers aber gehörte die Vertreibung der Hebräer aus allen Orten der Kurpfalz; wie so häufig im Mittelalter, wechselte man einfach die Methode der Ausnutzung dieser Wehrlosen: statt des Schutz= geldes mußte jetzt ihr ganzer liegender und fahrender Besitz dazu herhalten, die fürstlichen Kassen zu füllen[1]. Unsere Universität aber, die bisher dürftig genug in den Häusern der Augustiner, Minoriten und Zisterzienser und in Bürgerquartieren zu Gaste gegangen war[2], erhielt mit einem Schlage einen reichen eigenen Grundbesitz.

Die Schenkungsurkunde zählt die Grundstücke auf: die Synagoge, zehn Häuserkomplexe und Höfe, zum Teil mehrere Gebäude umfassend, und vier Gärten. Die meisten der Häuser lagen im Ghettoviertel: unmittelbar westlich der Heiliggeistkirche zwischen Hauptstraße und Neckar; heute noch erinnert der Name der „Pfaffengasse" daran, daß dieses alte Gewinkel, heute ein besonders verwahrlostes und unscheinbares Stadtrevier, ehemals stolzere Zeiten gesehen hat: daß hier einst die Universität ihre Kapelle, ihre Vorlesungsgebäude und Professorenwohnungen besaß. Die Synagoge wurde am zweiten Weihnachtstage 1391 durch den Wormser Bischof feier= lich zur Universitätskapelle zu Ehren der Mutter Gottes geweiht, mit vielen Reliquien und mit Ablaßgnaden (am Kirchweihtage) ausgestattet[3]. Sie hat diesem Zweck bis ins 16. Jahrhundert gedient, fand aber von Anfang an auch als Sitzungslokal der allgemeinen Magisterversammlung und als Hör= saal der Theologen Verwendung; und in demselben Gebäudekomplex be=

---

[1] Daß dabei der Einfluß Ruprechts III. (als Mitregent) maßgebend gewesen ist, wie M. Stern, König Ruprecht v. d. Pf. in s. Beziehungen zu den Juden (1898), vermutet, läßt sich nicht erweisen. Vgl. im übrigen: L. Löwenstein, Geschichte der Juden in der Kurpfalz (1895), 5ff. — U.B. I, Nr. 30.

[2] Thorbecke 37*, N. 5.

[3] Toepke I, 647. Sie lag an der südöstl. Ecke der Kreuzung Dreikönigs= und Untere Straße, heute Dreikönigsstr. 6. Vgl. K. Christ, N. A. f. d. St. Heidelbg. I, 95ff. (auch für das Folgende). Daß sie längst vor der Einweihung dem neuen Zweck diente, zeigt u. a. U.B. I, 52[28]. Eine Abbildung des Innern hat Thorbecke (94*) in dem Schulbilde vermutet, das in Seb. Münsters Cosmographia der Beschreibung von Heidelberg beigedruckt ist. Doch zeigen die Ausgaben von 1550 (s. 1.), 1572, 1588 und 1614 drei verschiedenartige Fassungen, von denen zumal die älteste deutlich an konventionelle Schulbilder des Mittelalters erinnert, so daß wohl der Holzschnitt über= haupt als konventionelle Phrase gelten muß. (In den Ausgaben 1548 und 1550 Basel fehlt er.)

ſaßen die Juriſten und Mediziner ihre Auditorien[1]. Ein Teil der Juden=
häuſer ringsumher wurde zu Profeſſorenwohnungen beſtimmt und nicht
ohne längeren Kampf mit kurfürſtlichen Beamten, die ſich ſogleich darin
feſtgeniſtet hatten[2], als ſolche bezogen. Es waren meiſt Häuschen ein=
fachſter Art, nur teilweiſe Steinbauten (ſo die des Moſes Nürnberger); ihre
primitive Einrichtung genügte ſelbſt den beſcheidenen Anſprüchen unſerer
Magiſter nicht und machte die Aufwendung aller verfügbaren Gelder für
den inneren Ausbau notwendig[3]. Von der Vergänglichkeit dieſer mittel=
alterlichen Holzbauten geben die akademiſchen Sitzungsprotokolle des fol=
genden Jahrhunderts einen guten Begriff: alle paar Jahrzehnte ſind um=
faſſende Inſtandſetzungen und Neubauten nötig, und für überraſchend
wenig Geld, meiſt für ein paar hundert Gulden, werden ſie ausgeführt;
erſt im 16. Jahrhundert wurde eine ſolidere Bauweiſe zur Regel. Wohl
das ſtattlichſte der Judenhäuſer war die Beſitzung des (vielleicht ſchon unter
Ruprecht I. entflohenen[4]) Juden Hirſch (Hircz): ein Gebäudekomplex, der
den ganzen Zwiſchenraum von der Unteren bis zur Hauptſtraße einnahm
und auf dem bekannten Merianſchen Kupferſtich von 1623 als Eckhaus der
Jüdengaſſe (heute Dreikönigſtraße) zur Hauptſtraße mit einem Ecktürmchen
erſcheint. Eben hier[5] richtete man ſogleich ein Studienhaus für ſechs (nicht
mehr zwölf!) Lehrer der Artiſtenfakultät, das „collegium artiſtarum" ein,
als eine Art Erſatz für die aufgegebene Stiftung Konrads von Gelnhauſen,
und ſicherte bald darauf den Betrieb des Hauſes durch den Ankauf jenes
Schriesheimer Zehnten aus Mitteln der Univerſität.

Seitdem war für die Unterbringung der Profeſſoren einigermaßen ge=
ſorgt. Es galt als ſelbſtverſtändlich, daß die Einzelhäuſer als Dienſtwoh=

---

[1] Merians Kupfer von 1623: N. A. d. St. Heidelbg. I, 28; Lageplan des
17. Jahrh. bei Hirſch, Von den Univerſitätsgebäuden in Heidelbg., p. 6 abgebildet;
Beſtandsaufnahme von 1688: U.A. IX, 5, Nr. 5b (= U.B. II, 1838); Thorbecke 13*,
N. 42; Theologenſchule: ibid. 94*, N. 321; Juriſtenſchule: ibid. 91*, N. 303. Eine
stuba mag. Marſilii sita in arca capelle b. virg. als Verſammlungsort der Doktoren
wird a. u. I, 57 erwähnt (1394).

[2] Vgl. Toepfe I, 674, N. 5.

[3] Hautz II, 368, Abſ. 1. Der Neubau des großen Kollegiums und (wie es nach
a. u. I, 46ᵛ ſcheint) auch einer von Konrad von Gelnhauſen geſtifteten Kapelle wurde
deshalb eingeſtellt — gegen den heftigen Widerſpruch des Marſilius von Jnghen:
a. u. I, 47.

[4] So der Bericht von 1410, Hautz II, 367, Abſ. 4 (ſtatt Hutz iſt Hircz zu leſen).

[5] Vgl. die von Thorbecke 14*, N. 43 angeführten Stellen; ferner ergibt ſich
die Lage aus U.B. I, 52³⁸⁻³⁹ im Vergleich mit der U.B. II, 123 regeſtierten Urkunde.

nungen den Doktoren der oberen Fakultäten vorbehalten blieben, während
die Artiſten im collegium oder als Leiter von Studentenalumnaten (Burfen)
unter halbklöſterlichem Zwange lebten[1]. In dieſen Häuſern mögen jetzt
auch die Vorleſungen ſtattgefunden haben; aber die Artiſten mit ihren
zahlreichen Hörern brauchten dringend ein eigenes Vorleſungsgebäude. Zu
dieſem Zweck kaufte die Univerſität 1401 ein größeres Anweſen in der
Auguſtinergaſſe von dem Bürger Hans Flaſche, das ſich „übertwerch" bis
in die Heugaſſe, gegenüber dem damaligen Marſtall der Königin, erſtreckte.
Dieſer überaus wichtige Kauf, bei dem König Ruprecht ſelber mitwirkte[2],
hat den Grundſtock des ſpäteren Hauptkomplexes der Univerſitätsgebäude
abgegeben. Schon im 15. Jahrhundert wurde die hier eingerichtete „schola
artistarum" durch Zukäufe, Aus= und Umbauten beſtändig erweitert[3]: es
entſtand nach und nach eine Art Univerſitäts=Hauptgebäude, das neben
einem großen Auditorium weitere Vorleſungsräume, einen Sitzungsraum
für den akademiſchen Senat, die älteſten Bibliotheken und ſeit den Um=
bauten des 16. Jahrhunderts auch einen größeren Disputationsſaal (Pry=
taneum genannt) enthielt; 1525 wurde dieſem Gebäudekomplex auch der
Neubau einer großen Studentenburſe angegliedert, die 1546 der Univer=
ſität inkorporiert und durch Aufnahme der Inſaſſen von zwei kleineren
Burſen erweitert wurde; ſeitdem führte ſie eine Zeit lang den Namen
„Fürſtenkolleg". Allerhand Umbauten ließen Burſe und Lehrgebäude
immer mehr zu einem Ganzen verſchmelzen; ſeit etwa 1580 ſprach man
ſchlechthin von dem „contubernium", der „Burſch" oder dem „collegium
in der Burſch", um den ganzen Komplex der Univerſitätshauptgebäude zu
bezeichnen. Auch die Verlegung des inzwiſchen längſt baufällig gewordenen

---

[1] Vgl. U.B. I, 149, Abſ. 7; ibid. Nr. 109.

[2] Seine Bedeutung iſt bisher vollſtändig verkannt worden. U.B. II, 122/23. Die
erſte Urkunde bezeugt das Wohnrecht des Verkäufers in einem der Univerſitätshäuſer
der Jüdengaſſe (ich vermute „Gumprechts" Haus, U.B. I, 52[38]), wodurch der niedrige
Kaufpreis von 160 fl. Kapitalwert erklärt wird; die zweite iſt der eigentliche Kauf=
brief. Die Überſchrift der Kopie a. u. I, 32[v] läßt keinen Zweifel, daß wir es hier mit
der „Artiſtenſchule" zu tun haben, während die ſpäte Randnotiz eines ſchlecht Orien=
tierten: „Emtio contubernii seu novae bursae 1401" (ebendort) Hautz II, 204 völlig
in die Irre geführt hat.

[3] Vgl. Thorbecke 70*, N. 180. Garten der Artiſten: U.B. II, 133. Er lag
zwiſchen Heu= und Kettengaſſe. Erweiterungsbauten 1405: a. f. a. I, 26[v]; ferner
U.B. I, 105[3]; II, 352, 410. Großes Lektorium: ibid. II, 562, ſonſt auch wohl stuba
oder schola superior genannt.

Artiſtenkollegs in der Jüdengaſſe in dieſe Gegend durch einen ſüdlich an=
ſchließenden Neubau zwiſchen Auguſtiner= und Heugaſſe wurde 1618/19
geplant, kam aber über dem Ausbruch des Krieges nicht mehr zur Aus=
führung[1]. Nimmt man hinzu, daß ſchon ſeit der Schenkung der Juden=
häuſer auch einzelne Profeſſoren in der Auguſtinergaſſe und deren nächſter
Umgebung ihre Dienſtwohnung hatten[2], daß gegenüber der Artiſtenſchule
auf der Stelle des heutigen Ludwigsplatzes das Auguſtinerkloſter lag —
der älteſte, gaſtweiſe benützte Sitz der Univerſität und ſeit der Reformation
ihr Eigentum — auf der Stelle des heutigen „alten" Kollegiengebäudes
aber eine der größten Studentenburſen des 15./16. Jahrhunderts, das
„Dionyſianum", ſo erkennt man deutlich die Tendenz des akademiſchen
Lebens, ſich aus dem finſteren Ghettoviertel mehr und mehr in die Gegend
des Auguſtinerkloſters und der kurpfälziſchen Marſtallgebäude, an die
Stadtmauer zwiſchen Diebsturm und „innerem Speierer Tor" (Durchbruch
der Hauptſtraße an der Stelle des heutigen Bankgebäudes (Ecke Ludwigs=
platz) zu verziehen. Doch blieb der Beſitz der Univerſität nicht auf dieſes
Stadtviertel beſchränkt. In allen möglichen Gaſſen, innerhalb wie außer=
halb der Mauern, beſaß, erwarb und veräußerte ſie (und ebenſo die Artiſten=
Fakultät) ſchon im Laufe des 15. Jahrhunderts einzelne Häuſer, Hofreiten,
Gärten, Weinberganteile, Bauplätze — ihren Kapitalbeſitz aus Schen=
kungen und durch Anlage finanzieller Überſchüſſe in immobilen Werten
allmählich ſtattlich vermehrend[3].

Ein erſtes Verzeichnis ihres geſamten Vermögens hat Marſilius von
Inghen ein halbes Jahr vor ſeinem Tode (im Januar 1396) aufgeſtellt[4].

[1] Vgl. Exkurs 4.

[2] U.B. I, 52: Enſichens Haus neben dem Hirſchhorner Hof (über dieſen vgl.
N. A. Heidelbg. I, 85); ibid. Similins Haus: Grundſtück des alten Profeſſorenhauſes
Ecke Auguſtinergaſſe und Hauptſtraße (heute Antiquariat Carlebach)? Es war von
Anfang an Juriſtenwohnung, ſ. Toepke I, 675 N. 5, 677 N. 2. Offenbar dasſelbe
Grundſtück erſcheint 1448, Dez. 19: ſtädt. Urkundenſammlung Nr. 402, ferner U.B. I,
162[33] u. N. A. Heidelbg. I, 143. Vgl. ferner: Toepke I, 673 N. 1; U.B. I, Nr. 53;
II, 207, 208, 394.

[3] Das iſt im einzelnen hier nicht zu verfolgen. Der Lokalforſchung mögen die
folgenden Hinweiſe dienlich ſein: U.B. I, Nr. 65; ibid. p. 78[27]; II, 200, 203, 254,
389, 393, 410, 426, 469, 505. a. f. a. II, 34[a] (5. 7. 1456), 39[v] (1. 2. 1457); 45 (1459),
56 (13. 11. 1463). K. Menzel, Regeſten 3. Geſch. Friedr. d. Siegreichen (1862),
p. 270 f. (1457).

[4] Abdruck: Toepke I, 655ff. Über die Bibliothek handelt ausführlicher Kapitel
16 III.

Es zeigt als wertvollsten Besitz die Anfänge einer Gelehrten-Bibliothek, deren Hauptmasse dem Nachlaß Konrads von Gelnhausen entstammte. Die an zweiter Stelle folgende Aufzählung der Paramente, Meßgeräte, Altar= bilder usw. der Marienkapelle läßt deutlich erkennen, mit wie dürftigen Mitteln und wie mühsam hier alles durch Leihgabe oder Schenkung zu= sammengebracht werden mußte. Was wir sodann im einzelnen über den immobilen Besitz der Hochschule erfahren, ist vor allem darum interessant, weil es die verwickelte Struktur der mittelalterlichen Eigentums= und Steuer= verhältnisse recht deutlich veranschaulicht. Die vom Kurfürsten geschenkten Judenhäuser sollten ein für allemal von der periodischen Grundsteuer (der bede) befreit bleiben (auch die Juden hatten sie ja dank ihrer besonderen Judensteuer nicht gezahlt) und auch zu außerordentlichen Auflagen (Schat= zungen) und Gestellung von landesherrlichen Frondiensten nicht heran= gezogen werden. Aber diese Steuerfreiheit galt nicht für die später erwor= benen Grundstücke[1], und sie bezog sich selbstverständlich auch nicht auf grundherrliche Abgaben, die auf den einzelnen Grundstücken lasteten. Und so sehen wir denn die Universität für das eine ihrer Häuser alljährlich ein= oder zweimal ein Zinshuhn, für das andere eine feste Summe in Geld an den oder jenen adligen Grundherrn oder Geistlichen zu Heidelberg und in der Nachbarschaft abliefern, einen Teil ihres Besitzes steuerfrei genießen, einen anderen dagegen als bürgerliches Gut versteuern, und endlich noch mit päpstlichen und bischöflichen Kollektoren sich um die Frage streiten, ob sie für die ihr gehörenden kirchlichen Pfründen zehnt= und annatenpflichtig sei. Beiden kirchlichen Finanzbehörden gegenüber scheint sie mit Hilfe des Landesherrn volle Abgabefreiheit durchgesetzt zu haben; für die Pfründen des Heiliggeiststiftes wurde ihr diese vom Papste ausdrücklich verliehen[2].

---

[1] Das verlangte die Korporation selber nicht, vgl. U.B. I, 99⁴²ff. Im übrigen f. U.B. I, 52¹⁸ und oben den Abschnitt über Steuerprivilegien.

[2] 1402 wird der Bischof von Eichstätt durch einen Abgesandten der Universität (Kanonisten) bewogen, auf die incorporatio primorum fructuum der Pfarrei zu Alt= dorf zu verzichten, a. u. I, 78ᵛ—79. Um 1406/07 riet das Gutachten eines juristi= schen Experten, nur die Annatenfreiheit der Kanonikerpfründen, nicht auch der in= korporierten Pfarreien, zu fordern, und zwar nicht durch Prozeß, sondern mit Hilfe König Ruprechts: ibid. 95a. 1407 erging ein Befehl der camera apostolica an den Kollektor der Mainzer Erzdiözese, der die Erhebung der päpstlichen Annaten von den der Universität inkorporierten beneficia ecclesiastica (ohne Unterschied) verbot: U.B. II, 165; das dort gegebene Regest ist irreführend, das Zitat bei Hautz I, 256, N. 13 in der Hauptsache richtiger. Kampf mit Wormser Kollektoren um die Freiheit

Gern möchte man sich eine exakte Vorstellung von der Höhe des jähr=
lichen Gesamteinkommens der Universität und von den Besoldungs=
verhältnissen der einzelnen Lehrstühle bilden. Offenbar haben nun die
Zahlen mit der wechselnden Ergiebigkeit der verschiedenen Einnahmequellen
einigermaßen geschwankt; immerhin lassen uns drei verschiedene Finanz=
übersichten von 1405, 1410 und 1413 wenigstens einen ungefähren Anhalt
gewinnen[1]. Sie berücksichtigen nicht die im Lauf der Jahre stetig sich ver=
mehrenden Altarbenefizien und ähnliche Stipendien, sondern nur die regel=
mäßigen Besoldungen der Hauptprofessuren. Deren Zahl ist schon zu
diesem Zeitpunkt fest begrenzt: drei (bzw. vier) Theologen, ebensoviele
Juristen, ein Mediziner und sechs oder sieben fest besoldete Artisten. Jede
Einzelbesoldung setzt sich aus zweierlei streng getrennten Bestandteilen zu=
sammen: festes Professorengehalt (stipendium) und kirchliches „Benefi=
zium", deren Zuteilung auf ganz verschiedenen Wegen, aber nach einem
bestimmten, von der Universität aufgestellten Gesamtplan erfolgt. Als
kirchliche Benefizien werden die zwölf der Universität 1398 inkorporierten
Kanonikate an auswärtigen Stiftern den ältesten Lehrern aller Fakultäten
je nach Freiwerden zugeteilt, die besten (besonders die an den Domstiftern)
regelmäßig den Theologen, die Pfarrpfründe von St. Peter und eine neu
gestiftete Predigerpfründe der Heiliggeistkirche dienen zum Unterhalt von
zwei geistlichen Universitätsmitgliedern, die außer der Priesterweihe zum
mindesten den niederen Theologengrad besitzen oder erwerben sollen. Die
Pfarreien von Altdorf und Lauda dagegen sowie die drei (später vier)
Neustädter Stiftspfründen werden nicht einzelnen Professoren übertragen;
jene werden durch Vikare (plebani, capellani) verwaltet, diese gelten kraft
päpstlicher Verfügung als „erloschen" und werden nicht mehr besetzt. Ihre
Einkünfte werden zusammen mit den Zollerträgnissen von Kaiserswerth
und Bacharach zur Aufbringung der für die Besoldung nötigen Barsummen

der Schriesheimer Pastorie vom bischöflichen Zehnten 1422: a. u. II, 62/3. Steuer=
freiheit des Heiliggeiststiftes: Bulle Martins V. vom 8. 4. 1418, U.B. II, 197. Dazu
vgl. oben S. 113, N. 5; sie befreit das Stift von der Annatenzahlung (pro mediis
fructibus) sowohl an die apostol. Kammer wie an den (bischöflichen) Ordinarius;
ähnlich schon 1399: s. U.B. I, 68 Z. 17ff. — Eine genauere Untersuchung des recht=
lichen Charakters der unserer Universität zugewandten Inkorporationen, der Verfas=
sung und Bewirtschaftung ihrer Besitzungen, wie sie für Freiburg i. Br. geleistet ist
(durch E. Pfister 1889, K. Metzger 1914 u. E. Kaier 1931), fehlt noch und kann
im Rahmen dieses Buches nicht geliefert werden.

[1] U.B. I, Nr. 60; Hautz II, 366ff.; Thoemes 13ff.

verwendet. Der halbe Schriesheimer Zehnte endlich dient zum Unter=
halt des Artistenkollegs. Nur über die Höhe der Barbesoldungen sind wir
genauer unterrichtet. Jene zwölf Kanonikerpfründen dagegen erscheinen
niemals in den Abrechnungen der Universität, da ihre Inhaber die Ein=
künfte als Mitglieder ihrer auswärtigen Stifter gewissermaßen privatim
bezogen und die Universität nur dann eingriff, wenn jene Körperschaften
sich weigerten, die ihnen präsentierten professoralen Stiftsherren aufzu=
nehmen oder sie an den Präsenzgeldern oder anderen Gefällen zu betei=
ligen[1]. Rechnet man noch die Erträgnisse der Heidelberger Pfarr= und
Predigerpfründe[2] und des von den Artisten selbständig verwalteten Schries=
heimer Zehnten ab, so verfügte die Universität um 1405 nach eigener
Schätzung über insgesamt 860 rheinische Gulden jährliche Bareinnahme
(600 fl. Zollgelder, 180 fl. Neustädter Pfründen, 80 fl. Altdorfer Pfarrei[3]);
tatsächlich betrug aber die Summe der um 1400 von ihr geleisteten baren
Gehaltszahlungen nur 528 Gulden, und in dem Statut des Heiliggeiststiftes
von 1413 wird nur ein entsprechender Barbedarf von 730 Gulden in An=
schlag gebracht; beide Male ist aber die Altdorfer Finanzquelle nicht mehr
unter die Einnahmen der Universität gerechnet. Sie war inzwischen dem
Artistenkolleg als Zulage überwiesen und wurde von diesem selbständig
verwaltet. Im Gegensatz dazu flossen die Überschüsse der Laudaer Pfarrei
der Universitätskasse zu; aber diese Quelle erschloß sich tatsächlich erst nach
dem Tode des bisherigen Stelleninhabers 1424[4] und scheint (nach mancher=
lei ärgerlichen Verhandlungen zu schließen, in denen man die Universität
als rücksichtslosen Gläubiger gegenüber jammernden, mittellosen Land=
pfarrern kennen lernt) auch dann auf längere Zeit hinaus recht unbefrie=

---

[1] Beispiele s. ob. S. 87 N. 4, dazu U.B. I, Nr. 59.

[2] Letztere brachte 1405: 90 fl.

[3] Die Aufstellung U.B. I, Nr. 60 enthält p. 99²⁴ den Rechenfehler 960 statt 950 fl.
Barbedarf für Gehälter nach Z. 21: 890 fl. Bareinnahme: 950 fl. Unklar bleibt,
wozu der Überschuß von 60 fl. dienen soll. Die Zeile 6 erwähnte Neustädter Pfründe
ist jene vierte, die Conr. v. Soest 1428 der Universität abtrat (s. ob. S. 132, N. 2).
Daß für die fünf ältesten Lehrer nicht ausdrücklich Pfründenzuweisung gefordert wird,
beruht sicherlich nur darauf, daß sie die auf S. 99 nicht aufgezählten bereits besaßen.

[4] a. u. II, 28—32. Ebendort Verhandlungen mit Pfalzgraf Otto von Pfalz=
Moßbach wegen Freigabe des Patronats. — U.B. II, 227. Für das folgende: a. u. II,
55ᵃ, 57f. U.B. II, 230. — Recht interessant ist der U.B. II, 226 zitierte Bericht Ottos
v. Stein über die Zusammensetzung der Laudaer Pfründeneinkünfte im einzelnen
(a. u. II, 29, von 1424).

digende Erträge abgeworfen zu haben. In jenen ältesten Finanzplänen wird sie naturgemäß nirgends berücksichtigt.

Die Verteilung der hiernach übrigbleibenden Bargelder kam ausschließ= lich den festbesoldeten Doktoren der oberen Fakultäten zugute, die auch geradezu als „Gehaltsempfänger" im engeren Sinne (stipendiati) be= zeichnet werden. Das „stipendium" der festbesoldeten Artisten bestand ausschließlich darin, daß sie an dem Kollegiatentisch (und damit indirekt an der Schriesheimer und Altdorfer Finanzquelle) Anteil hatten. (Daß man sie auch bei der Verteilung der Pfründen — einschließlich der Heidel= berger Prediger= und Pfarrpfründe — berücksichtigte, wurde schon erwähnt.) Die weitere Entwicklung führte sogar dahin, daß nur noch solche Artisten= magister in dem Kollegium Aufnahme fanden, die neben ihrer Lehrtätig= keit gleichzeitig einer der oberen Fakultäten als Studierende angehörten. Die Besoldung der Doktoren aber war wiederum sorgfältig abgestuft je nach der Würde ihrer Stellung: weitaus am größten natürlich die der Theologen, denen die Ordnung von 1413 je 120 Gulden zusprach, wäh= rend die Juristen nur je 80 und die Mediziner gar nur 60 Gulden beziehen sollten. Die Dekane der beiden obersten Fakultäten hatten darüber hinaus noch Anspruch auf besondere Zulagen — zugleich als Entschädigung für das Amt des Stiftsdechanten bzw. Kustos: jener erhielt im ganzen 150, dieser 120 Gulden[1]. Das sind sehr erhebliche Unterschiede. Sie verlieren aber an Bedeutung, wenn man die Abstufung der laufenden Nebenein= nahmen danebenhält. Die Juristen mit ihren oft bedeutenden Einkünften als Gutachter für auswärtige Fürsten und Städte, seit 1462 auch als Hof= richter, waren gewiß vielfach besser gestellt als die Theologen. Der Medi= ziner besaß seine ärztliche Privatpraxis, daneben gewöhnlich noch die Stelle als kurfürstlicher Leibarzt. Wir haben Grund zu glauben, daß diese beiden Einnahmequellen recht ergiebig flossen[2]. Die Artisten erfreuten sich wenig= stens besonders reichlicher Kolleggelder, während die Theologen vermutlich (überliefert ist darüber nichts) der allgemeinen Sitte folgend ihre Vor= lesungen kostenlos abhielten und jedenfalls nur auf eine verschwindend kleine Zahl von Hörern rechnen konnten. Wer zahlreiche Schüler hatte,

---

[1] Die Aufstellung von 1410 zeigt, daß dieses Gehaltssoll nicht immer erreicht wurde; man half sich in einem Fall durch Zuteilung von zwei Pfründen und erbat landesfürstliche Zulagen.

[2] W. Tenstal von Deventer und Gerhard von Hoenkerken erscheinen beide als Stifter und Erblasser von großem Reichtum: U.B. II, 200, 343; U.B. I, Nr. 111, 129.

mochte zur Not mit den Lehrhonoraren allein auskommen; das war ins=
besondere das Schicksal der jungen, unbesoldeten Artistenmagister. Für
eine artistische Vorlesung zahlte der Student je nach Länge und Schwierig=
keit 1—8 Schilling, für eine Übung jährlich drei Gulden; die juristischen
Lektionen kosteten einen bis zwei Gulden im Jahr[1] — alles nach statu=
tarisch festgelegter Taxe. Dazu kam die Möglichkeit, sich als Leiter oder
Inhaber einer Studentenburse weitere Nebeneinnahmen zu verschaffen;
sie war nur den Nichtkollegiaten gestattet und wurde in wachsendem Maße
ausgenützt. Nach alledem sah sich der im Anfang seiner Laufbahn stehende
Dozent in der Hauptsache auf die Entfaltung seiner pädagogischen und
wissenschaftlichen Talente angewiesen, während die Versorgung mit einer
festen Lebensstellung den ältern und bewährten Lehrern vorbehalten blieb
— ein im Ganzen gewiß nicht ungesundes Verhältnis; erst die übermäßige
Vermehrung der Magisterpromotionen und des akademischen Nachwuchses
— etwa seit der Mitte des 15. Jahrhunderts — schuf allmählich eine wach=
sende Enge des Nahrungsspielraumes für die Anfänger und im Gefolge
davon eine Reihe höchst unerfreulicher Erscheinungen des Konkurrenz=
kampfes und Brotneides.

Schwierig ist es, diese mittelalterlichen Professorengehälter mit den
modernen zu vergleichen. Es fehlt an einem brauchbaren, auf alle Lebens=
bedürfnisse gleichmäßig anwendbaren Maßstab für den damaligen und
heutigen Kaufwert des Geldes. Im ganzen aber wird man wohl sagen
dürfen, daß wenigstens die bestbesoldeten Theologen und Juristen seit den
Tagen König Ruprechts annähernd auf dieselbe Höhe der Lebenshaltung
gebracht waren — oder doch nicht viel darunter —, die ein mittleres deut=
sches Professorengehalt fünfhundert Jahre später seinem Empfänger er=
möglichte. Das gilt vor allem dann, wenn man berücksichtigt, daß in der
älteren Zeit sämtliche Universitätslehrer unverheiratet waren und wenn
man zu den reinen Geldbezügen[2] den Wert verschiedener Sondervergünsti=

---

[1] U.B. I, 42 (um 1390); 133[29] (1434); 147 (1442); a. f. a. II, 29[a] (1455);
III, 7—8. Juristen: ibid. 26—28. Ein rheinischer Gulden gilt damals gleich 16 Schil=
ling (die in der ältesten Zeit mit „grossi antiqui" gleichgesetzt werden). Übersichtliche
Darstellung des damaligen Münzwesens in der Pfalz: N. A. Stadt Heidelbg. II, 179ff.,
fußend 3. T. auf den Aktenmitteilungen Mones, Z.G.O. IIIff. Vgl. auch Toepkes
Zusammenstellung: I, p. LIV, N. 5. — Kolleggeld der Artisten: Thorbecke 73*,
N. 201.

[2] Nehmen wir als Durchschnittsertrag der 12 Kanonikerpfründen sehr vorsichtig
nur 50 fl. an, so ergibt sich als Höchsteinkommen i. J. 1413: 150 + 50 = 200 fl.;

gungen hinzurechnet: freie Dienstwohnung, Steuerfreiheit, Verbilligung
der Lebensmittel durch Wegfall der Akzise (besonders für den großen Wein=
konsum!) und endlich in gewissen, nicht näher abzugrenzenden Fällen freie
Kleidung und andere kurfürstliche Sonderzulagen[1]. Nicht unbeträchtlich
waren auch die Zuschüsse, die Rektor und Dekane von Amts wegen bezogen.
Jener erhielt ein Drittel aller von ihm eingezogenen Immatrikulations=
und Siegelgebühren sowie ein Drittel bzw. die Hälfte der eingehenden
Strafgelder — das machte durchschnittlich allein von den Matrikelgebühren
8 Gulden[2]. Dem Artistendekan stand ein verdoppeltes Präsenzgeld bei den
Disputationen, ferner die Hälfte (bzw. ein Drittel) der von ihm für Un=
regelmäßigkeiten im Lehrbetrieb verhängten Bußen und ein Achtel der
Promotionsgebühr zu, die in allen Fakultäten einen Gulden für den ein=
fachen Bakkalar, zwei bis zweieinhalb für den Lizentiaten (und theologi=
schen „Sententiar") betrug[3]. Der Rest dieser Gefälle floß in die Kasse der
Korporation und bildete — zusammen mit Rezeptionsgebühren und pflicht=
mäßigen Beiträgen der Promovierten zum Baufonds der Fakultät — deren
wichtigste regelmäßige Einnahmequelle.

Von irgendwelchem Wohlstand der akademischen Korporation kann nach
alledem — trotz aller Inkorporationen und Privilegien gewiß nicht die
Rede sein: in Heidelberg sowenig wie anderwärts in Deutschland. Die
deutschen Universitäten, diese Spätlinge am Baum der mittelalterlichen
Kirche, mußten vorliebnehmen mit dem, was ältere und mächtigere Kor=
porationen ihnen von den nährenden Kräften des kirchlichen Kapitalbesitzes

rechnet man den Geldwert des rhein. Guldens mit 7 Goldmark, den Kaufwert im
Vergleich von 1413:1913 = 5:1, so ergibt sich die Summe von 7000 Goldmark (für
den Mediziner entsprechend 3850.—M.). Bestimmung des Kaufwertes nach d'Avenel
(bei Schmoller, Grundriß II, 164) und Fr. Eulenburg, Zs. f. Sozial= u. Wirtsch.=
Gesch. III, 452/53. Über Preise des 15. Jhd.s vgl.: Falke, Jbb. f. Nat.=Ök. u. Sta=
tistik XIII, 364ff. — Keller, ibid. XXXIV, 181ff., ferner Chronik des Burkard Zink
in: Chroniken dtsch. Städte, Augsburg II, 422 u. 437.

[1] U.B. II, 202.

[2] Scharnke 77. Dazu U.B. I, 55⁵, 19⁷, 58³⁰, 146³⁶, 148²¹.

[3] U.B. I, 42, 36¹⁴, 152³⁵, 154³⁵; 20f., 26f., 35, 40. Dazu Thorbecke 77*,
N. 231/32. Rezeptionsgebühren: ibid. 57*, N. 120. — Die Pedellen wurden durch
Sondergebühren der Immatrikulierten, Promovierten und Rezipierten unterhalten.
Von einer Verteilung der Promotionsgelder unter die Fakultätsmitglieder, wie in
Leipzig (Kaufmann II, 307), ist in Heidelberg nirgends die Rede. Über die weit
höheren Besoldungen italienischer Juristen vgl. von Schulte, Gesch. d. Qu. u. Lit.
d. kan. Rechts II, 460.

zu überlassen gezwungen wurden. Anderseits aber wäre es doch falsch
(wie es nicht selten geschieht), die zahllosen Wehklagen der Magister allzu
wörtlich zu nehmen und von Armut oder Dürftigkeit zu reden. Zumindest
in den oberen Fakultäten bestand im 15. Jahrhundert kein eigentlicher
Mangel. Schon mit 20 Gulden konnte sich damals ein Student auskömm=
lich ein ganzes Jahr durchbringen; erst wer weniger als 12 Gulden bezog,
galt als arm. Wer ein bürgerliches Vermögen von 400 Gulden und dar=
über besaß, gehörte in Heidelberg zur höchstbesteuerten Klasse der reichen
Leute[1]. Die Magister genossen also wohl ohne Einschränkung das, was für
die Bedürfnisse ihrer klerikalen Lebensführung nach den herrschenden Be=
griffen der Zeit unentbehrlich war; freilich auch nichts darüber hinaus.
Drei, vier Menschenalter später erschienen deshalb — trotz sinkender Waren=
preise — dieselben Summen ihren Nachfolgern als völlig unzureichend.
Und schon jetzt machte jede außerordentliche Ausgabe — für den Unter=
halt eines Rotulus = oder Konzilsgesandten, für größere Neubauten und
dergleichen — die größten Schwierigkeiten im Finanzplan der Universität
wie im Haushalt des einzelnen. Die Lebensweise zumal der Artisten
werden wir uns sehr einfach vorzustellen haben. Es hat seinen eigenen
Humor, wenn die Statuten des Artistenkollegs den Magistern das Betreten
der gemeinsamen Küche besonders um die Essenszeit verbieten, die Ver=
wahrung der Schlüssel zur Vorratskammer aufs sorgsamste regeln müssen
und dreitägige oder gar wöchentliche Ausschließung von den gemeinsamen
Mahlzeiten als Strafe verwenden[2]. Je eintöniger und ärmlicher diese Mahl=
zeiten gewöhnlich ausfielen, um so mehr war man auf Leckereien und
Examensschmäuse auf Kosten der Promovenden, der neu rezipierten, von
auswärts kommenden Graduierten oder der Fakultätskasse aus. Zu einer
regelrechten Prüfung gehörten tägliche „Erfrischungen" von Käse, Brot
und ein paar Maß Wein, gehörte in der ältesten Zeit die Einladung aller

---

[1] Vgl. U.B. I, 167[1]ff. Eulenburg, Zs. f. Soz. Gesch. III, 457. — Die von
Paulsen, H.3. 45, 433 errechnete Spannung zwischen dem Durchschnittseinkommen
eines Studenten und Handarbeiters und dem eines Professors ist für Heidelberg offen=
bar zu niedrig angesetzt.

[2] U.B. I, p. 109, 111. Für das folgende f. Zusammenstellung der Belege bei
Scharnke 83ff., f. auch Thorbecke 57*, N. 120. Die Artisten lieferten den Prüfenden
den nötigen Trunk während der Prüfung auf Kosten der Fakultätskasse; nach der
Promotion dagegen waren convivia auf Kosten der Promovierten selbstverständlich:
U.B. I, 43, letzter Abf.; ibid. Nr. 79 u. p. 184[1]ff. Die Schmauserei wurde später er=
weitert, das Bad dagegen verboten: Thorbecke 57*, N. 219.

Examinatoren zum Bade mit nachfolgendem Gastmahl. Dem Stellver=
treter des Kanzlers, hochgestellten Gästen und Besuchern kredenzte man
Malvasier und Zuckerwerk, mit dem die Prüflinge aber auch gegenüber den
Magistern nicht sparen durften. Jede Magisterpromotion der Artisten endete
mit einem großen Festschmaus, dem „prandium Aristotelis", und vollends
in den oberen Fakultäten erforderten die entsprechenden Festlichkeiten einen
Geldaufwand, der den Erwerb des Doktorgrades für Unbegüterte immer
unerschwinglicher machte. Vergeblich kämpften die Statuten gegen solche
Auswüchse an; zumal in der zweiten Hälfte des 15. Jahrhunderts macht
sich die allgemeine Entartung der akademischen Sitten auch in diesen
Dingen geltend. Am üppigsten bei den Juristen, unter denen viele Adlige
und reiche Bürgersöhne studierten. Geschenke von Handschuhen und Biret=
ten an die Examinatoren wurden allgemein üblich; Doktorschmäuse von
nur 40 Teilnehmern und nicht mehr als 3000 Schilling (etwa 200 bis
220 Gulden) Kosten galten als bescheiden und ordnungsgemäß — alles
Kennzeichen eines wachsenden Luxus, einer zunehmenden Abkehr von der
alten, mönchisch=asketischen Einfachheit des akademischen Lebens.

Als ärgster Mangel des Besoldungswesens der mittelalterlichen Hoch=
schule erscheint uns heute — abgesehen von dem beständigen Schwanken
der Einkünfte — die zeitraubende Umständlichkeit seiner Verwaltung durch
die Dozenten selber. Eben dies aber gehörte unablösbar zum Wesen der
„akademischen Freiheit" bis in den Beginn des vorigen Jahrhunderts:
sie ruhte durchaus auf der finanziellen Unabhängigkeit der Korporation.
Eine fast restlose Abhängigkeit von den staatlichen Kassen, wie sie heute
besteht, hätten jene Zeiten als unerträglich empfunden. Ihnen war dafür
der beständige Mangel an „Zeit" — die charakteristische Unrast des modernen
Gelehrten — noch ein völlig unbekannter Begriff. Mit welcher behaglichen
Sorgfalt widmete sich der mittelalterliche Professor der Sicherung seiner
Pfründe und seiner Gehaltsbezüge! Neun Zehntel alles schriftlichen Nach=
lasses der älteren Jahrhunderte sind von diesen Dingen erfüllt. Wie hätte
es auch anders sein können? Jede der verschiedenen Einnahmequellen er=
forderte ihre besondere Verwaltung.

Die Einziehung der Rheinzoll=Anteile war Sache der damit besoldeten
Doktoren (stipendiati). Zu diesem Zweck ließen sie den Zollschreibern von
Bacharach und Kaiserswerth regelmäßig beim Amtswechsel durch Dele=
gierte ein eidliches Treuversprechen abnehmen. Für den Verkehr mit der
weit entfernten Zollstätte zu Kaiserswerth wurde außerdem ein dortiger

Bürger als Vertrauensmann (wartspfennig) bestellt, vereidigt und besol=
det[1], ebenso ein Neustädter Kanoniker für die dortigen Einkünfte. Die
Verwaltung aller auf diesem Wege einkommenden Gelder führte einer
der Doktoren als „Prokurator". Alle zwei bis drei Jahre legte er Abrech=
nung vor — sehr bemerkenswerterweise nicht den „Stipendiaten" selbst,
sondern (seit 1413) zwei kurfürstlichen Regierungsbeamten, die ihm förm=
lich Entlastung erteilten: die Oberaufsicht behielt sich also die Landes=
obrigkeit doch sehr nachdrücklich vor.

Erheblich mühsamer war die Finanzverwaltung des Artistenkollegs.
Da war zunächst das Erträgnis des halben Zehnten zu Schriesheim all=
jährlich vorteilhaft zu verpachten; gingen keine befriedigenden Angebote
von den Schriesheimer Bauern ein, so mußte der Propst des Kollegs auf
gemieteten Fuhrwerken den Zehnten in natura selber einsammeln lassen.
Die dazugehörige, durch einen Vikar zu besetzende Pfarrei von Schries=
heim brachte zwar weitere Einnahmen, aber auch mancherlei Verwaltungs=
arbeit, Rechtsstreitigkeiten, Bauaufgaben u. dgl. Weitaus die meisten
Schwierigkeiten aber entstanden durch den Besitz der weitentlegenen Alt=
dorfer Pfarrei. Die Klagen über mangelhafte Zahlungen des die Stelle
für einen Hungerlohn verwaltenden Plebans wollten auch hier nicht
enden; ebensowenig die Reibungen mit geistlichen und weltlichen Be=
hörden aller Art, deren Erledigung nicht selten weite und kostspielige Reisen
beauftragter Anwälte der Fakultät erforderte[2]. Es ging damit genau so

---

[1] Er hatte bei jedem Kassensturz zu erscheinen, den Zollanteil der Universität
(in Kaiserswerth ungefähr 5% nach einem ziemlich verwickelten Rechnungsverfahren,
in Bacharach 4% der Gesamteinnahme) zu erheben und in vierteljährlichen Raten für
einen Vertrauensmann der Universität in einer bestimmten Kölner Herberge zu hinter=
legen, wohin er auch alljährlich Abrechnung schicken sollte. S. Rechnungsbuch der
Stipendiaten (U.A. I, 3, 34 = cod. Heid. 358, 60) fol. 1—8 und 59ᵛ — auch für das
folgende. — Ibid. fol. 60ff. ein Schlüssel zur Verteilung der Einkünfte von Bacharach,
Kaiserswerth und Neustadt auf die sieben Lehrstühle. Er enthält alle möglichen Unter=
teilungen der beiden Summen: 730 und 438 fl. Jene entspricht der Gesamtsumme
an Doktorstipendien, die das Statut von 1413 festsetzte; die Bedeutung der Zahl 438 fl.
ist mir unklar (Gehaltszahlung aus den Zöllen allein?). Die Abrechnungen fol. 3ff.
(vgl. auch U.B. II, 224, 235) zeigen, daß um 1430 tatsächlich jährlich 730 fl. (oder
doch annähernd diese Summe) an Gehältern gezahlt wurden. — Vgl. auch H. Flied=
ner, Die Rheinzölle d. Kurpfalz am Mittelrhein. Westdt. Zf., Ergänz.=Heft XV, bes.
S. 29, 100, 115.
[2] Akten des Artistenkollegs (U.A. I, 3, Nr. 32) u. der fac. art. Über die Formen
der Einsetzung des Vikars vgl. Toepke I, p. XLIII u. 653, N. 3 und U.B. II, 227.

wie mit der Verwaltung der Laudaer Pfarrei durch die Universität: um den regelmäßigen Eingang ihrer Einkünfte zu sichern, mußten sich die Professoren um das Erträgnis und um die Bestellung von Weinbergen, Äckern und Wiesen, um die Pfarrhausbauten und das Schulwesen ihrer zinspflichtigen Pfarrsprengel ebensosehr bekümmern, wie um den sittlichen Lebenswandel der von ihnen eingesetzten Vikare.

Eine abschließende Regelung erfuhr die Finanzverwaltung der Universität durch die Begründung des Heiliggeist=Stiftes. Vorbereitet — wir hörten es schon — seit 1398[1], wurde sie doch erst durch Ludwig III. 1413 förmlich vollzogen. Die ursprüngliche Zahl von zwölf Kanonikaten (je drei für die theologische, juristische und artistische, eines für die medizinische Fakultät, dazu die Pfarr= und Predigerstelle) wurde schon 1418 durch die Stiftung einer eigenen (dreizehnten) Dekanatspfründe erweitert; in demselben Jahre gab sich das Stift ausführliche Statuten[2]. Fast alle Neugründungen von Universitäten in Deutschland wurden damals an ein kirchliches Stift angelehnt, um ihnen dadurch einen festen finanziellen Rückhalt zu geben. Für Kurpfalz bedeutete das Heiliggeiststift aber doch mehr. Es gehörte zu dem politischen Ehrgeiz der Pfalzgrafen, in ihrer Residenz eine stattliche Stiftskirche — zugleich als Begräbnisstätte des regierenden Hauses — zu besitzen: dem Glanz der jungen Königskrone sollte der stattliche Neubau des Gotteshauses entsprechen, den König Ruprecht 1400 begann. Für die Universität bedeutete die Stiftsgründung zugleich eine Verstärkung ihres geistlichen Charakters; sie genoß seitdem einen Anteil an den Früchten des frommen Eifers um das Seelenheil, der in wachsendem Maß den Altären und Reliquien der Heidelberger Hauptkirche sich zuwandte[3], übernahm dafür aber auch die Lasten des geistlichen Amtes, ins=

Beispiel der ewigen Streitereien mit den Diözesanbischöfen von Würzburg und Eichstätt: U.B. II, 357/58, 437.

[1] S. U.B. II, 109, 112, 115, 116, 145, 146, 147, 153, 172.

[2] Gründung 1413: U.B. II, 182/84; dazu Thoemes, a. a. O. Erweiterung 1418: U.B. I, Nr. 77, 78; II, 195/97, dazu 254. Die Statuten benutzte ich in einer Abschrift Thorbeckes.

[3] Zahlreiche Nachrichten darüber in den Karlsruher Copialbüchern. U. a. wurden dem Stifte danach 1413 (12. Nov.) 250 fl. von dem Zoll zu Caub verschrieben, 1414 das Patronatsrecht über die Pfarrkirche zu Wolfsheim übertragen (Copialbuch 525ª, fol. 181ᵛ, 183). In den Abrechnungen der Universität erscheinen diese Einkünfte aber nicht; offenbar dienten sie also für Präsenzgelder und andere Finanzbedürfnisse des Stifts. — Ein Kapitelhaus, zugleich Dekanswohnung, erbaute Ludwig III. 1431: U.B. II, 254.

besondere des Chordienstes. Merkwürdig ist es, in den Statuten zu ver=
folgen, wie man diese Pflichten mit denen des akademischen Lehramtes
vereinigte. Den täglichen Chordienst besorgten zwölf Kapläne (Vikare),
nur teilweise Universitätsmitglieder und akademische Graduierte, nicht
lesende Magister; denn schon die regelmäßige Absingung der Horen er=
laubte keine akademische Lehrtätigkeit im Nebenamt. Ihre Versorgung
war durch verschiedene Altarbenefizien und die vom Stift verteilten täg=
lichen Präsenzgelder gesichert. Grundsätzlich blieben auch die Kanoniker
zum Chordienst verpflichtet; praktisch sollte es aber genügen, wenn sie an
den Hauptfesten des Jahres zur Matutin erschienen, und auch da galt
Verhinderung durch akademische Geschäfte bzw. Predigt oder Seelsorge als
hinreichende Entschuldigung. Wer zur Stunde des Chordienstes in dieser
Weise amtlich verhindert war, sollte gleichwohl an den „Präsenzgeldern"
teilhaben; es erwies sich sogar als nötig, die Präsenzgelder ausdrücklich
demjenigen zu verweigern (und zwar gleich für drei Male), der um ihret=
willen seine pflichtmäßigen Lektionen im Stiche ließ. Eine umfangreiche
geistliche Amtsverpflichtung lag nur auf den Schultern des Stiftsdechanten,
des Stiftspfarrers und Stiftspredigers. Der Dechant, zugleich das Ober=
haupt der theologischen Fakultät, mußte als der weitaus angesehenste aller
Heidelberger Kleriker gelten. Alle feierlichen Messen an den hohen Fest=
tagen in der Hauptkirche las er persönlich. Er hielt die Exequien und
Gedächtnisfeiern für weltliche und geistliche Fürstlichkeiten, führte die Auf=
sicht über die gottesdienstliche Ordnung, leitete die Tätigkeit der Kapläne
und Ministranten und besaß die geistliche Strafgewalt sogar über die
Kanoniker des Stiftes, deren Siegel er führte und denen er Urlaub zu er=
teilen hatte.

Besonders wichtig wurde die Einrichtung des Stiftes für die Regelung
des Berufungswesens der Universität. Denn die Besetzung der zwölf
wichtigsten Lehrstühle vollzog sich fortan in der Form einer Selbstergänzung
des Kapitels. Alle in Frage kommenden Instanzen wirkten dabei mit: die
Fakultät machte einen geeigneten Bewerber namhaft, die Vollversammlung
aller Graduierten der Universität wählte ihn mit Stimmenmehrheit und
schlug ihn zur Nomination an den Kurfürsten vor; dieser präsentierte ihn
dem Kapitel, das ihn dann in seine Gemeinschaft aufnahm und in seine
Pfründe einwies. Mit scharfen Bestimmungen suchte die Universität die
Freiheit ihrer Wahl zu schützen: sie verbot die Bewerbung um erledigte
Pfründen durch Vermittlung außerakademischer, mächtiger Gönner, deren

Wünsche ihr ohnedies bei der Besetzung nichtakademischer Vikarstellen viel
Not machten. Grundsätzlich wurden Anwärter aus der eigenen Korporation
bevorzugt, auch wenn sie statt des Doktorranges nur den Lizentiatengrad
besaßen — wofern sie nur die fehlende Promotion innerhalb eines Jahres
nachzuholen versprachen. Berufungen von auswärts waren ausdrücklich
gestattet, kamen aber — abgesehen von den ersten Jahrzehnten — kaum
noch vor; statt dessen wurde es üblich, daß der Kurfürst einzelnen talent=
vollen Magistern die Mittel gab, sich im Kaiserrecht oder der Medizin auf
italienischen Hochschulen auszubilden[1].

Der Empfang klerikaler Weihen war nach alledem für die Inhaber der
besoldeten Lehrstühle selbstverständlich, ebenso der Priestercharakter für den
Dechanten, Prediger, Pfarrer und die Benefiziaten der verschiedenen
Altarbenefizien. Daß ein Magister zum mindesten unverheiratet sein müsse,
hielten nur die Artisten für nötig, ausdrücklich in ihre Promotionsbestim=
mungen aufzunehmen; vereinzelte Ausnahmen kamen freilich schon seit
1420 vor[2]. Dagegen bestand keine Vorschrift für die unbesoldeten Magister,
irgendwelche Klerikerweihen zu nehmen. Daß ihr Leben wenigstens einen
äußerlich klerikalen Anstrich gewann, dafür sorgten auch ohnedies die
Lebensordnungen des Kollegiums und der verschiedenen Bursen, auf
die wir zum Schluß dieser Betrachtungen noch einen Blick werfen müssen.

Wie die gesamte äußere Einrichtung der Hochschule, so fand auch die
Ordnung des Artistenkollegs erst unter Ludwig III. ihren Abschluß. Sehr
anschaulich lassen uns die von ihm erneuerten und festgelegten Statuten
in das tägliche Leben und Treiben der Kollegiaten hineinblicken. Alle Last
der Verwaltung, aber auch die Sorge für die Autorität der Statuten ruht
auf dem jährlich neugewählten Propst; man sieht deutlich, wie schwer es
ihm trotz aller Strafgewalt wurde, die Untugenden seiner Kollegen not=
dürftig im Zaum zu halten: das Mitbringen zweifelhafter Frauenspersonen
zu verhindern[3], die ewigen Zänkereien zu schlichten, bei Tisch Stillschweigen

---

[1] Thoemes, p. 15. U.B. I, Nr. 56; ibid. 148[9]ff., 149[8]ff. Beispiele der Stellen=
besetzung: a. u. II, 74[v], 75. Besetzung der Altarbenefizien: U.B. I, Nr. 67.

[2] Thorbecke 93, N. 224; Toepke II, 401. Dazu U.B. I, 39[5]. Einem 1398 ver=
sehentlich promovierten Verheirateten wurde von den Artisten der Zutritt zum
Fakultätsrat verweigert: Toepke II, 364. — Während in Paris nicht einmal die
Theologen sämtlich Priester waren (vgl. den Rotulus von 1387, Chartul. III, 446),
verlangten die Erfurter, daß jeder Dr. th. Priester, jeder bacc. th. mindestens acco=
lithus sei (Statuten in: Gesch.=Qu. d. Prov. Sachsen VIII, 2, p. 52, § 36).

[3] „Millesies factum est", bemerkt eine Randnotiz U.B. I, Nr. 76, dazu die

und Aufmerksamkeit für die üblichen Vorlesungen aus der Bibel zu er=
zwingen, die lärmenden Zechgelage mit Studenten und andern Freunden,
das Würfelspiel um Geld und ähnliche Ausschweifungen wenigstens ein=
zudämmen. Den Haushalt versahen die Magister — nach echter Kasernen=
sitte — der Reihe nach im Wochendienst; doch standen ihnen ein Koch
und (wohl studentische) Famuli zur Verfügung; auch eine weibliche Wirt=
schaftshilfe scheint später in diesen Männerhaushalt eingedrungen zu sein.
Bis zu der großen Neuordnung der Universität durch Friedrich I. blieb die
Aufnahme ausschließlich den Artisten vorbehalten; den Insassen war außer
den „artes" nur das Studium der Theologie erlaubt, soweit es sich mit
der artistischen Lehrtätigkeit vereinbaren ließ; wer aber zum Doktor der
Theologie promovierte, hatte auszuscheiden.

Ähnliche Einrichtungen für die Studenten — nach dem wöchentlich zu
entrichtenden Pensionsgeld (bursa) „Bursen" genannt — müssen in Heidel=
berg schon sehr früh begründet worden sein. Schon zu Anfang 1388 rechnen
die Statuten mit dem Bestehen mehrerer derartiger Studentenhäuser: ver=
mutlich privaten Unternehmungen einzelner Magister[1], wie sie dann im
Laufe des 15. Jahrhunderts häufig erwähnt werden, ohne daß sich über
ihre (zweifellos wechselnde) Zahl etwas ausmachen ließe. Seit langem
galt ihre Einrichtung als unentbehrliche Ergänzung der akademischen Unter=
richts=Organisation: hier wurde schulmäßig eingepaukt, was die Vorlesun=
gen als toten Stoff darboten, die Disputationen als festen Wissensschatz
voraussetzten. Erst seit der Mitte des 15. Jahrhunderts treten mehrere
Bursen von halboffiziellem Charakter deutlicher hervor: als Stammsitze
der damals sich organisierenden artistischen Parteien[2]. Die Universität als
solche verwaltete nur ein Studentenhaus, jedoch ohne eigentlich bursalen
Charakter: das für unbemittelte Scholaren bestimmte „Armenkolleg" —

Akten: U.A. I, 3, Nr. 32. Leider enthalten die „Statuten" des Kollegs kein Wort
über die Art der Besetzung der Kollegiatstellen. Nach U.B. I, p. 150, 3. 15 ff. scheint
es, daß der Landesherr nur zu bestimmten Zeiten (temporibus suis) das Präsentations=
recht besaß. Friedrich I. dagegen spricht 1452 kurzerhand von „dem collegio das . . .
wir zu lihen haben." (U.B. I, 163, 3. 46), und die Artistenfakultät erkennt an, daß er
rechtmäßig über die Besetzung der Stellen verfügen könne, freilich nicht über die
collacio beneficiorum der Kollegiaten (Mosbacher, Wormser Pfründe usw.): Beschluß
von 1452, 18. 6., a. f. a. II, 20ᵛ.

[1] U.B. I, Nr. 25. Vgl. auch Nr. 35; Hautz II, 332, Abf. 2.

[2] S. darüber Kap. 16, II! Was Hautz I, 203/07 mitteilt, ist gänzlich verworren
und teilweise geradezu unsinnig.

später (wohl seit 1452) nach seinem Schutzheiligen „collegium Dionysianum" genannt — die Stiftung eines reichen Gönners, des Mainzer Stifts-
scholasters Gerlach von Homburg. Das im Jahre 1396 für diesen Zweck ge-
schenkte Haus lag unmittelbar am Turm des Mitteltors, in dem heute verschwundenen „kleinen Augustinergäßlein¹". Die Anstalt wurde im 16. Jahrhundert zu einem der größten Universitätsinstitute; auf ihren Grund-
mauern erhebt sich ein Teil des heutigen Universitätshauptgebäudes. In
den ersten Jahrzehnten des 15. Jahrhunderts scheint sie noch gar nicht ins
Leben getreten zu sein; ein 1435 auf Anregung der kurfürstlichen Regierung unternommener Versuch, die Burse mit zwölf Scholaren unter einem
Regenten in Gang zu bringen, scheiterte bereits nach ein paar Monaten:
anscheinend wegen Baufälligkeit des Hauses und Mangel an Betriebs-
mitteln. Auch hier blieb es der tatkräftigen Epoche Friedrichs I. vorbehalten,
aus dürftigen Anfängen etwas Lebensfähiges neu zu schaffen.

---

¹ „Ein Rest davon existiert noch heute in der kleinen Sackgasse, welche sich von
der Hauptstraße zwischen den Häusern Nr. 128 u. 130 bis an ein Hoftor der Universität zieht." (N. A. G. St. Heidelbg. I, 155.) — Stiftung Gerlachs: U.B. I, Nr. 40;
dazu U.B. II, 84, 86. Über Gerlach vgl. oben S. 88, N. 2. Die Häuserschenkung
des Colinus vom 24. 3. 1401 — U.B. I, Nr. 53 — hat mit der „Armenburse" nichts
zu tun. Das dort genannte Haus stieß nach U.B. I, 79⁴⁵ mit irgendwelchen Neben-
gebäuden an den Heumarkt, lag also nördlich, nicht südlich der Hauptstraße. Colinus
(der Name bezeichnet zwei verschiedene, sehr freigebige Gönner der Universität um
1395, vgl. Toepke I, 663, N. 1, 685, dazu U.B. II, 30, 31, 43, 120, 124, 125) wurde
aber schon 1452 mit Gerlach verwechselt, vgl. U.B. I, 166⁷. Dadurch ist große Verwirrung in der Literatur entstanden. — Versuch 1435: a. u. II, 127—130. Neuer
Versuch Ludwigs III. 1436: a. u. II, 135ª, s. unten Exkurs 10! Vgl. auch U.B. II, 274.
Das Haus wurde vermietet. Es war vorher zeitweise von magister Rysen bewohnt;
daher trägt die Burse auch wohl den Namen domus Ryesen: U.B. II, 273.

III. Abschnitt. Lehrverfassung und Lehrmethoden.

Man pflegt das eigentliche Kennzeichen der mittelalterlichen Scholastik darin zu erblicken, daß sie, gebunden an feststehende Prinzipien und Autoritäten, statt selbstständiger Wahrheitssuche nur die schulmäßige Weitergabe und Einübung dogmatisch festgelegter Lehrsätze betrieben habe. Wäre diese Charakteristik (die schon ihr Gegner Roger Bacon und später Nicolaus Cusanus in dieser Art formulierte), allgemein zutreffend und ausreichend, so müßte man sich jedenfalls hüten, das Ganze der mittelalterlichen Wissenschaft ohne weiteres als „Scholastik" zu bezeichnen. Oder wollte jemand den großartigen Fortschritt wissenschaftlichen Denkens leugnen, der in den theologisch-philosophischen Systemen von Anselm über Abälard, Alexander von Hales, Albert, Thomas, Bonaventura, Duns bis zu Wilhelm von Ockham und seiner Schule vollzogen wurde? Gibt es tiefergreifende philosophische Gegensätze als die zwischen platonisierendem Realismus und empirisierendem Nominalismus, zwischen rational-kontemplativer und willensmäßig-aktivistischer Weltauffassung — um ganz zu schweigen von geistigen Strömungen außerhalb der herrschenden Schultraditionen: von atomistischen, neuplatonisch-mystischen und verwandten Geistesrichtungen halb heidnischer Färbung? Schließlich: Was bedeutete doch als denkerische Leistung die Schöpfung eines wissenschaftlich durchdachten Kirchenrechts und die Erneuerung der spätantiken Jurisprudenz! Freilich: all dies wissenschaftliche Treiben mitsamt seinen Gegensätzen und Spannungen entwickelt sich auf dem Boden der hellenisch-römischen Kulturtradition und ist überwölbt von dem Himmel einer allen gemeinsamen, verpflichtenden Deutung der letzten Gründe alles Seins, der letzten Bestimmung des Menschen: vom Dogma der christlichen Kirche. Aber statt zum Hindernis, wird diese doppelte Gebundenheit zunächst gerade umgekehrt zum Antrieb des geistigen Fortschritts. Gewiß ist es ein Leichtes, zu den meisten — wenn nicht zu allen — philosophischen Gegensätzen des Mittelalters Vorbilder oder wenigstens Analogien in der Antike zu finden. Die Eigentümlichkeit nicht nur der mittelalterlichen, sondern auch der gesamten nachfolgenden

Geistesgeschichte des Abendlandes ist eben aufs stärkste dadurch bestimmt, daß sie sich nicht auf jungfräulichem Boden erhebt, sondern auf den Trümmern einer alten, reifen, bereits abgelaufenen Kulturentwicklung[1]. Dennoch ist sie weit mehr als ein bloßer Lernprozeß, mehr als die stufenweise Aneignung immer neu zuströmender antiker Wissensschätze. Die eigentliche geschichtliche Leistung der „Scholastik" besteht darin, daß sie das geistige Erbe der Antike, soweit es ihr bereits zugänglich war, mit unerhörter Energie mit den Ideen des christlichen Dogmas durchtränkt hat. Alle Wissenschaft erwächst geschichtlich aus der Spannung zwischen dem mythischen Weltbild der Religion und den rationalen Einsichten der menschlichen Vernunft: aus dem Kampf, aus dem Widerspruch also, der dann fortwirkend das Wesen ihrer ewigen Bewegung bildet. Und wenn es insbesondere die wesentliche Aufgabe der Philosophie ist, das unmittelbare, durch keine Wissenschaft jemals ganz zerstörbare Bewußtsein des Menschen von der Geltung überrationaler Werte und Wirklichkeiten mit den abstrakt begrifflichen Einsichten des Intellekts auseinanderzusetzen, so ist die Leistung der großen mittelalterlichen „Scholastiker" wahrlich echte Philosophie gewesen. Wie sie den Intellektualismus der überlieferten hellenischen Wissenschaft mit der tiefen Innerlichkeit der christlichen Religion versöhnt und verschmolzen haben — wie sie die Härte und Klarheit römischer Rechtsbegriffe für den organisatorischen Aufbau der christlichen Kirche und der christlichen Gesellschaft überhaupt fruchtbar zu machen verstanden —, das hat zu einem ganz wesentlichen Teil die Eigenart noch des modernen abendländischen Denkens mitbestimmt. Soviel die „Scholastiker" dabei von spätantiken Vorbildern der patristischen Zeit, Augustin zumal, gelernt und übernommen haben: das Ganze ihrer Leistung war doch eine Neuschöpfung aus dem hoffnungsvollen Geiste einer jugendlichen, aufstrebenden Geschichtsepoche, weit entfernt von der resignierten Grundstimmung der Spätantike.

Ungestraft freilich geschah es nicht, daß sie die fertigen Denkformen einer späten Zivilisation übernahmen und mit einer naiven Freude damit hantierten, als besäßen sie schon in diesen Formen die ganze Fülle der Weisheit selbst. Überraschend früh beginnt, was bloßes Werkzeug sein sollte, sich selbständig zu machen, eigenes, wucherndes Leben zu gewinnen. Die Fechterkünste der aristotelischen Dialektik, zuerst überliefert in der geistlos gewordenen Form spätantiker Schulbücher, später in äußerst verderbten, kaum ver-

---

[1] Über das Herauswachsen des mittelalterlich-christlichen Bildungswesens aus dem spätantiken vgl. v. Schubert in der Gotheinfestschrift 1923.

ständlichen Übersetzungen der Originale, erzeugen ein geistiges Virtuosen=
tum, das früh entartet. Was im ursprünglichen Zusammenhang eines ge=
schlossenen Gedankensystems seinen guten methodischen Sinn besaß, wird
hier immer mehr zu einem gedankenlos um seiner selbst willen geübten
Schulhandwerk. Die Gründe dieser Erscheinung haben wir hier nicht aus=
führlicher zu erörtern. Nur auf einige besonders wichtige Zusammenhänge
sei hingewiesen, die zum Teil erst neuerdings ans Licht getreten sind[1] und
geeignet erscheinen, auch die Lehrorganisation der spätmittelalterlichen
Universität verständlicher zu machen.

Es ist eine durchgehende Erscheinung der mittelalterlichen Kirchen=
geschichte, daß die römische Kirche ihren Charakter als Gemeinschaft der
Gläubigen immer mehr zurücktreten läßt hinter dem der privilegierten
Rechtsanstalt — eine Entwicklung, deren gefährlichste Konsequenzen be=
kanntlich in der juristischen Verbildung des Erlösungsdogmas (juristische
Auffassung der priesterlichen Mittlerstellung!) lagen. Der überragende Ein=
fluß, den die Pariser hohen Schulen seit dem 12. Jahrhundert auf die Ge=
staltung der philosophischen und theologischen Studien gewannen, half die
innere Entwicklung dieser Wissenschaften in dieselbe Richtung drängen.
Denn der französische Geist, der formalen Begrifflichkeit des juristischen
Denkens von jeher besonders geneigt, bildete rasch und mit Folgerichtigkeit
eine Methode des philosophisch=theologischen Argumentierens aus, die mit
den Formen juristischer Deduktionen und Prozeßverhandlungen die größte
Ähnlichkeit hatte. Als der glänzendste Repräsentant (wenn auch nicht als
der Erfinder) dieser neuen Methode hat Peter Abälard zu gelten, der sie
zuerst von den Rechtsstudien auf die Theologie übertrug. Ihr Wesen besteht
in einer neuen Bestimmung des Verhältnisses von auctoritas und ratio —
der beiden Grundpfeiler aller theologischen Spekulation seit den großen
Kirchenvätern. In der Theologie Anselms hatte die alle Scholastik beseelende
Hoffnung: das Dogma dem Verstand irgendwie annehmbar (wenn auch
beileibe nicht beweisbar) zu machen, gleich zu Anfang ihren idealsten Aus=
druck gefunden. Der suprarationale, autoritativ überlieferte Erkenntnis=
inhalt des Dogmas wurde hier von vornherein als Ganzes durch den gläu=
bigen Willen angenommen, dann aber auch als Ganzes frei durch die Ver=

---

[1] Es bedarf kaum des besonderen Hinweises auf die Studien Grabmanns zur
Geschichte der scholastischen Methode. Neben ihnen scheint mir immer noch das Beste,
was J. B. Schwab in seiner Gersonbiographie, bes. Kap. 6, aus gründlicher Kenntnis
der Originalquellen über das Wesen der Scholastik ausführt.

nunft reproduziert. Abälard, das Haupt der „Dialektiker", begnügt ſich, die einzelnen Lehrſätze des Dogmas durch dialektiſche Erörterung als vernünftig zu erweiſen. An die Stelle des geſchloſſenen theologiſchen Syſtems im Stile des großen Auguſtin tritt ſomit eine mehr apologetiſche Tätigkeit, die ſich um einzelne dogmatiſche Theſen und Lehrmeinungen dreht. Längſt galten dieſe Lehrſätze der kirchlichen Tradition (sententiae) als Beſtandteil des kirchlichen Rechts — gewiſſermaßen als Urteilsſprüche, Lehrentſcheidungen der Väter, Konzilien und Päpſte. Eben damals entſtanden die großen Samm= lungen der päpſtlichen Rechtsentſcheidungen (Dekrete): der Grundſtock des kanoniſchen Rechts. Gewiſſermaßen als Gegenſtück dazu brachten die Theo= logen den geſamten Inhalt des kirchlichen Dogmas in die Form großer „Sentenzen"=Sammlungen, unter denen die des Petrus Lombardus bald kanoniſches Anſehen gewann. Als höchſtes Ziel aller wiſſenſchaftlichen Arbeit gilt es nunmehr, die Wahrheit dieſer Lehrſätze vor der Vernunft als „mög= lich" zu erweiſen oder doch — da es ſich um ſuprarationale Einſichten han= delt, die der menſchlichen ratio vielfach widerſprechen — ihre Begründung in ein klares logiſches Verhältnis zu der „natürlichen" Vernunft zu ſetzen. Aber gleichzeitig ergibt es ſich als eine der wichtigſten Aufgaben, die einan= der teilweiſe widerſprechenden Äußerungen der Konzilien, Väter und Bibel= ſtellen durch dialektiſche Kunſt miteinander zu verſöhnen, ihr ſcheinbar ſo unvereinbares „Ja" (sic) und „Nein" (non) durch richtige Auslegung auf einen gemeinſamen Nenner zu bringen — eine Aufgabe, die in der kano= niſchen Rechtswiſſenſchaft ſchon vor Abälard in Angriff genommen war. Sie wird ſeitdem mehr und mehr zum Hauptintereſſe der ſcholaſtiſchen Methode; in ihrer Löſung entfaltet ſich recht eigentlich die Kraft der ſcholaſtiſchen „Diſtinktion": durch ſubtile logiſche Unterſcheidungen nach Belieben begriff= liche Gemeinſamkeiten aufzulöſen und neu zu bilden.

Ihre Entfaltung wurde begünſtigt durch das Bekanntwerden der ſämt= lichen logiſchen Schriften des Ariſtoteles im Laufe des 12. Jahrhunderts. Eben dieſe Entdeckung verſtärkte überhaupt das Schwergewicht der Dialektik im ſcholaſtiſchen Wiſſenſchaftsbetrieb in folgenreicher Weiſe. Die ars disputandi, die disputierende Form wiſſenſchaftlicher Erörterung, drang nunmehr in alle Disziplinen ein. Ihre Entſtehung, zweifellos zurückreichend bis in ſpätantike Überlieferungen, und ihre weitere Entwicklung — an der die Religionsgeſpräche zwiſchen Orthodoxen und Katholiken, Chriſten und Muslimen ſicher nicht unbeteiligt waren — bis zur Herausbildung der kunſtvollen Schematik des 13. und 14. Jahrhunderts, iſt noch längſt nicht

genügend aufgeklärt. Ohne selber eigentlich der juristischen Technik zu ent=
stammen, gab sie — in ihrer Durchbildung durch Abälards „sic et non"=
Methode — dem wissenschaftlichen Treiben vollends das Ansehen von foren=
sischen Verhandlungen.

Es wäre irrig, die massenhaften Disputationen, die das geistige Leben
der spätmittelalterlichen Universitäten beherrschten, von Hause aus für ein
bloßes müßiges Spiel des logischen Scharfsinns zu halten. Denkt man sich
in den geschichtlichen Zusammenhang hinein, dem dieser Wissenschafts=
betrieb entstammt, so erkennt man erst voll, warum und in welchen Gren=
zen hier mit Scheinargumenten gefochten wird: wie im Streit der Advokaten
kommt es nicht eigentlich darauf an, wirklich haltbare oder der eigenen Über=
zeugung entsprechende Meinungen ins Gefecht zu führen — überhaupt
nicht auf eine Entwicklung eigener wissenschaftlicher Überzeugungen! —
sondern ausschließlich darauf, den Gegner in die Enge zu treiben: seine Ar=
gumente für den Augenblick zu entkräften, seine Autoritäten zu zerpflücken,
an rationalen Argumenten und an Belegstellen alles zusammenzutragen,
was irgend die von der eigenen Partei vertretene Sache zu stützen geeignet
erscheint. Für diesen Zweck ist unter Umständen ein bloßes Sophisma, eine
logische Falle, ebenso gut oder noch besser geeignet, als ein echt beweiskräf=
tiges Argument. Und völlig belanglos erscheint es, ob die ins Feld geführten
Autoritäten wirklich in ihrem eigenen Sinn, dem Zusammenhang ihrer
ganzen Lehre gemäß zitiert werden: es genügt durchaus, Zitat gegen Zitat
zu halten. Statt gründlichen Studiums der Väter und der antiken, bald auch
der neueren Autoren kommt das willkürliche Operieren mit herkömmlichen
Zitaten auf, die — billig wie Scheidemünze — für jedermann greifbar in zahl=
reichen „Florilegien", in alphabetisch geordneten Schlagwörtersammlungen,
in Bibelkommentaren und Rechtsbüchern bereitstehen. Die geistige Leistung
solcher Kämpfe liegt durchaus in der geschickten, jederzeit schlagfertigen
Kombination des fertig daliegenden Materials, in der Sicherheit, sophistische
Einwendungen des Gegners zu durchschauen und aufzulösen, logische
Distinktionen und Seitensprünge zu paradieren, nicht in der systematischen
Entfaltung der eigenen Lehre, nicht in der tiefdringenden philosophischen
Erfassung, Verwertung oder Überwindung fremder Anschauungen als
Ganzes. Die Gefahr, daß Kämpfe dieser Art zu bloßen Komödien ohne sach=
lichen Ernst entarteten, war unleugbar groß, und es läßt sich gar nicht ver=
kennen, daß die schwerfälligen und theatralischen Schulübungen des aus=
gehenden Mittelalters ihr zumeist erlegen sind. Will man aber die Wichtig=

keit begreifen, die jenes Zeitalter ſelber ihnen beimaß, ſo muß man ſich klar machen, daß ſie urſprünglich als Dorübung für den erhabenſten Zweck: für die Derteidigung der Glaubenswahrheiten geſchaffen waren (genau wie die ritterlichen Kampfſpiele mit Lanze und Schwert).

Wir erinnern uns an den (bereits früher beſprochenen[1]) gewaltigen Einbruch helleniſcher Philoſophie in arabiſcher und griechiſcher Überliefe= rung, den das Abendland zwiſchen 1150 und 1250 erlebte. Indem damals außer den logiſchen Schriften des Ariſtoteles auch ſeine naturphiloſophiſchen, ethiſchen und metaphyſiſchen Abhandlungen mit den Kommentaren des Averroes und anderer arabiſcher und jüdiſcher Philoſophen in lateiniſcher Überſetzung bekannt wurden, drohten die geſamten Grundlagen des bis= herigen Weltbildes ins Wanken zu geraten. Nur dem mächtigen kirchlich= religiöſen Aufſchwung des 13. Jahrhunderts, dem Erſcheinen der großen gelehrten Bettelmönche zumal war es zu verdanken, daß auch dieſe Fülle neuer Erkenntniſſe in den Rahmen der überlieferten kirchlichen Weltanſchau= ung (wenn auch nicht ohne weitgehende Konzeſſionen an den Geiſt der vor= chriſtlichen Antike) eingeſpannt werden konnte. Die großen Syſteme der Hochſcholaſtik zeigen aufs deutlichſte, daß die ſeit Abälard herrſchend ge= wordenen und ſeitdem eifrig weiterentwickelten Künſte der Disputiertechnik an ſich die ſyſtembildende Kraft echter Philoſophie keineswegs zu lähmen brauchten. Die bedeutendſten Denker des 13. Jahrhunderts: ein Bonaven= tura, ein Thomas und — trotz aller „Subtilitäten" — ſelbſt noch Duns handhaben das ſchwerfällige Rüſtzeug dieſer Methode (die ja längſt auch zum literariſchen Stil geworden war), mit einer Souveränität, einem Blick für das Weſentliche, einer Originalität der philoſophiſchen Kombination, die auch dem heutigen Leſer noch unmittelbar ſpürbar werden. Bald darauf freilich begann, was man die „Derfallszeit" der Scholaſtik nennt. Die Ge= ſchichte aller deutſchen Univerſitäten gehört ihr an. Der große Aufſchwung der Kreuzzugsepoche verebbte raſch. Die Frömmigkeit, zumal in Deutſch= land, ſuchte ſich neue Formen innerhalb und auch wohl außerhalb der offi= ziellen Kirche. Wilhelm Ockham erwies mit einem gewaltigen Aufwand von dialektiſchem Scharfſinn, daß die alle Scholaſtik urſprünglich treibende Hoff= nung, Glaubenswahrheit (auctoritas) und ratio miteinander in Einklang zu bringen, vergeblich, daß die Irrationalität des Dogmas deſſen notwendiges Kennzeichen ſei. Es iſt, als ob ſeitdem die große geiſtige Spannung aus dem wiſſenſchaftlichen Betrieb der Schule zu weichen begonnen habe. An die

---

[1] Oben S. 15.

Stelle ernsthafter Auseinandersetzung des Dogmas mit dem Geiste einer wesensfremden Kultur trat mehr und mehr die schulmäßige Nachahmung vorbildlicher Kontroversen, das Exerzieren und Herumhantieren mit den Werken der großen Schulhäupter. Aus dem echten Glaubenskampf wurde ein Schauturnier. Alles Starr-Schematische, Unfruchtbar-Formale, das die Humanisten später der Scholastik vorzuwerfen pflegten, hat sich im Laufe des 14. Jahrhunderts erst recht ausgewachsen, im 15. seine Blüte erlebt. Natürlich war eine Wissenschaft, die in solchem Maße an Autoritäten gebunden blieb, wie die der mittelalterlichen Kirche, von jeher der Gefahr der Erstarrung in besonders hohem Maße ausgesetzt. An geistlosen Handwerkern ohne Forschungstrieb war sie immer sehr reich gewesen. Dennoch gilt es erst für die letzten Zeiten der Scholastik — und selbst da nicht ohne manchen Vorbehalt — daß statt selbständiger „Forschung" (Wahrheitssuche) die bloße Fortpflanzung des Überlieferten ihr eigentliches Ziel gewesen sei.

Dabei spielt nun auch der wachsende Druck kirchlicher Zensur und Inquisition eine bedeutende Rolle. Er verstärkte sich in demselben Maße, als der Papst seine universale Machtstellung bedroht sah: durch die politische Rivalität weltlicher Mächte und durch das Aufkommen zahlreicher Strömungen geistiger Opposition innerhalb und außerhalb der Kirche. Die Verfolgung ketzerischer Lehren auf der Universität führte mehr und mehr zur Lähmung aller wahrhaft schöpferischen Produktion. So kam es, daß der Vorrat wirklich lebendiger Probleme innerhalb der kirchlichen Wissenschaft sich rasch erschöpfte; die scholastische Methode leierte sich gewissermaßen von selber aus, und welche Folgen das im akademischen Unterrichtsbetrieb hatte, wird uns die nähere Betrachtung der Heidelberger Verhältnisse noch lehren.

Schon jetzt ist uns der Gesamtaufbau des mittelalterlichen Studienbetriebes aus dem ursprünglichen Ziel dieser Studien verständlich geworden. Wenn alles darauf ankommt, den angehenden Gelehrten zur disputativen Verteidigung der Glaubenswahrheit zu befähigen, so wird die Übermittlung des dialektischen Rüstzeuges die Hauptsorge des vorbereitenden Unterrichts sein. Sie fiel in erster Linie der Artistenfakultät zu und bildete deren wesentliche Lehraufgabe. Der Erwerb des Magistergrades der Artisten war deshalb vor Beginn des theologischen Studiums herkömmlich; andernfalls (wir hörten es schon) sollte dieses um zwei Jahre verlängert werden. Für den

Juristen und Mediziner bestand eine solche Vorschrift nicht[1]; aber natürlich war auch ihm eine gewisse dialektische Schulung unentbehrlich. So diente das artistische Studium in gewissem Sinne als Vorstufe für alle drei oberen Fakultäten; indessen weist sein Aufbau, als Ganzes betrachtet, vor allem eindeutig auf die Theologie als auf seine natürliche Fortsetzung hin. Darin kam der alte historische Zusammenhang zwischen scientia naturalis und divina, wie er den Aufbau vor allem des Pariser Studiums von Anfang an bestimmt hatte, ganz deutlich zum Ausdruck. Die juristische Fakultät und vor allem die medizinische — beide nicht Originalgewächse des Pariser Bodens, sondern dort erst nachträglich importiert — standen einigermaßen unorganisch daneben. Beide Sachwissenschaften waren ja auch in dem (nach hellenischen Vorbildern geformten) encyklopädischen Schema des späteren Mittelalters, das die Einzeldisziplinen als Teile der Philosophie erfaßte, nicht ohne eine gewisse Schwierigkeit unterzubringen[2]. Ihre praktische Tendenz fügte sich wenig harmonisch in den streng kontemplativen Geist der eigentlichen Scholastik. Denn eben dies: die stolze oder vielmehr fromme Erhabenheit über alle äußeren Zweck- und Nützlichkeitsgedanken, gehört zu den folgenreichsten Eigentümlichkeiten des echten klerikalen Studierens. Man hat oft das Zunftmäßige der mittelalterlichen Lehrorganisation bemerkt: der Erwerb der Grade (Gesellen- und Meisterschaft, auf Grund von Probeleistungen zu erteilen und von den meisten auswärtigen Schwesterzünften ohne weiteres anerkannt), also die Aufnahme in die gelehrte Zunft, nicht die Vorbereitung für einen praktischen Beruf — außer dem des Arztes und praktischen Juristen — erscheint als das äußere Ziel des akademischen Studiums. Alles, was hier geschah, vor allem in den philosophisch-theologischen Disziplinen, war — so könnte man sagen — reiner Gottesdienst des Intellekts, von der Kirche nicht entweiht zu niederem Broterwerb. Mochte Gelehrsamkeit auch für gewisse kirchliche Stellen eine Empfehlung bedeuten: notwendige Voraussetzung war ihr Besitz weder für die Priesterweihe noch für den Pfründenempfang. Wer wollte die Gefahr einer völligen, gespensterhaften Entfremdung vom wirklichen Leben verkennen, die solche aristokratische Abgeschlossenheit mit sich brachte? Wichtiger erscheint uns heute doch, was uns als kostbares Erbe dieser selbstgenügsamen Geisteshaltung überkommen ist: der Grundsatz, die Wahrheitssuche rein um ihrer selbst, nicht um äußerer praktischer Zwecke willen zu treiben.

---

[1] Irrig Thorbecke 79.

[2] Vgl. das Schema des Marsilius v. Inghen: meine Studien I, 70, U. 1.

Philosophie und Theologie bildeten somit gleichsam das Herzstück, Jurisprudenz und Medizin die Außenposten des scholastischen Lehrbetriebes. Dementsprechend werden wir jene beiden in engerem Zusammenhang, diese davon getrennt und mehr anhangsweise zu betrachten haben.

Achtes Kapitel

Artiſtiſche Fakultät

Das Einzelne der artiſtiſchen Studienordnung iſt überall rein geſchichtlich begründet: aus der allmählichen Ausbildung und Erweiterung der philo= ſophiſchen Studien des Mittelalters; was die Scholaſtiker der Spätzeit an philoſophiſchen und pädagogiſchen Leitmotiven darin entdeckt haben wollen[1], iſt nichts als nachträglich hineingetragene Künſtelei. Die älteſte hiſtoriſche Schicht bildeten die ſogenannten „7 freien Künſte", wie ſie nach ſpätantiken Schulbüchern (Caſſiodor, Marcianus Capella) ſchon das frühe Mittelalter gelehrt hatte. Noch immer ſpukte das uralte Schema dieſer „artes liberales", nach denen die Artiſtenfakultät ihren Namen trug, in ihren Zeremonien, Inſignien uſw. und in den enzyklopädiſchen Schemata, Wiſſenſchaftspyramiden und dgl. des ſpätern Mittelalters fort. Tatſächlich war es längſt überwunden, ſeitdem die ſelbſtändige Ausübung dialektiſcher Künſte (zunächſt in den Pariſer Schulen des 11. Jahrhunderts) an die Stelle der ſchülerhaften Lern= und Exerzier=Arbeit der alten Kloſter =und Dom= ſchulen getreten war[2]. Die niedere Stufe, das ſogen. Trivium (Grammatik, Dialektik, Rhetorik) war in ihrer Hauptmaſſe ſeit langem der Unterrichts= gegenſtand der niederen Latein=(Trivial=)Schulen: dort ſollte ſich der Scholar die nötigen grammatiſch=ſtiliſtiſchen Kenntniſſe holen, ehe er die Univerſität bezog; nur die größten dieſer Schulen, wie die zu Ulm, trieben danebeben auch bereits elementare dialektiſche Übungen. Einen ergänzenden Sprachunter= richt bot auch die Univerſität, der ja, wie bereits erörtert, ſehr ungleichmäßig vorgebildete Hörer zuſtrömten. Doch legte ſie darauf bis zum Auftreten der Humaniſten nur geringen Wert: man las wohl auch einmal Grammatik

---

[1] Vgl. Scheel, Luther I², § 13, N. 48 (Uſingen).

[2] Das neuere enzyklopädiſche Schema wird von Marſilius von Inghen mehrfach entwickelt. In ſeinem Sentenzenkommentar 1. I, qu. 1 u. 2 unterſcheidet er: a) ſermo= zinale Wiſſenſchaften (scientie signorum), die er triviales nennt, b) scientie rerum, die er in ſpekulative und praktiſche einteilt: physica, metaphysica, mathematica, ethica. Ähnliche Einteilungen in ſeinen abbreviationes l. physicorum, proemium fol. 2, und de generatione et corruptione, l. I, qu. 1.

nach Donat[1], aber in der Hauptsache fiel dieser Elementarunterricht den Gesellen (Bakkalaren), nicht den Meistern selber zu; seine Organisation blieb im allgemeinen den Bursen überlassen. Praktische Übung in dem bequemen Alltagslatein der Gelehrtensprache war für den Scholaren wichtiger als die spitzfindige und schwerfällige Weisheit der von den Humanisten später so übel bloßgestellten Versgrammatiken des Mittelalters, die natürlich formell auch im Heidelberger Lehrplan erscheinen[2].

Aber auch von den „realen" Disziplinen des Quadriviums (Geometrie, Arithmetik, Musik und Astronomie) ist im spätmittelalterlichen Lehrplan wenig übrig geblieben. In den ältesten Statuten der Heidelberger Artisten wird als letzte aller Studienpflichten vor dem Magisterexamen der Besuch einer Vorlesung „über einige vollständige Bücher der Mathematik und insbesondere über den Sphärentraktat" aufgeführt. Damit sind (wie sich andernorts zeigt) die vier ersten Bücher der geometrischen Elemente Euklids und (vermutlich) das gangbarste astronomische Schulbuch der Zeit, die sphaera materialis des Engländers Holywood (Sacrobosco) gemeint. Gelegentlich ist auch die Rede von „nicht formalen", d. h. nicht zum Hauptkursus gehörenden Vorlesungen über Arithmetik (algorismus, wohl gleichfalls nach Sacrobosco), Zeitrechnung (computus cyrometricalis, ein unentbehrliches Stück klerikaler Bildung mit Rücksicht auf die komplizierte Gestalt des kirchlichen Kalenders!), Optik (perspectiva, gewöhnlich nach Johannes Pisanus oder Peckham, gest. 1292) und Planetentheorie, deren meistgebrauchtes Lehrbuch (wahrscheinlich irrig) dem Gerhard von Cremona (gest. 1184) zugeschrieben wurde. Andernorts, wie in Erfurt, Leipzig und Wien, wurden diese Studien mit größerem Eifer betrieben und teilweise schon den Scho-

---

[1] Erwähnt 1455: a.f.a. II, 29R. Kolleggelder für grammatische Vorlesungen festgelegt: a.f.a. III, 7ᵛ. — Reste der Rhetorik z. B. in Leipzig: Helssig (in Festgabe der Leipz. Univ.-Bibl. 1909, 7. II.) 49. Die große Leipziger Universität hat offenbar alles Detail des Studienplanes viel genauer geregelt als die Heidelberger.

[2] U.B. I, 34, Z. 10—12. — Die äußerlich-statutarischen Bestimmungen der spätscholastischen Studienordnung sind von Kaufmann, Thorbecke, Scheel u. a. mit so großer Ausführlichkeit dargestellt, daß ich im folgenden zahllose Einzelheiten übergehen, bzw. mich dafür ein für allemal auf die genannten Autoren berufen darf (vor allem betr. Promotionsbestimmungen). Hier galt es — außer der Richtigstellung nicht weniger Einzelirrtümer und Schiefheiten — vor allem den historischen Zusammenhang der Einzelbestimmungen und die (meist vernachlässigte) Methodik des Lehrbetriebs zur Anschauung zu bringen. Es zeigt sich, daß die Statuten durchaus nicht ohne weiteres als Spiegelbild des wirklichen Lehrbetriebes gelten dürfen!

laren im ersten Studienjahr zugemutet. In Heidelberg erscheinen sie ganz und gar durch die logischen und naturwissenschaftlichen Schriften des Aristoteles in den Hintergrund gedrängt[1]. Zwar kamen im Laufe des 15. Jahrhunderts einige mathematische Lieblingskünstler der ockhamistischen Schule hinzu: Proportionenlehre (wohl nach Thomas Bradwardinus, gest. 1349) und latitudines formarum (eine Art von Koordinaten-Geometrie, vermutlich nach Nikolaus d'Oresme); aber alle diese Dinge, so stattlich sie sich im Lektionsplan ausnehmen, wurden tatsächlich, wenn überhaupt, so nur selten und ganz unregelmäßig vorgetragen[2]. Selbst an der großen Leipziger Hochschule fand sich nicht immer ein Lehrer, der sich ihre sachverständige Behandlung zutraute. Wien ist damals wohl die einzige deutsche Universität gewesen, an der die mathematisch-astronomischen Studien wirklich blühten. Überall sonst hatte die Autorität des Aristoteles alles andere erdrückt.

Freilich: was war das auch für eine gewaltige Fülle und Vielseitigkeit von Stoffen, die der große Universalphilosoph vor den staunenden Augen des Mittelalters ausbreitete! Allem andern voran standen die vielbewunderten logischen Schriften, deren man zur philosophisch-theologischen Systembildung am dringendsten bedurfte. Ihre Gruppierung im Unterricht war rein historisch begründet, aber auch sachlich nicht ganz unsinnig. Unter dem Namen der „alten Kunst" (ars vetus) trug man diejenigen Stücke der antiken Überlieferung vor, die schon dem 12. Jahrhundert bekannt gewesen waren: die spätantike „Einführung" des Porphyrius in die aristotelische Logik in der Übersetzung des Boethius, sodann die dem Aristoteles zugeschriebenen „Kategorien" und dessen Lehre vom Satz und Urteil (peri hermenias). Alles, was vom aristotelischen Organon etwa seit 1150 bekannt geworden war (also die beiden Analytiken, die Topik und die antisophismatischen Regeln) gehörte zur „neuen Kunst", die im Studienplan zeitlich auf die „alte" folgte. Demnach lernte der junge Student die aristotelischen Schriften zur Logik in derselben Reihenfolge kennen, in der sie heute noch im „Organon" erscheinen. Ob diese Anordnung pädagogisch sehr zweckmäßig war, könnte man bezweifeln; zum mindesten die „Isagoge" des Porphyrius mit ihrem neu-

---

[1] U.B. I, 38, 42.
[2] Ibid. 38, 3. 23ff. Die 1501 geschriebenen Statuten (a.f.a. III, 6[v]) setzen voraus, daß nicht einmal die Elemente Euklids regelmäßig gelesen werden. Vgl. auch die unzweideutige Mahnung U.B. I, 168, 3. 6ff.! Die im früheren Mittelalter vielgeübte mathematische Musiktheorie (Harmonielehre) wird nur einmal schüchtern in Vorschlag gebracht: U.B. I, 168[5].

platonisch gefärbten Stammbaum (arbor) der fünf Allgemeinbegriffe
(genus, differentia, species, proprium, accidens) und die Kategorienlehre
hätten wohl zweckmäßiger als Einleitung zu der an viel späterer Stelle an=
gesetzten Vorlesung über Metaphysik gedient. Doch lagen solche Erwägungen
dem Mittelalter, das hier ganz und gar der spätantiken Tradition folgte, so
fern als möglich. Und weiterhin ist denn auch ein sinnvoller und stufen=
mäßiger Fortschritt vom Einfacheren zum Verwickelten nicht ganz zu ver=
kennen: von der Lehre vom Urteil, seinem Zustandekommen und seinen
Wahrheitskriterien zu den logischen Schlußformen (erste Analytik); sodann
von den Methoden streng wissenschaftlicher Erkenntnis (Induktion, Deduk=
tion, Analogieschluß usw.), wie sie die (für den Anfänger besonders schwie=
rige) zweite Analytik darlegt, zur Lehre von den dialektischen, auf bloße
Wahrscheinlichkeit aufgebauten „Prüfungsschlüssen": dem logischen Rüst=
zeug des Disputierens (Topik) — und endlich zu den Regeln von der Auf=
lösung sophistischer Trugschlüsse (sophisticorum elenchi), die für die Praxis
der dialektischen Übungen wohl am meisten unmittelbare Bedeutung be=
saßen und deswegen in unmittelbarem Anschluß an die große Jahresdispu=
tation gelesen wurden.

Übrigens wurde der Scholar nicht etwa unvermittelt an die Schriften des
Aristoteles herangeführt; das wäre wohl eine gar zu schwer verdauliche
Kost gewesen. Vielmehr, wie sich die Scholastik des 13. Jahrhunderts selber
das Verständnis dieser Abhandlungen durch leicht faßliche und knappe Hand=
büchlein (nicht ohne Mitwirkung byzantinischer Gelehrter) hatte vermitteln
lassen, so kam sie auch ihren Scholaren mit einem übersichtlichen Schulbuch
zu Hilfe: mit dem vielgenannten Abriß (summula) des Petrus Hispanus[1].
In seinen sechs ersten Traktaten (die in Heidelberg ursprünglich vollständig,
andernorts meist nur teilweise durchgenommen wurden), entwickelte dieses
Kompendium fast sämtliche Grundbegriffe der aristotelischen Dialektik (nur
der zweiten Analytik war kein eigener Abschnitt gewidmet). Bei geschickter
Erläuterung durch den Lehrer mochte diese Lektüre eine recht nützliche Vor=
bereitung auf Aristoteles sein.

Verwunderlich aber klingt es, daß man auch den siebenten Traktat, die
sogen. „kleinen Logikalien" — nach späterer Fassung der Statuten sogar diese
ausschließlich (wenigstens für die Studenten der „modernen" Schulrichtung[2])

---

[1] Kardinalbischof von Tusculum, gelehrter Mediziner, gest. 1277 als Papst
Johann XXI.

[2] Die nach 1452 verfaßte, 1502 aufgezeichnete Statutenredaktion (a.f.a. III, 5ᵛ),

dem unglücklichen Scholaren gleich in der ersten Vorlesung vorsetzte. Und doch war das überall der Brauch. Den Inhalt dieses Abschnittes bildeten jene Lehrsätze des „Terminismus", die das spätere Mittelalter als größte Errungenschaft der „neueren" (nämlich scholastischen) Logik betrachtete und mit besonderem Eifer traktierte — äußerst schwierige, ja abstrus scharfsinnige Betrachtungen über das Verhältnis des logischen Begriffs (terminus) zu den von ihm „vertretenen" („supponierten") realen Dingen oder auch Worten: eine seltsame Mischung sprachlicher und logisch-erkenntnistheoretischer Erwägungen, deren historischer Ursprung bis heute noch nicht befriedigend aufgeklärt ist, wahrscheinlich aber auf eine Verschmelzung spätantiker, stoisch beeinflußter Grammatik mit aristotelischen Gedanken zurückgeht. Es ist unmöglich, einem Leser, der in diese Materie nicht selbständig tiefer eingedrungen ist, davon in kurzen Worten einen zureichenden Begriff zu geben[1]. Da wurden Fragen erörtert, wie die folgende: ob der im Prädikat eines Urteils stehende Allgemeinbegriff einerseits als terminus für eine durch ihn bezeichnete Sache ohne Beziehung auf die in seinem Umfang liegenden, ihm untergeordneten Einzeldinge supponieren könne, andererseits aber, in einer zweiten Art der Supposition, die Summe der in ihm enthaltenen Einzeldinge zu „vertreten" imstande sei — eine Frage übrigens, die mit der berühmten Kernfrage der scholastischen Erkenntnistheorie: nach der metaphysischen Bedeutsamkeit der Allgemeinbegriffe (Universalienproblem) aufs engste zusammenhängt. Hier mag ihre Erwähnung genügen, um anzudeuten, welche relativ hohen Ansprüche die ausgiebige Erörterung dieser Dinge an das Abstraktionsvermögen des angehenden Scholaren stellte.

---

verlangt von dem Bakkalarianden: ut audiverit parva logicalia Marsilii, si fuerit de via moderna, aut Petri Hispani cum quinque primis tractatibus eiusdem, si de via antiquorum, in hoc studio in exerciciis (also nicht, wie den übrigen Lehrstoff: in scholis ordinarie). Vgl. meine Studien II, 88. — Die älteste Statutenredaktion (U.B. I, Nr. 23) verlangt nur summulas P. H. complete (p. 34[13]) und trennt (p. 42[24]) die Vorlesung über P. H. von denen über die verschiedenen Teile der parva logicalia. Doch ist wenig wahrscheinlich, daß diese nicht gleichfalls von den Scholaren gefordert wurden.

[1] Ich verweise auf meine „Studien" I, 49ff., ferner auf Prantl, Gesch. der Logik III, 73ff. u. Scheel, Luther I, § 15, 3. Dort wird für die „restrictio" (künstliche Verengerung des Begriffsinhaltes im Sophisma) ein von Luther, T. R. IV. Nr. 418 angeführtes Beispiel zitiert: „Item: nullus homo currit; illa propositio est vera, quiescentibus viris, etiamsi omnes mulieres currerent, quia „nullus" esset generis masculini, das heißen sie restrictionem."

Und doch ist ihre Stellung am Beginn des logischen Studiums so unbe=
greiflich nicht, wie es zuerst scheint. Einmal gab es gerade für diese Materie
übersichtliche neuere Schulbücher, die nur das Allerwesentlichste heraus=
hoben — das auf deutschen Universitäten weitaus gangbarste war der ganz
knappe Abriß des Marsilius von Jnghen (im Druck nur 26 Blätter mittleren
Formats). Diese leichtfaßlichen Kompendien verdrängten den Original=
traktat Peters wohl fast überall. Zum andern ist zu bedenken, daß ein wesent=
licher Teil der „terministischen" Erörterungen bereits im grammatischen
Kurs vorgeübt war: schon die spätantiken Grammatiken beschränkten sich
nicht streng auf das Sprachliche, sondern pflegten die grammatischen Er=
scheinungen logisch zu deuten. Als eine Art Anhang und Krönung des
grammatischen Unterrichts scheint man denn auch die Suppositionstheorie
betrachtet zu haben. Zusammen mit der Vorlesung über Petrus Hispanus,
die anfangs eine der wichtigsten Hauptlektionen und demgemäß den älteren
Magistern („Regenten") vorbehalten war, sinkt sie im Laufe des 15. Jahr=
hunderts auf die Stufe des grammatischen Vorbereitungskurses herab:
seit etwa 1452 blieb die summula mitsamt den wichtigsten Stücken der Sup=
positionslehre den regelmäßigen Übungen in den Bursen und der außer=
amtlich=privaten Vorlesungstätigkeit der Magister und Bakkalare überlas=
sen[1]. Mancherorts, z. B. in Erfurt, gehörte sie deshalb auch nicht zu den
eigentlichen Prüfungsfächern des Bakkalariatsexamens, sondern bildete
zusammen mit der Grammatik den Gegenstand einer besonderen Vor=
prüfung (temptamen). Eben diese Tatsache: daß diese Materie weniger
für die regelmäßigen Lekturen als für das systematische Einpauken in den
Anfängerübungen bestimmt war, mag den besonderen (von Prantl, dem
Geschichtsschreiber der mittelalterlichen Logik, so heftig beklagten) Charakter

[1] Die ältesten Heidelberger Statuten (U.B. I, 42) unterscheiden vier verschiedene
terministische Lektionen, über deren Einordnung in den Studiengang nichts Näheres
gesagt wird: a) suppossitio, ampliacio, appellacio b) consequentiae c) insolubilia
d) obligatoria. a)—b) bildeten (zusammen mit der restrictio) den Grundstock der
Suppositionstheorie. Über die besondere Bedeutung von c)—d) s. weiter unten. Die
„consequentiae" (vgl. Prantl, III, 411ff., IV, 75, 101) wurden stets im Zusammen=
hang und Geist der terministischen Logik behandelt, obwohl ihr Gegenstand (sie behan=
delten die nicht im formalen Syllogismus sich vollziehenden Formen der Argumen=
tation und das logische Verhältnis der in einem Urteil vorkommenden Begriffe) sich
eher mit der ersten Analytik und der Topik berührte. Nach der jüngeren Statuten=
redaktion ist a) in einer Übung oder Privatvorlesung, b) in öffentlicher Vorlesung
vom Scholaren, c) und d) gleichfalls in öffentlicher Vorlesung (formaliter in scolis)
vom Bakkalar zu hören.

der terministischen Literatur — die trostloseste Langeweile in kompendiöse=
ster Form — erklären. Ihr unendliches Weiterwuchern aber mit der Er=
findung immer neuer Spielereien begreift sich aus dem besonderen Interesse,
das diese Dinge für die Praxis der Disputationen besaßen: hier war der
rechte Ort, das Aufstellen und Lösen von trügerischen Sophismata, Trug=
schlüssen und dialektischen Fallstricken aller Art zu lehren, die ja größtenteils
auf rein sprachliche Feinheiten, Wortklaubereien u. dgl. hinausliefen. In
gewissem Sinne lebte also in diesen Übungen die „Rhetorik" und „Dialek=
tik" des alten Triviums fort.

Unmittelbar auf die grammatisch=logische folgte die naturphilosophische
Schulung. Auch hier, und hier erst recht, war Aristoteles längst zum Allein=
herrscher geworden. Noch vor dem Bakkalariatsexamen sollte der Scholar
das aristotelische System der Naturphilosophie („physica") oder doch zum
mindesten dessen erste Bücher, gehört haben, dazu die metaphysische Psy=
chologie (de anima) — Bestimmungen, an denen sich bis ins 16. Jahrhun=
dert nichts geändert hat: nur daß die Psychologie später dem Oberkurs der
Bakkalare (magistrandi) zugewiesen wurde. Dieser selber war ursprüng=
lich ganz und gar den „realen" Disziplinen gewidmet: die sämtlichen über=
lieferten Schriften des Stagiriten zur Naturphilosophie, Naturgeschichte
und Himmelskunde und als Abschluß des Ganzen die nikomachische Ethik
nebst den wichtigsten Büchern der „Metaphysik" (I, tract. 1, II, IV—X, XII)
sollten die Bakkalare bis zum Magisterexamen gehört haben. Erst im Lauf
des 15. Jahrhunderts drängte sich auch hier ein Stück Dialektik ein: die aller=
modernsten Erweiterungen der terministischen Suppositionstheorie, Er=
findungen des 14. Jahrhunderts: die obligatoria und insolubilia, sollten
nach Marsilius durchgenommen werden[1]. Ihre Bedeutung beruhte darauf,
daß sie besonders knifflige Formen der Sophismatik durchschauen und lösen
lehrten, also gewissermaßen die äußerste Feinheit disputativer Kunst dar=
stellten. Darüber hinaus suchte man jene mathematisch=astronomischen
Vorlesungen zu beleben, von deren kümmerlichem Gedeihen bereits die
Rede war, und verpflichtete endlich die Bakkalare, auch noch die aristote=
lische „Politik" und „Oekonomik" zu hören — falls sie gelesen würden.

So beherrschte die traditionelle Ordnung der aristotelischen Schriften
den Aufbau des artistischen Studiums fast völlig[2]. Wie sich die einzelnen

---

[1] Für die via antiqua nach anderen (nichtokkamistischen) Autoren, s. meine Studien II, 90. Dgl. auch U.B. I, Nr. 90 u. p. 38²⁵.

[2] Scheel, a. a. O., § 13, 3 möchte das Schema der sieben artes, freilich verändert,

Vorlesungen zeitlich auf die verschiedenen Studienabschnitte verteilten, läßt sich annähernd genau[1] aus dem Lektionsplan ersehen, den uns verschiedene statutarische Einzelbestimmungen zu konstruieren gestatten (Beilage I). Allerdings sind darin nur die offiziellen Hauptvorlesungen (libri formales) verzeichnet. Denn nur für diese stellte die Fakultät alljährlich vor Beginn des Studienjahres (9. bzw. 10. Oktober) eine gemeinsame Ordnung (den „ordinarius") auf. Für jede von ihnen war der Zeitpunkt des Beginns, die Auswahl aus den aristotelischen Texten (die fast alle nur bruchstückweise behandelt wurden) und die ungefähre Dauer festgelegt, die höchstens um 14 Tage (im Jahresganzen) überschritten werden durfte. Manche Fakultäten (wie die Leipziger) schrieben sogar die Stoffeinteilung für jede einzelne Stunde vor, und überall hatte der Dekan die pünktliche Innehaltung der Statuten mit Hilfe eingehender Strafbestimmungen zu beaufsichtigen. Soweit den Ansprüchen des Lektionsplans Genüge geschah, stand es im Belieben jedes Magisters, welche Bücher er lesen wollte, und besaß jeder Student die freie Wahl seines Lehrers. Doch blieben die wichtigsten Bücher (vor allem Physik, Ethik und Metaphysik, anfangs auch „alte Kunst" und summula Petri) den Mitgliedern des Fakultätsrates vorbehalten, und man bestrebte sich, die einträglichsten Lektionen der Reihe nach allen Genossen zugute kommen zu lassen. Ein gutes Kolleggeld (pastus) brachten vor allem die Hauptvorlesungen des Unterkurses, wie ars vetus, erste Analytik und Topik, Seelenlehre und Physik; sie wurden deshalb, seit die Beteiligung an den großen Jahresdisputationen nachließ, als Lockmittel benutzt: nur wer dort disputiert hatte, durfte sie abhalten. Umgekehrt galten Metaphysik und Ethik, weil sie viel Zeit in Anspruch nahmen und wenig einbrachten — denn nicht viele Bakkalare hörten den Oberkurs bis zu Ende — als ungern übernommene Last, die man durch alle möglichen Vergünstigungen anziehender

---

in dem Gesamtaufbau der artist. Studienordnung wiedererkennen. Das heißt m. E., jenes Schema in die traditionelle Ordnung der aristotel. Schriften hineindeuten. Dagegen spricht auch, daß die Studienordnung der Dominikaner, sonst bis ins einzelne der akademischen nachgebildet, einfach den Unterkurs als dialektisch (st. artium), den oberen als naturphilosophisch (st. naturalium) bezeichnet. Vgl. damit U.B. I, 123, 3. 16—17 (Gegenüberstellung von logischem und naturphilosoph. Kurs).

[1] Nicht ganz genau, weil das Studienjahr von Herbst zu Herbst läuft, die Studenten aber zu allen möglichen Jahreszeiten in den Kursus eintraten (offenbar verkannt von Scheel, § 13—14). Besonders eindeutig läßt das Ingolstädter Statut die zeitliche Reihenfolge erkennen (bei Kaufmann, II, 409). Vgl. auch Helssig, a. a. O., 9ff., 53 ff.

zu machen suchte, und wenn alles nicht half, den (mit Kolleggeld ohnedies gut versorgten) Burseninhabern oder den Festbesoldeten der Reihe nach aufhalste.

Ganz freie Wahl (zugleich Freiheit des Zeitpunktes und der Zeitdauer) bestand nur für die „außerordentlichen" oder „nicht formalen" Vorlesungen (libri non formales). Darunter sind nicht ohne weiteres (wie es gewöhnlich geschieht[1]) Ergänzungskurse zu verstehen, deren Besuch den Studenten frei=gestanden habe im Gegensatz zu dem für das Examen notwendigen Pflicht=kurs. Derartige freiwillige Erweiterungen des hertömmlichen Lehrstoffes — die an älteren und größeren Universitäten eine bedeutendere Rolle gespielt haben mögen, in Heidelberg dagegen ganz geringfügig blieben[2] — fielen allerdings auch unter den Begriff der „außerordentlichen" Vor=lesung; aber sie erschöpften ihn nicht. Sprach man von „formalen" Büchern und Lektionen, so dachte man in erster Linie an die äußere Form der Darbie=tung, erst in zweiter an die Examensbestimmungen. Die Abhaltung minde=stens einer öffentlichen Lektion über ein „formales" Buch stellte die eigent=liche Amtspflicht des Magisters dar; wer sie nicht erfüllte, konnte auch an der Regierung im Fakultätsrat nicht teilnehmen. Alle öffentlichen Haupt=lekturen mußten in den offiziellen Schulräumen der Fakultät und in Amts=tracht abgehalten werden: also im schwarzen, farbig oder mit Seide gefütter=ten Talar (cappa nigra) und dem Magisterbarrett[3]. Den Besitz eigener magistraler Bekleidungsstücke hatte deshalb jeder Dozent bei der alljähr=lichen Verteilung der Hauptlekturen dem Dekan durch Augenschein nach=zuweisen. Für die „außerordentlichen" Vorlesungen galten alle diese Vor=schriften nicht. Es waren private Lektionen, die in Paris als „kursorische" eine weit größere Rolle in den Lehrplänen gespielt hatten, während sie in Deutschland praktisch — wie es scheint — mehr oder weniger mit den „Exer=zitien" zusammenfielen[4]. Da sie in der Privatwohnung des Lehrers oder

---

[1] Thorbecke, 85. Ähnlich, jedoch vorsichtiger Kaufmann, II, 342. Zu vgl. sind (auch für den übrigen Inhalt dieses Abschnittes) die Statuten: U.B. I, Nr. 23, 90, 95, 97, 101 (p. 152 ff.), 108, 135; a.f.a. III, 5 ff. Dazu die akademischen Kalender: Toepke, I, 626 ff. und endlich das Wittenberger Lektionsverzeichnis von 1507, bei Kaufmann, II, 574 ff.

[2] S. Exkurs 5, Abs. I.

[3] Beschreibung: U.B. I, 41 u. 43. Als nicht offizielle Tracht erwähnt der Kalender von 1387 (Toepke, I, 640) „faltige" Talare (cappae rugatae) — sicherlich eine alt=hertömmliche Unterscheidung! — Vgl. ferner Exkurs 5, Abs. III!

[4] Am deutlichsten zu erkennen in Wien: Kink, II, 211, Abs. 3 u. 215, tit. XXVI.

in Bursen abgehalten wurden, erübrigte sich auch ihre förmliche Verteilung vor Beginn des Studienjahres; denn die Zuweisung der wenigen öffentlichen Hörsäle an die „ordentlich" lesenden Magister — nach Rang und Alter — war einer der wichtigsten Zwecke jener gemeinsamen Beratung. Den Inhalt dieser privaten Nebenvorlesungen (bzw. Übungen) bildeten außer jenen selten vorgetragenen Stoffen, deren Kenntnis nicht zum Examen gefordert wurde, die meisten pflichtmäßig zu hörenden Stücke des grammatisch-dialektischen Vorkurses (altes trivium in spätscholastischer Gestalt) und des mathematisch-astronomischen Wissenskreises (altes quadrivium[1]) — alles Gegenstände, deren Vortrag auch den Bakkalaren gestattet war; später fielen auch die poetisch-rhetorischen Übungen der Humanisten unter diese Kategorie. Während die Hauptvorlesungen nur an den offiziellen Lesetagen stattfinden durften und gewöhnlich zu den hierfür bestimmten festen Morgenstunden (sechs, neun und zwölf Uhr) gehalten wurden, blieben für die Privatlektionen und -Übungen die Zwischen- und Nachmittagsstunden sowie die Ferienzeiten — jedoch außer den Weihnachtsferien — frei. Auch ein Teil der schier unzähligen Feiertage, an denen die Fakultät ihr Alltagswerk entweder garnicht oder doch nur halbtägig treiben durfte, stand für diese mehr private Lehrtätigkeit zur Verfügung[2]; insbesondere gehörte das „außerordentliche" Disputieren zu den regelmäßigen Festtags- und Ferienbeschäftigungen. Hatten die Magister der Fakultät alle Sonnabend ihre „ordentliche" Disputation, so übten sich die Bakkalare gewöhnlich des Sonntags in derselben Weise. Denn die offiziellen Lesetage reichten für das Unterrichtsbedürfnis bei weitem nicht aus. Als die Heidelberger ihren Universitätskalender nach dem Muster des Pariser einrichteten, hatten sie eine Menge ganzer und halber Feiertage gestrichen und auch die Ferien verkürzt[2]. Gleichwohl nahmen die kirchlichen Heiligen-

---

[1] S. Exkurs 5, Abs. II!

[2] U.B. I, 147[12] werden die Feiertage bestimmt, an denen Übungen stattfinden dürfen. Von privaten „Lektionen" ist nicht ausdrücklich die Rede. In Prag erlaubte man an Festtagen außer den Übungen nur solche Lektionen, die nicht zum Pflichtkurs gehörten (Mon. hist. I, 1 p. 91f. u. 88). Ähnlich wird es in Heidelberg gewesen sein. In Frankreich unterschied man förmlich zwischen ordentlichen und außerordentlichen Lesetagen; so die Juristen von Orléans (vgl. Fournier, Statuts et privilèges I, 16ff.), ähnlich Paris (f. Denifle, Chartul. II¹, 709ff.) und Wittenberg (f. Kaufmann, Dt. Univ. II, 575ff., 580 Abs. 1.).

[2] Vgl. Chartul. univ. Paris. (ed. Denifle) II¹, p. 709ff. und I, 277 mit Toeple I, 629ff.

tage, akademischen Gedächtnisfeiern und Seelenmessen in manchen Ar=
beitsmonaten (ohne Einrechnung der Ferien, der Sonntage, vorlesungsfreien
Samstage und außerordentlichen Feiertage aus Anlaß von Promotionen
oder Disputationen der Theologen und Juristen u. dgl.) ein volles Drittel
aller Tage in Anspruch.

Das bestätigt aber nur den Eindruck, den man schon aus oberflächlicher
Betrachtung unserer Lektionspläne (Beilage I) gewinnt: daß der Schwer=
punkt der spätscholastischen Unterrichtstätigkeit unmöglich in den offiziellen
Vorlesungen gelegen haben kann. Wie überraschend wenig Zeit nehmen
sie im täglichen Leben des Studenten in Anspruch! Wer täglich ein bis
zwei Stunden hörte, konnte im Laufe je eines Jahres den ganzen Unter=
oder Oberkurs durchmachen. Da aber tatsächlich die Durchschnittsdauer des
Studiums bis zum Bakkalarexamen etwa zwei, von da bis zur Magister=
promotion ungefähr zweieinhalb Jahre betrug, so ergibt sich, daß normaler=
weise sogar eine Vorlesungsstunde täglich vollauf genügte[1]. Mehr als drei
am Tage zu hören (oder zu halten), war ausdrücklich verboten. Und mit
welcher Eile wurden die einzelnen Schriften, zumal die kleineren naturwis=
senschaftlichen (parva naturalia, sphera materialis) vorgetragen! Rechnet
man alle Fest= und Feiertage ab, so standen für einzelne von ihnen nur
wenige Stunden zur Verfügung. Von den Zeiträumen nämlich, die unser
Lektionsplan angibt, sind zunächst die Weihnachts=, Oster= und Pfingst=
ferien (3, 2½, 1½ Wochen) abzurechnen. sodann wurde die sommerliche
Vorlesungstätigkeit im August durch die über zwei Wochen oder mehr sich
hinziehende große Jahresdisputation unterbrochen. Eigentliche Hundstags=
ferien, wie sie in den oberen Fakultäten allgemein üblich und in Paris und

---

[1] Ein Ergebnis, das von den Berechnungen Scheels, I, § 13, 1 stark abweicht!
— Durchschnittliche Studiendauer bis zum bacc. art. nach Eulenburg, Frequenz
d. dtsch. Univers., 217ff.: 21 Monate = 1¾ Jahre. Ich selbst errechnete mit Hilfe
der Matrikel folgende Durchschnittszahlen: a) bis zum bacc. art.: 1389 Dez. — 1399
Dez. (sämtliche Promovierte): 2,2 Jahre; 1450/51 (die 100 in der Matrikel zuerst
genannten Promovierten): 2,0 Jahre; 1501/03 (gleichfalls Gruppe von 100 Namen):
1,8 Jahre. b) vom bacc. art. bis zur Magisterpromotion: Promovierte von 1403:
2,3 Jahre; von 1435: 2,75 Jahre; von 1492/93: 1,75 Jahre. In beiden Fällen also
eine ganz auffallende Verkürzung des Studiums gegen Ende des 15. Jahrhunderts!
Die Statuten schreiben 1, später 1½ Jahre Studium bis zum bacc. art. als Minimum
vor (letzteres auf Verlangen der via antiqua seit 1455); für den Magistranden fehlt
es an einer entsprechenden Vorschrift. Nach der Promotion sollten Bakkalar wie
Magister wenigstens zwei Jahre (der bacc. art. später nur noch 1½ Jahre) am Studium
lehren und studieren.

andernorts auch bei den Artisten herkömmlich waren, scheint die Heidelberger Fakultät, wenn überhaupt, so nur in den ersten Jahren oder Jahrzehnten gehalten zu haben; später jedenfalls gingen die ordentlichen Vorlesungen das ganze Jahr über fort[1]. Doch trug man Sorge, daß die wichtigsten Bücher im Winter erledigt, im Hochsommer dagegen kleinere oder
weniger wichtige Schriften behandelt wurden.

Während also die offiziellen Hauptlekturen nur noch einen geringen
Teil der Studienzeit in Anspruch nahmen, drängte sich das Institut der
„Exerzitien" (praktisch von den „Privatlektionen" nicht zu trennen) mehr
und mehr in den Vordergrund. Den Magistern fiel vor allem die Abhaltung von „Generalexerzitien" zu, die das ganze Jahr über den Gang der
Vorlesungen begleiteten[2]; dabei unterschied man einen „logischen" Übungs-
kurs für die einfachen Scholaren und einen naturphilosophischen („physikalischen") für die Bakkalare. Zu ihrem Besuch — mindestens je ein Jahr lang
— waren alle Studierenden verpflichtet; übrigens brauchte nur ein Teil
der zum Examen vorgeschriebenen Bücher in Übungen traktiert zu werden.[3]
Eine regelmäßige Verteilung dieser Kurse auf die verschiedenen Magister,
wie sie an größeren Universitäten üblich war, scheint in Heidelberg nicht
stattgefunden zu haben. Generalexerzitien durfte jeder Magister halten,
nur nicht während der öffentlichen Vorlesungen und Disputationen. Die
meisten scheinen sich in den Bursen vollzogen zu haben, die zu diesem

---

[1] Dieses auffallende Ergebnis zeigt die Betrachtung unserer Lektionspläne, die
allerdings durchweg auf Nachrichten aus der 2. Hälfte des 15. Jahrhunderts beruhen.
Die Jahresverteilung des alten Kalenders (Toepke, I, 626; Thorbecke 85, N. 190):
magnus ordinarius (10/10—28/6), parvus ordinarius (25/8—3/10), magnus cursus
(30/6—25/8) und parvus cursus (= Oster- und Pfingstferien) entspricht genau dem
ältesten Pariser Kalender (Chart. II, 1, 709ff.); doch wird hier nicht (wie in Paris)
der magnus cursus durch Verbot der ordentl. Vorlesungen deutlich als Ferienzeit
gekennzeichnet. Offenbar blieb die ganze Jahreseinteilung ein ehrwürdiges Erbstück
ohne praktische Bedeutung; in den Akten ist nirgends die Rede davon, und insbesondere der wichtige Sommertermin: 28. VI. kommt in den späteren Lektionsplänen
überhaupt nicht vor. Die Darstellung Thorbeckes (N. 190) ist nach alledem mehrfach zu berichtigen; vgl. auch Kaufmann, II, 265 N.

[2] Sie wurden 1458 für alle künftigen Promovenden obligatorisch gemacht: U.B. I.
Nr. 117.

[3] Nach a.f.a. III, 8ª: vetus ars, l. priorum, posteriorum, topicorum, elenchorum, physica, de celo et mundo, de gener. et corr., de anima; ebenso ibid.,
fol. 5. Also nicht: die Metaphysik und die nach unserem Lektionsplan 2ᵇ um 12 Uhr
zu lesenden Bücher!

Zweck auch von außerhalb des Hauses wohnenden Studenten aufgesucht wurden, während die daneben stattfindenden „Privatexerzitien" vermutlich nur für den engern Kreis der Hausgenossen bestimmt waren[1]. Auf diesem Gebiete machte sich die freie Konkurrenz der Magister offenbar am stärksten geltend; denn dieser mehrstündige (gewöhnlich zweistündige) und von den Studenten weitaus bevorzugte Unterricht brachte erheblich bessere Einnahmen als die offizielle Lehrtätigkeit. Zahlreiche Bestimmungen suchten deshalb zu hindern, daß man sich die Scholaren gegenseitig wegfing oder sie zum Besuch mehrerer Übungen nebeneinander veranlaßte. Für Examenskandidaten wurden besondere Übungen (exercitia specialia) angeboten, und endlich gab es noch Wiederholungskurse (resumtiones, repeticiones), in denen man gewöhnlich statt der aristotelischen Schriften kurze Schulbücher (parvuli) zum Einpauken benützte[2]. Hier fand die Lehrtätigkeit der Bakkalare ihren eigentlichen Tummelplatz.

Alle diese Dinge, so viel Raum sie einnehmen, bezeichnen aber noch immer nicht das eigentliche Kernstück des artistischen Lehrbetriebs. Das ist in jedem Sinne: die Disputation. Disputiert wurde jeden Sonnabend öffentlich von den Magistern in feierlicher Amtstracht und im Schulgebäude: pflichtmäßig mußte jeder reihum die Last der Thesenstellung und Leitung übernehmen; alle Bakkalare hatten dazu regelmäßig zu erscheinen, alle Vorlesungen und Übungen aufzuhören, solange der Schulakt dauerte. Disputiert wurde außerordentlich an den meisten Sonn- und Feiertagen, — mindestens je viermal von jedem neu promovierten Bakkalar und Magister als Leiter; disputiert wurde täglich in den privaten Magister- und Bursenübungen, die nichts anderes wollten, als auf die öffentlichen Disputationen vorbereiten. Disputiert wurde von der ganzen Fakultät, ja Universität in vierzehntägiger Redeschlacht (disputatio quodlibetica) im August (ursprünglich um Weihnachten), und disputiert wurde von den Bakkalaren in der Fastenzeit, in der ein jeder von ihnen wenigstens zwölfmal als dialektischer Fechtkämpfer auftreten mußte. Der Besuch war durch strenge Vorschriften geregelt: mindestens zwanzig Mal, sagen die jüngeren Statuten, muß jeder Scholar und Bakkalar der Sonnabenddisputation von Anfang bis

---

[1] Vgl. U.B. I, 141[14], 142, Nr. 100 Abf. 2, p. 43, Z. 2ff. Die jüngeren Heidelberger Statuten forderten von jedem Studenten, der (z. B. als Heidelberger Bürgerssohn) nicht in einer Burse wohnte, also an deren Privatexerzitien nicht teilnahm, eine erheblich verlängerte Studienzeit bis zum Examen.

[2] Vgl. Helssig, Leipziger Festschrift 1909, II, 34.

Ende beigewohnt haben, wenn er zum Examen zugelassen werden will;
dreimal soll er dort und dreimal in einer Festtagsdisputation respondiert
haben; daß er das große Jahresturnier im Examensjahr von Anfang bis
zu Ende mitmacht und auch dort sich hören läßt, ist selbstverständliche Pflicht.

─────────

In diesem äußeren Rahmen vollzog sich die tägliche Arbeit der Heidel=
berger Artisten. Schon jetzt ist der streng gebundene, ganz überwiegend
schulmäßige Charakter dieser Studien zu erkennen. Aber noch fehlt uns eine
lebendige Anschauung der Unterrichtsmethoden im einzelnen, ohne die ein
wirkliches Verständnis dieser Dinge nicht zu erreichen ist. Leider versagen
uns die Quellen hier, wo das meiste auf mündlicher Überlieferung hand=
werklicher Kunstgriffe beruhte, eine ergiebige Auskunft.

Die gangbare Auffassung stellt sich alle Vorlesungtätigkeit des späteren
Mittelalters nach dem Muster der in Italien ausgebildeten (und dort auch
auf knappe theoretische Formeln gebrachten) juristischen Unterrichtsmethode
vor[1], die auf ein ebenso scharfsinniges wie umständliches Analysieren, Ver=
anschaulichen und advokatorisches Erörtern von lauter einzelnen Rechts=
fällen und juristischen Begriffen hinauslief. Überall da, wo die wissen=
schaftliche Erörterung auf das Kommentieren feststehender Sätze angewiesen
ist, werden ähnliche Methoden entstehen, und daß in der Tat die scholasti=
sche Methode weitgehend von juristischen Vorbildern bestimmt worden ist,
haben wir schon früher besprochen. Aber es wäre sehr merkwürdig, wenn
der philosophische Unterricht sich tatsächlich darauf versteift hätte, den zu=
sammenhängenden Fluß der aristotelischen Ideenentwicklung unsinniger
und gewaltsamer Weise in lauter einzelne Lehrsätze zu zerhacken, um diese
dann mit pro und contra schwerfällig zu diskutieren; zumal im natur=
wissenschaftlichen Unterricht hätte das zu geradezu grotesken Erscheinungen
führen müssen. Und völlig unbegreiflich wäre dann, wie man in so kurzer
Zeit den gewaltigen Lehrstoff meistern konnte, wie es unsere Lektionspläne
zeigen.

In der Tat läßt die außerordentlich umfängliche, gedruckte Lehrbuch=
literatur des 15. Jahrhunderts — die wichtigste Quelle für den artistischen
Unterrichtsbetrieb — nichts von einseitiger Beschränkung auf jenes juri=

─────────

[1] Vgl. Kaufmann, II, 347 ff., 355 f.; Thorbecke 70, auch Paulsen, Gel.
Unterricht I u. a. m. — Nachweis dieses Schemas in einem theologischen Kollegheft
des Marsilius von Inghen f. im folgenden Kapitel!

stische Schema erkennen. Sie bietet alle Formen kommentierender Erläuterung dar: vom umständlichsten und formlosesten Verbalkommentar bis
zur völlig freien Reproduktion des aristotelischen Gedankengutes. Geschickte
Pädagogen kommen darin ebensogut zu Worte wie ungeschickte. Will man
diese Literatur verstehen, so gilt es zuerst, ihre historischen Voraussetzungen
zu begreifen.

Die „Vorlesung" ist die naturgegebene Lehrform einer Zeit, die noch
keine Verbreitung der Bücher durch den Druck kannte. Ihr ursprünglicher
Sinn ist die einfache Mitteilung des vorhandenen und überlieferten Wissens-
schatzes, und die in allen mittelalterlichen Universitätsstatuten wieder-
kehrenden Verbote, in der Hauptvorlesung zu diktieren, zeigen deutlich die
Neigung der Lehrenden, in diese primitive, aber sachlich damals nicht un-
begründete Lehrmethode zurückzufallen. Die Fakultäts- und Universitätsbibliothek mit ihren immerhin bescheidenen Büchervorräten war nur den
Magistern zugänglich[1], der Bücherbesitz der meisten Bursen bis zum 16. Jahrhundert ganz gering, die Anschaffung vollständiger Kopien ein Luxus, den
sich nur die Wohlhabendsten leisten konnten. Gedruckte Texte der lateinischen Aristotelesübersetzungen gab es in Italien erst seit den 70er, in Deutschland seit den 80er Jahren des 15. Jahrhunderts. Der Masse der Scholaren
blieb also nichts übrig, als sich die Texte selbst durch Abschreiben herzustellen.
Das geschah am besten nach Diktat (pronuntiare), und so wurde das Diktieren von Texten und Schulbüchern zu einer regelmäßigen Tätigkeit der
Bakkalare, die in besonderen Diktierstunden, der Regel nach an Sonn- und
Festtagen, stattfand. Die Fakultät übte auch hier die Aufsicht; kein Bakkalar sollte ohne Genehmigung des Dekans diktieren, der den Text vorher
persönlich oder durch einen der Magister auf seine Brauchbarkeit zu kontrollieren hatte. Auf diesem Wege konnten auch die Magister diktieren
lassen, was sie von ihren Kollegheften den Hörern in festgelegter Form zu
übermitteln wünschten; es war eine besondere Sorge der Fakultäten zu
verhindern, daß die Anziehungskraft dieser Hefte durch die Fiktion berühmter Verfassernamen künstlich erhöht wurde[2]. Durch diese Diktierstunden
sollte erreicht werden — so forderte eine Statutenreform von 1452 als
wünschenswerten Idealzustand! —, daß die Scholaren wenigstens zu zweit

---

[1] U.B. II, 444.

[2] Vgl. Mon. hist. univ. Prag. I, 1, p. 82: ein für die mittelalterl. Literaturgeschichte
sehr interessantes Statut!

oder dritt einen eigenen Text in die Vorlesung mitbrächten[1]. Wir besitzen
zahlreiche Beispiele solcher mittelalterlichen Schülertexte, auch aus Heidel=
berg. Der Text des Aristoteles ist (nach sehr altem Herkommen) mit weiten
Zwischenräumen und breitem Rand aufgezeichnet. Die erste Aufgabe des
Lehrers in der Vorlesung war, durch langsames und deutliches Verlesen
des zu behandelnden Abschnittes allen Hörern Gelegenheit zur Berichti=
gung etwaiger Fehler und Lücken dieser Niederschrift zu geben. Dazu trat
dann die Erklärung: Erläuterung des einfachen Wortsinnes — gewöhnlich
als „Glosse" zwischen den Zeilen nachgeschrieben — und Besprechung des
Sachinhalts, die in kurzen Stichworten am Rande notiert wurde (continuatio brevis, accurtata, abbreviata u. ö.). Längere zusammenhängende Aus=
führungen des Lehrers konnten auch wohl als „Scholien" an besonderer
Stelle außerhalb des Textes zusammengetragen werden. Als später die
gedruckten Texte mit ihren viel dichter besetzten Druckseiten aufkamen
wurde gleichwohl dasselbe Verfahren, mühsam genug, noch vielfach fort=
gesetzt (wie zahlreiche Exemplare von Frühdrucken gelehrter Werke be=
weisen). Übrigens rechnen die Heidelberger Statuten damit, daß nicht alle
Scholaren die nötige Gewandtheit im Schreiben (vor allem wohl der zahl=
reichen Abbreviaturen des mittelalterlichen Schriftwesens) besitzen, um ihre
Texte glossieren zu können. Ihnen wird dafür verstärkte Aufmerksamkeit
empfohlen (nicht eben sehr zuversichtlich, da sogleich eine Warnung vor
Unfug während der Lektion — wie Werfen mit Dreck und Steinchen, An=
stimmen des „salve" und ähnlichen Fuchsenscherzen — dabeisteht).

Auch wenn sich so die Vorlesung streng darauf beschränkte, einen gege=
benen Text zu erläutern, konnte die Durchführung im einzelnen — wie
die Schulbücher beweisen — höchst verschiedenartig ausfallen je nach Nei=
gung und Begabung des Lehrers. Wer das barbarische Gestammel vieler
lateinischer Aristotelesübersetzungen vor dem Auftreten der Humanisten
kennt (es waren sklavische Übertragungen von Wort zu Wort oder Produkte
einer dreifachen Dolmetschertätigkeit: aus dem Griechischen ins Syrische,

---

[1] Meine Studien II, 59f.; vgl. (auch für das folgende) ibid. Abschnitt II, 3, a
(S. 100ff.) und U.B. I, 152. Sehr genaue Bestimmungen der Wiener Artisten über
das Diktieren der Texte (pronunciare libros) bei Kink, II, 220. Über mittelalterl.
Kolleghefte vgl. auch v. Schuberts Ausg. von Luthers Vorlesung zum Galaterbrief
(Abh. d. Hdbg. Akad. V, 1918), Einleitung. — Gegen Examenskandidaten, die keinen
eigenen Text der wichtigsten Bücher besaßen, schritt man gegen Ende des 15. Jahr=
hunderts mit Strafen ein, so 1473 (a. f. a. II, 81a).

von da ins Arabische, dann weiter ins Latein[1]), begreift ohne weiteres,
daß eine ausführliche Wort= und Sinnerläuterung in allem Kommentieren
eine Hauptrolle spielen mußte. Besonders großen Wert legte man ferner
auf kunstvolle Gliederung des Textes (divisio) und schulgerechte Zusammen=
fassung in Leitsätzen, die sich zu syllogistischer Begründung eigneten (conclusiones). Aber bei diesen Künsten der bloßen Interpretation blieb das
mittelalterliche Vorlesungswesen nicht stehen. Deuten wir unsere Quellen
richtig, so ist man in Heidelberg erst unter dem Druck einer Reaktionspartei
um die Mitte des 15. Jahrhunderts dazu gelangt, das Kommentieren der
aristotelischen Texte (legere cum commento[2]) wieder mehr in den Mittel=
punkt des akademischen Unterrichts zu rücken. Die in den ersten Jahr=
zehnten hier herrschende Methode war — so scheint es — längst darüber
hinausgeschritten zu mehr oder weniger selbständiger Formung des über=
lieferten Lehrstoffs.

Auch die Vorlesung sollte anleiten zu der (nach Auffassung der Zeit)
höchsten Stufe wissenschaftlichen Könnens: zum Disputieren. Und so hatte
sich seit langem die Aufstellung von Streitfragen mitsamt ihren Begrün=
dungen und Lösungen in die bloße Texterklärung hineingedrängt, um sie
schließlich fast ganz zu verdrängen. Neben die ältere Grundform des mittel=
alterlichen Kommentierens, die Erläuterung (modus expositionis), war
auch im akademischen Unterricht die Methode der Problemstellung (modus
quaestionis) getreten, die man um 1450 im Bereich des Lektionswesens
als eine Neuerung der letzten Jahrhunderte und im besonderen als Merk=
mal der okkamistischen Schule betrachtet zu haben scheint.

Ihre praktische Gestaltung im einzelnen können wir am deutlichsten aus
den Lehrbüchern des Marsilius von Inghen erkennen, dessen Methode von
der Fakultät 1452 ausdrücklich als maßgebend „seit Beginn des Studiums"
bezeichnet wurde. Das durchgehende Merkmal wenigstens seiner mir be=

---

[1] Es gab indessen auch andere, direkt aus dem Griechischen übertragene, und
nicht selten haben später die Neuausgaben der Humanisten die mittelalterliche „trans-
latio antiqua" neben die eigene gestellt, ja sie zuweilen gar als Grundlage verwendet
und nur besser stilisiert. S. Grabmann in Bäumkers Beitr., Bd. 17 (1916), p. 6 u.
B. Geyer, Die alten latein. Übersetzungen d. aristotel. Analytik, Topik u. Elenchik in:
Philosoph. Jahrb. XXX (1917), 31 ff.
[2] Der Ausdruck erscheint in den Statuten zuerst 1444: U.B. I, 152²⁷. — Eine von
der Fakultät festgelegte Einteilung der aristotel. Bücher in einzelne Stundenportionen,
wie sie z. B. in Leipzig bestand, ist in H. unbekannt.

kannten[1] philosophischen und naturwissenschaftlichen Lehrbücher ist es, daß
in ihnen der Text der Vorlagen nirgends mehr sichtbar wird: er ist hinter
eigenen Lehrsätzen und „Quästionen" des Bearbeiters vollständig verschwunden. In seinem berühmten Abriß der Dialektik ist die gesamte Materie auf wenige knapp formulierte Lehrsätze und Regeln mit Schul-
beispielen gebracht. Etwas ausführlicher behandelt das Kompendium der
Naturphilosophie (abbreviationes libri physicorum) — wahrscheinlich ein
Pariser Kollegheft des Marsilius — seinen Stoff. Aber auch hier ist der
Text des Aristoteles in einzelne Leitsätze (propositiones) zusammengedrängt;
Erklärungen und Beweise in verhältnismäßig knapper Form schließen sich
an. Gelegentlich aufgestellte Zweifelsfragen und Einwände (dubia, quaestiones, argumenta opposita) geben Gelegenheit zur Darstellung wissen-
schaftlicher Kontroversen und zu eigener Stellungnahme des Lehrers.
Offenbar haben wir in diesem Handbuch die ideale Methode des „Lesens
mit Quästionen" vor uns, die von den ältesten Statuten unserer Fakultät
gefordert wurde. Neben die Quästionen sollten in der Behandlung der
Dialektik (summula Petri) auch logische Kniffe, Beispiele doppeldeutiger
Urteile u. dgl. (sophismata) treten — eine Ergänzung, für die es in der
überlieferten Literatur an Belegen nicht fehlt. Unzweifelhaft bot diese
Methode vor dem bloßen Textkommentar den Vorzug größerer Bewegungsfreiheit für selbständige wissenschaftliche Ideenentwicklung. Ihre Quästionen faßten den Grundgedanken ganzer Abschnitte (oft freilich in recht
künstlicher und gequälter Weise) in Frageform zusammen[2]; die Notwendigkeit ihrer Beantwortung mit Hilfe syllogistischer Schlüsse zwang den Lehrer
— sofern er nicht ganz äußerlich verfuhr — zu vollkommener logischer
Klarheit. Anderseits lag aber — wie in allem Disputieren — die Gefahr
nahe, daß die bloße Technik der Argumentation mit Gründen für und
wider zum Selbstzweck wurde, der Gedankenfortschritt der aristotelischen
Texte vollständig verloren ging. Schon in den Schriften des Marsilius —
von späteren zu schweigen — wird diese Form der Entartung zuweilen

---

[1] Hschr. Nr. 11 meines Verzeichnisses (Studien I, 186) scheint (nach der Beschreibung Lemckes) einen fortlaufenden Textkommentar darzustellen.

[2] Ein paar Beispiele aus des Marsilius Kommentar „de generatione et corruptione" mögen veranschaulichen, wie die Quästion als bloße äußere Form zur
Inhaltswiedergabe des aristotelischen Textes verwendet wurde: „Utrum omne agens
agat per contactum" (l. I, qu. 6) — „Utrum ens mobile ad formam sit subiectum
libri de generacione" (l. I, incipit.) „Utrum quattuor sint qualitates rerum" (l. II,
incip.).

sichtbar. Wenigstens in den theologischen, die an besonders großer Schwer=
fälligkeit leiden. In den philosophischen dagegen bleibt immer die Über=
sichtlichkeit gewahrt, auch da, wo der Verfasser nichts anderes mehr als
lauter selbstgeformte Quästionen bringt (wie in dem pädagogisch vortreff=
lichen metaphysischen Handbuch, das aus Heidelberger Vorlesungen ent=
stand, und selbst in dem schwerfälligeren Kommentar zur aristotelischen
Schrift über „Werden und Vergehen"). Offenbar zwang der rasche, ja teil=
weise stürmische Gang der artistischen Vorlesungen zur Selbstbeschränkung.
Im allgemeinen scheint[1] die Behandlung der naturphilosophischen Schriften,
insbesondere der „kleinen Naturalien" des Aristoteles (deren sehr konkreter
Inhalt zu logischen Distinktionen und sophistischen Abschweifungen wenig
Gelegenheit bot), mit größerer Kürze und Schlichtheit erfolgt zu sein als
die der Logik. Diese war der eigentliche Nährboden wuchernder Sophistik.

Die Darstellungsform der „quaestio", in der sie sich vorzugsweise ent=
faltete und die auch alle spätscholastische Literatur beherrscht, ist nicht zu
verstehen ohne Kenntnis der Spielregeln, nach denen die Schuldisputa=
tionen jener Zeit zu verlaufen pflegten[2]. Auch die „Übungen" inner= und
außerhalb der Bursen wurden durchaus nach diesem Schema gehalten. Hier
entwickelten sich jene „Disputierkränzchen" (disputationes circulares) des
16. Jahrhunderts, die man als Vorläufer der modernen Seminarübungen
betrachten darf[3].

Man pflegt den Gang der scholastischen Disputation ganz allgemein
— also auch im Bereich der Artisten — als ein Redegefecht zwischen zwei
oder mehr Gegnern zu schildern, die einander entgegengesetzte Meinungen
vertreten. Als dialektische Glanzleistung wird die Tätigkeit des präsidieren=

---

[1] Vgl. darüber meine Studien II, bes. 108ff.

[2] Da es (wie schon früher angedeutet), an einer zusammenhängenden Darstellung
dieser (für die Formengeschichte des abendländischen Denkens so überaus wichtigen)
Dinge gänzlich fehlt, kann unsere Darstellung nicht mehr tun als die Gewohnheiten
der Spätzeit isoliert zur Anschauung bringen. Eine eigentliche Erklärung könnte
nur aus genauer Kenntnis der historischen Entwicklung versucht werden (wobei ver=
mutlich auch der noch kaum erforschte Einfluß der jüdisch=arabischen Scholastik eine
Rolle spielen dürfte?). Beispiele für das spätscholastische Quästionenschema bietet jetzt
auch Fr. Kardinal Ehrle, Der Sentenzenkommentar Peters von Candia, 1925,
S. 27ff.

[3] Vgl. P. Drews in der Einleitung zu den Disputationen Martin Luthers (Göt=
tingen 1895), XVIIIff., dazu Kaufmann, Zentralbl. f. Bibl.wesen XI, 220f. u.
Ew. Horn Beiheft 11 z. Zentralbl. usw. (1893), 30ff. Über den Ursprung des Dis=
putierwesens vgl. auch: B. Geyer in: Theolog. Revue XV (1916), 262.

den „Quodlibetars" in der großen artistischen Jahresdisputation (disputatio quodlibetica) hingestellt, der die ungeheuerliche Aufgabe gehabt
haben soll, mehr als vierzehn Tage nacheinander die Angriffe seiner sämtlichen Kollegen, und dazu noch zahlreicher Bakkalare und Scholaren mit
kunstvollen Argumenten abzuwehren. Wer aber die Statuten mittelalterlicher Fakultäten und die — freilich nur trümmerhaft überlieferten — Aufzeichnungen wirklich gehaltener Heidelberger artistischer Disputationen
studiert, ist überrascht, von eigentlichen Redegefechten sogut wie nichts zu
finden. Es kam allerdings vor, daß die Partei des Für und Wider durch
je einen eigenen Redner vertreten wurde. In Wien ließ man (gewissermaßen als Vorspiel der eigentlichen Disputation) die Bakkalare sich in
dieser Weise bis zum allmählichen Eintreffen der Herren Magister üben;
auch kannte man dort unter der Bezeichnung „wechselseitiger Replika-
tionen" den wirklichen Redekampf zweier Magister; die Fakultät konnte
ihn auf besonderen Antrag genehmigen, war dann aber sehr besorgt,
Skandal zu vermeiden. Ohne besondere Erlaubnis durften sich zwei Magister nur in der Jahresdisputation oder zu Ehren eines neu Promovierten
in dessen erstem Schulakt gegenseitig opponieren — mit geziemender Mäßi-
gung und Würde natürlich[1]. Die Regel war das aber nicht. In der Regel
war das echte Wortturnier mit seinen Aufregungen und Gefahren für die
öffentliche Würde des Dozenten durch ein wohlvorbereitetes, rein rhetorisches Scheinmanöver, ein schwerfälliges Prunkreden mit verteilten Rollen
ersetzt.

Die ursprünglichste Schwierigkeit alles schulmäßigen Disputierens war
offenbar die der Fragestellung: einen Gegenstand zu finden, über den sich
widersprechende Aussagen machen ließen — m. a. W. die quaestio zu formulieren. Wir hörten schon, wie man sich mangels ernsthafter wissenschaftlicher Kontroversen diese Aufgabe erleichterte: jeden beliebigen Satz brachte
man schließlich in Frageform, nur um eine quaestio daraus zu bilden. So
konnte etwa ein (1503 im Druck erschienenes) logisches Schulbuch lang und
breit die „Frage" erörtern, ob der Traktat des Marsilius über die Suppo-
sitionen von anderen Traktaten logisch verschieden sei — nur um Gelegenheit zur Erörterung des Titels zu haben. Die Heidelberger Statuten forderten deshalb, nur fruchtbare Gegenstände (fecundi tituli) dürften auf
der Disputation vorgebracht werden[2]. Ihre Auswahl und Formulierung

---

[1] Kink, II, 219 (tit. XXVIII) u. 214/15.

[2] U.B. I, 154.

war Sache des präsidierenden Magisters, dessen Aufgabe gewöhnlich als „disputare" im engeren Sinne bezeichnet wird. Er stellte die „Frage" (proponere), auf die der „Respondent" (respondens) die „Antwort" fand — so, meinte man, habe schon das achte Buch der aristotelischen Topik, das herkömmlich als Regelbuch des Disputierens galt[1], die Rollen verteilt. Aber mit dem bloßen Formulieren der Frage war es nicht getan; disputationsreif wurde sie erst durch den Nachweis, daß für ihre Bejahung wie für ihre Verneinung (bzw. für die eine wie für die andere, gegenteilige Lösung) sich einleuchtende Argumente aus Vernunft oder Autorität beibringen ließen. Diesen Nachweis lieferten die sog. „Haupt= oder Einleitungsgründe" (rationes principales, auch wohl problema quaestioni annexum genannt), deren Aufstellung gleichfalls dem die Disputation leitenden Magister zufiel. In der gesamten Quästionenliteratur bilden diese Erörterungen, in denen gewissermaßen der zu lösende Knoten erst geschürzt, die Spannung erst geschaffen wird, die dann alle weitere Bewegung des Gedankens erzeugen soll, regelmäßig den ersten Abschnitt. Im Examen werden sie von dem Prüfenden zusammen mit der quaestio, die der Kandidat lösen soll, diesem vorgelegt. In der Sonnabend=Disputation teilt sie der präsidierende Magister seinen Respondenten (gewöhnlich zwei von ihm mitgebrachten und vielfach vorher eingeübten Bakkalaren) gewissermaßen als Aufgabe zu, die sie zu lösen haben[2]. Und ähnlich ist es in der großen Jahresdisputation. Der präsidierende Magister legt — nach einer feierlichen Begrüßungsrede — seinen Respondenten[3] mehrere Quästionen zur Beantwortung vor. Hier erhält jeder Magister ein solches Problem zugewiesen — sei es mit, sei es ohne „Hauptgründe" (rationes principales); bei der Auswahl hat der „Quodlibetarius" auf die besondere Begabung

---

[1] Vgl. Joh. von Salisburg, Metalogicus (Migne, P.L. 199) 911: [Oportet] interrogantem . . . . . optime contra respondentem disputare. Dazu Grabmann, Scholast. Methode II, 18. Vgl. auch die Regeln des Leonh. v. Brixental O. P. bei G. M. Löhr (O. P.), Die theolog. Disputationen und Promotionen an der Universität Köln im ausgehenden 15. Jhdt. (Quellen u. Forsch. 3. Gesch. d. Dominikanerordens in Deutschland 21), 1926, S. 17.

[2] Vgl. Kink, II, 214; dazu das Tübinger Statut bei Kaufmann, II, 376, N. 1.

[3] Und zwar gleich zu Anfang (in exordio) allen respondierenden Magistern auf einmal, wie sich aus Pal. lat. Vat. 608, fol. 314ᵛ zweifelsfrei ergibt. — In Wien begann auch das Quodlibet mit der Responsio von Bakkalaren (Kink, II, 218). Die Heidelberger Statuten enthalten leider nichts Näheres über seinen Verlauf. — Verschiedene Einleitungsreden sind Pal. lat. Vat. 370, fol. 139, 160, 220 erhalten.

(bzw. Schwäche) jedes einzelnen Rücksicht zu nehmen. Nach den jüngeren Heidelberger Statuten sollte die Zuweisung bereits vier Wochen vor Beginn der Disputation geschehen, und die Magister sollten dem Präsidenten ihre sorgsam ausgearbeitete „Antwort" spätestens zwei Tage vorher schriftlich einreichen[2] — aus dem „Redekampf" war also in diesem Stadium vollends eine leere Schaustellung geworden.

Ein (besonders anschauliches) Beispiel mag das Wesen dieser Einleitungsargumente veranschaulichen. „Ist der alleinigen Entscheidung des Papstes, als Führer und Haupt der streitenden Kirche, entschiedener und mehr zu folgen und zu gehorchen, als der des ganzen Konzils oder seiner Majorität, die der päpstlichen Entscheidung tatsächlich widerspricht?", so lautet eine Quodlibetfrage des Jahres 1442[3]. Für die Bejahung sprechen — so fährt der präsidierende Magister fort — als Hauptgründe: die vernünftige Erwägung, daß nur ein Haupt in der Kirche möglich ist, und die Autorität des Evangeliums, nach dessen Wortlaut Christus den Petrus zur Führerstellung berief. Das Gegenteil scheint daraus hervorzugehen, daß — nach anderen Bibelsprüchen — nicht Petrus allein, sondern alle Jünger zum Apostelamt berufen wurden, deren gemeinsame Entscheidung also offenbar mehr zu gelten hatte als die des Petrus allein; auch ist als kirchenrechtliche Analogie zu erwägen, daß der Diözesanbischof nicht wider die Mehrheit seines Kapitels Befehlsgewalt besitzt. Autorität steht also hier gegen Autorität: wie ist dieser Widerspruch aufzulösen? Er wird ausdrücklich noch deutlicher formuliert: wie ist es möglich, daß in der Konzilsfrage die Meinung bedeutender neuerer Doktoren gegen die Ansicht der Väter und der kanonischen Schriften steht? Daß in weltlichen Reichen der Fürst eine absolute Befehlsgewalt besitzt, die dem Papst hingegen bestritten wird?

Man erkennt die Grundform des Abälardschen sic-et-non-Verfahrens deutlich wieder. Nicht immer stehen sich, wie hier, zwei Autoritäten widerspruchsvoll gegenüber, sondern es können auch ratio und autoritas unvereinbar scheinen. Das ist die gewöhnliche Form der rein philosophischen, besonders

---

[2] Thorbecke 73, N. 147. In Wien erhielt jeder Magister je eine quaestio mit und ohne rationes principales.

[3] P.L.V. 608, fol. 314—19. Hier ist Fragestellung und Antwort besonders deutlich zu unterscheiden. Ähnlich in einer Heidelberger Examensfrage von 1440: P.L.V. 370, fol. 151[R]. — Wurde ein Sophisma vorgelegt, so fügte der die Frage stellende Magister sogleich die beiden einander konträr entgegengesetzten Lösungen mit Begründung bei. Beispiel bei Helssig, Leipz. Festschr. 1909, II, P. 78, N. 155.

der naturphilosophischen Quästionen: im Grunde denkt der Fragende nicht
daran, die Autorität desAristoteles, die er scheinbar in Frage stellt, wirklich zu
bezweifeln; aber er führt, um ein Problem zu gewinnen, zunächst alle
möglichen Gegenargumente aus Vernunft und Erfahrung ins Feld, um
ihnen dann schließlich die aristotelische Meinung gegenüberzustellen (in
oppositum est philosophus u. ä.).

Aufgabe des „Respondenten" ist es nunmehr, das scheinbar Unverein=
bare miteinander auszugleichen und dadurch die soeben erzeugte Span=
nung zu lösen. In literarischer Form ist dieser Teil der Quästionen=Erörte=
rung der weitaus umfänglichste und der eigentlich fruchtbare. Zunächst
gilt es regelmäßig, die in der Quästion verwendeten Begriffe, sowohl der
Voraussetzungen (supposita) wie der eigentlichen Frage (quaesitum), genau
zu umgrenzen (determinare), wodurch sich in vielen Fällen allein schon eine
Lösung erzielen läßt. Diese Aufgabe des „Determinierens[1]" ist denn auch
die eigentliche Forderung im Examen. Dazu gehört aber weiterhin die
Sammlung und Klärung aller Begriffe und Argumente, die zur sachlichen
Aufhellung des Problems dienen (notanda, propositiones, suppositiones);
ihre Erörterung bildet häufig den ersten Abschnitt (articulus) der „Ant=
wort". Aus den so gesammelten Voraussetzungen werden dann im Haupt=
teil Schlüsse gezogen (conclusiones) und in streng syllogistischer Form be=
gründet. So entsteht eine Reihe von Thesen (propositiones), mit Ergän=
zungssätzen (corellaria), denen sich Einwände (contra, in oppositum) und
Zweifel (dubia) entgegenstellen. Die Ausführlichkeit dieser Erörterungen
ist bei den verschiedenen Autoren sehr verschieden: sie konnte mit immer
neuen Unterteilungen und Abschweifungen ins Unendliche führen[2], konnte
aber auch aufs äußerste beschränkt werden. Jedenfalls war hier der rechte
Tummelplatz dialektischer Rhetorik: hier zeigte in der Disputation der Re=
spondent seine ganze Kraft des Argumentierens. Normalerweise pflegte
er selber sich seine Einwände zu machen und zu widerlegen (replicare);
in gewissen (oben näher bezeichneten) Fällen bot sich aber hier auch Ge=
legenheit für Opponenten, mit Genehmigung des Präsidenten durch Gegen=
argumente einzugreifen. Waren die Respondenten in der Sonnabends=
disputation solchergestalt ins Argumentieren gekommen, so pflegten all=

---

[1] In erweitertem Sinne wird auch wohl die gesamte Tätigkeit des Respondenten
als determinatio bezeichnet.

[2] So bei Marsilius v. J., vgl. meine Studien I, 73ff., wo ich den Sinn des Schemas
(insbesondere der „rationes principales") noch nicht verstanden habe.

mählich auch die Magister zu erscheinen und auf Anfordern des Präsidenten
ihrerseits Argumente aufzustellen (arguere). Mancherorts war bestimmt,
daß nach Anleitung des präsidierenden Magisters die Scholaren und Bak=
kalare angehalten werden sollten, auf die Argumente der verschiedenen
Magister zu „respondieren", indem sie deren Prämissen angriffen u. dgl.[1].
Dann löste sich also die Erörterung in eine Reihe kleiner Einzelgefechte
auf; freilich sollten die Angegriffenen nichts erwidern, um die Sache ab=
zukürzen. Und unentbehrlich waren diese Einzeldebatten überhaupt nicht.
Im großen „Quodlibet" war man froh, wenn jeder Magister Gelegenheit
gefunden hatte, seine Determination vorzutragen, und zumal die großen
Fakultäten, wie die Wiener, verboten geradezu, Opponenten gegen die
responsio der Bakkalare anzuhören; selbst in den regelmäßigen Wochen=
disputationen schränkten sie die Zahl der vorzutragenden Schlüsse und
Argumente aufs äußerste ein. (Eine regelrechte Doppelantwort durch zwei
einander kontradiktorisch opponierende Redner erforderte seinem Wesen
nach nur das Sophisma, das in einer beschränkten Anzahl von Fällen an
die Stelle der Quästion treten durfte. Da aber diese Form der Thesen=
bildung in das Gebiet der logischen Elementarkünste gehörte, blieb ihre
Bedeutung im Rahmen der Disputationen gering[2].)

Hatte die Erörterung des Respondenten zum Ziel geführt, so mußte
es am Schluß der Debatte möglich sein, den eingangs geschürzten Knoten
regelrecht zu lösen (solutio, ad rationes principales). Literarisch bildet
eine solche formelle „Lösung" denn auch jedesmal den Abschluß der quaestio; in der mündlichen Debatte legte man anscheinend geringen Wert
darauf; nur in besonders schwierigen Fällen (so in der Doktordisputation
der Theologen) war ausdrücklich bestimmt, daß einer der älteren Magister
oder der Präses etwa noch bestehende Zweifel in einer Art Schlußwort zu
lösen hätte. Der Aufzeichnung würdig fand man im allgemeinen nur den
Hauptteil des Ganzen: die Determination und Beweisführung des Re=
spondenten. Galt diese doch zugleich als wichtigste Examensleistung der
Promovenden; aus ihr als einer Art Keimzelle scheint sich die „Disser=
tation" späterer Jahrhunderte entwickelt zu haben[3].

---

[1] Vgl. Kaufmann, II, 374, N. 2; 376, N. 1. Die Darstellung Kaufmanns
hat den Sinn des Disputationsschemas nicht erfaßt.

[2] In Prag sollten auf sophismata Scholaren, auf Quästionen Bakkalare respon=
dieren. Mon. Prag. I, 1, 52.

[3] Darüber s. Näheres im 9. Kap. bei Besprechung der theologischen Disputationen!
Diese galten im allgemeinen als wertvoller und sind darum wesentlich zahlreicher über=

Die geistige Leistung der artistischen Disputationen ist nach alledem erheblich anders zu beurteilen als bisher üblich. Sie erschöpft sich im wesentlichen in der sorgsamen Vorbereitung der Quästion, insbesondere der Responsio, an deren Ausarbeitung gewöhnlich Präses und Respondent (falls dieser im Schülerverhältnis zu jenem stand) gemeinsam beteiligt waren. Die eigentliche dialektische Leistung dagegen war meist unbedeutend. Am geringsten wohl die des Präses: es stand ganz in seinem Belieben, ob und wie weit er sich mit eigenen Argumenten an der von den Respondenten angeschnittenen Erörterung beteiligen wollte. Natürlich gab es auch einen großen Schatz herkömmlicher Kontroversen und Beweisführungen, traditioneller Quästionen und Sophismata (communes tituli magistrorum), der sich schulmäßig einpauken ließ, so daß das Hantieren mit logischen Argumenten auch dem Ungewandten nicht allzu schwer fallen konnte. Nur so wurde es möglich, auch die Bakkalare und Scholaren in weitem Umfang an der Diskussion zu beteiligen. Kamen keine überraschenden Zwischenfälle vor, so ließ sich die Debatte bis fast in alle Einzelheiten vorüben. Um ihr wenigstens etwas von dem ursprünglichen Charakter des Improvisierten zu bewahren, hielt man darauf, daß der Respondent seine Thesen und womöglich auch die zugehörigen Argumente auswendig, ohne Benutzung eines Buches oder eingelegten Zettels, vortrage[1]. Aber eben daraus erhellt, wie selbstverständlich das vorherige Einstudieren der Responsio als allgemeiner Brauch, ja wohl gar als Pflicht betrachtet wurde.

Man wird trotz alledem die pädagogische Nützlichkeit dieser Übungen in mehr als einer Hinsicht nicht in Abrede stellen. Es bedeutete schon etwas — zumal für den Anfänger —, vor der ganzen Fakultät aufzutreten und

---

liefert als die artistischen. Das oben dargestellte Schema findet sich besonders deutlich entwickelt in einer Heidelberger theologischen Disputation vom 22. 8. 1453: P.L.V. 370, fol. 335ᴿ–338ᵛ. a) Einleitende Rede (eine Art Predigt) des präsidierenden Professors Rudolf de Zelandia über ein der quaestio verwandtes Thema. Am Schluß Aufforderung an einen andern (offenbar den magister disputans), einen titulus positivus disputandi una cum argumentis pro et contra vorzulegen. b) Propositio quaestionis cum argumentis (= auctoritatibus) pro et contra. c) Zuteilung an einen Bakkalar (Herwicus de Amsterdam) zur Responsion gemäß dem Statut von 1464/69 (Hautz, II, 375). — Nur die responsio ist wiedergegeben in einer quaestio quodlibetica, determiniert durch Job. de Calw, P.L.V. 376, fol. 271–74. Die Aufzeichnung der quaestiones quodlibeticae erfolgte auf Grund eines Fakultätsstatuts von 1403 (a.f.a. I, 24ᵛ), erneuert 1443 (ib. 202).

[1] So das Statut der Heidelberger Realistenburse: U.B. I, 226, Z. 32. In Prag ähnliches Fakultätsstatut: Mon. Prag. I, 1, p. 53.

mit rhetorischer Gewandtheit seine Argumente vorzutragen. Doch muß die Langeweile für die Hörer überaus groß gewesen sein. Umso größer, als die meisten artistischen Disputationen doch sozusagen nur Vorübungen ohne eigenen geistigen Rang darstellten, während alles wirklich ernsthafte sachliche Interesse sich auf die theologischen Streitfragen konzentrierte. Allerdings scheint es[1], daß man im großen Quodlibet zu Heidelberg um der Belebung des Interesses willen sich nicht scheute, den engeren Umkreis des artistischen Studiums zu überschreiten. Hier traten ja auch die in den oberen Fakultäten studierenden Artisten=Magister respondierend auf — Rektor und Dekan regelmäßig als erste —, und so erörterte man auch halbtheologische Fragen aus dem ethisch=metaphysischen Grenzgebiete, wie die nach der Willensfreiheit des Menschen, seinem natürlichen sittlichen Vermögen und dem Wert der Betrachtung Gottes, oder halbjuristische und kirchenpolitische Probleme: ob weltliche Macht die Predigt des Wortes verbieten könne, über die Rechte des Konzils und des Papstes, ob das Turnier und der Zweikampf nach kanonischem Recht erlaubt seien — oder endlich die immer beliebte Frage nach der Möglichkeit, die Macht der bösen Geister zu bannen. Aber das waren vereinzelte Paradestücke; im ganzen überwogen doch die altgewohnten logisch=naturphilosophischen Stoffe, und so konnte aller äußere Prunk der Versammlung, die man zum größten akademischen Schulakt überhaupt gestaltete[2] (auch die Herren Doktoren ließen sich wenigstens bei der Eröffnung sehen!), nicht verhindern, daß er an Interesse von Jahr zu Jahr verlor. Mehr als vierzehn Tage lang die rein begrifflichen Erörterungen fast sämtlicher Artistenmagister anzuhören, von denen womöglich ein jeder den andern durch pedantische Ausführlich= keit zu übertreffen suchte — das empfand man doch schon im 15. Jahr= hundert als schwer erträglich. Mit zahlreichen Strafbestimmungen, Lock= mitteln und Examensvorschriften suchte die Fakultät die Scholarenschaft zum Besuch, die Magister zur Übernahme des Präsidialamtes und zur Be=

---

[1] Vgl. die Aufzeichnungen des P.L.V. 376 in Stevensons Katalog (dazu Thor= becke 74, N. 150). Die daselbst fol. 271—74 stehende quaestio quodlibetica des Jod. de Calw lautet: „Utrum homo juxta statum currentem sua per naturalia proxime sibi causantis cause aspirante spiramine possit arbitrii libertate in actum moraliter bonum peculiari non jutus presidio seu juvamine." Man beachte die geziert=rheto= rische Formulierung und die Fülle der künstlich hineingepackten begrifflichen Voraus= setzungen (supposita)! Das alles ist typisch für das spätscholastische Quästionenwesen.

[2] Dramatische Schilderung bei Thorbecke 73 ff. Dort auch nähere Nachweise über Termine, Strafbestimmungen, Verfall im 16. Jhdt. u. dgl.

teiligung an der Debatte anzuhalten. Schon um die Mitte des 15. Jahr=
hunderts war es herkömmlich, unter die „arguierenden" Magister in jeder
Sonnabendsdisputation drei Pfund Pfennige zu verteilen; und daß ein
Quodlibet nicht ohne ausgiebige „Erfrischungen" in Brot, Käse, Wein
u. dgl. auf Fakultätskosten gefeiert werden konnte, verstand sich[1]. Trotz
alledem hören die Klagen über nachlassenden Besuch der Disputationen
nicht auf, und das große Quodlibet war später eines der ersten Angriffs=
ziele der humanistischen Neuerer. Bezeichnenderweise waren es dann die
konservativen alten Herren der oberen Fakultäten, nicht die im Durchschnitt
viel jugendlicheren Artisten, die das Aufhören des längst veralteten (und
von den meisten jüngeren Universitäten gar nicht mehr eingeführten)
Schulaktes noch durch Jahrzehnte verhinderten.

Die quodlibetarische Disputation hat als literar= und sittengeschicht=
liches Kuriosum von jeher besondere Aufmerksamkeit erweckt: jedoch weniger
ihres ernsthaften als ihres heiteren Teiles wegen. Eine Anzahl von deut=
schen Universitäten nämlich (außer Heidelberg noch Wien, Köln und Erfurt)
pflegte die Monotonie der magistralen Rede=Paraden durch die Erörte=
rung von Fragen leichteren, meist scherzhaften Charakters (quaestiones
minus principales, accessoriae, fabulosae) zu unterbrechen bzw. abzu=
schließen[2]. Den Bakkalaren (mancherorts auch den Scholaren) war es ge=
stattet, den Magistern derartige Scherzfragen in ähnlicher Weise zu stellen, wie
vorher der Quodlibetar seine ernsthaft gemeinten gestellt hatte. Natürlich
suchten sie sich jüngere Magister aus, denen sie den nötigen Witz zutrauten[3].

---

[1] U.B. I, 154, 184.

[2] Die Stellung der quaestiones fab. am Schlusse (ob immer?) läßt sich nur aus dem
Inhalt eines Teiles der uns überlieferten Stücke vermutungsweise erschließen. Die Wie=
ner Statuten besagen nur, daß ihre Zuteilung nach der Verteilung (nicht Erledigung!)
der qu. principales erfolgt, zugleich aber: ut seriis jocosa misceantur! — Daß es
nicht immer nur zwei waren (wie Zarncke, Dt. Univ. 234, vermutet), zeigt P.L.V.
fol. 144ᵛ. (Vgl. folgende Anmerkung!)

[3] Vgl. Zarncke a. a. O. 52, Z. 15; 69, Z. 14; 89, Z. 23. — P.L.V. 870, fol. 144
bis 154 enthält die quodlibetarische Rede eines Ungenannten von 1458. Im Anfang
heißt es dort: Ex . . . fac. art. decani . . . commissione necnon . . . magistri . . .
presidentis permissione questione principali nuper in ordine . . . expedita restat
. . . solvere quodlibeta seu questiones minus principales etsi non omnes mihi motas,
quod ingenium non sufficit neque tempus admittit, aliquibus tamen propose satis=
facere curavi et signanter tribus, quarum prima seriosa est et aliquid ponderis . . .
habet, alie vero due sunt iocose. Offenbar galt also der Redner als besonders witzig
und traf selbst die Auswahl aus den ihm gestellten Fragen.

Daraus entstanden dann Scherzreden höchst seltsamer Art. Einige der tollsten
Exempel, zum größten Teil aus Heidelberg stammend, fanden schon seit
dem 15. Jahrhundert weite Verbreitung durch den Druck und gehörten
zu den beliebtesten Stücken grob=satirischer Unterhaltungsliteratur im Zeit=
alter des Humanismus und der Reformation[1]. Ihr geistiger Gehalt ist
gering: humanistische Kritik an dem barbarischen Küchenlatein des her=
kömmlichen Schulbetriebs, teils im Stile der Dunkelmännerbriefe, teils in
dem schulmeisterlich=polternden Tone Jakob Wimpfelings[2], dazu in der
Erfurter Rede von 1515 jene Mischung von nationaler Selbstkritik und
Überheblichkeit, wie sie im Kreise der Hutten, Eoban Hessus und Crotus
Rubeanus üblich war, endlich und vor allem aber der jener Zeit so tief
im Blut steckende Spott über den unwissenden und lasterhaften Pfaffen
— damit ist der positive Gedankengehalt erschöpft. Umso beizender ist die
Würze, die das Ganze durch äußerst saftige Weibergeschichten, durch Wort=
spiele, eingestreute Sauf= und Hurenlieder, derbe deutsche Sprichwörter,
Ausdrücke der Bierbank, komische Zitate von fingierten Gesetzesparagraphen
einer phantastischen Brüderschaft von Sauf= und Schlemmbrüdern, grobi=
anische Schilderungen aus dem Leben verbummelter Scholaren, kurzum:
durch studentischen „Bierulk" aller Art erhält. Einzelne dieser Geschichten könn=
ten aus dem Decamerone stammen; daß man sie in feierlicher Gelehrten=
versammlung vorzutragen wagte, ist vielleicht immer noch weniger erstaun=
lich, als daß einst Boccaccio derartige Dinge gebildeten jungen Damen der
Florentiner Gesellschaft in den Mund gelegt hatte. Aber als kaum faßbare
Geschmacklosigkeit erscheint uns das fadenscheinige Mäntelchen aus theolo=
gischen und pädagogischen Phrasen, in das hier nackte Obszönitäten gehüllt
werden: der treuherzige Ton, in dem der Schlettstadter Schulrektor Hof=

---

[1] Neuausgabe durch Zarncke, a. a. m. (1857). — Zur Datierung usw. vgl. Thor=
becke 62*, N. 152.

[2] Über Wimpfelings Anteil an der Drucklegung vgl. Knod in Geigers Viertelj.=
schrift II (1887), 274 und Joh. Knepper, Jak. Wimpfeling (1902), S. 107, N. 4.
Daß die beiden Reden von Hartlieb und Olearius aus dem Wimpfelingschen Kreise
kamen, zeigen auch die Ausführungen S. 70, Z. 4—26 und 90, Z. 11—14, die ganz
deutlich hinweisen auf die 1499 erschienene Gedächtnisschrift für Marsilius von Inghen.
Über diese vgl. meine Studien II, 75 f. u. 129 f., ferner H. F. Singer, Der Humanist
Jakob Merstetter (Mainz 1904) und die dort S. 24 ff. zitierte ältere Literatur. Die
von Zarncke 237 f. abgedruckten Briefe und zugehörigen Scherzreden finden sich
handschriftlich in Clm. 11805 fol. 23 ss. Diese ganze Literaturgattung gehört in die
Vorgeschichte der „epistolae obscurorum virorum".

mann die beiden Reden „über die Treue der Huren und Konkubinen" ſeinen
Schülern als treffliche Sammlung abſchreckender Moralbeiſpiele empfiehlt,
oder gar die widerwärtige Salbung, mit der der Erfurter Johannes Schram
ſeine wüſten (und großenteils aus Heidelberger Vorbildern geſtohlenen)
Schilderungen des „Monopoliums der Schweinezunft" durch ein förmliches
Gebet an den Allerhöchſten um Hilfe beim Redeakt einleitet! Die naive
Frömmigkeit des Mittelalters rückt hier in eine ſehr ſonderbare Beleuchtung.

Man pflegte ſich bisher alle quodlibetariſchen Scherzreden nach dem
Muſter dieſer Spätlinge vorzuſtellen. Aber die Heidelberger Statuten zeigen
(ähnlich wie die Satzungen anderer Univerſitäten), daß man derartig ein=
deutige Scherze denn doch als Entartungen betrachtete und bekämpfte.
Ein Heidelberger Bakkalar wurde 1498 wegen Aufſtellung unanſtändiger
Quodlibetfragen beſtraft, und auch die Theologen beſchwerten ſich gelegent=
lich mit Erfolg über den Mißbrauch der Redefreiheit[1]. Überdies zeigt eine
handſchriftlich überlieferte Quodlibetrede von 1458[2], daß man (in dieſem
früheren Zeitraum wenigſtens) auch ohne eigentlich obſzöne Scherze aus=
kam. Eher könnte man das Ganze jener Rede eine journaliſtiſche Plau=
derei über aktuelle Tagesfragen nennen: im Anſchluß an einen Ketzer=
prozeß, der in eben dieſen Tagen ſich in Mainz abſpielte und wenige
Wochen darauf ſein gräßliches Ende in der Mainzer „Ketzergrube" finden
ſollte, werden allerhand Anekdötchen im Stile des „Eulenſpiegel" von
betrügeriſchen Bettelbrüdern (Lollharden) und von dem Gaunerleben der
ſcheinheiligen Begharden und Beghinen erzählt: natürlich nicht ohne Ein=
flechtung moraliſch=theologiſcher Betrachtungen und abſchreckender Bei=
ſpiele von Ketzerverbrennungen der letzten Jahrzehnte, die großenteils aus
den gangbaren ketzerfeindlichen Schriften der Zeit (wie Felix Hemmerlins
„Lolhardorum descriptio" und des Heidelbergers Wasmod von Homburg
Schrift über die Begharden) wörtlich entnommen ſind. Anſchließend wer=
den recht ernſthafte kanoniſtiſche Ausführungen über das Recht der Kirche
zur Ketzervernichtung vorgebracht, und erſt die letzte der drei von den Bak=
kalaren geſtellten „Scherzfragen" behandelt ein mehr „fabulöſes" Thema:
die Aufzählung und Beſchreibung von 27 verſchiedenen Gaunerarten mit

---

[1] Thorbecke 62*, N. 151.
[2] P. L. V. 870, fol. 144ᵛ–154, von mir ausführlich behandelt in zwei geſonderten
Aufſätzen: 1. Aus dem Kreiſe der Hofpoeten Pfalzgraf Friedrichs I., Z.G.O., N. F. 38,
109 ff.; 2. Zur Geſchichte des häret. Pantheismus in Deutſchland im 15. Jhdt., Z. f.
K.=G. 43, p. 150 ff.

ihren rotwelschen Bezeichnungen — auch sie mit geringen Abweichungen
einer älteren Vorlage entnommen und mit langen moraltheologischen Erörterungen beschlossen. Alles in allem sind wir danach wohl zu der Vermutung berechtigt, daß die quaestiones minus principales ursprünglich
mehr leichten als frivolen Charakter getragen haben mögen, und daß sie
erst mit dem allgemeinen Verfall des Quodlibets ins Possen= und Zoten=
hafte gerieten.

––––––––

Das formale Schema des artistischen Unterrichts ist nunmehr in seinen
wesentlichen Zügen klargelegt. Es bliebe noch die — viel tiefer reichende —
Frage zu beantworten, was denn nun diese ganze umständliche Erziehungs=
arbeit für die intellektuelle Ausbildung des einzelnen und für die Förde=
rung der Wissenschaft selbst zu bedeuten hatte. Der scholastische Univer=
sitätsunterricht hat bekanntlich seit den Tagen der Humanisten unzählige
Kritiker, sehr selten einen Verteidiger, so gut wie nirgends einen Lobredner
gefunden. Die eigentlich historische Aufgabe: ihn aus seinen eigenen Vor=
aussetzungen zu begreifen, ist bis in die jüngste Zeit[1] kaum jemals ernsthaft
in Angriff genommen worden. Unsere Absicht ist es nicht, über den Wert
oder Unwert der spätscholastischen Bildungsideale — und damit letzt=
lich über den Wert der aristotelischen Philosophie — ein theoretisch=
allgemeines Urteil zu fällen. Aber auch wer es jeder einzelnen Geschichts=
epoche überläßt, den allgemeinen Wert ihrer Bildungsziele selber zu be=
urteilen, wird um die Frage nicht herumkommen, in welchem Sinne denn
die geistige Schulung des artistischen Kurses den Zeitgenossen wertvoll sein
konnte, und ferner: ob es sich hier um ernsthaft betriebene wissenschaftliche
Arbeit oder bloß um oberflächlichen schematischen Drill ohne rechten Ernst
und geistige Würde gehandelt hat.

Als die entscheidende Tatsache hat in diesem Zusammenhang das Durch=
dringen der aristotelischen Schriften zu beherrschender Stellung im Unter=
richt zu gelten. Das bedeutete zunächst und überwiegend eine ganz unge=
heure Erweiterung des sachlichen Wissens über den Umkreis der alten
„artes liberales" hinaus, und unsere Betrachtung des artistischen Studien=
gangs hat gezeigt, daß sie keineswegs nur den sprachlich=logischen (sermo=
zinalen) Fächern, sondern zunächst ebensosehr den „realen" Sachwissen=

––––––––

[1] Am unbefangensten (nach beiden Seiten) und darum erfolgreichsten, wie mir
scheint, bisher von O. Scheel.

fchaften (Naturphilofophie, Naturkunde, Ethik, Metaphyfik) zugute kam. Die Gründe, weshalb dann im Laufe der Entwicklung immer ausschließ= licher die logisch=dialektische an Stelle der „phyfikalifchen" Betrachtung, das deduktive Verfahren an Stelle der Erfahrungserkenntnis den beherrfchen= den Platz einnahm, gleichzeitig aber auch die mathematifchen Diszziplinen in den Winkel gedrängt wurden, find leicht zu durchfchauen: die metho= difche Eigenart des ariftotelifchen Denkens und die Beftimmung des arti= ftifchen Unterrichts als Vorfchule für den theologifchen find gleichermaßen daran fchuld. Echte und ftrenge Wahrheitserkenntnis ift für Ariftoteles — trotz aller Wertfchätzung des „Erfahrungsbeweifes" — doch nur, was aus oberften in fich felbft evidenten Erkenntnisprinzipien abgeleitet werden kann: diefer Grundfatz war für die fcholaftifche Philofophie um fo mehr zum Kernfatz geworden, als ihr oberftes Ziel — der Ausgleich einer auto= ritär feftftehenden Weltanfchauung mit den Erkenntniffen der „natürlichen" Vernunft — fich anders als mit Hilfe dialektifcher Künfte, fyllogiftifcher Deduktionen aus allgemeinften Prinzipien und rein begrifflicher Unter= fcheidungen gar nicht erreichen ließ. Aus dem weiten Umkreis der arifto= telifchen Wiffenfchaft befaß für den fcholaftifchen Philofophen doch nur dasjenige wirkliches Intereffe, was im Aufbau des theologifchen Syftems irgendwie Verwendung finden konnte; alles andere wurde zur Neben= fache. Dennoch ift kein Zweifel, daß der Umkreis der artiftifchen Studien noch im 14. Jahrhundert wirklich alles das umfchrieb, was den philofophifch= naturwiffenfchaftlichen Wiffensbefitz der Zeit darftellte. Als die älteften deutfchen Univerfitäten die fcholaftifchen Studien nach Deutfchland ver= pflanzten, konnte man in der artiftifchen Fakultät alles Wiffen erwerben, das damals zur allgemeinen Bildung gehörte. Auch wer das Studium nach Erwerb des Magiftergrads abbrach, befaß einen Wiffensfchatz, deffen Reich= tum zwar im Gebiet der gefchichtlichen, fprachlichen und äfthetifch=ftiliffi= fchen Bildung hinter dem des modernen „Gebildeten" weit zurückbleibt, dafür aber diefen durch gründliche formallogifche Schulung und durch Viel= feitigkeit des naturkundlichen und philofophifchen Wiffens erheblich über= trifft[1]. Für die Stellung der Univerfitäten innerhalb der geiftigen Bewegung des ausgehenden Mittelalters war es entfcheidend, ob fie diefe Führerrolle auf die Dauer behaupten konnten — auch nach der Abwendung des öffent= lichen Intereffes von der metaphyfifch=theologifchen Spekulation, die fich im 15. Jahrhundert (durch myftifche Bewegung und Humanismus) vollzieht.

---

[1] Ausführliche Schilderung bei Scheel, I, § 15—17.

Davon wird später noch mehr zu reden sein[1]. Vorerst suchen wir eine Antwort auf die zweite der oben gestellten Fragen: nach der Ernsthaftigkeit der wissenschaftlichen Erziehungsarbeit im Bereich der Artistenfakultät. Sie pflegt gemeinhin stark bezweifelt zu werden. Der Besuch der Vorlesungen soll mangelhaft, unter den Studenten soll die Masse der unwissenden Vaganten und Taugenichtse unverhältnismäßig groß gewesen sein. Das jugendliche Alter der Promovenden soll ernsthafte wissenschaftliche Anforderungen in den Prüfungen unmöglich gemacht haben, zumal im Bakkalariatsexamen: hier habe der Besitz grammatischer Elementarkenntnisse und eine gewisse Fertigkeit im Gebrauch der lateinischen Umgangssprache, dazu die Bekanntschaft mit den notwendigsten dialektischen Kunstregeln praktisch meist genügt. Trifft dieses Urteil, das sich vor allem auf die zahllosen Klagen des späteren 15. Jahrhunderts über den Verfall der Studien stützt, so ganz allgemein und insbesondere schon für die ersten Jahrzehnte unserer Universität zu?

Zur Antwort sind wir in erster Linie auf die Promotionsbestimmungen und Studienvorschriften der Artistenfakultät angewiesen. Eine unbedingt zuverlässige Auskunft können sie uns freilich nicht geben. Denn die übermäßig verwickelten und zahlreichen Eide, mit deren Hilfe man ihre Innehaltung zu erzwingen suchte, boten in Wahrheit keinen sicheren Schutz gegen Übertretungen, und der „meineidige Artist" war gegen Ende des Jahrhunderts geradezu sprichwörtlich[2]. Immerhin kann man die zahllosen Einzelbestimmungen, mit deren Hilfe die Fakultäten den Studiengang jedes einzelnen Scholaren bis ins kleinste regelten und überwachten, nicht einfach übersehen. „Akademische Freiheit" gab es für die Korporation als Ganzes, nicht für den einzelnen Studenten und Magister, und nichts wäre verkehrter, als das tägliche Leben des Durchschnitts der Akademiker nach den Ausschweifungen jener wilden Raufbolde zu beurteilen, von deren Taten die Strafakten aller Universitäten so viel erzählen. Es genügte noch nicht, daß der Studienfleiß des Studenten in der Burse überwacht wurde; wenigstens in der älteren Zeit sollte jeder einzelne sich einem Magister (magister suus) näher anschließen, der dann auch bei den Prüfungen für ihn eintrat und seine Promotion vollzog. Den Besuch der vorgeschriebenen Vorlesungen und Übungen hatte jeder Prüfling durch schriftliche Testate

---

[1] Vgl. Kapitel 14 u. 17! Zum folgenden: Paulsen, h. 3. 45, 297; Kaufmann, II, 305.

[2] Vgl. Zarncke, Univ. 57, 3. 19.

zu beweiſen, und aufs genaueſte war geregelt, in welchen Grenzen für Verſäumniſſe Dispens erteilt werden durfte. Erſt in der zweiten Hälfte des Jahrhunderts hört man öfter von willkürlicher Überſchreitung dieſer Grenzen, während es anderſeits an Quellenzeugniſſen für die ſorgſame Ableiſtung der vollen Studierpflicht nicht fehlt[1]. Auch das ſittliche Verhalten des Kandidaten ſollte vor der Zulaſſung zum Examen ſorgſam geprüft werden, und in ſpäteren Jahrzehnten verlangte man vielfach ſogar eine ſchriftliche Empfehlung durch den Burſenregenten. Über den Verlauf und die Schwierigkeit der Prüfung ſelber ſind wir für Heidelberg nicht im einzelnen unterrichtet. Wir wiſſen nur, daß in beiden Graden eine ge= heime Prüfung (temptamen) vorgenommen wurde, in der man jeden Prüfling einzeln (seorsum) vornahm, und daß ſich dieſer Akt (trotz oft geringer Anzahl der Promovenden) regelmäßig über mehrere Tage er= ſtreckte. Für die Magiſtranden folgte dann nach altem Pariſer Herkommen eine zweite, öffentliche Prüfung, das „Examen", unter Vorſitz des Dize= kanzlers, zu der alle Kandidaten, die das Tentamen beſtanden hatten, gemeinſam erſchienen; vermutlich trug ſie (wenigſtens in der ſpäteren Zeit) mehr zeremoniellen Charakter und wurde ſo zu einem Paradeſtück für die zuhörenden Scholaren[2]. Der Ausfall der Prüfungen für beide Grade kam (wenigſtens in der älteren Zeit) zum Ausdruck in der Sitzordnung eines abſchließenden feierlichen Schulaktes, während die eigentliche Promotion in einer neuen öffentlichen Sitzung der Fakultät vollzogen wurde. Die Kunſtleiſtung, die man auch hier von dem Promovenden forderte — öffent= liche Determination einer Schulfrage, von dem Magiſtranden außerdem eine Art Probevorleſung[3] —, hatte nach mittelalterlichen Begriffen auch

---

[1] Für Heidelberg vgl. die Liſte eines Studenten über die von ihm beſuchten Dis= putationen (um 1456) im Erfurter cod. Amplon., 12⁰, Nr. 14, fol. 129 (bei Schum, p. 771). Für Leipzig vgl. Helſſig, Feſtſchrift 1909, II, p. 9ff., 62ff., 65ff.

[2] Sicher iſt das jedoch nicht! Der urſprüngliche Sinn war zweifellos eine regel= rechte öffentliche Prüfung durch die kirchliche Autorität; eben weil ein Durchfall in dieſer Öffentlichkeit als ſehr peinlich empfunden wurde, ſchob man das „Tentamen" als Vorprüfung ein. Vgl. darüber Kaufmann, Zentralbl. f. Bibl.=Weſen XI, 211ff. Die aus Leipzig überlieferten Examensfragen (Helſſig, a. a. O., 81) unterſcheiden ſich in nichts von den Tentamensfragen. — Thorbeckes Deutung von U.B. I, 196 (p. 77*, N. 229) iſt unrichtig. — „Magiſter suus": U.B. I, Nr. 14. — Zurückſtellung Durchgefallener: ibid. 132, Z. 16; 135, Z. 1ff.

[3] Das ergibt ſich aus der recommendatio pro licentiatis in artibus eines Heidel= berger Dizekanzlers von 1440: P.L.V. 370, fol. 151ᴿ. Dort heißt es von den Kandi= daten: primum textuales expedient lectiones, expost vero circa easdem movendas

sachlich viel zu bedeuten und diente keineswegs nur zur Verzierung des eigentlichen Schulaktes: der Verleihung des Bakkalariats durch einen der Magister bzw. der licencia promovendi (für den Magistranden) durch den Kanzler. Dasselbe gilt von der öffentlichen Antrittsvorlesung (principium, inceptio), die der nunmehr zum Lizentiaten beförderte Kandidat bei Gelegenheit seiner feierlichen Magisterpromotion (in einem dritten Schulakt, den die Fakultät ohne Mitwirkung des Kanzlers veranstaltete) zu halten hatte. Auch wenn sie etwa mit der Pflicht zur Aufstellung einer quaestio verbunden war, auf die dann ein vorbestimmter Respondent erwiderte[1], so blieb doch die eigentliche Vorlesung — ein rein rhteorisches Kunstwerk[2] — die Hauptsache.

Wichtiger als diese statutarischen Bestimmungen wäre für uns, von den im Examen üblichen Anforderungen Näheres zu erfahren. Bisher sind genauere Bestimmungen darüber zugleich mit einer Reihe wirklich gestellter Examensfragen nur aus Leipzig bekannt geworden[3]. Obwohl es sich hier um Prüfungen einer späten Verfallsepoche (1483/87) handelt, zeigt sich doch, daß sich die Anforderungen durchaus nicht auf die allerelementarsten Dinge beschränkten. Sehr einfach sind allerdings die (zum Teil schriftlichen) Aufgaben, die hier dem Bakkalarianden aus dem Gebiete der Grammatik, des lateinischen Stils, der Suppositionslehre und der vetus ars gestellt werden: da genügte wirklich die Kenntnis der gangbarsten Schulregeln; dagegen setzen die Fragen aus dem Gebiet der „neuen Logik" und Physik schon eine gewisse Vertrautheit mit der Materie voraus. Und vollends die im Magisterexamen gestellten Aufgaben waren ohne eine ziemlich

determinabunt et deffinient questiones. Der Vizekanzler stellt das Thema der Lektionen und die Quästionen nebst rationes principales. Vgl. auch die Rede des Stephanus Hoest: meine Studien II, 147. — Thorbecke 94, N. 232 hält irrig die determinatio für eine Probevorlesung.

[1] So Thorbecke 94; doch berichten die Heidelberger Quellen nichts darüber. Ausführliche Darstellung der Leipziger Gebräuche — nebst vollständigem Abdruck mehrerer Promotionsreden — durch Buchwald und Herrle: Abh. d. sächs. Ak., Bd. 26 (1921), Abh. 5. — G. Kaufmann, Zentralbl. f. Bibl.-Wesen XI, 222f. hält anscheinend die inceptio einfach für eine Probe-Disputation. Das trifft in Heidelberg auch für die oberen Fakultäten nicht zu!

[2] Ein solches Stück — inhaltlich ganz leeres Gerede — liegt mir vor in P.L.V. 370, fol. 143ff.: Rad. de Bruxella, principium in l. physicorum, vom 11. 10. 1440: keine eigentliche inceptio eines Anfängers, sondern Eröffnungsvorlesung eines älteren Professors, aber sicherlich als rhetor. Muster benutzt. In demselben Bande noch zahlreiche andere Reden desselben Autors.   [3] Helssig, a. a. O., 79ff.

gründliche Kenntnis aller zum Kurfus gehörigen ariftotelifchen Schriften
und ohne völlige Beherrfchung der dialektifchen Technik gewiß nicht zu
löfen. Es mag fein, daß die Habilitation bei der großen Leipziger Fakultät
fchwieriger war als in Heidelberg; ftatutarifch wurde jedenfalls eine grö=
ßere Zahl von Pflichtübungen u. dgl. verlangt. Im übrigen aber liegt kein
Grund vor zu bezweifeln, daß im großen und ganzen die Durchfchnitts=
leiftungen hier wie dort die gleichen gewefen find. Zumal in den erften
Jahrzehnten zeigen zahlreiche Einzelbeftimmungen ganz deutlich das Be=
ftreben der Heidelberger Fakultät, foliden Fleiß der Studierenden, eifrige
und gründliche Vorbereitung der Lehrenden zu erzwingen. Erft in der
zweiten Hälfte des 15. Jahrhunderts treten mehr und mehr die Symptome
nachlaffenden Eifers, verfallender Zucht hervor.

Ein wirkliches Aufblühen der Heidelberger Studien in den erften De=
zennien fcheint fich auch aus der Statiftik der artiftifchen Promo=
tionen zu ergeben. Während in den erften Jahren das Zu= und Ab=
ftrömen der Immatrikulierten noch fo lebhaft, die Zahl der nichtftudieren=
den Korporationsmitglieder noch fo groß war, daß wenig mehr als ein
Zehntel der Scholaren den niederften Grad erwarb, verftärkte fich der
Andrang zu den Promotionen feit etwa 1401 überrafchend fchnell, weit
über den (bisher errechneten) Durchfchnitt der deutfchen Univerfitäten hin=
aus: um die Mitte des Jahrhunderts promovierten mehr als zwei Fünftel
zum artiftifchen Bakkalar; entfprechend ftieg die Zahl der Magifterpromo=
tionen von 2 auf 12,7% aller Immatrikulierten[1]. Abfolut genommen
find das freilich immer noch recht niedrige Zahlen; aber im Vergleich
mit anderen deutfchen Univerfitäten zeigen fie, daß in Heidelberg das
„akademifche Proletariat", die Zahl der Bettelftudenten, die es zu gar
nichts brachten, verhältnismäßig gering[2], vor allem: daß fie im Abnehmen

---

[1] Nach Scharnke promovierten zum bacc. art. 1387—1401: 285 = 11,8%;
1409—19: 255 = 25,3%; 1449—63: 731 = 41,8% aller Scholaren. Dazu kommen
noch hier immatrikulierte auswärtige Bakkalare (z. B. 1409—19: 28) und auswärts
promovierte hiefige Scholaren (z. B. aus der erften Periode allein in Köln 38). Ent=
fprechende Zahlen der Magifterpromotionen: 48 = 2%; 82 = 8,2%; 213 = 11,6%;
215 = 12,7% aller Immatrikulierten. — Geringere Durchfchnittszahlen (meift aus
größeren Zeiträumen) errechnen Paulfen, H. 3. 45, 293; Eulenburg, a. a. O.;
Thorbecke, N. 205.
[2] Für die Ermittlung diefer Zahl ift die Statiftik der als „pauperes" Immatriku=
lierten infolge Willkür der eintragenden Rektoren nicht verwendbar; vgl. Toepke, I,
p. LIIf.; Thorbecke 48*, N. 73ff.

war. Schwerlich läßt ſich dieſe Entwicklung einfach aus zunehmender Er=
leichterung der Prüfungen erklären: die Einrichtung immer zahlreicherer
Burſen, die allmähliche Verbeſſerung der Studieneinrichtungen überhaupt
liegt als Erklärungsgrund doch wohl näher. Auch mag ſich die deutſche Kirche
und Laienwelt mit der Zeit immer mehr daran gewöhnt haben, den Er=
werb wenigſtens des niederſten akademiſchen Grades zur Vorbedingung
beruflicher Anſtellung und der Zuteilung von Benefizien zu machen. Nur
allmählich war ja eine Einwirkung des Univerſitätsſtudiums auf die Ge=
ſtaltung des ſozialen Lebens in Deutſchland zu erwarten.

Neuntes Kapitel

Theologische Fakultät

Der Abschluß der artistischen Vorlesungen, die Metaphysik und Ethik des Aristoteles, galt bereits als unmittelbare Vorbereitung auf das theologische Studium. Die Fragen nach dem „ersten Beweger" des Kosmos, nach dem „höchsten Gut" und nach der Willensfreiheit des Menschen, die hier erörtert wurden, waren die Kernprobleme jener „natürlichen Theologie", die in der scholastischen Wissenschaftshierarchie als notwendige Vorstufe der „theologia divina" erschien.

Ging die artistische Fakultät auf die Übermittlung mehr vorbereitender als eigenwerter Kenntnisse — auf die Verleihung des Gesellengrades gleichsam — aus, so die theologische auf den Erwerb der vollen Meisterschaft. Das ist der eigentliche Sinn ihrer Studienordnung: die Heranzüchtung von Gelehrten, denen die wissenschaftliche Kontemplation als solche Lebenszweck bedeutet. Als Vorbereitung auf den Seelsorgerberuf darf, streng genommen, nur die Übung im Predigen gedeutet werden, die man von den Theologen verlangte: jährlich wenigstens einmal sollte jeder Doktor und jeder ältere Bakkalar eine lateinische Predigt oder eine erbauliche Ansprache bei festlicher Gelegenheit (collacio[1]) halten; aber auch dabei handelte es sich — wie später zu zeigen ist — weit mehr um die prunkvolle Schaustellung theologischen Wissens, als um seelsorgerliche Absichten. Alle wissenschaftliche Tätigkeit in der Fakultät geschah letztlich um ihrer selbst oder vielmehr um der „Ehre Gottes" willen.

Es gibt einen tiefen Eindruck von dem Ernst und der Strenge, mit der die mittelalterliche Theologie ihre Jünger erzog, wenn man hört, daß in Heidelberg auch der Magister der freien Künste noch volle zwölf Jahre studieren mußte, ehe er daran denken konnte, sich um den theologischen Doktorgrad zu bewerben. Nachweislich ist daran — wenigstens in der

---

[1] Es werden sermones magistrorum und collaciones licentiatorum et baccalariorum unterschieden. Vgl. auch Hermelink, Theol. Fakultät Tübingen, 55.

ersten Zeit — fast nichts erspart worden[1]. In Paris hatte das Studium sogar noch ein paar Jahre länger gedauert, und wenn es später in Tübingen und Wittenberg erheblich abgekürzt wurde[2], so muß das wohl bereits als eine Verfallserscheinung gelten. Die Einteilung der Studienjahre entsprach dem Pariser Herkommen: fünf Jahre Scholar, danach Promotion zum „baccalarius cursor", der sogleich verpflichtet wird, zwei weitere Jahre auf die „kursorische" Exegese von insgesamt 160 Kapiteln biblischer Schriften nach Anweisung der Fakultät zu verwenden, alsdann zwölf Monate Studium dogmatischer Schriften („Sentenzenkommentare" und „Summen") ohne eigene theologische Lehrtätigkeit, weitere zwei Jahre Vortrag eines eigenen Kommentars zum Sentenzenwerk des Petrus Lombardus, nach Ableistung der Hälfte dieser Vorlesung automatischer Erwerb der vollen Bakkalariatswürde (baccalarius formatus), — abermals eine zweijährige Pause in der Lehrtätigkeit zum Zweck des Bibelstudiums, dann erst Erteilung der „Lizenz" zum Erwerb des Doktorhutes (durch den Kanzler) und endlich förmliche und feierliche Überreichung der Doktorinsignien: Ring, Buch und Doktorbarett durch die Fakultät. In dieser langen Stufenleiter wird das Bemühen der Pariser Theologen (und ihrer päpstlichen Protektoren) sichtbar, die öffentliche Wertschätzung des höchsten akademischen Grades zu steigern: durch immer stärkere Erschwerung des Zutritts, immer weitergehende Teilung und Abstufung der Grade. Hohe Sporteln und kostspielige Festschmäuse trugen noch weiter dazu bei, die theologische Promotion zu einem seltenen und hochgefeierten Ereignis zu machen[3]. Sowohl die „Präsentation" des Kandidaten vor dem Stellvertreter des Kanzlers (im theologischen Hörsaal, der Marienkapelle), wie die eigentliche Verleihung der Lizenz (in der Heiliggeistkirche), dann wieder die „Vesperdisputation" am Vortage der eigentlichen Promotion und endlich diese selbst wurden zu regelrechten Feiern ausgestaltet: mit Überreichung von

---

[1] Thorbecke 110, N. 318. Immerhin wurde öfters die Wartezeit zwischen Beendigung der Sentenzen und Erteilung der Lizenz verkürzt, vgl. Franz, Nik. Magni (1898), p. 104, N. 4. — Für das Folgende vgl. die Thorbecke S. 108ff. angeführten Quellen. Statuten: U.B. I, Nr. 20, 69, 126; dazu p. 151 (Reformvorschlag von 1444); ferner Hautz, II, 374—91, richtig datiert von Thorbecke 91*, N. 307.

[2] Luther brauchte nur 5½, Andreas Karlstadt nur 5 Jahre Studium.

[3] Über die Zahl der Heidelberger Promotionen vgl. oben S. 85, N. 2·— Die Kosten steigerten sich mit zunehmendem Luxus des ausgehenden Mittelalters immer mehr; in Tübingen z. B. mußte (nach 1480) der Doktorand u. a. Dutzende von Lederhandschuhen stiften (Roth, U.B. Tübingen, 262).

Konfektspenden und großen Umtrünken in Pfälzer= und Süßwein, zu denen sich Dozenten aller Fakultäten — in engerer oder weiterer Auswahl — mit geladenen Gästen aus der Stadt und von auswärts festlich vereinigten. Eine besonders große Rolle spielte dabei das feierliche Geleit des Promo= venden zur Heiliggeistkirche bzw. Marienkapelle.

Die Einzelheiten der theologischen Promotions= und Studienordnung, die sich ähnlich überall wiederfinden[1], dürfen wir uns hier ersparen. Es genügt, die am meisten charakteristischen Züge hervorzuheben.

Das ist einmal der Wegfall jeder eigentlichen Prüfung der Promoven= den in Heidelberg[2] — im Gegensatz zu Wien, Erfurt, Ingolstadt und Frei= burg, die in diesem Punkte den Traditionen von Bologna (statt von Paris) folgten. Da es sich durchweg um gereiftere Männer, in den meisten Fällen um bewährte Dozenten der artistischen Schwesterfakultät handelte (erst mit dem Erwerb des Lizentiatengrades trat der Magister in die Genossenschaft der oberen Fakultät über und beendete er seine artistische Lehrtätigkeit), entschieden die Doktoren über die Zulassung zur Promotion auf Grund ihrer Gesamtkenntnis der Persönlichkeit des Bewerbers, die in zweifelhaften Fällen der Empfehlung durch einen oder den andern Kollegen bedurfte, und auf Grund seiner bereits vorliegenden wissenschaftlichen Leistungen. Das Verfahren entsprach also etwa der modernen Habilitation (älteren Stils). Als wissenschaftliche Leistung galten aber (höchst bezeichnend für den Wissenschaftsbegriff des Mittelalters!) nicht etwa literarische Erzeugnisse des Promovenden, sondern sein Auftreten in den ordentlichen Disputier= übungen der Magister[3].

Diesem Oberziel aller theologischen Erziehungsarbeit entspricht die beherrschende Stellung der scholastischen Disputation im Studienplan der Fakultät. Für den Theologen genügte nicht, wie für den Artisten, eine

---

[1] Eingehende Schilderung der Zeremonien usw. bei Scheel, II², 313ff. Her= melink a. a. O. 27, der im Anschluß an Kaufmann, II, 278, N. 2 die Heidelbg. theol. Statuten aus den Leipziger ableiten möchte, übersieht, daß die Heidelberger älter als jene sind. Ich möchte gemeinsamen Prager Ursprung vermuten.

[2] Auch die Wahl eines Patrons („magister suus") galt für die Theologiestudieren= den seit Errichtung der jüngeren Statuten als überflüssig.

[3] An allen Universitäten erscheint die responsio der Bakkalare als die entschei= dende wissenschaftliche Leistung; vgl. z. B. Erfurter Statuten (Geschichtsquellen der Provinz Sachsen, Bd. 8, II), p. 54, Z. 15ff. u. p. 58, § 78; dazu die Wittenberger (ed. Muther, 1867), p. 23; die Wiener: Kink, II, 122; die Pariser von 1387: De= nifle, Chartul. III, 442.

gewisse rhetorische Gewandtheit in der Handhabung der gangbarsten Argumente und Redeformen. Er mußte imstande sein, die Angriffe wissenschaftlicher Gegner unter Umständen auch ohne lange Einzelvorbereitung mit den Waffen der Dialektik siegreich zurückzuschlagen. Je geringer die Zahl der theologischen Disputationen, umso größer war ihr Gewicht. Sie nähern sich dem Wesen echter Kämpfe immerhin in höherem Grade als die rhetorischen Schauspiele der Artisten.

Nach den reformierten Statuten von 1464—69 (vorher scheinen feste Regeln gefehlt zu haben[1]) hatte jeder festbesoldete Lehrer (Regent) jährlich mindestens eine „ordentliche" Disputation zu halten, jeder Bakkalar mindestens ebensooft zu respondieren. Die Verteilung der Predigten und Disputationen erfolgte alljährlich — unter großem Weinverbrauch[2] — zu Ferienbeginn, d. h. Anfang Juli; außer den Terminen der Disputationen wurden auch gleich die Namen der Bakkalare oder (falls deren Zahl nicht ausreichte) Scholaren bestimmt, die als Respondenten aufzutreten hatten. Das Studienjahr der Theologen begann herkömmlich am 9. September und endete am 6. Juli; da aber die ersten Wochen mit feierlichen Eröffnungsvorlesungen (principia) der verschiedenen Dozenten erfüllt waren, verteilten sich die (3—5) ordentlichen Disputationen (andernorts auch wohl „Quartalsdispute" genannt) auf die Zeit zwischen Anfang November und Anfang Juli. Es waren große Ereignisse im akademischen Leben — die einzigen Disputationen, zu deren regelmäßigem Besuch, wenigstens auf eine Stunde, sogar die Herren Lizentiaten (und wohl auch Doktoren) der Theologie formell verpflichtet waren. Was über den Verlauf im einzelnen bestimmt wird, läßt deutlich erkennen, daß hier das Schwergewicht viel stärker auf dem Spiel der Argumente und Gegenargumente, also auf der eigentlichen Debatte lag, als bei den Artisten. Völlig improvisierte Wortgefechte wurden freilich auch hier nicht verlangt; im Gegenteil war ausdrücklich vorgeschrieben, jeder Respondent solle zwei Monate Zeit haben, seine Antwort nach Anleitung des die Quästion stellenden Magisters aus-

---

[1] Die ältesten Statuten enthalten nur eine Promotionsordnung. Erst Friedrich I. erzwang mit einer allgemeinen Universitätsreform auch die schriftliche Ausarbeitung einer theologischen Studienordnung, der ich von hier ab notgedrungen folge, obschon hier eigentlich der ältere Verfassungszustand zu schildern wäre. Große Abweichungen sind immerhin nicht anzunehmen. Man hat seit 1452 im wesentlichen wohl nur das Herkommen schriftlich festgelegt.

[2] Die Innenseite des Deckels der Fakultätsakten ist mit den Abrechnungen bedeckt.

zuarbeiten und auswendig zu lernen. Aber nach ihrem Vortrag sollte der
Disputator den respondierenden Bakkalar noch bis zu drei Stunden „tribu=
lieren und examinieren" — in einem Wortwechsel, der gewiß nicht in allen
Einzelheiten eingeübt werden konnte. Immerhin werden seine Grundzüge
zwischen Disputator und Respondenten vorher verabredet worden sein,
wie denn der sachliche Inhalt der „Antwort" den Ansichten des Frage=
stellers sicherlich entsprach: war sie doch unter seiner Anleitung entstanden![1]
Man wird also den Zweck dieser einleitenden Wechselrede wesentlich darin
zu erblicken haben, daß hier der sachliche Inhalt der „Thesen" des Re=
spondenten breit entfaltet und begründet werden sollte. Der wirkliche
Kampf begann erst dann, wenn die zuhörenden Magister und Bakkalare
als Opponenten in die Debatte eingriffen: eben darauf, daß eine solche
Debatte zustandekam (in Wittenberg sollte sie in gewissen Fällen den ganzen
Tag über dauern) und zu einer glücklichen Lösung der aufgestellten Pro=
bleme führte, legten die Theologen (im Gegensatz zu den Artisten) den
größten Wert. Soweit dem „Respondenten" die Widerlegung gegnerischer
Einwände nicht gelang, sollte der Vorsitzende (also der fragestellende Ma=
gister) hilfreich eingreifen. Das Gefühl der Erleichterung, mit dem der
respondierende Bakkalar alle diese Anfechtungen überstand, fand seinen
handgreiflichen Ausdruck in einem Festmahl, das er für die „Regenten"
nach Abschluß des Ganzen zu veranstalten pflegte.

Kaum weniger deutlich tritt der Charakter des echten Redegefechtes in
den Prunkturnieren zutage, die man am Vor= und Haupttage jeder Doktor=
promotion zu Ehren des Promovierten aufzuführen pflegte. Das Schema
dieser Kämpfe war natürlich in den Grundzügen immer dasselbe: Auf=
stellung der Frage mit zugehörigen rationes principales, Responsion, ein=
fache oder mehrfache Replik des Fragestellers, Auftreten von Opponenten
(arguentes) und deren Streit mit dem Respondenten. Aber im einzelnen
wußte man diese Formen sehr kunstvoll abzuwandeln. Am Vortage (in
der „Vesperienfeier") zuerst eine Art Vorspiel der Bakkalare, in dem zu=
nächst einer als Respondent, alsdann die andern der Reihe nach als Op=
ponenten auftreten. Danach erst der Hauptkampf: einer der älteren Ma=
gister stellt eine zweite Frage, auf die der Promovend (vesperiandus ge=
nannt) selber mit einer besonders prunkvollen und weitschweifigen „re=

---

[1] Vgl. Hautz, II, 375 u. ä. Ein sehr instruktives Beispiel für diese Art von Schein=
kampf findet sich P. L. V. 608, 229—237: Examensdisputation des Joh. Ernesti unter
seinem Lehrer Gerh. Brant, 1436. S. auch unten S. 205, N.1.

sponsio" erwidert. Zum Abschluß opponieren einige Magister dem Re=
spondenten ehrenhalber: nur um das Interesse der Zuhörerschaft zur Dar=
stellung zu bringen. Verwickelter noch ist der Verlauf am Haupttage (in
aula); auch hier finden zwei getrennte Disputationen statt. Als Vorspiel
zunächst eine gewöhnliche magistrale Disputation (ein älterer Bakkalar spielt
den Respondenten), in der der neupromovierte Doktor als erster Opponent
auftritt. Die Hauptaktion bildet der berühmte „Hahnenkampf": das
Glanzstück akademischer Disputierkunst überhaupt. Hier wird der Streit
aufs kunstvollste dadurch verwickelt, daß dieselbe Quästion von zwei ver=
schiedenen Fragestellern auf verschiedene, einander direkt entgegengesetzte
Weise begrifflich bestimmt und dadurch zwei einander widersprechenden
Lösungen entgegengeführt wird. Jeder Fragesteller hat seinen eigenen
Respondenten, der die ihm in den rationes principales dargebotenen Ar=
gumente zu einer Lösung benützt, die natürlich der des andern Respon=
denten widerspricht. Der Reiz dieser ganzen Verhandlung beruhte offenbar
darauf, daß der Gegensatz der beiden Respondenten (galli, d. i. „Kampf=
hähne" genannt) schlechthin unlösbar schien, da beide von ganz verschie=
denen Voraussetzungen ausgingen[1]. Als eine Art von Schiedsrichter fun=
gierte am Schluß der erste der beiden Fragesteller; auf seine Entscheidung
war keine Erwiderung mehr erlaubt.

Neben diesen verschiedenen Disputationen der Magister bestanden noch
besondere Übungsturniere für die Scholaren und Bakkalare in den Sommer=
ferien[2]. Auch hier wurde eine regelmäßige Ordnung erst durch Friedrich I.
geschaffen. Die große „Reformation" von 1452 hatte die großen Ferien
auf die Hundstage beschränkt; 1464 wurden sie wieder auf acht Wochen
verlängert, doch unter der Bedingung, daß wöchentlich eine Disputation
gehalten werden müsse[3]. Ein Lizentiat, Bakkalar oder auch geeigneter
älterer Scholar (Artistenmagister) führte als „Ferienprior" den Vorsitz in
allen Verhandlungen, stellte die nötigen acht Quästionen mit Genehmi=

---

[1] So außer in Heidelberg (U.B. I, 23) auch in Wien (Kink, II, 126) und Tübingen
(Roth, U.B. 261). Einfacher scheint nach Scheel, II², § 12, N. 97 der Wittenberger
Brauch gewesen zu sein. (Sein Zitat „U.St.W." 37f. vermag ich nicht zu enträtseln.
Die Muthersche Statutenausgabe von 1867, die er z. B. in N. 32 zu § 8 gleichfalls
„U.St.W." nennt, kann damit nicht gemeint sein.)

[2] Hierfür besonders zahlreiche und anschauliche Beispiele bei Löhr, Die theolog.
Disputationen und Promotionen in Köln, 1926.

[3] U.B. II, 427, 428. Über die Sonderdisputationen anläßlich des Beginns der
Sentenzenvorlesungen s. unten S. 208, Abs. 1 a. E. u. Exkurs 6.

gung des Dekans auf und verteilte sie auf acht Respondenten: Bakkalare oder Studierende, die im nächsten Jahre promovieren wollten. Alle Bak=kalare und Scholaren mußten zugegen sein und nach Anweisung des Vor=sitzenden in die Debatte eingreifen. Eine Art Oberaufsicht führte der Dekan, und wer von den Doktoren (oder auch Lizentiaten) zugegen war, sollte bald den Respondenten, bald seine Angreifer (arguentes, opponentes) durch Darbietung, Erklärung oder Auflösung von Argumenten, Sophis=mata u. dgl. unterstützen. Auch der Fall war vorgesehen, daß von zwei Doktoren der eine den Respondenten, der andere seinen Gegner unter=stützte — man sieht: ein regelrechter Kampf, dessen einzelne Wendungen unmöglich vorgeübt werden konnten. Immerhin war die Sache allen Mit=wirkenden sehr erleichtert durch die Bestimmung, daß der Respondent den Inhalt seiner „Antwort" mit allen Thesen, Schlüssen, Beweisen und An=merkungen (Corollarien) mindestens acht Tage vorher sämtlichen Lehrern und Studierenden der Fakultät bekanntzugeben hatte[1].

Eben diese Bestimmung bezeichnet den Ansatzpunkt für die spätere Ent=wicklung des Disputierwesens. Die schriftliche Vorbereitung der münd=lichen Disputation, die Ausarbeitung der zu verteidigenden Thesen durch den leitenden Magister gemeinsam mit dem Respondenten, gewöhnlich seinem Schüler, wurde immer wichtiger. Schon im 16. Jahrhundert pflegte man sie durch öffentlichen Anschlag oder Druck allen Teilnehmern bekannt=zugeben. Die umständliche Fragestellung durch den Präses und Responsio durch den Respondenten zu Eingang der Disputation wurde dadurch über=flüssig; man begann — nach einer kurzen Ansprache des Präses — sofort mit dem Angriff der Opponenten auf die schriftlich vorliegenden Thesen, die dann der Respondent, unterstützt durch den leitenden Magister, ver=teidigte. Je ausführlicher sich die schriftliche Begründung der Thesen ge=staltete, um so mehr näherte sie sich den Formen der späteren Dissertation an; die Disputation aber, befreit von dem schwerfälligen Formalismus der älteren Zeit, wurde eindeutiger als früher zum Kampf entgegen=gesetzter Meinungen.

---

[1] Über eine in der Vaticana z. T. erhaltene theologische Heidelberger Disputation f. ob. S. 186, N. 3. P.L.V. 608, fol. 229—37 findet sich die responsio des bacc. th. Joh. Ernesti von 1436 auf eine durch den Dr. th. Gerh. Brant vorgelegte quaestio; beide Stücke scheinen aus disputationes ordinariae zu stammen. Zahlreiche weitere in den codd. 370—375 der Vaticana (vgl. damit den Beschluß der Aufzeichnung: Hautz, II, 375).

In dieser veränderten Gestalt gewann das theologische Disputations=
wesen gerade in Deutschland eine ungeahnt große geschichtliche Bedeutung:
als Martin Luther die akademischen Gegensätze der theologischen Schulen
mit einem Male auf die Höhe eines leidenschaftlich ausgetragenen Reli=
gionskampfes erhob. Die beiden berühmten Disputationen des Witten=
berger Mönches zu Heidelberg (1518) und zu Leipzig (1519), die Erstlinge
unzähliger späterer Glaubensgespräche, waren ihrer äußeren Form nach
echte Produkte der scholastischen Spätzeit. Über dem Interesse der Luther=
biographen für den wichtigsten Inhalt dieser Gespräche, für die darin
vertretenen Glaubensansichten des werdenden Reformators, ist ihrer schola=
stischen Form bisher so gut wie gar keine Beachtung zuteil geworden[1]. Und
doch gibt es kaum einen besseren Weg, sich die ursprüngliche Genialität
des Wittenberger Doktors anschaulich zu machen als den des Vergleichs
seiner Thesen und Beweisführungen mit denen irgendeiner akademischen
Disputation des späteren 15. Jahrhunderts. Die äußere Schematik ist hier
wie dort ungefähr dieselbe. Umso verblüffender wirkt noch auf den heutigen
Leser die schöpferische Originalität, mit der Martin Luther diesen gelehrten
Apparat handhabt. Überall spürt er aus den theologischen Fragekomplexen
das religiös Wesentliche, das letztlich Entscheidende heraus: alles andere
versinkt ihm zur Bedeutungslosigkeit. Wer aus den theologischen Debatten
der Gegenwart an diese Disputationen herantritt, den mögen sie immer
noch altfränkisch und schnörkelhaft genug anmuten; wer sich dagegen voll=
gesogen hat mit der Lektüre spätmittelalterlicher Schultheologie, begreift
ohne weiteres den ungeheuren Eindruck, den sie auf jugendlich=empfängliche
Geister (wie M. Butzer) geübt haben müssen. Hier wird mit echter Leiden=
schaft ein neuer Glaube verfochten, während ehedem gelehrte Pedanten,
im Innersten der Seele unberührt, ihre Scheinargumente zu bloßem Spiel
vorführten — ängstlich darauf bedacht, mit keiner Wendung „frommen
Ohren" Ärgernis zu erregen. Plötzlich sind die Begriffsgespenster der Scho=
lastik zu wirklichem Leben erwacht. Damit ist aber auch an die Stelle eines
steifen, kavaliermäßig=eleganten und wohlabgemessenen Duells, das jeden
der Gegner auf vorher fest bezeichnetem Standpunkt festhielt und genau
nach den einstudierten Schulregeln verlief, ein hitziges Gefecht in freiem

---

[1] Die verdienstvolle Publikation von P. Drews, Die Disputationen Dr. Martin
Luthers (1895), beschäftigt sich ausschließlich mit den Wittenberger Schuldisputationen
von 1535—45. — Heidelberger Disput.: W. A. I, 353ff. Die Leipziger: ed. Seitz,
1903.

Felde getreten, von dem niemand vorhersagen kann, in welche gewagten und nie betretenen Stellungen es den ungestümsten der Fechter vorwärts= reißen wird. Seitdem ist es vorbei mit der scholastischen Disputation im alten Sinn: vorbei mit ihrer Langeweile und Gedankenarmut — vorbei aber auch mit der gepflegten Vornehmheit ihrer Form[1]. Ein wildes, form= und maßloses Dreinschlagen deutscher Starrköpfe, ein lärmendes Durchein= andertoben religiöser Leidenschaften beginnt, von dem die Welt mehr als ein Jahrhundert widerhallen und das die Welt von Grund auf verwan= deln wird.

Nirgends vielleicht wird die Fremdartigkeit der französischen Scholastik inmitten des deutschen Wesens stärker und unmittelbarer fühlbar, als auf dem Wege dieser Betrachtung. Kehren wir von da zur Analyse der heidel= berger theologischen Studienordnung um 1400 zurück, so stoßen wir so= gleich auf weitere Züge, die uns an den romanischen Ursprung der gelehrten Schule erinnern. Vor allem auf die starke Betonung und Wertschätzung oratorischer Übungen. Daß der Theologe als Prediger wie als vor= nehmster Repräsentant seiner Korporation (bei Empfängen und Beerdi= gungen hochstehender, besonders fürstlicher Persönlichkeiten u. dgl.) eine gründliche rednerische Schulung brauchte, leuchtet ein. Dennoch ist die anscheinend grenzenlose —Fähigkeit des Spätmittelalters, die weitschweifig= sten und gedankenleersten Stilübungen gelehrter Redner zu ertragen, dem modernen Betrachter schwer begreiflich. (Wie man weiß, hat diese Fähig= keit im Zeitalter des Humanismus noch zugenommen.) Mit einem fast komisch anmutenden Stolze sammelte man die massenhaften und endlosen akademischen Predigten und Gelegenheitsreden, die nichts als konventio= nelle Phrasen enthielten, als Muster guten Stiles und beging daran be= denkenlos die ärgsten Plagiate; viele dicke Folianten im Nachlaß jeder alten Universität geben uns von dieser Beredsamkeit überreichliche Kunde[2]. Alle Fakultäten haben dazu beigesteuert, weitaus am meisten aber die Theo= logen. Außer den Festtagspredigten, die den Doktoren zufielen (sie dauerten

---

[1] Hierzu vgl. die zahlreichen Verbote unhöflicher Disputationsformen in den Statuten aller Universitäten. Luther selbst empfand den Gegensatz sehr deutlich: vgl. s. Bericht an den Kurfürsten Friedrich über die Leipziger Disputation vom 18. 8. 1519: de Wette, I, 307ff.

[2] Für Heidelberg vgl.: P.L.V. 149, 362, 370, 442, 445, 474, 593, 600, 608, 679, 724. Pal. lat. Heidelberg 454. — Clm 5411, 7080. — Wolfenbüttel, cod. Weißenb. 94 und viele andere mehr. S. auch Franz, Nik. Magni (1898), S. 103 u. ö.

oft anderthalb bis zwei Stunden!)[1], gab es akademische Sonntagspredigten
für die Bakkalare, Ansprachen aus besonderen Anlässen aller möglichen Art,
„Empfehlungsreden" des Vizekanzlers und anderer Professoren zu Ehren
der Kandidaten bei fast sämtlichen Promotionen und endlich die zeremo=
niellen „Vorreden" (principia) zu Beginn der Vorlesungen, die bei den
Theologen besonders reichlich blühten. Jede Bibelvorlesung und jedes der
vier Sentenzenbücher mußte mit einer solchen steifen Ansprache eröffnet,
das Ganze mit einer Schlußrede beendet werden. Das Bedenklichste dabei
war das Herkommen, die Bibelvorlesung jedesmal mit einem Lobpreis
des Gotteswortes einzuleiten und ihr und den sämtlichen fünf Prunkreden
zum Sentenzenwerk dasselbe „Thema" voranzustellen. Welcher pedan=
tische Unsinn vermöge dieser ewigen Wiederholungen öfters zustande kam,
mag man sich aus den zahlreichen Reden verdeutlichen, die neuerdings
aus Leipziger Beständen veröffentlicht sind[2]. Die Heidelberger Überliefe=
rung trägt genau dieselben Züge, wenn auch das Verfahren eines der
Leipziger Redner, gleich zweimal nacheinander, zum Beginn seines cursus
und seiner (etwa dreizehn Jahre später gehaltenen) ersten Doktorvorlesung,
genau dieselbe Rede — eines Vorgängers zu wiederholen, nicht gerade
gewöhnlich ist. — Verhältnismäßig am interessantesten sind noch die an=
gehängten Disputationen, in denen statutenmäßig der Vortragende mit
seinen Kollegen, den andern Sententiaren, eine vorher verabredete Quä=
stion behandelte[3].

Viel wertvoller als die erdrückende Masse rhetorischer Kunstleistungen
wäre uns eine sichere Überlieferung von der täglichen Vorlesungsarbeit
der Theologen. Bisher versagte hier unsere Quellenkenntnis so völlig, daß
nicht einmal über den Gegenstand der regelmäßigen Doktorvorlesungen
Klarheit besteht. Das Schema der Pariser Studienordnung freilich ist so
eindeutig bezeugt, daß daran kein Zweifel möglich sein sollte: am Anfang
steht eine Einführung in das Bibelstudium, dargeboten von den baccalarii
cursores, mit dem Ziel einer möglichst ausgedehnten, wenn auch zunächst
weniger gründlichen Kenntnis der biblischen Texte; es folgt die Kommen=

---

[1] Vgl. Kink, II, 100, ferner etwa P. Arendt, Die Konstanzer Konzilspredigten,
Diss. Frbg. 1921 (Maschinenschrift) u. unten Kap. 17!

[2] Abh. d. sächs. Ak., Phil.=hist. Kl. 36 (1921). — Zu Beginn des Studienjahres
sollte allwöchentlich nur je ein Magister und Bakkalar „beginnen", damit sich auch
Zuhörer fanden.

[3] S. Exkurs 6.

tierung der Dogmatik (Sentenzen) des Petrus Lombardus durch ältere Bakkalare; den Doktoren bleibt die „statarische" Behandlung der wichtigsten biblischen Bücher vorbehalten[1]. Die Statuten der meisten deutschen Universitäten zeigen dieselbe Unterscheidung zwischen Vorlesungen der „Kursoren", „Sententiarier" und „Magister", bestimmen aber nichts Näheres über den Gegenstand der letztgenannten Lektionen. Da man nun umfangreiche Sentenzenkommentare fast von jedem bedeutenden Lehrer kennt, Bibelvorlesungen dagegen bisher erst ziemlich wenige, und da uns durch ungezählte Klagen der Zeitgenossen ein Überwuchern des theologischen Interesses an philosophischen Spekulationen, wie sie in der Kommentierung des Sentenzenwerkes üblich waren, über das Studium der biblischen Originalschriften bezeugt ist, so hat man geschlossen, die Bibellektur der Doktoren sei vor dem Auftreten Luthers weitgehend vernachlässigt und mehr oder weniger vollständig durch Sentenzenvorlesungen verdrängt worden[2]. Beweisen läßt sich das m. E. durchaus nicht; niemand wird ja auch aus der Tatsache, daß uns nur überaus wenige Kommentare zu den kanonischen Rechtsbüchern von deutschen Hochschulen handschriftlich überliefert sind, den Schluß ziehen wollen, die deutschen Juristen hätten deren Studium vernachlässigt: vielmehr resignierten sie auf eigene literarische Produktion angesichts der erdrückenden Fülle italienischer Vorlagen. Trotz aller unzweifelhaften Vorliebe des Zeitalters für die dogmatisch=philosophische Spekulation kann an der fortdauernd hohen Wertschätzung der heiligen Schriften als Quelle der Weisheit — gerade im Bereich der okkamistischen

---

[1] Erwiesen durch Chartul. univ. Par. III, 427 gegen Thurot; vgl. Denifle in der Einleitung, p. XVIII, danach Baeumker, Arch. f. G. d. Ph. X (1897), 250/51. Denifle, Quel livre servait de base à l'enseignement des maîtres en théologie dans l'université de Paris? Revue thomiste Paris II (1894), 149ff. — Auch die Klagen Roger Bacons, Chart. I, 473f. (um 1267) beweisen, daß die Sentenzenvorlesung in Paris ex officio den älteren Bakkalaren, nicht den Magistern anvertraut war, obwohl sie schon damals höchste Wertschätzung genoß.

[2] Hermelink, Theol. Fak. Tübingen, 41ff. ohne irgendeinen beweiskräftigen Beleg; seine Behauptung, in Heidelberg und andernorts seien „jahrzehntelang keine ordentlichen biblischen Vorlesungen gehalten worden" (S. 45, N.), ist vollständig unbeweisbar. — Zutreffender Scheel, II, 184f. und 316f.; doch nimmt auch er mit Bestimmtheit „in der Praxis der Schulen" ein „Überwuchern" der Sentenzenvorlesung an. Darf es übrigens wirklich als erwiesen gelten, daß in Wittenberg neben einer lectura in biblia zwei Sentenzenprofessuren bestanden, die ihren Inhaber nicht zu Bibelvorlesungen verpflichteten? Der Wortlaut des Berichts von 1516 (Muther, 3. Gesch. d. Rechtswiss., 289/90) scheint mir nicht zu diesem Schlusse zu zwingen.

Theologie — kein Zweifel sein[1]. Es ist sehr wohl möglich (wenn auch, soviel ich sehe, bisher gleichfalls noch nicht erwiesen), daß neben den „Sententiaren" auch die theologischen Doktoren in vielen Fällen sich an der Kommentierung des Lombardus beteiligt haben; ihres Amtes war es in Heidelberg jedenfalls nicht. Ganz eindeutig wird diese Aufgabe von den Statuten den älteren Bakkalaren zugewiesen[2], den Doktoren aber die statarische Bibelvorlesung, und zwar — in der Fassung von 1469 — nach einem wohlberechneten Studienplan[3]. Die drei Ordinarien halten jeder einen zwölfjährigen Kursus: der eine über die Evangelien, der andere über Episteln und Apokalypse, der dritte entweder über den Pentateuch oder über die großen und kleinen Propheten. Nur für den Fall, daß es einmal mehr als drei ordentliche Lehrer sein sollten, ist die Erklärung auch des Psalters oder des Buches Hiob und der Weisheit in je zwölf Jahren vorgesehen. Die Lücken sollten von den Kursoren ausgefüllt werden, die je einen neu- und alttestamentlichen Kurs, sich gegenseitig ergänzend, nach Anweisung der Fakultät zu halten hatten. Da nun das theologische Studium im ganzen zwölf Jahre dauerte, war also jedem Studierenden theoretisch die Möglichkeit gegeben, bis zur Doktorpromotion wenigstens einmal alle wichtigsten Gruppen biblischer Bücher vollständig erklärt zu erhalten.

Nichts zwingt uns zu der Annahme, diese Bestimmungen hätten nur auf dem Papier gestanden — in Wirklichkeit hätten sich die Heidelberger Doktoren weit mehr mit Petrus Lombardus als mit der Bibel beschäftigt. Von Marsilius von Inghen wissen wir, daß er seinen Sentenzenkommentar — einen der umfänglichsten der spätscholastischen Literatur überhaupt! — bereits als theologischer Bakkalar verfaßt hat[4]. Und Bruchstücke biblischer

---

[1] Vgl. dazu Kropatschek, Das Schriftprinzip der luther. Kirche I. Vorgeschichte 1904 u. die dort benutzte ältere Lit.

[2] Hautz, II, 377, Abs. 5—6. U.B. I, Nr. 126. In Wien las 3. B. Heinrich von Oyta als sententiarius perpetuus. Vgl. K. Fr. Heilig, R.Q.S. 40 (1932), S. 163. Zum Ganzen vgl. jetzt auch Ehrle, Peter v. Candia (1925), p. 26f.

[3] Schon die Reformation Friedrichs I. bestimmt ausdrücklich, daß an jedem Lesetage mindestens „ein letcze in der heiligen geschrieft gelesen werde" durch einen der drei festbesoldeten Ordinarien (U.B. I, 164). Wenn gleich darauf bestimmt wird, daß die Theologiestudierenden künftig nicht an einen bestimmten Lehrer gebunden, sondern „alle gemein" sein sollen, so mag das so zu erklären sein, daß erst um diese Zeit jeder Ordinarius sein bestimmtes Spezialfach erhielt, so daß der Studierende genötigt war, bei mehreren Lehrern zu hören.

[4] Er starb bereits wenige Monate nach der Doktorpromotion.

Vorlesungen sind uns von fast allen namhafteren Heidelberger Theologen überliefert — entweder direkt oder aus älteren bibliographischen Nachrichten[1]. Sicherlich würden sich derartige Trümmer in Menge auch im Nachlaß anderer Universitäten finden lassen. Wie viele hat Denifle gleich beim ersten Durchstöbern der Bibliotheken aufgetrieben[2]! Was mir von alledem bekannt geworden ist, erweist sich durchweg — teilweise schon im Titel — als bloße „Sammlung", d. h. als Kompilation aus den ungeheuren Vorräten gelehrten Wissens, die von der patristischen Zeit bis zu den großen Sammelwerken des beginnenden 14. Jahrhunderts (Nikolaus von Lyra u. a.) sich allmählich aufgetürmt hatten. Eben darin mag der Grund für die relative Spärlichkeit dieser Produktion im Vergleich mit den dogmatischen und erbaulichen Schriften des 15. Jahrhunderts zu finden sein: das Bedürfnis nach der Publikation neuer Bibelkommentare war gering.

Von der Methode des theologischen Unterrichts gewinnt man am besten eine Vorstellung aus dem Studium nicht der Statuten, sondern der handschriftlich überlieferten Kommentarfragmente selbst. Deutlich tritt der Unterschied zwischen „kursorischer" und „magistraler" Bibellektüre darin zutage[3]. Man hat wohl gemeint, jene habe sich damit begnügt, den Text vorzulesen und nur in kurzen Bemerkungen den Sinn des Gelesenen erläuternd zusammenzufassen. Nach der Überlieferung wird man eher schließen müssen, daß hier die bruchstückweise Erklärung und moralisch-allegorische Ausdeutung der einzelnen Worte und Sätze im Mittelpunkt stand, während die „magistrale" Vorlesung weiter ausholende, zusammenhängende Erörterungen, besonders solche in dem bekannten Schema der Quästionendebatte, hinzufügte. Doch mag auch hier (ähnlich wie in den artistischen Vorlesungen) eine große Mannigfaltigkeit der Formen geherrscht haben. Auch wer als „Kursor" die Bestimmung innehielt, jährlich 80 Kapitel (d. h. bei wöchentlich 2—3 Stunden in jeder Stunde etwa ein Kapitel) vorzutragen, war deshalb (wie das Beispiel des Johannes Trutzenbach

---

[1] Nachweise f. in Beilage II.

[2] Denifle, Luther und Luthertum, Ergz.-Bd. I (zu Bd. I, 2. Abt. der 2. Aufl.), 235 ff. Vgl. auch Scheel a. a. O. und Aschbach, Gesch. d. Wiener Univers. I, Buch 3.

[3] Besonders deutlich in dem Kommentar des „Anonymus von Krakau"; bei Denifle a. a. O. Nr. 61, bes. S. 262. Ein ähnlicher Unterschied in den ältesten Bibelvorlesungen Luthers, z. B. in der Psaltervorlesung W. A. III zwischen „glossa" und „scholae"; da beide zur Doktorvorlesung gehören, wird jene als Rand- und Interlinearglosse diktiert, die Scholien bringen die eigentlich „magistrale" Erörterung.

lehrt[1]) noch lange nicht genötigt, auf eine wirkliche Erläuterung des Textes im Anschluß an die herkömmlichen Kommentare[2] zu verzichten. Für Heidelberg bietet sich als lehrreichstes Beispiel der Matthäuskommentar des Marsilius von Inghen zur Betrachtung dar, den wir höchstwahrscheinlich als unmittelbaren Niederschlag kursorischer Vorlesungen des Bakkalars ansprechen dürfen[3], obwohl er viel zu ausführlich ist, um ein ganzes Kapitel in einer Stunde zu erledigen.

Hier finden wir nun das vielgenannte Schema der juristischen Gesetzeskommentare wieder, dessen angebliche Allgemeingültigkeit für den Bereich aller Fakultäten und Vorlesungen wir an früherer Stelle (ob. S. 176) ablehnen mußten. Statt der später unvermeidlichen laus bibliae zu Beginn der ersten Lektion werden Name, Heilszweck und religiöse Autorität der Evangelien sowie ihre Stellung im Rahmen der Heilsgeschichte in Form einiger einleitender Fragen (questiunculae), doch ohne schematische Durchführung erläutert (proemium). Der eigentlichen Textbehandlung geht alsdann die Einteilung in Abschnitte, der Behandlung jedes einzelnen Abschnittes seine Zerlegung in Unterteile (divisio) voran. Schon daran, daß diese Unterteile durchgehends mit gereimten Stichworten bezeichnet werden, erkennt man die Absicht des Ganzen: der Text wird zur Verwendung in der Predigt hergerichtet: jeder Unterabschnitt ergibt ein geeignetes Predigtthema, und die in der Kanzelrhetorik übliche gereimte Rede-Disposition wird dem Hörer oder Leser fertig dargeboten[4]. Die eigentliche Textbesprechung vollzieht sich sodann abschnittsweise. Zunächst erhalten wir jedesmal eine kurze Inhaltsangabe des zu behandelnden Abschnitts (summa), an die sich eine Begründung des darin ausgesprochenen leitenden Gedankens unmittelbar anschließen kann. Nunmehr wird der Text in kleinsten Abschnitten (Wortgruppen oder Sätzen) verlesen (prelectio litterae) und erläutert (do causas). Erbauliche Betrachtungen werden vielfach eingeflochten (connotatio), Einwände und Zweifel an der Richtigkeit der vorher gegebenen Deutungen werden erhoben (obiectio) und durch harmonisierende Erklärung — jedoch nicht in Quästionenform! — beseitigt.

---

[1] S. Beilage II.

[2] Deren Benutzung gebieten die Erfurter Statuten (§ 57) ausdrücklich; sie gestatten auch die Aufstellung von dubia und deren knappe (compendiose et breviter) Erledigung.

[3] Vgl. meine Studien I, 137ff.

[4] Dafür sprechen u. a. auch die häufigen Zitate aus Gregors Homilienbuch.

Es verſteht ſich, daß in der eigentlichen Texterläuterung alle drei Arten
der mittelalterlichen Exegeſe Verwendung finden: die hiſtoriſche, mora=
liſche und allegoriſche; doch iſt die Vorliebe des Autors für moraliſch=
erbauliche Betrachtungen nicht zu verkennen. Alles in allem wird man
urteilen dürfen, daß eine ſolche Vorleſung die Aufgabe, den angehenden
Theologen in den Zuſammenhang der bibliſchen Texte und in die kirchliche
Auffaſſung der Heilsgeſchichte einzuführen, vollkommen und gründlich
erfüllte. Zwar iſt die Maſſe des toten Schulwiſſens, das auch dieſe (wahr=
ſcheinlich) „kurſoriſche“ Vorleſung noch immer mitſchleppt, für unſere Be=
griffe erdrückend. Indeſſen kann von einer Ausartung müßiger philo=
ſophiſcher Spekulationen auf Koſten der bibliſchen Texte keinesfalls die
Rede ſein: es iſt durchaus die alte, echte, ſeit Jahrhunderten herkömmliche
Form der Bibelauslegung, die hier geboten wird.

Auch für die Methode der Heidelberger Sentenzenvorleſungen fehlt es
uns nicht an Beiſpielen. Die Betrachtung ihrer äußeren Form beſtätigt,
was wir an Unterſchieden zwiſchen einer älteren und einer jüngeren Heidel=
berger Unterrichtsmethode im Bereich der artiſtiſchen Fakultät zu bemerken
glaubten. Während die Sentenzenkommentare des Marſilius von Inghen
und des Konrad von Soltau, beides Produkte der okkamiſtiſchen Schule aus
den Anfangsjahren der Univerſität, den Text des Petrus Lombardus völlig
hinter ſelbſtgebauten „Quäſtionen“ zurücktreten laſſen, zeigt das in Clm.
7080 überlieferte Fragment einer thomiſtiſchen Sentenzenvorleſung von
1469[1] ein ganz anderes Schema. Der Text des Lombarden wird hier zu=
erſt ſtückweiſe vorgeleſen, anſchließend eine Bibelſtelle, auf die er Bezug
nimmt (eine Viſion des Propheten Jeſajas enthaltend). Beide werden
dann ohne Zuhilfenahme ſyllogiſtiſcher Künſte dogmatiſch ausdeutend er=
läutert. Auf dieſe „lectio textualis“ folgt als zweiter Teil eine theologiſch=
philoſophiſche Erörterung über den Grundgedanken der verleſenen Text=
ſtelle (das Weſen der prophetiſchen Viſion), die das umſtändliche Quäſtionen=
ſchema völlig vermeidet. Erſt in einem dritten Teil wird endlich eine
Quäſtion aufgeſtellt, die ſich inhaltlich an das Vorangegangene anſchließt
(über die Gotteserkenntnis der ſeligen Geiſter) und in dem üblichen Schema,

---

[1] Es handelt ſich um die Schlußvorleſung des Ziſterzienſer=Mönches Leonh.
Romolt: Clm. 7080, fol. 196ᵛ. Die Datierung iſt von mir aus dem Context (in Ver=
bindung mit der Matrikel) erſchloſſen. Bakkalariatsdiplom für Romolt: Toepke, II,
599. R. bezeichnet ſich als Schüler des thomiſtiſchen Parteiführers Hervicus de Amſter=
dam. — Der Ausdruck lectio textualis begegnet fol. 197ᵃ.

jedoch verhältnismäßig knapp und rasch beantwortet. Dürfen wir das
Fragment als typisch betrachten für die Vorlesungen der Heidelberger
thomistischen Restaurationspartei (via antiqua) seit 1452 (von der im 16.
und 17. Kapitel ausführlicher die Rede sein wird), so ergibt sich eine genaue
Parallelität der artistischen und theologischen Unterrichtsmethoden: hier
wie dort ursprünglich die Alleinherrschaft der Quästion an Stelle des Textes,
dann aber — im Rückschlag dagegen — eine völlige Umkehrung dieses Ver=
hältnisses durch die Partei der Thomisten[1].

Weniger deutlich als die Behandlung der Sentenzen und die kursori=
sche Bibelerklärung der Bakkalare ist bisher die Methode der statarischen
(magistralen) Bibellektionen zu erkennen. Um sich davon eine konkrete
Anschauung im einzelnen zu verschaffen, müßte man solche Stücke vor=
nehmen, die zweifellos als Vorlesungen ordentlicher Professoren zu gelten
haben, z. B. den Psalmenkommentar Konrads von Soltau oder die Lukas=
vorlesung des Heinrich von Homberg[2]. Titel und Umfang der letzteren
(6 Bände!) deuten bereits an, daß wir hier eine höchst umständliche Erör=
terung von Quästionen der mannigfaltigsten Art, vermutlich vielfach ohne
festen Zusammenhang mit dem Text, zu erwarten haben. Man weiß, daß
z. B. Heinrich von Langenstein die ersten Kapitel der Genesis dazu benutzte,
um eine Unsumme gelehrten astronomischen und kosmologischen Wissens
sowie weitab liegender dogmatischer Erörterungen daran aufzureihen.
Seine vielbändige Wiener Vorlesung, die angeblich in 13 Jahren nicht mehr
als die drei oder vier ersten Kapitel der Genesis behandelte[3], spielt seit
Jahrhunderten eine fast sagenhafte Rolle in der Geschichte der gelehrten
Literatur; wie weit sie indessen als typisch, wie weit als Ausnahme zu
gelten hat, bleibt einstweilen ungewiß. Auch von dem Wiener Theologen

---

[1] Über die principia des L. Romolt vgl. Exkurs 6 und meine Studien II, 135,
N. 2! Wörtliche Erläuterung des Textes des Lombarden verlangen auch die Erfurter
Statuten § 65 (a. a. O., p. 56). Ihnen gilt die Sentenzenvorlesung als Haupt=(Vor=
mittags=)Kolleg. Das Durchschnittsmaß der Ausführlichkeit läßt sich daraus ent=
nehmen, daß man im allgemeinen je eine Distinktion des Petrus auf eine Stunde
rechnete. (Vgl. Hermelink, Theol. Fak. Tübingen 41, dazu Kink, II, 106.)

[2] S. Beilage II.

[3] Vgl. Hartwig, Langenstein (1858) I, 85 u. K. Heilig, Krit. Studien z. Schrift=
tum der beiden Heinriche von Hessen: R.Q.S. 40 (1932), 124. Neuerdings Auszüge
bei N. Paulus, Gesch. d. Ablasses im Mittelalter, Bd. III, 1ff. (1923). Danach sind
in den drei dicken Foliobänden Clm. 18145—47 tatsächlich nur die drei ersten Kapitel
der Genesis behandelt.

Thomas von Haſelbach geht ſeit den Tagen des Humanismus eine ähnliche
Überlieferung im Schwange, die Enea Sylvio noch karikierend übertrieb:
nicht weniger als 32 Jahre (mit großen Unterbrechungen freilich) brauchte
er, um die 16 erſten Kapitel des Jeſaja zu beenden. Übrigens war das
Tempo dieſer Dorleſungen auch aus äußeren Gründen ein ſehr langſames.
In Paris waren die theologiſchen Doktoren weſentlich Pfründenempfänger,
zum Teil Inhaber hoher kirchlicher Ämter. Über ihre Dorleſungstätigkeit
beſtimmte die Pariſer Reform von 1452, daß ſie wenigſtens alle zwei bis
drei Wochen eine Lektion halten ſollten[1]. Ganz ſo ſelten las man in Heidel=
berg nicht; immerhin galt es auch dort als ein Fortſchritt, als Friedrich I.
beſtimmte, an jedem offiziellen „Leſetage" (dies legibilis) ſollte eine Bibel=
lektion durch einen der drei Ordinarien gehalten werden. Man ſieht: die
Laſten des akademiſchen Standes waren für den Höchſtgraduierten der
mittelalterlichen Univerſität überaus gering. Abgeſehen von außerordent=
lichen Rede= und Disputierpflichten — und abgeſehen etwa von der Zeit
unmittelbar nach den Sommerferien, in der man theologiſche Wieder=
holungskurſe (resumpciones) zu halten pflegte[2] — brauchte er im allge=
meinen nicht mehr als eine oder zwei Stunden in der Woche auf den Unter=
richt zu verwenden[3]. Waren ſeine Schüler doch faſt durchweg ſelber Ma=
giſter, die mit eigenen Lehrpflichten vielfach belaſtet waren[4]! Und ſo füllte
denn weder die Dorleſungstätigkeit noch die (alljährlich einmalige) Dispu=
tation und Predigt ſeine Tage aus: ſoweit nicht kirchliche Ämter ſeine Kräfte
in Anſpruch nahmen, blieb ihm die volle Muße bewahrt für das eine, was
nottat vor allem: für die betrachtende Derſenkung in das Geheimnis der
göttlichen Dinge.

---

[1] Thurot 159.

[2] Hautz, II, 379. Näheres über ihren Gegenſtand iſt aus Heidelberg nicht be=
kannt. In Tübingen ſpielten ſie um 1496 eine große Rolle (Roth, Tüb. Urkundenbuch,
266); man behandelte darin ältere Summen und Sentenzenwerke. Doch iſt dieſe
Beſtimmung wohl als Neuerung aufzufaſſen: ein Stück jenes zu ſtreng diſziplinierter
Schulordnung hinſtrebenden Reformprozeſſes, der u. a. in der Feſtſetzung von Geld=
ſtrafen für Profeſſoren, die ihre Dorleſungen verſäumen, ſichtbar wird.

[3] In Erfurt war es dem mag. theol. geradezu verboten, mehr als 2—3 Stunden
die Woche zu leſen (Univ.=Statuten l. c. § 31). Auch Luther las nur 2—3 Stunden
wöchentlich (v. Schubert, S.=B. Heidelbg. Ak. 1920, Nr. 9, p. 21).

[4] Daher wohl auch die Beſtimmung, daß ſie nur an vier Tagen der Woche, nicht
an allen Leſetagen zu hören brauchten: U.B. I, 15, Z. 35.

Zehntes Kapitel

Jurisprudenz und Medizin

Die Studienordnung der Juristen und Mediziner weicht von dem kunst=
voll in Stufen eingeteilten, kontinuierlich aufsteigenden Lehrgang des
artistisch=theologischen Kurses in sehr bemerkenswerter Weise ab: genau
entsprechend der veränderten Zielsetzung dieser mehr praktischen als theore=
tischen Wissenschaften. Freilich: die Interpretation gewisser traditionell fest=
stehender Quellenwerke, die Harmonisierung einander widersprechender
Autoritäten bildete hier wie dort den wichtigsten Gegenstand des wissen=
schaftlichen Betriebes; wir hörten schon, in welchem Maße die Methode
der Juristen auf die Theologie abgefärbt hatte. Gleichwohl herrschte hier
nicht derselbe Geist wie dort.

Alle philosophisch=theologische Arbeit behielt, als reiner Gottesdienst des
Intellekts, einen entschieden systematischen Zug, der auch da nicht verloren=
ging, wo sich die Betrachtung in das unendliche Detail der Bibelkommen=
tare, der rhetorisch=dialektischen Fechterkünste, in das empirische Wissen der
naturkundlichen Fächer zu verlieren schien; die Energie des systematischen
Denkens ist vielleicht der am meisten imponierende Charakterzug der scho=
lastischen Philosophie. Anders die scholastische Jurisprudenz, und vollends
anders die Medizin!

Zwar hat es in der eigentlich klassischen Epoche der mittelalterlichen
Rechtswissenschaft, der Glossatorenzeit (11. Jahrhundert und erste Hälfte
des 13.) bescheidene Ansätze zu einer systematischen Verarbeitung des in
den Gesetzbüchern enthaltenen Rechtsstoffes gegeben: in der Literatur sog.
„summae" oder Rechtskompendien. Aber unter dem vorwaltenden Ein=
fluß des rein kommentierenden Verfahrens der Schule sind diese Keime
nicht zur Entfaltung gelangt. Dem schulgerechten Juristen des 14. und
15. Jahrhunderts lag nichts ferner als der planmäßige Aufbau eines philo=
sophisch durchdachten Rechtssystems oder auch nur die prinzipielle Erfas=
sung der in den Quellen enthaltenen Rechtsideen. Die Abhängigkeit aller
mittelalterlichen Wissenschaft von gegebenen Autoritäten kommt darin

besonders deutlich zum Ausdruck: in der Tat mußten Aristoteles und Augustin in ganz anderer Weise zur Systembildung anleiten als die Rechtsquellen der Spätantike und die höchst unsystematischen Gesetzsammlungen der päpstlichen Kirche. Alles was die scholastische Philosophie ihrerseits zur Entwicklung der Jurisprudenz beisteuerte (zumal seit dem 14. Jahrhundert), war eine immer feinere Ausbildung der Kasuistik und Schärfung der juristischen Begriffe durch Einführung logisch-dialektischer Hilfsmittel in das juristische Denken.

Aber nicht nur aus der Verschiedenheit der Quellen und Vorlagen hier und dort läßt sich der Unterschied der juristischen Methoden von denen des philosophisch-theologischen Kurses erklären: die Aufgabe beider Disziplinen im Dienste der Kirche war nicht dieselbe. Der Inhalt des kirchlichen Dogmas stand in allen entscheidenden Zügen fest, ehe die Arbeit der großen scholastischen Theologen begann; ihnen blieb im wesentlichen nur die Aufgabe, es philosophisch-wissenschaftlich zu durchleuchten, als ein fertiges, systematisch durchdachtes Ganzes zu verteidigen; die Fortbildung einzelner Dogmen und der Einfluß ketzerischer Meinungen war demgegenüber ohne erhebliche Bedeutung. Dagegen blieb die Ausbildung der kirchlichen Rechtsüberlieferung dauernd im Fluß, dauernd stellte das praktische Leben neue „Rechtsfälle" vor Augen, neue Aufgaben, deren Lösung die Kirche unter tätiger Mitwirkung ihrer Rechtsgelehrten unternahm. Unmöglich konnte die gelassene Selbstbesinnung, die reine Kontemplation das Lebenselement des kanonischen Juristen bilden; er stand im Dienste praktischer Kirchenpolitik. Analog aber stand es mit der weltlichen Schwesterwissenschaft: der römisch-kaiserlichen Jurisprudenz. Die Erneuerung der altrömischen Gesetzgebung, die man den italienischen Legisten verdankte, schloß in Wahrheit die fast ungeheuerliche Aufgabe in sich, das antike Recht für die völlig veränderten Zustände der Gegenwart anwendbar zu machen: spätrömische und feudal-germanische Rechtsgesinnung wenigstens notdürftig miteinander auszusöhnen. Auch das war nur möglich vermöge einer unendlich ausgedehnten Kasuistik, die von Fall zu Fall den mannigfachsten praktischen Einzelbedürfnissen gerecht zu werden suchte. Noch im 16. Jahrhundert wurde die längst unübersehbar gewordene Kasuistik der scholastischen Gesetzesinterpretation mit dem Bedürfnis der juristischen Praxis gegen systematisierende Neuerungsbestrebungen verteidigt.

Die praktisch-juristische Tätigkeit (als Sachwalter oder Beisitzer an kirchlichen oder weltlichen Gerichtshöfen, als Inhaber hoher Verwaltungsposten

oder als politiſcher Unterhändler) ſpielte im Leben der juriſtiſchen Profeſ=
ſoren an mittelalterlichen Univerſitäten überall (und gerade auch in Heidel=
berg) eine bedeutende Rolle. In Paris ſcheint ihre Lehrtätigkeit darüber
bedenklich — faſt bis zur bloßen Formſache — zuſammengeſchrumpft zu
ſein: man hört, daß die Dekretiſten dort im 14. Jahrhundert in Abſtänden
von etwa zwei Wochen je einmal laſen, und daß die Vorleſungen normaler=
weiſe nur eine Viertelſtunde dauerten[1]. In Deutſchland ſtand es damit
weſentlich beſſer: hier wirkte von Anfang an das Vorbild der italieniſchen
Stadtuniverſitäten mit ein, die ihre Rechtslehrer zu einer ſehr ausgedehnten
Lehrtätigkeit nötigten. An jedem Leſetage ſollte der Kanoniſt (nach den
älteſten Heidelberger Statuten) verpflichtet ſein, eine Vorleſung von etwa
zwei Stunden zu halten; im Verhinderungsfall (wurde ſpäter hinzugefügt)
hatte er für Vertretung, nötigenfalls auf eigene Koſten, zu ſorgen[2]. (Eine
Beſtimmung freilich, die dann je länger je mehr durchlöchert oder um=
gangen worden iſt.) So ſuchte man die Bedürfniſſe des wiſſenſchaftlichen
Unterrichts gegen die Anſprüche des praktiſchen Lebens zu ſichern; aber
der juriſtiſche Studienbetrieb ſelber war in ſeinem unſyſtematiſchen Auf=
bau doch mehr nach praktiſchen als nach ſtreng wiſſenſchaftlichen Geſichts=
punkten organiſiert.

Im Mittelpunkt ſtanden diejenigen Sammlungen päpſtlicher und konzi=
liarer Rechtsentſcheidungen und Geſetze, die — als unbezweifelt gültiges
kirchliches Recht — unmittelbar der juriſtiſchen Praxis dienten: die Geſetzes=
ſammlung Papſt Gregors IX. von 1234 (decretales) mit ihren — als nova
jura zuſammengefaßten — Nachträgen: dem liber sextus Bonifaz' VIII.
(1298) und dem Geſetzbuch Clemens' V. von 1317, den ſog. Clementinen.
Dieſen Hauptvorleſungen gegenüber ſpielte das ſog. „Dekret" (die private
Geſetzſammlung Gratians aus dem 12. Jahrhundert), in älterer Zeit der
wichtigſte Gegenſtand des Studiums, jetzt nur noch eine Nebenrolle[3]. Be=
ſonders hochgeſchätzt war die Lektur der „Dekretalen", unentbehrlich noch
im 16. Jahrhundert auch an proteſtantiſchen Univerſitäten, wegen der Dar=
ſtellung des Prozeſſes (Kriminal= und Zivilprozeß miteinander verbunden),

---

[1] Denifle, Chartul. Paris. III, Nr. 1528, p. 428.

[2] U.B. I, 24ff.

[3] Das war auf allen deutſchen Univerſitäten ſo, mindeſtens ſeit dem 15. Jhdt.
Beſonders deutlich zeigen die Wiener Statuten (Kink, II, 144) die geringere Wert=
ſchätzung des Dekrets. Danach iſt die Darſtellung v. Schultes (Geſch. d. Quellen u.
Lit. d. kanon. Rechts II, 456f., 473) zu berichtigen. Über die Aufhebung der Dekret=
Profeſſur vgl. unten Kap. 18.

die sie im Anschluß an das zweite Buch ihrer Vorlage zu bieten hatte. Und ähnlich bevorzugte man später, nach Einführung des römisch=legistischen Studiums, aus rein praktischen Gründen den Codex Justinians, als die jüngste Form des römischen Rechts, die man als fortdauernd gültig betrachtete und ganz naiv durch einzelne Edikte Kaiser Barbarossas und Friedrichs II. ergänzte. Das altrömische Lehrbuch der „Institutionen" galt demgegenüber als bloße Anfängerübung, und vollends die Pandekten, die weitaus wichtigste Quelle der älteren römischen Rechtstradition, wurden bis zum 16. Jahrhundert stark vernachlässigt; erst unter dem Einfluß humanistischer Ideen sind sie später zu rechter Geltung gekommen.

Die Ausbildung der Juristen bestand nun darin, die einzelnen Abschnitte und Bestimmungen dieser Gesetzbücher der Reihe nach erörtert zu hören, wobei im 15. Jahrhundert die Originaltexte eine wesentlich geringere Rolle spielten als die Ansichten der älteren, als klassisch betrachteten Glossatoren (glossa ordinaria), neuerer Kommentatoren und die daran sich anknüpfenden Streitfragen. Ein überaus weitläufiges Studium also, bei dem im Grunde nicht allzuviel darauf ankam, an welcher Stelle man in den Kurs der Vorlesungen eintrat und wann man damit aufhörte; denn Wichtiges und Nebendinge wurden ohne viel Unterschied mit derselben gläubigen Ehrfurcht traktiert, und die Umständlichkeit der scholastischen Interpretationsmethode hinderte ohnedies wohl in den meisten Fällen, mehr als eine (ziemlich zufällige) Auswahl von Gesetzesstellen durchzunehmen. Der Studierende hörte im ersten Jahr dieselben Vorlesungen wie im letzten; die Zerlegung dieses Studiums in zwei Abschnitte durch das Bakkalariats= examen war nicht sachlich (wie in der artistischen und theologischen Fakultät) durch einen Wechsel des Vorlesungsgegenstandes begründet, sondern nur eine künstliche, erst in Paris aufgekommene Nachahmung des theologischen Studienganges. Doch verlor das juristische Bakkalariat in Heidelberg an Bedeutung, je mehr sich mit dem Aufkommen legistischer und humanistischer Studien der unmittelbare Einfluß der italienischen Rechtsschulen in Deutschland geltend machte. Seit 1522 galt sein Erwerb nicht mehr als Vorbedingung für das Aufsteigen zur Doktorwürde; seitdem bewarb sich niemand mehr darum[1].

Auch die Juristen rechneten mit einem Jahreskurs (cursus ordinarius), den sie am 19. Oktober mit der üblichen feierlichen Eröffnungsvorlesung

---

[1] Thorbecke, N. 305 zu S. 108. — Für das Folgende vgl. die Statuten: U.B. I, Nr. 21 (älteste Fassung, um 1390) u. Hautz, II, 398—407 (etwa 1492). Ferner Kalender II bei Toepke, I, 646.

(principium) begannen. Da aber die Verteilung der Bücher (anders als bei den Artisten) auf die einzelnen Lehrer ein für allemal feststand, und da niemand daran dachte, die Reihenfolge der zu traktierenden Gegenstände nach irgendwelchen sachlichen oder pädagogischen Gesichtspunkten einzurichten, vielmehr die zufällige innere Anordnung der behandelten Gesetzbücher alles bestimmte, so war eine kunstvolle Studienordnung durchaus entbehrlich. Wesentlich mehr als eine bloße Ferienordnung (die Ferien dauerten in der ältesten Zeit vom 28. September bis 19. Oktober) hat der „ordinarius" der Juristen vermutlich niemals bedeutet[1]. Wie lange die Hauptvorlesung der Kanonisten (über die Dekretalien) dauerte, ist nicht überliefert; wahrscheinlich länger als ein Jahr, da auch die andern Lektionen mehr Zeit brauchten: die nova jura etwa anderthalb, das Dekretum drei Jahre[2]. Wer also die Promotionsvorschrift erfüllte, bis zum Bakkalariatsexamen vier (später drei) und bis zum Lizentiaten sechs (später fünf) Jahre zu studieren, hatte reichlich Gelegenheit, über die wichtigsten Rechtsbücher mehrmals dieselbe Vorlesung zu hören; übrigens sollte es genügen, wenn er an der Dekretvorlesung wenigstens ein Jahr lang teilnahm. Man erkennt aus alledem recht deutlich den Zuschnitt dieses Studiums: mehr als zwei Stunden Vorlesung täglich wurde im allgemeinen von keinem Studierenden verlangt. Denn auch das Disputations= und Übungswesen spielte hier keine nennenswerte Rolle: es genügte, wenn jeder ordentliche Lehrer einmal im Jahr eine Disputation oder „Repetition" (davon später mehr) veranstaltete — öffentliche Akte, die schon ihrem Gegenstand nach nur einem kleinen Zuhörerkreise verständlich sein konnten und darum nur geringe Teilnahme im akademischen Leben weckten. Die Morgenvorlesung sollte darüber nicht versäumt werden, und es war

---

[1] Verkannt von Thorbecke 104 u. Toepke a. a. O. Die Statuten sagen nirgends, daß die Hauptvorlesung (Dekretalien) ursprünglich innerhalb eines Jahres beendet sein mußte; nur für die nova jura war dies ursprünglich festgesetzt. — Etwas kunstvollere Lektionsordnungen als in H. finden sich in den größeren deutschen Juristenfakultäten, wie Köln und Leipzig, die z. B. für die Dekretalien zwei besoldete Lehrer nebeneinander besaßen, die sich nun in den Stoff teilen mußten.

[2] Der Umfang des Textes der nova jura beträgt etwa zwei Fünftel des Umfangs der Dekretalien, ein Achtel des Dekrets. In Köln verwendete man drei Jahre auf die Dekretalienvorlesung. Die kunstvolle italienische Einteilung der Bücher in Halbmonatskurse (puncta) wurde in Deutschland nicht nachgeahmt. Auch von der Unterscheidung „ordentlicher" und „außerordentlicher" Vorlesungen ist in Heidelberg nicht die Rede.

ſtatutariſch nicht einmal unbedingt notwendig, einen Bakkalar reſpondieren
zu laſſen: vielleicht war man froh, wenn ſich ein Geeigneter für dieſen
Zweck überhaupt auftreiben ließ. (Studierende von hohem Rang und Stand
ſcheint man überhaupt von der Verpflichtung zur Teilnahme an ſolchen
Akten befreit zu haben[1].) Auch die Lehrverpflichtung der Bakkalare war
ſehr beſchränkt: wer ſich zum Lizentiatenexamen im kirchlichen Recht melden
wollte, hatte vorher nach Beſtimmung der Fakultät über eines der Bücher
der Dekretalien: den liber sextus oder die Clementinen, oder über zwei
causae des Dekrets zu leſen — das war alles. Ähnlich der Promovend
im Zivilrecht über ein Buch oder den vom Dekan zu beſtimmenden Teil
eines Buches der Überlieferung[2]. Man ſieht: der Strebſame behielt viel
Zeit zu privatem Studium und zu Einpauker=Übungen (über die bis 1498
alle Nachrichten fehlen); der Magiſter der freien Künſte mochte bequem
ſeine Lehrtätigkeit neben dem juriſtiſchen Studium fortſetzen und der ſtudie=
rende junge Herr vom Adel ſeinen Jagd= und Saufvergnügen und ſeinen
ritterlichen Raufereien ohne viel Schaden nachgehen. Auch nach Einfüh=
rung des römiſchen weltlichen neben dem geiſtlichen Recht wurde es da=
mit nicht anders: nur daß, wer in beiden promovieren wollte, ſein Studium
um zwei Jahre verlängern mußte.

Sehr einfach ſind die Examensbeſtimmungen: Probevorleſung des Bak=
kalarianden (wohl vor der Fakultät) über einen größeren Geſetzesabſchnitt
(titulus), private Prüfung durch die Doktoren (wie in Bologna), öffent=
licher Schulakt („Repetition" mit anſchließendem Wortgefecht); ähnlich für
den höheren Grad, nur daß die „Repetition" des Lizentianden im engeren
Kreiſe der Fakultät vor ſich geht und ſtatt deſſen die Probevorleſung
öffentlich ſtattfindet: als eine Art Antrittsvorleſung des neu kreierten
Doktors, erhöht in ihrem Glanz durch das Auftreten eines zweiten
Arguenten, doch ohne eigentliche Disputation — vermutlich, weil eine
ſolche die nichtjuriſtiſchen Kommilitonen vom Beſuch abgeſchreckt hätte.

---

[1] Vgl. Hautz, II, 403, letzte Zeile. — Auch in Bologna hatte der beſoldete Doktor
nur einmal jährlich zu disputieren; aber daneben mußte er mehrmals „repetieren";
und da überdies die Zahl der Bologneſer Doktoren ſehr groß war, ergab ſich alle Woche
mindeſtens ein feierlicher Schulakt, zu deſſen Beſuch alle älteren, leſenden Scholaren
verpflichtet waren. S. die Bologneſer Statuten, publ. v. Denifle, Arch. f. Lit. u.
Kirchengeſch. d. M.A. III (1887), p. 316ff.

[2] Daneben beſtand noch eine Verpflichtung, wenigſtens ein Jahr (für den bacc.
jur. utriusque 2 Jahre) in Heidelberg weiterzuſtudieren. Daß man tatſächlich auf ihre
Erfüllung hielt, zeigt U.B. II, Nr. 338 (1447). Ähnlich die Bologneſer Statuten.

Über den Verlauf des „examen privatum" ist nichts Näheres überliefert; wenn man aber hört, daß der Kandidat in feierlichem Zuge (mit fünf brennenden Kerzen!) von der Marienkapelle zum Prüfungslokal geleitet und von dort wieder abgeholt wurde, so darf man vielleicht schließen, daß die Prüfung mehr formellen Charakter trug (auch hier, wie bei den Theologen, handelte es sich ja vielfach um akademische Würdenträger und ältere Personen vom Rang und Stand!) und daß eher eine Zurückweisung vom Examen als ein Durchfall vorgekommen sein wird[1]. Wesentlich ausführlicher als über die wissenschaftliche Seite dieser Angelegenheit verbreiten sich die Fakultätsstatuten über das Nebenwerk der Promotionen: die nachträgliche Einziehung rückständiger Kolleggelder von den Kandidaten, die zahlreichen Erfrischungen, Schmäuse und (immer üppiger werdenden) Festmähler in den verschiedenen Stadien des Promotionsaktes, über die Zahl der zu ladenden Gäste, die (allmählich auf das Sechsfache gesteigerten) Promotionsgebühren, die Entlohnung des Pedellen und ähnliche Dinge. Alles in allem sieht man deutlich, daß in Heidelberg der juristische Doktorhut erheblich bequemer zu holen war als auf den berühmten Rechtsschulen des Auslands, die ein längeres Studium und strengere Lehrverpflichtungen forderten; aber auch einzelne deutsche Universitäten, vor allem die größten: Erfurt, Wien, Köln, stellten nicht unerheblich höhere Ansprüche: ebensowohl an die Promovenden wie an die Lehrer.

Es ist bemerkenswert, daß die Lizenz auch im weltlichen Recht dem Promovenden unter Mitwirkung des kirchlichen Delegierten, des Vizekanzlers, übertragen wurde. Freilich scheinen die Fakultätsstatuten mit Absicht zu betonen, daß die eigentliche Zulassung „durch die Fakultät" erfolgt[2]: dem Kanzler sollte wohl nur die „Approbation" (oder gar nur die öffentliche Verkündigung?) der eigentlichen Lizenz zustehen. Bedeutungsvoller noch: daß der Landesherr sich von den Juristen anläßlich ihrer öffentlichen Doktorpromotion einen besonderen Treueid schwören ließ — und

---

[1] Man hört merkwürdigerweise nichts von dem sonst üblichen (aus Italien stammenden) Prüfungsmodus: dem Kandidaten am Morgen des Prüfungstages gewisse zu erklärende Gesetzesstellen zu bezeichnen, über die er nachmittags eine Erklärung halten und den Doktoren Rede und Antwort stehen muß; ebensowenig von einer Wiederholung dieser „privaten" durch eine „öffentliche" Prüfung. Das Ganze erinnert stark an die Habilitationsordnung der Theologen (s. oben!).

[2] „Postquam approbatus et per facultatem admissus fuerit ad licenciam." Hautz, II, 406 u. öfter.

zwar ſtatutenmäßig bereits ſeit den erſten Jahren des Studiums, nicht erſt
nach Einführung des römiſchen Rechts.

Mit alledem iſt nur erſt der äußere Rahmen gezeichnet, in dem ſich
die Lehrtätigkeit der Juriſten vollzog — noch nicht die Methode des Unter=
richts ſelber. Darüber zu voller Klarheit zu kommen, wäre nur durch die
Veröffentlichung ſolcher „lecturae“ möglich, die zweifellos Nachſchriften
juriſtiſcher Vorleſungen darſtellen[1]. Nun iſt gewiß ein enger Zuſammen=
hang der zahlloſen, uns handſchriftlich und im Druck überlieferten „Vor=
leſungen“ beider Rechte aus dem 14. und 15. Jahrhundert mit dem akade=
miſchen Unterrichtsbetrieb wahrſcheinlich, und deren Methode iſt von den
Literarhiſtorikern des weltlichen wie des geiſtlichen Rechts mehrfach ge=
ſchildert worden[2]: aber im weſentlichen nur auf Grund italieniſcher Quellen.
Man hört da immer wieder von dem (ſchon oben mehrfach berührten[3])
„mos italicus“ des Kommentierens, einem Schema, das im weſentlichen
ſchon in der Gloſſatorenzeit ausgebildet war und ſicherlich den Vorzug
hatte, vortrefflich in die Kaſuiſtik ſowie in die Meinungen und Kontro=
verſen der älteren Erklärer einzuführen: durch Veranſchaulichung der zu
erklärenden Geſetzesſtelle an einem praktiſchen Rechtsfall, klare Einteilung
der Materie, Hervorhebung von „notabilia“, Aufſtellung und Löſung von
Einwendungen (contraria) und Quäſtionen unter Verwertung der ge=
bräuchlichen Gloſſe ſowie der bekannteſten Kommentare, Gegenüberſtel=
lung verſchiedener Meinungen berühmter Doktoren, Anführung von Par=
allelſtellen aus anderen Geſetzen (die beſonders im kanoniſchen Recht mit
ſeinen zahlreichen Doppelentſcheidungen ganz unentbehrlich war) uſw.
Sicher iſt, daß der Vorleſungsbetrieb durch derartige Schemata auch außer=
halb Jtaliens beeinflußt wurde, wie ſchon ein Blick z. B. auf die Wiener
Statuten zeigt. Auch wird man vermuten dürfen, daß die oft geſchilderten
Schwächen der ſpätſcholaſtiſchen Rechtsliteratur Jtaliens auch jenſeits der
Alpen ſich wiedergefunden haben: die übermäßige Vorliebe für logiſche
Subtilitäten und für allerhand dialektiſche Künſte des Diſtingierens, für

---

[1] Was Kaufmann, II, 571f. nach Koſegarten aus der Vorleſung des Wille=
tinus Bole zu Greifswald 1439 mitteilt, iſt völlig unzulänglich. Die Handſchrift ſelbſt
war leider auf Nachfrage in Lüneburg (mangels eines Kataloges) nicht mehr auf=
zufinden.

[2] Zu verweiſen beſ. auf Savigny Bd. III, capp. 23—24; VI, cap. 47. —
v. Schulte, Quellen u. Lit. d. kanon. Rechts I, § 52, 53; II, § 117, 118. — Stintzing,
Geſch. der deutſchen Rechtswiſſenſchaft I, 107ff. Stintzing, Ulr. Zaſius, 71ff.

[3] Vgl. oben S. 176 u. 212.

knifliche Formen der Begriffs= und Schlußbildung (wie Ampliation, Re=
ſtriktion u. a. m.), vor allem die Bevorzugung der Gloſſe und der ſpäteren
Kommentatoren vor dem Originaltext der Rechtsquelle, die ausgedehnte
Beſchäftigung alſo mit den Meinungen der Schule ſtatt mit dem urſprüng=
lichen Sinn des Geſetzes ſelber. Die deutſchen Juriſten empfanden ſich
ſelber nur als Schüler und Epigonen der Italiener. Immerhin: ſtreng
genommen beruht der herkömmliche Tadel des deutſchen Schulbetriebes
mehr auf den abfälligen Urteilen humaniſtiſcher Schriftſteller des 16. Jahr=
hunderts als auf originaler Kenntnis deutſcher Quellen; die humaniſtiſche
Kritik aber war keineswegs immer ſachverſtändig, vielfach ſogar nur ge=
ſchwätzige Nachrede italieniſcher Stilmuſter. Doch iſt es nicht leicht, ihre
Glaubwürdigkeit nachzuprüfen.

Lektionen deutſcher Juriſten ſind nur in ganz geringer Zahl erhalten
— verſchwindend wenige unter einer Maſſe ſorgſam aufbewahrter und
immer wieder abgeſchriebener Kolleghefte italieniſcher Doktoren[1], die man
aus Padua oder Bologna mitbrachte: als Muſter und Vorlagen offenbar,
denen gegenüber der deutſche Juriſt auf geiſtige Selbſtändigkeit, auf eigene
Erfindungen verzichtete. Der gelehrte Juriſt, in dem Deutſchland des
15. Jahrhunderts ein (immer noch) ſeltener und darum vielbegehrter
Mann, widmete ſich in ſtärkſtem Maße (wir hörten es ſchon) der juriſtiſchen
Praxis: viel einſeitiger offenbar, als ſeine italieniſchen Kollegen. Die
deutſche juriſtiſche Literatur jedenfalls bewegt ſich faſt ausſchließlich (wie
man ſchon mehrfach bemerkt hat) im Fahrwaſſer alltäglicher Praxis: der
ſchülerhaften Hilfs= und Handbüchlein einerſeits, juriſtiſcher Konſilien
(Rechtsgutachten) und Deziſionen (Rechtsentſcheidungen) anderſeits; mit
beſonderer Vorliebe aber widmet ſie ſich den kirchenpolitiſchen Streitfragen
und der Praxis des Beichtſtuhls (forum internum), in der freilich mehr
noch die Theologen als die Fachjuriſten tätig ſind. Im beſonderen ſind
mir aus Heidelberg zwar mehrere Schriften von Theologen zur Kirchen=
politik und halbjuriſtiſchen Praxis der Seelſorge[2], aber faſt gar keine eigent=
lich juriſtiſchen Arbeiten bekannt geworden[3]. Immerhin mag uns die feſt=

---

[1] Vgl. etwa den Katalog der Leipziger juriſtiſchen Handſchriften von Helſſig
(1905). Verſchiedene der dort aufgeführten Sammelbände und andere aus München
haben mir vorgelegen. Vgl. auch unten S. 225 Anm. 1.

[2] Vgl. unten Kap. 14!

[3] Den Auszug eines consiliums der Doktoren Conr. Degen, Joh. de Ladenburg,
Joh. Güldenkopf, Barthol. de Herkenrode, Conr. Gummeringer u. a. (um 1450) für
das Ziſterzienſerkloſter Gnadenthal hat Winkelmann in Ztſchr. f. Kirchenrecht 19

liche Vorleſung, mit der Johann von Noet am 19. Oktober 1400 ſeinen Jahreskurſus eröffnete, als Beiſpiel für ein Heidelberger juriſtiſches Kolleg dienen[1]. Sie behandelt (wenige Wochen nach der Königswahl Pfalzgraf Ruprechts!) die Frage, ob die Verleihung kirchlicher Benefizien durch den neugewählten König (gratia collacionis primarum precum) rechtlich zu= läſſig und wie ſie begründet ſei: wie man ſieht, ein friſch aus dem Leben des Tages gegriffenes Thema! Als feierliche Eröffnungsrede trägt ſie (wohl abweichend vom eigentlichen Kurſus) die Form der Quäſtion, der wiſſenſchaftlichen Abhandlung über ein begrenztes Thema. Einer ſorg= ſamen, ſtreng juriſtiſchen Formulierung der Streitfrage folgt zunächſt die Erörterung einiger juriſtiſcher Vorausſetzungen für die weitere Argumen= tation, alsdann die Anführung von Geſetzesſtellen und juriſtiſchen Autori= täten pro und contra; nachdem ſo in ſchulgerechter Weiſe die gegenſätz= lichen Argumente widereinander aufmarſchiert ſind, wird zur Entſcheidung der ſtrittigen Rechtsfrage zunächſt eine Reihe von Löſungsmethoden (vie solutionis) angegeben, die, wie üblich, auf ein genaueres Unterſcheiden und Spalten der Begriffe (distinctio) hinauslaufen. Nunmehr kann die Antwort in einer Reihe von Schlüſſen (conclusiones) formuliert werden; da ſie endgültig bejahend lautet[2], bildet den Abſchluß des Ganzen eine

<hr />

(1884), 159ff. nach einem für Königsbrück gefertigten Auszug veröffentlicht. Leider ſind darin nur die conclusiones der Gutachter für praktiſche Gerichtszwecke zuſammen= geſtellt; die Begründungen ſind weggelaſſen. Es handelt ſich um die Erbfähigkeit der Angehörigen der Mönchsklöſter; alle Gutachter entſcheiden ſich im Sinne der ſtreng kirchlichen Theorie: der Religioſe (wenn nicht Bettelmönch) beſitzt das Erbrecht unvermindert, aber dieſes kommt unmittelbar dem Kloſter zugute.

[1] Wolfenbüttel, Helmſtädter Hſſ. Nr. 387 (Heinemann, Helmſt. I, Nr. 352), f. 114—116ᵛ. — Eine ähnliche Methode befolgen die Reportata super librum primum decretalium scripta ab ore(!) rev. d. Bohuesslay decr. doct. decani Pragensis per manus Joh. Schurke de Steenwyk, baccal. in decr. in studio Pragensi a. d. 1387, in der Leipziger juriſt. Hſ. Nr. 1073. Auf eine kurze erbauliche Vorrede und ganz kurze Erläuterungen über das Weſen kanoniſchen Rechts folgt ſofort der Kommentar zu den einzelnen canones. Jedesmal zu Anfang wird der casus aus= führlich geſchildert, um die Erörterung anſchaulich zu machen, die nachfolgende Einzel= erläuterung iſt knapp: einzelne canones füllen nur 1—2 Seiten! Das vorliegende Exemplar der Handſchrift erweiſt ſich übrigens durch ſeinen äußeren Zuſtand als Mundum (Kopie), nicht als Nachſchrift.

[2] Die Antwort iſt dogmengeſchichtlich nicht unintereſſant. Das Recht des Königs wird im weſentlichen a) aus unvordenklicher Gewohnheit, b) aus der Herrſchaft des Kaiſers(!) super totum mundum unter Berufung auf das römiſche Recht abgeleitet,

knappe nachträgliche Erledigung der wichtigsten Argumente von seiten der verneinenden Autoritäten („Ad contraria"). Belege aus dem geistlichen und weltlichen (altrömischen) Recht, aus der Glosse und aus jüngeren Kommentaren werden überall reichlich verwertet, besonders ausgiebig, wie zu erwarten, Johannes Andreä, der beliebteste Kompilator des 14. Jahrhunderts (gest. 1348); nirgends aber arten die Zitate zum Selbstzweck aus, und auch von einer Überlastung mit logischen Subtilitäten kann in keiner Weise die Rede sein. Unselbständig gegenüber den italienischen Kommentaren wird man die Erörterung nennen dürfen — weitschweifig ist sie keineswegs. Sie gleicht nach Form und Gehalt durchaus jenen neuerdings veröffentlichten Rechtsgutachten kölnischer Juristen aus dem 15. Jahrhundert, die ihr Herausgeber als tüchtige Musterleistungen juristischer Gelehrsamkeit gepriesen hat[1]. Es fällt schwer zu glauben, daß auf diesen Vorlesungsanfang eine Fortsetzung von öder, formalistischer Leere und Schwerfälligkeit gefolgt sein sollte.

Dieser vorläufige Eindruck wird bestätigt durch die ausführliche „lectura" eines anderen Heidelberger Juristen über das vierte Buch der Dekretalien, d. h. über das kirchliche Eherecht; sie ist zwar vermutlich außerhalb der Universität und vielleicht mehr zu praktischen als gelehrten Zwecken entstanden, da ihr Verfasser als Lizentiat des kanonischen Rechts in die kirchliche Praxis übergegangen war[2], dürfte aber doch in allen wesentlichen Zügen dem akademischen Gebrauch entsprechen. Hier kann vollends von Weitschweifigkeit und logischen Spielereien nicht die Rede sein. Text und Glosse finden eine rein juristisch-sachliche Erläuterung, ohne daß der Erklärer am Wortlaut hängen bliebe; ja von einem eigentlichen Schema des Erklärens im Stile etwa jenes „mos italicus" ist überhaupt nichts zu bemerken. Vielmehr wird — nach einer kurzen Definition des Inhalts jeder Gesetzesstelle (capitulum) — in ganz zwangloser Form, einfach durch Hervorhebung wichtiger Gesichtspunkte, Lehrmeinungen, Streitfragen als Anmerkung zum Text (notanda) dessen sachlicher Inhalt, von Kapitel zu Kapitel rasch fortschreitend, erörtert. Wohl sucht der Autor seine Belesen-

während die offenbare Widerstreit kanonisch-rechtlicher Bestimmungen dem Autor sichtlich Verlegenheit schafft.

[1] Kohler und Liesegang,. Das römische Recht am Niederrhein. 1896/98.

[2] Lectura super quarto [decretalium] de matrimonio von Jodocus Clammer de Memmingen, Offizial des Augsburger Bischofs, 1440. Näheres über dieses Stück s. Exkurs 6!

heit in der älteren wie in der neuesten italienischen Literatur durch reich=
liche Zitate zu erweisen; aber als erdrückenden Ballast wird man diese
Gelehrsamkeit kaum empfinden: ein Schulbuch, das in die Wissenschaft
seiner Zeit einführen wollte, konnte dieses Rüstzeug unmöglich entbehren.

Es wird gewagt sein, aus einem so beschränkten Quellenmaterial (für
Heidelberg liegt kein anderes vor) weitgehende Schlüsse zu ziehen. Soviel
aber scheint jetzt schon hervorzuleuchten: war der spätscholastische juristische
Schulunterricht in Deutschland wirklich so unerträglich formalistisch und
weitschweifig, wie man ihm nachsagt, so muß es doch große Unterschiede
gegeben haben; mit den Humanisten in Bausch und Bogen zu urteilen,
wird man sich hüten müssen. Vielleicht lehrt genaueres Studium der
Quellen dereinst, daß auch auf dem Gebiete der Jurisprudenz — ähnlich
wie auf dem der Theologie und Philosophie[1] — die wuchernde Entfaltung
sophistischer Spielereien, die das 14. Jahrhundert vor allem in Frankreich
erlebt hatte, in den folgenden Generationen und auf deutschem Boden
durch einen stark pädagogisch=praktischen Zug bekämpft worden ist: eine
Entwicklung, deren Gefahr dann mehr in der Richtung steriler Dürftigkeit,
schulmäßigen Mangels an Originalität als in der allzu üppigen Entfaltung
formalistischen Scharfsinns gelegen hätte.

Nur von solcher Anschauung der wirklich geübten Praxis her wird man
es schließlich unternehmen können, die Tragweite all der statutarischen Be=
stimmungen abzuschätzen, die in Heidelberg wie andernorts das Verfahren
in der Vorlesung regeln sollten. Daß die Fakultät eine Vernachlässigung
des Textes zugunsten der gelehrten Literatur zwar befürchtete, aber aus=
drücklich zu vermeiden wünschte, zeigt ihre Vorschrift, den Text und die
allgemein rezipierte Glosse Wort für Wort, deutlich und zweckmäßig den
Scholaren — denen es auch in diesen Vorlesungen vielfach an eigenen
Exemplaren gefehlt haben wird — vorzulesen. Die weitere Bestimmung,
bei der Aufstellung von Quästionen und Erörterung von Kontroversen
auch die wichtigsten (namentlich aufgeführten[2]) Kommentare des 13. und
14. Jahrhunderts zu berücksichtigen, besagt in dieser Allgemeinheit noch
gar nichts für den wirklichen Verlauf des Unterrichts; ebensowenig die

---

[1] Vgl. hierzu meine Studien II, 113ff. u. passim.
[2] Außer den „glossae ordinariae" (Bernardus Parmiensis bzw. Joh. Andreae
bzw. Joh. Teutonicus u. Barthol. Brixiensis) werden genannt: Innocentius IV, Hen=
ricus de Segusia Hostiensis u. Joh. Andreae zu den Dekretalen, Guido de Baysia
(„Archidiaconus") zum Dekret.

Vorschrift, den Hörern Anleitung zum Argumentieren und zum Extra=
hieren wichtiger Gesetzesbestimmungen (trahere notabilia) zu geben: hier
kam offenbar alles auf die (ausdrücklich angerufene) handwerkliche Tradi=
tion der Fakultät, vor allem aber auf Takt und Geschick des einzelnen
Lehrers an. Wie sehr man (wenigstens theoretisch) bemüht war, wirklich
pädagogisch zu verfahren, zeigt u. a. das Wiener Statut, das den Lehrer
anwies, während und nach der Vorlesung auf Fragen und Einwände der
Schüler liebevoll einzugehen. Die Heidelberger Juristen haben anläßlich
der Reformvorschläge von 1444 (s. u. Kapitel 16!) seine Nachahmung emp=
fohlen. Einem Überwuchern des gelehrten Beiwerks endlich sollte die nach=
drückliche Mahnung der Statuten entgegenwirken, die Vorlesung innerhalb
der vorgeschriebenen Frist wirklich zu beenden. Ob und wieweit diese Mah=
nung freilich genützt hat, das entzieht sich unserer Kenntnis.

Noch weniger als über den praktischen Verlauf der Vorlesungen wissen
wir im einzelnen vom Gang der Disputationen; keine einzige ist uns aus
Heidelberg überliefert. Wesentlich anders als bei den Theologen und
Philosophen werden diese Übungen nicht verlaufen sein. Den Juristen
eigentümlich ist dagegen die Form der „Repetition", von der uns zahlreiche
Stücke (freilich wieder keine aus Heidelberg stammenden) handschriftlich
überliefert sind. Ihr Ursprung ist in Bologna zu suchen, wo sie statutarisch
dazu diente, gewisse besonders wichtige Materien des Rechts, die in der
Morgenvorlesung nur flüchtig hatten erörtert werden können, in größerer
Ausführlichkeit vor einer breiteren Hörerschaft zu „wiederholen[1]". In der
Gestalt, wie sie seit Ende des 14. Jahrhunderts auf deutschen Hochschulen
gepflegt wurde, fällt die „Repetition" mit der älteren „Distinktion" völlig
zusammen. Sie behandelt regelmäßig den Inhalt eines einzelnen Teil=
abschnitts (capitulum, canon, Paragraph usw.), d. h. (modern gesprochen)
eines einzelnen Gesetzesparagraphen unter einem bestimmten Gesichts=
punkt — nur durch ihre größere Ausführlichkeit, nicht aber (soviel ich sehe)
durch ihre Form sich unterscheidend von der gewöhnlichen „lectura[2]"; doch
ergibt es sich von selbst, daß in dem weiteren Rahmen eines solchen Einzel=
vortrags vor allem die gelehrte Streitliteratur ausgiebiger als sonst zu
Worte kommt und stärker gegenüber dem Text hervortritt. Man begreift

---

[1] Vgl. die Statuten von Bologna, ed. Denifle, Archiv f. Lit.= u. Kirchengesch. III
(1887), 316ff.; dazu Savigny, III, 250 u. v. Schulte, a. a. O., I, 218.

[2] Vgl. Exkurs 8.

danach, daß gerade dieſe Form der Vorleſung beſonders geeignet erſchien, die Gelehrſamkeit der Promovenden ans Licht zu ſtellen und ſomit beſonders gern für Examenszwecke verwendet worden iſt.

War ſchon für die Juriſten eine ausführliche Studienordnung entbehrlich, weil das Leben einer ſo kleinen Genoſſenſchaft einer ſchriftlichen Feſtlegung aller Einzelheiten nicht bedurfte, ſo gilt dies erſt recht von den Medizinern. Streng genommen kann von einer mediziniſchen „Fakultät" in Heidelberg im 15. Jahrhundert kaum die Rede ſein, ſolange es nämlich nur einen ordentlichen Fachvertreter gab; und wenn es nicht darauf ankam, die ſchematiſche Vollſtändigkeit des Heidelberger „Generalſtudiums" ausdrücklich hervorzukehren, ſprach man wohl auch einmal von den „beiden" oberen Fakultäten[1]. Erſt mit der Errichtung eines zweiten und dritten beſoldeten Lehrſtuhls (1482 bzw. 1522) wurde das anders. Für das erſte Jahrhundert beſagt deshalb der Verluſt der Fakultätsſtatuten (bis auf ein paar vereinzelte Sätze) nicht allzu viel: tatſächlich läßt ſich keine einzige Doktorpromotion in dieſer Epoche mit Sicherheit nachweiſen.

Vielleicht alle, ſicherlich aber die weitaus meiſten der Heidelberger Ordinarien hatten ihren Grad auf fremden Univerſitäten erworben: in Italien oder in Wien. Die meiſten kamen als Doktoren oder Lizentiaten der Medizin hierher; von den anderen, die ihre mediziniſchen Studien hier begonnen hatten, iſt es zweifelhaft, ob ſie auch hier zum Doktor promovierten: in einem Falle ſehen wir deutlich, daß ein Heidelberger Bakkalar es doch vorzog, ſich den Doktorhut in Italien zu holen, ehe er ſich um die ordentliche Profeſſur bewarb[2]. Offenbar galt zum mindeſten die Ergän-

---

[1] Beiſpiel: U.B. I, 149, Z. 26 (1444). Über die Beſetzung des einzigen ordentlichen Lehrſtuhls bis 1482 vgl. Thorbecke, S. 95, Anm. 241. Über den Verluſt der Fakultätsakten ibid. Anm. 238 u. unten Kapitel 11. Ferner Eb. Stübler, Geſchichte der medizin. Fakultät d. Univ. Heidelberg 1386—1925. Heidelberg 1926.

[2] Erhard Knab. Vgl. Thorbecke, Anm. 245 zu S. 96 u. 241 zu S. 95. Von den Heidelberger Medizinern, die danach nicht nachweislich in Italien promovierten, wurde W. Tenſtal als lic. med. ohne Ortsangabe der Promotion immatrikuliert, ebenſo Gerhard von Hohenkirchen als Dr. med., früher in Prag, Leipzig, Köln (dort Rektor), und Joh. de Swendin als Dr. med. Viennenſis. Martinus Renz, der 1471 als bacc. in med., 1475 als lic. in med., 1480 als Dr. med. erſcheint, könnte in Heidelberg promoviert haben; gegen ſeine Ernennung zum prof. ord. proteſtierte aber auch der Kurfürſt (vgl. U.B. II, 482, 490ff., 501). Daß W. Tenſtal als lic. med.

zung des Studiums an einer der altberühmten italienischen Hochschulen als unerläßlich für den akademischen Lehrer. Die Artisten dispensierten häufig jüngere Magister, die auswärts Medizin studieren wollten, von der vorgeschriebenen zweijährigen Probelesezeit; auch hören wir gelegentlich von der Italienfahrt eines angehenden Mediziners auf kurfürstliche Kosten; schwerlich blieb er der einzige seiner Art; der pfälzische Hof sorgte so für die Ausbildung des fürstlichen Leibmedikus[1]. Nirgends in Deutschland, es sei denn in Wien, standen die medizinischen Studien damals in Blüte. Es fehlte vor allem an den wissenschaftlichen Einrichtungen, ohne die diese Wissenschaft nicht gedeihen kann: der Bereitstellung menschlicher Leichname zu anatomischen Zwecken, an kleineren Orten wohl auch der Einrichtung genügend großer Spitäler[2]. Immerhin besaßen die großen Universitäten wenigstens regelrechte Doktorenkollegien, und vor allem in Wien, dessen Anstalten die Größe und Bedeutung des österreichischen Territoriums ebenso zugute kam wie der lebhafte Verkehr von dort nach Italien[3], entfaltete diese Fakultät unvergleichlich mehr Leben. Schon 1404 wurden dort die ersten anatomischen Demonstrationen vorgenommen. Und selbst der Stadt Köln gelang es 1479, mit kaiserlichem Privileg eine Anatomie einzurichten, zu deren ersten Sektionen man 1480 die Ärzte von Brüssel, Leiden, Delft, Münster und Roermond feierlich einlud[4]. Demgegenüber mußte Heidelberg einem Peter Luder, der 1456 von Italien und Basel hierher kam, mit Grund als ein locus medicinae vacuus erscheinen.

Über alle lokalen Zufälligkeiten hinaus ist es vor allem das Überwiegen geistlicher Bildungsinteressen im Norden, das sich in diesem Mangel ausdrückt — im Gegensatz zu der unbefangen weltlichen, aus spätantiken

---

einer anderen Fakultät in Heidelberg promoviert haben sollte, ist aus mehr als einem Grunde unwahrscheinlich.

[1] Henric. Krauwel, vgl. Thorbecke S. 83*; dazu a.f.a. II, 49ᵛ: 1461, febr. 12: Auf Ansuchen des Kurfürsten und mehrerer adliger Höflinge (confamiliares) wird der mag. art. Hieron. Bensheim de Moguntia von der zweijährigen Lehrverpflichtung in H. befreit, damit er andernorts Medizin studieren kann. — Über 3 medizinische Gutachten italienischer Ärzte für Pfalzgraf Friedrich I. s. Exkurs 9, I!

[2] Über die Heidelberger Spitäler vgl. Baas, Monatsschrift f. Gesch. des Judentums, 1914, 452ff.; Wirth, Arch. f. Gesch. d. Stadt Heidelberg III, 48.

[3] Das letztere scheint auch von Basel zu gelten.

[4] Korth, Ann. d. hist. Ver. f. d. Niederrhein 50, p. 69. — Für Wien vgl. Aschbach 310ff., vor allem die überaus inhaltsreichen Acta facultatis medicae I, 1399 bis 1435, ed. Schrauf 1894.

und arabischen Kulturtraditionen viel unmittelbarer gespeisten Kultur Italiens. In die geistlich=kontemplativen Ideale der mittelalterlichen Schul= wissenschaft ordnete sich der ärztliche Beruf mit seiner Fürsorge für das körperliche Wohl der Menschen noch weniger selbstverständlich ein, als die Jurisprudenz, die sich aus der Notwendigkeit eines äußeren Kirchen= regiments unmittelbar rechtfertigen konnte[1]. Wie der Geldhandel auf Zinsen, den die Kirche verbot und der doch praktisch nicht zu entbehren war, den Ungläubigen, den Juden überlassen blieb, so die ärztliche Kunst im wesentlichen den Laien, unter denen auch hier sich viele Juden fanden. Keine andere Wissenschaft ist so früh verweltlicht wie eben diese. Im 12. und 13. Jahrhundert hatten päpstliche Erlasse den Ordensleuten und Prie= stern das Studium der Medizin (und des weltlich=römischen Rechts) zu verbieten gesucht; auf die Dauer freilich erfolglos; immerhin wirkten diese Verbote doch so stark nach, daß unsere Universität (ähnlich wie schon andere vor ihr) im Rotulus von 1401 ausdrücklich für die an ihr studieren= den Inhaber kirchlicher Pfründen und Ämter das Recht erbat, sich dem Studium des römischen Rechts und der Medizin zuzuwenden, ohne dar= über ihre Pfründen zu verlieren[2]. Nach der Rechtsauffassung des Mittel= alters stand es mit dieser Mißachtung der rein „weltlichen" Disziplinen nicht im Widerspruch, daß auch ihre Promotionen unter Mitwirkung des kirchlichen Aufsichtsorgans, des Vizekanzlers vollzogen wurden. Mehr noch: der Bischof Eckard von Worms untersagte 1404 kraft seiner Amts= gewalt allen in seiner Diözese praktizierenden Heilkundigen die Ausübung ihrer Kunst ohne Approbation durch die Heidelberger medizinische Fakultät, bei Strafe der Exkommunikation für Christen, des Boykotts durch die christ= liche Gesellschaft für jüdische Ärzte[3]. Also eine Art kirchliches Monopol oder doch Aufsichtsrecht für die Heidelberger Fakultät! Nicht lange mehr blieb diese Art Wohlfahrtspolitik der Kirche überlassen; deutsche Stadtobrig= keiten (so Basel) haben ähnliche Privilegien bereits im 15. Jahrhundert von sich aus erteilt, und auch die Fürsorge der pfälzischen Behörden wandte sich bald darauf der Medizin mit fast demselben Eifer zu, wie ihrem bevor= zugten Pflegling: der Jurisprudenz.

---

[1] Vgl. auch die Präambel zu den Statuten der Wiener medizinischen Fakultät: Kink, II, 156ff.

[2] U.B. I, 80. Vgl. Kaufmann, I, 400f. Einen jüdischen Leibarzt (Gottlieb) besaß Ruprecht I. 1362, s. Baas, Münch. medizin. Wochenschr. 1914, S. 389.

[3] U.B. II, Nr. 148; Hautz I, 162, N. 177.

Mit allen praktiſch nützlichen Studien wird auch die Medizin an öffent=
licher Wertſchätzung gewinnen, je mehr die Hochachtung einer langſam bür=
gerlich werdenden Geſellſchaft vor der rein gelehrten Kontemplation, vor
dem weltabgewandten Geiſt der echten eigentlichen Scholaſtik zu ſinken
beginnt. Wir wiſſen nichts Näheres über Methode und Geiſt der Heidel=
berger wiſſenſchaftlichen Medizin. Die einzigen Proben, die uns davon
erhalten ſind, ſtammen nicht von einem der mediziniſchen Ordinarien, ſon=
dern von dem damals berühmten Heidelberger Chirurgen Heinrich Kräuwel
aus Müntzingen, gen. Münſinger, der ſeine mediziniſchen Studien in Padua
gemacht hatte (und zwar als Heidelberger magister in artibus) und der
zur Univerſität in einem ſehr nahen, freundſchaftlichen Verhältnis ſtand.
Es handelt ſich um einige praktiſch bewährte Salbenrezepte, hauptſächlich
zur Wundbehandlung, vor allem aber um ein ausführliches chirurgiſches
Gutachten von 1430, das er zu einer Selbſtverteidigung nach dem Tode
eines Patienten ſchrieb[1]. Der moderne Leſer empfindet an dieſer Denk=
ſchrift am ſtärkſten das Fremdartige der Methode: die Übertragung der
gemeinſcholaſtiſchen Künſte des Syllogismus, der Deduktion, auf die Pro=
bleme praktiſcher Chirurgie — die Berufung auf Buchautoritäten ſtatt auf
die lebendige Erfahrung: jenen Geiſt ſchulmäßigen Kommentierens, der
aller ſcholaſtiſchen Medizin ſeit dem Sieg der arabiſchen Wiſſenſchaft eigen
iſt. Bedeutſamer im Sinne der Zeitgenoſſen war vermutlich die — keines=
wegs ſelbſtverſtändliche — Verbindung praktiſcher Chirurgie, manueller
Geſchicklichkeit mit ſchulmäßigem Wiſſen[2], mit gründlicher Literatur=
kenntnis, die den Verfaſſer ausgezeichnet zu haben ſcheint, und die klar=

---

[1] U.B. I, Nr. 91 Aus den Univerſitätsannalen. Vgl. dazu ausführlich: Thor=
becke 98, N. 258. Drei Salbenrezepte aus dem Handbuch des Hans Suff von Göp=
pingen (Stuttgart, Cod. med. et phys., Fol. 8) bei E. Stübler, a. a. O., 28 ff. Deſſen
Entzifferung iſt, wie die beigegebenen Photographien zeigen, ſehr inkorrekt. — Nahes
Verhältnis zur Univerſität: Toepke, I, 121, 294, 324, 329, 335; II, 372, 401. Er
ließ drei (nicht zwei!) ſeiner Söhne immatrikulieren und durfte einen davon ſelbſt
zum lic. art. promovieren. In den a.f.a. II 60 wird er ,,doctor famosus" genannt
Dafür ſpricht auch die Form der Überlieferung ſeiner Rezepte. Woher weiß übrigens
Stübler, daß zwei der Söhne „den Beruf des Vaters erwählt hatten"? — Lobrede
des Humaniſten Pietro Antonio da Finaro auf ihn ſ. Exkurs 9, II.

[2] Das gegenſeitige Verhältnis von „Chirurgie" und „gelehrter" (innerer) Medizin
war bekanntlich im Mittelalter ſtrittig; im allgemeinen und grundſätzlich galt die
Chirurgie, beſ. die ſog. „kleine", als niederes Handwerk. Einzelne Univerſitäten (Tü=
bingen, Wittenberg) beſaßen einen beſonderen Chirurgen neben dem gelehrten
Mediziner.

bewußte Abstellung des Ganzen auf seinen praktischen Zweck. Es ist sicher
kein Zufall, daß wir eigentlich gelehrte Schriften deutscher Ärzte aus dem
15. Jahrhundert kaum besitzen und daß ihre literarische Produktion —
außerhalb rein kompilatorischer Arbeiten — sich fast ganz in populär=
diätetischen und chirurgischen Handbüchlein[1] erschöpft. Akademisch gelehrte
Ärzte waren eben damals in Deutschland eine noch größere und kostbarere
Seltenheit, als gelehrte Juristen; und wie diese mit ihren forensischen Gut=
achten (wenn nicht gar als Richter, Syndici oder Derwaltungsbeamte) von
der Praxis des Alltags übermäßig in Anspruch genommen wurden, so
mochte vollends in der Medizin das dringende Bedürfnis der Praxis einer
einseitigen Schätzung gelehrten Wissens entgegenwirken. Auch der Heidel=
berger medizinische Professor hatte von Anfang an diesem Bedürfnis zu
dienen: als Arzt der Universität sollte er ihre Angehörigen, in erster Linie
die „regierenden" Professoren, behandeln, Mittellose umsonst; auch als
Stadtarzt wurde er gelegentlich verwendet, z. B. zur Untersuchung Aus=
sätziger[2] — vermutlich auch zur Beaufsichtigung der Hofapotheke[3]; nicht
selten diente er zugleich als fürstlicher Leibarzt, was dann öfters das Aus=
scheiden aus dem Lehrkörper zur Folge hatte. Eine Stunde täglich sollte
er lesen (beginnend am 14. September); aber ob er immer Hörer hatte?
Darf man das Statut, daß keiner als Fakultätsmitglied gelten solle, der
nicht gewisse Lektionen jährlich zu Ende brächte, dahin auslegen, daß nicht
immer diese Forderung erfüllt wurde? Wir wissen nichts Näheres dar=
über, auch nichts über den Gang der Ausbildung im einzelnen, den uns
die Statuten anderer Universitäten so eingehend schildern. Sechs Jahre
(für den Magister der Artisten vier) scheint sie in Heidelberg — wie andern=
orts — gedauert zu haben; den Kurs der Vorlesungen pflegte wie heute

---

[1] Hierhin gehört auch die Schrift des Conradus Schelling (gest. 1514): Consilium
ad pustulas malas seu morbum quem malum de Francia vulgus appellat, die S c h w a b
Sylloge 96 erwähnt. Über eine deutsche Schrift desselben Autors zur Anweisung der
Laien, „wie man sich vor der Pestilentz enthalten sol" s. T h o r b e c k e 35* f. Schelling,
Stifter eines Stipendiums am sog. Dionysianum (Armenburse), wird a. u. IV 201/204
als quondam famosissimus et expertissimus doctor und Philippi ducis . . . . phisicus
gerühmt.

[2] U.B. I, Nr. 22, Nr. 153. Belege für das Folgende bei T h o r b e c k e.

[3] Dgl. darüber und über das Heidelberger Apothekenwesen überhaupt (seit 1387
nachweisbar, aber sicher älter) W. D o n a t, N. A. f. d. Gesch. d. Stadt Heidelberg X,
65 ff. Dort S. 79 ff. die Apothekenordnung von 1471, an der die medizin. Fakultät
mitgearbeitet hat.

eine mindestens einjährige praktische Ausbildung in der Krankenbehand=
lung zu beschließen. Eine besondere Sorge aller medizinischen Fakultäten
war, nur gereiftere, würdig aussehende Männer, keine „Milchbärte" mit
dem Doktorhut zu schmücken. Der Besitz des artistischen Magistergrades
war für das medizinische Studium nicht unentbehrlich, aber üblich. Aus
der Genossenschaft der Artisten schied man erst mit dem Erwerb der Lizen=
tiatenwürde aus[1].

---

[1] Das zeigen die Promotionsdaten verschiedener Heidelberger Mediziner, wie
Erhard Knab und Martinus Rencz (Toepke, Register). Ersterer wird 1456 von der
Abhaltung des großen Quodlibets dispensiert, weil er täglich lesen muß in medicina
als bacc. med. (a.f.a. II, 31ᵛ). Im übrigen vgl. Kaufmann, II, 293ff. Eine viel=
seitige Verbindung medizinischer und artistischer Interessen zeigt die Bibliothek des
mag. Joh. Müntzinger 1417, bei Toepke, I, 689ff.

Drittes Buch

Geschichtliche Entwicklung

Der äußere Bestand, die rechtliche und wirtschaftliche Organisation unserer Universität, wie sie sich im Lauf der ersten Jahrzehnte gestaltete, dazu der innere Zusammenhang und der technisch-formale Aufbau ihres Lehrbetriebes sind bis ins einzelne sichtbar geworden. Welches geistige Leben hat sich nun in diesem Rahmen entfaltet? Was bedeutete die Hoch= schule im Rahmen des pfälzischen Territoriums? Wie gestaltete sich ihr Schicksal im Zusammenhang der großen kirchlich-politischen Ereignisse des 15. Jahrhunderts? Welchen Anteil nahm sie an den geistigen Bewegungen der Epoche als förderndes oder hemmendes Element? Das sind die Fra= gen, denen wir uns nunmehr zuwenden. Denn nur vom Blickfeld der all= gemeinen Geschichte her läßt sich das besondere Schicksal und die geschicht= liche Leistung unserer Universität recht verstehen und würdigen.

Lebhafte und vielseitige Bestrebungen zu einer allgemeinen Reform der Kirche, gipfelnd in der Teilnahme an den großen Reformkonzilien und am Kampf gegen Schwärmer, Sektierer und Ketzer aller Art, vor allem gegen die Hussiten, erfüllen die ersten Jahrzehnte unserer Hochschule, in denen sie eine erste Blüte erlebt.

Die allgemeine Kirchenreform scheitert. Aber das Erlebnis der großen europäischen Konzilien auf deutschem Boden wirkt auf das stärkste nach. Und zwar in doppelter Richtung.

Auf der einen Seite bemüht man sich mit erneutem Eifer um eine Re= stauration des alten kirchlichen Lebens: man sucht im Rahmen der deutschen Einzelterritorien zu vollbringen, was den großen Versammlungen der abendländischen Kirche nicht gelungen ist: die Wiederherstellung altkirch= licher Gesinnung der Laien, echter Klosteraskese, treuer Seelsorge und Pre= digt des Klerus, rechtgläubiger Lehre im Sinne der Hochscholastik auf den Universitäten. Die Reform der Heidelberger Universität von 1452 steht im Dienste dieser Bestrebungen.

Gleichzeitig aber hat die enge Berührung der Deutschen mit Trägern fremder, vor allem welscher Kultur in Kostnitz und Basel noch eine ganz andere Folge: geistige Tendenzen werden laut, deren Ursprung jenseits der kirchlichen Einheitskultur des Mittelalters liegt und die in ihren Konse=

quenzen den Rahmen der ſcholaſtiſch-kirchlichen Tradition zu ſprengen
drohen. Der Kampf zwiſchen ſcholaſtiſcher und humaniſtiſcher Bildung be=
ginnt — in Heidelberg um ſo früher, als hier ein weltoffener, kluger Fürſt
frühzeitig den Nutzen der neuen, rein weltlichen Bildung für den techni=
ſchen Ausbau ſeines Territorialſtaats begreift und vom Ausland zu lernen
bereit iſt.

Und endlich macht ſich, am Vorabend der deutſchen Reformation, in
vereinzelten Symptomen der innere Widerſpruch geltend, der zwiſchen der
tieferen Eigenart deutſchen religiöſen Empfindens und den romaniſchen
Denkformen ſcholaſtiſcher Theologie beſteht. Die innere Erſtarrung und
Verödung ſpätſcholaſtiſcher Wiſſenſchaft führt am Ende des Jahrhunderts
zu einem unaufhaltſamen Verfall auch des äußeren akademiſchen Lebens.

In dieſen Epochen etwa vollzieht ſich die Entwicklung der Heidelberger
Univerſität in den erſten vier Menſchenaltern ihrer Geſchichte. Was danach
kommt, leitet bereits über das Abſterben alter Lebensformen hinüber zu
einem neuen Daſein. Denn am Ausgang des deutſchen Mittelalters ſteht
die Wittenberger Revolution. Wie alles deutſche Leben, hat ſie auch das
Pfälzer Land und ſeine Hochſchule — ſolange ſich dieſe auch ſträubte —
zuletzt in ihren Strudel mit fortgeriſſen. Und damit hat ſie auch die längſt
Erſtarrende zu neuem Leben, zu neuer geſchichtlicher Bedeutung erweckt.

I. Abschnitt: Die Epoche der großen Reformkonzilien

11. Kapitel

Die akademischen Lehrer der ersten Generation

„Zu allen Zeiten sind es" (nach einem Goethewort) „nur die Indivi= duen, welche für die Wissenschaft gewirkt, nicht die Zeitalter" — und so fragen auch wir, indem wir uns der geschichtlichen Entwicklung unserer Hochschule zuwenden, an erster Stelle nach den Persönlichkeiten, die ihr Tagewerk begannen. Leider versagen uns die trockenen Notizen der ältesten Quellenüberlieferung in den meisten Fällen die Möglichkeit, von ihrer Wesensart ein plastisches Bild zu gewinnen.

Die überragende Gestalt des ersten Jahrzehnts war und blieb Mar= silius von Inghen. Seinen Anteil an der inneren Einrichtung der Hoch= schule, der allmählichen Ausbildung statutarischer Bestimmungen bezeugt fast jede Seite der Universitätsakten. Nicht weniger als neunmal hat er das Rektorat bekleidet. In seinem Hause wurden die Privileg=Urkunden und andere Besitztümer der Universität aufbewahrt[1]. Seine logischen und physikalischen Lehrbücher, die teilweise wohl erst in Heidelberg entstanden, wurden zur Grundlage des artistischen, vor allem des logischen Unterrichts. Ihre knappe Präzision und dialektische Klarheit hat sie bald weit über Heidelberg hinaus berühmt gemacht; wohl auf allen deutschen Univer= sitäten okkamistischer Richtung waren sie später verbreitet, und selbst in dem fernen Salamanca gab es einen eigenen Lehrstuhl zur Erklärung der marsilianischen Schriften[2]. Die Zahl der heute noch erhaltenen Abschriften übersteigt bei weitem ein halbes Hundert, und nicht weniger als fünfzehn verschiedene Ausgaben von Werken seiner Hand lassen sich in Frühdrucken des In= und Auslandes nachweisen. Noch um 1500 sprach man von der „via Marsiliana", um die Schule der deutschen Okkamisten schlechthin zu

---

[1] A. u. I, 61 (1395, 27. VIII.).

[2] Ehrle, Peter v. Candia (1925), S. 246. Die Schrift des Marsilius über obliga= toria und insolubilia war herkömmliches Lehrbuch in Wien. Vgl. Bücherverteilung der Artisten von 1431, bei Kink, I, 2, p. 11; dazu meine Studien I, 46.

bezeichnen. Er selber war — neben aller Verwaltungs- und Lehrtätigkeit — rastlos an der weiteren Ausdehnung und Vertiefung seiner Studien tätig. Offenbar galt seine Hauptsorge dem Ausbau der anfangs nur dürftig begründeten theologischen Fakultät. Es mochte nicht leicht sein, namhafte theologische Doktoren in das kleine Heidelberg herbeizuziehen. Gelehrte, die das langwierige theologische Studium wirklich zu Ende brachten, waren nicht eben zahlreich, ihre Ansprüche vermutlich dementsprechend hoch. Jedenfalls entschloß sich Marsilius, seine schon in Paris begonnenen theologischen Studien jetzt fortzusetzen, um in dem vorgeschriebenen Schneckengang der Promotionen selber zur höchsten akademischen Würde aufzusteigen. Erst als er sie gewonnen hatte — wenige Monate vor seinem Tode (20. August 1396) — durfte er sein Lebenswerk als vollendet betrachten. Denn erst das feierliche Ereignis seiner Doktorpromotion — der ersten theologischen in Heidelberg! — besiegelte in den Augen der gelehrten Welt die Tatsache, daß hier ein vollwertiges neues „Generalstudium" erstanden war. Uns erscheint sie heute nicht bloß als die erste, sondern auch als die weitaus wichtigste Promotion der mittelalterlichen Heidelberger Universität. Denn der literarische Niederschlag der theologischen Studien dieses Promovenden, sein Handbuch der Metaphysik (ausdrücklich für Heidelberger Promovenden bestimmt) und der riesige, 1501 gedruckte „Sentenzenkommentar", lassen uns Marsilius als den letzten philosophisch-theologischen Systematiker großen Stiles erkennen, der noch einmal den ganzen Umkreis des aristotelischen Wissenschaftsbetriebes mit eigener Arbeit durchdrang.

Das geistige Schwergewicht dieser Persönlichkeit muß im täglichen Leben der Universität mächtig zur Geltung gekommen sein. Als Rektor führte er offenbar ein sehr energisches Regiment. Einkerkerungen widerspenstiger tumultuierender Scholaren waren damals noch nichts so Seltenes, wie später im 15. Jahrhundert. Es kam auch wohl vor, daß er seinen Kopf gegen sämtliche Doktoren der oberen Fakultät und gegen die Mehrheit der Artisten mit Hilfe des Kurfürsten durchsetzte[1]. Von der ungewöhnlichen Vielseitigkeit und Intensität seiner geistigen Interessen zeugt noch heute das Verzeichnis der Bücher, die er bei seinem Tode der Universität hinterließ: der umfangreichsten gelehrten Privatbibliothek (soweit mir bekannt), von der wir aus dem Deutschland des 14. Jahrhunderts wissen, wohl auf Reisen in Frankreich und Italien zusammengebracht. Ein kostbares Vermächtnis!

---

[1] A. u. I, 47. Es handelte sich um die Verwendung von Stiftungsgeldern zu Bauzwecken (August 1391).

Wie stattlich mag das Auftreten dieses reichen Niederländers — Inhabers zahlreicher Kanonikerpfründen am Niederrhein und hochbesoldeten kur= fürstlichen Rates — in den ärmlichen Heidelberger Verhältnissen gewirkt haben! Die Universität war mehrmals seine Schuldnerin, und gern erführe man Näheres darüber, ob er hier mit ebensolchem Behagen der trinkfesten Geselligkeit der Kollegen zu präsidieren verstand, wie einst in Paris. Von häufigem Zutrunk der Magister und großem Weinverbrauch wissen auch die Heidelberger Universitätsannalen zu seiner Zeit wie späterhin viel zu berichten; indessen glaubte sein Leichenredner, dem wir allein eine Cha= rakteristik des Menschen verdanken, sein Lob vor mittelalterlich frommen Ohren nicht besser singen zu können als dadurch, daß er ihm ein fast un= glaubliches Maß heiligmäßiger Gesinnung, asketische Selbstkasteiung und innigste Frömmigkeit nachrühmte. Als eine Art Heiliger hat er denn auch in dem Andenken der Universität fortgelebt, die fast anderthalb Jahrhun= derte lang alljährlich an seinem Todestag die Seelenmesse für ihn hielt und noch in der Humanistenzeit eine ganze Schrift voll zierlicher Lobes= hymnen in Vers und Prosa nach klassischem Muster seinem Gedächtnis widmete[1].

Sein Name wird als weitaus stärkstes Anziehungsmittel auf den ersten Zustrom von Scholaren und Magistern nach Heidelberg gewirkt haben. Denn von den beiden Kollegen, die mit ihm zusammen die Vorlesungen am 19. Oktober 1386 eröffneten, wissen wir kaum mehr als die Namen. Heilmann Wunnenberger aus Worms ist uns als Schüler Konrads von Soltau in Prag bezeugt, scheint eine Zeitlang Kirchenrecht, dann aber Theologie studiert zu haben, als deren Bakkalar er bereits im März 1387 die kursorische Bibelvorlesung hielt[2]. Seine akademische Würde verhalf ihm, wie so vielen Späteren, bald zu stattlichen kirchlichen Pfründen in seiner Vaterstadt und wohl auch zu den Vertrauensposten am Hofe, in dessen Besitz wir ihn später treffen. Von der akademischen Lehrtätigkeit machte er sich nach wenigen Jahren frei und trat später sogar — in einem typischen Interessenkonflikt zwischen der akademischen Korporation und den Wormser Stiftern — in illoyaler Weise auf die Seite der letzteren, was vorübergehend

---

[1] Im einzelnen vgl. meine Studien I, 1 u. 3. Teil.
[2] Mon. hist. Univ. Prag I, p. 168 (incepit 1375); ferner: ibid. II, 1, p. 64; Toepke, I (Register); Thorbecke p. 14, N. 27 läßt ihn irrig (vgl. U.B. I, 1^{35}) erst in Heidelberg zum bacc. th. promovieren.

zu seiner Ausschließung aus der gelehrten Zunft führte[1]. Und vollends der Mönch Reginald von Alna (vielleicht ein Pariser Bekannter des Marsilius?) hat hier überhaupt nur die erste Aushilfe geleistet; sofort nach der Gründung der Kölner Universität ist er dorthin verzogen[2].

Offenbar rechnete Marsilius schon bei der Eröffnung des neuen Studiums auf baldigen Zuzug von Prag, der denn auch nicht lange auf sich warten ließ. Als erster erschien bereits im November der angesehene Prager Artistenmagister Dithmar von Schwerte, ein Westfale vom Niederrhein, der in den kritischen Jahren 1384/85 Dekan der Prager Artisten gewesen war und noch im Oktober 1386 in deren Akten genannt wird. Auch er hat sehr bald die Kölner Neugründung als seine Heimatuniversität aufgesucht[3]. Zunächst aber ermöglichte sein Erscheinen in Heidelberg die erste Rektorwahl: es waren nun drei Artisten und damit ein wahlfähiges Kollegium beisammen, das dem Marsilius die Rektorenwürde gleich für zwei Wahlperioden übertrug[4]. Ein paar Wochen später traf der erste juristische Doktor aus Prag ein: Johann van der Noyt; erst durch ihn wurden die rechtsgelehrten Studien in Heidelberg eröffnet, und zwar mit einer kirchenrechtlichen Vorlesung über die Dekretalien. Van der Noyt, ein Brabanter aus adligem Hause und schon aus diesem Grunde in der akademischen Gesellschaft hoch angesehen, kam auf förmliche Berufung (vermutlich des Kurfürsten) hierher und hat durch lange Jahrzehnte (er starb 1432)

---

[1] Politischer Gesandter König Ruprechts: Chmel, Reg. Ruperti, Nr. 694; RTA. V, p. 194/98. Eine Dankrede, die Heilmann vor dem Papste (vermutlich Bonifaz IX., 1390/91) im Auftrage des Pfalzgrafen hielt, pro promotione domini Maguntinensis (wohl Bestätigung Konrads von Mainz, 1390; s. Koch=Wille, Regesten der Pfalzgrafen I, Nr. 5182), und Erteilung des Ablasses „ad partes" (Vgl. U.B. I, Nr. 29) steht im cod. Pal. Vindob. 5090, fol. 247. — Päpstl. Subkonservator: 1394, 5. X (betr. Prozeß Konrads v. Soltau): a. u. I, 52ᵛ, damals nicht mehr in Heidelberg. — Als Teilnehmer an Verhandlungen des Univ.=Rates zuletzt genannt: 15. 6. 1393; s. U.B. I, Nr. 31. — Interessenkonflikt von 1402: U.B. II, 135/36; s. auch Thorbecke l. c. und Denifle, Univ. I, 383, N. 677 (Pfründe). Er war Stiftsdechant von St. Cyriakus in Neuhausen bei Worms.

[2] Notizen bei Thorbecke, l. c., N. 28. In der Kölner Matrikel (ed. Keussen, I², 8) erscheint er als erster der Immatrikulierten. Ebendort nähere Nachweise.

[3] Ibid. III, S. 3, Nr. 11, dazu Mon. hist. univ. Prag. I, 236 u. Register: ungewöhnlich zahlreiche Promotionen in Prag unter seiner Leitung. D. promovierte in Heidelberg (vor dem Juni 1388) als erster bacc. jur. can.; s. Toepke, I, 7, Nr. 3 und II, 500.

[4] U.B. I, 2, Z. 35 ff.

eine bedeutende Rolle in den Verwaltungsgeſchäften der Univerſität ge=
ſpielt. Offenbar haben wir in ihm den Notabeln und juriſtiſchen Sachver=
ſtändigen zu erbliden, wie ihn die akademiſche Korporation in ihren mannig=
faltigen Rechtsgeſchäften, in Verhandlungen mit weltlichen und noch mehr
mit geiſtlichen Behörden ſtändig brauchte. Ihm zuerſt unter den Pro=
feſſoren übertrug der Wormſer Dompropſt ſeine Stellvertretung als Dize=
kanzler, Biſchof Edard überdies die Ausübung der Gerichtsbarkeit über
Kleriker. Lange Jahre hat er dieſe kirchliche Vertrauensſtellung verwaltet,
bis ihre Verleihung an Univerſitätsmitglieder zur Regel wurde. Die Stif=
tung eines Altars in der Univerſitätskapelle und ſeines (rein juriſtiſchen
und nicht allzu umfangreichen) Büchernachlaſſes für die Bibliothek laſſen
auf einen vermögenden Pfründner ſchließen[1]. Von ſeinen gelehrten Lei=
ſtungen iſt wohl nur jene vereinzelte Vorleſung über die „preces primariae"
erhalten, die wir ſchon früher erwähnten[2]. Zum Hofe König Ruprechts
ſtand er, wie die Mehrzahl ſeiner Kollegen, in nahen Beziehungen (darauf
ſcheint ja auch jene Vorleſung hinzudeuten); doch hat er, ſoviel man ſieht,
in der Kirchenpolitik der Pfalz längſt nicht ſoviel bedeutet, wie einzelne
ſeiner Genoſſen von bürgerlicher Herkunft: im ganzen beſchränkte ſich ſeine
Tätigkeit doch wohl auf den engeren Umkreis der Univerſität[3].

Die Rechtsſtudien wurden an der Prager Univerſität ſchon ſeit Karls IV.
Zeiten mit beſonderer Vorliebe gepflegt, und damit mag es zuſammen=
hängen, daß die Heidelberger juriſtiſche Fakultät verhältnismäßig raſch
durch Prager Zuzug ſich vergrößerte: ſchon am Ende des erſten Jahres
zählte ſie vier Magiſter, und bald darauf gewann ſie ein höchſt bedeutendes
Mitglied in Konrad von Gelnhauſen, dem großen Kanzler ſelbſt, der
„extraordinarie" über Kirchenrecht las (daneben vielleicht auch in der
theologiſchen Fakultät über bibliſche Bücher[4]). Wie überall auf deutſchen
Univerſitäten, blieb der juriſtiſche Unterricht zunächſt auf das Kirchenrecht

---

[1] Toepke, I, 694 u. Regiſter; Mon. univ. Prag. II, 1, p. 2, 10, 65, 130. U.B. I
u. II, Regiſter. RTA. IV, 18; V, 547/48; VI, 496.

[2] Vgl. S. 225.

[3] Er erſcheint nur mehrmals als Zeuge bei feierlichen Anläſſen (in Heidelberg),
1403/04 als Collektor des vom Papſt für Ruprecht bewilligten Kirchenzehnten neben
Nik. Burgmann.

[4] Toepke, I, 25, 4, N. 4; A. u. I, 13; ſeine „lectura super cantica canticorum"
(ſ. Beilage II) ſtellte doch wohl eine Heidelberger Vorleſung dar. Auch wird Konrad
in der Matrikel „Doctor s. theol." — daneben auch „Dr. decret." — genannt.

beschränkt[1], und der Landesherr, der für seine Politik und Verwaltung die
Mitarbeit wissenschaftlich gebildeter Männer nicht mehr entbehren konnte,
mußte entweder auf Kanonisten und Theologen zurückgreifen, oder aus=
wärts promovierte Legisten heranziehen. Beides ist in größerem Umfang
zunächst durch König Ruprecht geschehen, der mit Vorliebe Professoren
seiner Landesuniversität zu politischen Aufträgen verwendete. Wenn er
dabei die Theologen stark bevorzugte, so wird dies (wir werden sogleich
sehen, warum) an den Persönlichkeiten gelegen haben; von den Juristen
hat sich im Dienste des Hofes nur einer stärker hervorgetan: Nikolaus
Burgmann aus St. Goar. Einer der aus Prag zugewanderten Magister
(Ankunft 1388), hier als erster zum Lizentiaten, als zweiter zum Doktor des
Kirchenrechts promoviert, wurde er für seine Dienste als Gesandter und Rat=
geber König Ruprechts durch Domherrenpfründen in Speyer und Worms
reich belohnt. Schließlich wuchs er, wie so viele seiner Genossen, mit Hilfe
seiner kirchlichen Würden aus der akademischen Lehrtätigkeit hinaus;
spätestens 1408 ist er als Domdechant nach Speyer übergesiedelt, ohne
deshalb die Verbindung mit der akademischen Korporation bis zu seinem
Tode (1443) jemals ganz aufzugeben. Bedenkt man die Rolle, die er in
kirchenpolitischen Fragen am Hofe König Ruprechts gespielt haben mag,
so wird man mit verdoppelter Aufmerksamkeit die streng papalistischen Ur=
teile zur Kenntnis nehmen, die er in seiner kurzgefaßten „Chronik der
deutschen Kaiser von Karl dem Großen bis auf Karl IV. und aller in Speyer
begrabenen Könige" seiner Vorlage Martin von Troppau über Herrscher
wie Friedrich II. nachschreibt. Im übrigen ist diese Chronik — die einzige
Arbeit dieser Art, die wir von Heidelberger Gelehrten kennen, angeblich
unserm Magister während des Konstanzer Konzils durch König Sigismund
aufgetragen — eine höchst unbedeutende, auch als literarisches Denkmal
betrachtet wertlose Kompilation. Bis zum Interregnum bietet sie kaum mehr
als einen dürftigen, vielfach wörtlichen Auszug aus jenem vielbenutzten öden
Schulbuch des Dominikaners; späterhin in der Hauptsache nur eine Anein=
anderreihung jener im späten Mittelalter so beliebten Mordgeschichten vom
Kaiserhofe, die einen Herrscher nach dem andern an Vergiftung sterben
ließen. Abgesehen davon, daß Speyer als „pomerium delectabile" und
Begräbnisstätte der Könige gerühmt wird, fehlt jede charakteristische Note.
Die anonyme Fortsetzung enthält etwas mehr Pfälzisches, rühmt u. a.

---

[1] Über die kurze und zweifelhafte Gastrolle des spanischen Legisten Matth. Cle=
mentis 1388/89 vgl. Exkurs 10!

König Ruprecht als frommen Liebhaber der Kirche, des Klerus und der Wissenschaft, erwähnt auch seinen Protest gegen das Pisaner Konzil, an dessen Vorberatung Burgmann höchstwahrscheinlich mitbeteiligt war, mag also wohl gleichfalls von unserm Magister stammen; irgendein origineller Zug fehlt aber auch hier. Eindrucksvoller ist ein anderes Denkmal seiner Wirksamkeit in Speyer: die figurenreiche „Kreuztragung", eine große Reliefgruppe in rotem Sandstein von dem Altar der von ihm 1433 gestif= teten St. Goarskapelle, die man heute noch, wenn auch stark beschädigt, im Speyerer Dom sieht — eines der schönsten unter den nicht eben zahl= reichen Denkmälern spätgotischer Steinmetzenkunst in der Pfalz[1].

Ebensogut wie die Vertretung des weltlichen Rechtes lag auch die Er= richtung einer medizinischen Fakultät von Anfang an im Plane des Kurfürsten[2]. Aber obwohl die ersten Graduierten dieser Disziplin bereits im Anfang des zweiten Jahres hier eintrafen, wurde der medizinische Unter= richt doch erst Anfang 1390 eröffnet: durch Hermann von Hörter, der 1396 hier starb und durch Nikolaus Borrel ersetzt wurde — beides Namen ohne Klang für unsere Ohren[3]. Wir hörten schon, daß bis zum Ende des 15. Jahrhunderts die Fakultät immer nur durch einen ordentlichen Lehrer vertreten war, der gewöhnlich an einer italienischen Universität seinen Doktortitel erworben hatte. Von weiteren Graduierten, die sich in der

---

[1] Lebensdaten: Monum. univ. Prag., Toepke u. U.B. (Register), ferner Chmel, Reg. Rup. 695, 1214. RTA. IV—VI (Register) als Collektor des Kirchenzehnten von 1403 und 1404 und mehrfach als bevollmächtigter Gesandter Ruprechts genannt. Denifle, Univ. I, 383, N. 677 (Pfründe) und oben S. 134, N. 3. Er war seit 1390 fünf= mal Rektor; letzte Erwähnung als actu regens in den Akten: 28. 10. 1405 (a. u. I, 90); doch sind die Aufzeichnungen der folgenden Jahre sehr lückenhaft erhalten. 1421 ver= lieh ihm die Universität ein ihr gehöriges Haus auf Lebenszeit (U.B. II, 207) und feierte 1443 seine Exequien, erhielt aber auch ein stattliches Legat aus seinem Nachlaß. Die Kreuzigungsgruppe enthält u. a. auch das Bild des Stifters (kniend im Hermelin= mantel); leider ist der Kopf — wohl bei der Zerstörung der Kapelle 1698 — abge= schlagen. Abbildung und Besprechung durch L. Grünenwald, Dr. N. B., Pfälz. Museum 1922, H. 1—3, eine recht dilettantische Arbeit. Abdruck der Kaiserchronik nebst Fortsetzung: Oefele, Rer. boic. script. I, 600—609 (nach Clm. 502). Die Fortsetzung kann, wie schon Oefele erkannte, unmöglich Sigismund gewidmet sein, da sie ihn schwer verdächtigt. Vgl. auch O. Lorenz, G. Qu. I, 134.

[2] U.B. I, 5[16]; 14[15].

[3] Toepke, I, 5, N. 2, gegen Schoenmezel und Hautz, deren Angaben über die Anfänge der Fakultät gänzlich in die Irre gehen. Das Disziplinargesetz vom 19. 1 1387 übergeht stillschweigend die Medizin (U.B. I, Nr. 14).

Matrikel finden, weiß man nicht immer mit Sicherheit zu sagen, ob sie als kurfürstliche Leibärzte, als artistische Dozenten, die gleichzeitig Medizin studierten, oder auch als Lehrer der Heilkunde hier gewirkt haben[1]. Bis zur Rekonstitution von 1803 war diese Fakultät eigentlich immer das Stief=kind unserer Hochschule.

Umso deutlicher tritt von Anfang an das Übergewicht der Theologen hervor. Hier war das entscheidende Ereignis die Ankunft der beiden großen Prager Doktoren Konrad von Soltau (Januar 1387) und Matthäus von Krakau (um 1394); sie zusammen mit Marsilius begründeten recht eigentlich den Ruf der jungen Universität; seitdem hat die theologische Fakultät sich auf ansehnlicher Höhe erhalten bis tief in die Epoche der großen Reformkonzilien hinein.

Beide Männer haben den Heidelberger Lehrstuhl gewissermaßen als eine Übergangsstufe zu hohen kirchlichen Ehrenstellen benützt. Im Ver=gleich mit Marsilius erscheinen sie viel weniger ausschließlich der eigentlich gelehrten Tätigkeit hingegeben und stärker an der Kirchenpolitik beteiligt. In ihrer Stellung als theologische Häupter der pfälzischen Universität sind sie zugleich die geistlichen Vertrauensmänner und kirchenpolitischen Unter=händler des kurfürstlichen Hofes; und die rasch wachsende Bedeutung der kurpfälzischen Politik in eben diesen Jahrzehnten, ihre enge Verflechtung in die Händel der großen Reichspolitik, schließlich die Erhebung des Pfälzers zum deutschen König ermöglichte ihnen, den Vertrauensmännern von Papst und König zugleich, die Erfüllung kühnster persönlicher Hoffnungen, wie sie den Genossen der gelehrten Zunft nur in den seltensten Ausnahme=fällen zuteil wurde. Sehr rechtzeitig haben sie beide von Prag nach Heidel=berg hinübergewechselt.

Dabei ist das Motiv persönlichen Ehrgeizes bei Konrad von Sol=tau ziemlich deutlich herauszufühlen. Dieser elegante, hofmännisch ge=wandte Professor aus hannoverschem Ministerialengeschlecht[2] war offen=

---

[1] Namenverzeichnis der ordentlichen Lehrer: Thorbecke 78*f., N. 241, 245. Regelmäßige Promotionsakten sind erst seit 1653, Verhandlungsprotokolle u. dgl. erst seit Mitte des 18. Jhds. überliefert. Die älteren Akten, darunter eine matricula medica und statuta medica, auch Gültbriefe der Fakultät, sind erst nach dem 30jähri=gen Krieg verlorengegangen. Thorbecke, a. a. O., N. 238. Neue Sammlung der überlieferten Notizen bei Eb. Stübler, Geschichte der medizin. Fakultät der Univ. Heidelberg 1386—1925. 1926.

[2] Sein Geschlecht nannte sich nach dem Städtchen Soltau a. d. Böhme (Lüne=burger Heide). — Eleganz: vgl. d. Urteil des florentinischen Gesandten in Rom: RTA.

bar eine recht weltlich gesinnte, machtfreudige Herrennatur, der die
Rolle des Diplomaten und großen Prälaten sehr viel besser behagte,
als die Last der Schulstube. Immerhin gehört er zu den nicht eben zahl=
reichen deutschen Theologen dieser Zeit, von denen auch größere streng
wissenschaftliche Arbeiten überliefert und abschriftlich verbreitet sind; nach=
weislich ist auch mindestens eine davon in Heidelberg entstanden. Schon
aus seiner Prager Lehrtätigkeit (1368—86) hören wir von einer ungewöhn=
lich großen Zahl von Schülern, die unter ihm promovierten: hauptsächlich
Niedersachsen, die sich dem angesehenen Landsmann anschlossen. Mit seiner
heimatlichen Landschaft blieb er auch durch stattliche Pfründen verbunden,
die er dort frühzeitig erwarb, wie er denn sein Leben als Bischof von
Verden beschlossen hat. Als theologischer Pfründner des Prager Karls=
kollegs scheint er zuerst mit den Tschechen in jene schweren Kämpfe ver=
wickelt zu sein, die wir ihn dann als Rektor der Universität durchfechten
sahen. Sein erstes Auftreten in Heidelberg kündete sogleich einen selbst=
bewußten und anspruchsvollen Notabeln an: gleich beim Aufnahmeeid
weigerte er sich, jene Bestimmung der Statuten anzuerkennen, nach der
der Rektor immer nur aus den Artisten gewählt werden dürfe. Man geriet
darüber vielfach und heftig aneinander; wir hörten schon, daß Konrad
erst 1393 seinen Willen gegen den des Marsilius durchsetzen konnte. Seine
Lehrtätigkeit war inzwischen häufig durch diplomatische Reisen zur Kurie
unterbrochen worden, zu der er schon seit seiner Prager Zeit alte Bezie=
hungen[1] besaß: bald im Auftrag des Bischofs von Verden, bald in dem der
Universität oder des Kurfürsten, der ihn zum Hofgeistlichen ernannte. Auf
dem Rückwege von einer dieser Gesandtschaften (September 1394) geriet
er, aus unaufgeklärten Gründen, durch Überfall in die Gefangenschaft von
Speyrer bischöflichen Dienstleuten, die ihn schließlich auf Burg Meyenfels
im Würzburgischen festsetzten. Der Vorfall zeigt den Professor und Theo=
logen überraschend tief in ritterliche Privatfehden verwickelt. Die Univer=
sität aber mußte alle kirchlichen Rechtsmittel in Bewegung setzen, Fürsten

---

IV, Nr. 62, p. 68, ferner ibid. Nr. 75, p. 84 (Mahnung Ruprechts zur Sparsamkeit)
und die Klagen der Verdener Chronisten über den „epicurus“, zit. v. L. Schmitz,
K. v. S., Diss. 1891 Leipzig, S. 55; dort auch Aufzählung der Quellen und der älteren
und neueren Literatur; ergänzend: Matthaesius, M. d. V. f. G. d. D. in Böhmen
52, p. 475, 482 u. ö.

[1] Clm. 18359, fol. 45v: Ad questionem istam (zur dist. 36 des Sentenzen=
kommentars) respondi magistro palatii in Romana curia in vesperiis cuiusdam ba=
calarii domini Gregorii XI etc. Gregor XI. starb 1378.

und Prälaten um hilfreiche Vermittlung angehen, um ihr berühmtes Mitglied wieder freizubekommen. Als dies nach vielmonatlichen Verhandlungen endlich gelungen war (Ende April 1395), ließ sich der Befreite doch nur noch wenige Wochen im Kreise der akademischen Zunftgenossen festhalten: bereits Ende Juni zog er abermals nach Rom, aufs neue tief verwickelt in Pfründenhändel und politische Intriguen, um von dort nicht wieder zu seinem Lehrstuhl zurückzukehren. Die Universität behandelte er vielmehr höchst rücksichtslos: nicht einmal ihre Prozeßauslagen (an denen Marsilius mit persönlichen Vorschüssen stark beteiligt war) und ältere Geldansprüche konnte sie von dem prunkliebenden, stets geldbedürftigen Prälaten zurückerhalten; alle Aufforderungen zu seiner Rückkehr, selbst die Beschlagnahme seines Gehaltes und schließlich die Drohung des Kurfürsten mit Neubesetzung seiner Stelle (1398) blieben ohne Erfolg. Er war inzwischen als Kanzler des Erzbischofs von Mainz und Inhaber neuer reicher Pfründen in die Lage gekommen, auf seinen Lehrstuhl leichten Herzens zu verzichten. Mit dem Pfälzer Hofe aber behielt er trotz dieser Enttäuschung enge Fühlung: als später Ruprecht III. deutscher König wurde, mochte er froh sein, in dem geschäftskundigen, inzwischen zum Bischof von Verden aufgestiegenen Prälaten einen Vertrauten zu besitzen, der die schwierigen Approbationsverhandlungen an der Kurie für ihn mit Routine zu führen verstand. Und Konrads ganze Stellung beruhte auch jetzt noch auf der Parteinahme für den Pfälzer: im Kampfe mit einem Gegenkandidaten, den Wenzel unterstützte, mußte er sein Bistum zu behaupten suchen. So tief war er mit seinen persönlichen Interessen in den politischen Gegensatz des kurpfälzischen und des böhmischen Hauses verflochten, der damals die innere Reichspolitik beherrschte! Als Bischof von Verden ist er 1407 gestorben.

Hatte Konrad von Soltau, der Ritterbürtige, auch als Gelehrter den geborenen Hofmann und Diplomaten nicht verleugnet, für den die theologische Lehrkanzel schließlich nur eine Episode bedeutete, so bewegte sich das Leben des Krakauer Ratschreibersohnes Matthäus mit weit größerer Ausschließlichkeit und innerer Hingebung im Bannkreise des theologischen Denkens; er blieb scholastischer Theologe auch dann, als ihn das Schicksal auf hohe politische Ehrenstellen berief und zu einer politischen Rolle gewissermaßen nötigte, die seinem Wesen im Grunde wohl fremd war[1].

---

[1] Über ihn unterrichtet eine verhältnismäßig ausgiebige Quellen- und biographische Literatur, die man zuletzt bei Fr. Franke (Greifswald Diss. 1910) zusammen-

In Prag hatte er sich vor allem als Kanzelredner einen Namen ge= macht. Die vielgenannten Bußprediger Konrad von Waldhausen und Milić von Kremsier waren seine Vorgänger als Stadtprediger an der Prager Teinkirche; ganz in deren Sinne eiferte er gegen die Sittenverderbnis der Zeit, vor allem aber doch gegen den Verfall des geistlichen Lebens inner= halb des Klerus selber. Von der phantastischen Apokalyptik des Tschechen Milić hielt er sich fern; aber auch ihm schien die Welt und die Kirche, wo immer er um sich blickte, unter dem Zeichen des Antichrists zu stehen. Persönlich scheint er dem neuen Orden der hl. Birgitta (1391 kanonisiert) nahegestanden zu haben. Das Ansehen des frommen Eiferers innerhalb und außerhalb der Prager Universität muß ungewöhnlich groß ge= wesen sein. Sie entsandte ihn bald nach seiner Doktorpromotion (um 1381[1]) mehrmals als Gesandten an die Kurie, wo er auf zwei verschie= denen Reisen vor dem Papste und dem kurialen Hofstaat als Festprediger auftrat. In denselben Jahren zog ihn der reformeifrige Erzbischof Johann von Jenzenstein öfters als Redner zu den von ihm veranstalteten Provinzial= synoden heran; eine ganze Reihe der dort gehaltenen Reden ist uns in zahlreichen Abschriften erhalten; sie sind offenbar als Muster von Späteren viel benützt worden[2]. Ihr Inhalt wird uns in anderem Zusammenhang noch eingehender beschäftigen; hinter allem rhetorischen Pathos und dem umständlichen Schematismus der Gedankenführung, der dem Stile der Zeit entsprach, ist es nicht schwer, den aufrichtigen Ernst, die warme und echte Begeisterung des Redners für seine strengen Frömmigkeitsideale zu erkennen. Sein ehrliches Entsetzen über das Umsichgreifen materialistischer Gesinnung innerhalb der Kirche, insbesondere über das Unwesen des Pfründenschachers, hat er auch der Kurie gegenüber deutlich auszusprechen gewagt, und in der Schilderung dieser Mängel, zumal aus dem kirchlichen Leben Böhmens, fehlt es ihm nicht an der Kraft anschaulicher Darstellung. So schien er immer tiefer mit den Reformbestrebungen der böhmischen

---

gestellt und z. T. slavisch exzerpiert findet. Alle älteren Arbeiten sind überholt durch die fleißige Diss. von Sommerlad (Halle 1891); vgl. ferner A. Hauck, K.G. V, 2, p. 816, 886, der aber die von Sommerfeldt, Z.K.G. 22, 23, 25 publizierten Synodal= reden übersehen hat.

[1] Die Unterscheidung Frankes, l. c. 23/24, zwischen magister, professor und doctor theol. ist natürlich sinnlos.

[2] Publik. der Synodalreden durch Sommerfeldt a. a. O. bzw. durch Höfler, Concil. Prag. LIIff. (Auszug), der Predigt vor dem Papst 1385(?) durch Sommer= feldt, MIOeG. XXIV, 269ff.

Kirche zu verwachsen; seine Herkunft aus Krakau (bei vermutlich deutscher Abstammung) mochte ihm, schon sprachlich, die Wirksamkeit in der Kirche des Ostens erleichtern[1]. Aber seit 1390 verschwindet sein Name in Prag, ohne daß sein Aufenthalt in den nächsten Jahren zu ermitteln wäre[2]. Nur vorübergehend scheint er damals in Krakau gelebt zu haben, wo man ihn als berühmten Landsmann öffentlich feierte. Vermutlich haben auch ihn die Kämpfe an der Prager Universität mit den Tschechen aus Böhmen vertrieben; eben im Jahre 1390 erfocht die böhmische Nation einen neuen Sieg über ihre deutschen Rivalen[3]. Dazu kam vielleicht eine gewisse Verbitterung über die Verurteilung der von ihm rednerisch und publizistisch verfochtenen Abendmahlspraxis auf der Prager Synode von 1388. So fand auch er den Weg nach dem Rhein, der ihm den Aufstieg zu ungeahnt hohen Ehrenstellen erschließen sollte.

Wann er in Heidelberg eintraf, ist nicht genau zu erkennen; zuerst erwähnt wird er — zusammen mit seinem Prager Kollegen und Freunde Nikolaus P r o w i n — im Juli 1394 bei Gelegenheit eines Ketzergerichts, zu dem man die beiden Prager Doktoren zuzog, obwohl sie beide damals noch nicht förmlich in die Korporation aufgenommen waren[4]. Konrad von Soltau war damals gerade in Rom abwesend und geriet dann in jene Gefangenschaft, aus der er nie wieder im vollen Sinne zur Universität zurückgekehrt ist. Während seiner Abwesenheit war die Heidelberger theologische Fakultät beinahe verwaist: nur der in Canterbury promovierte Doktor Wilhelm Wellis de Fontibus versah die Stelle eines ordentlichen Lehrers[5] — ein streitsüchtiger Querkopf, erst kürzlich aus Wien, wo er sich gründlich mit seinen Kollegen überworfen hatte, hierher übergesiedelt. So mochte man froh sein, den Rat der beiden Prager Theologen auch in den Verhandlungen über die Befreiung Konrads

---

[1] Vgl. dazu seine Pfründen in Breslau und Krakau und seine Reise nach Marienwerder 1387, wo er mit dem Domherrn und früheren Prager Professor Johannes von Marienwerder in Verbindung stand, demselben, der als Freund Heinrichs von Oyta diesen später veranlaßte, in den Deutschritterorden einzutreten.

[2] An einen Pariser Aufenthalt, an dem, den Fabeleien Tritheims folgend, selbst Sommerfeldt, M. V. f. G. d. Dt. i. B. 43, p. 204 mit elenden Argumenten noch festhält, ist natürlich nicht zu denken. Wie hätte um 1390 ein deutscher Geistlicher und Anhänger Urbans wie M. nach Paris gehen können!

[3] Vgl. Matthaesius, M. V. f. G. d. D. i. B. 52, p. 478ff.

[4] U.B. I, 58. Rezeption des M. v. Kr. 27. 3. 1395: Toepke, I, 3, N. 5.

[5] Immatr. 1393; s. Toepke, I, 53, 2, 3; U.B. I (Register); Aschbach, I, 127ff.

benutzen zu können[1]. Wenn Matthäus gleichwohl erst im März 1395 förm=
lich rezipiert wurde, so mag das an der Schwierigkeit gelegen haben, eine
Pfründe für ihn freizumachen. Durch Eingreifen des Kurfürsten, der ihn
mit hohem Gehalt und in besonders ehrenvoller Form als Hofgeistlichen
(pfaffen) anstellte[2], wurde sie behoben. Bald war die theologische Fakultät
nicht nur von seinem Geiste beherrscht, sondern so gut wie ausschließlich
durch ihn repräsentiert. Denn fast gleichzeitig mit Konrad von Soltau, noch
im Sommer 1395, verließ auch Wilhelm de Fontibus seinen Heidelberger
Lehrstuhl; Nikolaus Prowin aber scheint zwar in ein sehr intimes Ver=
hältnis zur Universität getreten zu sein, aber der Korporation nicht als
„regierender Magister" angehört zu haben[3].

Zunächst schien es, als ob auch Matthäus nur vorübergehend für Heidel=
berg gewonnen sei: als König Wladislaw von Polen 1397 die Krakauer
Universität zu reformieren beschloß, soll er ihn zur Mithilfe berufen haben,
und es scheint in der Tat, daß Matthäus wenigstens für ein paar Monate
diesem Rufe gefolgt ist[4]. Die Universität mochte sich glücklich schätzen, als

[1] Sie wurden seit Oktober 1394 zu allen Beratungen als Gäste zugezogen, a. u. I,
52ᵛ—58ᵛ.

[2] 19. 4. 1395; Urkunde der Anstellung und Verpflichtung, „umb unser fleißiger
bette willen" lebenslänglich zu bleiben: U.B. I, 60; eine bedeutende Gehaltserhöhung
1405: Chmel, Reg. Rup. Nr. 2069.

[3] Mag. Wilhelm wird zuletzt in den Akten erwähnt am 6. 6. 1395 (a. u. I, 60),
wo er Weggang für höchstens 1—2 Jahre ankündigt. Er ist aber nicht wiedergekehrt.
— Nik. Prowin wird zuletzt am 24. 1. 1395 als Gast zum Magisterrate geladen (a. u. I,
58ᵛ) und erscheint danach erst wieder am 1. 1. 1401 (a. u. I, 74), wo er mit Erfolg um
Überlassung einer „camera in novis scholis" bittet; in der Matrikel wird er nirgends
genannt. Er starb wohl Anfang 1402 und vermachte seine Bücher (eine 9bändige
Bibelkonkordanz) dem M. v. Kr., nach dessen Tode sie der Universität zufallen sollten.
Toepke, I, 686. Dem Marsilius v. Inghen hielt er die Leichenrede, s. meine Studien
I, 40.

[4] Berufung: bei Joh. Andreas von Regensburg, Chronica Husitarum, ed. Lei=
dinger 1903 (Quellen u. Erört. z. bair. Gesch., N. F. 1), 410. — Geldspende des
Krakauer Rates am 29. 10. 1397: Mon. med. aevi histor. Pol. IV, 166. — Am 31. 7.
1397 ist M., der als Rektor schon seit Juni sich durch Joh. v. Noet vertreten ließ,
offenbar in H. nicht anwesend, da man ihm geschuldetes Geld „alteri nomine sui"
zahlen will (a. u. I, 65ᵛ); dagegen ist er bereits am 20. 2. 1398 anwesend in der
Univ.=Versammlung (erhält einen Bauzuschuß für den Neubau seiner Dienstwohnung,
den er aus eigenen Mitteln bestreitet, a. u. I, 69ᵛ), ebenso 1399, zwischen 23. 6. und
20. 12. (ibid. 72). Die Vermutung Sommerlads 34 und Frankes 61, er habe 1397
bis 1400 in Krakau geweilt, ist also hinfällig.

ihr ſchließlich doch ſein berühmter Name erhalten blieb. Für ihn aber
wurde die Heidelberger Berufung in jedem Sinne zum Schickſal: erſt hier
gelangte er auf die Höhe jener Wirkſamkeit, die ſeinen Namen mit der all=
gemeinen Kirchen= und Reichsgeſchichte verknüpft hat.

Der fromme König Ruprecht, dem man nachſagt, daß er den Roſen=
kranz nicht immer zeitig genug an die Wand hing, wenn es galt, den Fein=
den zu widerſtehen, hat offenbar niemandem ſtärker vertraut, als ſeinen
„heimlichen und beichtigern”: Nikolaus Prowin und Matthäus von Krakau.
Den Regensburgern ſagte man, als ſie vergeblich auf Befreiung von der
Teilnahme am Römerzug (1401) beſtanden, ſie ſollten ſich an den könig=
lichen Beichtvater Meiſter Prowin wenden, „wan, waz er iemant volget,
daz volget er (der König) im alz auch[1].” In der Tat möchte man glauben,
daß Prowin, den Ruprecht u. a. mit einer beſonders wichtigen Geſandt=
ſchaft nach Frankreich betraute, politiſch noch ſtärkeren Einfluß beſeſſen
habe als Matthäus; aber er ſtarb, wie es ſcheint, ſchon 1402. Des Matthäus
eigentliche und bleibende Bedeutung beruht unzweifelhaft auf ſeiner ſchrift=
ſtelleriſchen, nicht auf ſeiner politiſchen Tätigkeit: unter den geiſtigen Vätern
der konziliaren Reformbewegung ſteht er mit an erſter Stelle; den Anteil
der Heidelberger Univerſität an ihr hat ſeine Geiſtesart weſentlich beſtimmt.
Doch auch ſeine politiſche Rolle gewann von Jahr zu Jahr größere Bedeu=
tung, je mehr die Kirchenpolitik des Königs dieſen in die politiſche Iſolie=
rung hineinführte. Als Biſchof von Worms (ſeit 1405) wurde er die wich=
tigſte, zuletzt faſt die einzige Stütze der königlichen Politik unter dem deut=
ſchen Epiſkopat. Als Legat des Papſtes Gregor XII. für fünf deutſche
Kirchenprovinzen und mit der (formellen) Jurisdiktion über ganz Deutſch=
land betraut hat er ſeine Tage beſchloſſen — in demſelben Jahre (1410),
in dem auch die Königsherrlichkeit der Pfälzer mit Ruprecht III. zu Grabe
getragen wurde. An dieſem Ziele angelangt, bietet ſein Leben eines der
ſeltenen Beiſpiele (wohl das früheſte in Deutſchland) für den Aufſtieg eines
Bürgerlichen zum Reichsfürſtenſtand vermöge gelehrter Bildung. Für die
Univerſität war es beſonders wichtig, daß er auch als Biſchof und Legat
ſeinen Wohnſitz in Heidelberg behielt und ſo mit ihr wie mit dem Hofe
dauernd in engſter Fühlung blieb[2]. Welchen Anteil er in ſeiner bevorzugten

---

[1] RTA. V, 47. Vgl. ebd. Bd. V, 18, 332, 354, 433. Chmel, Reg. Rup. 462.

[2] Daß er entgegen den Angaben Sommerlads 46 als Biſchof nicht mehr an
den regelmäßigen Geſchäften der Univerſität teilnahm, zeigen die Akten deutlich. Daß
aber M. für die Intereſſen der Univerſität weiter tätig blieb, beweiſt die Stelle U.B.

Stellung an den großen wirtschaftlichen Verbesserungen gehabt hat, die der Universität unter Ruprecht III. zuteil wurden, läßt sich im einzelnen nicht bestimmen. Wenn aber die Universität später sein Andenken unter dem ihrer Stifter durch alljährliche Messen ehrte, so geht das gewiß nicht ausschließlich auf seinen äußeren Rang als Kirchenfürst und bischöflicher Ordinarius zurück. Mit fühlbarer Ehrfurcht vermerkt die Matrikel, daß der greise Bischof während des großen Pest=Sterbens von 1407, als fast alle Lehrer geflohen waren, „als ein wahrer Hirte und Priester, uner= schrocken ausharrend zwischen Lebenden und Toten", die Weihe des neuen Friedhofes zu St. Peter für die Universität vollzogen habe[1]. Mitten zwi= schen trockenen Notizen stößt man plötzlich auf diese lebhaft empfundene Äußerung; uns mag sie als schönes Zeugnis dafür dienen, daß der Mann, von dem sie berichtet, trotz aller Kompromisse, zu denen auch ihn die poli= tische Wirklichkeit nötigte, als Persönlichkeit untadelhaft den Idealen nach= gelebt hat, die er anderen so beredt zu verkünden wußte.

Das Beispiel des Matthäus zeigt so recht, wie viel ein wirklich bedeu= tender Lehrer für den Ruf einer Hochschule ausmacht; denn ihm in erster Linie war doch wohl der überraschende Aufschwung unserer theologischen Fakultät um die Jahrhundertwende[2] zu verdanken. Gewiß mag das nahe Verhältnis des Heidelberger Hofes zur Kurie, die Errichtung des Heilig= geiststiftes und die verbesserte Pfründen=Ausstattung der Universität über= haupt dabei mitgewirkt haben; aber der Geist der jungen, hier sich sam= melnden Theologenschule wurde unverkennbar durch den großen Krakauer bestimmt. Zunächst berief der Landesherr, wohl seinem Rate folgend, so= gleich nach dem Tode Nikolaus Prowins einen der tüchtigsten jüngeren Theologen aus Prag, den Schlesier Nikolaus Groß (Magni) von Jauer, einen Schüler des Matthäus aus seiner Prager Zeit. Im Geiste seines Lehrers hat er über ein Menschenalter (1402—35) als das geistige Haupt der theologischen Fakultät gewirkt und dessen praktisch=kirchliche wie theolo=

II, 160, sowie seine Tätigkeit während des Studentenkrieges von 1406 (vgl. Sommer= lad 148/49) und während der Pest von 1407 (Toepke, I, 105).

[1] Toepke, I, 105. Ebd. 687ff. Das Testament: Stiftung einer Altarpfründe, eines stattlichen Büchernachlasses und eines Hauses für die Universität.

[2] Als Theologe lehrte vor 1400 außer den bereits Genannten nur noch Joh. Holz= sadel, ein Wilhelmitanermönch aus Witzenhausen in Hessen. Interessant ist, daß die Universität dem Mönch eine Professorenwohnung überließ (Toepke, I, 675), ihn aber niemals zum Rektor wählte.

giſche Grundſätze einer ganzen Generation von Schülern eingepflanzt[1]. Einige von dieſen gingen aus dem ſtudentiſchen Nachwuchs der Univerſität ſelber hervor — darunter als weitaus bedeutendſter Konrad von Soeſt[2]. Erſt 1387 hier als armer Vagant um Gotteslohn immatrikuliert, ſtieg er raſch zu Anſehen innerhalb der Univerſität empor: ſeit 1397 mehrmals zum Rektor gewählt, reiſte er 1400—1402 mehrfach im Auftrag der Korporation nach Rom. Im kurpfälziſchen Hofdienſt erſcheint er anfangs nur in untergeordneter Stellung: im erſten Regierungsjahre König Ruprechts diente er gelegentlich als Notar bei der Beglaubigung wichtiger Regierungs= akte. Erſt ſeit 1409 tritt er dann mit einem Male als führende Perſönlich= keit in den kirchenpolitiſchen Verhandlungen auf: als geiſtiges Haupt der pfälziſchen Geſandtſchaft auf dem Piſaner, ſpäter in ähnlicher Stellung auf dem Konſtanzer Konzil, wo er als einer der angeſehenſten deutſchen Theologen und rechte Hand des Reichsvikars, des Pfalzgrafen Ludwig, eine hervorragende Rolle ſpielt. Sie blieb nicht unbelohnt: als Günſtling Mar= tins V. wurde er 1428 auf den Regensburger Biſchofsſtuhl erhoben und ſomit gleichſam an die Grenzmark der Kirche gegen das Huſſitentum ver= ſetzt, an deſſen Bekämpfung er auch als Kirchenfürſt einen hervorragenden Anteil hat (geſt. 1437).

Andere Heidelberger Theologen waren als Artiſtenmagiſter von Köln und Paris gekommen, um hier ihre theologiſchen Grade zu erwerben. Die bekannteſten — zum Teil auch literariſch hervorgetreten — ſind Heinrich von Altendorf 1400—1411 (gewöhnlich Heinrich von Heſſen genannt und daher häufig in der Bibliographie mit Heinrich von Langenſtein aus Heſſen verwechſelt[3]), Johannes Lagenator (Flaſchner) aus Dyppurg, gen.

---

[1] Über ihn vgl. die inhaltreiche Monographie von A. Franz, Der Magiſter N. M. de J. Freiburg 1898.

[2] Lebensdaten: Toepke, U.B. (Regiſter). Acta Concilii Constanciensis ed. Finke, II u. III (Regiſter); Chmel, a. a. O., Nr. 1125; Reg. imp. XI (Altmann), Nr. 5244. RTA. III, Nr. 204; IV, Nr. 1; VI, 489, 491, 493, 496, 503, 521, 656; 323, 387ff., ſ. auch Bd. VII—IX u. ö. (Regiſter). Kötzſchke, Rupr. v. d. Pfalz u. Piſa (Leipz. Diſſ. 1889), 28ff.; Oefele, Script. rer. Boic. I, 219ff. (Lorenz Hoch= wart); Andreas v. Regensburg, ed. Leidinger (a. a. O.), p. 134, 163, 225f., 270, 364, 458; Ferd. Janner, Geſchichte der Biſchöfe von Regensburg, Bd. III (1886), 414—450.

[3] Über ſein Leben, das er als Karthäuſerprior in Freiburg und Monnikhuiſen bei Arnheim beſchloß, und über ſeine Schriften vgl. jetzt K. J. Heilig, Krit. Studien zum Schrifttum der beiden Heinriche von Heſſen; Röm. Qu. Schr., Bd. 40 (1932), S. 106ff. — eine Arbeit, die mit zahlloſen literariſchen Irrtümern aufräumt und den

Johannes von Frankfurt, Hofprediger und eifriger Ketzerverfolger, sehr fruchtbar an Schriften zur praktischen Seelsorge (1416—40), ferner die Niederländer Gerhard Brant (lic. theol. seit 1421) und Heinrich Gouda (gest. 1428) und der Prediger Johannes Plate aus Friedberg (1420—38)[1]. Das Wirken dieser Männer ist bereits vielfach mit der großen konziliaren Reformbewegung des 15. Jahrhunderts verflochten und nur in ihrem Zusammenhang recht zu würdigen.

Der Geschichte dieser Bewegung wenden wir uns nunmehr zu.

uns erhaltenen literarischen Nachlaß auf den schon von Trithemius angegebenen Umfang reduziert.

[1] Eine dankenswerte Zusammenstellung von biographischen Notizen über die genannten und über die weniger namhaften Theologen der zweiten Generation (Wasmodus und Heinrich von Homberg, Wilh. Eppenbach, Nik. Textoris, Hermann Heylmann de Heydelsheim, Joh. Marquardi, Wilh. Ryke de Lyra) s. bei Franz, l. c. 82ff.

Zwölftes Kapitel

Schisma und Kirchenreform
bis zum Konzil von Pisa (1409).

Eine doppelte Spannung, so sahen wir, hatte die politische Konstel=
lation der Stunde beherrscht, in der die Heidelberger Hochschule ins Leben
trat: der Gegensatz von Kurpfalz zu Frankreich und zu Böhmen. Er blieb
— trotz vorübergehender Schwankungen — durch Jahrzehnte bestehen. Die
auswärtige Politik der drei Ruprechte blieb in den Grundzügen dieselbe:
zeitweise hat der Oheim den Neffen und dieser seinen Sohn als Mitregenten
an der Herrschaft beteiligt.

Im Vordergrund dieser Politik stand die Sorge um Erhaltung und Ver=
mehrung des territorialen Besitzes am Rhein und demgemäß die unab=
lässige Reibung mit großen und kleinen Nachbarn, unter denen der Mainzer
Erzbischof der bedeutendste war. Aber alle kleinen Händel dieser west=
deutschen Herren wurden doch immer wieder überschattet von den großen
politischen Gegensätzen der Zeit: der französisch=englischen Feindschaft und
der Spaltung der beiden kirchlichen Obedienzen; alle politische Parteinahme
wurde durch sie mitbedingt.

Es war eine alte und selten unterbrochene (weil geographisch bedingte)
Tradition des luxemburgischen Hauses, das seit 1347 von Böhmen aus
Deutschland regierte, ein gutes Verhältnis zu Frankreich zu suchen, im Süd=
westen des Reiches aber keine überragende Territorialmacht aufkommen
zu lassen. Wie schwer die rheinischen Fürsten den Druck dieser Verbindung
empfanden, wie sehr insbesondere Kurpfalz sich — wenigstens zeitweise —
durch das unruhige Vordrängen der französischen Vasallen und Neben=
linien des Königshauses (bald Orleans, bald Burgund) an der deutschen
Westgrenze beunruhigt fühlte, haben wir bereits am Beispiel Ruprechts
des Alten beobachtet. Wohl gab es Zeiten, in denen auch der Pfälzer
einen Übertritt in das französische Lager, besiegelt durch eine Familien=
verbindung mit den Valois, vorzubereiten schien. Im ganzen überwog

doch weitaus die antifranzösische Haltung und als ihre natürliche Folge: der Anschluß an England. Es war eine der ersten Regierungshandlungen Ruprechts II. nach dem Tode seines Oheims (1390), daß er sich mit Köln und Trier „wider alle fremden Gesellschaften der Walen und aus Welsch= land" und gegen alle Bedrohung Deutschlands durch (auswärtige?) Thron= prätendenten verbündete[1]. Während manche anderen rheinischen Herren gegen Jahrgelder selbst zu Vasallen Frankreichs wurden, trat er 1397 in die Dienste Englands, und sein Nachfolger befestigte diese einträgliche Ver= bindung durch Vermählung seines Sohnes, des Kronprinzen Ludwig, mit der englischen Königstochter Blanka (1402[2]).

Opposition gegen Frankreich: das bedeutete aber zugleich Widerstand gegen die französische Kirchenpolitik, Festhalten an dem römischen Papst. Auch dann, als der französische König, enttäuscht über den Mißerfolg Clemens' VII., vorwärts getrieben durch den französischen Klerus und insbesondere durch die Pariser Universität, (die über die einseitige Belastung französischer Pfründen durch die Kurie seufzten), auf die allgemeine An= erkennung seines Papstes freiwillig verzichtete; statt dessen müßte er sich eine Einigung der Kirche durch Rücktritt beider Päpste und gemeinsame Wahl eines neuen — freilich unter Führung Frankreichs — durchzusetzen. Alle Versuche französischer Gesandtschaften (seit 1395), die deutschen Fürsten für eine kirchliche Union auf dieser Grundlage zu gewinnen, stießen in der Pfalz auf schroffe Ablehnung. Sie fanden auch sonst in Deutschland (wenig= stens anfangs) nicht viel Gegenliebe; aber Kurpfalz tat sich in der Ab= weisung besonders hervor. Sicherlich nicht ohne bedeutende Mitwirkung der Heidelberger Universität (davon sogleich Näheres); aber zugleich spielt hier auch der pfälzisch=böhmische Gegensatz bedeutsam mit herein.

Man sieht — ziemlich deutlich — den Ehrgeiz des Pfälzers wachsen, je mehr die Unfähigkeit Wenzels an den Tag kommt, das große Erbe seines Vaters zu verwalten, und je mehr seine Untätigkeit die rheinischen Kurfürsten in die Lage bringt, auf eigene Faust die Reichssachen zu ordnen. Vorbereitet durch allerlei „heimliche Abreden" schon seit 1384, reift allmählich der Plan, den unfähigen König ganz aus dem Reich zu verdrängen, das Reichsregiment in die Hand der Kurfürsten zu bringen, schließlich ihn förm= lich abzusetzen. Seit wann derartige Pläne in der Phantasie Ruprechts II.

---

[1] RTA. II, 214. Dazu Lindner, Wenzel II, 119.

[2] W. Holtzmann, Die engl. Heirat Pfalzgraf Ludwigs III.; Z.G.O. 43 (1930). Am Vertragsabschluß war u. a. Nik. Burgmann beteiligt (RTA. V).

oder ſeines Sohnes feſte Geſtalt gewonnen haben, iſt ſtrittig und wird ſich
niemals zweifelsfrei nachweiſen laſſen; daß aber die leidenſchaftliche
Parteinahme des pfälziſchen Hofes für Rom — Ruprecht galt geradezu
als „advocatus et conservator obedienciae pro Domino nostro papa
domino Bonifacio in Alemannia[1]“ — einem inſtinktiven Bedürfnis der
aufſteigenden pfälziſchen Politik nach kirchlicher Rückendeckung entſprach,
iſt zum mindeſten recht wahrſcheinlich.

Tatſache iſt jedenfalls, daß eben das nahe Verhältnis zur Kurie Boni=
faz' IX. dem Pfalzgrafen als Mittel diente, ſeinem wichtigſten deutſchen
Verbündeten[2], dem Grafen Johann von Naſſau, zur Macht zu verhelfen
und ihn ſich dauernd zu verpflichten: der Fürſprache Ruprechts II. in Rom
verdankte dieſer ſchlaue und rückſichtsloſe Streber in erſter Linie ſeine Er=
hebung zum Erzbiſchof von Mainz (Januar 1397). Seitdem waren beide,
der Erzbiſchof wie ſein pfälziſcher Nachbar, dem römiſchen Stuhl auf Ge=
deih und Verderb ergeben: die Front gegen Frankreich und Böhmen zu=
gleich gerichtet. Während ein Teil ihrer Mitfürſten ſich gegen die franzö=
ſiſchen Unionspläne wenigſtens nicht gänzlich verſchloß (Frankfurt, Mai
1397), hielten ſie unentwegt an der Alleinberechtigung Bonifazens feſt.
Und als ſie bald darauf offen den Schild gegen Wenzel erhoben (ſeit De=
zember 1397), ſtammte das Rezept ihrer Anklagen zum guten Teil aus der
italieniſchen Küche: daß er achtlos das mächtige Vordringen Frankreichs
in Italien, den Verluſt Genuas, das franzöſiſche Bündnis der Florentiner
habe geſchehen laſſen, war in Wirklichkeit eine Klage des römiſchen Papſtes;
florentiniſcher Herkunft aber war die Beſchwerde über Galeazzo Viscontis
Erhebung zum Herzog von Mailand und Grafen von Pavia und über die
angebliche Verſchacherung Veronas durch den König[3]. Demgegenüber hat
nun freilich Wenzel nicht etwa gewagt, ſich offen auf die Seite Frankreichs
und Avignons zu ſtellen: um ſo weniger, als ihm ohnedies Unachtſamkeit

---

[1] Urteil der Mainzer Domherren 1396; bei Würdtwein, Subs. dipl. III, 159,
zit. bei Höfler, Ruprecht 120 u. ö.

[2] Gewiß enthält der Wortlaut des vielerörterten Bündniſſes vom 24. 10. 1396
(Wille, Reg. d. Pfalzgr. I, Nr. 5677) keine Andeutung, gegen wen es ſich richtet —
wie hätte man ſeine Ziele auch ſo offen ausſprechen ſollen? Aber ſelbſt wenn beim
Abſchluß noch kein feſter Plan für das Vorgehen beſtand — tatſächlich bildet dieſes
Bündnis doch das feſte Fundament, von dem aus der Aufſtieg des Pfälzers begann.

[3] RTA. III, Nr. 9; dazu Lindner, Wenzel II, Beil. XVIII. Vgl. auch die von
Heimpel, Arch. f. Urkundenforſchg., Bd. XII (1932), S. 117, N. 2 zitierte Inſtruktion
f. d. päpſtl. Geſandten in Frankfurt aus P.L.V. 701.

gegen Frankreichs Vordringen an der deutschen Westgrenze vorgeworfen
wurde; aber unsicher tastend im Gefühl der ihn bedrohenden Gefahr griff
er wenigstens hie und da nach der Hand, die sich ihm von jenseits des
Rheins her entgegenstreckte — eine Geste, die nun wiederum seinen Geg=
nern willkommenen Anlaß bot, ihn später als unzuverlässig in Rom zu
denunzieren. Unter keinen Umständen wollten sie dulden, daß er die
Kirchenfrage gemeinsam mit Frankreich etwa zum Nachteil des römischen
Stuhles löse[1]. So war die Politik der deutschen Fürstenopposition in diesem
Jahre geradezu ängstlich bemüht, keinen Augenblick die Fühlung mit Rom
zu verlieren. Die Führung dabei aber hatte Kurpfalz.

Diesen Grundlinien der pfälzischen Politik entspricht nun genau die
Haltung unserer Universität. Die Prioritätsfrage darf bei dieser Fest=
stellung auf sich beruhen bleiben — um so mehr, als Heidelberger Gelehrte
in überraschend großem Umfang selbst zu rein politischen Aktionen vom
Hofe beigezogen wurden[2].

Die radikale Schroffheit, mit der die Magisterversammlung von Anfang
an, geführt von Marsilius, die ausschließliche Geltung der römischen Obe=
dienz vertrat, läßt noch deutlich einen Nachklang jener Erregung verspüren,
mit der einst die deutschen Magister in Paris gegen ihre französischen
Kollegen gekämpft hatten[3]. Sie weigerten sich geradezu, gewisse nach
Heidelberg berufene Pariser Magister in ihre Korporation als gleichberech=
tigte Genossen aufzunehmen, weil sie unter einem schismatischen Kanzler
promoviert hätten[4]. Kein Wunder, daß darüber bald Streit ausbrach und

---

[1] RTA. III, Nr. 162, Nr. 23.   Über die vielumstrittene Herkunft des letzteren
Schriftstücks, der sog. „Denkschrift Pfalzgraf Ruprechts", wage ich keine eigene Ver=
mutung. Stil und Haltung des Ganzen veranlassen mich, mit Erler (3.G.O., N. F.
X, 1ff.), seine Entstehung in der kurfürstlichen Kanzlei zu Heidelberg abzulehnen und
eher mit Hauck, V, 782 eine Art Stilübung darin zu vermuten. Immerhin ist eine
gewisse äußere Ähnlichkeit mit der politischen Denkschrift des Marsilius von Inghen
(meine Studien I, 199ff.) nicht zu übersehen.

[2] So zu dem oben genannten Vertrag vom 24. 10. 1396, bei dessen Beurkundung
Matth. v. Krakau u. Nik. Burgmann als Zeugen erscheinen. Im übrigen vgl. Koch=
Wille, Reg. d. Pfalzgr. u. RTA. passim; Chmel, Reg. Ruperti passim; Lindner,
Urkundenwesen Karls IV. u. s. Nachfolger (1882) 32 u. ö.; Tomaschek, Die höchste
Gerichtsbarkeit d. dtsch. Königs u. Reiches S.=B. Wien, Phil. Kl. 49, 1865, p. 548f.
Wie T. zeigt, wurde unter Ruprecht eine ganze Anzahl graduierter Kleriker in den
kgl. Rat aufgenommen: Job Dener, Matth. v. Krakau, Nik. Burgmann, Nic. Pro=
win u. a. m.

[3] S. oben Kap. 2.   [4] Hautz, II, 334, 1387 Sept./Okt.

die Zurückgewiesenen ihrerseits Anhang unter den Scholaren zu werben suchten[1]. Ja, der Eifer der Herren ging weiter, als der päpstlichen Politik in Rom selber lieb sein mochte: sie suchten den Kardinallegaten Philipp von Alençon, der seit Ende 1387 in Heidelberg weilte[2], in ihren Streit mit Paris hineinzuziehen. Eine feierliche Bittschrift wurde ihm vorgelegt, der Papst möge die Grade der Pariser Universität, soweit sie unter schismatischen Kanzlern erworben seien, im Bereich seiner Obedienz für ungültig erklären, die Aufnahme derart promovierter Magister auf anderen Universitäten, ja sogar den Besuch der Pariser Hochschule überhaupt verbieten — eine ganz unerfüllbare Forderung, deren Bewilligung der Legat zwar zunächst zusagte, aber dann im letzten Augenblick doch zurückzog[3]. Als im Oktober 1390 eine französische Gesandtschaft in Heidelberg mit königlichen Räten vom Hofe Wenzels zusammentraf — wie es hieß, um über die Kirchenfrage zu beraten — da wurde in einer aufgeregten Universitätsversammlung beschlossen, sofort Deputierte an den Pfalzgrafen zu schicken, die ihn beschwören sollten, daß er unter keinen Umständen eine Verletzung des Gehorsams gegen den römischen Stuhl zulassen möge[4]. Nach alledem versteht es sich von selber, daß die Heidelberger Hochschule bald allgemein den Ruf einer wahren Hochburg und Zufluchtsstätte[5] römisch-päpstlicher Gesinnung in Deutschland genoß. Und man begreift, daß die Pariser

---

[1] Verhandlung nach 15. Dez. 1387 (a. u. I, 40 u. U.B. II, 35). Es ist die Rede von 6 magistri vocati de studio Parisiensi, von denen 2 Verzeihung erbitten und erhalten. Der Zusammenhang mit dem vorhin genannten Beschluß ist mir nicht zweifelhaft; danach hätte man die Pariser trotz jenes Beschlusses vereidigt, d. h. doch wohl: immatrikuliert.

[2] Über ihn vgl. Lindner, Wenzel II, 304.

[3] U.B. II, 39.

[4] Über die Heidelberger Verhandlungen vgl. Lindner, Wenzel II, 322. In den von L. benützten Urkunden handelt es sich nur um ein allgemeines Freundschaftsbündnis zwischen Wenzel und Karl VI. im Hinblick auf eine von Wenzel geplante Italienfahrt. Unsere Heidelberger Quelle (a. u. I, fol. 44ᵛ) berichtet zum 16. Oktober 1390: ,,Presentes fuerunt plurimi magnates et illustres de consilio regis Romanorum et eciam tres (certi?) deputati de consilio regis Francorum, unde verisimiliter timebatur, quod aliqua tractari possent, que cederent in lesionem obedientie sanctissimi domini nostri Bonifacii pape noni et in prejudicium venerabilis ecclesie.'' Vgl. auch Thorbecke, p. 30, N. 96.

[5] a. u. I, 67ᵛ (undatiert, vermutlich August 1397) unterstützt die U. beim Papste das Pfründengesuch eines aus Cambrai vertriebenen, weil römisch gesinnten, bischöfl. Offizials, des greisen mag. art. et bacc. jur. can. Joh. Wonder.

Univerſität, als ſie in den Jahren nach 1394 mehrfach, und nicht ganz ohne Erfolg, die deutſchen Schweſterkorporationen zur Unterſtützung ihrer Unionsvorſchläge aufforderte, in Heidelberg gar nicht erſt den Verſuch machte; wenigſtens iſt in den Akten keine Andeutung darüber enthalten. Ebenſo begreiflich iſt, daß die Heidelberger für ihre Treue gegen den römi= ſchen Stuhl durch zahlreiche Pfründenſupplifen Vergeltung heiſchten und empfingen.

Mit alledem geriet nun freilich unſere Univerſität in immer ſchärferen Gegenſatz zu dem Unionsgedanken überhaupt, und ihr Führer Marſilius ging in der Tat ſoweit — wir hörten es ſchon[1] — in einer Denkſchrift für den pfälziſchen Hof von etwa 1391 die Konzilspropaganda ſeines früheren Pariſer Kollegen Heinrich von Langenſtein mit leidenſchaftlicher Schärfe zu bekämpfen. Bedeutete aber eine ſo ausgeſprochene Parteilichkeit nicht zu= gleich die Losſage von dem Konzilsgedanken Konrads von Gelnhauſen, des erſten Kanzlers und Mitbegründers unſerer Univerſität? War es nicht gerade deſſen geſchichtlich bedeutſamſte Tat geweſen, daß er als erſter neben und noch vor Heinrich von Langenſtein das Programm des großen Unions= und Reformkonzils in höchſt wirkſamer Weiſe in die europäiſche Debatte über das Schisma geworfen hatte?

Die Antwort läßt ſich nicht finden, ohne in den Kern der großen konzi= liaren Streitfragen einzudringen, die von nun an das Jahrhundert in Atem halten ſollten.

Der Gedanke, daß die Kirche als Gemeinſchaft der Gläubigen — nicht nur der Kleriker — ihren höchſten Willensausdruck in einer Verſammlung finden ſollte, die aus Klerikern und Laien gemiſcht eine Vertretung der geſamten abendländiſchen Chriſtenheit darſtellte, war — im Unterſchied zu den rein klerikalen Biſchofskonzilien der frühchriſtlichen Jahrhunderte — erſt ein Erzeugnis der päpſtlichen Weltherrſchaftsbeſtrebungen zu Beginn des 13. Jahrhunderts[2]. Die geſamte Chriſtenheit, geiſtliche und weltliche Häupter vereint, unter dem Vorſitz des Vikars Chriſti verſammelt zur Beratung der höchſten geiſtlichen Angelegenheiten — das war ſo recht ein Wunſchbild, wie es der grandioſen machtpolitiſchen Phantaſie eines In= nocenz III. entſprach. Das univerſale Konzil war hier als glanzvollſte Repräſentation der päpſtlichen Weltherrſchaft gedacht. Aber der Gedanke

---

[1] S. ob. S. 58 u. meine Studien I, 196ff.

[2] Vgl. A. Hauck, hiſt. Vſchr. X (1907), 465ff.

konnte umschlagen: ein Jahrhundert später diente dieselbe Konzilsidee den Gegnern der päpstlichen Allmacht als schärfste Waffe zu deren Zerstörung. Wie, wenn die Versammlung der Christenheit das Haupt der Hierarchie selber für ketzerisch erklärte? Wie, wenn sie aufrief zur Befreiung der Kirche von der Tyrannei eines „ungerechten" geistlichen Monarchen? Auch für diese Wendung des Gedankens fanden sich Ansätze schon im 13. Jahrhundert: in der Aufnahme antiker, naturrechtlicher Gedanken, und zwar in aristotelischer Fassung, in das Kirchenrecht und in die hochscholastische Rechtsphilosophie. Schon Thomas hatte mit allen Aristotelikern die Herrschaft im Staate damit begründet, daß die Gesamtheit der Staatsbürger ihre Herrschaftsrechte auf wenige bzw. auf einen übertragen habe, und vor allem: schon er hatte diese Vorstellungen konsequent auf die Kirche angewendet. Eine Gedankenreihe, die zunächst ungefährlich schien für das Papsttum, ja geeignet, das Recht seiner Herrschaft tiefer als je zuvor zu begründen — solange nämlich der päpstliche Wille nicht anders empfunden wurde denn als Ausdruck des Gesamtwillens der Christenheit — m. a. W.: solange die päpstliche Herrschaft als das natürliche Endergebnis einer langen geschichtlichen Entwicklung erschien. Wie aber, wenn sich das änderte? Wie, wenn universales Machtstreben des Papsttums und selbständige Entwicklungstendenz der nationalen Staaten miteinander in Konflikt gerieten? Wie, wenn die Kirchen der verschiedenen Länder sich empörten über allzu harten Druck, insbesondere finanziellen Druck, der allmächtigen päpstlichen Kurie? Beides trat im 14. Jahrhundert ein. Im selben Moment, als der päpstliche Absolutismus innerhalb der Kirche auf der ganzen Linie gesiegt zu haben schien, als er daran ging, seine Herrschaft als beinahe unbeschränkte Finanzhoheit zu organisieren (unter Johann XXII.), setzte die Auflehnung der Unterworfenen ein. Eng verbunden mit einer erneuten Welle asketischer Gesinnung, die unter der Führung radikaler Bettelmönche gegen das kapitalistische Gebaren der Kurie anflutete, ja den Papst selber für ketzerisch erklärte, eng verbunden zugleich mit dem erneuten Kampf des deutschen Kaisertums (unter Ludwig dem Baiern) um die Behauptung seiner weltlich-staatlichen Souveränität, trat der Gedanke des abendländischen Konzils seinen Vormarsch gegen die Weltherrschaft des Papsttums an.

Die Konzilsidee ist damals von radikalen Denkern der Pariser Universität zu einer äußerst scharfen Waffe geschliffen worden: Marsilius von Padua und Johann von Jandun steigerten den Gedanken der Volkssouveränität zu solcher Konsequenz, daß nicht allein der Aufbau der geistlichen Hierarchie gänzlich zerſtört werden, ſondern die Kirche geradezu in Abhängigkeit von der im Staate organiſierten Laiengewalt geraten ſollte. Aber der allzu ſpitz geſchliffene Fechterdegen zerbrach an der maſſiven Wirklichkeit der geſchichtlichen Mächte; was italieniſche Freigeiſterei und franzöſiſcher Hitzeifer bereits aus der Welt verſchwunden glaubten, erwies ſich noch immer als ſtärkſte Macht des Abendlandes: die Ehrfurcht vor den geheiligten Traditionen der römiſchen Hierarchie. Daran iſt ſchließlich auch der genialſte Denker des 14. Jahrhunderts, der geiſtige Vater der geſamten Spätſcholaſtik, politiſch geſcheitert: Wilhelm Okkam, der Publiziſt Kaiſer Ludwigs des Baiern. Mit rückſichtsloſem Denkermut, aber zugleich mit jener merkwürdigen Verbindung von Nüchternheit und Reſpekt vor hiſto= riſchen Autoritäten, die engliſchem Denken eigen iſt, hatte er in unermeß= lichen Schriften das große Problem der Kirche hin und her erwogen und auf ſeine Weiſe zu löſen geſucht. Seine politiſche Tageswirkung iſt raſch verklungen; aber der Gehalt ſeiner Schriften wirkte unſterblich in ſeiner Schule nach.

Dieſe Schule hat im Laufe des 14. Jahrhunderts wohl an den meiſten Univerſitäten, vor allem aber in Paris, geſiegt. Während die radikale Lehre des Marſilius von der Kirche als offenbare Ketzerei unterdrückt werden konnte, war die Pariſer Scholaſtik beim Ausbruch des großen Schismas ſo gut wie ganz von okkamiſtiſchen Traditionen beherrſcht. In dieſe Traditionen ordnet ſich deshalb auch alles ein, was wir von den An= fängen der Heidelberger Gelehrſamkeit wiſſen. Jene Eintrachtsepiſteln[1], die Konrad von Gelnhauſen 1379—80 an die Könige von Frankreich und Böhmen und an den Pfalzgrafen ſandte, enthalten nachweislich im ein= zelnen keinen Gedanken, der nicht ſchon in konzilsrechtlichen Erörterungen früherer Epochen irgendwie zur Geltung gebracht wäre; das weitaus meiſte aber übernahm er unmittelbar von Okkam. Sieht man nicht ſehr genau zu, ſo wird man in Konrads beiden Schriften überhaupt kaum etwas anderes als eine Wiederholung okkamiſtiſcher Gedankengänge erkennen. Und doch ſind Färbung und Zuſammenhang der Ideen in ſehr bemerkens= werter Weiſe verändert.

---

[1] Epiſtola brevis 1379; epiſtola concordiae 1380. — Die ältere Lit. darüber ſ. bei D. E. Culley, Konrad von G.: Leipziger Diſſ. 1913 u. Hauck, K.G. V, 738ff. Am wichtigſten für die Entſtehung der konziliaren Theorie: A. Kneer, 1. Suppl.= Heft 3. R.Q.S., Rom 1893; K. Wenck, H.3. 76, 6ff.; manches auch in den Arbeiten des Benediktiners Bliemetzrieder u. bei Hirſch, Die Ausbildung der konziliaren Theorie im 14. Jhdt., 1903.

Weit konservativer als Marsilius von Padua hatte Okkam nicht eigentlich eine grundsätzliche Veränderung der Kirchenverfassung erstrebt, sondern nur eine Lockerung des starren Gefüges von Rechtssätzen, die dem Oberhaupt der Kirche eine Stellung weit oberhalb aller Kritik und Reformbemühungen sicherten. Den eigentlichen Anstoß für seine Reformgedanken hatte die ihn tief erschütternde Erfahrung gebildet, daß auch ein Papst (Johann XXII.) der Ketzerei verfallen könne. So lehrte er denn, daß in solchen Ausnahme= und Notfällen der Buchstabe des geschriebenen Rechtes, der die Berufung eines Generalkonzils allein dem Papst gestattete, einer Erweiterung durch das Recht der Billigkeit (aequitas) bedürfe; vom Buchstaben des geschriebenen Rechts müsse man in Notfällen auf den tieferen Sinn der Gesetze zurückgehen (der dem obersten Zweck der Kirche, der Bewahrung des Seelenheils, nicht widersprechen könne): vom positiven also auf das Naturrecht, vom übertragenen Recht des Monarchen auf das ursprüngliche Recht des Kirchenvolkes, von dem juristischen Begriff der römischen Kirche als hierarchisch organisierter Rechtsanstalt, geleitet durch Papst und Kardinäle, auf den (auch im Mittelalter nie ganz verschwundenen, aber herkömmlich mit der Papstkirche in naiver Weise gleichgesetzten) religiösen Begriff des corpus mysticum, der Gemeinschaft aller Gläubigen mit Christus, ihrem Haupte — also von der partikularen (römisch=priesterlichen) auf die allgemeine Kirche[1]. Praktisch gesprochen: wenn der Papst, das geistliche Oberhaupt der Gläubigen, versagt, fällt die Leitung der Kirche dem Generalkonzil und dessen Berufung den weltlichen Führern des Kirchenvolkes, den Königen und Fürsten zu. Damit war der aristotelische Begriff der Billigkeit (Epikie, ἐπιείκεια) aus der nikomachischen Ethik stammend und längst innerhalb der philosophischen Ethik von der scholastischen Wissenschaft rezipiert, auf das Gebiet der hohen Kirchenpolitik in ungemein folgenreicher Weise übertragen; in die starre Tradition des kanonischen Rechtes war mit Hilfe der „Epikie" eine Bresche geschlagen, durch die in unabsehbarer Folgewirkung vernunft= und naturrechtliche Forderungen und Reformwünsche (bis zur Wittenberger Reformation hin) einströmen konnten. Konrad von Gelnhausen hat eigentlich nichts getan, als diesen Hilfsbegriff der „Epikie", den Okkam als Waffe gegen die Prärogative eines vermeintlich ketzerischen Papstes verwendet hatte, abermals, und diesmal gegen das schismatisch gewordene Papsttum, ins Gefecht zu

---

[1] Zu dieser Unterscheidung vgl. auch H. Heimpel, Studien zur Kirchen= u. Reichsreform d. 15. Jhdts. (S.=B. der Heidelbg. Akad. 1929/30, Nr. 1), S. 12ff.

bringen. Denn war der „Notstand" diesmal nicht noch viel deutlicher als früher? Lag die Unfähigkeit des Papsttums, die große Tagesaufgabe, die Heilung des großen Schismas von sich aus zu vollbringen, nicht sonnenklar zutage?

Aber es war doch ein Unterschied: ob man kämpfte, um die Beseitigung eines verhaßten Tyrannen und Ketzers auf dem päpstlichen Throne zu er= zwingen, oder ob man darauf ausging, das Schisma zu beseitigen und da= mit die Würde und Macht des Papsttums in altem Glanze wiederherzu= stellen. Gewiß: auch Okkam hatte sich gehütet, in der Art des Marsilius radikale Folgerungen zu ziehen; er hatte das Recht der päpstlichen Allein= herrschaft in normalen Zeiten keineswegs geleugnet. Aber sein umfassen= der und ruheloser Geist war doch überall bis an die Wurzeln der hierarchi= schen Rechtsinstitutionen vorgedrungen, und unendlich vieles war ihm da= bei zweifelhaft oder zum mindesten diskutierbar geworden, was bisher als selbstverständliche Tradition hingenommen wurde; in ein seltsam flackern= des Zwielicht geriet alles, was er mit der umständlichen, aber äußerst scharf= sinnigen Methode seiner Kritik beleuchtete. Er trug kein Bedenken offen auszusprechen, daß auch ein allgemeines Konzil wohl irren und daß die allgemeine Kirche, deren Oberhaupt Christus ist, ein menschliches Ober= haupt zeitweise entbehren könne; ja theoretisch hielt er es für denkbar, daß der wahre Glaube zeitweise nur bei einem einfachen Laien, ja nur bei Kindern zu finden sei. Überhaupt spielte er gern mit theoretisch erdachten Grenzfällen: unter Umständen, meinte er, könne es nötig werden, an Stelle der einheitlichen Verfassung der Kirche eine Anzahl selbständiger Landeskirchen zu setzen. Denn selbst den göttlichen Ursprung des päpst= lichen Primates und seine politische Notwendigkeit läßt er nicht unbezweifelt — freilich immer nur in dialogischer Form, in der auch entgegengesetzte Anschauungen zu Worte kommen. Und mit besonderem Nachdruck verficht er die Unabhängigkeit der weltlichen Gewalten — der Fürsten, des Kaisers — von der Kirche[1]: ein Gedanke, den Konrad zu erörtern keinen politischen Anlaß hatte.

Überhaupt aber ist nun der Heidelberger Kanzler von einer so skeptisch klingenden Dialektik, von so umfassender Kritik weit entfernt. Die Grund=

---

[1] Kirche und Staat bleiben indessen eng aufeinander angewiesen — beide sind ja Organisationen desselben Kirchenvolkes — und zu gegenseitiger Hilfeleistung ver= pflichtet und berechtigt; in Notfällen kann der Papst Fürsten absetzen und umgekehrt.

stimmung seiner „epistola concordiae[1]" ist eine völlig andere als die der Dialoge Okkams: eine fromme Bescheidenheit, eine gewisse erbauliche Wärme herrscht vor, nicht der unruhig bohrende Scharfsinn des großen Dialektikers und Publizisten. In klarer, übersichtlicher Schematik, ohne großen scholastischen Apparat, werden die wenigen Leitgedanken dargelegt; die Beweisführung läßt deutlich erkennen, daß ein theologisch geschulter Kanonist die Feder führt. Was ihn am stärksten bewegt, sind die verhängnis= vollen religiösen Folgen des Schismas — eine betont erbauliche Grund= auffassung, die wir später in den meisten Schriften deutscher Publizisten wiederfinden. Der Kanonist aber sucht, wenn irgend möglich, keinen Schritt zu tun, ohne sich der Grundlage im geltenden Kirchenrecht zu versichern. Daß es — trotz aller Vorsicht — im Grunde revolutionäre Grundsätze sind, auf denen auch seine Beweisführung ruht, wird so wenig als möglich zur Geltung gebracht: ähnlich wie Okkam, als „Meinung vieler" (ut multi arbitrantur u. ä.), pflegt er solche Sätze einzuführen. Es wiegt darum nicht allzu schwer, wenn er die göttliche Einsetzung des Kardinalskollegs (nicht des Papsttums) bestreitet und die Fehlbarkeit von Papst und Kar= dinälen dartut — wenn er ferner in der kasuistischen Aufzählung der Fälle, in denen das Konzil auch ohne oder gegen den päpstlichen Willen berufen werden dürfe, sogar noch etwas über Okkam hinausgeht und wenn er endlich (unter Berufung auf Augustin) den revolutionären Satz ausspricht, einem ungerechten Herrscher, der das Reich zerstört, müsse der Untertan widerstehen[2]. Er selber beteuert, nichts liege ihm ferner, als Papst und Kardinäle in ihrem Recht zu kränken[3]; nur die „äußerste Not" lasse die Berufung eines Generalkonzils durch andere Instanzen als durch den Papst gerechtfertigt erscheinen; die päpstliche Berufung ist durchaus der „natür= liche" Weg, jeder andere ein Ausnahmefall[4]. Ohne Zweifel erscheint ihm der Einwand, die päpstliche Autorität dürfe nicht verletzt werden, als das

---

[1] Die epistola brevis trägt, wie oben S. 59 bemerkt, rein politisch=juristische Züge. Neuausgabe der epistola concordiae durch Bliemetzrieder 1909 (Publ. d. österr. Inst. in Rom I). Ältere Ausgabe: Martène et Durand, Thes. nov. anecdot. II. 1200—1226 (1717).

[2] Vgl. 123, 3. 8ff.; 136, Abf. 3ff.; 137, 3. 12ff.

[3] Non intendo dignitatibus, privilegiis et immunitatibus ecclesiae, quae est collegium papae et cardinalium, a Deo vel homine collatis, aliquatenus derogare 130, 3. 1ff. Et si dicatur, quod ego detraham dominis cardinalibus, dico quod hoc est falsum usw. 134, 3. 30.

[4] Vgl. bef. 138, 3. 9ff.

weitaus wichtigste aller Gegenargumente. Er hofft deshalb auch, daß beide Päpste der Berufung zustimmen und dadurch alle Zweifel niederschlagen werden[1]; oder vielleicht gelingt es, beide Kardinalskollegien zum Zu= sammenwirken zu bringen? Obwohl er im engen Anschluß an Okkam die heikle Frage, ob das Konzil in Glaubensfachen über dem Papst stehe, aus= drücklich, freilich in überaus vorsichtigen Wendungen[2], bejaht hat (da der Papst irren und in Todsünde fallen könne, die Gesamtkirche nicht), meint er sich doch noch sichern zu müssen durch den Hinweis darauf, daß ja das Konzil gar keine neue Festsetzung im Sinne der kanonistischen Rechtsent= scheidungen ohne päpstliche Autorisation treffen solle; es wird zunächst nur entscheiden müssen, wer der rechte Papst ist und von da ab alle seine Beschlüsse durch dessen Autorität bestätigen und sichern lassen[3].

Man sieht: diesem Propheten der großen Konzilsbewegung kam es auf nichts weniger als auf prinzipielle Entscheidungen an; ließ sich ein Kom= promiß finden, das den alten Rechtsstand unverändert ließ, so zog er es jeder anderen Löfung vor. Während Okkam sogar die Möglichkeit erwogen hatte, das Ärgernis der päpstlichen Ketzerei kurzerhand durch weltliche Hand, durch den Kaiser, ohne Mitwirkung einer Kirchenversammlung be= feitigen zu lassen, unterstrich Konrad in feinen Schreiben an die Herrscher Frankreichs, Böhmens und der Pfalz mit besonderem Nachdruck alle die (scheinbaren) Möglichkeiten, das Konzil ohne Verletzung der päpstlichen Autorität zu berufen. Indem er dessen Zusammensetzung und Einberu= fung im einzelnen erörtert, spürt man, wie er sich müht, den Einfluß welt= licher Mächte nicht über das geistliche Element Herr werden zu lassen. Und beiden schismatischen Parteien sucht er einzureden, ihr Oberhaupt

---

[1] 138, 3. 19ff.

[2] ..... Quod collegium cardinalium, immo, ut quidam arbitrantur, tam papa quam cardinalium simul, saltem in causa fidei, subsit sanctae matri ecclesiae catho- licae et universali, quam concilium generale repraesentat..... 122, 3. 17ff.

[3] Quod vero subditur papam esse majorem concilio, ... potest dici quod in casu nostro concilium congregatum nihil statuat de novo, saltem in modum cano- num, donec ante omnia cognitum et clarificatum fuerit sive auctoritative, sive magistraliter, quis sit verus papa; quo facto ille accedet concilio (die zweite Re= daktion der Hff., darunter die für den Pfälzer bestimmte, hat hier den interessanten Zusatz: „si velit") et facta et fienda in eo per ipsum roborabuntur, 138/39. Vgl. auch 128, 3.18ff.: quamvis magna sit presumpcio pro factis pape quod bene fiant. Okkams Satz, der rechte Glaube könne u. U. bei einem einzigen Manne zu finden sein, wendet er so, daß er nahelegt, dieser Eine sei vermutungsweise der Papst: 129, 3.4ff.

habe auf dem Konzil gar nichts zu fürchten — um ſo weniger, je beſſer
ſein Recht begründet ſei[1].

Mit einem Wort: dieſer Okkamismus iſt für die Idee des Papſttums
ungefährlich geworden. Er trägt zwar immer noch viel von dem urſprüng=
lichen Gärungsſtoff in ſich; aber deſſen Wirkung iſt erheblich ſchwächer
geworden; denn das Ganze iſt ſtark verwäſſert. Für die praktiſche Tages=
politik bot die konziliare Theorie in dieſer Form nur noch geringen oder
gar keinen Anſtoß mehr; dafür fehlte ihr auch die zündende, hinreißende
Kraft, mit der einſt der Radikalismus der älteren Publiziſtik viele Köpfe
berauſcht hatte.

Von hier aus überſehen wir deutlicher den Zuſammenhang, der von
den Unionsſchriften Konrads von Gelnhauſen zu der kirchenpolitiſchen Hal=
tung der Heidelberger Univerſität hinüberführte. Eine Verſchiebung des
Standpunktes iſt gewiß nicht zu leugnen: ſo vorſichtig auch Konrad gerade
dem Pfalzgrafen gegenüber den Anſchein grundſätzlicher Feindſchaft gegen
den römiſchen Papſt vermied: das ſtarre Feſthalten an deſſen Obedienz
um jeden Preis hat er doch mit klaren und harten Worten als Hindernis
kirchlicher Einheit verdammt[2]; und als gerader und mutiger Charakter
hat er auch dem Pfalzgrafen gegenüber aus dieſer Geſinnung kein Hehl
gemacht[3]. Aber es waren zwei Seelen in ſeiner Bruſt: davon die eine dem
Papſttum (als Inſtitution) treu ergeben. Und eben an dieſe mochten die
Heidelberger ſich halten, wenn ſie den Unions= und Konzilsplänen der
Pariſer Univerſität widerſtanden. Die Pariſer ihrerſeits nahmen die anti=
monarchiſchen Stichworte mit leidenſchaftlichem Eifer auf[4] — raſch hinweg=
ſtürmend mit galliſcher Hitzigkeit und Neigung zu logiſcher Konſequenz über
alle Schranken, die der vorſichtig=pietätvolle Deutſche ſich ſelber geſteckt
hatte. Vielleicht war das notwendig, um die konziliare Bewegung über=
haupt erſt einmal wieder in Gang zu bringen; aber im erſten Anlauf
überſprang ſie allzu leichten Herzens die Schranken politiſcher Möglich=

---

[1] Epistola brevis: Hiſt. Dſchr. III (1900), 383, 385f. Dazu die Widmung an
Ruprecht: Bliemetzrieder, Lit. Polemik 115, Z. 34ff. Dazu die Einleitung des
Herausgebers: S. 88*f.

[2] Epist. conc. Kapitel 4, gegen Schluß u. öfters.

[3] Schreiben an Ruprecht: Bliemetzrieder, a. a. O., 115, Z. 38ff.

[4] Zur Anwendung des Tyrannenbegriffs auf die Kirche vgl. A. Coville, Jean
Petit, 1930.

keiten; und da sie obendrein sich eng mit national=französischen Macht=
gelüsten verbündete, stieß sie sich und scheiterte sie an dem Widerstand der
konservativen Deutschen — unter Führung Ruprechts, des deutschen Königs
und Pfalzgrafen am Rhein. Die historische Stellung der Heidelberger
Universität in dem Jahrzehnt des pfälzischen Königtums (1400—1410) ist
dadurch bezeichnet, daß sie diesen Widerstand organisiert hat.

In einem späteren Abschnitt werden wir den Heidelberger Okkamismus
als philosophisch=theologische Lehre näher kennen lernen. Dabei wird sich
eine merkwürdige Parallelerscheinung zu den Wandlungen herausstellen,
die wir soeben an den kirchenpolitischen Theorien Wilhelm Okkams inner=
halb seiner Schule beobachtet haben: auch die Erkenntnislehre des späteren
Schulokkamismus zeigt eine Verwässerung gewisser genialer, aber der Ein=
heit des scholastischen Denkens tief gefährlicher Ideen des Meisters, die
deren Anstößigkeit, aber auch ihre philosophische Fruchtbarkeit wesentlich
minderte. Wie die konziliare Idee Okkams in der Umprägung durch
Konrad ihre Stoßkraft verliert durch teilweise Rückkehr zur papalistischen
Tendenz, so seine antirationalistische Theologie in der Fassung des Spät=
okkamismus durch Aufnahme gewisser Elemente aus Thomas[1]. Man sieht:
hier scheint alles in einem großen geistigen Zusammenhang zu stehen.
Aber natürlich: nicht minder wichtig als die rein geistigen Beziehungen,
ja unmittelbar noch wichtiger für das politische Verständnis der hier zur
Rede stehenden Dinge ist — jetzt wie früher — das Verhältnis unserer
Universität zur Politik des Landesherrn.

Die überaus unsichere Machtstellung Ruprechts, des vielbefehdeten
Gegenkönigs, nötigte die pfälzische Politik nach der Königswahl eher noch
stärker als vorher, um die Unterstützung des Papstes zu werben; und auf
der anderen Seite schien die wachsende Bedrohung des römischen Stuhls
durch Mailand und den französischen Anhang in Italien auch den Papst
dringender als je auf die Freundschaft des Pfälzers hinzuweisen — vollends
seit es sich herausstellte, daß von Wenzel niemals eine tatkräftige Hilfe
in Italien zu erwarten war. Aber das Bestreben Bonifaz' IX., die Zwangs=
lage Ruprechts auszunützen, ihn durch Verträge willenlos an die eigene
Politik zu fesseln, ihn ohne Rücksicht auf die inneren Bedürfnisse und die
finanzielle Leistungsfähigkeit des Reiches als bloßes Werkzeug gegen Mai=

---

[1] In diesem Zusammenhang ist doppelt interessant die Beobachtung K. Wencks
(H. 3. 76, 44 ff.), daß Konrad seine Sätze über die Epikie nicht aus Okkam, sondern
unmittelbar (wörtlich) aus der Summa des Thomas entlehnt hat.

land und andere italieniſche Gegner zu vernützen, vor allem die päpſtlichen
Approbationsrechte bei der Königswahl neu zu feſtigen — das alles ging
doch noch weſentlich über den guten Willen Ruprechts und ſeiner Mit=
fürſten hinaus. Starke Derſtimmungen haben in den erſten Jahren das
Derhältnis des neugewählten Königs zum römiſchen Stuhle getrübt, und
es iſt wohl kein Zufall, daß unſere Univerſität die größten Gunſtbeweiſe
aus Rom unmittelbar vor, nicht nach der Erhebung des Pfalzgrafen zum
römiſchen König erhalten hat[1]. Zeitweiſe hat ſich Ruprecht III. ſogar einem
franzöſiſchen Bündnis ſtark genähert: zunächſt um einen Bundesgenoſſen
zur Niederwerfung Mailands zu gewinnen; aber auch die Möglichkeit
einer gemeinſamen Regelung der Kirchenfrage (ohne vorheriges Einver=
ſtändnis mit Rom) ſchien mehrmals ganz nahezurücken[2]: vor allem nach
dem kläglichen Scheitern des Romzuges, als Ruprecht, empört über die
Zurückhaltung des Papſtes und geängſtigt durch die ſtarke Erſchütterung
ſeiner Machtſtellung, beſonders willig dem franzöſiſchen Nachbarn die
Hand bot. Inzwiſchen aber hatte ſich Frankreich, unter Führung der Pariſer
Univerſität, zu einem ſo radikal papſtfeindlichen Dorgehen hinreißen laſſen,
daß eine Derſtändigung kaum noch möglch war; offenbar genügte der
franzöſiſchen Politik auch die Berufung eines Konzils in der Form, wie
ſie Ruprecht jetzt vorſchlug[3], nicht mehr. So wandte ſich dieſer bald ärger=
lich von den franzöſiſchen „Erfindungen[4]“ ab, die ihm als wahre Revolution
erſcheinen mochten. Auf das politiſche Bündnis konnte er verzichten, ſeit
Galeazzo geſtorben und die Lage in Italien dadurch weſentlich entſpannt[5]
war (Sept. 1402). Eben dadurch wurden auch die Derhandlungen mit

---

[1] 1. 7. 1400 (U.B. I, Nr. 47—51). Der Rotulus von 1401 blieb dagegen, wie
früher erwähnt, erfolglos.

[2] RTA. IV, Nr. 299 (1401); V, Nr. 289 (1402).

[3] RTA. V, p. 392, Nr. 289, 7.

[4] Ebd. p. 396, Nr. 292.

[5] In dieſem Zuſammenhang muß der Erzählung gedacht werden, nach der Gale=
azzo Disconti den Heidelberger Profeſſor und Leibarzt Hermann Poll (aus Wien)
kurz vor dem Romzug (Frühjahr 1401) zu einem Dergiftungsverſuch an Ruprecht
veranlaßt hätte. Dgl. darüber: RTA. IV, Nr. 302, 304, 308, 364/65; V, Nr. 32, p. 67.
Poll wurde lebend gerädert; die Univerſität tilgte ſeinen Namen in der Matrikel:
Thorbecke 23, N. 52. Mir ſcheint es, in Anbetracht mancher ſehr einleuchtender
Argumente, die Galeazzos Rechtfertigungsſchrift (IV, Nr. 308) vorbringt, und auf
Grund der höchſt verdächtigen Erzählung des florentiniſchen Geſandten Pitti (IV,
Nr. 302) am wahrſcheinlichſten, daß die ganze Dergiftungsgeſchichte eine florentiniſche
Intrigue bzw. Erfindung iſt.

Bonifaz IX. wesentlich erleichtert; im Oktober 1403 wurde die Appro=
bation endlich vollzogen, und seitdem steuerte die kurpfälzische Politik
wieder getreulich im Fahrwasser Roms.

Freilich: doch nicht mehr ganz so blindlings, wie ehedem. Zwar die
Rolle des neutralen Vermittlers zwischen den beiden Kurien, die der König
von Aragonien und der Gegenpapst Benedikt XIII. beim Tode Bonifaz' IX.
(1404) dem deutschen König zudachten, ging weit über dessen Kräfte; mit
ängstlicher Passivität vermied er jede Einmischung in die Neuwahl, die
ihm die Gunst des römischen Stuhles und damit die Aussicht auf eine künf=
tige Krönung in Rom hätte verderben können. Immerhin brachte er den
Mut auf, den Kardinälen und gleich darauf auch dem neugewählten Papste
(Innocenz VII.) die Abhaltung eines großen Reformkonzils der römischen
Obedienz zu empfehlen, auf dem außer der großen Kirchenspaltung noch
mancherlei andere Gebrechen der Kirche beraten werden sollten[1]. Die starre
Gebundenheit der pfälzischen Kirchenpolitik schien jetzt immerhin etwas
gelockert.

Man glaubt den Wechsel der führenden Persönlichkeiten am Heidel=
berger Hofe hinter dieser Abwandlung zu verspüren. Die Rolle des Mar=
silius hatte seit 1398 Matthäus von Krakau übernommen. Er und Konrad
von Soltau haben die entscheidenden Verhandlungen über die Approbation
König Ruprechts in Rom geführt[2]. In welchem Sinne aber Matthäus den
König kirchenpolitisch beraten haben wird, das läßt sich aus mancherlei
Selbstzeugnissen von seiner Hand erschließen.

Gleich seine erste Tat in Heidelberg läßt seine kirchenpolitischen Ansichten
charakteristisch hervortreten: als Schiedsrichter von der Universität in dem
Streit des Wanderpredigers Johann Malkaw aus Preußen mit der Mainzer
Inquisition und den Bettelorden angerufen, entscheidet er (zusammen mit
Johann van Noyt) zugunsten des Verfolgten, der sich durch leidenschaft=

---

[1] RTA. V, Nr. 405, 470. Dazu: G. Sommerfeldt, Verhandlungen Kg. Rup=
rechts mit Innocenz VII., 3.G.O., N. F. 21, 1906, S. 30ff. Dort auch Näheres über
die an der Begrüßungs=Gesandtschaft beteiligten Heidelberger Professoren.

[2] Auch dabei ein charakteristischer Unterschied: die zähe Behauptung des deutschen
Rechtsstandpunktes 1401/02 fällt Konrad zu, der sich überdies an der Kurie die Rück=
gabe seines Verdener Bistums erstreiten muß — das endliche Kompromiß, die Aus=
söhnung zwischen König und Papst, dem Matthäus (1403). Einzeldaten s. bei Franke
a. a. O. 63ff. u. Schmitz a. a. O. 14ff., 44ff.

liche Agitation gegen die Schismatiker der avignonesischen Obedienz, zu=
gleich aber durch heftige Ausfälle gegen die Sittenlosigkeit des Klerus die
erbitterte Feindschaft zahlreicher kirchlicher Behörden am Rhein, vieler
Weltgeistlichen und vor allem der Bettelorden auf den Hals gezogen hatte[1].
Treue gegen Rom und asketischer Bußeifer — eben das war auch die Ge=
sinnung des Matthäus. In allen seinen Reden und Schriften kehrt der=
selbe Grundgedanke wieder: alles Unheil in der Kirche rührt von der Sitten=
verderbnis des Klerus, von dessen weltlich=materieller Gesinnung her. Auch
das Schisma ist so entstanden: nichts anderes als die Sorge um Pfründen=
besitz hat die Schismatiker (er meint die Anhänger Avignons) veranlaßt,
ihrem weltlichen Landesfürsten mehr zu folgen als ihrem geistlichen Ober=
haupt in Rom. Um schnöden weltlichen Gutes willen sind sie treubrüchig
geworden[2]. Laßt echte geistliche Gesinnung wieder in die Herzen einziehen,
und nicht nur das Schisma wird an einem Tage behoben sein, sondern die
Kirche wird zugleich neue Achtung, neue Freiheit, neue Unabhängigkeit
gewinnen unter den Mächten dieser Welt! Das war nun freilich in den
Wind geredet, solange er keine Mittel anzugeben wußte, solchen Gesin=
nungswandel zu schaffen. Immerhin brachte er einiges vor, das auch für
politische Erörterung sich eignete: das dringendste schien ihm eine grund=
sätzliche Reform der kirchlichen Stellenbesetzung. Man müsse Mittel und
Wege finden, dem sittlich und intellektuell Würdigsten statt dem besten
Zahler zu kirchlichen Ämtern zu verhelfen. Eigene Erlebnisse in Böhmen

---

[1] Vgl. über ihn: H. Haupt, Z.K.G. VI, 323—389; Wilmanns, H.Z. 41, 209ff.
U.B. I, Nr. 33, dazu Thorbecke S. 34, N. 115 (Verhandlung am 25. 7. 1394).
Weitere Nachrichten a. u. I, 59: am 19. 3. 1395 Beschwerde der Heidelberger Mino=
riten und des Ordensprovinzials der Augustiner quod non intelligerent clare pro-
nunciationem et concordiam factam inter inquisitorem hereticorum et Johannem
de Prussia. Sie legen der Universität vor: multos articulos, quos dixerunt J. d. Pr.
asseverasse. Am 3. Mai 1395 schreibt der magister provincialis superioris Almanie
fratrum minorum nochmals in derselben Sache an die Universität und erhält am 8. 5.
Antwort. Über die späteren Prozesse Malkaws 1410—16, in denen der Pfalzgraf als
Beschützer Malkaws erscheint und die Heidelberger Universität mit der Kölner offenbar
rivalisiert, vgl. außer Haupt u. Wilmanns die Regesten 152, 167, 167ª (S. 535).
168, 249, 261—63, 266 im U.B. der Kölner Universität, ed. Hansen (Mitt. a. d.
Stadtarchiv von Köln 36/37, 1918), sowie J. Beckmann, Joh. Malkaw aus Preußen
(Hist. Jb. 48, 1928, 619—25); Ders., Studien zum Leben u. literar. Nachlaß
Jakobs von Soest (Quellen u. Forsch. z. Gesch. d. Dominikanerordens), 1929, S. 25—33.
[2] Z. f. K. G. XXIII, 603ff. (Synodalrede). M. J. Ö. G. XXIV, 381ff. (Predigt
von 1385).

mochten in ihm anklingen, wenn er immer wieder die allgemeine Un=
wissenheit, den erschreckenden Bildungsmangel, insbesondere des Pfarr=
klerus, als Wurzel vieler Übel hervorhob. Dies gab ihm Gelegenheit, die
kirchliche Aufgabe der Universitäten kräftig zu unterstreichen. Von der heil=
samen Wirkung eines eifrigen, asketisch=fromm betriebenen Studiums,
einer intensiven Beschäftigung mit geistlichen Dingen, erwartete er viel.
Aber die Kirche sündige viel darin, daß sie den Studierten ihre besten
Pfründen zugunsten unwissender Stellenjäger vorenthalte, statt sie allen
andern vorzuziehen[1]. Kein Wunder, wenn darüber die wissenschaftlichen
Studien überall in Verfall gerieten! Alle diese Beschwerden trug er —
mit seinem überaus wortreichen aber schwungvollen Pathos — auch an
der Kurie vor. Er forderte nichts Geringeres als eine Reform der Kirche
in allen ihren Gliedern und Ständen[2].

Wohlgemeinte Klagen und Wünsche eines Bußpredigers, wirkungslos
verhallend zunächst, da ohne greifbare politische Gestalt! Aber Matthäus
lernte dazu. Im Dienst des pfälzischen Hofes lernte er sehen, wo der Kern
des Übels saß und vor allem: wo es praktisch anzugreifen war: an der
Kurie in Rom. Aus vielfacher Erfahrung auf Gesandtenreisen, vor allem,
wie es scheint, aus engster persönlicher Berührung mit gemiegten Prakti=
kern des päpstlichen Hofes erwuchs ihm Idee und Stoff seiner berühmtesten
Schrift: „Über den Unrat am römischen Hofe" (de squaloribus curiae Ro=
manae), die ihn mit einem Ruck in die erste Reihe der kirchenpolitischen
Publizisten nicht nur Deutschlands, sondern des Abendlands emporhob und
die wie ein zündender Blitz lange schon quälende Spannungen zur Ent=
ladung brachte. Kurz nach seinem längsten Aufenthalt in Rom (März bis
Oktober 1403) scheint sie entstanden — wahrscheinlich durch Besprechungen in
einem Kreise gelehrter Gesinnungsgenossen noch in Rom selbst vorbereitet[3].

---

[1] Ähnliche Klagen schon bei Konrad v. Gelnhausen: Bliemetzrieder, Liter.
Polemik 113, Z. 4 u. ö.

[2] M. J. Ö. G. 24, p. 386.

[3] Ich folge hier der Vermutung Hallers, Papsttum und Kirchenreform I, 497f.,
die mir durch Sommerfeldt, Mitt. Ver. f. Gesch. d. Deutschen in Böhmen, Bd. 43
(1905), p. 205 nicht zwingend widerlegt scheint. Über die Kontroversliteratur vgl.
im übrigen Franke, a. a. O., 69ff. Ich benützte die Ausgabe bei Walch, Monumenta
medii aevi I (1757), 1—100. — Die Annahme Sommerlads, a. a. O. 42 u. 92,
Matthäus habe im Winter 1404/05 in Italien für eine allgemeine Kirchenreform
geworben, beruht auf einem Interpretationsfehler: U.B. I, p. 100, Z. 39—40 ist
nur von einer Verbesserung (reformatio) des Heidelberger rotulus die Rede!

Sie ist mit einer springenden Lebendigkeit geschrieben, die auch den heutigen Leser noch unmittelbar gefangen nimmt und inmitten der üblichen schwerfälligen Schulrhetorik jener Tage doppelt überraschend wirkt. Wie wirksam schildert er gleich zu Anfang das große Weltwunder: das Gebäude der Kirche, so lange schon sich verzehrend in einer wahren Feuersbrunst weltlicher Leidenschaften, irdischer Verderbnis, und doch immer noch nicht in einen Aschenhaufen verwandelt — gleich dem brennenden Dornbusch des Moses! Wie überlegen-witzig höhnt er über die Kurialen, die den päpstlichen Stellenverkauf in folgender Art spitzfindig zu beschönigen wissen: die Verleihung geschehe umsonst, nur die Steuerpflicht der verliehenen Pfründen werde aus Anlaß der Neubesetzung neu geregelt: wie schade, meint unser Autor, daß Judas, der Verräter, diese Art Argumente noch nicht gekannt hat! Niemand hätte ihn dann schelten können, daß er den Herrn um Geld verriet: o nein, er hat nur einen Vertrag geschlossen auf Empfang von dreißig Silberlingen für nicht verkauftes Salböl[1]!

Diejenigen Stellen freilich, die wohl am meisten die Welt aufhorchen ließen, entstammen schwerlich der Feder des Matthäus: das sind die eingehenden, grausam realistischen Schilderungen des großen Pfründenschachers in Rom. Man findet darin bereits das ganze Arsenal von Beschwerden, mit denen alle Späteren, und so noch die Publizisten des 16. Jahrhunderts, Ulrich von Hutten mit seinem „Vadiscus" voran, sich zum Kampfe wider Rom zu rüsten pflegten. Matthäus selber berichtet[2] von der Mitarbeit eines erfahrenen Juristen; vielleicht war er Sachwalter (procurator) einer deutschen geistlichen Behörde in Rom und unterstützte die Pfründengesuche, die Matthäus dorthin überbrachte? Jedenfalls muß er alle Schliche und Pfiffe der päpstlichen Zentralverwaltung, die ganze Technik des päpstlichen Finanzsystems gründlich gekannt haben. Ein deutscher Theologe war dazu schwerlich imstande. Aber was Matthäus hinzutat, war nicht nur die literarische Form: das stürmische, klangvolle Pathos der Rede — erkennbar an tausend Einzelheiten des Stils[3]; es war vor allem — so vermuten wir — der leiden-

---

[1] Kap. 19.

[2] S. den von Sommerfeldt, Z.G.O., N. F. XVIII, 420ff. veröffentlichten Brief.

[3] Richtig gesehen schon von Sommerlad a.a.O. 90 und Sommerfeldt, Z.G.O., N. F. XVIII, 417. Gegen Haller a. a. O. 500 ist zu sagen, daß die gehobene Sprache, speziell der Rhythmus der Satzschlüsse, sich in den Predigten und Reden des Matthäus durchgehends und weit auffallender als im speculum aureum findet. Auch finde ich die Emendation „sui stili" statt „impendio subtili" (S. 497) entbehrlich.

schaftliche religiöse Eifer, der sich nicht scheute[1], vor aller Welt das Papsttum mitsamt dem ganzen römischen Beamtenapparat, ja alle Empfänger
päpstlicher Gnaden, soweit sie dafür Geld aufwandten, rücksichtslos zu verdammen als schuldig der Todsünde der Simonie. Auch in Paris kämpfte
man damals mit großer Erbitterung gegen die allzu straffe Zentralisierung
des kirchlichen Pfründenwesens; wohl möglich, ja wahrscheinlich, daß auch
Matthäus davon wußte (und vielleicht sogar einzelnes übernahm[2]). Aber
die Pariser stritten (vorwiegend) mit politischen Argumenten, er mit reli-
giös=moralischen; dort verteidigte man die „Freiheiten der gallikanischen
Kirche", hier predigte ein Theologe kirchlich=religiöse Grundsätze. Er selbst
empfand das Neue, Unerhörte seines Verdammungsurteils nicht ohne Erschütterung[3]. Im Grunde bedeutete es ja nur eine Steigerung seiner früher
so oft ausgesprochenen Kritik[4]. Aber damals hatte er sich in Allgemein-
heiten bewegt. Jetzt erst, indem sein Angriff sich auf ein bestimmtes Ziel
zuspitzte, gewann er wirkliche Stoßkraft. Er half die konziliare Bewegung
in Deutschland viel stärker in Gang bringen, als alle die langatmigen Flugschriften und Briefe Heinrich von Langensteins es je vermocht hatten. Beachten wir, wie sie — im Unterschied zu der Konzilspropaganda der Pariser
Universität — von Anfang an mehr religiösen als politischen Charakter
trug[5]!

---

[1] Es ist schwerlich ein Zufall, daß von den beiden Verfassern nur der Name des
Matthäus jemals bekannt geworden ist. Den Anteil der beiden im einzelnen zu bestimmen, ist aussichtslos, solange uns die kritische Neuausgabe fehlt. Abweichend von
Haller 499f. scheint mir, daß außer cap. 13 auch cap. 10 ganz aus dem Rahmen
fällt; cap. 13 ist dessen Fortsetzung. Verdächtig ist mir der (den Zusammenhang
störende) Schluß des cap. 11 schon von „Et est aliud dubium" ab (Walch S. 48; vgl.
auch Sommerlad S. 84). Für echt matthäisch möchte ich cap. 19 halten (vgl. u. a.
das Schlußgebet!), ebenso den von H. beanstandeten Passus des cap. 17 (beide Stellen
literarisch besonders wirksam!), endlich die zahlreichen (hier nur wiederholten!) Klagen
über die Zurücksetzung studierter Kleriker. — Über das „speculum aureum" urteile
ich wie Haller (dessen Ansicht übrigens Hauck V, 816, N. 2 falsch referiert). Es zeigt
nichts von der Hand des Matthäus, auch nichts von der Schlagfertigkeit und Frische
der squalores, dafür ausgedehnte juristische Kenntnisse und sehr große Geschäftserfahrung an der Curie; die (stümperhaft gehandhabte) Dialogform dürfte auf Okkam
(Dialogus) zurückgehen.

[2] Haller 501ff.

[3] Vgl. bes. cap. 8.

[4] Vgl. bes. M. J. Oe. G. 24, 381ff.

[5] Damit soll selbstverständlich nicht gesagt sein, daß die religiöse Argumentation
in der französischen Publizistik gefehlt habe; die Erbauungstheologie eines Joh. Gerson

Schon Konrad von Gelnhauſen hatte den Gedanken ausgeſprochen: nicht nur das Schisma, ſondern die allgemeine Reformbedürftigkeit der Kirche erheiſche die Berufung eines Generalkonzils[1] — nötigenfalls ſogar gegen den Willen des Papſtes. Heinrich von Langenſtein hatte ihn öfters breit ausgeführt. Matthäus griff ihn jetzt wieder auf. Von politiſchen Motiven waren alle drei deutſchen Theologen weit entfernt; ihnen allen war auch das Schisma in erſter Linie aus kirchlich-religiöſen Gründen anſtößig. Sie erſt trugen eigentlich die kirchlich-religiöſen Reformgedanken in die konziliare Bewegung hinein. Weitaus am eifrigſten aber Matthäus.

Er tut dabei einen wichtigen Schritt über Konrad hinaus: ohne geradezu eine Verfaſſungsänderung in der Kirche anzuſtreben, macht er doch mit aller Entſchiedenheit Front gegen die Überſpannung des päpſtlichen Abſolutismus, nicht nur in der Frage der Stellenbeſetzung. Gewiß: auch er will die Berechtigung des päpſtlichen Primats durchaus nicht anzweifeln; er geht ſogar davon aus, daß der apoſtoliſche Stuhl „die Wurzel und das Fundament der ganzen Kirche" ſei — die Wurzel alles Guten wie alles Übels; und ohne Bedenken übernimmt er die herkömmlichen Vergleiche des Verhältniſſes zwiſchen Papſt und Kaiſer mit dem zwiſchen Vater und Sohn, Haupt und Arm[2]. Aber der Papſt iſt nicht Herr der Kirche im Sinne weltlicher Herrſcher; er iſt dazu da, ihr zu dienen als Statthalter ihres wahren und einzigen Hauptes: Jeſu Chriſti. Sein Steuerrecht — und ſein Regiment überhaupt — iſt keine Willkür. Es iſt beſchränkt: gebunden an die heilige Schrift und die Vorſchriften der Konzilien[3], überdies auch an die „Vernunft", deren Recht — meiſt unausgeſprochen[4] — überall in die Betrachtung hineinklingt und die ariſtoteliſch-ſcholaſtiſche Bildung des

---

hat auch auf Deutſchland aufs ſtärkſte eingewirkt. Aber in der Epoche vor Piſa iſt die Haltung der Pariſer Univerſität zweifellos in erſter Linie von politiſchen Motiven beſtimmt.

[1] epist. concordiae, bei Bliemetzrieder 140, dazu die Widmungsſchreiben an Karl V. und Ruprecht I.

[2] Vgl. ſeine beiden Reden anläßlich der Approbation König Ruprechts 1403, bei Duellius, Miscellanea (1723) I, 139—154, deren ſcholaſtiſche Form Weizſäcker (Abh. d. Berl. Akad. 1888, II, 88) zu einer allzu abfälligen Kritik veranlaßt hat. Selbſt die rhetoriſch und inhaltlich gewiß geringer zu wertende Rede Konrad von Soltaus von 1401 (R.T.A. IV, Nr. 3) machte auf die Zuhörer offenbar Eindruck (ebd. Nr. 62, p. 68: „parlò molto bene").

[3] cap. 16 (p. 65).

[4] Vgl. jedoch cap. 17, p. 70: „contra scripturam sacram et rationem" u. ähnlich öfters.

Autors verrät. Eigentlich ist der Papst nur der Repräsentant des Kirchen=
volkes, ein Diener, ein Wächter, ein Mitglied der Kirche — das oberste
freilich, aber nicht als Person, sondern nur im Hinblick auf sein Amt. Die
Kirche ist auch seine Mutter, und der Sohn ist nicht der Herr seiner Mutter[1];
nicht er ist eigentlich mit Christus verbunden, sondern die Kirche selbst.
Diese ist ihm untertan in einem weniger strengen Sinn als die Mönche
ihrem Abt. Das Widerstandsrecht des Kirchenvolkes gegen geistliche Ty=
rannei wird mit einem naiven Radikalismus gepredigt, der seine eigenen
Konsequenzen nicht ahnt: nur solange sie rechttut, gilt die päpstliche Herr=
schaft zu Recht. Statt die Kirche gewaltsam auszuplündern, sollte der Papst
freiwillige Steuern sich bewilligen lassen; warum hat man in Rom so lange
kein Konzil mehr berufen? Wäre durch ein Konzil nicht auch das Schisma
längst beseitigt?

Man sieht hinter solchen Sätzen bereits die ganze ständische Reform=
bewegung des neuen Jahrhunderts auftauchen; aber deutlich erkannt und
ausgesprochen sind ihre Forderungen noch nicht: eine regelmäßige und
bleibende Bindung des Papstes an die Zustimmung konziliarer Versamm=
lungen scheint dem Matthäus nicht — oder doch nicht deutlich — vorzu=
schweben[2]. Das Konzil gilt auch ihm in erster Linie als Aushilfsmittel in
besonderen Notfällen, wenngleich eine Erweiterung dieses Begriffes sich
schon anzubahnen scheint. Die Verfassungsfrage an sich interessiert ihn
überhaupt wenig[3]; wir hörten schon, worauf es ihm ankam: letzten Endes
allein auf die sittlich=religiöse Erneuerung der Kirche, und zwar im Sinne
der „Alten", der „patres sancti", deren Autorität er neben der Bibel am
zuversichtlichsten anrief[4]: alles Vorklänge von Gedanken, die seitdem in
Deutschland unzählige Male variiert worden sind. Und auch das läßt sich
schon hier vorausahnen: wie gefährlich gerade dieser unpolitische Reform=
eifer der deutschen Theologen, trotz aller gutwilligen Devotion gegen Rom,
eines Tages der römischen Hierarchie werden kann — nicht so sehr ihrem
äußeren Bestand als ihrer Fundamentierung in den Gemütern.

Ein praktischer Vorschlag, was zunächst zu tun sei, um den Widerstand
des Kirchenvolkes gegen den Mißbrauch der päpstlichen Gewalt zu organi=

---

[1] cap. 22 (S. 95).

[2] Die gelegentliche Wendung im Kap. 16 (p. 66) „sine consilio nihil facere"
und was darauf folgt, wird man nicht überwerten dürfen.

[3] Er sagt selber von seiner Schrift: „quantum sit dominium (sc. papae) et qua-
liter exercendum, in dubio relinquitur". Z.G.O., N. F. XVIII, 422.

[4] Vgl. cap. 11, S. 47.

sieren, war nirgends in der ganzen Schrift gemacht. Vermutlich entsprach die Art, wie König Ruprecht das Übel im Einverständnis mit dem Papste auf einer Reformsynode der römischen Obedienz zu heilen suchte, durchaus den Wünschen seines Beraters. Den vielerörterten Vorschlag eines General=konzils beider Obedienzen erwähnt er mit keinem Wort.

Damit kehren wir zur Kirchenpolitik des Pfalzgrafen und seiner Landes=universität zurück.

Der entscheidende Grundzug dieser Politik ist — spätestens seit etwa 1405 — ihre ohnmächtige Passivität. Ruprechts Machtstellung in Deutsch=land, bereits durch das klägliche Scheitern des Romzuges schwer erschüttert, schwand vollends dahin, seit der ehrgeizige Mainzer Erzbischof Johann, einst sein Mitverschworener gegen Wenzel, die scheelsüchtigen Nachbarn der Pfalz ringsumher zu geschlossener Opposition im „Marbacher Bund" ver=sammelte. Alle Aktivität der pfälzischen Politik war seitdem nur noch auf das eine Ziel gerichtet: den lebensgefährlichen Druck dieser Umklammerung zu lockern, den Ring womöglich zu sprengen, jedenfalls seine Verstärkung durch den — jeden Augenblick zu erwartenden — Anschluß Frankreichs und Böhmens zu verhindern. In der harten und — notgedrungen — klein=lichen Alltagsarbeit dieses Kampfes mit lokalen Gegnern entglitt dem Pfalzgrafen gar bald der prunkvolle Aufputz des deutschen Königsmantels. Er bewährte sich auch in der neuen Würde als das, was er von Hause aus war: als ein rheinischer Kleinfürst mit vielen nahen Sorgen. Wie wäre er imstande gewesen, die Lösung der das Abendland bewegenden Kirchenfrage in großem Stile vorzubereiten und durchzuführen? Ihn zu loben oder zu tadeln dafür, daß er sich auf die Defensive beschränkte, liegt wenig Anlaß vor. Das Nächste für ihn war das Interesse seines fürstlichen Hauses.

Das aber verbot ihm, seinen — mühsam genug erworbenen — Rück=halt an Rom durch Annäherung an die immer entschiedener papstfeind=lichen Tendenzen Frankreichs zu gefährden. Er hätte dadurch seinen deut=schen Gegnern nur die erwünschte Gelegenheit geboten, auch noch kirchen=politische Waffen gegen ihn ins Gefecht zu bringen. Ohnedies boten die Könige von Böhmen und Ungarn dem Papst Gregor ihre mächtige Hilfe an, wenn er die Entscheidung seines Vorgängers zurücknehmen und Wenzel statt Ruprecht anerkennen würde[1]. Unter solchen Umständen konnte Rup=

---

[1] Sommer bzw. Ende 1407 (vermutungsweise): RTA. VI, Nr. 152/53.

recht zwar lebhafte Zustimmung zu den Unionsplänen Papst Gregors äußern (1406), auch wohl die Besprechung der Kirchenfrage auf einem Fürstentage planen (1407[1]); aber die Freundschaft des römischen Papstes durfte er nicht auf das Spiel setzen, solange sich ihm nicht eine andere, gleich zuverlässige Stütze in Rom dafür bot. Und war etwa ein so befriedigendes Ergebnis von den Verhandlungen zu erwarten, die der französische Hof seit dem Sommer 1407 — unter Teilnahme vor allem der italienischen Mächte — an beiden Kurien führte, um eine Abdankung beider Päpste durchzusetzen? Nur allzubald wurde klar, daß Frankreich darauf ausging, die Kirchenfrage einseitig im Sinne des nationalfranzösischen Interesses zu lösen. König Ruprecht, ohne die Macht und vielleicht auch ohne den Willen, diesem Spiel durch eine eigene Aktion zu begegnen, zog es vor, sich vollkommen untätig davon fernzuhalten.

Damit gab er nun freilich den Gegenspielern erst recht freie Hand. Die Preisgabe beider Päpste durch ihre Kardinäle, die Vereinigung beider Kardinalskollegien zu einem, die Ausschreibung des Generalkonzils nach Pisa (Spätsommer 1408, rückdatiert auf 24. Juni) — das alles geschah unter dem maßgebenden Einfluß der französischen Politik und französischen Rechtsanschauungen. Daß die Dinge diese Wendung nahmen, daran trug ohne Zweifel die Hartnäckigkeit der beiden schismatischen Päpste einen Hauptteil der Schuld. Aber ebenso zweifellos war, daß sie nicht nur für ihren persönlichen Machtbesitz, sondern zugleich für die Unantastbarkeit der Autorität des Papsttums überhaupt kämpften und daß dieser Kampf durch den hitzigen und respektlosen Radikalismus der französischen Politik — die auch jetzt von der Pariser Universität die revolutionären Schlagworte und Ideen bezog — wesentlich verbittert und verschärft wurde.

In diesem Lichte erschienen die Vorgänge vor allem in Deutschland. Es kam mancherlei zusammen, was Ruprecht bestimmen mochte, eben jetzt, als alles nach Frankreichs Wunsch zu laufen schien, die Opposition doch noch aufzunehmen. An erster Stelle die alte Sorge der pfälzischen Politik vor dem Übergreifen des französischen Nachbarn an der deutschen Westgrenze. Schon der erste Bruch Frankreichs mit seinem Papste (1398) hatte zur Folge gehabt, daß zahlreiche geistliche und weltliche Herren des linksrheinischen deutschen Reichsgebietes ihrerseits von Rom abfielen und damit ihre Hinneigung zu Frankreich erneut bekundeten. Bedrohliche diplomatische und kriegerische Vorstöße der Franzosen gegen Metz und Toul unter Ludwig

---

[1] RTA. VI, Nr. 129—133.

von Orleans (1406/07), der Erbanfall Brabants an das in Frankreich mächtige Haus Burgund (1406), Eingriffe Burgunds in den Lütticher Bistumsstreit (1408), diplomatische Verbindungen Frankreichs mit dem Marbacher Bund und mit Wenzel — alles dies hatte soeben erst die von Frankreich drohende Gefahr wieder recht fühlbar gemacht[1]. Die Sorge, Frankreichs Übergewicht, wenn ihm die Heilung des Schismas gelinge, werde das deutsche Königtum tief in Schatten stellen, tritt als das am stärksten bewegende Motiv in allen Kundgebungen Ruprechts hervor[2]. Jetzt, wo es ernst wurde mit dem Zusammentritt des abendländischen Konzils, wollte der deutsche König seine Rolle als Schirmvogt der Kirche doch keinem andern Herrscher überlassen.

Aber dieses Motiv hat sicher nicht allein den Ausschlag gegeben. Zeitweise bestand immerhin die Möglichkeit, durch ein politisches Kompromiß mit den zu Pisa versammelten Kardinälen die feierliche Anerkennung der eigenen Würde und sonstige Rechtsvorteile für die deutsche Krone zu sichern[3]. Man mag diese Aussicht — mit Ruprecht — nicht eben hoch anschlagen in der Erwägung, daß der überwiegende Einfluß Frankreichs auf das Konzil auch dann nicht zu verhindern war, da es sich hartnäckig weigerte, aus Pisa in den Bereich der römischen Obedienz überzusiedeln; unleugbar bleibt, daß Ruprecht seinen Widerstand weit länger und weit hartnäckiger fortsetzte, als für die Behauptung seiner Machtstellung als deutscher König nützlich war. Es kam bald der Augenblick, in dem es für eine rein machtpolitische Berechnung unbedingt notwendig erscheinen mußte, die bisherige enge Verbindung mit Gregor zu lockern und irgendeine Verständigung mit der Konzilspartei zu suchen, um nicht in hoffnungslose politische Isolierung gedrängt zu werden. Als ein großer Teil Italiens, England, Ungarn und die große Mehrzahl der deutschen Bistümer von Gregor

---

[1] Belege s. bei Kötzschke, Rupr. v. d. Pf. u. d. Konzil zu Pisa (Diss. Jena 1889) 11 ff. Diese bedeutende Arbeit hat zum erstenmal durch tieferes Eindringen in die Motive der rupertin. Politik die Anklagen bzw. Lobeserhebungen der älteren Darstellungen (Hefele, Pastor, Höfler, Sauerland, Häusser u. a.) sachlich überwunden. Hauck V, 840 ff. scheint mir nicht ganz ohne Parteilichkeit gegen die französ. Politik und für die päpstl. Rechtsauffassung insbes. Benedikts XIII. zu urteilen. Zur Frage: Deutschland und die avignones. Obedienz vgl. jetzt auch: Steinherz, Beiträge zur Geschichte d. gr. Schismas, 1932 (Prager Studien a. d. Gebiet d. Geschichte 10) u. Göller, Repertorium Germanicum I, Einleitung.

[2] Vgl. bes. RTA. VI, 468, Z. 25 ff.

[3] RTA. VI, 475, Ziffer 4b.

abfielen, als Johann von Mainz und Wenzel von Böhmen sich die kirchen=
politische Isolierung des Königs zunutze machten, um ihre Verbindung
mit Frankreich umso enger zu befestigen (der Mainzer wurde sogar franzö=
sischer Vasall!), da — spätestens da! — hätte ein nüchterner Interessen=
politiker an der Stelle Ruprechts ohne Zögern den Rückweg aus der Sack=
gasse gesucht. Angesichts der unmittelbar drohenden Kriegsgefahr (1409/10)
durfte — realpolitisch betrachtet — der machtlose Schismatiker in Rom
einer Verständigung des Pfälzers mit seinen gefährlichsten Gegnern, vor
allem mit Frankreich, keinesfalls im Wege stehen.

Eben daß Ruprecht diesen Ausweg nicht beschritt, zeigt uns, daß die
machtpolitische Erklärung seines Verhaltens allein nicht genügt — ebenso=
wenig wie jene rein negative moralische Kritik, in der sich einst schon Die=
trich von Niem gefiel[1]. Die Unbeweglichkeit dieser Politik ist offenbar die
Folge unerschütterlich festgehaltener, prinzipieller Überzeugungen. Rup=
rechts Kirchenpolitik ist von seinen Professoren gemacht. Theologisch=
juristische Dogmen mischen sich überall in die Erwägung politischer Inter=
essen[2].

Wir überblicken den inneren Zusammenhang dieser Rechtstheorien deut=
lich in den großen Denkschriften, die Ende 1408 in Heidelberg entstanden.
Das berühmteste Stück sind die sog. „Postillen": eine kritisch=glossierende
Erörterung zu dem Konzilsausschreiben der vereinigten Kardinalskollegien.
Alle anderen sind inhaltlich davon abgeleitet[3]. Ohne Zweifel das für die
allgemeine Historie unmittelbar bedeutsamste Stück Heidelberger Gelehrten=
arbeit, das wir aus diesem Jahrhundert kennen.

Auf den ersten Blick scheint hier ein Papalismus gepredigt zu werden,
der alle Traditionen eines Konrad von Gelnhausen und Matthäus von

---

[1] Angebliches Schreiben an Ruprecht: nemus unionis, tract. VI, cap. 22 (Ausg.
Straßb. 1629, p. 477ff.). Daß dieses rhetorische Prunkstück mit seinen beleidigenden
Ausfällen wirklich an Ruprecht übersandt ist, vermag ich nicht zu glauben. Vgl. auch
Heimpel, Dietr. v. Niem (1932), S. 62f.

[2] Vgl. bes. charakteristisch die vorhin zitierte Stelle RTA. VI, 475: die Kardinäle
zu Pisa „hant auch unserm herren den kunige uffgetann: wolle er sich zu yn halten,
ym solle soliche hulff und rad gescheen, daz er der mechtigste keyser werde der in langen
zijten ye gewesen sij. ...... daruff hat unsers herren botschaft geantwert: daz sie
darumb nit gesant sint kein zijtlich gut oder erhoung unsers herren
des kunigs in diesen sachen zu suchen, sunder allein gotes lob und ein
gantz luter einikeit der heiligen kirchen, und siner gewissen gnug zutun".

[3] RTA. VI, Nr. 268. Dazu ebd. p. 323ff., 330ff., 339.

Krakau blindlings preisgibt[1]. Der Papſt, ſo heißt es da, der ſeine Gewalt allein von Gott hat, iſt an menſchliche Verträge und das poſitive Recht im ſtrengen Sinne, d. h. vor Gottes Augen, überhaupt nicht gebunden; andernfalls würde die Fülle ſeiner Macht beſchränkt erſcheinen. Jedenfalls muß ihm — mit Beirat ſeines ſelbſterwählten Beichtigers oder auch eines Konzils — die Entſcheidung überlaſſen bleiben, ob er die Preisgabe einer vertraglichen Bindung aus triftigen Gründen glaubt vor Gott verantworten zu können. Nur in den Fällen, die auch das kanoniſche Recht anerkennt, nämlich offenbaren Verbrechens und der Häreſie, darf ein Konzil über ihn richten[2] oder ihn zur Abdankung zwingen[3]. Das klang ſehr konzilsfeindlich, war aber — im Zuſammenhang des ganzen Schriftſatzes — doch nur als eine Art Gegenſtoß wider die radikalen konziliaren Theſen der Pariſer Univerſität und als Verteidigung Papſt Gregors gegen den Vorwurf gemeint, er habe gegen ſein Wahlverſprechen den freiwilligen Rücktritt verweigert und ſich dadurch eines Verbrechens ſchuldig gemacht. In Wahrheit iſt dieſer Verteidiger des päpſtlichen Rechtsſtandpunktes nichts weniger als konſequent. Nicht nur, daß er das Recht der Generalkonzilien zur freien Entſcheidung von Glaubensfragen offen einräumt[4], ſo kennt er auch Fälle, in denen der Papſt verſagt und an ſeiner Stelle der Kaiſer das Recht hat, die Generalſynode zu berufen[5]; ja ſelbſt die Rechtsauffaſſung der Pariſer, ein erwieſenermaßen hartnäckiges Verharren im Schisma ſei einem notoriſchen Verbrechen gleichzuachten, ſcheint er nicht grundſätzlich zu beſtreiten[6]. Man tut dem Verfaſſer überhaupt unrecht, wenn man ſeine rein advokatoriſch gemeinten Gloſſen zur Anklageſchrift der Gegenpartei auf die Haltbarkeit und innere Geſchloſſenheit ſeiner Rechtsanſchauungen an ſich überprüft. Er iſt zweifellos nicht Juriſt, ſondern Theologe[7] und als

---

[1] Das Gewicht derartiger Stellen iſt m. E. etwas überſchätzt von Kötzſchke, l. c. 28ff., Hauck V, 842ff.

[2] Poſtillen, Gloſſe 71, 80, 111, 72, 76.

[3] Gloſſe 22.

[4] Gloſſe 123.

[5] Gloſſe 110.

[6] Gloſſe 73, 74.

[6] Entgegen Haucks Meinung (V, 843). In ſämtlichen 177 Gloſſen findet ſich nur ein einziges Zitat aus dem kanon. Recht (zu Nr.109), dagegen viele Bibelzitate. Damit fällt die Abhandlung vollſtändig aus dem Rahmen der jur. Deduktion heraus. Man braucht nur die Deduktionen Fronzolas (Nr. 269) mit unſerem Stück zu vergleichen (beſ. ſchlagend die Parallele p. 403, 20 mit 425, 16), um den Unterſchied zu

solcher zu eigentlich juristischen Deduktionen und ihrer gelehrten Begrün=
dung aus den Rechtsquellen außerstande — eine Schwäche, die gerade bei
einem Verfechter des herkömmlichen Rechts sehr auffällt und von den
Gegnern denn auch gehörig ausgenutzt wurde[1]. Um so gründlicher —
überraschend gründlich! — ist er in die politischen Zusammenhänge ein=
geweiht. Politische Sorgen, durchaus nicht etwa juristische Bedenken sind
die eigentliche Triebfeder seiner Betrachtung; aber freilich steht eine konser=
vative Gesinnung von breiter weltanschaulicher Fundamentierung da=
hinter.

Zwei Grundgedanken beherrschen das Ganze: die Sorge vor Frankreich
und vor den politischen Folgen einer Erschütterung päpstlicher Autorität.
Jene wird aus einer genauen Kenntnis des am pfälzischen Hofe vorliegen=
den Aktenmaterials, aber auch der politischen Besorgnisse dieses Hofes
überhaupt begründet. Das nach Pisa berufene Konzil ist französische Mache;
alle ihre Fäden werden bloßgelegt. Dem Reich und der Kirche drohen
daraus ähnliche Gefahren, wie einst bei der eigenmächtigen Erhebung
Clemens' VII. durch die französischen Kardinäle. Daran, daß eine halt=
bare Union der Kirche auf diesem Wege erreicht werden könnte, ist nicht
zu denken; sie werden in Pisa einen dritten Papst wählen und die Ver*
wirrung dadurch nur noch ärger machen. Die ganze in Heidelberg fort=
lebende Erbitterung gegen die schismatisch gewordene Mutteruniversität
Paris kommt in dem — ironisch gefärbten — Nachweis zutage, wie oft
diese Leuchte der Weisheit in den letzten Jahrzehnten bereits ihre kirchen=
politischen Überzeugungen gewechselt hat: was ist auf ihre feierlich ver=
kündeten Thesen danach noch zu geben?! Deutschland hat seit Anbeginn
des Schismas den verderblichen Werbungen der Welschen widerstanden, es
gilt auch jetzt standhaft zu bleiben und die gefährlichen Neuerungen von
jenseits des Rheins von sich zu weisen[2] — um so mehr, als Frankreich ohne=
dies den deutschen Westen durch Übergriffe bedroht[3].

---

sehen. Das Fehlen der kanonist. Belege ist vielfach höchst auffallend, so Glosse 22, 33,
40, 47 (Bibelzitat statt Kanon!), 76 u. ö. Echt theologische Wendungen: Glosse 8
(Pathos), 66 (der einsame Christus!), 102 u. ö.

[1] Vgl. den Spott Fronzolas: 431, 18ff.

[2] Glosse 38, 59, 60, 63, 65, 81, 100, 116, 121, 133, 138 (interessante Begründung der
Abhängigkeit der Stadt Florenz samt Pisa von der französ. Politik infolge des florentin.
Bankwesens in Frankreich), 148.

[3] Glosse 137.

Schlimmer noch ist die Gefahr, die dem innern Bestand der Papstkirche durch Frankreichs revolutionäres Vorgehen droht. Damit erst gelangt die Erörterung an den Punkt, der ihrem Urheber sicherlich am meisten am Herzen liegt. Unabsehbar würden die Folgen sein, wenn der feste Rechts= standpunkt, die unbedingte Gültigkeit der päpstlichen Autorität zugunsten wechselnder politischer Meinungen im Kardinalskollegium leichtfertig preis= gegeben würde. Welche päpstliche Entscheidung, ja welche Papstwahl der letzten drei Jahrhunderte stünde dann noch fest, wenn ihre Gültigkeit der willkürlichen nachträglichen Kritik kirchenpolitischer Parteien ausgesetzt, wenn das Kardinalskollegium zum Kontrollorgan des Papstes erhöht würde?[1] Schwankt erst einmal das Papsttum, was steht dann in der Kirche überhaupt noch fest? In welche Lage geraten alle die, deren kirchliche Stellung sich unmittelbar vom Papste herleitet? (Vermutlich hat der Ver= fasser hier u. a. auch an die Universitäten gedacht.) Nirgends wäre das Unheil größer als in Deutschland. In Frankreich mag das einheitlich durch= greifende Königtum einigermaßen die Einheit der französischen Kirche retten, auch wenn sie dem Papste den Gehorsam entzieht. Sollte das auch nur einmal in Deutschland geschehen — wenngleich nur für kurze Zeit — so wird keine kirchliche Strafe mehr wirken und alle Kirchenzucht ver= schwinden; heimliche Häresien werden emporsprossen, ungestraft werden ketzerische Meinungen sich aussäen. Denn hier ist jeder noch so unbedeu= tende Fürst König in seinem Territorium und jede Stadt genießt innerhalb ihrer Mauern königliche Macht. „Der König aber vermag tatsächlich nur wenige oder niemanden unter seinen Befehl zu zwingen[2]".

Sätze von prophetischem Gehalt und politischem Tiefblick — unmittelbar hervorgewachsen aus bitteren Erfahrungen des pfälzischen Königtums, zu= gleich aber vordeutend auf die Entwicklung, die das neue Jahrhundert nehmen sollte: zur territorialstaatlichen Umgestaltung der deutschen Kirche, der Vorstufe des späteren Landeskirchenwesens, hin. Dem Verfasser schien die hier drohende Gefahr so groß, daß er meinte, vielleicht wäre selbst ein fünf= bis zehnfaches Schisma der abendländischen Kirche immer noch eher zu ertragen, als die Erschütterung der päpstlichen Autorität überhaupt durch Festsetzung des Rechtes, nach Willkür dem heiligen Stuhle die Obe=

---

[1] Nur in diesem Sinne, und nicht in der von Hauck V, 844 hineingelegten Be= deutung skeptisch=reformatorischer Bedenken sind die Glossen 76, 79, 102 zu inter= pretieren. — Vgl. ferner: Gl. 68, 75, 127.

[2] Glosse 81.

dienz zu entziehen[1]. Wenn er gleichwohl dem deutschen König, also einem
weltlichen Herrscher, das Recht vorbehielt, im Falle offenbaren Versagens
der Kurie das Generalkonzil seinerseits ordnungsmäßig zu berufen[2], so
war das sicher ehrlich gemeint. Konrad von Soest, der den wesentlichen
Inhalt der — wahrscheinlich von ihm selber verfaßten[3] — „Postillen" in
Pisa öffentlich kundgab, hat gerade diesen Punkt dort besonders eindring=
lich betont[4]; mehr noch: er hat später in Konstanz als einer der Wort=
führer der Deutschen und Mitwähler des Konzilspapstes Martin V. un=
mittelbar an der konziliaren Reformbewegung mitgewirkt. So wenig
schlossen loyale Papsttreue und Reformgesinnung sich damals aus!

Es gemahnt unmittelbar an die Buß= und Reformpredigten des Mat=
thäus, wie unser Autor das Treiben der Kardinäle als habsüchtige Pfründen=
jagd und materielles Genußleben geißelt, die ganze stadtrömische Kirche
leidenschaftlich verdammt[5]. Und ebenso unbestimmt wie der Verfasser der
„squalores" läßt er die Möglichkeit offen, auf einem künftigen, ordnungs=
gemäß berufenen, nicht durch vorherige politische Verabredungen in seiner
Entschlußfreiheit beschränkten Konzilium doch noch die große Spaltung zu
heilen und zugleich die notwendige innere Kirchenreform in Angriff zu
nehmen.

---

[1] Auch diesen Saß (Glosse 81) deutet Haud a. a. O. als heimlichen Zweifel am
Rechte des Papsttums; m. E. mit Unrecht. Ein Vergleich etwa mit Okkam, Dia=
logus III, I. 2, cap. 25 lehrt das deutlich.

[2] Glosse 110.

[3] Daß Nik. Burgmann (entgegen Weizsäckers Vermutung, RTA. VI, 323) nicht
in Frage kommt, hat bereits Kößschke, a. a. O. 28, N. 8 gezeigt. Übrigens war
Burgmann bereits spätestens 1408 nach Speyer übergesiedelt (vgl. d. vorige Kapitel!);
offenbar redet ihn Joh. von Bensheim RTA. VI, 675, Nr. 369 als Speyerer Dom=
dechanten, nicht als Heidelberger Professor und Ratgeber Ruprechts an. Gegen die
Vermutung Bliemeßrieders (Stud. u. Mitt. aus dem Bened.=Orden XXV, 1904,
544ff.), Matthäus sei der Verfasser, hat bereits Franke, Diss., p. 94ff. das Nötige
gesagt. Mir scheint vor allem der scharf politische Charakter der Postillen unvereinbar
mit der Art des Matthäus. Ein exakter Beweis für die Autorschaft des Konrad v. Soest
läßt sich vorläufig nicht führen; für die von Weizsäcker a. a. O. angeregte Ver=
gleichung mit anderen Schriften bietet sich ein gegen die Hussiten gerichteter Traktat
Vindob. Pal. 4215, Bl. 77ss. von 1421 an; ich finde die Stilähnlichkeit frappant:
ein etwas gesalbtes Pathos nach Art der Prediger, mit wortreicher Phraseologie, doch
straff in der Gedankenführung und keineswegs weitschweifig. Vgl. unten Kap. 14.
Zur Verfasserfrage s. auch Leidinger, Andreas v. Regensburgs sämtliche Werke
(1903), p. 270.

[4] RTA. VI, p. 513, Z. 15ff.   [5] Glosse 134.

Man sieht: der innere Zusammenhang mit den Heidelberger Reform=
bestrebungen fehlt auch diesem eifrigen Fürsprecher päpstlicher Vollgewalt
durchaus nicht. Weit unmittelbarer als die Schriften Gelnhausens und des
Matthäus der praktischen Tagespolitik dienstbar, lassen doch auch die Po=
stillen ihren professoralen Ursprung deutlich erkennen. Ein praktisch erfah=
rener kaiserlicher Hofjurist hätte mit größerem Geschick die kaiserliche Prä=
rogative verfochten als dieser Universitätstheologe, dem vor allem doch
die Wiederaufrichtung der großen Papstkirche am Herzen lag. Die An=
sprüche des Kaisers als advocatus ecclesiae auf Berufung und Leitung
des Konzils gegenüber denen der Kardinäle mit juristischen und histori=
schen Belegen eindrucksvoll zu erweisen, dazu war er offensichtlich nicht
imstande[1] — vielleicht auch (wer weiß?) als wohlerzogener Schultheologe
innerlich nicht recht gestimmt. Jedenfalls hat das praktische Verhalten der
von Konrad von Soest und Matthäus von Krakau geführten kaiserlichen
Gesandtschaft in Pisa — trotz aller unzweifelhaften Ergebenheit gegen
ihren Herrn und ihres lebhaften Gefühls für seine Würde — schließlich
doch mehr der Sache des römischen Papstes als der politischen Macht=
stellung Ruprechts genützt. Die Einzelheiten dieser Verhandlungen haben
wir hier nicht zu verfolgen; die Hauptsache war: die Ablehnung jedes
politischen Kompromisses, die feierliche Appellation vor dem Pisaner
„Winkelkonzil" an Jesus Christus als den wahren Herrn der Christenheit[2].
Konrad von Soest, der sie aussprach, trat damit zugleich — wie alle Welt
wußte[3] — als Wortführer der Heidelberger Universität vor das Forum
Europas hin. Es war eine Tat offenbarer Reaktion — als solche von An=
fang an verschrien, ja vielfach bespöttelt[4]. Aber alle Empörung und aller
Spott hinderte nicht, daß sie dem Erfolg der Pisaner Synode verhängnis=
voll wurde. Die Niederlage der französischen Politik war entschieden, seit
der deutsche König sich der Autorität des Konzils entzog. Er selber freilich
geriet dadurch in so schwere politische Bedrängnis, daß ihn vielleicht nur
der Tod (1410) vor einer äußeren Katastrophe bewahrt hat. Die Heidel=
berger Universität hat ihm in diesen Nöten treu zur Seite gestanden; sie
hat sich bemüht, die Kirchenpolitik ihres Landesherrn zugleich mit der

---

[1] Vgl. dazu Kötzschke, a. a. O. 32.

[2] RTA. VI, 514, 6ff. Vgl. damit Konrad v. Gelnhausen, epist. concordiae,
a. a. O. 137, 41ff. Der Gedanke geht natürlich auf Okkam zurück.

[3] Vgl. z. B. RTA. VI, 682, 24f.

[4] Zitate bei Hauck V, 856, N. 2.

eigenen gegen publizistische Angriffe — vor allem von mainzischer Seite — zu verteidigen[1]. Ein — freilich mehr negativer — Erfolg war dieser Politik der reinen Abwehr immerhin beschieden: indem sie die französische Lösung der Kirchenfrage verhinderte, hielt sie das Feld frei für neue, wirksamere Versuche unter Führung der Deutschen.

Man weiß, daß in der neuen Epoche der konziliaren Bewegung, die mit der Berufung des Konstanzer Konzils bald darauf anhob, die Reformpläne der deutschen Konziliaristen weit stärker zur Geltung kamen als in der verflossenen. Man weiß aber auch, daß diese Reformpläne schließlich, nach unendlichen Bemühungen, in der Hauptsache gescheitert sind. Der entscheidende Grund für diesen Mißerfolg läßt sich bereits aus den Tatsachen entwickeln, die wir bisher betrachtet haben. Je echter und tiefer begründet der Reformeifer der deutschen Theologen war, umso wesensfremder stand er den nüchternen Interessenkämpfen der Tagespolitik gegenüber. Die moralisch-religiösen Antriebe der konziliaren Bewegung vermochten die Heidelberger Theologen vielseitig zu vertiefen und zu verstärken; für ihren praktischen Erfolg sollte es verhängnisvoll werden, daß die traditionelle Verehrung für das Papsttum, die unseren Heidelberger Publizisten so tief im Blute saß, sich auf die Dauer überhaupt in der katholischen Welt als stärker erwies, denn alle Empörung über die Verderbnis der Hierarchie. Sobald erst einmal das Schisma überwunden war, übte das Papsttum als politische Macht sogleich wieder die stärkste Anziehungskraft auf die tausend Sonderinteressen der Nationen, der verschiedenen geistlichen und weltlichen Stände aus. Wie eine tragische Ironie von symbolhafter Bedeutung mutet — von hier aus gesehen — das Schicksal des Matthäus an: daß er, der geistige Vater aller späteren Kämpfe wider die päpstlichen Provisionen, der mutige Verfechter des Wahlrechts der Domkapitel, durch das politische Bedürfnis des pfälzischen Hofes (nach einer zuverlässigen Stütze im hohen Klerus) gezwungen wurde, sich persönlich durch päpstliche Provision die Wormser Bischofswürde zu verschaffen und sich ihren Besitz — nach der Erhebung zum Kardinal — sogar durch hohe Sportelsummen zu sichern[2]. Er beschloß sein Leben als Inhaber einer

---

[1] Vgl. RTA. VI, Nr. 301 (in auffallend bescheidenem Ton gehaltene Replik) und die Streitschriften ibid. Nr. 369 u. 370.

[2] Vgl. Schmitz, R.Q.S. VIII (1894), 502ff. Widerspruch des (vom Pfalzgrafen abhängigen) Wormser Stiftsklerus scheint nicht erfolgt zu sein. Übrigens kamen die Verhandlungen betr. Erhebung zum Kardinal und Beibehaltung des Bistums als Commende nicht mehr vor dem Tode des Matthäus (1410) zu Ende.

päpstlichen Legation, die nur den einen Sinn hatte: blindlings die Wünsche der Kurie — der machtlos gewordenen Kurie Gregors! — gegen alle Privilegien deutscher Stifter, Kollegien, Abteien durchzusetzen. Es ist das Schicksal der Ideen in der Welt, daß ihre Verwirklichung in der Sphäre politischen Handelns ihr Wesen oft bis zur Unkenntlichkeit entstellt.

Dreizehntes Kapitel

Auf den Reformkonzilien von Konstanz und Basel.

Mit dem Tod König Ruprechts (1410) sinkt die politische Bedeutung des pfälzischen Territoriums und seiner Landesuniversität für die allgemeine deutsche Reichs= und Kirchengeschichte wieder für mehrere Jahrzehnte auf ein bescheidenes Mittelmaß herab. Die Kleinheit des pfälzischen Territoriums, die Geringfügigkeit seiner natürlichen Machtmittel macht sich geltend, in ihrer Wirkung noch gesteigert durch die Teilung des rupertinischen Erbes unter vier dynastische Linien. Rings um das zersplitterte Gebiet des Pfälzers streben andere Fürstenhäuser, geistliche und weltliche, zu größerer Macht empor; die ewigen Grenzstreitigkeiten um Gebiets=setzen und Rechtstitel, um die Abrundung, Festigung, Sicherung, Erweiterung des Hausbesitzes erfüllen den Alltag der pfälzischen Politik, wie den aller fürstlichen Häuser in diesem unruhvollen Jahrhundert. Soweit diese Politik Anteil nimmt an den großen Fragen des Reichs und der Kirche: an Königswahl, Reichstagen, Landfriedensordnungen und Hussiten=kriegen, an Grenzkämpfen im Elsaß, Auseinandersetzungen zwischen fürst=licher und städtischer Macht, an Konzilien, Papstwahl und kirchlicher Sitten=reform: immer bleibt ihr das territoriale Machtinteresse oberstes Gebot des Handelns. Ruprechts Nachfolger, Ludwig III. (1410—1436), zeigte ein ganz besonderes Geschick in der Ausnutzung kritischer Situationen des Königtums und der Kirche zur Förderung territorialer Interessen. Eine tatkräftige, zielklare Persönlichkeit, der realer Machtbesitz offenbar höher stand als der äußere Schein. So verstand er es in den Anfängen Sigismunds, des Luxemburgers, der ganz wesentlich ihm seine Wahl verdankte, stärkeren Einfluß auf die Reichspolitik zu gewinnen, als sein Vater, der König, je besessen hatte. Als Landvogt des Elsaß, als Reichsverweser, Reichsrichter und stellvertretender Protektor des Konstanzer Weltkonzils spielte er eine weithin sichtbare Rolle in den großen Händeln der Zeit, beteiligte sich auch eifrig, meist als Verbündeter des mit ihm verschwägerten englischen Königs,

an der internationalen Politik und galt anfangs als die Hauptſtütze des
Königs im Reich — eine Stellung, die er ſich durch Privilegien und Ver=
pfändungen von Reichsgut teuer genug bezahlen ließ. Später mit dem
König entzweit wurde er zum Führer einer Oppoſitionsgruppe, teils auf
die Städte des Elſaß und Breisgau, teils auf ein Bündnis rheiniſcher Kur=
fürſten geſtützt, und konnte zeitweiſe daran denken, die Königskrone an
ſein Haus zurückzubringen. Zuletzt verſank aber doch alles wieder in lokalen
Grenzkämpfen und Rivalitäten (beſonders mit den badiſchen Markgrafen
und dem Mainzer Erzſtuhl) und in zunehmender Paſſivität gegenüber den
großen Zeitereigniſſen, wobei ſchwer zu entſcheiden iſt, ob die perſönliche
Lähmung des Kurfürſten durch ſchwere körperliche Leiden (ſeit 1430 galt
er als regierungsunfähig), ob die unſtete Art ſeiner Bündnispolitik oder
unüberwindliche äußere Schwierigkeiten am Scheitern ſeiner Unternehmun=
gen die meiſte Schuld trugen. Die Regierung ſeines jugendlichen Sohnes
Ludwigs IV. (1436—49), der bis 1442 unter Vormundſchaft ſtand und
ſein Leben als Fünfundzwanzigjähriger endete, kam über begrenzte Unter=
nehmungen von rein territorialem Intereſſe überhaupt nicht hinaus. Erſt
um die Mitte des Jahrhunderts, unter Friedrich dem Siegreichen (1449
bis 1475), gewinnt die pfälziſche Politik mit einem Male wieder ein ſtürmi=
ſches Tempo, einen großartigeren Zug.

Für die Geſchichte unſerer Hochſchule war die Regierung Ludwigs III.
in mehrfacher Hinſicht bedeutſam. Ludwig ſoll, wie ſein Vater, ein ſehr
frommer Mann geweſen ſein[1]; ja es ſcheint, daß ſein kirchlicher Eifer weit
über das Durchſchnittsmaß der Zeit hinausging. Geradezu asketiſche Züge
werden von ihm berichtet: mit ſeiner zweiten Gemahlin Mechthild, einer
ſavoyiſchen Prinzeſſin, ſoll er ſich jede Mitternacht vom Lager erhoben
haben, um mit ihr die Meſſe zu beten. Die Nachricht ſtammt aus dem

---

[1] P.L.V. 474 enthält fol. 1—31 eine Betrachtung ,,de miſterio Chriſti'' von Joh.
v. Frankfurt, gerichtet an Ludwig III. mit einer Widmung, in der es heißt: ,,Quia
nobilissimus animus vester circa sacram scripturam se solet frequenter occupare,
cum tempus indulserit . . . et presertim ipseidem ingenuus vester animus subtiliter
se exercere consueverit circa sacrorum complementa mysteriorum que olim fuerant
prenunciata etc.'' Derſelbe Traktat findet ſich unter d. T. ,,Malleus judeorum'' im
Cod. Vindob. Pal. 4215 fol. 36—42. Vgl. auch die intereſſanten, Ludwig III. und
ſeiner Gemahlin Mechthild gewidmeten, offenbar myſtiſchen Bilderhandſchriften des
Wynand v. Steeg, beſchrieben von Joſ. Weiß, Jahrb. d. Görresgeſ., 1904, S. 24ff.
Ferner meine Studien z. Spätſcholaſtik II (1922), S. 40f. u. die Lobrede Joh. Kirch=
heims, unten Exkurs 10!

Franziskanerorden, dessen „Observanzen" die Savoyerin mit geradezu fanatischer Leidenschaft anhing; durch eine groteske Heulszene, von der die mönchische Chronik bewundernd berichtet, setzte sie bei ihrem Gatten die Berufung burgundischer Asketen und Beichtväter nach Heidelberg durch. Vielleicht hat sie auch den Anstoß zu der seltsamen Wallfahrt ins heilige Land gegeben, die der Pfalzgraf 1426, mitten aus wichtigsten Geschäften heraus, unternahm und von der er als unheilbar kranker Mann zurück= kehrte[1]. 1436 legte er die Regierung nieder (mehrere Monate vor seinem Tod), um sich ganz einem geistlich=kontemplativen Leben zu widmen. Ge= waltig scheint sein Eifer in der Bekämpfung der Ketzer gewesen zu sein. Ausdrücklich erklärte er es für einen Hauptzweck der Universitätsgründung seines Vorfahren, die Bosheit der Ketzerei auszurotten, „die umbschlichet als ein fuchse[2]". Mit welchem Eifer die Hochschule dieser Aufgabe nach= kam, werden wir noch hören. Auf dem Konstanzer Konzil war Pfalzgraf Ludwig an dem Martyrium Hussens persönlich stark beteiligt: er leitete als Reichsrichter seine Verbrennung, verhinderte seine letzte Predigt vom Scheiterhaufen herab und sorgte für Vernichtung aller Reliquien; seinen Mitketzer Hieronymus von Prag ließ er, zu dessen Beschimpfung, mit langen Ketten gebunden durch die Stadt führen, persönlich wie im Triumph= zug voranschreitend. Kein Wunder, daß ihm klerikale Zeitgenossen den Beinamen „solamen sacerdotum" beilegten. Dieser geistliche Eifer führte denn auch zu allerhand Bildungsinteressen. So unwahrscheinlich die Anek= dote klingt, die man zuerst bei den Humanisten findet: er habe auf An= regung Sigismunds, der sich auf dem Konstanzer Konzil über die Un= bildung der deutschen Fürsten beschwerte, noch im Alter Latein zu ler=

---

[1] Schon die Zeitgenossen fanden, er hätte besser einen Hussitenzug unternommen: Andreas v. Regensburg (Sämtl. Werke ed. Leidinger, 1903), S. 431f. — Auf diese Krankheit spielte der Prof. theol. Joh. Wenck in seiner Predigt zu den Exequien Ludwigs am 4. 1. 1437 an: Nec in tantis afflictionibus tristiciis superabatur ymmo easdem fide vicit gloriatus libenter in infirmitatibus suis, ut ipsum inhabitaret virtus Christi usw. Die Rede enthält sonst nichts zur Charakteristik des Fürsten (Wolfenbüttel, Cod. Weissenb. 94, fol. 182—84; Heinemann, III, 314). — Nächt= liches Gebet und Minoriten: P. F. S. Huebers Franziskanerchronik (München 1686, Fol.) und z. T. in Al. Schreibers Vaterländ. Blättern (Heidelberg 1812), p. 172ff. Weitere Zeugnisse für Mechthilds Frömmigkeit s. bei Lossen, Staat und Kirche in der Pfalz (1907), 10f. u. K. Burdach, Zentralblatt für Bibliothekswesen V (1888), 119.

[2] Acta Theod. Pal. I, 396.

nen versucht: manches spricht für ihre Richtigkeit[1]. Sicher ist, daß er
ein großer Bücherliebhaber war, auf Reisen nach Paris und ins heilige
Land Handschriften sammelte, andere abschreiben ließ und so allmählich eine
stattliche Bücherei zusammenbrachte, deren gelehrten Teil er der Univer=
sität bei seinem Tode vermachte[2]: es war der Anfang der später so berühmt
gewordenen Palatina im Chor von Heiliggeist. Sicherlich hat die nahe
Verbindung mit dem französischen Hof, die durch eine Eheschließung Lud=
wigs IV., seines Sohnes, mit der Tochter des Herzogs Amadeus, des
Baseler Konzilspapstes, noch befestigt wurde, diese Bildungsinteressen ver=
stärken helfen. Seine Tochter Pfalzgräfin Mechthild hat später in Schwaben
einen berühmten Musensitz begründet, mit dem die Anfänge des deutschen
Humanismus und der deutschen humanistischen Übersetzungsliteratur aufs
engste verknüpft sind.

Die wichtigste Tat Ludwigs III. für die Universität war seine (schon
früher besprochene) Gründung des Heiliggeiststifts und die damit zusammen=
hängende Neuordnung ihrer Finanzen. Sie wurde ermöglicht durch sein
nahes Verhältnis zu Gregor XII., den er als weitaus mächtigster unter
den wenigen Reichsfürsten, die nach Pisa noch an der Obedienz dieses
Papstes festhielten[3], stützte — ein Verhältnis, das mehr und mehr zu einer
hilflosen Abhängigkeit des Papstes von dem Pfalzgrafen ausartete. Von
den Professoren der Universität scheint vor allem Konrad von Soest in der
Propaganda für die gregorianische Partei tätig gewesen zu sein: noch im
Herbst 1414 finden wir ihn als päpstlichen Legaten und Titularbischof von
Amberg damit beschäftigt, in den pfälzischen Gebieten der Bamberger
Diözese die Anhänger der Pisaner Partei unter dem Klerus zu beseitigen[4].

---

[1] Wimpfeling, Epitome rerum Germanicarum (1505), Ausg. v. 1562 fol. 51,
61ss.; vgl. Ad. Hofmeister, Die geschichtliche Stellung der Universität Greifswald
(1932), S. 32. — P.L.V. 474 enthält fol. 33ss. 3 Predigten Johanns v. Frankfurt
(1424): „ad Ludovicum palatinum in vulgari lingua facti et in latinum translati"
— war das am Ende Übersetzungsstoff? Der ganze Band, auch die lateinischen Teile,
in Schönschrift, war offenbar zu persönlichem Gebrauch des Fürsten bestimmt und ihm
vom Verf. gewidmet (s. ob. p. 290, N. 1). Bekanntlich sprach Sigismund selbst ganz
leidlich Latein.

[2] Das Nähere bei Thorbecke 26f. Dazu K. Burdach, Zentralbl. f. Bibl.=wesen
V (1888), 118ff.

[3] H. Haupt, 3. f. Kirchengeschichte 6. (1884), 356ff.

[4] Beschwerdeschrift darüber beim Konstanzer Konzil Mai 1415 bei Finke, For=
schungen und Quellen 3. Geschichte des Konstanzer Konzils (1889), S. 306. Die Klage

Aber die Anhänglichkeit des Pfalzgrafen an seinen Papst war nicht mehr so unbedingt, wie die seines Vaters. Sein enges politisches Bündnis mit König Sigismund drängte ihn schon bald in die Rolle eines Vermittlers zwischen Gregor und dem König. Seit Januar 1415 auf dem von Sigis= mund veranstalteten Konstanzer Konzil anwesend, schloß er sich ohne Vor= behalt dessen Bemühungen an, durch Rücktritt aller drei Päpste, die seit dem Pisaner Konzil die Tiara trugen, den Weg zur Union der Kirche freizu= machen. Ganz wesentlich seinen Bemühungen als Haupt der gregorianischen Partei ist es zu verdanken, daß dem erzwungenen Rücktritt Johanns XXIII. (1. März 1415) schon wenige Monate später die freiwillige Abdankung Gre= gors XII. folgte (4. Juli). In alledem wurde der Pfalzgraf von seiner Universität vielfältig unterstützt. Als er am 17. Januar 1415 in Konstanz feierlich einritt, befand sich unter seinem stattlichen Gefolge auch eine De= putation der Heidelberger Universität (von deren Zusammensetzung wir leider nichts Näheres wissen[1]). Sicherlich war aber außer dem Theologen Konrad von Soest auch der Kanonist Dr. Heinrich Gulpen darunter, den wir gleich darauf als Gesandten (orator) des Pfalzgrafen bei Gregor und seinem Anhänger Karl Malatesta in Italien treffen[2] — eine Rolle, die er schon einmal 1413, zugleich im Namen der Universität, gespielt hatte. Ob

war im Mai 1415 schon durch die Ereignisse überholt, was Eberhard Ludwig III. und das Reich (1896), S. 58 übersieht. Für das Folgende vgl. auch J. Hollerbach, Die gregorian. Partei, Sigmund u. d. Konstanzer Konzil: R.Q.S. 23/24 (1909/10) u. E. Göller, König Sigismunds Kirchenpolitik (1902), S. 157ff. Zur Haltung Konrads v. Soest s. noch Andreas v. Regensburg, a. a. O., S. 163—67; bei Finke, Acta Concil. Constanc. III (1926), S. 312 erscheint er als subdiaconus und bullarum taxator Gregors, als solcher vom Konzil bestätigt.

[1] Einritt der Heidelberger: Schreiben d. Kölner Universitätsgesandten vom 23. 1. 1415: Martène et Durand Thes. novus II, 1612. Die Stelle ist unbegreiflicher= weise in der gesamten älteren Literatur übersehen, auch bei Dax, Die Universitäten u. d. Konzilien von Pisa u. Konstanz (Diss. Freiburg 1910), S. 34f., der mit Thor= becke 30 auf Grund von U.B. II 188 annimmt, die Universität habe ihre Gesandten erst am 23. März 1416 ernannt. Über die Namen der ersten Gesandten berichten Hautz I 271 u. Häusser I 275 nach Ulrich von Richenthal. Dessen Angaben (ed. Buck, 1882, S. 186) sind aber ganz unbrauchbar. Nicht einer der von ihm genannten Namen läßt sich in Heidelberg nachweisen, auch Job Dener nicht, der bekanntlich kur= pfälzischer Rat, aber nicht Heidelberger Professor war. S. 185 bezeichnet Richenthal selbst einzelne der angeblichen Heidelberger als Wiener Deputierte. Vgl. auch das Namenverzeichnis S. 187f.

[2] J. Hollerbach, a. a. O., Bd. 24, S. 23; Acta conc. Constanc. I, 266 u. III, 327 f. U. B. I, nr. 68; v. d. Hardt, II, 469.

die Heidelberger Professoren sich an den Streitschriften der gregorianischen Konzilspartei gegen Johann XXIII. beteiligt haben, die das Konzil zur Neutralitätserklärung gegenüber allen schismatischen Päpsten bewegen sollten[1], ist nicht zu ermitteln; ebensowenig, wie lange diese erste Universitätsdeputation in Konstanz verweilt hat. Wohl aber hören wir von einer Beteiligung der Heidelberger an jenem ersten, höchst formlosen Ketzerverhör des Hieronymus von Prag, das im Mai 1415 stattfand[2]. Gewiß haben sie auch an der Verurteilung des Huß (6. Juli 1415) noch mitgewirkt. Inzwischen war der abgesetzte Papst, Johann XXIII., aus Konstanz entflohen, auf der Flucht ergriffen und vom Pfalzgrafen auf dem Heidelberger Schloß gefangengesetzt worden. Mit größtem Eifer beteiligte sich der Pfälzer an den Bemühungen Sigismunds, nun auch den dritten der schismatischen Päpste, Benedikt XIII., zum Rücktritt und die spanischen Könige zur Preisgabe seiner Obedienz zu bewegen: sein Gesandter Konrad von Soest war einer der Konzilsdeputierten, die im Juli 1415 zu diesem Zweck gemeinsam mit dem König nach Südfrankreich ritten und schließlich den Vertrag von Narbonne zustande brachten (15. Dezember), der den starrsinnigen Schismatiker seiner spanischen Anhängerschaft beraubte[3]. An dem Erfolg dieser Gesandtschaft hatte Konrad insofern einen bedeutenden Anteil, als er (abweichend von den meisten Mitgliedern) gegen alle Versuchungen und Intriguen des konzilsfeindlichen Papstes fest blieb. Zweifellos wirkte er dabei im Sinn und als Vertreter der deutschen „Nation", die sich aus den deutschen Universitätsdeputierten als fester Abstimmungskörper auf dem Konzil gebildet hatte.

Man wird vermuten dürfen, daß die Heidelberger Hochschule während dieser langen Monate des Harrens bis zur endgültigen Bereinigung des Schismas ihre Vertreter von Konstanz zurückgezogen hat. Jedenfalls wählte sie im März 1416 eine neue, auffallend stattliche Deputation, der

---

[1] Finke, Acta III, 66ff.; dazu Katterbach, Der zweite literarische Kampf auf dem Konstanzer Konzil (Freib. Diss. 1919) u. Hollerbach, a. a. O., 25. Die berühmte cedula „Si placet regie majestati", die Ludwig am 26. 1. 1415 vorlesen ließ (Mansi, XXVII, 552; v. d. Hardt, II, 206), klingt stark nach Professorenlatein. — Thomas Prischuch rühmt den Heidelbergern diplomatische Kunst nach: „das collegium von Heidelberg / kann höflich Kunst wort will und werk." Liliencron, hist. Volkslieder I, 232.

[2] v. d. Hardt, IV, 218.

[3] Martène-Durand, II, 1642f.; Finke, Acta II, 272; III, 377 N, 381, 452, 514.

faft fämtliche Mitglieder der oberen Fakultäten einfchließlich des Rektors angehörten. Ihr Auftrag lautete ganz allgemein: für die Einigung und Reformation der Kirche zu wirken[1]; doch kann man fich kaum vorftellen (fchon der Koften wegen), daß eine fo zahlreiche Schar auf längere Zeit zur Gefandtfchaft beftimmt wurde; vielleicht handelt es fich um eine Sammelvollmacht, von der immer nur einzelne Mitglieder Gebrauch machen follten? Jedenfalls treten die Heidelberger Deputierten in den (freilich fehr lückenhaften) Konzilsakten neben denen anderer Univerfitäten, zumal neben den Kölnern und Wienern, ftark zurück[2]. Pfalzgraf Ludwig verließ das Konzil im Februar 1417 und hatte feitdem fchwerlich noch großes Intereffe an einer zahlreichen Heidelberger Deputation. Immerhin wurde dem Heidelberger Konrad von Soeft die Ehre zuteil, neben dem bekannten Wiener Orator Nikolaus von Dinkelsbühl als Vertreter der deutfchen Nation an dem Konklave teilzunehmen, das die Wahl des Konzils= papftes Martins V. zuftande brachte[3].

Gern wüßte man Näheres darüber, welchen Anteil die Heidelberger an den Bemühungen der reformeifrigen deutfchen Univerfitäten hatten, zuerft die große Kirchenreform an Haupt und Gliedern durchzuführen, ehe man zur Papftwahl fchritt. Wir kennen die große Bedeutung diefer Reformideen für das geiftige Leben unferer Hochfchule; fie ftanden auch weiterhin im Mittelpunkt aller theologifchen Arbeit diefer Jahrzehnte. In

---

[1] U.B. II, 188 (23. 3. 1416), dazu Thorbecke S. 31, N. 100. Soviel ich fehe, fehlt von den für damals ficher bezeugten Mitgliedern der oberen Fakultäten nur Wilhelm Eppenbach u. Johann de Noyt. Von den Deputierten ift Nik. Bettenberg, fchon am 2. 6. 16 in Heidelberg bezeugt (Toepke, II, 504). Joh. v. Frankfurt über= nimmt am 23. 6. das Rektorat. Auffallend ift die Form einer notariell beglaubigten Vollmacht.

[2] Auch in der Zahl der Konzilspredigten fällt das auf: Parifer Profefforen= predigten 13mal, Kölner 6mal; aus Heidelberg ift nur eine Konzilspredigt bezeugt: die des Nik. Magni (f. unten). P. Arendt, Die Konftanzer Konzilspredigten I (Freib. phil. Diff. 1921, Mafch.=Schrift), S. 40, 64, 94 u. danach Finke, Acta II, 428, 496 führen allerdings noch Predigten eines angeblichen Heidelberger Theologieprofeffors Joh. Plat v. Eichftett an, den es 1416/17 nicht gab. Es liegt wohl eine Verwechflung mit Joh. Muratoris vor, deffen Predigten (P.L.V. 593, f. 1—40) 1422 bzw. 1426 gehalten wurden; vgl. Stevenfon, P.L.V. (1886) I u. Franz Nik. Magni (1898), S. 88, N. 3. Eine Predigt von 1422 f. auch in Erfurt cod. Amplon. Fol. 67.

[3] Andreas v. Regensburg, a. a. O., 225f.; Manfi, XXVII, 1170; XXVIII, 889; v. d. Hardt, IV, 1474. Übrigens trat er auch als Zeuge in dem Prozeß gegen Bene= dikt XIII. auf: 7. 11. 1416 bei v. d. Hardt, IV, 978.

Konstanz legte Nikolaus Magni von Jauer in einer großen, kunstvollen Sonntagspredigt — einer der längsten, die je in Konstanz gehalten worden sind — Zeugnis davon ab. Sie dauerte etwa 2½ Stunden[1] — ein wahres Prunkstück scholastischer Rhetorik und schwerfälliger Gelehrsamkeit (3. Oktober 1417). Inhaltlich bietet sie nichts als die schon tausendmal wiederholten Klagen über Entartung und Sittenverderbnis des Klerus, im ganzen zahmer als es sonst in Konstanzer Konzilspredigten üblich war und durchweg in konventionellen Wendungen. Der Standpunkt deutscher Nation in der Frage der Papstwahl wird nur einmal ganz kurz und mit aller Vorsicht angedeutet — das Ganze macht den Eindruck einer schulmäßigen Befangenheit, die politische Wirkungen gar nicht erstrebt. Als Zeugnis für die Reformbemühungen der Heidelberger in Konstanz ist das Stück also recht nichtssagend — aber weitere Nachrichten darüber besitzen wir nicht[2].

Es war die Stärke der spätmittelalterlichen Universitäten in der Konzilsepoche, daß sie den großen Gedanken der allgemeinen Kirchenreform mit dem echten sittlichen Pathos vertreten konnten, das aus dem Bewußtsein rein geistiger Motive entspringt, ohne Vermischung mit jenen ständisch-politischen Machttendenzen, die im Episkopat und unter dem höheren Klerus überhaupt eine so große Rolle spielten. Eben dies gab ihnen ein moralisches Ansehen, das sie befähigte, auf den großen abendländischen Konzilien (zum ersten Male in Konstanz) als geschlossene Macht aufzutreten und zeitweise fast die Führung zu erringen: an ihrer Spitze die Mutter aller deutschen Hochschulen, das Generalstudium von Paris. Aber es blieb dauernd ihre Schwäche, daß sie, ohne reale Macht, in allen kritischen Situationen zuletzt doch auf den Rückhalt angewiesen waren, den sie bei ihren Landesregierungen fanden. Die politischen Gegensätze der abendländischen Nationen, zumal die zwischen Frankreich und England, sprengten deshalb die Konstanzer Reformpartei auseinander, ehe die Reformfrage wirklich erledigt war. Dazu kam die wirtschaftliche Abhängig-

---

[1] P. Arendt, l. c. 96. Teilweiser Abdruck bei Franz a. a. O. 224ff., vollständiger bei v. d. Hardt, Histor. liter. Reformationis III, 26—38. Franz 122ff. bringt Näheres über Mißverständnisse der älteren Literatur bis zu Thorbecke.

[2] Die Vermutung Thorbeckes 31 N. 101, ein Band „Konzilsakten" aus dem Nachlaß G. Brants sei verlorengegangen, wird durch die Beschreibung, die Hottinger Coll. sap. rest. (1656) p. 58—70 davon gibt, keineswegs gestützt. Der betr. Codex enthielt disjecta membra aus der Konzilsepoche wie zahllose andere; mit dem Auftreten der Heidelberger in Konstanz hatte er offenbar nichts zu tun.

keit gerade der Univerſitätsleute vom großen Gnadenſchatz des univerſalen Papſttums. Sie trug große Verwirrung in die Debatte über Beſchränkung der päpſtlichen Allmacht und über die Neuordnung des kirchlichen Finanz= weſens. Und kaum war der neue Konzilspapſt gewählt, da drängten ſich die deutſchen Univerſitäten unter den Erſten herbei, die mit Suppliken den wiederhergeſtellten päpſtlichen Thron beſtürmten. Auch die Heidelberger. Wie alle deutſchen Univerſitäten nahmen ſie die Kunde von der Papſtwahl mit uneingeſchränktem Jubel auf. Der Heidelberger Konzilsgeſandte Ger= hard Brant begrüßte den neugewählten Papſt Martin V. in einer begei= ſterten Predigt über das Thema Phil. 4, 4: „Freut Euch in dem Herrn allewege!", die den Adelsnamen des Gewählten Colonna (= columna) zu kunſtvollen Wortſpielereien über die „neuaufgerichtete Hauptſäule der Kirche" benutzte[1]. Den päpſtlichen Abgeſandten, der die Nachricht von der Wahl offiziell nach Heidelberg überbrachte, empfing die Univerſität in feierlicher Feſtſitzung mit einer Anſprache Nikolaus Magnis[2]. Ein paar Monate ſpäter (März 1418) ſchickte ſie einen Rotulus nach Rom, den der Kurfürſt mit einem faſt überſchwänglich warmen Empfehlungsſchreiben begleitete. Es war ein Moment, in dem Pfalzgraf Ludwig, mit König Sigismund entzweit, an der wiederhergeſtellten Macht des Papſttums poli= tiſchen Rückhalt ſuchte[3]; die Heidelberger Hochſchule folgte genau der Politik ihres Landesherrn.

Freilich, die Zeiten waren vorbei, in denen die bedrängte, ſchismatiſch gewordene römiſche Kurie unſere Univerſität mit Gnaden freigebig über= ſchüttet hatte. Wir hören, daß der Rotulus von 1418 ohne rechten Erfolg blieb und große Enttäuſchung brachte. Als die Kölner 1425 (anſcheinend zum ſiebenjährigen Regierungsjubiläum Martins V.) einen neuen Rotulus nach Rom ſchickten und damit gleichfalls wenig erfreuliche Erfahrungen machten, riet Konrad von Soeſt, der wieder einmal als Geſandter bei der Kurie weilte, von der Nachahmung dieſes Beiſpiels ab: man ſei jetzt in

---

[1] P.L.V. 608, f. 110ss: Collacio facta coram papa Martino de calumpna per mag. Gherardum Brant etc. Inc: Beatissime pater! Ysayas vir nobilis et urbane elegancie non habens ... Undatiert, nicht identiſch mit dem bei Finke, Acta II, 522 verzeichneten Sermon über dasſelbe Bibelthema vom 19. 12. 1417, aber ſicher in die= ſelbe Zeit zu datieren.

[2] U.B. II, 191—93. Vgl. auch Finke, Acta IV, 201, 219 N. Neue Devotions= erklärung 1426: U.B. II, 231/33.

[3] U.B. I, nr. 75. Die Datierung feſtgeſtellt durch Heimpel, Arch. f. Urk.=Forſch. XII, 116 nach P.L.V. 701, fol. 227. — Vgl. dazu Eberhard, a. a. O., 105f.

Rom mehr für Anwesende als für Abwesende eingenommen; auch im günstigsten Fall würde sehr wenig bei der Unternehmung herausspringen[1]. Zum letzten Male ist beim Papstwechsel 1431 die Absendung eines Rotulus beschlossen worden — mit welchem Erfolg, bleibt unbekannt. Danach schlief dieser Mißbrauch akademischer Vorzugsstellung (so wird man vom Standpunkt der Reformbewegung das seltsame Institut schon nennen müssen) endgültig ein.

Wie alle kirchlichen Korporationen in Deutschland, so schlossen sich auch die Universitäten in diesen Jahrzehnten der allgemeinen Kirchenreform und einer unsicher schwankenden päpstlichen Autorität immer enger an die Landesobrigkeiten an. Ihr Charakter als Anstalten der Universalkirche verblaßte, ihre landesfürstlich=territoriale Bestimmung wurde immer schär= fer ausgeprägt. Eben diese enge Verbundenheit mit dem werdenden Terri= torialstaat hob sie aus dem sonstigen verfallenden Korporationswesen des späten Mittelalters deutlich heraus. Professoren wurden als Gesandte, Oratoren und Ratgeber zunächst in kirchlichen, dann aber auch in welt= lichen Fragen immer unentbehrlicher. Am Beispiel des Konrad von Soest, der bis zu seiner Berufung auf den Regensburger Bischofstuhl immer stärker in den Vordergrund der pfälzischen Politik rückt[2], kann man das besonders deutlich verfolgen. Aber auch in der literarischen Produktion vieler anderer Professoren! Lateinische Prunkreden gehörten schon längst zum Stil der Diplomatie jener Zeit; kein Fürstenhof, der etwas auf sich hielt, hätte eine wichtige Gesandtschaft ins Ausland geschickt, ohne ihr einen „Orator" beizugeben. Die italienischen Fürsten und städtischen Signorien schickten ihre Humanisten — die Pfälzer ihre Professoren: zunächst ohne viel Unterschied bald Theologen, bald Kanonisten. Seit 1428 stand ihnen dafür sogar ein Doktor beider Rechte zur Verfügung: Ludwig von Ast, dessen Latein schon allerhand humanistisches Floskelwerk aufweist, das er

---

[1] Briefwechsel des Rektors (Gerh. Brant) mit Konrad von Soest, August—Sept. 1425, a.u. II (U.A. I, 3, nr. 2), f. 46. Vgl. dazu Dax, a. a. O., 90; Bianco, I, 234 N.; Keussen, Regesten der U. Köln (1918) nr. 424ff. Danach lehnte der Papst vor allem die Erteilung von Expektanzen ab. Über den Rotulus v. 1431: Thor= becke 24*.

[2] Im Januar 1428 erscheint er als Bote des Papstes und des Königs an den Pfalzgrafen (vgl. Finke, Acta III, 289, 291; danach ist die Darstellung Eberhards a. a. O. 100ff. zu berichtigen); RTA. VII, 301, 356: große Denkschrift über die pfäl= zische Politik der letzten Jahre! Als vom Pfalzgrafen beauftragter Schiedsrichter eines Erbstreites wird K. 1422 in Regesta imp. XI, nr. 5244 erwähnt.

von italienifchen Rechtsftudien mitgebracht haben mag. Er ftieg bald zum
Kanzler des Pfalzgrafen, Dompropft von Worms und Dizekanzler der Uni=
verfität auf[1]. Durch alle diefe Derbindungen hob fich der politifche Einfluß
der Hochfchule. Aber auch umgekehrt wurde ihre Haltung in den großen
Sragen der Kirchenpolitik aufs ftärkfte von den Landesintereffen, von poli=
tifchen Rückfichten des fürftlichen Hofes mitbeftimmt. Dies um fo mehr,
als ihre felbftändigen kirchlichen Einkünfte bei weitem nicht hinreichten,
um längere Zeit aus eigenen Mitteln Gefandte auf den Kirchenverfamm=
lungen zu unterhalten. Auf dem zweiten der großen Weltkonzilien, in
Bafel, traten die Heidelberger Deputierten von vornherein als Oratoren
des Pfalzgrafen auf[2]. Der feltfame Zuftand, daß die deutfche Kirchen= und
Reichspolitik zu einem wefentlichen Teil durch Schulgelehrte beftimmt
wurde, daß deutfche Reichstage lange theologifche und kirchenrechtliche Dor=
träge von Profefforen, ja regelrechte Schuldispute mit anhören mußten,
daß Sakultäten und Landesobrigkeiten gemeinfam als die leitenden Sak=
toren des deutfchen öffentlichen Lebens erfchienen — ein Zuftand, der im

---

[1] Über diefen erften in Heidelberg promovierten Legiften und früheften Der=
treter humaniftifcher Bildung vgl. Näheres im Exkurs 10! — Aus der Sülle profef=
foraler Gefandtfchaftsreden hebe ich gleich hier die folgenden Stücke heraus, die fich
in dem für die Konzilszeit fehr wichtigen P.L.V. 608 (wahrfcheinlich aus dem Befitz
des Heidelberger Theologen Rud. de Bruxella, vgl. RTA. XV, p. 470, N. 8) finden:
Fol.156ss: Begrüßungsrede des Theologen Joh. v. Srankfurt auf einer Gefandtfchaft,
die, geführt vom Grafen von Eberftein, Mechthild von Savoyen, die zweite Gattin
Ludwigs, zur Brautfahrt abholt (1419). Inhaltlich ohne befonderes Intereffe. —
Fol.158vss: Collacio deffelben Magifters ad regem Anglie ex parte comitis Palatini
Rheni . . . in terra Francie 1420, über das „Thema": desiderabat videre voltum
Salomonis; der Zweck der Gefandtfchaft ift aus dem mir vorliegenden Anfang der
Rede nicht zu erkennen; vermutlich handelt es fich um die Dorbereitung der Begeg=
nung Ludwigs III. mit Heinrich V. vor Melun 1420: vgl. Eberhard, a. a. O., 118f.
— Fol.128ss: Ludwig Aft als Sprecher der Gefandtfchaft des Kurkollegs an Eugen IV.,
30. Jan. 1433 (f. u.); derfelbe als Sprecher der kurfürftl. Gefandtfchaft an den neu=
gewählten König Erzherzog Albrecht II. 1438; Abdruck (nach C.l.m. 7442) in RTA.
XIII, nr. 43, p. 102ff. (die Hf. Trierer jurift. Cod. 926, fol. 312—15 ift dem Heraus=
geber Beckmann entgangen; vgl. Kentenich, Jurift. Handfchr. d. Trierer Stadtbibl.,
1919, p. 66). — Fol.206s: Rede des lic. th. Gherardus, professus in Schönau, provisor
domus S. Jacobi in Heidelberg, als Wortführer einer Gefandtfchaft des Kurkollegs
an Eugen IV., vermutlich 1442 (f. u.).

[2] Ähnlich, wie es fcheint, die Leipziger Deputierten im Auftrag des fächfifchen
Kurfürften: vgl. Breßler, Die Stellung d. dtfch. Univerfitäten z. Bafler Konzil ufw.
Diff. Leipzig 1885, 34f.

16. Jahrhundert wiederkehren wird und aus dem sich die Ereignisse der
deutschen Reformationsgeschichte zum großen Teil erklären lassen — trat
zum ersten Male in der Epoche von Basel ein.

Das Schicksal der Konzilsbewegung seit dem Ende der Konstanzer Ta=
gung wurde ganz wesentlich dadurch bedingt, daß jetzt nicht mehr ein
Schisma der Gesamtkirche, sondern nur noch eine Reihe von höchst ver=
wickelten inneren Reformen der Kirche zur Debatte standen. Daran waren
die weltlichen Mächte längst nicht in dem Maße interessiert, wie an der
Beseitigung des unerträglichen Zustandes, daß zwei oder drei Stellvertreter
Christi einander mit dem Bannfluch verfolgten und das ganze kirchliche
Leben in Verwirrung brachten. Vor allem: sie waren daran in sehr ver=
schiedenem Grade interessiert! Am wenigsten England, dessen Königtum
mit seinen weltlichen und kirchlichen Ständevertretungen durchaus geeig=
nete Organe besaß, um auch ohne Hilfe eines universalen Konzils einer
übermäßigen Ausdehnung päpstlicher Finanzansprüche an seine Landes=
kirche entgegenzutreten. Die Haltung der übrigen Staaten war ganz
wesentlich davon abhängig, welches Maß von innerer Geschlossenheit, von
nationalem Selbstbewußtsein und von moralischer Autorität des weltlichen
Staates gegenüber der Kirche ihnen jeweils zur Verfügung stand. So be=
trachtet schienen anfangs die beiden Hauptstaaten des Kontinents, Frank=
reich und Deutschland, in gleich ungünstiger Lage: war doch in beiden das
Königtum durch beständige Kämpfe mit seinen großen Vasallen und durch
äußere Kriege bis zu fast völliger Ohnmacht geschwächt! Aber während
in Frankreich seit dem Auftreten der Jungfrau von Orleans (1429) die
äußere Lage sich langsam besserte und die Autorität des Königtums sich
in raschem Fortschritt kräftigte, nahm das Chaos der deutschen Zustände
in den dreißiger Jahren, im Jahrzehnt der schwersten Hussitenkämpfe, noch
beständig zu. Von endlosen Kämpfen in der Ostmark gefesselt, blieb Sigis=
mund in seinen letzten Jahren ebenso wie sein Nachfolger Albrecht II.
dem Reiche beständig fern; unterdessen hing alles, was man damals noch
Reichspolitik nennen konnte, an den immerfort sich wiederholenden Ver=
suchen des Kurfürstenkollegiums, auf mangelhaft besuchten Fürstentagen
zu gemeinsamen Beschlüssen zu kommen.

Wie gering das Interesse der weltlichen Mächte an den innerkirchlichen,
ständischen Bestrebungen des konziliar gesinnten Klerus war, zeigte der
Verlauf des ersten, durch die Konstanzer Reformbeschlüsse veranlaßten
Konzils: der Synode von Pavia=Siena 1423/24, an der auch Heidelberger

Deputierte sich beteiligten[1]. Ohne viel Widerstand zu finden, konnte der
Papst die unbequeme Kirchenversammlung auflösen, ehe sie noch recht in
Aktion getreten war. Als dann sieben Jahre später, wie die Konstanzer
Beschlüsse es vorschrieben, ein neues Konzil nach Basel ausgeschrieben
wurde, war der Besuch zunächst kläglich: die Abgeordneten der Pariser
Universität, der eifrigsten Vorkämpferin konziliarer Ideen, blieben anfangs fast allein und mußten sich durch Sendschreiben an die deutschen
Universitäten — auch an die Heidelberger[2] — zu besserem Besuch anzu-
locken. Lange Zeit ohne Erfolg. Es dauerte bis in den Februar 1432, ehe
die ersten deutschen Universitätsgesandten (aus Erfurt) in Basel ankamen,
und bis in den Mai desselben Jahres, ehe sich auch Heidelberger Deputierte dort einfanden. Zunächst wird man — wie schon 1414 — vorsichtig
abgewartet haben, bis die Konzilsarbeit wirklich in Gang gebracht, eine
stattliche Zahl von Konzilsvätern zusammengekommen war. Vorher lohnte
es nicht, die großen Kosten einer Deputation daranzuwenden. Nun begann aber das Konzil erst seit dem Spätsommer 1431, nachdem die furcht-
bare Niederlage eines deutschen Kreuzheeres bei Taus aller Welt die
Augen für die Größe der Hussitengefahr geöffnet hatte, sich langsam zu
füllen. Und auch jetzt noch zeigte der deutsche Klerus recht geringen Eifer,
trotz der fortgesetzten Mahnungen, ja Drohungen, die der feurige Kardinal-
legat Julian Cesarini an Bischöfe, Kapitel und Prälaten richtete; erst sehr
allmählich und vereinzelt trafen ihre Abgesandten in Basel ein. Die Kölner
Universität erklärte dem Legaten ganz offen, sie sei von ihrem Rotulus-
gesandten in Rom vor dem Besuch des Konzils gewarnt worden[3]; ähnliche Besorgnisse mögen auch die Heidelberger zu vorsichtiger Zurückhaltung bestimmt haben: auch sie hatten ja eben erst dem neugewählten Papst
Eugen IV. ihren Rotulus übersandt! Am 24. September beriet die Universität über ein dringendes Einladungsschreiben Cesarinis. Sie beschloß
die Absendung von zwei Deputierten, nachdem der Kurfürst — den eben
damals die Hussitengefahr ängstigte — versprochen hatte, die Hälfte der

---

[1] In Pavia war Konrad von Soest presidens nationis Germanice und stimmte
als solcher für die Verlegung nach Siena: Monum. concil. gen. saec. XV, I, 11 (Joh.
de Ragusio). Neben ihm vertrat G. Brant die Universität: U.B. II, 220.

[2] U.B. I, nr. 93 (Einladungsschreiben vom 12. 4. 1431) schon öfter gedruckt.

[3] Bianco, Die alte Universität Köln I (1855), Anh. p. 161 (Schreiben vom 20. 10.
1431). Vgl. auch die an den Kölner Erzbischof gerichtete Abmahnung Eugens IV.
vom 11. Febr. 1432 ebd. p. 154ff.

Kosten zu tragen[1]. Aber der Beschluß wurde noch lange nicht ausgeführt. Eine große Rolle spielte dabei, ähnlich wie an allen deutschen Universitäten, die Kostenfrage. Als Gerhard Brant, der Theologe, im Auftrag Cesarinis am 6. Dezember die Einladung wiederholte[2], wurde eine Kommission gebildet, um zu beraten, wie man das nötige Geld für die Reise aufbringen könnte. Wenn alle Fakultäten und das Heiliggeiststift der Universitätskasse zu Hilfe kamen, hoffte man 60 Gulden zusammenzubringen; alles übrige sollte der Landesherr auf sich nehmen. Darüber wurde dann bis Ende des Jahres verhandelt. Unterdessen begann der Streit Eugens IV. mit den Baselern über die Frage der Auflösung des Konzils und seine Einberufung zu einem späteren Zeitpunkt nach Bologna: das Vorspiel des großen Machtkampfes zwischen Papst und Konzil, dem alten und dem neuen Oberhaupt der Kirche, der nun durch anderthalb Jahrzehnte fortdauern und das Abendland in ein neues, kirchliches Schisma hineinführen sollte, ärger als alle früheren. Die Heidelberger Universität entnahm aus diesen Streitigkeiten die Mahnung zu neuer Vorsicht und Zurückhaltung. Aber allmählich gerieten nun auch die weltlichen Mächte in Unruhe, vor allem König Sigismund: welche Aussicht, wenn in diesem Augenblick, da sich Deutschland kaum noch der Hussitenstürme erwehren konnte, die alte Kirche sich von neuem spaltete! Dringende Mahnungen des Königs an die Universitäten wurden durch ein neues Einladungsschreiben des Konzils unterstützt[3]. Die Hussitengefahr stand im Mittelpunkt dieser Mahnschreiben. In der Tat bedurfte die Synode dringend einer Stärkung ihrer moralischen Autorität, sollte sie die mit den Hussiten im vorigen Herbst angeknüpften Verhandlungen zur Beilegung des Glaubenskrieges mit irgendwelcher Aussicht auf Erfolg durchführen. Beinahe flehentlich klang das

---

[1] Beratung bei Jung, Acta acad., p. 43, N.; unrichtig regestiert: U.B. II 255, danach Thorbecke 26*f. (Nicht bloß ein Deputierter sollte geschickt werden, sondern einer auf Universitätskosten!) Datum des Einladungsschreibens war wohl der 17. 9.; vgl. Cesarinis Schreiben nach Wien und Köln (zit. bei Thorbecke, a. a. O.). Zur Abwehr der Hussitengefahr schloß Ludwig III. eben damals ein Bündnis mit Mainz und Württemberg.

[2] Vielleicht war er in kurfürstl. Auftrag in Basel gewesen? a. u. II, 92 vgl. Thorbecke a. a. O., auch für das Folgende.

[3] Schreiben Sigismunds vom 4. 2. aus Piacenza, vom Konzil im März oder April verschickt: U.B. I, nr. 92; ältere Druckorte: Thorbecke 27*. Dazu RTA. X, 380, N. 3; 389, N. 4; 518; 963, N. 1. Aufforderung des Konzils: dat. 4. 4., U.B. I, nr. 94.

Einladungsschreiben an die deutschen Universitäten vom 4. April; sollte es den deutschen Gelehrten an Mitteln zum Besuch des Konzils fehlen, hieß es darin, so würden die anwesenden Bischöfe und Prälaten bereit sein, sie auf ihre Kosten zu unterhalten; wenigstens für drei oder vier Monate möchte man um Gottes willen ein paar ansehnliche Doktoren des göttlichen und menschlichen Rechts herschicken! Auch das Kollegium der deutschen Kurfürsten suchten die Väter jetzt für sich zu gewinnen[1]. Und wenigstens zwei von ihnen ließen sich jetzt endlich zur Absendung von Ver= tretern bewegen: Erzbischof Raban von Trier, der schon lange in Basel die Bestätigung seines Erzstuhls (im Streit mit einem andern Prätenden= ten) suchte, und der fromme Pfalzgraf Ludwig, sein Freund und ehemaliger Herr, der ihn dabei eifrig unterstützte. Einer persönlichen Aufforderung König Sigismunds folgend, veranlaßte er die Universität zur Wahl von drei bevollmächtigten Deputierten (am 19. April): es waren die Theologen Nikolaus Magni und Gerhard Brant und der Jurist Otto vom Stein (de Lapide[2]).

Diese drei sind denn auch bald darauf in Basel erschienen, mit einem Beglaubigungsschreiben des Kurfürsten, der sie zugleich im Namen der Universität und in seinem eigenen dem Konzil als seine „Legaten und Ora= toren" empfahl. Am 2. Mai 1432 wurden sie in einer Generalkongre=

---

[1] RTA. X, 519f.

[2] Wahl: 19. 4., U.B. II, 261. Pfalzgräfliches Beglaubigungs= und Empfehlungs= schreiben: 22. 4., gdr. bei Martène 8, 196f.; Mansi, XXX, 192—93; verbesserte Lesung u. Datum: Haller, Z.G.O., N. F. 16, 209. Die notarielle Vollmacht der Universität: bei Jung, a. a. O., 37ff. Rezeption in Basel: Monum. Conc. gen. saec. XV, t. II, 184. Concil. Basiliense, ed. Haller II (1897), 105, 110 (Konzilsprotokoll vom 2. bzw. 10. 5.). Vgl. auch das Verzeichnis der Konzilsväter durch den Salzburger Deputierten Colomann Knapp: bei H. R. Zeibig, Wiener S.B. VIII, 1 (1852), p. 603. Leider ist es undatiert, kann aber nur von Anfang 1433 stammen, da es noch drei Heidelberger Gesandte nennt. Es fällt auf, daß weder aus Erfurt noch aus Wien oder Köln Universitätsdeputierte aufgeführt sind, obwohl Knapp erst Ende 1432 nach Basel kam! Nik. Magni de Jauer erscheint p. 599 zugleich als procurator episcopi Jauriensis. — Da von den Kosten der Gesandtschaft diesmal nichts erwähnt ist, wird man vermuten dürfen, daß die Universität entweder von dem Angebot des Konzils Gebrauch machte (s. o.) oder die Ende 1431 vorgesehene Teilung der Kosten stattfand. Jedenfalls beteiligte sich aber die Universität nur für 4 Monate an den Kosten, da G. Brant im Febr. 1433 nur noch als pfalzgräflicher nuncius in Basel erscheint und in dem Augenblick, wo seine erneute Ernennung zum procurator universitatis erfolgt (17. 4. 1433), auch die Kostenfrage wieder brennend wird; vgl. Thorbecke 28*.

gation feierlich rezipiert und zehn Tage später den Deputationen zugeteilt, in deren Rahmen das Konzil seine Arbeiten erledigte: Nikolaus Magni der Deputation für Glaubenssachen, Gerhard Brant der für Kirchenreform und Otto vom Stein der Kommission für allgemeine Verwaltungsfragen (pro communibus). In diesen Kommissionen sind sie in den nächsten Monaten höchst aufregender Verhandlungen, wie das Konzilsprotokoll aus= weist[1], eifrig tätig gewesen. Leider erfahren wir nichts über ihre Stellung= nahme: weder zur Frage der Konzilsverlegung und der Superiorität des Papstes, noch zur Hussitenfrage, die eben damals eine entscheidende Wen= dung nahm, indem man eine Abordnung der Hussiten nach Basel einlud. Unbedeutend kann aber ihr Anteil nicht gewesen sein: waren sie doch einst= weilen, neben einigen Erfurter Doktoren und dem Wiener Professor Tho= mas Ebendorffer, die einzigen deutschen Universitätsdeputierten am Konzil; obendrein kam ihnen ihr nahes kollegiales Verhältnis zu Konrad von Soest zugute, der jetzt als Bischof von Regensburg, Vertrauensmann und Ge= sandter des deutschen Königs dort weilte[2] und besonders in der Hussiten= frage sehr tätig war. Gerhard Brant, der gewiß als ehemaliges Mitglied und Festredner der Konstanzer Synode (ebenso wie Nikolaus Magni) in besonderem Ansehen stand, hielt am Peter=Paulstag (29. Juni) vor zwei Kardinälen und einer glänzenden Versammlung von Konzilsvätern in der Peterskirche die Festpredigt, nachdem der Bischof von Basel die Messe zelebriert hatte[3]. Sie behandelte das Thema, das eben damals alle Ge= müter erregte: die Autorität des päpstlichen Stuhles und ihr Verhältnis zum Konzil. Natürlich so, wie es die Versammlung zu hören wünschte: die Konzilsväter selbst in ihrer Gesamtheit sind die Nachfolger der Apostel=

---

[1] Concil. Basil. II, 112, 117ff., 131, 135, 139f., 143, 149, 172, 174, 180, 191 196, 208, 218, 221, 223, 231, 237, 244ff., 252. Monum. Concil. II, 271. Alle diese Stellen beziehen sich leider nur auf die deputatio pro communibus. Sie zeigen Otto de Lapide in ihren kleinen und großen Geschäften tätig vom 14. Mai bis 22. Oktober 1432.

[2] Vgl. RTA, X. 379 N.

[3] Concil. Basil. II, 150; V, 23. — Die Predigt findet sich im P.L.V. 454, f. 158[a] bis 160[b] (U.B. Heidelberg). Incipit: Principes populorum congregati sunt cum deo Abraham (Thema). Verba sunt prophetarum eximii ac misteriorum divinorum per= lustratoris perspicacissimi David sanctissimi: Pf. 46. Die Rede ist, verglichen mit anderen Konzilspredigten der Zeit, klar und nüchtern im Aufbau, ohne viel rhetori= schen Schwulst und ohne Häufung gelehrter Zitate — fast nur die Bibel ist zitiert; das geistige Gesamtniveau ist unbedeutend.

fürsten. Diese selbst haben ihren Prinzipat nicht auf menschliche Vorzüge und Leistungen gegründet: nicht auf Adel des Geschlechts, menschliche Rechtssatzung, äußere Betriebsamkeit und juristische Kniffe, erst recht nicht auf Usurpation, Unterdrückung und Beugung des Rechts, sondern allein auf göttliche Berufung. Sie waren Vorbilder gewissenhafter Seelsorge, lebenverzehrenden, selbstlosen geistlichen Eifers überhaupt, Lehrer des Christenvolks. Die Baseler Synode darf sich mit gutem Grund als Inhaberin der Herrschaftsgewalt betrachten, die Christus dem Petrus anvertraut hat; zugleich haben ihre Doktoren denselben Auftrag, wie Paulus: Lehrer und Seelsorger der Völker zu sein. Nur müssen sie einig sein und vor allem: die überlieferten Formen wahren. Denn wie das Sakrament der heiligen Messe nur wirksam wird bei genauer Innehaltung des vorgeschriebenen Ritus, so auch die unfehlbare Lehrgewalt der Synode nur dann, wenn sie die „schuldige, von den heiligen Vätern überlieferte Form" beachtet. Geschieht das aber, dann kann sie nicht irren, wenigstens nicht in heilsnotwendigen Glaubenssätzen — ungeachtet der Sündhaftigkeit und Fehlbarkeit der einzelnen Mitglieder; denn nicht die sündhaften einzelnen sind es, die hier reden: vielmehr der heilige Geist kommt ihnen zu Hilfe und redet in ihnen[1]. Das klang alles sehr wohlgefällig im Sinn der konziliaren Theorie; im Grunde aber war es — kirchenpolitisch betrachtet — fast nichtssagend. Denn die eigentlich brennende Frage der Zeit: wem der Primat gebühre, ob dem Papst oder dem Konzil? war ebenso umgangen wie die nicht minder wichtige: ob das Konzil unfehlbare Autorität beanspruchen dürfe nicht nur in Fragen der Glaubenslehre, sondern auch des äußeren Kirchenregiments. Wieder, wie in Konstanz, ging der Heidelberger Festredner mehr auf geistliche Erbauung als auf politische Wirkung aus.

Von vornherein war die Heidelberger Deputation, der Einladung des Konzils entsprechend, auf 4 Monate begrenzt, innerhalb deren man die Hussitenfrage zu erledigen hoffte. So rasch kam nun freilich die Einigung mit den Böhmen nicht zustande; doch blieb nur ein Teil der Deputierten über die vereinbarte Zeit hinaus am Konzil. Otto vom Stein ließ sich im Oktober auf unbestimmte Zeit beurlauben, versprach möglichst bald zurückzukehren, erscheint aber in den Protokollen erst wieder im Mai des folgen-

---

[1] Etsi non omnibus per graciam gratum facientem assistit, tamen eis per graciam gratis datam.

den Jahres[1]. Schon vorher hatte sich Gerhard Brant für einen Monat be=
urlauben lassen (am 14. August); da er im Februar 1433 wieder genannt
wird, scheint er das Konzil nur vorübergehend verlassen zu haben. Zu=
sammen mit Konrad von Soest (Regensburg) war er (und zwar als pfalz=
gräflicher Gesandter!) Mitglied eines Konzilsausschusses, der im Februar
1433 mit der in Basel erschienenen Abordnung böhmischer Hussiten unter
Johann von Rokyzana verhandelte. Auch im April 1433 war er dort noch
tätig — doch ohne seine früheren Genossen. Denn als am 11. April eine
förmliche, an alle deutschen Universitäten gesandte Einladungsbulle Papst
Eugens IV. eintraf, wurde darüber in Heidelberg im Hause Nikolaus
Magnis verhandelt und beschlossen, den noch in Basel weilenden (offenbar
nur noch vom Pfalzgrafen bevollmächtigten) Gerhard Brant zum Ver=
treter der Universität zu ernennen. Erst Mitte Mai wurde ihm Otto vom
Stein beigegeben[2], der denn auch jetzt wieder eine Zeit lang in den Konzils=
protokollen erscheint: bis zum 7. Juli, dem Tage seiner endgültigen Be=
urlaubung. Nach diesem Zeitpunkt haben wir keine sichere Nachricht mehr
über die Teilnahme von Heidelberger Universitätsmitgliedern an den
laufenden Verhandlungen. Nur gelegentlich tauchen noch vereinzelte
Notizen auf, die erkennen lassen, daß der Pfalzgraf oder die Universität
in irgendwelchen Rechtsstreitigkeiten die Entscheidung des Konzils durch
Sondergesandte suchte[3]. Sicherlich hing diese Zurückhaltung mit der Ent=
wicklung des Streites zwischen Papst und Konzil zusammen.

Im September 1432 hatte man in Basel, um den Anspruch des Papstes
auf Superiorität über das Konzil zu brechen, mit der Eröffnung eines
förmlichen Prozesses gegen ihn begonnen, der nichts Geringeres als seine
Absetzung bezweckte. Das war der Augenblick, in dem sich die deutschen

---

[1] Concil. Basil. II, 253, 411. Für das Folgende: ebd. 193, 339, 344f.: 4. 8. 1432;
7.—10. 2. 1433. Bestätigt durch Joh. de Ragusio zum 9. 2. 1433: Monum. concil.
gen. saec. XV, I, 282.

[2] Thorbecke 27*f., der aber das päpstliche Schreiben an die Kölner und die
Wiener Universität vom 16. 2. fälschlich auf 1432 datiert (calculus Florentinus!). Ver=
handlungen der Universität vom 17. 4. und 17. 5. bei Jung, a. a. O., 46ff. — Con=
cil. Basil. II, 411, 413, 423, 444 betr. Otto de Lapide. Er tritt am 22. 5. in dem
Trierer Kapitelstreit zugunsten Erzbischof Rabans auf, im Namen des Pfalzgrafen;
am 6. 6. in einem Prozeß des Kurfürstenkollegs gegen den Herzog von Burgund.
Am 7. 7. obtinuit licenciam recedendi.

[3] Concil. Basil. III, 61 (8. 4. 1434); 126 u. ö. Weitere Notizen aus den Jahren
1434—37 bei Thorbecke 28*.

Fürsten, erschreckt durch die Aussicht auf ein neues Schisma, in aller Form in den Streit einmischten. Auf italienischem Boden suchte König Sigismund, auf deutschem ein Frankfurter Kurfürstentag vermittelnd einzugreifen. Entgegen den Bemühungen des Konzils, eine Kollektiverklärung des kurfürstlichen Kollegs zu seinen Gunsten zu erreichen, ließ dieses durch eine feierliche Gesandtschaft in Basel vorläufigen Aufschub des Prozesses fordern. Gregor von Heimburg, der später so berühmte Dorkämpfer deutscher Gravamina gegen Rom, trat hier zum erstenmal, als Berater von Mainz und Führer der kurfürstlichen Legation, mit einer großen Prunkrede im Stil der italienischen Humanisten hervor. Tatsächlich erreichte er einen Aufschub des Prozesses um 60 Tage, und nunmehr ging ein Teil der kurfürstlichen Gesandten, an ihrer Spitze der pfälzische Kanzler Ludwig von Ast, nach Siena und Rom, um die Dermittlung, unterstützt von der Autorität König Sigismunds, an der päpstlichen Kurie selbst durchzuführen. Am 30. Januar 1433 hielt Ludwig von Ast als Sprecher der Gesandtschaft eine feierliche Ansprache vor dem Papst, die ihn dringend zur Aussöhnung mit dem Konzil aufforderte[1]. Die Rede, in einem Codex der ehemaligen Palatina überliefert, bildet mit ihrer charakteristischen Mischung ciceronianischer und mittelalterlicher Stilelemente, ihrer Derzierung echt scholastischer Redekünste durch einzelne weltlich-humanistische Floskeln eines der frühesten Beispiele für das Eindringen italienischer Stilmuster in die deutsche Schulrhetorik. Politisch hatte die Gesandtschaft guten Erfolg: ohne seine Superioritätsansprüche aufzugeben, gestattete Eugen IV. die Fortsetzung des Konzils in Basel, zog alle früheren Auflösungsdekrete zurück und forderte nun auch seinerseits öffentlich zum Besuch der Baseler Dersammlung auf. Wir hörten schon von seinem Einladungsschreiben an die

---

[1] P.L.V. 608, fol. 128ᵇ–130ᵃ. Inc: Mandatum susceperam laborem quem hodierna iubet explere dies sanctitatis tue usw. Am Schluß: Arenga prescripta proposita et facta (est) Bononie coram domino nostro domino Eugenio papa quarto ex parte rev. dom. Maguntiensis et Coloniensis aliorunque ill. principum Romani imperii electorum per magistrum Ludowicum de Ast cancellarium domini ducis Ludovici comitis palatini Reni etc. utriusque iuris doctorem excellentissimum ... Die Ortsangabe Bologna ist natürlich irrig. Der Wortlaut der Rede hat unzweifelhaft Joh. de Segovia bei seinem Bericht Monum. concil. gen. II, 332f. vorgelegen; Thema, Inhalt und viele Einzelwendungen stimmen überein; andere Wendungen finden sich in den der Gesandtschaft vorgelegten Propositionen wörtlich wieder, vgl. RTA. X, 658f. Den Herausgebern der RTA. ist unser Stück und der Name des Redners unbekannt geblieben.

20*

deutschen Universitäten (16. 2. 1433) und von den Beratungen der Heidel=
berger darüber (ob. S. 306). Aber die Machtansprüche der Konzilsväter
waren inzwischen noch weiter gewachsen. Ihnen genügte nicht mehr eine
formelle Neuberufung der Synode durch päpstliche Autorität, sie wollten
ihre Anerkennung als freie, vollkommen souveräne Versammlung. Im
Sommer 1433 wurde ein neuer Prozeß gegen Eugen IV. in Gang gebracht,
dessen Durchführung König Sigismund, soeben erst vom Papste zum Kaiser
gekrönt, mit Mühe aufzuhalten suchte.

Auf dieser Stufe der Entwicklung sieht man die Heidelberger zum
ersten Male deutlich von der konziliaren Bewegung abrücken. Das
am 13. Juli publizierte Dekret, das den Papst mit der Absetzung
bedrohte, falls er nicht binnen 60 Tagen auf seine Superioritäts=
ansprüche verzichten würde, wurde von ihnen als Übergriff ver=
urteilt; ebenso eine Reihe von Verwaltungsmaßnahmen, mit denen
das Konzil sich gleichsam an die Stelle der päpstlichen Verwaltung setzte:
alles dies, meinte man in Heidelberg, ginge über die ursprünglichen Zwecke
des Konzils und seine rechtlichen Befugnisse weit hinaus[1]. Pfalzgraf Lud=
wig wurde zum Widerstand aufgefordert. In der Tat ging von ihm, wie
es scheint, die Anregung zu einem neuen Kurfürstentag in Frankfurt aus
(September 1433), auf dem er persönlich mit Konrad von Mainz erschien,
zur Beratung der Kirchensachen. Hier hatten die Gesandten der Synode,
der Magister von Ragusa und Konrad von Soest (Bischof von Regensburg)
große Mühe, die Fürsten für die Sache des Konzils zurückzugewinnen; sie
stießen auf sehr abfällige Urteile über seine bisherigen Taten und seine
letzten Absichten und führten sie auf ungünstige Berichte der Heidelberger
Professoren zurück. In Heidelberg selbst gelang es Johann von Ragusa
in einer vom Pfalzgrafen veranstalteten Aussprache mit seinen Juristen (ver=
mutlich mit Otto vom Stein und Ludwig von Ast), diese von der gerechten
Sache des Konzils zu überzeugen. Es blieb aber dabei, daß der Kurfürsten=
tag die Baseler Versammlung schriftlich und mündlich ersuchen ließ, den

---

[1] RTA. XI, nr. 38: Schreiben eines nichtgen. Heidelberger Doktors nach Rom,
1433 nach Juli 13. Dazu Einleitung Beckmanns S. 17 u. d. Stücke nr. 39—40. — Am
23. Mai hatte die Universität das von G. Brant eingeschickte Conclusum der 11. General=
sitzung vom 27. April. „Quoniam frequens conciliorum" (s. Mansi, XXIX, 52ff.)
in ihre Akten eintragen lassen, durch das Papst und Kardinäle gezwungen werden
sollten, vor dem Konzil zu erscheinen und es bis zur Vollendung der kirchlichen Refor=
mation an Haupt und Gliedern für unauflöslich zu erklären. Das spricht für eine
zunächst noch konzilsfreundliche Stimmung. Vgl. U.B. II, 265.

Prozeß gegen Eugen zu vertagen, die Tonart ihres Edikts zu mildern und eine neue kurfürstliche Vermittlungsaktion, wie im Vorjahr, anzunehmen. Man begreift, daß Johann von Ragusa bei diesem Anlaß heftig auf die „verleumderischen" Konzilsmitglieder schalt, die es beinahe dahin gebracht hätten, daß die deutschen Kurfürsten zur päpstlichen Partei übertraten. Um so mehr, als die Heidelberger Hochschule, wie es scheint, die einzige der deutschen Universitäten war, die schon jetzt Bedenken gegen das radikale Vorgehen des Konzils äußerte. Die Wiener und Kölner Deputierten jedenfalls blieben (trotz großer Geldnöte) bis in den Mai bzw. November 1434 in Basel und erlebten so den höchsten Triumph der Versammlung mit: daß es ihr gelang, die Vermittlungsaktion der Kurfürsten und des Kaisers (der jetzt selbst in Basel erschien) in ihrem Sinn umzubiegen und damit den Papst so unter Druck zu setzen, daß er sich restlos ihren Forderungen unterwarf (5. Februar 1434). Kurz vorher waren die Verhandlungen mit den Hussiten glücklich abgeschlossen worden: in den Prager Kompaktaten vom 30. November, und so stiegen denn das Ansehen und die Macht des Konzils jetzt auf ihren Höhepunkt — freilich auch seine Ansprüche, die bald genug zu neuem Konflikt mit dem Papsttum führen sollten. Unsere Universität war an alledem nicht mehr beteiligt.

Man wird überhaupt sagen dürfen, daß die deutschen Hochschulen an der Radikalisierung der Synode, die man seit ihrem ersten Triumph über das Papsttum bemerkt, nicht — oder doch nicht wesentlich — beteiligt gewesen sind. Nicht der deutsche Professorenstand, sondern der niedere und mittlere, großenteils akademisch gebildete Klerus, der in Basel jetzt das Feld beherrschte und um die Eroberung weitgehender ständischer Gerechtsame stritt, hat die großen Entscheidungskämpfe mit der römischen Kurie ausgefochten, und zwar unter Führung der Franzosen, denen es vor allem um die Freiheit ihrer „gallikanischen" Nationalkirche ging. Die deutschen Universitäten haben in diesem Kampf nur eine Reserve- und Hilfstellung bezogen, und gerade die Heidelberger hielten sich am stärksten zurück. Zwanzig Jahre später rühmten sie sich dem Papste gegenüber, niemals vom römischen Stuhl abgefallen zu sein, auch in der Zeit der sog. deutschen „Neutralität" (seit 1438) nicht; vielmehr sei es wesentlich ihren Vorstellungen beim Pfalzgrafen Ludwig IV. zu verdanken gewesen, daß dieser sich nicht endgültig durch die Konzilspartei verführen ließ und zuletzt wieder offen zur Obedienz Papst Eugens bekannte[1].

---

[1] U.B. I, nr. 122, p. 180 (2. 3. 1462).

In der Tat weist vieles darauf hin, daß die Heidelberger Universität die neue Zuspitzung des Streites zwischen Papst und Konzil von Anfang an ebenso mißbilligt hat, wie schon den Prozeß von 1433. Der unmittelbare Streitgegenstand — die Frage, ob das Konzil zum Zweck der Union mit den Griechen nach Avignon, auf französischen Boden, oder in eine italienische Stadt verlegt werden sollte, ging offenbar die Franzosen weit näher an als die Deutschen; und die Gefahr eines neuen Schismas, einer Zerstörung der altgewohnten päpstlichen Autorität wurde in Deutschland mit viel größerer Sorge betrachtet als in Frankreich, dessen Königtum soeben aus tiefer Erniedrigung zu neuer Macht emporstieg und an der gallikanischen Nationalsynode einen festen Rückhalt besaß. Wir hören denn auch, daß die deutschen Konzilsväter, angesichts dieser Gefahren allmählich doch wieder zu einer „natio Germanica" organisiert, sich meist zur Vermittlungsgruppe der sog. „Legatenpartei" hielten. Ende 1437 wandten sie sich an das Kurfürstenkolleg mit der Bitte um Vermittlung, zuerst an Bischof Raban von Trier. Dabei scheinen auch Theologen und Juristen, die der Heidelberger Universität nahestanden, eine gewisse Rolle gespielt zu haben[1]. Sicherlich war Otto vom Stein an den Vermittlungsvorschlägen beteiligt, die Raban und der Pfalzgraf auf dem Frankfurter Kurfürstentag im November 1437 vorlegten[2]. Als Sprecher einer kurfürstlichen Gesandtschaft, die den Beschluß des Fürstentages überbrachte und noch einmal die streitenden Parteien zu versöhnen suchte, erschien er im Januar 1438 in Basel. Seine Gesandtschaft blieb, wie so viele frühere und spätere von ähnlicher Tendenz, vergeblich, da die radikalen Geister inzwischen längst die Oberhand gewonnen hatten. Aber sie zeigt, daß seine Auftraggeber, die höchsten geistlichen und weltlichen Fürsten Deutschlands, mit dem zu Basel jetzt herrschenden Geist durchaus nicht mehr einverstanden waren. Sie hielten eine Reform der Versammlung, ihre Reinigung von illegitimen Mitgliedern und ihre Neuorganisation nach Konstanzer Vorbild, also in „Nationen" gegliedert, für dringend notwendig. Und ein paar Monate später, anläßlich der Neuwahl eines deutschen Königs — als man inzwischen

---

[1] RTA. XII, S. 291ff. G. Weber, Die selbständige Vermittlungspolitik des Kurfürsten im Konflikt zwischen Papst und Konzil 1437/38. 1915. Dort auch die ältere Lit. Zu vgl. bes. Joachimsohn, Gregor Heimburg (1891), 51.

[2] RTA. XII, nr. 190. Die Niederschrift steht zwar nicht in scharfem Gegensatz zu den Vorschlägen des Mainzers, zeigt aber doch unverkennbar eine mehr papstfreundliche Tendenz.

in Baſel den Papſt von ſeiner Würde ſuspendiert hatte — erklärten ſie ſich und die Kirchen ihrer Länder in feierlichſter Form für neutral.

Schwerlich iſt ſich damals ſchon einer der beteiligten Fürſten über die weittragenden rechtlichen Folgen dieſes Schrittes klar geweſen; man wollte ſich nur einer Notlage entziehen: der Unmöglichkeit ſofortiger Entſcheidung über das Recht oder Unrecht einer der beiden ſtreitenden Parteien. Daß daraus der Anfang zu einer Emanzipation der weltlichen Gewalt von der Superiorität der geiſtlichen, ja zu einer dauernden Umgeſtaltung des deut= ſchen Kirchenweſens geworden iſt, lag an der Unverſöhnlichkeit der beiden ſchismatiſchen Parteien, nicht aber (jedenfalls nicht urſprünglich) am Willen der kirchlich loyalen deutſchen Kurfürſten. Ihre Neutralitätserklärung war ein Schritt der praktiſchen Politik, nicht das Ergebnis kanoniſtiſcher Erwä= gungen. Man wird darum auch den Anteil gelehrter Räte an dieſem Er= gebnis mehrtägiger Beratungen nicht überſchätzen dürfen[1]; ihre Mitwir= kung gab den politiſchen Entſchlüſſen der Herren die theologiſch=juriſtiſche Form, aber nicht die Richtung. Einfluß von Heidelberger Gelehrten wird man vor allem in jenem Vorſchlag der pfälziſchen Regierung vermuten dürfen, mit deſſen Vorlage die Beratungen des Frankfurter Wahltages begannen: die Fürſten ſollten „mit iren wiſen reten ſich gruntlicher erfaren, welich partie unredelich ſach fürhabe" und ſich bemühn, alles abzuſtellen, „was danne unredelichs von beiden partien furgenomen iſt worden", da= mit die heilige Kirche in Einigkeit bleiben möge. Ein Vorſchlag, der ebenſo= ſehr vom Selbſtbewußtſein der gelehrten Berater des Kurfürſtenkollegs, wie von ihrer politiſchen Naivetät zeugt: ſie trauen ſich ſelber zu, die Gren= zen des Rechts beider Parteien durch theoretiſche Deduktion genau be= ſtimmen zu können, ihren Herrn die Macht, ſolcher Einſicht zum Siege zu verhelfen — beides eine reine Utopie!

Über die weitere Haltung der Univerſität im Kirchenſtreit liegen nur noch vereinzelte Zeugniſſe vor. Ohne Zweifel hielt ſie ſich äußerlich ebenſo neutral, wie ihr Landesherr. Von beiden Parteien eifrig umworben[2], trat

---

[1] Wie es in der bei G. Weber, a. a. O., 89ff. angeführten älteren Literatur, auch noch bei Joachimſohn 51 geſchieht. — Die Urkunden: RTA. XIII, 73 (beſ. nr. 28), 216ff.

[2] Über die Zuſchriften Eugens IV. u. des Konzils ſeit 1439 vgl. Thorbecke 29*. Das U.B. II, nr. 297 regeſtierte Stück findet ſich außer in C.l.m. 1831 auch in P.L.V. 600, f. 98; in beiden Codd. ferner eine Mitteilung Eugens IV. an Pfalzgraf Ludwig v. 1439 Juli 7 betr. die in Florenz vollzogene Union mit den Griechen (inhaltlich belanglos). Einladungsſchreiben Felix' V., Okt. 1440 ſ. RTA. XV, 501; König Fried=

ſie doch während der nächſten zehn Jahre (bis zum Ende des Konzils)
weder auf Kirchen= noch auf Reichstagen (ſoviel ſich bisher erkennen läßt)
mit eigenen Kundgebungen hervor[1]. Das iſt ſehr auffallend: die andern
deutſchen Univerſitäten ſind damals ſämtlich (zum Teil mehrfach) mit Gut=
achten und Ratſchlägen hervorgetreten, die alle mehr oder minder partei=
lich zugunſten des Konzils lauteten. Sie fühlten ſich eben in erſter Linie
als kirchliche Körperſchaften und als berufene Träger und Hüter der Konzils=
idee, ohne viel Rückſicht auf die ewig wechſelnden politiſchen Erwägungen
ihrer Landesherrn, denen ſie gelegentlich (ſo in Wien und Erfurt) ſogar
unbequem wurden. Don den Heidelbergern iſt keine einzige Kundgebung
zugunſten des Konzils bekannt geworden, auch dann nicht, als die pfälziſche
Politik (in den letzten Jahren) zum Baſeler Konzilspapſt hinüberzuwechſeln
ſchien. Warum ſchwiegen ſie? Schwerlich aus politiſchen Rückſichten; wir
haben keinen Grund zu vermuten, die Freiheit ihrer Meinungsäußerung
ſei mehr beſchränkt geweſen als die der andern deutſchen Hochſchulen. Um
ſo weniger, als ein irgendwie ſelbſtändiger Kurs der pfälziſchen Politik
in dieſen Jahren durchaus nicht zu erkennen iſt: ſie lief meiſt im Fahr=
waſſer von Kurtrier. Auch von materiellen Rückſichten, wie ſie am Ende
des Konſtanzer Konzils hervorgetreten waren und den Reformeifer der
deutſchen Univerſitäten gelähmt hatten, wird man diesmal nicht reden
dürfen: mit den wahlloſen Gnadenbezeugungen der Kurie im Stil der
älteren Zeit war es ſeit den Baſeler Reformbeſchlüſſen ein für allemal
vorbei; von Rotulushoffnungen war keine Rede mehr; dafür ſtieg der
Einfluß der weltlichen Obrigkeiten auf die kirchliche Stellenbeſetzung um ſo
mehr, je länger das Schisma dauerte und die Kirche von der Entſcheidung
der weltlichen Mächte abhängig machte. Wer kirchlich dachte, mußte die
„Neutralität“ der deutſchen Fürſten als die Urſache kirchlichen Machtver=
falls, ja als Gehorſamsentziehung, die allem Kirchenrecht widerſprach, ver=

---

richs III. zum Frankfurter Reichstag, 1441, Juli 22, ſ. RTA. XVI, 95; der Baſeler
Synode vom April 1442 vgl. ebd. 216. Beſendung des Nürnberger Reichstages 1443
ſ. U.B. II, nr. 308ſ. Die in RTA. XV, 646 erwähnten „conclusiones dr. risen“
des P.L.V. 600, fol. 85ᵛ, entſchieden papſtfeindlichen, konzilsfreundlichen Charakters
bieten keinen Anhalt für die Dermutung, ihr Autor ſei der Heidelberger Profeſſor
Joh. Rijſſen.

[1] Jhre Derſicherung, Eugen ſtets angehangen zu haben (U.B. I, p. 180), iſt alſo
inſofern nicht ganz aufrichtig, als ſie niemals — ſoviel man ſieht — eine öffentliche
Erklärung für Eugen gemacht hat. Endgültige Klarheit kann jedoch erſt die Fort=
ſetzung der RTA. bis 1448 bringen.

dammen. Es ist kaum zu bezweifeln, daß man das auch in Heidelberg tat — aber nun nicht, wie die Mehrzahl der Professoren auf den anderen deutschen Universitäten, die Rettung der Kirche vom Konzil erwartete. Aus Gründen gewissensmäßiger Überzeugung, so scheint es, hielt die Heidelberger Universität an dem Standpunkt fest, den sie schon in den Tagen von Pisa eingenommen hatte: dem Radikalismus konziliarer Theoretiker hartnäckig zu widerstehen[1]. Nur von einem der Heidelberger Professoren wird berichtet, daß er — und zwar als einziger! — an der Sache des Konzils hartnäckig festgehalten habe trotz aller Bannflüche Papst Eugens: von Johannes Wenck, dem bedeutendsten unter den Theologen der Jahrhundertmitte und literarischen Gegner des großen Cusaners[2].

Die Universität als Ganzes zeigte sich durch das Schisma schwer bedrängt[3]. Mit welchem Eifer sie darauf bestand, es sei die Pflicht der deutschen Kurfürsten, die Kirchenspaltung durch ihr Eingreifen schleunigst zu beenden, zeigt eine feierliche Ansprache, mit der sie den Trierer Erzbischof Jakob von Sirk im Mai 1441 auf der Durchreise in Heidelberg durch ihren Rektor begrüßen ließ: sie beschwor ihn dringend, alles aufzubieten zur Überwindung des unseligen Schismas und zur Rettung der Kirche[4]. Es geschah in einem sehr bedeutsamen Augenblick. Kurfürst Jakob war gerade im Begriff, zu König Friedrich nach Wien zu reisen und ihm die Beschlüsse eines Mainzer Reichstages zu überbringen, auf dem man zum erstenmal

---

[1] Was C. Hanna, Die südwestdeutschen Diözesen und das Baseler Konzil in den Jahren 1431—41 (Erlanger Diss. 1929), S. 43 f. an Quellenzeugnissen für die Haltung der Universität in diesen Jahren anführt, ist ohne Wert. Schwab, Syllabus 56, schreibt Trithemius aus; die von Trithemius erwähnte angebliche Abhandlung Ernestis ist unbekannt. Das Zeugnis Dörings besagt praktisch gar nichts. Rudolf von Rüdesheim hat mit dem gleichnamigen Heidelberger Professor nichts zu tun, vgl. A.D.B. 29, 529 ff. (Markgraf).

[2] Vgl. m. Studien 3. Spätscholastik II, 50, N. 1 u. unten Kapitel 17.

[3] Das bringt sehr lebhaft eine Einleitungsrede zum Ausdruck, die mag. Rudolf de Zeeland (al. de Brüssel) am 11. 10. 1440 hielt. Er erwartet das größte politische Unheil für Kirche und Welt, hofft dringend auf eine Aussöhnung der beiden Konzilien in Florenz und Basel und wünscht das Eingreifen des neugewählten Kaisers Friedrich (III.). P.L.V. 370, fol. 143 ss.

[4] Rede des mag. Joh. Ernesti, th. bacc., am 26. 5. 1441; P.L.V. 608, fol. 154ᵇ bis 155ᵇ. Da Kurfürst Jakob den Wormser Fürstentag Ende Mai nicht besuchte (RTA. XVI, p. 3) und Anfang Juni in Nürnberg, am 14. 6. beim König Friedrich III. nachzuweisen ist (Bachmann, Archiv f. österr. Gesch. 75, 1889, p. 84), befand er sich am 26. 5. wohl sicher schon auf der Reise nach Wien.

grundsätzlich die Neutralität hatte fallen lassen — noch ohne endgültige Entscheidung zwischen den streitenden Parteien, aber doch so, daß die Meinung, Papst Eugen IV. sei der rechtmäßige Papst, deutlich obgesiegt hatte. Ein neues, von den europäischen Hauptmächten gemeinsam zu veranstaltendes Konzil sollte zusammentreten und (nach den Wünschen des Trierers) Eugens Obedienz zum Siege führen. Kurfürst Jakob hoffte den König für diesen Beschluß zu gewinnen. Er war damals die Seele des Kurfürstenkollegiums: ein ehrgeiziger, überaus verschlagener, höchst aktiver Politiker, von rein weltlichen Machtzielen gelockt, in der großen Kirchenpolitik jeweils der Partei zugetan, die ihm den größten Vorteil versprach, ohne alle Gewissensbedenken, wie sie noch seinen Vorgänger Raban mitbestimmt hatten und wie sie die Heidelberger Professoren beschäftigten. Eben damals erhoffte er für seinen Erzstuhl, sein Vermögen und seine Familie größeren Gewinn vom Papst Eugen als von dem macht- und mittellosen Gegenpapst, den die Baseler Synode 1439 gewählt hatte: Felix V., dem ehemaligen Herzog von Savoyen. Er stand in enger Verbindung mit dem französischen Hofe und gedachte es dem Vorbild Karls VII. nachzutun: Eugen zur Anerkennung in Deutschland zu verhelfen, aber gegen reichen Macht- und Pfründengewinn für die Gehorsam leistenden deutschen Reichsstände. Die pfälzische Politik dieser Jahre zog er ganz in seinen Bann. Die Heidelberger Magister täuschten sich schwer, wenn sie ihn als Vorkämpfer ihrer kirchenpolitischen Ideen begrüßten: in diesem nüchternen Realisten, der die Einmischung der Gelehrten in die hohe Politik nur als Störung empfand[1], lebte nichts von ihrem geistlichen Eifer. Er spann seine Fäden nach allen Seiten zugleich. Immerhin hielt er zunächst — und mit ihm die Mehrzahl der Kurfürsten — an seiner Verbindung mit Papst Eugen fest, und so mochte die Universität gute Hoffnung auf eine Lösung in ihrem Sinn schöpfen. Welche Stimmung in diesen Jahren in Heidelberg vorwaltete, darüber sind wir durch eine Disputationsrede gut unterrichtet, die Magister Rudolf von Seeland aus Brüssel, Lizentiat der Theologie und Schüler des ehemaligen Konzilsgesandten Gerhard Brant, auf einer großen Jahresdisputation der Artisten hielt[2].

---

[1] Vgl. die Charakteristik Joachimsohns, a. a. O., S. 70 und die dort zitierten Belegstellen.

[2] Presidente mag. Henrico Limpurg bacc. th. . . . et quotlibetariando in facultate artium studii heydelbergensis anno (14)42⁰ responsio magistri Radulfi de bruxella in eadem licentiato (Überschrift von gleichzeitiger Hand, vermutlich Rudolfs

Sie behandelte die Frage, ob mehr dem Spruch des Papstes oder des Konzils zu folgen sei, wenn beide einander widersprechen. Die Antwort, die unser Magister gibt, klingt ganz unzweideutig konzilsfeindlich. So un= zweideutig, ohne Diskuſſion von Gegenargumenten, daß man ſofort ſieht: der Redner ist des allgemeinen Beifalls ſeiner Zuhörer von vornherein ſicher. Schon die Formulierung des Themas durch den Präsidenten der Disputation läßt auf eine konzilsfeindliche Stimmung schließen. Wie kommt es — ſo hatte er gefragt — daß man überhaupt die Superiorität des Papstes über das Konzil zu bezweifeln wagt, trotz des klaren Zeug= niſſes der Väter und der kanoniſchen Geſetze? Daß niemand daran denkt, einem weltlichen Fürſten, der nur auf die eigene Einſicht vertraut, zu widersprechen, daß ſich dagegen ein Sturm der Entrüstung erhebt, ſobald

selbſt; der Text von Kopiſtenhand) utrum pocius et plus standum sit et inherendum sentencie solius pape principis et capitis ecclesie militantis, quam tocius concilii aut maioris eiusdem partis papali sentencie realiter adversantis. — P.L.V. 608, fol. 314ᵃ bis 319ᵇ. Das Datum der Überschrift führt auf Auguſt 1442. Da aber der Redner fol. 319ᵃ ſich ganz unzweideutig auf die Ereigniſſe der Kölner Provinzialſynode des Oktober 1440 bezieht, die er „novissime" geſchehen nennt, muß doch wohl mit der Möglichkeit einer irrigen Datierung gerechnet werden. Magiſter Rudolf war ſchon 1432/33 Rektor gemeſen. Über ſeine kirchenpolit. Rede vom 11. 10. 1440 vgl. oben S. 313, N. 3. Das Stück iſt die einzige mir bekannt gewordene Äußerung aus dem heidelberger Profeſſorenkreis zur Superioritätsfrage. Die extrem konzilsfreundlichen Traktate des fr. Bartholomäus ordinis Charthusiensium prof. theol. olim rector in academia Heidelbergensi prior in Raimunda (vgl. RTA. XV, 646 u. 970; dazu S.B. Wien, Philoſ.=hiſt. Kl. 6, 64), die ſich in Rom Vatik. Bibl. cod. Reginae 1020, fol. 178ᵃ—196ᵇ und ebd. P.L.V. 601, fol. 67—76 u. 153ᵃ—164ᵇ finden, gehören nicht zum heidelberger Schrifttum. Ihr Autor iſt der 1446 in Köln verſtorbene Prior der Karthauſe Bethlehem in Roermonde, über den Trithemius, Schriftſtellerkatalog und die geſamte Karthäuserliteratur, z. B. Th. Petreius, Bibliotheca Cartusiana, Coloniae 1609, p. 18ff. oder Leone de Daſſeur, Ephemerides ord. Cartusiensis II, Monstrolii 1891, 338) berichten. Er läßt ſich mit Hilfe von Keuſſen, Matrikel der Univerſität Köln III (1931), p. 32, nr. 505 u. Toepfe, II, 374 (Promotion des Joh. de Rurcmunda) identifizieren mit dem heidelberger Magiſter Bartholomaeus de Tra= iecto ſuperiori (Maſtricht) alias Snavel de Uleſtraeten, der 1412 Rektor, 1420 Dize= rektor war, aber ſeit 1422 nicht mehr in den heidelberger Akten erſcheint. Statt deſſen erſcheint er 1444 Sept. 9. unter den Gutachtern der Kölner Univerſität auf dem Nürn= berger Reichstag: Lacomblet, Urkundenbuch f. d. Geſch. d. Niederrheins IV, 263 u. Keuſſen, Regeſten der Kölner Univerſität, S. 191, nr. 927. (Zweifelhaft iſt, ob eine recommendacio mag. Barthol. de Traiecto pro determinatore in artibus a. d. 1433 in P.L.V. 608, f. 119ᵛ von ihm ſtammt?) Ich behalte mir nähere Mitteilungen über den Inhalt ſeiner Konzilstraktate vor.

der Papſt auch nur eine einzige Konſtitution des Konzils auf Rat ſeiner
Kardinäle verbeſſernd zu interpretieren und zu ändern wagt? Daß manche
vom Konzil nicht mit leerem, ſondern wohlgefüllten Geldbeutel zurück=
kehren, zum Spott der Menge[1]? Der Reſpondent erwidert mit ſcholaſti=
ſchen Definitionen des Kirchen= und Konzilsbegriffs, die nur den äußeren
Vorwand für eine ſehr bittere Kritik am Baſeler Konzil darſtellen. Un=
erhört iſt es, daß nicht, wie auf den vier älteſten Generalſynoden der
Chriſtenheit, die Prälaten der großen Kirchen perſönlich erſcheinen, ſon=
dern ihre Prokuratoren ſchicken, gemietete Söldlinge, die nur das Ihre
ſuchen. Kaum dreißig Prälaten aus allen Kirchen des Abendlandes ſind
gleichzeitig zuſammengekommen, um über die höchſten Fragen der Chriſten=
heit zu beraten! Daher auch das ſkandalöſe und verderbliche Hinausziehen
der ſo löblich begonnenen Synode ins Endloſe! Vor allem: ohne päpſt=
liche Autoriſation iſt ein wirklich univerſales Konzil unmöglich, wie das
Kirchenrecht ſeit den Tagen des Pelagius klärlich beweiſt. Der apoſtoliſche
Stuhl iſt das einzige rechtmäßige Haupt der römiſchen Kirche; zwei oberſte
Häupter ſind ein Widerſinn: nur eines davon kann das rechte ſein. Wer
von beiden iſt nun der rechte Papſt? Eugen, der heute ſchon von faſt allen
Königen und Fürſten ſamt ihren Untertanen als ſolcher verehrt und an=
erkannt wird, oder Felix, ehemals Herzog von Savoyen, von dem es
heißt, er ſei in Baſel zum Papſt gewählt? Eine heikle Frage! Aber gott=
lob iſt ſie heute als praktiſch gelöſt zu betrachten: Die Anerkennung Eugens
ſetzt ſich mehr und mehr durch[2]. Zwar gibt es immer noch Anhänger des
Gegenpapſtes; aber ſie ſuchen nur ihren Privatvorteil, nicht das Wohl
der Kirche. In Wahrheit iſt an der rechtmäßigen Wahl Eugens gar kein
Zweifel möglich, und der Prozeß, den man in Baſel gegen ihn geführt hat,
ſchon aus formalen Gründen hinfällig. Möchte doch bald die ganze Welt
ihm zufallen!

Dürfte man der handſchriftlichen Überlieferung dieſer Rede trauen, ſo
wäre ſie im Auguſt 1442 gehalten worden — in denſelben Tagen, als ein

---

[1] Als gelehrtes Scherzwort wird die Deutung von „synodus“ als „bursa sine
nodo“ zitiert.

[2] Die Beweisführrnng für dieſen Satz iſt recht ſeltſam. Magiſter R u d o l f zitiert
einfach die Erklärung der vier Mendikantenorden auf der Kölner Provinzialſynode
vom 10. Oktober 1440 (RTA XV, nr. 255) aus dem ihm zugegangenen Bericht
eines Kölner Mendikanten (RTA XV, nr. 257. p. 470 ff.) und ſtellt es ſo dar,
als ob dieſe Erklärung zugleich eine Meinungsäußerung von nonnulli catholici
reges et principes, episcopi, prelati et viri religiosi wäre.

glanzvoller Reichstag in Frankfurt unter dem persönlichen Dorsitz des so=
eben gekrönten Königs Friedrich III. über die Kirchenfrage beriet. Pfalz=
graf Ludwig IV., soeben mündig gesprochen, war mit einem glänzenden
Gefolge, darunter zwölf Doktoren der Theologie und Jurisprudenz, dort=
hin geritten[1]: man wird vermuten dürfen, daß sie die Sache Eugens gegen
das Konzil eifrig verteidigt haben. Das Ergebnis der Tagung war aber
ein sehr unerwartetes: König Friedrich, dem alles darauf ankam, ein
selbständiges Vorgehen der Kurfürsten in der Kirchenfrage zu verhindern
und ihnen die Verbindung mit Rom abzuschneiden, setzte durch (freilich
nur mit hohen Opfern), daß sie einstweilen Eugen wieder fallen ließen
und die Neutralität noch einmal verlängerten[2]. Aber das war nur das
Vorspiel zu einer politischen Entwicklung, die sich immer weiter von den
Hoffnungen und Wünschen der Heidelberger Eugenianer entfernte. Nach=
dem es Jakob von Trier mißlungen war, mit Hilfe Eugens seine Ziele zu
erreichen, versuchte er es unbedenklich auf der anderen Seite. Ein unge=
heures Intriguenspiel begann, das die rheinischen Fürsten in scharfe, wenn
auch stets verdeckte Opposition zum Reichsoberhaupt und in enge Verbin=
dung mit den Höfen von Frankreich und Savoyen brachte, eine tatkräftige
Verteidigung der westlichen Reichsgrenze gegen die Raubzüge der Ar=
magnacs, die dem Pfalzgrafen als Reichsfeldherrn an erster Stelle oblag,
verhinderte, aber den beteiligten Fürsten manchen klingenden Gewinn ein=
brachte. Der junge Pfalzgraf erscheint in alledem zumeist nur als Werk=
zeug des mächtigen und verschlagenen Trierers. Im Elsaß erntete er
wenig Ruhm; dafür glückte es, mit Hilfe Kurtriers die alte pfälzische Ehe=
verbindung mit dem reichen savoyischen Hause vorteilhaft zu erneuern:
Margarita, die Tochter des Konzilpapstes, wurde ihm unter Zusage einer
Mitgift von 125000 Dukaten zur Gemahlin gegeben. Ohne Zweifel hoffte

---

[1] Gesandtschaftsrede des Gherardus professus Schönaw vor Eugen IV., P.L.V.
608, fol. 206[a] (s. die folgende Anmerkung!). Danach begleiteten Pfalzgraf Ludwig
auf dessen Kosten außer dem ritterlichen Gefolge die Bischöfe von Worms und Speyer,
ein „magister de ordine Theutonicorum prope suum dominum residens"(?) und
die oben erwähnten 12 gelehrten Räte. Die RTA. XVI, p. 375ff. abgedruckte Präsenz=
liste meldet ihre Namen nicht.
[2] Als kurpfälzisches Mitglied der Gesandtschaft, die sich zu Eugen IV. begab,
wurde der Schönauer Mönch Gherardus entsandt, der zugleich gewisse pfälzische
Sonderwünsche zu vertreten hatte: vgl. vorige Anmerkung! Die dort zitierte Rede
ist undatiert; es kommt aber nur der Herbst 1442 in Betracht. Vgl. auch die In=
struktion der Gesandtschaft: RTA. XVI, p. 589, nr. 1228, Ziff. 1.

der päpstliche Schwiegervater, den Pfalzgrafen auf diese Weise dauernd an seine Obedienz zu fesseln[1] — zuletzt doch vergeblich. Auf allen Reichs= und Fürstentagen dieser Jahre erscheint die pfälzische Politik als ein un= sicher schwankendes Element — nur daß freilich im ganzen die konzils= freundliche Haltung und die Bundesgenossenschaft mit Kurtrier überwog. Haben tatsächlich die Warnungen der Heidelberger Hochschule, wie diese sich später rühmte, eine endgültige Erklärung des Pfälzers für Felix V. verhindert? Oder waren es politische Bedenklichkeiten rein weltlicher Art: Verstimmung über die mangelhafte Zahlung der versprochenen Mitgift (von der mehrfach die Rede ist), vielleicht auch die Scheu vor offener Oppo= sition gegen das Reichsoberhaupt, mit dem sich der Pfälzer durch manche gemeinsamen Interessen, vor allem in der Städtepolitik, verbunden wußte? Wir vermögen es nicht zu erkennen. Sicher ist nur, daß die Diplomatie der römischen Kurie sich zuletzt doch allen Winkelzügen der deutschen Kur= fürstenpartei überlegen erwies. Je mehr sich diese mühte, durch zwei= deutige Manöver beide streitenden Päpste in die Enge zu treiben, politische Konzessionen von beiden zugleich zu erpressen und womöglich auch noch den römischen König mattzusetzen, umso fester knüpften sich, in tiefstem Geheimnis angesponnen, die diplomatischen Fäden zwischen Wien und Rom. Der Frankfurter Reichstag von 1446 brachte die Sprengung des konzilsfreundlichen Kurfürstenbundes; die Sache Eugens, vom römischen König jetzt offen vertreten, triumphierte; die Aussicht, durch rechtzeitigen Anschluß an Rom politische Sondervorteile zu erhandeln, war gar zu ver= lockend, die alte Zwiespältigkeit der deutschen Territorialinteressen zuletzt doch größer als ihre Gemeinsamkeit. Pfalzgraf Ludwig war einer der ersten unter den deutschen Kurfürsten, die das Oppositionsbündnis im Stich ließen und ihren Frieden mit Rom machten. Enea Silvio, der klügste aller päpstlichen Diplomaten, brachte ihn im Sommer 1447 in Heidelberg zustande. Den Heidelberger Magistern mag er wie ein Bote des Himmels erschienen sein[2].

Zwei Jahre später waren auch die letzten Trümmer des Konzils und eines schismatischen Papsttums verschwunden, die Einheit der abend=

---

[1] Der Ehevertrag vom 22. 10. 1444 (bei Du Mont, Corps diplomatique III, 1, 141) enthält nur vermögensrechtliche, keine politischen Abmachungen. — Feierliche Empfang Margaritas durch die Universität: U.B. II, 327.

[2] Verhandlungen mit Rom (Bestätigung einer älteren Bulle durch Eugen IV. u. Wahl Nikolaus' V. betr.): U.B. II, nr. 333ff.

ländischen Kirche und die Würde des römischen Stuhles wiederhergestellt. Das Abendland gehorchte wieder e i n e m geistlichen Hirten. Aber der alte Zauber seines Namens, seine unbedingt bannende Macht über die Gemüter war dahin. Nur die äußere Autorität des päpstlichen Throns, nicht die Herrschaft des geistlichen Prinzips über die Welt ließ sich wiederherstellen. Die Opposition der großen konziliaren Bewegung, die den päpstlichen Ab= solutismus vier Jahrzehnte bedrängt hatte, war ein für allemal zu Ende. Aber seinen Sieg verdankte das Papsttum nicht einer Erneuerung des echten mittelalterlichen, christlich=hierarchischen Geistes, sondern ausschließ= lich den Praktiken der hohen Politik. Praktiken höchst weltlicher Art, er= sonnen und durchgeführt von klugen Italienern im Stil des Enea Silvio. Damit ließ sich wohl die Superiorität des Papstes über das Konzil wieder= herstellen, aber nicht über die Welt, nicht über die säkularen Mächte. Fortan ruhte die päpstliche Macht nicht mehr auf unbestrittener geistlicher Auto= rität, sondern auf politischem Kompromiß: auf der Geltung von Staats= verträgen, von Konkordaten. Es blieb doch nicht ohne dauernde Folgen, daß so viele Jahrzehnte hindurch das Schicksal der Kirche von dem Willen der weltlichen Mächte bestimmt worden war. Nur äußerlich war jetzt die Einheit des christlichen Abendlandes wiederhergestellt. In Wahrheit trat es jetzt erst recht in nationale Besonderheiten auseinander. Der nationale weltliche Staat hatte sich für immer das Recht erkämpft, die äußere und die innere Gestaltung des kirchlichen Lebens tiefeingreifend mitzubestim= men. In Deutschland trat das alles zunächst weniger sichtbar hervor, weil die Zerfahrenheit und Zersplitterung unseres staatlichen Lebens jeden Ver= such zu einer großen, eindrucksvollen Kundgebung des nationalen Willens, wie das Kurfürstenkollegium sie zeitweise geplant hatte, scheitern und alle Verhandlungen mit Rom in ein kleinliches Feilschen um kleinliche Handels= gewinne ausmünden ließ. Aber tief verwandelt war das geistlich=weltliche Wesen doch auch hier. Die säkularen Bedürfnisse drängten sich vor, die alte natürliche Harmonie beider Lebenssphären war gestört. Auch in der Geschichte der Universität bedeutet die Jahrhundertmitte, das Ende der großen konziliaren Bewegung, einen sehr bemerkenswerten Einschnitt.

Ehe wir uns der Betrachtung des Neuen zuwenden, das jetzt empor= kam, werfen wir noch einen Blick auf das innere Leben unserer Hochschule in den Jahrzehnten der konziliaren Kämpfe: auf die literarische Produktion ihrer Gelehrten.

Vierzehntes Kapitel

Aus dem literarischen Nachlaß der Heidelberger Scholastik im Zeitalter der Kirchenreform.

Die Geschichte der Universitäten ist nicht die Geschichte der Wissenschaft; und vollends der Rahmen einer kleinen deutschen Landesuniversität ist viel zu eng, um darin ein Bild vom Entwicklungsgang der großen Probleme des abendländischen Geistes (denn darum, nicht bloß um nationale Fragen handelt es sich!) unterzubringen.

Dennoch wird eine Universitätsgeschichte, die mehr sein will als eine Geschichte von Verfassungsformen und Lehrmethoden, nicht ganz darauf verzichten können, wenigstens andeutend von dem Inhalt der wissenschaftlichen Arbeit zu sprechen, die das eigentliche Leben der Hochschule als Forschungsstätte ausmacht[1]. Das ist in den älteren Jahrhunderten, im Bereich der Scholastik zumal, immer noch eher möglich als in der neueren Zeit: weil es damals noch eine Gemeinsamkeit philosophisch-theologischer Grundprobleme gab, deren Bearbeitung zwar nicht alle, aber doch die wichtigsten Fakultäten dienten; ferner deshalb, weil damals der Begriff der Schulbildung viel mehr bedeutete als heute: weil die Wissenschaft noch mehr im Stil einer handwerklichen Zusammenarbeit des Meisters und seiner Gesellen betrieben wurde als in der Einsamkeit individueller schöpferischer Leistung. Persönliche Farbe gewinnen die literarischen Produkte deutscher Gelehrsamkeit im allgemeinen erst seit dem 16. Jahrhundert. Bis dahin

---

[1] Im folgenden sind die Ergebnisse meiner „Studien zur Spätscholastik" (S.B. d. Heidelberger Akademie 1921, 1922, 1927) zugrundegelegt: I. Marsilius von Inghen und die okkamistische Schule in Deutschland; II. Via antiqua und via moderna auf den deutschen Universitäten des 15. Jahrhunderts; III. Neue Quellenstücke zur Theologie des Johann v. Wesel. Vgl. auch meine zusammenfassende Darstellung der Hauptprobleme in den Aufsätzen: Aus dem geistigen Leben der Heidelberger Universität im Ausgang des Mittelalters, Z.G.O., N. F. 37, 1—32 u. Romantische und revolutionäre Elemente in der deutschen Theologie am Vorabend der Reformation. Dtsche. Vierteljahrsschrift f. Literaturwiss. u. Geistesgesch. V, 342—380. Aus ihnen sind einzelne Formulierungen in den obigen Text unmittelbar übernommen.

ist alles Zunftprodukt, mit einer gewissen Garantie handwerklicher Durch=
schnittsqualität, aber ohne viel individuelle Eigenart; man fragt weniger
nach dem Autor als nach seiner Schule, und die Aufgabe einer Universitäts=
geschichte dieser Zeit ist es weniger, Portraitgalerie als eine Beispielsamm=
lung von Schultypen zu sein.

Die Zeit der großen scholastischen Systeme war zu Ende, als die Heidel=
berger Universität gegründet wurde. Wir hörten schon früher davon[1], daß
der beseelende Antrieb, der in den Blütezeiten der Scholastik alle Köpfe
und Herzen erfüllt hatte, die Hoffnung auf eine endgültige Versöhnung
von Glauben und Wissen mit Hilfe von aristotelischen Wissenschaftsmetho=
den, seit dem Ende der Kreuzzugsepoche nicht mehr die alte Kraft besaß.
Wie oft hat man vonseiten thomistischer Theologie — in alter wie in
neuerer und neuester Zeit! — die „übertriebene Subtilität" und die „Neue=
rungssucht" der großen franziskanischen Schulhäupter, des Duns Skotus
und des Wilhelm Okkam dafür verantwortlich gemacht! Als ob ihre Philo=
sophie etwas anderes gewesen wäre als der Ausdruck veränderter Zeit=
bedürfnisse! In Wahrheit ging, was man den „Verfall" der Scholastik zu
nennen pflegt, auf das genaueste parallel mit dem Zerfall des hochmittel=
alterlichen Weltsystems, in dem der Ausgleich zwischen geistlicher und welt=
licher Gewalt, zwischen den sittlichen und geistlichen Ansprüchen von Jenseits
und Diesseits auf wunderbare Weise gelungen schien. Die entscheidende
Krise lag im 14. Jahrhundert: in den erneuerten Kämpfen um die Grenzen
von päpstlicher und kaiserlicher Macht, um die Zentralisation der kirchlichen
Verwaltung, um das Finanzsystem der Kurie unter Johann XXII., zu=
letzt um die Rechtgläubigkeit dieses Papstes und das franziskanische Armuts=
ideal. Es war die Zeit des avignonesischen Exils der Päpste; ihr Anspruch
auf Weltherrschaft war utopisch geworden, ihr moralisches Ansehen tief
gesunken. Der nationale Staat Westeuropas emanzipierte sich vom päpstlich=
kaiserlichen Weltsystem; der radikale Bußernst der Franziskaner empörte
sich über die Verweltlichung der Papstkirche; das religiöse Empfinden ihrer
großen Denker widersprach dem frommen Rationalismus der thomistischen
Philosophie, der ihnen weder mit der Irrationalität des christlichen Dogmas
und der unbeschränkten Allmacht des göttlichen Willens noch mit der
Strenge des aristotelischen Wissenschaftsbegriffs vereinbar schien. Hier
stand alles in Einem großen Zusammenhang. Alle wesentlichen Motive

---

[1] S. oben S. 159 f.

spätscholastischer Wissenschaft stammen aus dieser Epoche. Wilhelm Okkam, der geistige Führer der Opposition des 14. Jahrhunderts, ist zum Begründer einer Schulrichtung geworden, die zeitweise an den meisten Universitäten Europas überwog.

Diese Tatsache ist vielfach mißdeutet worden. Man hat von rein negativer Kritik, ja von Skepsis und Selbstzersetzung der Spätscholastik gesprochen, indem man die Ansätze zu einer rein empiristischen, metaphysischer Spekulation feindlichen Wissenschaftstheorie, die man bei Okkam finden kann, übertrieb und als Gemeingut aller Spätscholastik „okkamistischer" Richtung voraussetzte. Aber weder hatte die Erneuerung des Nominalismus in der Logik und Erkenntnistheorie Okkams die praktischen Konsequenzen, die man ihr zuschreibt, noch verpflichtete seine Autorität als philosophischer Lehrer die Theologen seiner Schulrichtung zu unbedingter und einseitiger Gefolgschaft. Wenn man schon äußere Gründe dafür suchen will, daß die systembildende Kraft der Scholastik seit der Mitte des 14. Jahrhunderts langsam erlosch, so lag es gewiß viel weniger an Okkam als an der rücksichtslosen Strenge, mit der die kirchliche Zensur daran arbeitete, gefährliche Wirkungen seiner Lehre, eine radikale Umgestaltung des herkömmlichen thomistischen Weltbildes von vornherein zu verhindern. Mit welchem Erfolg das im Bereich der kirchenpolitischen Theorie, der Diskussion über die Rechte des Papsttums und der Konzilien geschah, haben wir bereits früher erörtert[1]. In der Philosophie und Theologie war es nicht anders. Wie der politische Radikalismus eines Marsilius von Padua gewaltsam unterdrückt wurde, so auch die radikal antimetaphysischen Sätze des Philosophen Nikolaus von Autrecourt und die radikal antirationalistischen Theorien des Theologen Johannes von Mirecourt. Beide waren französische Okkamisten der ersten Generation, die das System Okkams im Sinne einer unbedingten und einseitig logischen Konsequenz hatten weitertreiben wollen. Okkams eigene große Arbeiten schützte die eigentümliche Zweideutigkeit und Unentschlossenheit ihres Argumentierens vor der Verketzerung. Aber was sich nun als „Okkamismus" in Paris durchsetzte und von da auf die deutschen Universitäten gelangte, war eine kirchlich streng korrekte, gewissermaßen harmlos gewordene, stark eklektische Schulwissenschaft, die alle extremen Stellungen sorgsam vermied, von grundsätzlicher Kritik an den Überlieferungen des aristotelischen Wissen-

---

[1] S. oben S. 267 f.

ſchaftsbetriebs weit entfernt blieb und im Bereich der Theologie allent=
halben zu Kompromiſſen mit dem Thomismus bereit war.

Marſilius von Inghen, der Gründer unſerer Univerſität, war der letzte
bedeutende Syſtematiker dieſer Richtung, der noch einmal den ganzen Um=
fang ariſtoteliſcher Wiſſenſchaft mit eigenen literariſchen Arbeiten durch=
drang und mit einer ſyſtematiſch=umfaſſenden Darſtellung der theologi=
ſchen Dogmatik vereinigte. Was ihm ſeinen europäiſchen Ruhm verſchaffte,
war indeſſen nicht mehr die Originalität eines univerſalen theologiſch=
philoſophiſchen Syſtems, ſondern in erſter Linie die klare, didaktiſch ge=
ſchickte Zuſammenfaſſung und Darſtellung des traditionellen Schulwiſſens
in ſeinen logiſchen und phyſikaliſchen Handbüchern. Sie wurden für die
„moderne“ oder „okkamiſtiſche“ Schulrichtung des 15. Jahrhunderts über=
all maßgebend. Aber von dem raſtlos bohrenden, immer neue Fragen auf=
wühlenden Geiſte Wilhelm Okkams war nur noch ſehr wenig darin lebendig.
Was dieſen „Okkamiſten“ mit dem Schulhaupt verband, war im Grunde
nicht mehr der Zweifel an der Vereinbarkeit göttlicher Offenbarung und
natürlicher Einſicht, ſondern nur noch eine Reihe von logiſch=methodiſchen
Vorderſätzen, deren Bedeutung ſich auf das Techniſche, auf eine neuartige
Interpretation der ariſtoteliſchen Wiſſenſchaftslehre beſchränkte. Das We=
ſentliche war die Verwertung der ſog. „terminiſtiſchen“ Logik, die ſeit der
Mitte des 14. Jahrhunderts faſt allgemein gelehrt wurde, zur Löſung des
Univerſalienproblems im nominaliſtiſchen Sinne. Marſilius vollzog dieſe
Wendung (wie hier im einzelnen nicht näher dargelegt werden kann[1]) mit
Hilfe von logiſchen Operationen, wie ſie in der Pariſer Okkamiſtenſchule
der Jahrhundertmitte (durch Johannes Buridan, Albert von Sachſen u. a.)
ausgebildet waren, verſtand es aber, den dazu nötigen Begriffsapparat
noch weiter zu vereinfachen und ſomit plauſibler zu machen. Das erklärt
wohl zum Teil die Beliebtheit ſeiner logiſchen Schriften. Aber man muß
ſich hüten, die philoſophiſche Bedeutung dieſer Wendung zum Nominalis=
mus zu überſchätzen. Sie nötigte an ſich noch keineswegs dazu, die Mög=
lichkeit metaphyſiſcher Vernunfterkenntnis mit Hilfe von Allgemeinbegriffen
anzuzweifeln oder gar abzulehnen[2]. Die „Selbſtzerſetzung der Scholaſtik“
als natürliche Folge des erneuerten Nominalismus zu betrachten, liegt
keine Veranlaſſung vor.

---

[1] Vgl. meine Studien I, p. 50ff.

[2] Abgelehnt wird zunächſt nur die „realiſtiſche“ Vorſtellung, als ob die Allgemein=
begriffe (ähnlich wie unſere Vorſtellungen von den Einzeldingen) irgendwie von außen

Das wird besonders deutlich in der ausführlichen Analyse des Erkennt=
nisprozesses (vom sinnlichen Eindruck bis zur wissenschaftlichen Abstraktion),
die man in den physikalischen und theologischen Schriften unseres Autors
findet. Obwohl er (im Sinne Okkams) die reine Subjektivität des Er=
kenntnisprozesses nachzuweisen bemüht ist, hält er dennoch unbekümmert
an den Kernsätzen der aristotelischen Wissenschaftslehre fest. Erfahrung
und logische Evidenz als die Tragpfeiler alles Erkennens werden in ihrer
Fähigkeit, unserm Intellekt eine zureichende Vorstellung von dem Wesen
der extramentalen Dinge und ihrem Verhältnis untereinander zu ver=
mitteln, nicht etwa bezweifelt, sondern rückhaltlos bestätigt. Auch die
Allgemeinbegriffe, die unser Verstand sich bildet, sind trotz ihres rein intra=
mentalen Charakters keineswegs ohne Wert für die Erkenntnis der extra=
mentalen „Wirklichkeit". Eine der wichtigsten Schriften des Marsilius ist
seine (handschriftlich überlieferte) Metaphysik. Sie erklärt, wieso es mög=
lich war, von nominalistischen Voraussetzungen aus alle wesentlichen Be=
stimmungen der aristotelischen Metaphysik festzuhalten. Sie schreibt den
Allgemeinbegriffen des menschlichen Intellekts durchaus die Fähigkeit zu,
die „Wesenheit" der extramentalen Dinge zu erfassen und weiß nichts von
jener vorsichtigen Zurückhaltung in Fragen der „natürlichen Theologie",
d. h. der Gottesbeweise und der metaphysischen Spekulationen über das
Wesen und die Eigenschaften Gottes, wie sie Okkam, der nüchterne Em=
pirist, einst geübt hatte. Zahlreiche Spekulationen dieser Art werden von
Marsilius angestellt und z. T. im Anschluß an Thomas von Aquino gegen
die Meinung Okkams entschieden. In ihnen erweist er sich als echter Eklek=
tiker, der die großen, prinzipiellen Gegensätze der philosophischen Schul=
richtungen überbrückt, ohne ihre ursprüngliche Tragweite noch recht zu
überblicken.

Dasselbe gilt von seinen naturwissenschaftlichen Arbeiten. Sie beweisen
zunächst, daß der Vorwurf, den man gegen die okkamistische Schulrichtung
vielfach erhoben hat: sie hätte mit ganz einseitigem Interesse sich auf die
Spitzfindigkeiten der „terministischen" Logik geworfen und über den halb=
grammatischen Erörterungen dieser „sermozinalen" Disziplin das Studium
der sog. „Real"wissenschaften vernachlässigt — im Gegensatz zu den älteren
Schulrichtungen, insbesondere zum Thomismus — durchaus unberechtigt

---

her in der Seele erzeugt oder „abgespiegelt" würden. Über ihre ontologische Bedeu=
tung, d. h. ihre Fähigkeit, das Wesen der Dinge im Sinn des Aristoteles zu erfassen,
ist damit noch nichts ausgesagt.

ist. Im Gegenteil: neuere Forschungen (von P. Duhem) haben gezeigt, daß gerade die Okkamistenschule gewisse Ansätze zu einer Überwindung oder doch Fortbildung des überlieferten Weltbildes der aristotelischen Physik gemacht hat. Nicht etwa deshalb (wie man wohl gemeint hat), weil die nominalistische Erkenntnistheorie des Okkam von metaphysischen Spekulationen hinweg= und auf Erfahrungswissenschaften hingeführt hätte, indem sie der sinnlichen Erfahrung einen höheren Grad von Gewißheit zusprach als den logischen Operationen mit Allgemeinbegriffen; vielmehr war es ein anderes, echt okkamistisches Motiv, was hier den Ausschlag gab: die verstärkte Betonung christlich=religiöser Ideen gegenüber der heidnisch= antiken Überlieferung. Die Unendlichkeit des göttlichen Wesens, die Un= beschränktheit der göttlichen Allmacht widerspricht dem begrenzten, end= lichen Weltbild der Antike, die freie Willkür des Weltenschöpfers der streng naturgesetzlichen Bindung des primus motor bei Aristoteles. Vom Pro= blem des Unendlichen gehen die mathematisch=physikalischen Neuerungen der Okkamisten aus; scharfsinnige, logische Distinktionen sind ihr metho= disches Hauptmittel. Was sie an eigener Beobachtung und Erfahrung zu der Masse antiker Traditionen hinzutun, ist verschwindend wenig. Immer= hin konnte man mit solchen Methoden gewisse Vorstufen moderner Natur= erkenntnis erreichen: so scheint z. B. von den Okkamisten die Entdeckung der Trägheit, des Fallgesetzes, die Berechnung einer gleichmäßig beschleu= nigten Bewegung überhaupt, die Darstellung von Intensitätsgraden durch quantitative Bestimmungen in gewissem Sinne vorbereitet, die Begrenzt= heit der aristotelischen Weltkugel wenigstens prinzipiell durchstoßen zu sein. Aber auch hier sieht man nun, wie sich hoffnungsreiche Ansätze der Früh= zeit nicht voll entfalten, wie die Stoßkraft neuer Ideen erlahmt unter dem Schwergewicht literarischer Traditionen, wie die ursprüngliche Tiefe prinzi= pieller Gegensätze sich rasch verflacht unter dem Bedürfnis der Autoren, einen möglichst widerspruchslosen, handlichen Lehrstoff an Stelle von zahl= reichen und schwer übersehbaren Problemen zu bieten. Marsilius in seinen naturwissenschaftlichen Schriften zeigt sich sehr wohlvertraut mit den Er= gebnissen und Fragestellungen nacharistotelischer Forschung seit den Tagen der Spätantike, auch mit den jüngsten, die er hie und da selbständig fort= zubilden sich müht; aber der Grundzug seiner Physik ist entschieden konser= vativ und eklektisch, und nur ein geübtes Auge kann ihre Abweichung vom Weltbild der peripatetischen Tradition überhaupt bemerken. Zu den weni= gen eigenwilligen Sonderbegabungen, denen es im Mittelalter überhaupt gelang, den gewaltigen Zwang der literarischen Tradition in der Richtung auf unmittelbare Naturbeobachtung zu durchbrechen, hat er offenbar nicht gehört.

Selbständige Beobachtung des wirklichen Lebens findet sich noch am ehesten in der Psychologie und Ethik des Marsilius, zumal in der psychologischen Erforschung des Willensproblems — also an derjenigen Stelle der philosophisch=theologischen Arbeit, an der die okkamistische Schule überhaupt (nach dem Urteil neuerer Sachverständiger) ihr Bestes geleistet hat. Der Streit zwischen Deterministen und Indeterministen, die Frage nach dem metaphysischen Primat des Willens oder des Verstandes und nach dem Wesen der sittlichen Freiheit — das alles wird mit ebensoviel Scharfsinn und logischer Konsequenz wie mit Klarheit der Selbstbeobachtung behandelt. Im übrigen zeigt sich schon hier, was eine ausführliche Betrachtung der Theologie des Marsilius noch deutlicher erweisen könnte: daß im Bereich der ethisch=religiösen Kernfragen die Autorität Okkams innerhalb seiner Schule nur eine beschränkte war. Der Theologe Marsilius kann nur mit starken Vorbehalten als „Okkamist" bezeichnet werden.

Das Besondere, Neuartige der Theologie Okkams war die starke und einseitige Betonung der Irrationalität des göttlichen Willens und der Unbeweisbarkeit des christlichen Dogmas gewesen. Man könnte versucht sein, von einer typisch „englischen" Seelenstellung zu sprechen, die hier ihren Ausdruck findet: ein nüchterner, streng aristotelischer Wissenschaftsbegriff, gegründet auf Empirie, und daneben eine rein willensmäßige, praktisch religiöse Überzeugung, die durchaus kein Bedürfnis fühlt sich selber spekulativ zu begründen — die vielmehr in weitgehendem Maße fähig und gewillt ist, sich gegebenen kirchlichen Traditionen zu unterwerfen. Als strenger und nüchterner Aristoteliker (nicht etwa als „Nominalist") hielt es Okkam für logisch unmöglich, den Inhalt der überlieferten „natürlichen Theologie" aus notwendig gültigen Aussagen allgemeinster Natur abzuleiten. Und als religiöser Mensch protestierte er gegen die Anmaßung natürlicher Vernunft, den Inhalt der göttlichen Offenbarung mit dem grübelnden Verstand nachzurechnen. Damit war nicht etwa das Dogma bedroht (dessen wissenschaftliche Beweisbarkeit war seit Anselm von Canterbury nicht mehr oder nur noch in verhältnismäßig geringem Umfang behauptet worden), wohl aber der kunstvolle Bau des scholastischen Lehrgebäudes. Denn alle Bemühungen scholastischer Wissenschaft gipfelten ja doch zuletzt in dem Versuch, das Dogma der Trinität, der Gottessohnschaft, der Sakramentalwirkung usw. zwar nicht in strengem Sinn zu beweisen, aber doch metaphysisch-logisch zu umschreiben, zu erläutern und damit zuletzt der natürlichen Einsicht probabel und irgendwie verständlich zu machen. Ziel das jetzt alles hin, wurde mit der okkamistischen Kritik ernst gemacht, so mußte ein kirchlicher Positivismus, ein nackter Offenbarungsglaube die Folge sein, der in letzter Konsequenz über alle kirchliche Tradition hinaus auf das reine Bibelwort als seine echteste Quelle zurückführen konnte.

Okkam selber dachte freilich nicht daran, auf die metaphysisch-logische Bearbeitung des Dogmas gänzlich zu verzichten; nur daß er die Grenzen der natürlichen Gotteserkenntnis viel enger zog als Thomas, die kühnen metaphysischen Konstruktionen des Duns Skotus stark vereinfachte und zuletzt alles darauf ablegte, den Abstand zwischen Vernunft und Glauben möglichst zu vergrößern, statt ihn zu überbrücken.

Das Beispiel des Marsilius zeigt, daß die Pariser Schule darin ihrem Meister nicht eigentlich gefolgt ist. Was der große Sentenzenkommentar des Marsilius über den wissenschaftlichen Charakter der Theologie, über die Möglichkeit einer natürlichen Gotteserkenntnis und über den Glaubensbegriff enthält, erweist sich als ein deutliches Kompromiß zwischen okkamistischen und thomistischen Lehrsätzen. Die charakteristischen Grundmotive des okkamistischen Denkens sind nicht gänzlich verschwunden, aber stark verblaßt. Die straffere und zuversichtlichere Art der älteren metaphysisch-theologischen Spekulation ist in dem Niederländer wieder lebendig geworden; statt des Buchstabens der biblischen Offenbarung wird der systematische Zusammenhang des theologischen Lehrgebäudes wieder zum kritischen Maßstab erhoben. Dennoch bedeutet das Ganze dieser Theologie keine einfache Rückkehr zu Thomas. Neben Thomas, und vielleicht noch stärker als er, haben gewisse augustinische Kerngedanken: von der Unbeschränktheit der göttlichen Allmacht und vor allem von der Alleinwirksamkeit der göttlichen Gnade im Akt der Erlösung darauf eingewirkt. Wie oft schon hatte die starke religiöse Leidenschaft und der unergründliche Tiefsinn Augustins das theologische Denken des Mittelalters neu erregt und befruchtet! Im 14. Jahrhundert waren es vor allem die großen theologischen Lehrer des Augustinerordens, Egidius von Rom, Thomas von Straßburg und Gregor von Rimini, die eine neue Welle der Augustin-Begeisterung erweckt hatten. Zumal der Letztgenannte, selber ein Nominalist okkamistischer Richtung in seinem philosophischen Denken, genoß im Kreise der Okkamisten, und so

auch vonſeiten des Marſilius, hohes Anſehen[1]. Auch der Okkamismus
betonte, ähnlich wie Auguſtin, die unerforſchliche „Kontingenz" und gren=
zenloſe Allmacht des göttlichen Willens, den affektiven (nicht rationalen)
Charakter der religiöſen Erkenntnis, den metaphyſiſchen Primat des Wil=
lens über den Intellekt. Es war alſo zunächſt nicht allzu ſchwer, vom Okka=
mismus her in neuauguſtiniſche Gedankenbahnen zu geraten — ſolange
die theologiſche Spekulation ſich im Bereich der metaphyſiſchen Vorfragen
bewegte. Die religiöſen Kernprobleme indeſſen, die Fragen nach dem
Weſen der Erbſünde, nach der Heilswirkung des Sakraments und dem
Zuſammenwirken von göttlicher Gnade und menſchlichem Willen im Vor=
gang der Erlöſung, brachten tiefgreifende und für das hiſtoriſche Urteil
entſcheidende Gegenſätze ans Licht. Die „ſemipelagianiſche" Grundhaltung
des echten Okkamismus in dieſen Fragen iſt aus der heftigen Polemik
Luthers gegen die Tübinger und Erfurter Spätokkamiſten, aus deren Schule
er herkam, bekannt: die Erbſünde als metaphyſiſche Realität wird geleugnet,
die Freiheit des menſchlichen Willens, ſich zum Guten zu entſcheiden, ſo
ſtark betont, als es im Rahmen der mittelalterlichen Gemeinüberzeugung
von der Verderbtheit menſchlichen Weſens nur immer möglich war, die
Verantwortlichkeit der einzelnen Seele vor Gott dadurch aufs äußerſte ge=
ſteigert und mit der abſoluten Willkür Gottes in der Gnadenwahl in einen
quälenden Kontraſt gebracht. Im Gegenſatz dazu ſuchten die Neuauguſtiner
den Bereich menſchlicher Willensfreiheit in ſtrenger Fortführung altchriſt=
licher Gedanken weit ſtärker einzuengen, die Verdienſtlichkeit menſchlicher
Werke zu mindern und die Alleinwirkſamkeit der göttlichen Gnade ins rechte
Licht zu ſtellen. In dieſer Richtung bewegen ſich auch die Ausführungen
des Marſilius, vielfach in naher Berührung mit Gregor von Rimini, ohne
jedoch ihre geiſtige Selbſtändigkeit zu verlieren. Von der radikalen Löſung
des Reformators Luther bleiben ſie natürlich ebenſoweit entfernt wie die
ſpätſcholaſtiſche Theologie überhaupt. Aber ſie zeigen beſonders deutlich,
daß es innerhalb der okkamiſtiſchen Schule, die man allzu leicht als unter=
ſchiedsloſe Einheit betrachtet, tiefreichende Gegenſätze gerade in der Be=
handlung der zentralen Fragen gegeben hat und daß der Vorwurf reli=
giöſer Flachheit, den man gegen ſie zu erheben pflegt, zum mindeſten nicht
überall im ſelben Grade zutrifft.

---

[1] Die nahe Verwandtſchaft ſeiner philoſophiſch=theologiſchen Arbeit mit der des
Marſilius läßt ſich neuerdings leicht erkennen mit Hilfe des Buches von Würsdörfer,
Erkennen und Wiſſen nach Gregor von Rimini. Bäumkers Beiträge XX, 1.

Die literariſche Arbeit des Marſilius wird an äußerem Umfang und ſtrenger Gelehrſamkeit von keinem ſeiner Heidelberger Kollegen erreicht. Im Bereich der artiſtiſchen Studien ſcheint es — ſoweit unſer halb fragmen= tariſches Material ein Urteil geſtattet — nach ſeinem Tode überhaupt nicht mehr zu literariſchen Produktionen größeren Stils gekommen zu ſein[1]: hier waren offenbar alle Bedürfniſſe durch die Schulbücher des erſten Rektors gedeckt. Weſentlich beſſer ſteht es mit der Theologie. Alle namhafteren Heidelberger Theologen bis zur Mitte des Jahrhunderts ſind mit literari= ſchen Arbeiten hervorgetreten, von denen freilich nicht alles erhalten iſt. Dieſer Unterſchied der Fakultäten begreift ſich leicht. Das artiſtiſche Magiſter= amt, das in Paris eine ſo große Rolle geſpielt hatte, wurde in Deutſchland mehr als Durchgangsſtufe betrachtet, als bloße Vorbereitung auf die oberen Fakultäten, denen die wirklich wiſſenſchaftlichen Köpfe wohl faſt alle zu= ſtrebten. Wer ſich aber der Theologie zuwandte, ließ die artiſtiſchen Stu= dien weit dahinten; beides miteinander zu verbinden, wie Marſilius oder Heinrich von Langenſtein, kam gänzlich außer Gebrauch. Für den Eigen= wert philoſophiſcher und naturwiſſenſchaftlicher Studien beſaß man eben in Deutſchland viel geringeres Verſtändnis als in Frankreich und Italien, für Literatur dieſer Art nur wenig Intereſſe: der überwiegend klerikale Charakter aller höheren Bildung war hier (und blieb noch auf lange hinaus) ungebrochen. Anderſeits ließ die Studienordnung den Theologen (wie wir früher geſehen haben) nicht nur ſehr viel Zeit zu literariſchen Arbeiten, ſondern regte ſie unmittelbar an. Es war — in jedem Sinn — ein erbau= liches Studium, ſehr verſchieden von dem Lehrbetrieb der Juriſten, der in

---

[1] Mir iſt trotz eifrigen Suchens nichts bekannt geworden als eine Sammlung (Kollegnachſchrift?) von Quaestiones des Mag. Wilhelmus (Epfenbach?) de Heidel- berga über ampliationes, appellationes, consequentiae im Erfurter cod. Ampl. 4⁰, 280, Bl. 91—131. Die Prager Vorleſung des Konrad von Soltau contra conclusiones Buridani de generatione et corruptione et de celo (Stettin, Marienſtiftsgymnaſium, Hſ. nr. 5) kann man nicht zu den Heidelberger Produktionen rechnen. Vgl. aber auch die Nachlaßverzeichniſſe des 15. Jhdts. bei Toepke, I, 659, nr. 102, 103 u. 692, nr. 58, 59, 74! — Überdies iſt zu betonen, daß die von mir aus Handſchriftenkatalogen, Monographien, Zeitſchriften uſw. geſammelten bibliographiſchen Materialien in keiner Weiſe den Anſpruch auf Vollſtändigkeit erheben können. Immerhin iſt es ſchwerlich zufällig, daß ſchon Trithemius von artiſtiſchen Schriften der Heidelberger nichts ge= ſehen hat; oder ſtecken ſolche hinter der öfters vorkommenden Angabe: quaestiones multae et varie? Seine bibliographiſchen Angaben über Heidelberger Lehrer (wieder= holt bei Schwab, Syllabus rectorum, 1786) laſſen ſich ſehr oft aus überlieferten Hſſ. beſtätigen, dürfen alſo im allgemeinen wohl als zuverläſſig gelten.

rein kasuistischer Praxis der Gesetzesauslegung aufging und literarisch höchst unfruchtbar blieb[1], und vollends von der mehr handwerklichen Tätigkeit der Mediziner.

Im Mittelpunkt der theologischen Arbeit stand (wie wir schon früher hörten) die Auslegung der heiligen Schriften. Bibelkommentare sind denn auch in größerer Anzahl aus Heidelberg erhalten, fast von jedem namhaften Professor ein Stück oder gar mehrere, anderes ist wenigstens bibliographisch gut bezeugt[2]. Ganz auffallend tritt dabei die Vorliebe der Exegeten für das Psalmenbuch hervor[3], neben dem nur noch die Evangelien und das Hohelied eine größere Rolle spielen. Natürlich hängt das mit den praktischen Bedürfnissen des Gottesdienstes zusammen, insbesondere mit der Bedeutung der Psalmen im täglichen Brevier. Aber auch der stark erbauliche Charakter der deutschen Theologie führte darauf hin; die moralisch-allegorische Methode wurde in der Auslegung zumeist bevorzugt.

Neben den Bibelkommentaren gab es ehemals auch eine stattliche Reihe von Heidelberger Sentenzenwerken[4]; so berichtet wenigstens Trithemius, der gelehrte Sponheimer Abt, der die Heidelberger Bibliotheken gut gekannt haben muß. Überliefert ist davon nichts weiter als eine Reihe von prunkhaften Einleitungsvorlesungen und zwei größere Werke, die aber nicht in Heidelberg, sondern in Prag entstanden sind: von Konrad von Soest[5] und von Konrad von Soltau[6]. Nur das zweitgenannte Buch scheint

---

[1] Das Wenige, was mir von juristischen Hff. aus Heidelberg bekannt geworden ist, habe ich oben im 10. Kapitel schon besprochen. Ebendort auch einiges Medizinische. Vgl. aber auch weiter unten Kap. 18.

[2] S. Beilage II. Über den Inhalt dieser Kommentare vgl. oben S. 210ff., 214f. u. meine Studien I, 137ff.

[3] Auch darin erweist sich später Luther als der Erbe scholastischer Traditionen. Vgl. auch unten S. 375, N. 2.

[4] Zu allen 4 Büchern: von Heinrich von Altendorf (vgl. dazu K. Heilig, R.Q.S. 40, p. 163) u. von Johannes Plath. Zum ersten Buch: von Rudolf von Brüssel, Heinrich Gouda, Nikolaus Wangenheim. Zum 4. Buche: von Rud. von Rüdesheim (nicht dem späteren Breslauer Bischof und päpstl. Legaten!). Was der P.L.V. 370 an exposiciones und lectiones zu den Sentenzen des Lombarden enthält (von Heinrich von Gouda, Rud. v. Rüdesheim, Wilhelm de Lyra und fr. Johannes professus in Brumbach) sind alles nur Prunkreden.

[5] Lectura super II et III libros sentent. C.l.m. 142 02 (non integra).

[6] P.L.V. 330; Berlin nr. 524, lat. fol. 218; C.l.m. 142 19, 142 59, 183 59, 183 60 (letzteres Fragment). Ich benützte C.l.m. 183 59. Vgl. auch meine Studien II, 47f. u. N. Paulus, Geschichte des Ablasses im Mittelalter III, 9.

eine weitere Verbreitung gefunden zu haben. Es empfahl sich durch seine Kürze und Simplizität, die es von der Schrift des Marsilius (einem riesigen Wälzer!) sehr merkbar unterscheidet, als Schulbuch[1]. Ausdrücklich lehnt es der Verfasser ab, die metaphysischen und naturphilosophischen Fragen, die man in der Kommentierung des ersten Buches der Sentenzen zu erörtern pflegte, eindringlicher zu besprechen: es handle sich hier um Theologie und nicht um Physik[2]. Aber er macht sich die Sache überhaupt nicht schwer: ohne viel Bedenken und umständliche Beweise wählt er zwischen den Ansichten der verschiedenen Doktoren aus, was ihm am besten einleuchtet, und wo er eine eigene Meinung vertritt, folgt er am liebsten der goldenen Mittelstraße. Seine Haltung schwankt gelegentlich zwischen thomistischen und skotistischen Gedankengängen[3], auch okkamistische Sätze kommen vor[4] — im ganzen aber macht er selber kein Hehl daraus, daß Thomas von Straßburg sein Vorbild ist[5]. Nun gehörte das vielgelesene Sentenzenwerk dieses Augustinertheologen selber zu den scholastischen Leistungen zweiten Ranges: es folgt dem Aquinaten oder dessen Verehrer Ägidius von Rom, ist aber bereits mehr praktisch-religiös als philosophisch interessiert und wenig original. Wir haben es also bei Konrad von Soltau sozusagen mit einer Theologie aus dritter oder vierter Hand zu tun. Er steht genau auf dem Punkt, wo die wissenschaftliche Arbeit zur bloßen Schullehre abzusinken beginnt.

Das ist ja nun überhaupt der Eindruck, den man aus der Lektüre systematischer Werke der Spätscholastik gewinnt, sobald man anfängt, sie mit den großen Schöpfungen des 13. Jahrhunderts zu vergleichen: daß die

---

[1] Darauf weist auch der Abschreiber des C.l.m. 183 59 (vor 1435) auf dem Titelschild ausdrücklich hin.

[2] l. I, dist. 17.

[3] l. I, dist. 1: Charakter der Theologie: nicht spekulativ und nicht praktisch, sondern dilectio dei. Also affektiv. Glauben ist aber Wissen (cognitio), nicht voluntas. — Thomistisch dist. 36: in deo non sunt probande idee distincte. (Hier die interessante Notiz: ad questionem istam respondi magistro palatii in Romana curia in vesperiis cuiusdam baccalarii domini Gregori XI.) Skotistisch l. II, dist. 3: principium individuationis est ipsius rei formalis entitas; materia non est principium individuationis. l. II. dist. 24: über den intellectus agens im ganzen nach Thomas, ebenso l. II, dist. 26/27 die Gnadenlehre, z. T. unter Berufung auf Thomas von Straßburg; dist. 30: stark ungeistige Auffassung der Erbsünde. — Konrads Lehrer in Prag war Heinrich von Oyta.

[4] l. I, dist. 2: deum esse non est demonstrabile.

[5] l. II, dist. 1.

bloße Kompilation überwiegt, daß die philosophisch-theologischen Parteigegensätze in ihrer ursprünglichen Bedeutung nicht mehr verstanden, oft
genug bis zur Unkenntlichkeit verwaschen werden. Es ist alles nur noch
Gelehrsamkeit, nicht mehr schöpferische Idee, auch nicht in dem eingeschränk-
ten Sinn, in dem man überhaupt im Mittelalter von schöpferischer Ge-
lehrtenarbeit sprechen darf. Sicherlich imponiert diese Gelehrsamkeit durch
Scharfsinn, Gründlichkeit der Methode und öfters auch durch äußeren Umfang. Aber was dem Erforscher der spätmittelalterlichen Literatur (und
nicht nur der gelehrten) überall begegnet, findet er auch hier: ein erdrücken-
des Übergewicht des Traditionellen, das ihn daran verzweifeln läßt, jemals in diesem Wust schwerfälliger und umständlicher Reflexionen auf
einen originalen Gedanken zu treffen. Es sind alles typische Produktionen
einer Spätzeit, die ins Wiederholen, ins Breittreten und ins Spintisieren
gerät. Wer auf die Jagd gehen wollte nach Beispielen gelehrten Unsinns,
zu dem ein spielerischer Scharfsinn verführen kann, würde selbst in dem
Hauptwerk des Marsilius manche Beute finden. Am meisten wohl in den
Kapiteln, die sich mit dem Zustand unserer Voreltern im Paradies befassen,
wo er u. a. nachweist, daß Adam und Eva sich ohne den Sündenfall in
einer Weise fortgepflanzt haben würden, die der körperlichen Jungfern-
schaft der Stammutter keinen Eintrag getan hätte, und zwar immer nur
durch Zwillingsgeburten zwiefachen Geschlechts, um so die vollkommene
Parität der Geschlechter zu sichern[1]. Natürlich wäre es töricht, nach solchen
Entgleisungen den Geist des Ganzen zu beurteilen. Aber man begreift
recht wohl, daß schon die Zeitgenossen ein Überdruß an dieser Gelehrsamkeit packte: ein Empfinden dafür, daß hier in der Entwicklung ein Punkt
erreicht sei, an dem es keine Fortsetzung mehr, sondern nur noch eine
Umkehr geben dürfe. Eben diese Umkehr begann sehr bald nach dem Abzug der deutschen Gelehrten von Paris innerhalb der Okkamistenschule
selbst. Sie fand ihren Propheten in Johannes Gerson. Im Geiste seiner
Schriften bewegt sich die nächste Generation: die Theologie der Konzilsepoche.

Die wissenschaftliche Bedeutung dieses vielgefeierten Kirchenmannes,
der in Konstanz zeitweise eine Führerrolle gespielt hat, besteht im wesentlichen darin, daß er dem Überdruß seiner Zeit an den gelehrten Spekula-

---

[1] Natürlich war auch diese Erörterung traditionell. Hermann Pollich von Möller-
stadt erklärte sie 1504/05 in seinen Laconismi für Unfug; vgl. Hausrath, Luther
I, 47.

tionen der Theologie den rhetorisch wirksamsten Ausdruck gegeben hat.
Sehr eindrucksvoll wußte er die Schäden des herkömmlichen Studien=
betriebs zu geißeln: die verkehrte Wißbegierde (curiositas) der Meta=
physiker, die Neuerungssucht und unnütze Subtilität der Dialektiker, ihre
Vorliebe für das Ungewöhnliche und Seltsame (singularitas) an Stelle der
einfachen überlieferten Wahrheit, daraus entspringend der übertriebene
Streit der Schulen, ihre Rechthaberei und Klopffechterei. Er selbst bemühte
sich um Vermittlung zwischen Nominalisten und Realisten, Skotisten und
Okkamisten — in philosophisch=theologischen Traktaten, die den Okkamis=
mus der Pariser Schule in seiner verwaschensten Gestalt erkennen lassen
und die einen Ausgleich ganz an der Oberfläche der philosophischen Be=
griffsbildung suchen. Was er als neue Theologie an Stelle der alten setzen
wollte, war ein Mittelding zwischen mystischer Erbauung und gelehrter
Spekulation alten Stils, eine typische Vermittlungs= und Populartheologie,
im einzelnen oft erstaunlich flach[1], aber wirksam vorgetragen. Indem er
den Ruf erhob: zurück zu den großen Theologen der vorskotistischen Zeit!
zurück zu den Heilstatsachen an Stelle der klügelnden Worte! gab er die
Stichworte aus für eine theologische Restaurationsbewegung, die nicht
wieder zur Ruhe kommen wird und die wir sogleich nach dem Ablauf der
konziliaren Bewegung neue Kraft gewinnen sehen. Konzentration auf die
eigentlichen Glaubenswahrheiten, Rückgang auf die einfache und womöglich
wörtliche Autorität der Bibel, Betonung der praktischen Bedürfnisse der
Kirche in der Ausbildung junger Theologen, Vereinfachung des Metho=
dischen, Pflege der Mystik neben der scholastischen Tradition — das war
gewiß kein originelles Reformprogramm, aber höchst wirksam in einer Zeit,
in der die Erstarrung des offiziellen Kirchentums mehr und mehr zu einer
Entfremdung gerade der religiös lebendigsten Elemente zu führen drohte.
Welcher Eindruck, daß endlich einmal ein gefeierter theologischer Lehrer,
Kanzler der Pariser Universität, hervortrat, der die inneren Gefahren deut=
lich sah und der Welt zu schildern verstand, in denen die Kirche schwebte:
zur selben Zeit, wo das große Schisma die abendländische Christenheit
spaltete! Seine Forderungen klangen radikal, waren aber sachlich eng be=
grenzt: Befriedigung der mystischen Bedürfnisse des Laientums, aber
immer in den Schranken einer strengen Rechtgläubigkeit; Kampf gegen
das Übermaß juristischer Ordnungen und gegen das Übergewicht der

---

[1] Ein besonders frappantes Beispiel ist in meinen Studien III, 22, N. 3 zitiert;
im übrigen vgl. Schwab, Gerson, Kap. 6—7.

Kanonisten, aber ohne die Rechte der Hierarchie preiszugeben; Kampf gegen Ketzerei und Aberglauben, aber gleichzeitig strenge Normierung und Vereinfachung der offiziellen Theologie, um inneren Zwiespalt zu vermeiden. Hinter alledem stand eine warme lebendige Frömmigkeit, an deren Echtheit nicht zu zweifeln ist — trotz aller weltlichen Ruhmsucht des Franzosen und aller opportunistischen Gewandtheit des Kirchenpolitikers. Seine Wirkung war umso stärker, als ihm die Gabe klarer, leichtfaßlicher, obgleich nicht eben volkstümlicher Rede zur Verfügung stand. Die Form popularwissenschaftlicher Traktate, die er schrieb, wurde die große Mode der Zeit.

Auch die Mehrzahl dessen, was uns von der Heidelberger theologischen Arbeit seit dem Tode des Marsilius überliefert ist, gehört dieser Literaturgattung an[1]. Natürlich hat hier nicht bloß das Vorbild Gersons eingewirkt, sondern gleichzeitig — und vielleicht stärker noch — das Beispiel, das Heinrich von Langenstein mit seinen ebenso zahlreichen wie vielgelesenen popular-theologischen Schriften gab: zur Seelsorge, Beichtpraxis, Sitten- und Kirchenreform[2]. Noch unmittelbarer indessen kam die Anregung von dem hochverehrten Haupt der Heidelberger Theologenschule selbst: von Matthäus von Krakau.

Matthäus war in seiner Schriftstellerei längst nicht so vielseitig wie der Polyhistor Langenstein; aber er übertraf ihn an Wärme und Schlagkraft der Rede, vor allem an Tiefe und Echtheit der religiösen Empfindung. Seine erbaulichen Traktate gehören zu den meistgelesenen religiösen Schriften des Jahrhunderts, wurden teilweise ins Deutsche übersetzt und haben noch im Druck mehrfache Auflagen erlebt. In der Tat wird in ihnen in gewissem Sinne ein Höhepunkt spätmittelalterlicher Frömmigkeit erreicht. Wie in dem berühmten „Streitgespräch zwischen Vernunft und Gewissen über den Genuß des Abendmahls[3]" die großen Gegensätze der Zeit: zwischen

---

[1] Im folgenden ist nicht berücksichtigt die Hauptmasse der literarischen Überlieferung: die Rhetorik. Sie kommt teilweise im 17. Kapitel zur Besprechung (s. auch oben S. 207 f).

[2] Seine meistgelesene, auch ins Deutsche übersetzte Schrift de confessione (Inc: Tibi dabo claves) erfuhr wahrscheinlich in Heidelberg um 1414 eine Erweiterung; s. Heilig, Krit. Studien, in R.Q.S. 40, 1932, p. 159.

[3] Über die Handschriften und Drucke s. Fr. Franke, Matth. v. Kr. (Diss. 1910), 127. Ich füge noch hinzu: Kasseler Landesbibl. theol. Fol. 27 u. 48; wohl auch C.l.m. 7167, Bl. 187?; ferner Nachlaß Ludwigs III., Acta Pal. I, 410. Kurze Inhaltswiedergabe bei C. Höfler, Concilia Pragensia (1862), p. LV u. Sommerlad (Diss. Halle 1891), p. 81 ff. Beide verfehlen das Wesentliche.

offiziellem Kirchentum und mystisch gerichteter Laienfrömmigkeit, lebendig
gemacht und zu einer fruchtbaren Lösung gebracht werden, das ist noch
heute von unmittelbar packender Wirkung. Die fromme Seele sträubt sich,
bloßem äußeren Gebot der Kirche folgend dem Geheimnis des Sakraments
zu nahen. Weder der Hinweis auf die amtliche Verpflichtung des Priesters
noch auf die fromme Sitte des Laien, den die Vernunft erhebt, kann das
Gewissen beruhigen. Nicht auf Amt und äußere Pflicht, sondern auf die
rechte Herzensstellung kommt es ja im Verkehr mit Gott an! Und wird
da nicht oft ein Gebet im stillen Kämmerlein viel bessere Wirkung tun,
als der ganze prunkvolle Sakralapparat der Kirche mit seinen tausend
Äußerlichkeiten? Was nützt mir alle theoretische Einsicht in die Heils=
wirkung des Sakramentes, wie der Theologe sie rational entwickelt, wenn
die lebendige Erfahrung nicht Ja dazu sagt, wenn das Gemüt leer und
traurig bleibt im Erlebnis der öffentlichen Kommunion? Solchen Ein=
wänden gegenüber warnt die Vernunft vor Überschätzung des Stimmungs=
mäßigen im religiösen Erlebnis; wie leicht verführt das Bedürfnis nach
jäher Erschütterung, nach Tränen, Zerknirschung und Seelentrost zu heim=
licher Genußsucht, zu leerem Brüten, zu vagem Gefühlsüberschwang!
Tränen kann auch der Teufel erzeugen, oder es ist alles bloß körperliche
Rührung, Wirkung von Gesang und Orgelspiel. Nicht auf die fromme
Stimmung kommt es schließlich an, sondern auf echten, starken Glauben,
auf festen Entschluß des Willens, von der Sünde zu lassen, sich zu bessern
und Gottes Ehre zu suchen. Das ethische Moment der Religion wird mit
Energie betont, die vita activa der vita contemplativa gegenübergestellt.
Selbst ein Sakramentsgenuß, der zur bloßen Gewohnheit geworden ist,
kann sittlich förderlich sein; freilich darf er nicht ohne wahre Devotion be=
gangen werden. Das Gespräch erreicht seinen Höhepunkt, indem es die
Gnadenwirkung des Sakraments erörtert. Nicht darauf kommt es an, ob
der Sünder sich würdig fühlt, das Abendmahl zu empfangen, sondern ob
er wirklich fähig ist, seine Sünden zu bereuen. Aber auch da soll er sich
nicht mit Skrupeln quälen, ob es echte Reue (contritio) ist, was ihn bewegt,
oder bloß Angst vor der Strafe (attritio); genug, wenn er sich wahrhafter
Reue bewußt ist. Die gemeinscholastische Lehre von der Annahme des
Sünders, der sich nach Kräften bemüht (sog. Akzeptationstheorie), wird
hier zu einer eindrucksvollen Warnung vor dem Mißtrauen in Gottes Güte.
Glauben heißt auf Gott vertrauen; die Furcht vor dem Vertrauen über=
wiegen lassen heißt Gott selber mißtrauen, sich an Gott versündigen.

Allzu große Furchtsamkeit wäre Undank gegen Gott. Dieses Argument schlägt endlich durch und befreit das gequälte Gewissen von seinen Ängsten.

Man sieht: es handelt sich hier um ähnliche Gewissensnöte, wie sie später in den berühmten Gesprächen zwischen Staupitz und dem jungen Luther zur Sprache kommen werden; und was der Ordensvikar der Augustiner seinem Beichtkind an Trost zu spenden hatte, das wußte auch schon Matthäus, vermutlich aus den Quellen derselben Ordenstheologie, seinen Lesern zu bieten. Es ist sehr bemerkenswert, daß er ihrem Bedürfnis nach unmittelbarem, persönlichem Erleben der Gnadenwirkung nicht mit dogmatischen Lehrsätzen, nicht mit den kirchenrechtlichen Ansprüchen des Priestertums auf seine Mittlerstellung begegnet. Er ist weit entfernt davon, durch Aufstellen äußerer Regeln den Seelennöten seiner Beichtkinder abzuhelfen. Nicht auf diese oder jene äußere Handlung kommt es an: das ganze Leben soll eine Vorbereitung auf den Gnadenempfang sein; dabei wird dem einen dies, dem andern jenes besser nützen. Allzu vieles Fasten, Beten, Wachen zerstört nur den gesunden Sinn und die Fähigkeit zu rechter Andacht. Die rechte Buße des Herzens ist besser als das Ableiern von tausend Psalmen.

Die Schrift des Matthäus ist vermutlich schon in seiner Prager Zeit entstanden; sie hat offenbar jene böhmische Erweckungsbewegung vor Augen, die später im Hussitentum ihre Fortsetzung fand. Dennoch mußten wir uns näher mit ihr beschäftigen, weil sie anschaulicher als alle anderen Zeugnis gibt von dem Geist, der die Heidelberger Theologie in ihren ersten Anfängen beseelte. Statt unnützer logischer Subtilitäten sind es immer die lebendigen Kernfragen des religiösen Lebens, mit denen sich Matthäus befaßt. In einem sehr ausführlichen Zwiegespräch zwischen Vater und Sohn erörtert er — lebendig und gelehrt zugleich — die schweren Fragen der Theodizee, über Ursprung und Zulassung des Bösen, Prädestination und Verwerfung. Wie alle diese praktisch gerichteten Theologen, wendet er sich vorzugsweise an die Beichtväter, die ihre Verwaltung des „forum internum", der Gewissensberatung und priesterlichen Schlüsselgewalt, fortwährend mit den Fragen des praktischen Lebens in Berührung brachte. Er gibt ihnen Regeln an die Hand zur Unterscheidung von Todsünden und läßlichen Sünden[1], oder auch zur moralischen Beurteilung von Kaufkontrak-

---

[1] Bei Franke (Diss. Greifswald 1910), p. 120. Oder gehört das betr. Stück eigentlich dem H. v. Langenstein? Vgl. Heilig, a. a. O., 155f.

ten, und er belehrt sie über die beste Form des Beichtens. Aber auch rein
erbauliche Schriften finden sich: über die Visionen der hl. Birgitte von
Schweden, deren Heiligsprechung damals die Welt beschäftigte, über das
Mysterium des Abendmahls, die Passion Christi, den Trost der Theologie,
das reine Gewissen u. a. m. Ob auch die älteste Form der sog. „Sterbe=
kunst" (ars moriendi) von ihm stammt — eine Anweisung zum seligen
Sterben, die das 15. Jahrhundert geliebt hat wie wenige Bücher — ist
nicht mit Sicherheit zu ermitteln[1]; dem Inhalt nach könnte es wohl sein.
Die große kirchenpolitische Kampfschrift des Matthäus und ihre historische
Bedeutung lernten wir schon früher kennen[2].

Weniger auf Erbauung als auf die theologisch=juristische Klärung von
Fragen der Beichtstuhlpraxis ist die Schriftstellerei des Konrad von
Soltau gerichtet. Sein Hauptwerk ist (neben dem Sentenzenkommentar)
die Lectura super „Firmiter credimus" — ein ausführlicher theologischer
Kommentar zum ersten Kapitel der Dekretalien, in Heidelberg 1387/88
anscheinend auf Grund von Vorlesungen entstanden[3]. Man könnte das
Ganze ein Handbuch der Dogmatik im Auszug nennen. Statt der Sen=
tenzen des Petrus Lombardus, die den Erklärer ihrer ganzen Anlage nach,
besonders im ersten Buche, zu breiten Abschweifungen in das Gebiet der
Naturphilosophie, Logik und Metaphysik verleiteten oder nötigten, sind
hier die Kernsätze des christlichen Bekenntnisses selbst, in der offiziellen Fas=
sung eines Dekretale Innocenz' III., zum Gegenstand der theologischen Er=
örterung gemacht. Das bedeutet eine bewußte Beschränkung auf das
theologisch Wesentliche und entspricht der uns schon bekannten Grund=
haltung Konrads[4] und dem Geschmack der Zeit. Das erste Buch behandelt

---

[1] Die Autorfrage ist durch eine Neubearbeitung des Textes (angeblich von Capra=
nica) sehr verwirrt. Was Sommerlad, a. a. O., 67f. zu ihrer Lösung vorbringt,
ist wenig überzeugend; seine Textzitate enthalten Gemeinplätze aller spätmittelalter=
lichen Theologie. Eine gründliche Erörterung des Themas ist seit den Arbeiten von
Frank, Die älteste Ars moriendi, Zentralblatt für Bibl.wesen VII (1890), p. 308ff.
und Die deutschen Sterbebüchlein (1890) m. W. nicht mehr erfolgt. Was Burdach,
Dom Mittelalter zur Reformation (1893), p. 50f. vorbringt, war schon beim Erscheinen
durch Franks Arbeit überholt. Döring=Hirsch, Tod und Jenseits im Spätmittel=
alter (1927), p. 54 bringt nichts Neues.

[2] S. oben S. 273 ff.

[3] Handschriftenbestand bei L. Schmitz (Diss. Jena 1891), p. 71ff. Was Schmitz
über angeblich verfängliche Wendungen der Schrift bemerkt, zeigt nur seine Un=
kenntnis scholastischen Schrifttums.

[4] S. oben S. 331. — Im übrigen ist die Schrift ein neuer Beweis dafür, daß

die Trinität, das zweite die Schöpfung, das dritte die Menschwerdung
Christi, das vierte die Sakraments= und Kirchenlehre. Die praktische Nütz=
lichkeit einer solchen Schrift leuchtet ein, und die große Zahl der über=
lieferten Abschriften zeugt für ihre Beliebtheit.

Marsilius, Matthäus und Konrad waren höchst ansehnliche Anfänger
der Heidelberger Theologie. Daß ihre Nachfolger sich auf derselben gei=
stigen Höhe gehalten hätten, dürfte man nicht behaupten. Das Feld der
hohen Kirchenpolitik haben sie als Schriftsteller ängstlich gemieden; höch=
stens, daß man einmal in Disputationen das gefährliche Thema anschnitt[1].
Wie vorsichtig ihr Auftreten auf den großen Konzilien war, wenigstens
seit dem Abgang Konrads von Soest, haben wir früher gesehen. Das
Hauptfeld ihrer literarischen Tätigkeit waren asketische und apologetische
Schriften. Darin entfalten sie großen Eifer. Freilich nicht immer mit Geist
und Glück. Wie eine kümmerliche Nachahmung des Matthäus wirkt der
Dialog eines Bischofs und eines Priesters, den Heinrich von Altendorf
(Hessen) „über die seltene oder häufige Feier der Messe" schrieb[2]. In einem
derben, von Germanismen wimmelnden Gebrauchslatein wird hier dem
Priester eingeschärft, er dürfe nicht ohne zwingenden Grund die Feier der
Messe aussetzen; den Ängstlichen warnt der Autor vor falschen Skrupeln,
aber mit Schmähworten überschüttet er den Gewissenlosen, der zum Altar
Gottes läuft „wie die Sau zum Troge", der „den Sohn der Jungfrau in
Händen hält, aber die Tochter der Venus im Hause oder im Herzen, der
Gott im Schlunde hat, aber stinkende Sünden im Maul", dem es größere
Sorge ist „daß das Schweinefleisch daheim auf dem Herdloch gut kocht,
als daß der wahre Gott, der im Himmel ist, würdig empfangen werde".
Das war volkstümlich=derbe deutsche Art und Magister Heinrich ein sehr
frommer Mann, der später ins Karthäuserkloster ging, wie damals viele
seiner akademischen Standesgenossen. Seine Schrift ist häufig abgeschrieben

---

sich in der theologischen Literatur immer wieder die kommentierende Form der Dar=
stellung neben dem Quästionenschema behauptet — ebenso wie im Lehrbetrieb die
lectio neben der disputatio (s. ob. Kapitel 9). Einen Traktat über das apostol. Sym=
bolum hat auch Langenstein geschrieben, einer alten literarischen Tradition folgend,
an der schon Thomas seinen Anteil hat. Auch über das „Firmiter credimus" gibt es
mehrere, meist anonyme Kommentare des 14. Jahrhunderts (Auskunft von Prof.
Phil. Funt=Freiburg).

[1] S. oben S. 314 ff. Nach Tritheim hätte auch Joh. Ernst (Ernesti, Rektor 1440/41)
de autoritate concilii geschrieben.

[2] Vgl. dazu K. Heilig, R.Q.S. 40, p. 161f.

und sogar zweimal gedruckt worden; sie erfüllte also ihren Zweck. Aber von der eleganten Rhetorik, die Langenstein von Paris mitgebracht hatte, ist hier ebensowenig übrig geblieben wie von der Gelehrsamkeit und Ge= dankenfülle des Krakauers.

Wesentlich höher war das Niveau einer erbaulichen Schrift, die Niko= laus Magni, der bedeutendste Schüler des Matthäus, zur Belehrung von Klosterinsassen verfaßte. Sie behandelt das vielerörterte Thema der mön= chischen „drei Hauptgelübde" in Quästionenform — zwar unselbständig, in engem Anschluß an Thomas, die glossa ordinaria, das Dekret und die in diesen Vorlagen zitierten älteren Schriftsteller, aber mit gelehrter Gründ= lichkeit, dabei übersichtlich und mit warmer religiöser Empfindung; auch diese Schrift hatte großen Erfolg[1].

Nicht zur Publikation bestimmt war, wie es scheint, der „Malleus Jude= orum" (Judenhammer), den der Hofprediger und kurfürstliche Rat Jo= hannes von Frankfurt für seinen Herrn, den frommen Pfalzgrafen Ludwig III aufsetzte. Man vermutet hinter dem Titel zunächst eine anti= semitische Kampfschrift, zumal der Verfasser als einer der eifrigsten Ketzer= verfolger bekannt ist. Indessen handelt es sich um ein rein erbauliches Traktätchen[2], das in knappster Form Sprüche des Alten Testaments mit solchen des Neuen zusammenstellt, um dadurch gegen ungläubige Zweifler zu beweisen, daß wirklich das Alte Testament alle wesentlichen Tatsachen der christlichen Heilsgeschichte vorausgesagt habe. Vielleicht waren dem Kurfürsten, der sich viel mit Prophezeiungen beschäftigte, solche Zweifel von jüdischer Seite nahegebracht worden — jedenfalls wirkt das Ganze als Gewissenstrost, den der Beichtvater seinem Beichtkind darbietet; theo= logische Bedeutung hat es nicht.

[1] Vortreffliche Analyse, Wiedergabe im Auszug und Handschriftennachweis bei Franz, a. a. O., 62ff., 203ff. Zu den Hff. vgl. auch Loserth, M.J.Ö.G.G. XI (1890), 310. Der Heidelberger Bibliothekskatalog von 1461 enthält noch eine ganze Reihe von „Lektionen" (lecturae) des Nik. Magni über Psalmenanfänge u. dgl., die in den Rahmen der Chorliturgie gehören (Franz, a. a. O., ist dieser Quellenbeleg anschei= nend entgangen). Über eine ähnliche Lektion des Matth. v. Krakau s. die Chronik des Kirschgartner Mönchs: bei Ludewig, Reliquiae manuscriptorum II, 151. Einen Traktat des Henr. Gouda de celebratione missae erwähnt Trithemius.

[2] Cod. Vindobon. Pal. 4215, Bl. 36ᵃ—42ᵃ. Inc. s. oben S. 290, N. 1; am Schluß: Expliciunt concordancie in usum collecte per egregium . . . doctorem franckfurt contra Judeos et vocatur malleus Judeorum etc. deo gracias. Dasselbe Stück, jedoch ohne dieses Expl., auch P.L.V. 474, Bl. 1—32ᵃ (das Dedikationsexemplar, kalligra= phisch).

22*

Mit diesen Schriften ist aber auch schon alles aufgezählt, was mir an
rein erbaulichen Traktaten aus dem heidelberger Theologenkreis bekannt
geworden ist[1]. Wesentlich größer ist die Zahl der Lehrschriften, die zur
dogmatischen Instruktion des Seelsorgers und Beichtvaters be=
stimmt waren. Diesem Zweck diente vermutlich die (mir unbekannte) Schrift
des Johannes von Frankfurt über Prädestination[2] und ganz unzweideutig
eine Abhandlung des Nikolaus Prowin über den Ablaß[3], die sich mit der
Tragweite des bischöflichen und päpstlichen Ablaßrechtes beschäftigt, ins=
besondere mit der Frage, ob der Ablaß auch den Seelen bereits Verstor=
bener im Fegfeuer zugute kommen könne.

Weitere Schriften sind unmittelbar für die Beichtstuhlpraxis be=
stimmt. In welchem Geist die Lehre von der Beichte und priesterlichen
Schlüsselgewalt behandelt wurde, darüber gibt uns die pflichtmäßige Dispu=
tation eines Bakkalarianden von 1436 erwünschte Aufklärung[4]. Sie behandelt
die Wirkung der Kirchenstrafe (Pönitenz) für die Befreiung des Beichtenden
von seiner Schuld vor Gott und vor der Strafe im Jenseits. Sowohl die
ausführlich begründeten Thesen des Disputators, Magister Gerhard Brand
(den wir schon als Konzilsprediger kennen), wie ihre Erörterung durch den
Respondenten, seinen Schüler Johannes Ernesti aus heidelberg, bestätigen
unsere früher gewonnene Ansicht: daß die okkamistische Schultradition der
heidelberger im Bereich der Theologie ohne viel Bedeutung war. Der
Lombarde, Thomas von Straßburg, Peter von Tarentaise, vor allem aber
der Aquinate und Augustin — das sind die immer wieder zitierten Quellen;
andere werden überhaupt nicht genannt. Und inhaltlich bedeutet die Er=
örterung weiter nichts als eine triviale Zusammenstellung dessen, was als

---

[1] Noch zu erwähnen sind: die (nicht mehr vorhandene) Vaterunser=Auslegung
des späteren Freiburger Theologen Joh. Pfeffer von Weidenberg, die sich u. a. an
Langensteins Exposicio super oratione dominica anschließt, s. K. heilig, R.Q.S. 40,
S. 129; ferner die merkwürdigen, halbmystischen Traktate des Bacheracher Pfarrers
Wynand v. Steeg, die auf heidelberger Vorlesungen zurückgehen sollen, in P.L.V. 411.
Siehe J. Weiß, Jahresber. d. Görresges. 1904, 24ff.

[2] Trier, Cod. nr. 86, s. Keuffer, I, 104; ferner Wiesbaden 4⁰, nr. 35, s. N.
Arch. d. Ges. IX, 227.

[3] C.l.m. 5212, 5241. Inhaltswiedergabe bei N. Paulus, Geschichte d. Ablasses
III, 13f.

[4] P.L.V. 608, Bl. 229—37; Disputation vom 8. 3. 1436 über die Frage: Utrum
pure confessus omnino liber sit a culpa et a pena impleta penitantia sibi per verum
idoneum et diligentem confessorem iniuncta.

Gemeingut aller Scholaſtik nun ſchon ſeit Jahrhunderten im Umlauf war. Die ganze Kunſt der Rede erſchöpft ſich in der Aufſtellung großenteils un= nützer und pedantiſcher „Diſtinktionen", wie man ſie aus der ſcholaſtiſchen Predigt kennt; dabei werden die feingeſchliffenen Begriffsunterſchiede der Hochſcholaſtik gar nicht mehr in ihrer urſprünglichen Bedeutung verſtanden, ſo daß manches ins Schiefe verzerrt erſcheint. Das Ergebnis iſt eine ſo me= chaniſche Auffaſſung vom Zuſammenwirken göttlicher Gnade und menſch= lichen Verdienſtes, vom Ausgleich zwiſchen Schuld und Strafe im Buß= ſakrament[1], daß der religiöſe Sinn dieſer Dogmen gar nicht mehr recht kenntlich iſt. Im ganzen bleibt der Eindruck: nicht etwa einer „Selbſt= zerſetzung" ſpätſcholaſtiſcher Wiſſenſchaft, aber einer Verwäſſerung bis zur Ungenießbarkeit.

Einen beſonders wichtigen Beſtandteil paſtoraltheologiſcher Literatur des 15. Jahrhunderts bildeten die Traktate über Wucher und Handels= geſchäfte (de usura, de contractibus) für den Beichtſtuhlgebrauch. Je mehr die geldwirtſchaftlichen Formen des Warenverkehrs ſich entwickelten und verfeinerten, um ſo ſchwieriger wurde es für die Kirche, ihr altes Verbot des „Wuchers", d. h. des zinsbaren Kapitalkredits in jeder Form, und ihre Forderung des pretium justum an Stelle der freien Bildung von Marktpreiſen aufrechtzuerhalten. Eine immerfort wachſende Zahl von Spezialſchriften und von Beichtmanualen (summae confessorum u. ä.) be= ſchäftigte ſich damit, die allgemeinen Grundſätze der kirchlichen Wucher= lehre auf alle möglichen Formen des Handelsgeſchäfts anzuwenden, um in kaſuiſtiſcher Interpretation, zumeiſt recht unſyſtematiſch, die Grenze zwi= ſchen erlaubter und verbotener Geſchäftspraxis herauszufinden. Ihr Aus= gangspunkt iſt zumeiſt rein theologiſch; aber da es ſich hier darum handelt, allgemeine Grenzen von Recht und Unrecht zu ermitteln, den Machtbereich der kirchlichen Rechtſprechung über das ganze weite Gebiet des Wirtſchafts= lebens zu erſtrecken, das Bußſakrament als eine Art von kirchlicher Juſtiz auszugeſtalten, verſchwimmt das Theologiſche fortwährend ins Juriſtiſche. Die kirchlichen Geſetze ſeit dem Dekret des Gratian, kanoniſtiſche und zu= weilen auch legiſtiſche Autoren werden neben den großen Theologen, Thomas von Aquino, Skotus u. a., als Autoritäten zitiert. Beſonders in

---

[1] Vgl. etwa das 3. corollarium Erneſtis: Genugtuung durch Chriſti Sühnetod iſt möglich, denn: Possibile est quod homo voluntarie reddat deo pro peccato equivalens alias indebitum, ergo possibile est eum satisfacere. Das ſoll dann durch Be= rufung auf Thomas dist. 14, qu. 1, art. 4 geſtützt werden!

Deutschland ist diese Beichtstuhl=Literatur seit dem Aufkommen der Universitäten eifrig gepflegt worden. Als ihre überwiegende Tendenz darf das Bemühen gelten, allgemeine Grundsätze des kirchlichen Rechts durch Konstruktion von tausenderlei Ausnahme= und Sonderfällen der Praxis des Wirtschaftslebens anzupassen und dadurch ihre Behauptung — wenigstens theoretisch — zu ermöglichen[1].

In dieser allgemeinen Richtung bewegt sich auch, was an Wucherschriften aus dem Nachlaß der Heidelberger Scholastiker erhalten ist: eine Quästion Konrads von Soest über den Wucher[2] und ein kurzer Traktat des Johannes von Frankfurt über die Handelsverträge[3]. Beides sind ganz knappe, für den praktischen Gebrauch zugeschnittene Handbüchlein, ohne höhere wissenschaftliche Ansprüche, viel enger auf das spezielle Thema beschränkt als etwa der bekannte tractatus bipartitus des Heinrich von Langenstein[4]. Die Erörterung vollzieht sich fast ohne jedes Zitat von Rechtsquellen und Autoritäten, unsystematisch und kunstlos, mit Hilfe einer mehr theologischen als juristischen Argumentation, in der naturrechtliche Erwägungen, positive Satzungen des Kanons, die Moral der Bergpredigt und die Lehren der aristotelischen Ethik und Politik in harmlosem Nebeneinander als Rechtsquelle dienen. Konrad von Soest (der sich übrigens auch an der Wuchergesetzgebung des Konstanzer Konzils beteiligt hat[5]) behan=

---

[1] J. F. v. Schulte, Geschichte d. Quellen u. Literatur des kanon. Rechts, Bd. II, 1877. Max Neumann, Geschichte des Wuchers in Deutschland, 1865; z. T. überholt durch Endemann, Studien in der roman.=kanonist. Wirtschafts= und Rechtslehre, Bd. I, 1874. v. Below=Baasch, Artikel Wucher im Wörterbuch der Volkswirtschaft, ²1932/33.

[2] Wolfenbüttel, Cod. Helmst. 178, 12, Bl. 223ᵃ—228ᵇ, zweispaltig: Questio de usura circa quartum ethicorum determinata per magistrum Conradum de zozato. Inc.: Queritur, utrum usura sit de se prava, eciamsi nulla lege esset prohibita.

[3] C.l.m. 18401, Bl. 1—4. Incipit: Ut in foro anime . . . Weitere Abschriften: C.l.m. 11468, Wien 4748, P.L.V. 683. Die „juristische questio" des Wolfenbütteler Cod. Helmst. 183, 3 könnte identisch sein mit der eines Marburger Codex, von der v. Schulte, Quellen u. Literatur des kanon. Rechts II, 437f. berichtet. — Auch von Nik. Magni ist das Incipit einer questio de usuris überliefert: s. Franz Nik. Magni 107. Über einen anonymen, in Heidelberg 1414 geschriebenen Wuchertraktat (über den Renten=Rückkauf) s. ebd. p. 88, N.

[4] Inhaltsangabe bei O. Hartwig, H. de Langenstein (1857) I, 83f., II, 37f. Abdruck in der Kölner Ausgabe der Werke Gersons v. 1483 IV, 185—224. Heilig, a. a. O., 152 übersieht die Abschrift des P.L.V. 719, Bl. 26ff.

[5] Acta conc. Const. IV, 788ff.: Gutachten über den Rentenkauf.

delt nur die gangbarsten Fragen der Geldleihe, des Renten= und Fürkaufs und löst sie im Sinn der gemeinscholastischen Tradition[1]. Etwas ausführ= licher, aber noch kunstloser in der Form sind die Darlegungen des Johannes von Frankfurt. Er selber rechtfertigt das mit der Notwendigkeit, im Beicht= stuhl mit ganz einfachen Glaubenssätzen ohne scholastische Subtilitäten aus= zukommen; aber was er dann an Gedanken vorbringt[2], wird man eher schon primitiv nennen dürfen. Nicht nur auf gelehrtes Rüstzeug ist ver= zichtet, sondern beinahe schon auf die nähere Begründung seiner Thesen. Die ganze Schrift (deren auffallend rohes Schullatein zu ihrem Inhalt stimmt) erhebt sich nicht über das Niveau des gewöhnlichen Beichtmanuals[3]. Bemerkenswert ist nur der Eifer, mit dem unser Magister vor allem gegen wucherische Geschäfte des Klerikerstandes loszieht: darin wird das geistige Erbe seines großen Lehrers Matthäus von Krakau noch einmal spürbar.

Interessanter als die Beichtinstruktionen halbjuristischer Art sind die Schriften zur Bekämpfung des Aberglaubens, die wir von Nikolaus Magni und Johannes von Frankfurt besitzen[4]. Auch sie stehen im Dienste

---

[1] Geldleihe: Ersatz für damnum emergens soll gestattet sein (z. B. in der Form von Verzugszinsen), jedoch nur bei nachweisbarem Schaden; Ersatz für lucrum ces-sans nur im Fall ernstlicher Notlage des Leihenden; Rentenkauf mit Vorbehalt der Kündigung des Kapitals ist Sünde, ebenso Rentenkauf mit der Absicht arbeitsloser Existenz, ob letzteres jedoch usura ist, bleibt zweifelhaft. Gegen Fürkauf (z. B. von Getreide und Wein vor der Ernte) und Ausnutzung von zeitlichen und lokalen Preis= differenzen hat der Autor nichts einzuwenden, da sonst kaufmännische Geschäfte un= möglich würden.

[2] Rentenkauf kann nicht Wucher sein, weil ja die Einnahmen der Kirche, der Klöster und der studierenden Kleriker großenteils auf ihnen beruhen! Doch soll der Zinsfuß das übliche Maß (in Heidelberg etwa 5%) nicht übersteigen, der Vertrag nicht ein Kündigungsrecht des Gläubigers, sondern höchstens ein solches des Schuldners enthalten, letzteres ohne Abzug von der Kaufsumme. Vom Zinsverbot macht der Verfasser mancherlei Ausnahmen: so sollen Verzugszinsen bei Nichterfüllung eines Kaufvertrags durch den Käufer (als Abgabe vom Nutzungsertrag) erlaubt sein, aber auch Darlehenszinsen in Form der Pfandnutzung, sofern sich diese durch Verwaltungs= aufwand u. dgl. (etwa bei Verpfändung einer Stadt) rechtfertigen läßt; ebenso der Bezug von Zinsgewinn aus Geschäftsanteilen und der Handelsgewinn, der durch Aus= nutzung zeitlich bedingter Preisspannen entsteht, vorausgesetzt, daß keine wucherische Zurückhaltung von Waren erfolgt. Alles das ist konventionell.

[3] Wieviel fruchtbarer juristische Fragen von Sachjuristen behandelt werden konnten, habe ich oben S. 225 ff. am Nachlaß der Heidelberger Kanonisten gezeigt.

[4] Nikolaus Magni: tractatus de superstitionibus (1405); ausführliche Inhalts= angabe und Quellenanalyse bei Franz, a. a. O., 151 ff. Verzeichnis von 57(!) Hss.

der allgemeinen Kirchenreform. Ihr Ziel ist, jenen strengen und nüchternen Begriff einer kirchlich geordneten, durch Vernunft und Tradition gezügel= ten, von allen Ausschweifungen gereinigten Frömmigkeit wieder zu Ehren zu bringen, der den großen Scholastikern des 13. Jahrhunderts vor Augen geschwebt hatte und den das offizielle Kirchenrecht voraussetzte. Aber= glaube ist entweder ein Übermaß oder eine falsche Richtung der wahren Devotion: das ist der Grundgedanke, den Nikolaus Magni von Thomas übernimmt. Er hat eine deutliche Vorstellung von der Gefahr, die der Kirche je länger je mehr von dem Überwuchern abergläubischer Gebräuche und Ideen im Bereiche der kirchlichen Kulthandlungen, insbesondere der Volkspredigt, des Heiligenkults, Wallfahrtsbetriebes und Reliquienwesens drohte. In der Schilderung und Kritik dieser Mißbräuche bringt er manches Eigene zur Tradition hinzu. Im übrigen bedeutet sein Traktat kaum mehr als eine Zusammenfassung dessen, was Augustin, Thomas, Bonaventura und vor allem Wilhelm von Paris, der bedeutendste Dämonologe des 14. Jahrhunderts, über das Thema geschrieben hatten. Es war die früheste Schrift eines deutschen Gelehrten über diese Dinge; sie erfuhr darum eine ungewöhnlich weite Verbreitung. Was konnte man aber auch alles daraus lernen: über das Wesen der Dämonen, ihre Macht über die menschliche Seele, ihre Fähigkeit, Zukünftiges zu erkennen, ihre trügerischen Künste, ob man sie beschwören kann und darf, ob sie sich vermehren, mit den Men= schen in Geschlechtsverkehr treten, sich selbst und andere Wesen durch die Luft fortbewegen können, mit welchen Mitteln sie Schaden stiften, über die Sünde des Teufelsbündnisses, der Nekromantie, der Wahrsagerei, über die sog. Gottesurteile, den Gebrauch von Zauberworten, =steinen und =kräutern, den Mißbrauch heiliger Gegenstände und Worte zu magischen Zwecken, über Exorzismen und Talismane, abergläubische Gebete, Beob= achtungen von Glücks= und Unglückszeiten, zufällige Begegnungen und

---

ebd. 255 ff. Joh. v. Frankfurt, Utrum potestas coercendi demones fieri possit. C.l.m. 3417 u. 15320, Kassel theol. Fol. 51, Trier Cod. nr. 60. Veröff. v. Hansen, Quellen u. Untersuchungen z. Gesch. d. Hexenwahns (1901), S. 71—82. Vgl. auch Franz, a. a. O., 85, 169, 193 ff. Es handelt sich um eine quodlibetarische Quästion. Franz liest das Datum in C.l.m. 15320, Bl. 155ᵃ „1412"; mir erscheint diese Lesung nicht zweifelsfrei (1406?). In der Kasseler Abschrift fehlt die Jahreszahl. — Eine quaestio, utrum facultas cohercendi demones et tenebrarum potestates fieri possit per caracteres, exorcismos etc. wurde im quodlibet des Jahres 1445 disputiert: P.L.V. 376, Bl. 237 ss. Es wäre interessant, ihr Verhältnis zu der gleichnamigen des Joh. v. Frankfurt zu ermitteln.

vielen sonstigen Zauberspuk! Überall ist das Bemühen sichtbar, vor aber=
gläubischen Bräuchen als Zeichen der Gottentfremdung zu warnen, den
hilfesuchenden auf Gebet, Sakrament und kirchliche Weihehandlungen als
wirksamste und allein erlaubte Beschwörungsmittel zu verweisen, die Macht
des christlichen Gottes, der über alle dämonischen Mächte erhaben ist, zu
preisen. Aber konnte dies alles viel nützen, solange die Scholastik selber so
tief in dämonologische Vorstellungen verstrickt blieb, durch ihre Autorität
sie befestigte, durch ihre Systematisierung sie eher noch verstärkte, durch
literarische Arbeiten ihre allseitige Kenntnis verbreiten half? Es gab frei=
lich einen Weg, durch nüchterne Anwendung des aristotelischen Erfahrungs=
und Vernunftbeweises den Bereich der magischen Phantasie einzudämmen
zu helfen, die Menschheit von Wahnvorstellungen zu befreien: Heinrich
von Langenstein mit seiner Kometenschrift hat ihn beschritten[1]. Aber das
blieb eine Ausnahmeerscheinung. Der Weg der deutschen dämonologischen
Literatur führte von Nikolaus Magnis erbaulichen Mahnungen über Jo=
hann von Frankfurt zum „Herenhammer", zur Dämonenbekämpfung mit
Hilfe der Folterkammer und des Scheiterhaufens. Schon die Abhandlung
Magnis war durch einen Ketzerprozeß angeregt: gegen den Augustiner=
mönch Werner von Freiburg, der seine Beichtkinder allerhand magische
Benediktionen gelehrt hatte[2]. Johannes von Frankfurt kommt es schon viel
weniger darauf an, das Wesen der Magie theoretisch zu ergründen, als
darauf, zu ihrer öffentlichen Verfolgung aufzufordern und ihre sündhaften
Gebräuche jedermann erkennbar zu machen[3]. Als echter Schüler des Mat=
thäus findet er die Verderbnis des Aberglaubens nicht nur bei den Laien,
zumal bei den immer törichten Weibern, sondern sogar im Klerus ver=
breitet, und zwar in dessen sämtlichen Ständen, vom einfältigen Eremiten
bis zur hohen Weltgeistlichkeit. Besserung erwartet er von rücksichtsloser
Verfolgung (auch die vom Veitstanz Besessenen meint er durch Androhung
der Todesstrafe schnell zu heilen!), zugleich von seelsorgerlicher Aufklärung
in Stadt und Land. Jede größere Stadt sollte dafür eigens einen akademisch
gebildeten Seelsorger anstellen, der auch die umliegenden Dörfer mit=

---

[1] Vgl. Hub. Przachlewski, Heinr. v. Langensteins questio de Cometa und
der astrolog. Irrwahn s. Zeit. Breslauer philos. Diss. 1924 (ungedr.).

[2] Franz, a. a. O., 152ff.; U.B. II, 150.

[3] Bemerkenswert ist indessen, daß er den Glauben an fahrende Strigen (die
Wurzel des späteren Hexenwahns) ausdrücklich ablehnt: Hansen, a. a. O., p. 80,
Zeile 19ff. Auch sonst ist er eher kritisch gestimmt.

versorgen könnte; das gegenseitige Verhältnis von Klerus und Laienwelt könnte dadurch nur gebessert werden.

Mit demselben Eifer wendet sich Magister Johannes in einer anderen Schrift gegen die westfälischen Fehmgerichte, deren Einfluß sich eben damals bis nach Süddeutschland zu erstrecken begann[1]. So bestand in Waldorf, drei Stunden von Heidelberg, ein Schöffenstuhl, der bis 1461 sein Wesen trieb[2]. Was er vorbringt, zeigt deutlich, daß er die ganze Einrichtung nur vom Hörensagen kennt. Seine Anklage richtet sich auf einen einzigen Punkt: es ist ungerecht und unchristlich, einen Menschen ohne Verhör zu verurteilen, vollends ihn hinzurichten ohne die Möglichkeit von Beichte und Absolution. Das verstößt ebensowohl gegen die Nächstenliebe, den obersten Grundsatz christlicher Sittlichkeit (lex divina) wie gegen den naturrechtlichen Grundsatz der Billigkeit. Solche obersten Prinzipien alles Rechts können aber weder von Kaisern noch Päpsten umgestoßen werden, ja man müßte ihnen um Gottes willen widerstehen, wenn sie es dennoch tun sollten. Die angeblichen Privilegien der „Fehmer" — sie berufen sich auf einen Papst, man weiß nicht auf welchen, außerdem noch auf Karl den Großen — sind also kraftlos, wenn sie nicht überhaupt auf frivoler Erfindung beruhen. Obendrein sind die Schöffen, wie man hört, selber elende, todeswürdige Gesellen, nicht wert die Schweine zu hüten! Erstaunlich, daß nicht längst der Kaiser diese Gerichte verboten hat und daß niemand wagt, öffentlich dagegen zu predigen! Man sollte die ganze Einrichtung, ihre Herkunft und ursprüngliche Bedeutung gründlich untersuchen lassen, um festzustellen, ob etwa Mißbrauch und Überschreitung von Amtsgewalt vorliegt. — Das war gewiß eine sehr vernünftige Forderung. Aber wer im damaligen Deutschland war geneigt und imstande, sie zu erfüllen? Immerhin zeigt die Schrift, daß der scholastische Ketzerrichter auch wohl in den Dienst der Volksaufklärung treten konnte. Dafür gibt es noch einen zweiten Beleg aus Heidelberg: einen ausführlichen Traktat des Nikolaus Wachen-

---

[1] Contra Scabinos occulti judicii feymeros appellatos tractatus (undatiert), in: Marquardi Freheri, De secretis judiciis in Westphalia commentariolus, editio nova Helmstadii 1663, p. 16ss Neuausgabe: Ratisbonae 1762, p. 113ss. ed. Goebel. Die zugrundeliegende hf. ist noch nicht wieder aufgefunden. — Das Stück ist von Lindner, Die Veme (1888), 464 u. 500 nur erwähnt; vgl. auch R. Wilmans, H.3. 41, p. 227; ferner F. Thudichum, H.3. 68 (1892), p. 34f. gegen Finke, Hist. Jahrb. XI (1890), 499.

[2] Carlowa, Festrede der Heidelberger Universität zum 22. 10. 1878, p. 12. Kremer, Friedrich I. v. d. Pfalz (1766), Urk. nr. 1.

heym von 1458 gegen die Epidemie der Kinderwallfahrten nach Mont
St. Michel fur mer (in der Normandie), die eben damals (1455—59) ganz
Oberdeutschland in Aufregung setzte[1]. Mit umständlich scholastischen Be=
weisen wird dargetan, daß hier nicht echte Frömmigkeit, sondern entweder
eine Versuchung des Teufels oder doch menschlicher Irrtum im Spiel sei
— beides unter der Maske religiösen Eifers; die Obrigkeiten werden auf=
gefordert, diesem Wahnsinn ein Ende zu machen.

Man sieht: die schulmäßige Gebundenheit der scholastischen Theologie
ging doch nicht soweit, daß sie gänzlich abgesperrt blieb von der Teilnahme
an den kirchlichen Tagesfragen. Beratend, gutachtend griff sie in alle mög=
lichen Gebiete der seelsorgerlichen Praxis ein und unterstützte die Bemü=
hungen der großen Konzilien um innere Kirchenreform auf ihre Weise[2].
Praktisch noch wichtiger als alles dies war aber ihre apologetische Tätig=
keit: ihre Teilnahme an der Ketzerverfolgung.

Eine systematische, einheitliche Organisation des kirchlichen Inquisitions=
wesens ist den Päpsten auf deutschem Boden nie gelungen. Die Eifersucht
und politische Macht des vielgestaltigen deutschen Episkopates, der seine
eigene Gerichtsbarkeit dadurch bedroht glaubte, war ihr wichtigstes Hin=
dernis. Immerhin hatte die Inquisition seit der Mitte des 14. Jahrhunderts
gewaltige Fortschritte gemacht, da sich Karl IV., der „Pfaffenkaiser", ihrer
höchst tatkräftig annahm. Die Ernennung von 4 bzw. 6 päpstlichen In=
quisitoren für die wichtigsten Kirchenprovinzen und ihre reichliche Aus=
stattung mit kaiserlichen Privilegien bewirkte eine Neubelebung der Ketzer=
verfolgung in ganz Deutschland. Vom Standpunkt der Kirche gesehen, war

---

[1] Contra errores quorundam iuvenum masculorum, qui catervatim ad b. Michaelis Archangeli limina in finibus Franciae constituta peregrinabantur. P. L.V.
192, Bl. 207—219. Vgl. Falk, hist.=polit. Bl. 96 (1885), 194ff. u. Falk, Centralbl.
f. Bibl.wesen XV (1898), 122.

[2] Auf die Predigttätigkeit der älteren Heidelberger Theologen gehe ich nicht
näher ein, da sie nichts vom traditionellen Schema Abweichendes bietet. Am meisten
verbreitet waren offenbar die Predigtmuster des Johannes von Frankfurt, die man
in vielen Handschriften findet. Seine sermones perbreves sed multum formales et
notabiles wurden auch gedruckt: Hain 7352. Es sind kurze Entwürfe zu den textualen
Evangelienpredigten eines Jahres. Sie zeichnen sich durch gedrungene Einfachheit
ohne viel rhetorisches Schmuckwerk, aber auch durch scholastische Trockenheit aus.
Proben bei Cruel, Geschichte der deutschen Predigt im Mittelalter (1879), p. 473f.

es auch höchste Zeit dazu: pantheistisch-mystische Sekten, vor allem aber waldensische Irrlehren hatten eine Verbreitung gefunden, die für die Autorität der kirchlichen Hierarchie höchst bedrohlich erschien. Die religiöse Aufregung der Massen durch Geißlerzüge, Judenhetzen, St. Veits- und St. Johannestänzer und ähnliche Erscheinungen epidemischen Charakters kam hinzu, die Köpfe zu verwirren. Das immer stärkere Anschwellen religiöser Laienorganisationen von halbmönchischem Charakter, das sog. Beginenwesen, begünstigte die rasche Ausbreitung ketzerischer Meinungen. Ohnehin waren diese beständig wachsenden Scharen „freiwillig Armer" der Kirche verdächtig: dem Weltklerus, weil ihre geistliche Leitung schwierig, ihre Neigung zu religiöser Selbständigkeit, zur Emanzipation von der offiziellen Seelsorge offensichtlich war; den Bettelorden schon deshalb, weil sie durch ihre Massenbettelei den Nahrungsspielraum für die Mönche bedenklich verkürzten[1]. Schließlich kam noch die hussitische Ketzerei hinzu, der waldensischen nahe verwandt, und bedrohte die Kirche mit einem zweiten Schisma, viel ärger als das erste. Der Kampf gegen Ketzer und gegen Schismatiker bildete deshalb eine der Hauptsorgen der Reformkonzilien; immer wieder riefen die Konzilsprediger dazu auf. Die deutschen Universitäten spielten naturgemäß in diesem Kampf eine wichtige Rolle: als berufene Hüter der reinen Lehre. In das System der neubelebten deutschen Inquisition wurden sie von vornherein mit eingebaut. Zwar haben sie auch an diesem Punkt das Pariser Vorbild nicht ganz erreicht: niemals haben sie versucht, wie die Pariser Mutteranstalt, sich selbst an die Stelle der päpstlichen und bischöflichen Inquisition zu setzen. Aber die Autorität der Dominikaner als päpstliche Ketzerrichter war keineswegs so fest gesichert, daß sie nicht gelegentlich gern die Hilfe theologischer Fakultäten in Anspruch genommen hätten; und vollends die bischöfliche Inquisition bedurfte der Mitwirkung gelehrter Doktoren, sobald es sich um schwierige Glaubensfragen handelte.

Ein ganzes System statutarischer Vorschriften sorgte dafür, daß die Heidelberger Universität ihrer Aufgabe gerecht werden konnte, „dem heiligen Cristelichen glauben zu sterkunge" zu dienen. Schon die Promovenden der Artisten hatten der Kirche und dem Papst vor dem Kanzler einen Treueid zu leisten; sie durften dem Aristoteles nur soweit folgen, als er „dem Glauben und der offenbaren Wahrheit" nicht widerspräche, verbotene

---

[1] Immerhin verstanden es die Franziskaner, einen Teil der Begarden als „Tertiarier" des hl. Franz unter ihre Aufsicht zu bringen.

ketzeriſche Geheimwiſſenſchaft, wie Nekromantie und Dämonenbeſchwörung,
überhaupt nicht betreiben. Für die Predigten der theologiſchen Bakkalare
beſtand eine beſondere Zenſur, ebenſo eine Pflicht aller Theologen, jede
ketzeriſche oder anſtößige Äußerung, die ihnen irgend zu Ohren käme, der
kirchlichen Behörde oder der Fakultät flugs anzuzeigen[1]. Aber auch nach
außen hin hat die Uniuerſität ihr kirchliches Wächteramt von Anfang an
nachdrücklich geltend gemacht. Eine Flagellantenſchar, die ſich 1390 auf
dem Heiligenberg niederzulaſſen ſchien, wollte ſie durchaus vertrieben
haben und warnte Fürſten und Städte vor dieſer gefährlichen Sekte[2]. Von
ihrer Mitwirkung bei der Verurteilung des abergläubiſchen Phantaſten
Werner von Freiburg (1405) hörten wir ſchon[3]. Wichtiger war ihr Anteil
an dem Kampf, den der Basler Dominikaner Johannes Mülberg 1405
gegen die Beginen und Begarden in Oberdeutſchland führte. Mülberg
galt als der bedeutendſte deutſche Volksprediger ſeiner Zeit; ſeiner glü=
henden Beredſamkeit gelang es damals, den Basler Rat zur Vertreibung
der Begarden und Beginen zu bewegen, obwohl ſich die Franziskaner der
Beſchuldigten, ihrer Tertiarier, annahmen. Sie appellierten nach Rom,
und nun erſchien Bruder Johannes mit einem Empfehlungsſchreiben des
Basler Biſchofs und mündlichen Aufträgen an die Uniuerſität in Heidel=
berg, um ſich deren Unterſtützung zu erbitten. Man ſieht nicht recht, welcher
Art dieſe Hilfe ſein ſollte; vermutlich handelte es ſich um ein theologiſches
Gutachten über die Begarden, das eine Fortſetzung des Kampfes auch
außerhalb Baſels, die Mülberg plante und die inzwiſchen auch ſchon in
Gang gekommen war (z. B. in Straßburg), erleichtern ſollte. Weiterhin
brauchte er Unterſtützung in Rom gegen die Klagen der Franziskaner. Die
Uniuerſität empfahl ihn dem römiſchen Papſt mit warmen Worten. Sie
wird es umſo lieber getan haben, als Mülberg zu den eifrigſten Vor=
kämpfern der römiſchen Obedienz gehörte, in deren Dienſt er ſpäter ſelber
das Schickſal erlitten hat, als Schismatiker von Baſel vertrieben zu werden[4].

---

[1] U.B. I, 39, 41, 52, 103, 168; Hautz, II, 378 unt. Vgl. auch die Erfurter
Statuten (Geſchichtsquellen der Provinz Sachſen 8) § 48, § 82.

[2] U.B. II, 51. Ob die Uniuerſität Anteil nahm an der Verurteilung des Joachi=
miten Friedrich von Braunſchweig, die im Mai 1392 in Speyer ſtattfand und über die
der Kalender der Juriſten ausführlich berichtet (Toepke, I, 643f.), iſt unbekannt.
Offenbar handelte es ſich um einen Nachzügler der Flagellanten.

[3] Siehe ob. S. 345, N. 2.

[4] Über Mülberg ſ. h. Haupt, Z.f.K.G. VII, 511ff. Derſ., P.R.E.[3] XIII, 566
und die dort zitierte ältere Lit. U.B. II, 157f. Hautz, II, 364ff.

Mülbergs Kampf galt nicht eigentlich ketzerischen Meinungen; davon ist auch in dem Empfehlungsschreiben Bischof Humberts von Basel kaum die Rede[1]. Vielmehr bekämpfte er die sittlichen Schäden des Begarden= tums, wie sie im Laufe des 15. Jahrhunderts immer deutlicher hervor= traten: das Übermaß frommer Bettelei und Nichtstuerei gesunder, arbeits= fähiger Leute, überhaupt das Bedenkliche einer Nachahmung mönchischer Lebenssitte durch Laienverbände, die nicht durch strenge Gelübde, klerikale Standespflichten und kirchliche Kontrollorgane in Zucht gehalten sind. Die päpstliche Gesetzgebung schwankte schon lange zwischen Anerkennung und Verfolgung dieses halbmönchischen Wesens; wenn sie Verbote aussprach, geschah es vorwiegend auf Grund von angeblicher Häresie: man verwech= selte vielfach (auf Grund französischer Erfahrungen) die deutschen Begar= den mit der radikal pantheistischen Sekte der „Brüder vom freien Geiste" oder setzte ohne weiteres waldensische Ketzereien voraus. Mit welchem Recht, läßt sich im einzelnen nicht mehr ermitteln; sicher ist, daß ketzerische Meinungen in manche „Gotteshäuser" der „willigen Armen" eingedrungen waren; aber an der Rechtgläubigkeit der großen Mehrzahl wird kaum zu zweifeln sein. Gleichwohl mengte die polemische Literatur der Zeit, aus klerikaler Feder stammend, wahllos alles durcheinander: moralische Klagen über Faulheit und geistlichen Hochmut, über sittliche Entartung bis zu sexueller Perversion, Beschwerden über das Streben nach religiöser Selb= ständigkeit und Ungehorsam gegen den Klerus, dazu den ständig wieder= kehrenden Verdacht ketzerischer Meinungen. An dieser Literatur sind auch die Heidelberger Theologen beteiligt.

Unter ihnen als erster Wasmodus von Homberg, der seinen Traktat gegen die Begarden um 1398 verfaßt zu haben scheint[2]. Er war Dom= pfarrer in Mainz, hatte schon 1392 als Inquisitor des Erzbischofs main=

---

[1] Der Bischof spricht nur von den Gefahren einer Verbreitung ketzerischer Mei= nungen im Konventikelwesen der Begarden.

[2] Siehe H. Haupt, 3.f.K.G. VII (1885), 533ff. u. A.D.B. 41, 230. Ergänzender Abdruck: Döllinger, Beiträge 3. Sektengeschichte des Mittelalters II (1890), 406ff. Ferner: Falk, Katholik 83 (1903), II, 265. — Ich vermute, daß der „sermo Wasmodi de Homberg contra Begardos et begutas et hereticos" des Cod. 136 des Coblenzer Gymnasiums mit dem oben zitierten Stück identisch ist: s. Roth, Zentralbl. f. Bibl.= wesen XI (1894), 320ff. Der Name Wasmods tritt in den Akten der Universität wenig hervor, zuletzt m. W. 1407. Er wurde als Magister (vielleicht auch schon Bacc. theol.?) Anfang 1399 immatrikuliert und schon Ende des Jahres Rektor, 1403 als prof. theol. zum zweiten Male. —

zische Waldenser aufgespürt und 36 von ihnen verbrennen lassen, später die Verfolgung fortgesetzt und dabei anscheinend auch Begarden erfaßt. Er berichtet sehr eingehend, zum Teil sicherlich auf Grund seiner Inquisitions-akten, über ihre Lebensweise und sektiererischen Meinungen, mengt aber Konventionelles und Selbstgehörtes, pantheistische, waldensische und spezifisch begardische Anschauungen wahllos durcheinander, berichtet in einem Atem über sexuelle Orgien, lasterhafte Verkommenheit und überspannten asketischen Eifer, so daß man unwillkürlich mißtrauisch wird. Berechtigte Kritik und bloße Verleumdung sind hier nicht mehr zu unterscheiden. Wäre es wirklich so gewesen, daß die Beginenhäuser Schlupfwinkel von Mördern, Räubern, Dieben, Verfehmten, gefallenen Frauen und Ketzern bildeten, dann müßte die starke Sympathie des rheinischen Patriziats für diese „willigen Armen", von der Wasmod selbst berichtet, unbegreiflich erscheinen; und doch war sie so stark, daß die Ketzerrichter (nach seiner Angabe) nicht wagen durften, die gegen das Begardentum gerichteten päpstlichen Erlasse in den rheinischen Städten bekanntzumachen.

Es ist ein harter, unduldsamer Geist, der aus diesen Blättern zu uns spricht, der Geist eines eifersüchtigen Priestertums, das nichts mehr haßt als die Absonderung pietistischer Konventikel von den Ordnungen der offiziellen Kirche. Auch formal ist die Schrift Wasmods wenig erfreulich: ein wirres Durcheinander von Anklagen, ohne logische Ordnung und theologische Begründung. Theologisch viel höher steht eine Quästion Nikolaus Magnis über den Bettlerstand, die vielleicht aus Anlaß der Mission Mülbergs entstanden ist[1]. Sie gelangt freilich über rein theoretischen Erörterungen nur noch andeutungsweise zur Behandlung der Begardenfrage, gibt aber dafür eine solide theologische Grundlage, indem sie die populäre Vorstellung bekämpft, als ob das Betteln an sich ein religiöses Verdienst sei. Nicht die Preisgabe irdischer Güter, sondern die Nachfolge Christi ist uns befohlen, nicht äußere Armut, sondern Armut im Geiste, Gesinnung der Liebe ist vor Gott verdienstlich, nicht Reichtum, sondern Habsucht sündlich. Wo der rechte Geist waltet, kann einer vollkommener sein, der seinen Reichtum recht benutzt, als ein anderer, der ihm entsagt. Daran, daß gesunde, arbeitsfähige Menschen betteln gehen, ist Gott nicht das geringste gelegen.

Das Thema von den „gesunden Bettlern", der Unterschied zwischen Laienbettlern und kirchlich organisierten Bettelorden und die Frage, ob

---

[1] Franz Nik. Magni: 206ff., 107ff. (aus C.l.m. 17231).

Chriftus ein Bettler gewefen fei, hat die Theologie des 15. Jahrhunderts
noch viel befchäftigt. Indem einer den andern ausfchrieb, wurde die Dis=
kuffion immer weniger intereffant. Unterdeffen mehrten fich die Symp=
tome des Verfalls der begardifchen Lebensgemeinfchaft. Parallel damit
wuchs die Neigung der Moralprediger und Literaten, im Ausmalen des
Lafterlebens der Begarden und Beginen der Phantafie freien Spielraum
zu gönnen. Das Thema war unerfchöpflich; es gab fchließlich Gelegen=
heit, alles mögliche, was man von Gaunergefchichten wußte, auch in der
akademifchen Diskuffion zum Beften zu geben und deren trockenen Ernft
damit aufzulockern. Das Endftadium diefer Entwicklung haben wir in
einer (fchon früher befprochenen[1]) Jahresdisputation der Heidelberger Ar=
tiften von 1458 vor uns, die das Thema als eine Art von Scherzfrage
(questio minus principalis) behandelt: heitere Gauneranekdoten und Aus=
führungen über die Gaunerfprache werden feltfam gemifcht mit einer Samm=
lung von ketzerifchen Irrlehren und der Erzählung von Ketzerverbrennun=
gen — eine Mifchung, deren Humor auf uns heutige beinahe graufig wirkt.

Das Hauptthema der Heidelberger Ketzerrichter war indeffen nicht mehr
die Sekte der Begarden, fondern die huffitifche Häresie. Nicht erft das Kon=
ftanzer Konzil mit feiner Verdammung Huffens hat fie zu diefer Stellung=
nahme gebracht, fondern fchon der Verlauf jener erbitterten Kämpfe an
der Prager Univerfität, die feit 1406 zwifchen Wiklifiten und Rechtgläubigen
ausgefochten wurden und die allmählich zu einer unheilbaren Spaltung
der Korporation führten. Wunderlich genug mifchten fich in ihnen die
theologifchen Gegenfätze mit den philofophifchen: während die Wiklifiten,
der Lehre ihres Meifters getreu, einen überfpannten fkotiftifchen Realis=
mus zur Schau trugen, verfochten ihre Gegner die nominaliftifche Doktrin.
Dazu kam verfchärfend die nationale Spannung: vorwiegend tfchechifche
Magifter bildeten den Anhang des Huß, während die Deutfchen faft alle
auf der Gegenfeite ftanden. Es läßt fich denken, mit welcher Spannung
die Heidelberger Nominaliften den Verlauf diefer Kämpfe verfolgten. Aus
Emigranten des Prager Studiums hatte die junge pfälzifche Hochfchule den
beften Teil ihrer Lehrerfchaft gefammelt; als eine Art von Konkurrenz=
unternehmen gegen die böhmifche Univerfität war fie ins Leben getreten[2].

---

[1] S. ob. S. 191 nach P.L.V. 870. Vgl. dazu meine Auffätze: Aus dem Kreife des
Hofpoeten Pfalzgraf Friedrichs I., Z.G.O. 38, 109ff. u. Zur Gefchichte des häret.
Pantheismus, Z.f.K.G. 43, 150ff.

[2] Vgl. oben S. 60ff. u. 242ff.

Wie hätten die Männer, die einst vor dem Haß der Tschechen hierher geflüchtet waren, anders als mit grimmigster Erregung die Erfolge der böhmischen Nation, das Vordringen des Slaventums in Verbindung mit wiklifitischen Ketzereien, wie der Volksredner Huß sie predigte, beobachten sollen? Es ging sie umso näher an, als sich bald genug auch noch die politische Rivalität des böhmischen Hofes gegen den pfälzischen in die kirchlichen Streitfragen mischte.

Ein erster Zusammenstoß erfolgte im Mai 1406 anläßlich einer Disputation, die die Magister Hieronymus von Prag, eben erst in die Heidelberger artistische Fakultät eingetreten, vor einer großen Versammlung von Lehrern aller Fakultäten, namentlich auch der Theologie, abhielt. Hieronymus war der weitaus Aktivste und Schlagfertigste unter den Prager Wiklifiten. Eine streitlustige, kecke Natur von lebhaftem slavischen Temperament, scheint er es als seine Mission betrachtet zu haben, der realistischen Doktrin im Sinne Wiklifs überall disputierend zum Siege zu verhelfen. Wo immer der Agitator auftrat, in Oxford, Paris, Köln, Heidelberg, Wien oder im Osten bis nach Ungarn hin: überall erregte er Aufsehen und Stürme der Entrüstung. Sein Gastspiel in Heidelberg entwickelte sich rasch zu einem Standal, der allen Teilnehmern unvergeßlich blieb. Realistische Sätze über das Wesen Gottes, die ans Ketzerische streiften und aus dem Rahmen artistischer Studien herausfielen, Kühnheiten, wie die Behauptung, Wiklif sei sogar dem hl. Augustin vorzuziehen, vor allem aber maßlose Schmähungen der „terministischen" Logik und ihrer Schulhäupter Buridan und Marsilius von Inghen, die er „teuflische Häretiker" genannt haben soll[1] — das alles erbitterte die Zuhörer aufs äußerste. Einer Anordnung der Fakultät, seine weiteren Thesen vor dem Vortrag zur Zensur vorzulegen, kam er nicht nach, so daß man ihm schließlich das Auftreten verbot, seine Sätze öffentlich widerlegen ließ und ihn aus der Fakultät ausstieß; ja es scheint, daß er dem geistlichen Gericht des Wormser Bischofs denunziert wurde — damit wäre dann auch sein rasches Verschwinden aus Heidelberg leicht erklärt. Später kam der Haß, den er hier gegen sich erregt hatte, noch einmal zum Ausbruch in einer höchst tumultuarischen Szene des Konstanzer Konzils: als Hieronymus, in Ketten gebunden, seinen früheren Kollegen und nunmehrigen Richtern zur ersten Vernehmung vorgeführt wurde, spien sie

---

[1] auctores loyce terminorum non loycos sed vel dyabolice haereticos esse, quod tamen dixit se non hic sed colonie dixisse. a. u. I, 91ᵛ.

dem Wehrlosen ihre erbitterten und höhnischen Anklagen förmlich ins Gesicht[1].

Nicht lange nach dem Abgang des Hieronymus von Heidelberg begann der Wiklifitenstreit in Prag eine sehr ernste Wendung zu nehmen: aus dem Schulgezänk der Theologen und Artisten wurde ein Kampf um die Recht= gläubigkeit der böhmischen Kirche. Erzbischof Sbinko — von Rom her an= getrieben, wie es heißt — verbot 1406 die wiklifitische Abendmahlslehre und ging in den nächsten Jahren mit kirchlichen Prozessen gegen ihre An= hänger, auch an der Universität, vor. Die nationalen Gegensätze ver= schärften sich seitdem noch mehr. Während die deutschen Magister sich bemühten, das Feuer der Ketzerverfolgung nur ja recht zu schüren, er= klärten die Böhmen es für eine Beleidigung ihrer Nation, wenn sie der Häresie bezichtigt würden. In diesen Streit wurde die Heidelberger Uni= versität durch einen Prager deutschen Magister Ludolf Meystermann hinein= gezogen, der von ihr eine Empfehlung an die Kurie Gregors XII. erbat und erhielt, um dort eine Denunziation gegen die Prager Wiklifiten an= zubringen[2]. Tatsächlich erreichte er, daß gegen Stanislaus von Znaim, einen der bedeutendsten Anhänger des Huß, ein Ketzerprozeß eröffnet

---

[1] v. d. Hardt, IV, 645. Heidelberger Auftreten: U.B. II, 161. Zeugenaussagen im Wiener Prozeß v. 1410: L. Klicman, M.J.Ö.G. 21 (1900), p. 447ff.; Ders.: in Historický Archiv Ceské Akademie 12, Prag 1903; daraus Auszug bei H. Ehrle, Peter von Candia (1925), 119ff. — Das Auftreten des Hieronymus hatte u. a. einen Beschluß der artistischen Fakultät zur Folge, künftig keinen fremden Graduierten ohne vorherige Zensur seiner Thesen zur Disputation zuzulassen: U.B. I, p. 44, 3. 1—7. In der Baseler Hf.A VIII 24 findet sich fol.45ᵛ—48ʳ eine posicio des Hieronymus. Inc.: Questio est ista: utrum veritas generalis sit signanda pro quacunque proposicione vera denominanda. Fol. 48ʳ: Explicit positio mag. Ieronimi de praga facta Heydelberge quando ipse Ieronymus venit de parisius ubi fuit magistratus qui postea convictus de heresi in constancia usw. Sequitur posicio mag. Io. de franckfordia contra Ieronimum de praga etc. Diese trägt die Form einer feierlichen Kollation vor patres et magistri über das Thema: Videte ne quis vos decipiat per philosophiam et inanem fallaciam Kol. 2, 8 und bricht fol. 48ᵛ Zeile 6 unten mitten im Satz ab.

[2] Kopialbuch (U.A. I, 3, 33), Bl. 10 (das Regest U.B. II, 163 ist ungenau bzw. irreführend). Empfehlungsschreiben der Universität für den mag. art. bacc. theol. Pragensis Ludolfus Meystermann, „qui nobis exposuit, prout eciam alia veridica et fide digna relatione didicimus, quomodo in causa fidei catholice certa satis ardua sibi coram dicta vestre sanctitati et in curia eiusdem incumbant proponenda pariter et agenda." Dat. 18. Jan. ohne Jahresangabe, doch ist aus dem Inhalt der in nächster Anmerkung zitierten Urkunde mit Sicherheit das Jahr 1407 zu erschließen.

wurde; er ließ sich darüber im Mai 1408 in Heidelberg ein Notariats=
instrument ausstellen, bei dessen Ausfertigung mehrere Heidelberger Ma=
gister, zum Teil frühere Prager Lehrer, als Zeugen mitwirkten[1]. In der
Aufzählung häretischer Thesen, die Stanislaus verfochten haben soll, er=
scheinen auch gewisse Konsequenzen des skotistischen Realismus, die hier
nach der Gewohnheit disputierender Streithähne bewußt ins Extreme, ja
Groteske verzerrt sind[2]. Man wird vermuten dürfen, daß diese ganze Aktion
Meystermanns und der Heidelberger nicht wenig dazu beigetragen hat, den
Erzbischof Sbinko zu neuem, verschärftem Vorgehen gegen die Häresie im
Sommer 1408 anzustacheln: er befahl jetzt die Ablieferung aller wiklifi=
tischen Schriften zur Korrektur in seiner Kanzlei, sandte die Akten seines
Vorgehens nach Rom und erbat päpstliche Billigung. Eben damals kam
es zum endgültigen Bruch zwischen ihm und Huß. Aber nun mischte sich
König Wenzel ein. Noch immer von Eifersucht gegen das Königtum des
Pfälzers geplagt, versuchte er, das große Kirchenschisma auszunützen, um
die eigene Bestätigung als römischer König und die Absetzung Ruprechts
an der Kurie zu erreichen. Mit allen Gegnern Ruprechts und Gregors XII.
nahm er jetzt Verbindung auf: mit Frankreich, Burgund und den Gregor
opponierenden, einem Unionskonzil zuneigenden Kardinälen. Zu ihnen
sandte er im Herbst 1408 insgeheim zwei Prager Magister: Stephan Palač
und denselben Stanislaus von Znaim, gegen den soeben Ludolf Meyster=
mann den Ketzerprozeß angestrengt hatte. Man hat sich darüber gewundert,
daß Kardinal Balthasar Cossa, der spätere Konzilspapst, die beiden gar

---

[1] a.f.a. I, 220^v—222. Ludolf Meystermann läßt am 26. 5. 1408 in Heidelberg
vor genannten Zeugen einen processus des Kardinals Franciscus (Uguccioni) von
Bordeaux vom 20. 4. 08 gegen den mag. theol. Stanislaus de Sneuma vidimieren.
Der Kardinal, vom heiligen Stuhl zur Verfolgung des Ketzers bevollmächtigt, fordert
öffentlich zu seiner Verfolgung auf und beruft sich auf die (ausführlich eingerückte)
Anzeige Meystermanns. Über Kardinal Uguccioni s. Eubel, I, 26 u. Heimpel,
Dietrich von Niem (1932), 290. Er gehörte zur Pisaner Partei. Über Meystermann
vgl. Franz, Nik. Magni 45 (Personalnotizen).

[2] de universalibus realibus: quod eadem substantia sit deus lapis asinus et
homo et quaelibet res, quod sicut una essentia divina est tres persone sic una sub=
stantia est quodlibet individuum substantiale usw. Weitere Anklagepunkte: Un=
fähigkeit des Priesters, Bischofs usw. im Stande der Todsünde zur Sakramentsverwal=
tung, Kritik an der Exkommunikation, Nichtverwandlung des Brotes in der Eucha=
ristie, über die Stanislaus einen Traktat geschrieben haben soll. Meystermann klagt
über multa scandala in der Prager Universität seit 1406 („anno proximo preterito")
durch Schuld der Wiklifiten.

23*

nicht erſt nach Piſa zu den ſich verſammelnden Konzilsvätern gelangen
ließ, ſondern unterwegs in den Kerker warf und monatelang darin feſt=
hielt[1]. Der Grund iſt jetzt wohl klar: auf eine Verhandlung mit offenbaren
Ketzern, deren Verfolgung längſt eingeleitet und am hofe Ruprechts genau
bekannt war, konnte ſich die Kardinalspartei unmöglich einlaſſen — am
wenigſten, ſolange ſie noch den frommen König Ruprecht für ſich zu ge=
winnen hoffte. Auf anderem Wege gelang es Wenzel ſpäter, mit eifriger
Unterſtützung der wiklifitiſchen Partei in Prag, dennoch ein Bündnis mit
den Piſaner Kardinälen zu erreichen und ſeine Anerkennung als recht=
mäßiger römiſcher König auf dem Konzil durchzuſetzen. Aber nicht eher,
als bis der Bruch zwiſchen Ruprecht und dem Konzil endgültig vollzogen
war[2]! Wir wiſſen längſt, mit welchem Eifer die heidelberger Theologen
daran gearbeitet haben, daß dieſer Bruch erfolgte. Auch in Prag wider=
ſtand die Mehrzahl der deutſchen Magiſter allen Zumutungen Wenzels,
ihre Treue gegen den römiſchen Stuhl zu brechen und für das Konzil
Partei zu nehmen. Um ſo willfähriger zeigte ſich die böhmiſche Nation.
Aber nur dadurch, daß er den Tſchechen durch einen Gewaltſtreich das
Übergewicht verſchaffte, konnte der König die Univerſität zu der gewünſch=
ten Erklärung bringen. Damit führte er ſelbſt den Ruin ſeiner hochſchule
herbei: den berühmten Auszug der deutſchen Magiſter und Scholaren aus
Prag. Den heidelbergern aber war das huſſitentum nach allen dieſen Vor=
gängen doppelt und dreifach verhaßt.

Sehr merkwürdig iſt nun zu ſehen, wie die ſcholaſtiſche Partei der Nomi=
naliſten ſofort daran ging, die Kompromittierung der realiſtiſchen Doktrin
durch den Wiklifismus der Böhmen für ſich auszunutzen und ihre eigene
Theorie als die allein rechtgläubige zu proklamieren! hatte hieronymus
die Schulhäupter Buridan und Marſilius für Ketzer erklärt, ſo verbot die
heidelberger theologiſche Fakultät 1412 ausdrücklich, die „perverſen und
verdammten Lehren des Wiklif, auch über die Realität der Univerſalien",
vorzutragen[3]. Später, nach dem Konſtanzer Konzil, ging man noch weiter.
Johannes Gerſon erklärte in mehreren Schriften, der extreme Realismus
ſei in Konſtanz für ketzeriſch erklärt worden[4]. Die heidelberger aber unter=

---

[1] Vgl. Matthaeſius in Mitt. d. Ver. f. Geſch. d. Deutſchen in Böhmen, Bd. 52
(1914), 494ff. u. die dort zitierte ältere Literatur.

[2] Kötzſchke, a. a. O., p. 70.

[3] U.B. I, nr. 70.

[4] Zitate bei Ehrle, Der Sentenzenkommentar Peters von Candia (1925), p. 118.

nahmen eine Vorstoß, um das Kölner Generalstudium, den Hauptsitz der
deutschen „Realisten“, durch politischen Druck zur Annahme der nomina=
listischen Lehren zu nötigen. Zum mindesten ist es wahrscheinlich, daß
Heidelberger Professoren hinter jenem sehr merkwürdigen Schreiben des
Kurfürstenkollegiums von 1425 steckten, das die Kölner Magister zur Re=
form ihres Studiums aufforderte: an Stelle der bisher üblichen Methode
des Unterrichts nach Thomas, Albert dem Großen und anderen alten Dok=
toren sollten sie von jetzt ab den neueren Autoritäten folgen, wie Buridan,
Marsilius und ihren Genossen; die realistische Doktrin (gedacht war offen=
bar vor allem an die „formalitates“ des Skotismus) übersteige mit ihren
Subtilitäten die Fassungskraft der jungen Leute, und so könne es leicht zu
verderblichen Irrtümern kommen, wie das Beispiel von Prag lehren könne;
die Prager Ketzereien wären aus eben diesen Doktrinen entsprungen[1]. Es
war die Zeit, in der bereits ganz Deutschland unter dem panischen Schrecken
der Hussitenzüge lebte; man hat damals auf Veranlassung der Kurfürsten
ganzen Bürgerschaften oberrheinischer und anderer Städte besondere
„Ketzereide“ abgenommen, um sich gegen das Gift der böhmischen Häresie
zu sichern. Alle Tagungen fürstlicher und städtischer Reichsstände waren
erfüllt von der Sorge um Kriegsrüstungen wider die Hussiten. Offenbar
haben die Heidelberger diese allgemeine Aufregung benutzt, um den eifrig=
sten Vorkämpfer der rechtgläubigen Lehre, ihren Landesherrn Pfalzgraf
Ludwig, und durch ihn das Kurfürstenkolleg gegen den Kölner Realismus
aufzubringen — und damit zugleich der unbequemen Konkurrentin am
Niederrhein einen Schlag zu versetzen.

Im Zusammenhang dieser Ketzerpanik sind auch mehrere Schriften von
Heidelberger Theologen wider das hussitische Glaubensbekenntnis ent=
standen. Und zwar unter sehr ungewöhnlichen äußeren Umständen. Nach
dem Fehlschlagen des ersten großen Feldzugs gegen die Hussiten, den Sieg=
mund persönlich geleitet hatte, nahmen sich die vier rheinischen Kurfürsten
unter Führung des Pfalzgrafen im Sommer 1421 tatkräftig der großen
Glaubenssache an. Ein Reichskrieg wurde ausgeschrieben, zugleich als
Kreuzzug organisiert. Ende August rückte von Eger aus ein sehr stattliches
Kreuzheer nach Böhmen hinein, für dessen Erfolg unsere Universität eine

---

[1] Duplessis d'Argentré, Collectio iudiciorum de novis erroribus (1728) I,
2, 220—23. Die Antwort der Kölner ist mehrfach gedruckt, zuletzt ausführlich, auch
in der deutschen Fassung, bei Ehrle, a. a. O., 281ff. Vgl. auch meine Studien
II, 39ff.

feierliche Messe im Beisein aller ihrer Mitglieder abhalten ließ[1]. Die Kur=
fürsten selbst zogen mit ins Feld, und der Pfalzgraf ließ sich von seinen
Hoftheologen begleiten. Das Unternehmen führte, nach leichten Anfangs=
erfolgen, zu einer langwierigen und zuletzt vergeblichen Belagerung von
Saaz, einer Hauptfeste der Hussiten. Hier im Feldlager, eine Meile vor
der belagerten Stadt, empfing Kurfürst Ludwig von einem Abgesandten
der Böhmen jene berühmten „vier Artikel", die man in Prag kürzlich wäh=
rend der Belagerung durch Siegmund aufgestellt und die dann der Czas=
lauer Landtag als eine Art von böhmischem Glaubensbekenntnis und
Reformprogramm angenommen hatte; sie bildeten fortan das Feld=
geschrei der gemäßigten Hussiten, der sog. utraquistischen Partei. Im Lager
des Kreuzheeres fanden sie eine sehr ungünstige Aufnahme. Kurfürst
Ludwig übergab sie seinen beiden Hoftheologen, Konrad von Soest und
Johannes von Frankfurt, die sich sofort an die theologische Widerlegung
machten. Ihre Gutachten, die uns in einem Sammelkodex der Wiener Hof=
bibliothek überliefert sind, bieten inhaltlich nichts Besonderes: sie stützen
die offizielle Kirchenlehre durch Berufung auf biblische Sätze und auf die
scholastische Tradition, so gut das „mitten im Lärm und der Unruhe des
Feldlagers", ohne gelehrten Bücherapparat, nur immer möglich war[2].
Magister Johannes bleibt dabei ganz an der Oberfläche, arbeitet mehr mit
pathetischen Schlagworten als mit gelehrten Argumenten und bemüht sich
vor allem, die religiöse Gesinnung und die Moral der Ketzer zu verdäch=
tigen. Statt exakter Zitate bietet er einfach die Autorität der Kirchenväter,
Konzilien und rechtgläubigen Universitäten als Ganzes auf. Dagegen ist
die Arbeit Konrads von Soest wesentlich gründlicher, kenntnisreicher und
feiner; sie zeigt, daß diesem Magister ein immerhin stattliches Maß von
Schulwissen und Bibelkenntnis jederzeit zur Verfügung stand.

Der Kreuzzug in Böhmen endete kläglich; das Reichsheer wurde von
Ziska geschlagen und löste sich in haltloser Flucht auf. Es begann die trost=
loseste Epoche der älteren Reichsgeschichte: die Verwüstung halb Deutsch=
lands durch die Hussitenzüge. Die Ketzer sorgten freilich selber dafür, daß

---

[1] U.B. II, 210 (24. 8. 1421).

[2] Vindobon. Pal. 4215, fol. 73—77. Tractatus contra hussitas m. Joh. Franck-
furtt, editus a. 1423; die Einleitung gibt an, daß die Niederschrift, wie oben geschil=
dert, im Lager vor Saaz 1421 erfolgte. Der dritte Artikel der Böhmen (Frage des
Kirchengutes) ist hier ausgelassen. fol. 77—82: „sequitur alius tractatus contra
hussitas factus a. d. 1421 die 16. m. septembris in campo bohemie prope sacz ad
unum miliare a ven. s. th. d. Conrado de Suzato postea promoto in ep. Ratisb.

ihre religiösen Ideen in Deutschland nur spärlich Boden fanden, obwohl
die Reichsgewalt ihnen gegenüber fast wehrlos war: zu groß war der
nationale Haß, den ihre Brandschatzungen überall erweckten. Immerhin
gab es Sendboten genug, die den Haß des gemeinen Mannes gegen eine
entartete Priesterschaft, ihre weltliche Macht und ihren Reichtum zu schüren
wußten. Waldensische und hussitische Lehren von der ursprünglichen Armut
und Einfalt der Kirche sind in der Predigt dieser Häretiker nicht mehr klar
zu unterscheiden: sie flossen gänzlich ineinander. Wohl der Tapferste, Be-
gabteste und Tätigste von ihnen war der sächsische Edelmann und Priester
Johann von Drändorf, der um 1425 die pfälzisch-fränkischen Gegenden
beunruhigte. Sein Todesschicksal hat später noch Luther und Melanchthon
bewegt; er ist von Flacius Illyricus als Blutzeuge der evangelischen Wahrheit gefeiert worden. Dem frommen Kurfürsten Ludwig, der seine Ge-
fangensetzung persönlich veranlaßte, erschien er als einer der gefährlichsten
Irrlehrer — vor allem darum, weil er religiöse und politische Oppositions-
stimmungen miteinander in Verbindung brachte. Die große Hoffnung
Drändorfs war, einen politischen Zwist, der die Stadt Weinsberg mit dem
Bischof von Würzburg und der Reichsgewalt in Konflikt brachte, zu einer
Schilderhebung der fränkischen Städte gegen die weltliche Herrschaft der
Pfaffen zu benutzen und im Lager dieser Opposition der reinen evange-
lischen Lehre, wie er sie zu kennen meinte, den Boden zu bereiten. Vor-
zeitig verraten, wurde er vor ein Ketzergericht gestellt, das der Bischof von
Worms in aller Eile in Heidelberg aus Theologen und Kanonisten der
Universität berief. So ziemlich alle Doktoren der oberen Fakultäten waren
daran beteiligt. Sie arbeiteten unheimlich schnell: am 13. Februar 1425
begann das Verhör, am 17. stand Johann bereits in Heidelberg auf dem
Scheiterhaufen. Auf eine vorherige Verständigung mit dem päpstlichen
Inquisitor der Mainzer Diözese hatte man im Widerspruch zu den kanonischen Satzungen verzichtet, um das Endurteil über einen so gefährlichen
Ketzer nur ja nicht aufzuhalten; auch die übliche, allerdings rein formelle Bitte an die weltliche Macht, den ihr zur Exekution übergebenen
armen Sünder nicht an Leib und Leben zu strafen (d. h. nicht umzubringen
oder zu verstümmeln), wurde diesmal unterlassen. Ja man beruhigte sich
auch nach der Hinrichtung des Ketzers noch nicht: die Prozeßakten wurden
Papst Martin V. übersandt mit einer Denkschrift der Heidelberger Theologen, die um geeignete Maßnahmen bat, um künftig die hussitische Ketzerei
schneller und wirksamer bekämpfen zu können: der Papst möge den bischöf-

lichen Inquisitionsgerichten größere Vollmacht verleihen, um in bestimmten
Fällen auch unabhängig von der päpstlichen Inquisition vorzugehen; er
möge den Erzbischöfen und Universitäten das Verzeichnis der in Konstanz
verurteilten Ketzereien zugänglich machen, zugleich eine Sammlung der
älteren kirchlichen Satzungen, welche die Austeilung des Abendmahls in
beiderlei Gestalt verbieten. Die Denkschrift scheint später auch dem Baseler
Konzil überreicht zu sein; sie zeigt wie kein zweites Dokument, mit welchem
Eifer man in Heidelberg über der reinen katholischen Lehre wachte[1].

Grundsätzlich hat sich außerdem noch Nikolaus Magni über die Hussitenfrage und die Ketzerverbrennung geäußert, in einer theologischen Disputation, die vielleicht durch den Prozeß Drändorfs unmittelbar angeregt
war. Von den harten Grundsätzen der thomistischen Lehrtradition weicht
er nur insofern ein wenig ab, als er zur Erwägung stellt, ob man sich nicht
damit begnügen könne, nur diejenigen Ketzer zu töten, die andere verführen; auch will er rückfälligen Häretikern, die vor der Hinrichtung nach dem
Empfang des hl. Sakraments verlangen, dieses nicht unbedingt verweigern[2].
Sein Kollege Johann von Frankfurt hat auch praktisch die Verfolgung waldensischer und hussitischer Ketzer nach dem Tode Drändorfs noch fortgesetzt.
Er berichtet selbst von einer Ketzerverbrennung, die er 1429 in dem fränkischen Städtchen Lauda abhielt, dessen Jakobskirche der Universität gehörte. Da er sich selbst bei dieser Gelegenheit „Inquisitor der ketzerischen
Bosheit" nennt und nachweislich eine aus Spanien stammende Dienst-
anweisung für Inquisitoren besaß[3], wird er dieselbe Rolle wohl auch anderwärts gespielt haben.

Trotz aller Ketzerverbrennungen kam die Hussitenfrage bis zum Ende
des Jahrhunderts nicht mehr zur Ruhe. Immer neue Generationen von
Heidelberger Lehrern haben sich damit beschäftigt. Noch in den sechziger
Jahren nahmen die Theologen in ihre Statuten einen Eid der Promovenden auf, der diese verpflichtete, sich nicht mit hussitischen oder wiklifi-

---

[1] H. Haupt, Joh. v. Drändorfs Verurteilung durch die Inquisition zu Heidelberg. Z.G.O. 54 (N. F. 15, 1900), 479ff. Die älteren Darstellungen (verzeichnet
U.B. II, 229) sind dadurch überholt. Über die religionsgeschichtliche Stellung Drändorfs vgl. Haupt, D.Z.f.G.W. 3 (1890), 356ff.

[2] Franz, Nik. Magni, 116ff. nach P.L.V. 608, Bl. 245—247. Eine Schrift des
Magisters Joh. Plate „contra Bohemos" erwähnt Tritheim.

[3] P.L.V. 681 (s. Stevensons Katalog): directorium inquisitionis fr. Nicolai
Eymerici. — Verbrennung des Joh. Fuyger in Lauda 4. 7. 1429: bei M. Freher,
a. a. O., 121; Abdruck auch bei Thorbecke 30*, N. 119.

tischen Lehren zu beflecken. An dem berühmten Ketzerprozeß des Johann von Wesel 1479 nahmen sie mit mehreren Abgesandten als Richter teil; auch hier spielten ja hussitische Irrlehren wenigstens von ferne hinein. Einer der Teilnehmer, Nikolaus von Wachenheym, hat eine ausführliche Widerlegung wiklifitischer und hussitischer Irrtümer geschrieben[1]. Er gehörte zur Zeit des Prozesses schon zu den Veteranen der theologischen Fakultät. Die jüngere Generation, durch Jakob Wimpfeling vertreten, empfand aber schon nichts mehr von dem Druck der hussitischen Gefahr, der einst die Väter des Heidelberger Studiums beängstigt hatte; sie deutete sich den Weselschen Ketzerprozeß als eine bloße Ausgeburt theologischer Schulstreitigkeiten, deren Wichtigkeit sie nicht mehr verstand und nicht mehr anerkennen wollte. So sieht man, wie die allgemeine Verflachung spätscholastischer Kontroversen am Ende des Jahrhunderts bis in die Kernfragen des Dogmas und der kirchlichen Ordnungen vordringt.

---

[1] Vgl. meine Studien III, 29f., 43f.

II. Abschnitt. Nachklänge der Konzilsbewegung: Kirchliche Restaurationsversuche im Rahmen des fürstlichen Territoriums.

Fünfzehntes Kapitel

Schwierige äußere Lage der Universität zwischen Papsttum und Landesherrschaft unter der Regierung Friedrichs I. (1449—1476).

Wir knüpfen an die Betrachtung wieder an, mit der wir die äußere Geschichte unserer Hochschule um die Jahrhundertmitte (Kapitel 13) verließen: an den tief verwandelten Zustand der abendländischen Gesellschaft, des mittelalterlichen „corpus Christianum", seit dem Ende der großen Reformkonzilien. Noch einmal hatte die kirchliche Hierarchie ihre äußere Einheit, das Papsttum seine monarchische Machtstellung, die Kurie ihr zentralistisches Verwaltungssystem gegen alle Widersacher behauptet. Aber die alte Harmonie der geistlichen und weltlichen Lebenssphäre war für immer zerstört. Mit neuem, gesteigertem, durch diplomatische Mißerfolge nun erst recht gereiztem Selbstbewußtsein behauptete von jetzt an der weltliche Staat seine Machtansprüche gegen die geistliche Gewalt. In den großen Nationalstaaten Westeuropas mit ruhiger, stetig zunehmender innerer Sicherheit; in den jungen, traditionslosen und ewig ungesicherten Renaissancestaaten Italiens mit der naiven Selbstsucht des Emporkömmlings, der um sein Dasein kämpft; in den zersplitterten, unfertigen und oft so unbehilflichen Territorialstaaten Deutschlands mit der erbitterten Leidenschaft des Schwachen, der sich in seinen Rechtsansprüchen verkürzt und betrogen glaubt.

Auch in der Geschichte der pfälzischen Landesuniversität wird dieser Wandel der Zeiten deutlich spürbar. Er verstärkt sich hier noch durch den Wechsel der Herrscherpersönlichkeiten: auf den jungen, politisch und geistig

unſelbſtändigen Pfalzgrafen Ludwig IV. folgt 1449 die kriegeriſch-männ-
lichſte, politiſch bedeutendſte Perſönlichkeit des kurpfälziſchen Hauſes ſeit
Ruprecht I.: Friedrich der Siegreiche (1449—76), von allen Fürſten der
Kurpfalz die weitaus populärſte Geſtalt. Wie er ſich von der läſtigen Vormundſchaft über den einjährigen Sprößling ſeines Vorgängers und Bruders befreit: durch raſches Ergreifen der Kurwürde mit Hilfe des ihm ergebenen pfälziſchen Adels (1451), und wie er ſich in dieſer (vom Kaiſer
niemals anerkannten!) Würde zu behaupten weiß: durch kluges diplo-
matiſches Spiel von größter Wendigkeit, zugleich aber mit rückſichtsloſem
Trotz gegen Kaiſer und Reich und gegen eine Überzahl mißgünſtiger Nachbarn und Standesgenoſſen — das verrät den geborenen Machtpolitiker.
Seine ſchlagkräftige, raſch zupackende Kriegführung mit Hilfe einer moderni-
ſierten, aus gedrillten Landsknechten und ritterlichen Vaſallen gemiſchten
Truppe, die ihn zu verblüffenden Erfolgen im Felde führt; ſeine völlig
bedenkenloſe, zu jedem Verrat des Bundesgenoſſen fähige Bündnispolitik;
ſeine nüchterne, realpolitiſche, ganz unmittelalterliche Einſchätzung der
alten Autoritäten von Kaiſer und Papſt; nicht zuletzt ſeine innere Landes-
verwaltung mit ihren juriſtiſch geſchulten Hofbeamten, ihrem Hofgericht,
ihren Landes-, Münz- und Polizeiverordnungen — das alles zeigt einen
neuen Stil deutſchen Fürſtentums, mit dem er den meiſten ſeiner Standesgenoſſen vorauseilt. Mit dem frommen Beter und Asketen Ludwig III.
hat er ſehr viel weniger gemein als mit den fürſtlichen Emporkömmlingen
und Condottieri der italieniſchen Renaiſſanceſtaaten — trotz alles Abſtands
der Sitten und Umwelt. Die von ihm bei Seckenheim gefangenen fürſtlichen Standesgenoſſen viele Wochen lang in den Stock zu legen, um die
Verhandlungsbereitſchaft ihrer Partei zu fördern, macht ihm ebenſowenig
Bedenken wie der Verzicht auf eine legitime Ehe aus politiſchen Gründen
und ihr Erſatz durch die offene Buhlſchaft mit einer Mätreſſe von bürger-
lichem Stand. Und wie die Signori Italiens ſich ihre humaniſtiſchen Hofpoeten und Oratoren hielten, um ihre Taten in ſchwülſtigen lateiniſchen
Verſen und Geſchichtswerken beſingen zu laſſen, ſo hielt ſich Friedrich ſeinen
Hofkaplan Matthias Kemnat und den Bänkelſänger Michel Beheim als
Verkünder ſeines Ruhmes und berief den humaniſtiſchen Vaganten Peter
Luder nach Heidelberg, der keinen höheren Ehrgeiz zu haben bekannte,
als ſeine Dankbarkeit in einer Lobrede zu beweiſen, wie es ein Hund „mit
beweglichkeit des ſchwanzes, etwan mit winkelung oder ſunſt mit welcher
bedeutung des leibes" verſuche. Es war immerhin etwas Neues, daß ein

deutscher Fürst persönlich für literarische Zeugen seines Ruhmes Sorge trug; gerade der Übergang aus dem derben, halb ritterlichen, halb theologischen Wesen der älteren deutschen Fürstenhöfe zu neuartigen, rein weltlichen Bildungsinteressen macht den besonderen Reiz der Erscheinung Pfalzgraf Friedrichs aus.

Seine mächtige, pfälzisch-derbe Gestalt steht so recht im Mittelpunkt jener wilden Machtkämpfe, die seit der Jahrhundertmitte das fränkischrheinische Gebiet erfüllten und in denen bald um das Machtverhältnis zwischen Fürsten und Städten, bald um die äußere Abgrenzung, bald um die innere Konsolidierung der größeren rheinischen Territorien gerungen wurde. Höhere politische Gesichtspunkte in diesem wüsten Treiben zu finden, fällt schwer. Doch war es schon etwas Großes, daß Pfalzgraf Friedrich zuletzt aller seiner Gegner Herr wurde und den äußeren Bestand des pfälzischen Territoriums so stark zu erweitern vermochte, wie keiner seiner Vorgänger. Denn auf die Bildung kräftiger, nach außen und innen leistungsfähiger Fürstenstaaten kam jetzt alles an, sollte das deutsche Chaos jemals ein Ende nehmen. Übrigens ging es nicht immer bloß um Fragen des Mein und Dein. Zeitweise schien sich aus dem anarchischen Fehdewesen eine Parteibildung höherer Art zu entwickeln. Die großen Fragen der Reichs- und Kirchenreform wurden zum Feldgeschrei gerade der wittelsbachischen Fürstenpartei, der Friedrich angehörte. Zeitweise hat er selbst als Anwärter auf die deutsche Königskrone eine bedeutende Rolle gespielt: die Oligarchie der Kurfürsten hoffte durch ihn ein ständisches Reichsregiment zu errichten und den schlaffen, aber intriganten Habsburger Friedrich III. zu verdrängen. Damit verband sich, von Mainz ausgehend, die fürstliche Opposition, besonders der geistlichen Reichsstände, gegen das enge Bündnis von Kaiser und Papst, wie es seit den Wiener Konkordatsverträgen bestand; sie drohte, die Angriffe der Konzilien auf das Papsttum zu erneuern. Es sind lauter bedeutende Gestalten, in denen sich diese großen Gegensätze der Zeit verkörpern. Auf der Seite des Kaisers Markgraf Albrecht Achilles, das Haupt der brandenburgischen Fürstenpartei, Friedrichs großer Rival, in der äußeren Erscheinung, Begabung und Geistesrichtung ihm ähnlich; auf dem Papstthron Pius II., Enea Silvio Piccolomini, der beste Kenner deutscher Verhältnisse in Italien und früheste Vermittler italienischer Humanistenpoesie nach Deutschland, selber ein Weltkind im Stil der neuen Zeit, jetzt aber bemüht, durch ein großes Kreuzzugsunternehmen gegen die Türken noch einmal die weltlichen Mächte in die

Gefolgschaft der Kirche zu zwingen. Auf der Gegenseite, im Dienste des Mainzers, später des Böhmen, die großen Juristen und Diplomaten Gregor Heimburg, Martin Mayr (aus Heidelberg) und Heinrich Leubing, denen zum erstenmal eine juristisch klare, eindrucksvolle, durch viele Jahrzehnte nachwirkende Formulierung der deutschen Gravamina (Beschwerden) gegen Rom gelang — Männer, in denen sich deutscher Ernst mit dem nüchtern weltlichen Geiste der italienischen Jurisprudenz zu verbinden schien. Zuletzt fiel doch alles wieder auseinander, was sie an Bündnissen und Reform=plänen mit unendlicher Mühe aufbauten. Noch war die Zeit nicht reif für einen klaren Sieg der weltlichen Staatsidee, wie in Frankreich: noch war das Selbstbewußtsein und die innere Form dieser jungen Territorialstaaten, die um ihren äußeren Bestand miteinander kämpften, zu wenig gefestigt — und so erstickten die Ansätze zu einer Reformpolitik höheren Stils zuletzt immer wieder im kleinlichen Hader landesfürstlicher Sonderinteressen.

Man ermißt aber leicht, in welche bedrängte Lage unsere Hochschule geraten mußte, sobald sich die pfälzische Politik mit der mainzischen zum Angriff auf die päpstlich=kaiserliche Partei verband. Noch niemals hatte sie — wie wir sahen — in ihrer Treue gegen den päpstlichen Stuhl gewankt; ihren ganzen Pfründenbesitz glaubte sie in Gefahr, sobald sie am römischen Hof in Ungnade fiel. Was aber sollte werden, wenn der Landesherr durch seine Politik sich kirchlichen Bann, seinem Land das Interdikt zuzog? War sie etwa imstande, als kirchliche Anstalt sich an der Durchführung solcher Zensuren zu beteiligen? Früher hatte man sich noch aus der Verlegenheit ziehen können, indem man im Streitfall vom Papst an ein künftiges Generalkonzil appellierte. Aber nun verbaute Papst Pius diesen Aus=weg, indem er jede Appellation dieser Art mit der großen Exkommu=nikation bedrohte (Bulle „Execrabilis" von 1460). Seitdem war die Stellung der Hochschule zwischen Papst und Landesherrschaft doppelt un=behaglich.

Spätestens im Sommer 1461 (wahrscheinlich aber schon früher) wurde sie unmittelbar in die kirchenpolitischen Streitigkeiten hineingezogen. Der Mainzer Erzbischof Diether von Isenburg lud sie damals ein, den auf einem Mainzer Fürstentag beschlossenen großen Reformreichstag auf Michaelis zu beschicken. Hier sollte unter Teilnahme aller Fürsten, Prälaten und Univer=sitäten Deutschlands über den vom Papst geforderten Türkenzehnt, zugleich über die Gravamina der deutschen Nation gegen Rom beraten werden[1].

---

[1] U.B. II, 411f., 414. Über eine Teilnahme der Universität an dem Vorgehen

Auf kurfürstlichen Befehl sagte die Universität zu; aber zu ihrem Glück kam die Tagung nicht zustande, weil es inzwischen der päpstlichen Diplomatie schon gelungen war, den Reformeifer der verbündeten Fürsten zu lähmen, geistliche und weltliche Opposition voneinander zu trennen. Schon ehe Diethers Einladungsschreiben ausging, war die Stoßkraft der kirchlichen Opposition gebrochen: sowohl Diether wie der Pfalzgraf hatten auf die (von Gregor Heimburg trotz jenes Bannfluches empfohlene) Appellation an ein Generalkonzil schon verzichtet. Gleichwohl schritt nunmehr die Kurie ihrerseits zum Angriff vor. Erzbischof Diether wurde im August 1461 abgesetzt, statt seiner der Mainzer Dompropst Adolf von Nassau ernannt[1]; es war, trotz aller kanonisch-rechtlichen Vorwände, eine rein politische Entscheidung. Und rein als weltliche Angelegenheit wurde sie vom Pfalzgrafen aufgefaßt. Schon hatte Diether vertraglich auf das Erzstift verzichtet, als ihn der Kurfürst zum Widerruf bewog und gegen große Abtretungen Mainzer Gebiets (an der Bergstraße) mit ihm ein Bündnis schloß (16. November 1461). Damit lief er selbst Gefahr, in kaiserliche Acht und päpstlichen Bann zu geraten. Seine Räte waren in schwerer Sorge[2] — mehr aber noch die Universität! Um sich vor dem Zorn sowohl des Papstes als des Landesherrn zu schützen, beschloß sie, sich an der Ausführung schwerer kirchlicher Strafen, die etwa wegen des Mainzer Bistumsstreites über Kurpfalz verhängt würden, wie Interdikt, Bann und Exkommunikation fürstlicher Personen, vorläufig nicht zu beteiligen, ließ aber gleichzeitig (im eigenen Namen und in dem des heiliggeiststiftes) ein Notariatsinstrument aufsetzen, in dem sie feierlich gegen jede Unterstellung protestierte, als beabsichtige sie etwa durch solche notgedrungene Gehorsamsverweigerung sich der Obedienz des römischen Papstes zu entziehen. Ein sonderbarer Ausweg — nur möglich dank der (altherkömmlichen) Fiktion, der Papst sei über die näheren Umstände ihres

---

des Mainzers und Pfälzers 1455/56 (Frankfurter und Nürnberger Beschlüsse) ist bis zum Erscheinen der RTA. nichts Sicheres auszumachen. Wenn sie die päpstlichen Unterhändler Nik. v. Cusa und Rudolf von Rüdesheim 1462 an ihr loyales Verhalten „in Franckfordia" erinnerte (U.B. I, 181, 3. 15), so könnte man schließen, sie sei damals (1456) gegen die romfeindlichen, auf eine deutsche „pragmatische Sanktion" abzielenden Pläne des Mainzers aufgetreten. Vielleicht sind aber auch irgendwelche Frankfurter Verhandlungen mit Magister Rudolf während der Mainzer Tagung Juni 1461 gemeint?

[1] Derselbe, der 1443 Rektor in Heidelberg gewesen war, s. ob. S. 88, N. 2.

[2] Vgl. ihr Schreiben v. 6. 10. 1461: v. Hasselhold=Stockheim herz. Albrecht IV. v. Bayern (1865) Urkundenbd. p. 413/15.

Falles nicht näher informiert! (12. Dezember[1]). Übrigens trafen die Be=
fürchtungen der Hochschule pünktlich ein: bereits am 8. Januar erging der
päpstliche Bannfluch über Diether von Mainz und alle seine Anhänger,
das Interdikt über alle ihre Aufenthaltsorte, soferne sie nicht binnen be=
stimmter Fristen sich lossagten[2]. Indessen ließ der Pfälzer sich dadurch
nicht im mindesten schrecken; bei Todesstrafe verbot er die Bannbulle
bekanntzumachen, erhob schriftliche und mündliche Vorstellungen in Rom
und hielt die Sache damit einstweilen für erledigt. Tatsächlich blieb das
päpstliche Interdikt ohne jede Wirkung — ein deutliches Symptom für den
Wandel der Zeit! Daß auch die Universität keinen Widerspruch gegen die
Politik ihres Landesherrn wagte, versteht sich von selbst; eben damals
mußte sie alle ihre Angehörigen besondere Kriegsartikel beschwören lassen!
Immerhin suchte sie Deckung in Rom — in engster Fühlungnahme mit
dem Wormser Bischof Reinhard von Sickingen, der sich in ganz ähnlicher
Lage wie sie selber befand und vorsichtig Neutralität bewahrte[3]. Im März
1462 gab sie dem Magister Johann von Ladenburg, der als bischöflicher
Unterhändler nach Rom ging, den Auftrag mit, ihr Verhalten dort zu
rechtfertigen und sich dabei der Vermittlung des Kardinals Nikolaus von
Cusa und des päpstlichen Nuntius Magister Rudolf von Rüdesheim zu
bedienen, die gewiß beide als ehemalige Universitätsangehörige Wohl=
wollen zeigen würden. Er sollte jenes geheime Notariatsinstrument vom

---

[1] Vollständige, datierte Abschrift: a. u. III (U.A. I, 3), fol. 88^v—90^r (U.B. II,
417 ungenau regestiert). Unvollständig, undatiert, mit etwas abweichendem Wort=
laut: Cod. germ. Monac. 975, fol. 181^v—183r, danach G. Doigt, Enea Silvio III,
286, der (ebenfalls ungenau) eine förmliche Appellation gegen die Zensuren heraus=
liest. — Bemerkenswert ist eine Stelle, an der sich die Universität auf üble neuerliche
Erfahrungen (scandalum ac malum circa ecclesias) beruft: que proch dolor et in=
dubie circa nos (ut) ex gestis transactis iam proximarum litum temporibus ac eis
que nunc contingunt circa futura presumere . . . habemus.

[2] Der endgültige Bannfluch erfolgte am 1. 2.; s. Menzel, Diether von Isen=
burg, 1868, p. 172 nach Müller, Reichstagstheatrum II, 119. Daß Pfalzgraf Fried=
rich und Erzbischof Diether eine förmliche „Appellation" an ein Generalkonzil erhoben
oder veranlaßt hätten (Doigt, Enea III, 285, danach Lossen 27), ist urkundlich nicht
belegt. Es scheint bei einer bloßen Vorstellung in Rom geblieben zu sein, auf die
Pius II. am 23. 2. antwortete.

[3] R. Lossen, Staat u. Kirche in der Pfalz (1907), 59ff.; Doigt, Enea Silvio III,
286. Cod. germ. Monac. 975, fol. 183 bringt undatierte Abschrift eines Notariats=
instrumentes, in dem sich die Universität einer Protestation des Bischofs Reinhard
anschließt, die ihrer eigenen vom 12. 12. 1461 gleicht.

12. Dezember vorzeigen, zugleich aber mündlich die Zwangs= und Notlage der Universität schildern: ihre Professoren wären größtenteils alte Leute, ohne eigenes Einkommen, bei etwaigem Verlust ihrer Lehrstühle zum Betteln gezwungen. An der politischen Haltung des Kurfürsten wären sie unschuldig; hätte man sie um Rat gefragt, sie würden gewiß für Adolf von Nassau oder zum mindesten für Neutralität im Bistumsstreit einge=treten sein. Auch jetzt wollten sie gern zu vermitteln suchen. Aber das Heiliggeiststift sei mit seinen Einkünften ganz vom guten Willen des Pfalz=grafen abhängig; beim geringsten Widerspruch gegen seine Politik könnte er sie einbehalten. Um Gottes willen möge der Papst bedenken, welchen Nutzen die Kirche von jeher vom Bestehen der Heidelberger Hochschule hatte, wie treu sie immer dem römischen Stuhle anhing, selbst in der schlimmen Zeit des Baseler Schismas!

Das klang alles recht kläglich und war das schnurgerade Gegenteil jener antirömischen Oppositionspolitik, um derentwillen Pius den Mainzer ab=gesetzt hatte; gerade jener Rudolf von Rüdesheim, dessen Vermittlung die Heidelberger jetzt anriefen, hatte im letzten Sommer das Beste dazu getan, die kirchliche Opposition zu durchkreuzen! Übrigens waren die Ängste der Magister umsonst. Wenige Wochen später schlug Friedrich alle seine Gegner zu Boden; bei Seckenheim, in der berühmtesten seiner Schlachten, warf er die ganze Meute feindseliger Nachbarn nieder, die aus Anlaß des Bistums=streites über ihn hergefallen war. Im Triumph führte er die Häupter des feindlichen Heeres, die Grafen von Württemberg und Baden und den Bischof von Metz, als Gefangene ins Heidelberger Schloß, und trotz Bann und Interdikt feierten Stadt und Universität das Tedeum in Heiliggeist[1]. Die Tatsache des Sieges wirkte stärker als alle päpstlichen Bannflüche.

Freilich spürte man sogleich, daß es jetzt, nachdem das Papsttum seine stärksten Machtmittel eingesetzt hatte, um größere Dinge ging als um die Person Diethers von Isenburg: daß die Autorität des höchsten kirchlichen Amtes auf dem Spiele stand! Von beiden Seiten wurde das äußerste auf=geboten, um die öffentliche Meinung für sich zu gewinnen. Der Mainzer setzte dazu u. a. die soeben erfundene Druckpresse Gutenbergs in Gang.

---

[1] Aufzeichnung der Universität über diese Ereignisse: U.B. II, 420. Ähnlich hatte man schon 1460 über den Sieg von Pfeddersheim und andere Kriegsereignisse mit großem Stolz in der Matrikel berichtet: Toepke, I, 301f. Kurfürstliche Ordnung der jährlichen Dankprozession zum Gedächtnis der Schlachten von Pfeddersheim und Seckenheim: Karlsruher Cop.=Bücher 470, fol. 31b—34b (19. 7. 1462).

Der Kaiser bemühte sich nochmals vergeblich, deutsche und ausländische Fürsten gegen den Pfalzgrafen ins Feld zu bringen. Denselben Versuch machte der Papst durch Entsendung von Nuntien, die seit Anfang 1462 überall im Reich für die Sache Adolfs von Nassau warben. Auch die Heidelberger Universität wurde von ihnen aufgefordert, ihren Landesherrn zum Gehorsam gegen den päpstlichen Stuhl zu ermahnen. Sie kam diesem Wunsche nach, benutzte die Gelegenheit aber vor allem, durch erneute Versicherungen ihrer unbedingten Ergebenheit den päpstlichen Zorn von sich abzuwenden (Mai 1463[1]). Natürlich blieben ihre schüchternen Vorstellungen beim Pfalzgrafen ohne jeden Erfolg: mit größter Rücksichtslosigkeit und Härte behauptete Friedrich seinen Vorteil, schloß mit den gefangenen Fürsten nicht eher Frieden, als bis sie ihm seine enormen Forderungen bewilligt hatten, trotzte noch jahrelang der Feindschaft des Kaisers und dem päpstlichen Bann und gab selbst dann nicht nach, als sein Bundesgenosse Diether von Jsenburg, des langen Streites müde, auf den Mainzer Erzstuhl (gegen stattliche Entschädigung) verzichtete (August 1463). Die Kurie wäre jetzt gern bereit gewesen, alle kirchlichen Zensuren fallen zu lassen, um mit einem Scheinsieg aus dem unangenehmen Handel herauszukommen. Schon am 5. September 1463 erteilte der Papst seinen deutschen Nuntien Vollmacht zur Lossprechung aller Beteiligten vom Bann[2]. Aber der Pfälzer hatte es nicht so eilig, seinen Frieden mit Rom zu machen. Erst wollte er seinen Kriegsgewinn gesichert, womöglich vermehrt, reale Entschädigung in Geld und Landabtretungen zugesagt haben, ehe er Adolf als Erzbischof anerkannte. So verschleppte sich die Angelegenheit noch einmal bis in den März des folgenden Jahres, und man begreift, daß die Universität darüber von neuem unruhig wurde. Im November (wie es scheint) ließ sie neue Botschaft nach Rom gelangen, zählte alles auf, was sie getan habe, um den Wünschen des Papstes sich gefällig zu erweisen, erwähnte auch ihre „Protestation" vom Dezember 1461, die doch gewiß „so unschuldig sei, daß sie frommen Ohren kein Ärgernis geben könne", und bat um mündliche Zusicherung der päpstlichen Gnade[3]. Als dann endlich im März 1464 der

---

[1] U.B. II, 423 nach Büttinghausen, Miscella hist. univ. (1785), 20f.

[2] Jnserierte Urkunde bei Kremer, Geschichte Friedrichs I. (1766). Urkunden, p. 327ff.

[3] Büttinghausen, a. a. O., 21ff. Das Datum (s. U.B. II, 424) ist unsicher. Die Universität erinnerte Papst Pius (ähnlich wie schon 1458) daran, daß er als Kardinal zeitweise die Wormser Dompropstei innegehabt hatte und damit ihr Kanzler gewesen war. Vgl. darüber G. Voigt, II, 221f.; Büttinghausen, a. a. O., p. 11, 15

allgemeine Friedensschluß und die Lossprechung der Kurpfalz von Bann und Interdikt erfolgte, ließ sie sich vorsichtshalber noch einmal in besonderer Urkunde alle ihre päpstlichen Privilegien bestätigen.

Der Ausgang des Streites war der Form nach ein Sieg, der Sache nach unzweifelhaft ein schwerer Mißerfolg des päpstlichen Stuhles. Jahrelang hatte der energische Wille eines weltlichen Fürsten ohne jeden Schaden dem Zorn der höchsten kirchlichen Autorität widerstehen, seine eigenen Machtansprüche ungeschmälert behaupten können. Und die Universität als kirchliche Anstalt hatte nicht einmal einen ernsthaften Protest dagegen gewagt — geschweige denn eine offene Erklärung für die Sache Roms! Deutlicher ließ sich der tiefe Wandel im Verhältnis von Staat und Kirche gar nicht mehr sichtbar machen. Formell blieb zwar alles beim Alten: wie es seit Konstanz üblich geworden war, zeigte jeder neugewählte Papst seinen Regierungsantritt der gelehrten Korporation an und empfing ihre Glückwünsche. Tatsächlich war aus dem päpstlichen „Generalstudium" längst eine Landeshochschule geworden.

––––––––

Die rechtliche Unsicherheit, die doppelte Abhängigkeit von zwei feindlichen Mächten war nicht das einzige äußere Übel, das unsere Hochschule unter Friedrich I. bedrängte. Der ruhige Gang ihrer Studien litt auch ohnedies unter den fortwährenden kriegerischen Unruhen seiner Regierung.

Schloß und Stadt Heidelberg bildeten zusammen eine Festung, deren Besitz im wesentlichen über das Schicksal des Landes entschied. Es leuchtet ein, daß der massenhafte unkontrollierte Verkehr nichtpfälzischer Untertanen, die hier studierten, militärisch, besonders in Kriegszeiten, als eine Gefahr empfunden wurde. Das führte von Anfang an zu mancherlei Reibungen. Über Gewalttaten kurfürstlicher Diener gegen Studenten hatte die Universität schon 1388 Klage geführt. Im Jahre 1426 wurde ein Student, der sich vom Schlosse aus die Stadt besah, von Burgwächtern als Spion ergriffen und ohne weiteres an einem Nußbaum aufgehängt. Er hatte gegen die akademischen Statuten gehandelt, die alles Spazieren am Burgwall verboten. Gleichwohl erhob die Korporation gegen eine so gewaltsame Strafjustiz heftige Klage und erreichte, daß ihr Kurfürst Ludwig

––––––––

u. U.B. II, 384. Enea scheint diese Pfründe — das fetteste Beutestück seiner berüchtigten deutschen Pfründenjagd! — bald gegen eine andere vertauscht zu haben. — Für das Folgende s. U.B. I, nr. 123.

künftig besseren Schutz versprach[1]. Aber der Spionageverdacht gegen das fremde Scholarenvolk hörte niemals auf und führte besonders in Kriegs= zeiten zu strengen Strafmaßnahmen. Während des Armagnakenkrieges im Elsaß 1444 sah sich die Universität veranlaßt, ihren Mitgliedern erneut die Spionagevorschriften einzuschärfen und jeden Briefwechsel nach außerhalb zu verbieten. Gleichwohl hatte sie sich bald darauf wiederum über Miß= handlungen von Studierenden durch fürstliche Wächter zu beschweren[2]. Unter dem kriegerischen Regiment Friedrichs I. nahm die Gefahr solcher Konflikte noch erheblich zu[3]. Während der Lützelsteiner Fehde 1452 wurde jedem Studenten ein besonderer Treueid für den Kurfürsten abgenommen. Trotzdem kam es bald zu neuen Händeln mit dem Hofgesinde, ja zu Haus= suchungen in den Wohnungen der Scholaren[4]. Eine neue Eidesleistung wurde während der großen Mainzer Fehde von 1460 verlangt, weiterhin aber auf Befehl des Landesherrn allen Universitätsangehörigen, die nicht eine akademische Pfründe besaßen, die Bewegungsfreiheit während des Krieges stark beschränkt. Sie sollten sich nicht in der Nähe der Tore auf= halten, sich außerhalb der Umwallung nur auf Nahsicht bewegen, jede öffentliche Unterhaltung über die Kriegsereignisse und über die krieg= führenden Parteien, die zu Schlägereien führen könnte, vermeiden, von Schenken, Bordellen, Bädern, dem Marktplatz sich fernhalten, wenigstens zu den Zeiten, wo dort etwa Soldknechte und Ritter verkehrten[5]. Diese Vorschriften wurden nochmals verschärft während des gefährlichsten aller Feldzüge, des Isenburger Streites von 1461/62. Friedrich war durch Reichsacht und päpstlichen Bannfluch bedroht; wie leicht konnte das zu lästerlichen Schmähungen seiner Politik im Kreise der akademischen „Pfaf= fen" führen! Mit gutem Grund verbot deshalb die Universität ihren Mit= gliedern jede mündliche und schriftliche Äußerung, die der Kurpfalz irgend zum Nachteil gereichen könnte, ebenso die Annahme derartiger Schriften und das Betreten der Straße nach dem Läuten der Weinglocke. Neue Kriegs= artikel wurden beschworen: allem Schaden der Stadt und Burg zu wehren, alle Gefahren zu melden, im Falle der Belagerung auf Requisition Kriegs= dienst zu leisten, keinerlei Briefwechsel militärischen Inhalts zu führen, alle

---

[1] Thorbecke 38f.; Toepke, I, 145, 697; U.B. II, 232.

[2] U.B. II, 323f.

[3] Neue Spionageverbote des Rektors 1449 u. 1452: U.B. II, 348, 371.

[4] U.B. II, 373, 395.

[5] U.B. II, 406: U.B. I, nr. 119.

militärischen Nachrichten von außerhalb dem Rektor weiterzugeben, im Fall des Weggangs alles zu verschweigen, was die innere Einrichtung und Besatzung der Festung betraf. Bald darauf, auf dem Höhepunkt der Krisis, als Heidelberg ganz unmittelbar durch feindliche Übermacht bedroht schien (März—April 1462), wurden die Universitätsangehörigen militärisch eingeteilt, mit förmlicher Instruktion für den Fall feindlichen Angriffs versehen, einzelne Magister zu Hauptleuten bestimmter Bursen ernannt[1]. Umso größer war dann die Freude, als die Gefahr gnädig vorüberzog und der Sieg von Seckenheim (30. Juni) die gelehrte Kriegerschar aus allen Ängsten befreite. Seitdem wurde es für ein paar Jahrzehnte friedlicher in der rechtsrheinischen Pfalz, wenn auch eine lange Kette von kleineren Fehden den Pfalzgrafen noch bis ans Ende seines Lebens beschäftigte.

Die Wirkung all dieser kriegerischen Unruhe auf das Studium ist an den Immatrikulationszahlen deutlich abzulesen. Sie hatten sich nach der (noch zu besprechenden) großen Studienreform von 1452 sichtlich gehoben: von einem Jahresdurchschnitt der vierziger Jahre von 126 bis auf 200 Immatrikulationen des Jahres 1459. Das Kriegsjahr 1460 brachte nur noch 50 Neuzugänge; nach dem Sieg von Pfeddersheim und der glücklichen Beendigung der Mainzer Fehde stieg diese Zahl wieder auf 102, sank aber 1462 auf 28: nur aus der nächsten Nähe Heidelbergs kam jetzt noch Zuzug; dafür übte das neugegründete Freiburg umso stärkere Anziehungskraft. Immerhin hat die Heidelberger Hochschule diesen Rückschlag wieder rasch überwunden: schon 1464 immatrikulierte sie wieder 130 Personen, und im ganzen bleibt der Jahresdurchschnitt der zweiten Jahrhunderthälfte (1450—90) mit 115 Immatrikulationen nicht allzu weit hinter dem der ersten zurück (1386—1449 jährlich 135). Bedenkt man freilich die gewaltige Zunahme des akademischen Studiums in Deutschland überhaupt, so überwiegt der Eindruck der Stagnation. Heidelberg wurde immer mehr zu einer pfälzischen Landesuniversität von beschränkter allgemeiner Bedeutung. Die Betrachtung ihres geistigen Lebens in den folgenden Jahrzehnten wird das bestätigen.

---

[1] U.B. I, nr. 121; II, 416, 420. Im bairisch-pfälzischen Erbfolgekrieg 1504 wurden die militärischen Ansprüche an die Universitätsmitglieder durch Kurfürst Philipp noch gesteigert; u. a. sollten sie ganze Nacht- und Torwachen übernehmen. Die Gegenvorstellung der Universität berief sich u. a. auf die Vorgänge von 1462: a. u. IV, 23 ff.

Sechzehntes Kapitel.

Zustände an der Landeshochschule um die Jahrhundertmitte.

I.

Die enge Verbindung der Universität mit der Landesregierung hatte zur Folge, daß sie wie alle anderen geistlichen Anstalten des Landes von den kirchlichen Restaurationsbestrebungen der weltlichen Obrigkeit miterfaßt wurde, die seit den großen Reformkonzilien in der Pfalz wie überall in Deutschland sich regten. Man kennt die allgemeinen Ziele dieser Bewegung: mit der „reformatio ecclesiae in capite" sollte die „reformatio membrorum" Hand in Hand gehen. Man wollte Ernst machen mit der Wiederherstellung geistlicher Zucht in jeder Einzelkirche, jedem Stift, jedem Kloster. Gerade an den Klöstern betätigte sich dieser geistliche Eifer mit besonderem Erfolg — weil hier der Widerstand des landsässigen Adels entweder fehlte oder doch leichter zu überwinden war und weil hier das Papsttum eifrige Hilfe leistete. Wenigstens die Konvente der Bettelorden waren noch nicht zu Adelsspitälern geworden, wie die älteren Klöster, zumal die der Benediktiner. Die letzteren allerdings leisteten der Rückführung in strenge klösterliche Zucht energischen Widerstand, der dem Pfalzgrafen in einem Fall (der sog. Weißenburger Fehde von 1470/72) sogar einen großen Krieg auf den Hals zog. Und vollends der Weltgeistlichkeit war schwer beizukommen: Episkopat und Stiftsadel waren durch ihre fürstengleiche Stellung zumeist der obrigkeitlichen Einwirkung entzogen, der Pfarrklerus in seiner Zerstreuung schwer zu fassen[1]. Die Pfalzgrafen besaßen nur verhältnismäßig wenige Patronate über Pfarrpfründen. Auch den Klöstern gegenüber war ihre rechtliche Stellung schwächer als die anderer Landesobrigkeiten, weil gerade die bedeutendsten pfälzischen Klöster älter

---

[1] Über den geringen Erfolg restaurativer Bestrebungen in den oberrheinischen Stiftern s. ob. S. 86 f.

waren als die Pfalzgrafſchaft. Dennoch haben ſie hier ſchon ſeit den
zwanziger Jahren faſt überall Reſtaurationsverſuche — teilweiſe mit
gutem, wenn auch vielfach nur vorübergehendem Erfolg — gemacht. Es
kam ihnen zugute, daß die Biſtümer von Worms und Speyer, zumal das
erſtere, dauernd in engſter Fühlung mit dem pfälziſchen Hofe ſtanden, die
Biſchofswahlen ganz nach ihren Wünſchen gelenkt wurden und die Biſchöfe
der Regel nach die Stellung pfälziſcher Beamter und Räte bekleideten[1].
Kurpfalz konnte auf die Unterſtützung einer ganzen Reihe reformeifriger
Männer an der Spitze dieſer Diözeſen zählen. So iſt in der pfälziſchen
Kirchengeſchichte des 15. Jahrhunderts ſehr viel von Zuſammenwirken
weltlicher und geiſtlicher Obrigkeit, ſehr wenig von Kampf zwiſchen ihnen
die Rede. Überhaupt wäre es ja falſch, die fortwährende Ausdehnung der
Einwirkung weltlicher Macht auf geiſtliche Dinge, die ſich damals vollzog,
als Folge gewaltſamer „Übergriffe" zu betrachten. Sie ergab ſich von
ſelbſt, gerade auch von kirchlicher Seite gefördert, als notwendige Folge
der Tatſache, daß die Autorität der geiſtlichen Oberen innerhalb der Kirche
ſelbſt zu verſagen anfing.

In Heidelberg waren es die Bettelklöſter der Franziskaner und Auguſ-
tinereremiten, die von den Kurfürſten reformiert wurden: jene von Ludwig III. 1425, dieſe von Friedrich I. 1459/67. Dabei wirkten, wie auch
ſonſt in der pfälziſchen Kloſterreform[2], Mitglieder der Univerſität als geiſtliche Räte des Landesherrn mit. Die Tatſache, daß ihm ſolche theologiſchen
Berater zur Seite ſtanden, wird überhaupt ſeine reſtaurativen Bemühungen
erleichtert haben, zumal ſeit die Aufnahme gelehrter Kanoniſten in das
Hofgericht (über die noch zu berichten iſt) deſſen Autorität auch in geiſtlichen Dingen verſtärkte. Es bildete ſich ſo eine Art von geiſtlichem Mini-
ſterium aus. Unmittelbaren Nutzen zog die Univerſität aus der Kloſterreform des Landes, ſofern die Mönche wieder ſtärker als bisher dem wiſſenſchaftlichen Studium ſich zuwandten[3]. Auch die Gründung eines Domini-

---

[1] R. Loſſen, a. a. O., 59ff.

[2] R. Loſſen, a. a. O. 153, 156, 174; Derſ., paſſim auch für das Folgende.

[3] Vgl. oben S. 81, dazu Paulſen, Geſch. des gelehrten Unterrichts I², 27
(Zunahme der gelehrten Äbte ſeit etwa 1450) und P. Joachimſohn, Die humaniſt.
Geſchichtsſchreibung in Deutſchland I, S. Meiſterlin (1895), 22f. Für die Auguſtiner
der rhein.-ſchwäb. Provinz wurde 1456 verfügt, daß ſie an der Heidelberger Univerſität das philoſophiſche Studium abſolvieren ſollten. Sillib, Das Auguſtinerkloſter
in Heidelberg: N. A. f. Geſch. Hdlbg. IV. Die Heidelberger Auguſtiner erhielten 1476
die Erlaubnis von der Univerſität, in ihrem Kloſter vollberechtigte Vorleſungen und

tanerklosters durch Friedrich I. in Heidelberg (1476) brachte ihr einigen
Zuzug. Es sollte von vornherein mit einer (rein mönchischen) Studien=
anstalt für Philosophie und Theologie verbunden sein; seine Mitglieder
genossen an der Universität dieselben Privilegien wie die Insassen des
St. Jakobsstiftes der Zisterzienser (s. ob. Kap. 4). Sie spielten bald eine
sehr merkbare Rolle in den Disputationen der Heidelberger Theologie[1].

Aber die Universität war nicht nur aktiv an den kirchlichen Restaurations=
bemühungen ihrer Landesherrschaft beteiligt: sie selbst erschien bald genug
als reformbedürftig. Mißstände sowohl des äußeren Betriebs wie des
geistigen Lebens gab es genug zu beklagen: Trägheit, Gewinnsucht, un=
geistliche Lebensweise, maßlosen Zank und gegenseitige Eifersucht der Ma=
gister, zuchtlosen Übermut, Faulheit, liederliche Lebensweise der Scholaren.
Dazu im scholastischen Lehrbetrieb jene einseitige Pflege einer spitzfindigen
Dialektik an Stelle erbaulich-religiöser Betrachtung, an der das 15. Jahr=
hundert nun einmal keinen Geschmack mehr fand. Wir hörten schon, wie
alle Kirchenreformer seit Johannes Gerson dagegen ankämpften (s. ob.
Kap. 14). Als das Baseler Konzil, auf Veranlassung Herzog Albrechts von
Österreich, 1435 eine Visitation und Reformation der österreichischen Klöster
und Stifter unternahm, dehnte es seine Tätigkeit sogleich auch auf die
Wiener Universität aus. Das Ergebnis war eine „Reformation", die statt
einer grundsätzlichen Umgestaltung der Verfassung im Gegenteil das „gute
alte Herkommen" einschärfte, wesentliche Neuerungen als Korruption be=
seitigte, im Lehrbetrieb auf die Vermeidung unnützer und übertriebener
Polemik und Panegyrik drang, in der Theologie auf Erbauung und echte
Belehrung an Stelle prunkvoller und weitschweifiger Gelehrsamkeit, auf
strenges Innehalten der Prüfungsbestimmungen, vor allem auf ein um=
fassendes Studium der Bibel, nicht bloß einzelner Bücher; ein besonderes
Augenmerk sollte auf die Erklärung des Psalterbuches gewendet werden[2].
Das weist genau in dieselbe Richtung, in der sich auch die Heidelberger

---

Übungen selbst zu halten gegen Ablieferung von Inskriptionsgebühren an den Rektor:
a.u. III, 186ᵛ.

[1] Gründung: U.B. II, 459, 470, 474. Stiftbrief: bei Tolnerus, Additiones ad
hist. Pal. (1709), p. 115. Studienordnung des Generalvikars von 1501: U.B. II, 586
u. hist. pol. Blätter 78, 925. Der Name „Predigerbursch", den die Burse der via
antiqua schon 1486 führte (s. u.), läßt einen starken Einfluß der Dominikaner auf
diese Burse vermuten. Über ihre Streitigkeiten mit den (ebenfalls von Friedrich I.
stark begünstigten) Franziskanern vgl. u. a. U.B. II, 580ff.

[2] Aschbach, Geschichte der Wiener Universität (I), 1865, 269ff., 288ff.

„Reformations"= (oder eigentlich Restaurations=)Versuche seit den vierziger
Jahren bewegen. Nur traten hier, von seiten der weltlichen Obrigkeit,
noch weitere Gesichtspunkte hinzu: die Anpassung des scholastischen Stu=
dienbetriebs, vor allem der juristischen und medizinischen Fakultät, an die
Bedürfnisse des praktischen Lebens und die Verbesserung der Verwaltung.
Beides hing eng zusammen mit dem Vordringen einer beruflichen, juristisch
geschulten Beamtenschaft in der Landesregierung und ihrem Bedürfnis
nach einer rationaleren Gestaltung aller Lebensordnungen. Allmählich
fing man an, mit altem Schlendrian aufzuräumen, allgemeine „Landes=
ordnungen" an Stelle zufälligen Herkommens zu setzen. Und je mehr sich
dabei die Landesregierung als Trägerin des Fortschritts empfand, um so
weniger war sie gewillt, auf die privilegierte Stellung geistlicher Korpora=
tionen allzu ängstliche Rücksicht zu nehmen. Überall spürt man solche Ten=
denzen sich regen. Um dieselbe Zeit, als Friedrich I. seiner Landeshochschule
eine umfassende „Reformation" aufzwang, verlor die Pariser Hochschule
ihre alte Unabhängigkeit und mußte sich eine Reform ihrer Fakultäts=
statuten von Staats wegen gefallen lassen (1446/52).

Erste Ansätze zu einer Statuten= und Sittenreform wurden in Heidel=
berg schon in den dreißiger Jahren gemacht, und zwar von der Korporation
selbst, jedoch teilweise auf Anregung des Kurfürsten. So beriet die Artisten=
fakultät 1434 über eine schärfere Handhabung der Examensbestimmungen
und suchte mancherlei Mißbräuche zu beseitigen: unpünktlichen Beginn der
Vorlesungen, Konkurrenz der jüngsten, noch nicht „regierenden" Magister
mit den älteren in den Hauptkollegs, Überfüllung der Fakultätsversamm=
lung mit jugendlichen Anfängern, heftigen Streit und gegenseitige Schmä=
hungen in der Fakultätssitzung, würdelose, nachlässige oder stutzerhafte
Kleidung der Magister, Versäumnis der Disputationen u. dgl. m.[1]. Man
sieht: die Hauptanstöße kamen von dem Eindringen zahlreicher jugend=
licher, zum Teil wohl noch unreifer Elemente in die Fakultät — eine Folge
der raschen Zunahme der Magisterpromotionen. Man suchte sich zu helfen,
indem man die Neupromovierten zwei Jahre lang von der Teilnahme an

---

[1] U.B. I, nr. 95, dazu oben S. 128. Anscheinend hatten sich Promovenden,
die das Examen nur mit Vorbehalt (verlängertes Studium bis zur förmlichen Pro=
motion) bestanden hatten, bei der kurfürstlichen Regierung über „Restriktion" beschwert.
Das mag den Anstoß zu der Beratung gegeben haben. — Daß diese Beschlüsse große
Wirkung taten, ist ganz unwahrscheinlich. Schon 1437 mußten die Bestimmungen
über Amtstracht auf Betreiben der älteren Regenten erneuert werden: U.B. I, nr. 97.

der Fakultätsversammlung ausschloß. Aber nun erhoben sich erst recht die Klagen der jüngeren Lehrer über Selbstsucht der älteren, besonders der Burseninhaber, die ihre Burseninsassen vom Besuch fremder Vorlesungen fernhielten — was zu einem langwierigen Kampf um Freigabe aller offiziellen Vorlesungen und Übungen führte[1]. Es erwies sich als sehr schwierig, das gegenseitige Wegfangen von Scholaren durch die Burseninhaber zu verhindern, und die oberen Fakultäten hielten den Artisten aus diesem Anlaß (1435) mahnend vor, ihre Fakultät bedürfe dringend der „Reformation in vielen Punkten".

In derselben Weise wie die Lebenshaltung der Lehrer suchte man nun auch das Betragen der Studenten zu bessern: durch pädagogisch-moralische Mahnungen und durch verschärfte Strafandrohungen. Eine Neufassung der von jedem Rektor zu verlesenden Disziplinarordnung (1441) richtete sich besonders gegen nächtliche Exzesse, setzte eine regelmäßige Revision der Bursen und sonstigen Studentenwohnungen durch Rektor und Senioren fest, schloß die Urheber, Abschreiber und Verbreiter anrüchiger Schriften (libelli famosi) von den Universitätsprivilegien aus, regelte die Disziplinargewalt der Burseninhaber und ergänzte frühere Bestimmungen, die ein regelmäßiges Studium aller Immatrikulierten erzwingen sollten[2]. Weitere Ergänzungen dieser Art folgten in den nächsten Jahren — über das alles

---

[1] Ein Statut von 1432 band jeden Burseninhaber an seine Burse, die er nicht ohne Erlaubnis des „Regenten" verlassen durfte; wechselte er die Burse, um sich einer Bestrafung zu entziehen, so durfte ihn keine andere Burse aufnehmen: U.B. I, 142f. Natürlich führte das zu großen Härten und Mißbrauch der Regentengewalt. Anderseits war bei völliger Freigabe der Bursen zu befürchten, daß liederliche Elemente jede Disziplinargewalt der Bursen sprengten. Darüber gab es lange Verhandlungen, Beschwerden beim Kurfürsten, Schlichtungsversuche der Doktoren der oberen Fakultäten (1435, a.u. II, 128ᵛ; f. U.B. II, 275), mehrfache Statutenänderungen. Schließlich wurde 1442 das Hören der offiziellen Vorlesungen bei jedem beliebigen Lehrer und der Eintritt in jede Burse grundsätzlich freigegeben, jedoch der Bursenwechsel finanziell und durch Strafbestimmungen gegen Ausreißer erschwert; andere Festsetzungen sollten den Scholaren gegen finanzielle Ausbeutung durch die Magister sichern: U.B. I, nr. 100. Interessant daran ist, daß nicht irgendwelche pädagogische Erwägung (Freiheit und Vielseitigkeit der wissenschaftlichen Ausbildung!), sondern ausschließlich das Bedürfnis der wirtschaftlichen Konkurrenzfreiheit der Lehrer zur Studierfreiheit der Scholaren führte! Übrigens ist zweifelhaft, ob und wielange die Regelung von 1442 in Geltung blieb; 1448 wurde sie vom Rektor übergangen, weil eine Neuformung in Arbeit sei: U.B. I, nr. 104.

[2] U.B. I, nr. 99 (1441); nr. 100 (1442).

blieb noch bloßes Flickwerk, das offenbar niemanden recht befriedigte.
Jedenfalls drängte die kurfürstliche Regierung schon unter Ludwig IV. —
in den letzten Jahren des Baseler Konzils — immer energischer auf eine
„Reformation" des gesamten Studiums. Ein Entwurf dazu wurde 1444
von der Universität und von der theologischen, juristischen und artistischen
Fakultät vorgelegt. Er gibt sich durchaus als Restaurationsversuch zu erkennen, der kein höheres Ziel kennt als bessere Sicherung des „guten alten"
Herkommens. Die Gesamtkorporation wünscht eine etwas andere Verteilung der Präsenzgelder des Heiliggeiststiftes[1], ein verschärftes Vorgehen
gegen statutenwidrige und intrigante Bewerbungen um die Universitätspfründen, eine Stärkung der Jurisdiktionsgewalt des Rektors, besseren
Schutz und strengere Wahrung der akademischen Privilegien, auch gegenüber dem Hof, bessere Versorgung Heidelbergs mit Lebensmitteln, würdevolles äußeres Auftreten des Rektors und der akademischen Prozessionen.
Außerdem führt sie Klage darüber, daß kein Zivilrecht gelesen werde und
nur ein einziger ordentlicher Lehrer der Medizin vorhanden sei. Der
Landesherr wird gebeten, die Anstellung von zwei Legisten und einem
zweiten Mediziner durch Inkorporation einiger pfälzischer Pfarrpfründen
zu ermöglichen, überhaupt die Zahl der Universitätspfründen zu vermehren
und vier Vikarstellen des Heiliggeiststiftes in Kanonikate für Professoren zu
verwandeln. Die Theologen haben weiter nichts vorzuschlagen, als gewisse Vorschriften zur strengeren Innehaltung ihrer Lektionsordnung, Verkürzung der Serien, Einschärfung der Predigtpflichten ihrer Mitglieder.
Die Juristen versprechen vor allem eine strengere und zweckmäßigere Handhabung des Promotionswesens, außerdem aber eine Verbesserung der
Lehrmethode: die Doktoren sollen ihre Textkommentare sorgfältig vorbereiten, deutliche Erklärungen geben, überflüssiges Rankenwerk beschnei-
den oder fortlassen, auf Fragen und Zweifel ihrer Hörer geduldig eingehen.
Am ausführlichsten äußerten sich die Artisten. Aber vergeblich sucht man
in ihren langen Ausführungen einen neuen Gedanken. Offensichtlich waren
über ihren Lehrbetrieb, über Zuchtlosigkeit ihrer Studenten, Nachlässigkeit
und würdeloses Auftreten ihrer Magister die meisten Klagen geführt worden. Dem suchten sie nun zu begegnen: durch Neufassung ihrer Vorschriften
über Magistertracht, Lektionsbeginn und -dauer, Freiheit der Magister-

---

[1] U.B. I, nr. 101. Anscheinend sollten die zum Stift gehörigen Doktoren der
oberen Fakultäten veranlaßt werden, mit größerer Pünktlichkeit zu den großen Fest-
gottesdiensten des Stifts zu erscheinen.

wahl für den Studenten, Studierpflichten der Scholaren, Disputations=
besuch, Kontrolle des Lebenswandels der Studierenden u. dgl. m. Über
die Lehrmethode war nur gesagt, es solle „an der Hand der üblichen Kom=
pendien mit Kommentierung" und nach sorgsamer Vorbereitung gelesen,
der aristotelische Text deutlich vorgetragen und erläutert, aber nicht diktiert
werden.

Vielleicht war diese Zurückhaltung der Grund, weshalb sich die kurfürst=
liche Regierung mit den Reformationsvorschlägen noch nicht für befriedigt
erklärte und ihre Ergänzung wünschte[1]. Ein förmlicher Abschluß des Refor=
mationsversuches kam zunächst, wie es scheint, nicht zustande, und die Ver=
handlungen darüber gingen noch jahrelang weiter[2]. Sie betrafen jetzt
mehr und mehr auch den artistischen Lehrbetrieb, der von Reform=
eifrigen schon längst als rückständig bekämpft wurde. Seit dem April 1444
hören wir von dem Auftreten einer Partei von Reformern, die sich bemühte,
eine Zulassung der „via antiqua zum Wachstum und zur Mehrung der
artistischen Fakultät" durchzusetzen, und zwar „nicht nur der Methode des
hl. Thomas, sondern auch Alberts (des Großen)". Eine eigene Kommission
wurde von der Fakultät eingesetzt, die Vorschläge zur Bekämpfung dieser
Neuerer machen sollte, und es scheint, daß die Spannung zwischen ihnen
und ihren Gegnern in den nächsten Jahren dauernd zunahm, bis sie
1452 zum offenen Ausbruch kam[3].

Damit war ein Gegensatz aufgerührt, der von nun an das innere Leben
unserer Hochschule aufs stärkste beschäftigen und von ihr aus auf die meisten
deutschen Universitäten übergreifen sollte. Die Toleranz gegenüber beiden
„Wegen", dem „alten" und dem sog. „modernen", gegen die sie sich zu=
nächst sträubte, wurde ihr bald darauf von Friedrich I. kurzerhand auf=
genötigt — wiederum im Zuge der kirchlichen Restaurationspolitik.

---

[1] Die „avisamenta in causa reformacionis", auf welche die Artisten ein res=
ponsum erteilten (U.B. I, 156), halte ich nicht mit Winkelmann (ebd.) für Bemer=
kungen des Hofes, sondern eher für allgemeine Gesichtspunkte, die von der Univer=
sität für die Reformvorschläge der Fakultät aufgestellt waren. Nähere Nachrichten
über die Ansicht des Hofes fehlen leider.

[2] Daß wieder eine neue Fassung der Statuten „in fabrica" sei, wird 1448 aus=
drücklich berichtet: U.B. I, 158, 3. 23. Das hinderte nicht die vorläufige Geltung des
1444 als Entwurf Beschlossenen, auch ohne ausdrückliche kurfürstliche Bestätigung;
vgl. darüber U.B. II, 318 u. Toepke, I, 649, N. 1 gegen Hautz, I, 290.

[3] Vgl. meine „Studien zur Spätscholastik" II, auf die ich für alles Folgende, auch
für die Einzelbelege, verweise.

Es handelt sich um den bedeutendsten Gegensatz wissenschaftlicher Lehr=
methoden, den das 15. Jahrhundert überhaupt entwickelt hat — einen
letzten Nachklang gleichsam des alten, alle Scholastik durchziehenden Streites
zwischen „Realisten" und „Nominalisten", aber in jener eigentümlichen
Verflachung der philosophischen Grundsätze, die man überall im spätschola=
stischen Denken antrifft, und zugleich mit einer charakteristischen Verschie=
bung ins Didaktische. Die Forschung hat lange über die Natur dieses „Wege=
streites" im Dunkeln getappt. Heute besteht über das Wesentliche kein
Zweifel mehr[1]. Der Ursprung des Schulstreites ist in demselben Überdruß
der Zeit an spitzfindig=leerer Sophistik, an müßigem Spiel logischen Scharf=
sinns zu suchen, den wir schon aus den Schriften des Johannes Gerson
und seiner Geistesverwandten kennen[2].

Gersons Absicht war eine Versöhnung der alten Parteigegensätze zwi=
schen Realisten und Nominalisten, Thomisten, Skotisten und Okkamisten
gewesen, indem er einerseits die Unentbehrlichkeit okkamistischer Logik und
Erkenntniskritik für die metaphysische Arbeit der „Realisten", anderseits
die Nutzlosigkeit einer rein grammatisch=logischen, mehr auf den sprachlichen
Ausdruck als auf die Sache gerichteten Bemühung der „Nominalisten" zu
erweisen suchte. Beide Parteien sollten sich also zusammenfinden in der
Begründung einer neuen, mehr erbaulich als philosophisch orientierten
Theologie, wie sie Gerson und den Reformtheologen der Konzilszeit vor=
schwebte. Aber diese Versöhnung war mißlungen. Gerson selber hatte —
als Nominalist — der Versuchung nicht widerstehen können, die „reali=
stische" Philosophie als gefährlich für den Glauben zu verketzern: als sich
der „realistische" Charakter der hussitisch=wiklifitischen Lehren in Konstanz
herausstellte, hatte er öffentlich den Finger darauf gelegt. Dieser Anre=
gung folgend hatten dann die Heidelberger Nominalisten 1425 ihren schon
früher besprochenen[3] Vorstoß gegen die Kölner Hochschule unternommen:
die Verdächtigung der dort gelehrten „realistischen" Philosophie als Vor=
stufe der Prager Ketzerei. Es konnte nicht fehlen, daß alsbald der Gegen=
stoß erfolgte: die Anschuldigung der nominalistischen Philosophie Okkams

---

[1] Die Ergebnisse meiner soeben zitierten Studie II werden, wie mir scheint, durch
das Buch von Kardinal Frz. Ehrle, Der Sentenzenkommentar Peters von Candia.
Ein Beitrag ... zur Geschichte des Wegestreites. Münster 1925 (abgeschlossen schon
1919) bestätigt und in Einzelheiten noch ergänzt. Freilich ist der Standpunkt des neu-
thomistisch gesinnten Verfassers nicht der meinige.

[2] Vgl. oben S. 332 ff.

[3] Vgl. oben S. 357.

und ſeiner Schule als Urheberin aller Verderbnis des ſcholaſtiſchen Wiſſen=
ſchaftsbetriebs. Noch waren in Paris die Anklagen nicht vergeſſen, mit
denen einſt die Pariſer Fakultät gegen die radikalen Okkamiſten des 14. Jahr=
hunderts und ihre „terminiſtiſche“ Logik gekämpft hatte: ſie trieben ein
müßiges Spiel mit dem ſprachlich=logiſchen Ausdruck, ſtatt ſich um die Sache
ſelbſt, wie die „Realiſten“ zu kümmern („nos imus ad res, de terminis non
curamus“!). Jetzt wurden dieſe alten Schlagworte wieder hervorgeholt,
und ſie gewannen um ſo mehr an Gewicht, je tiefer man das Ausſichtsloſe
eines Wiſſenſchaftsbetriebes empfand, der nachgerade im Rankenwerk der
Dialektik zu erſticken drohte. Gerſon ſelbſt hatte dieſen Anklagen den Weg
gebahnt, indem er immer wieder auf die größere Einfachheit der älteren,
hochſcholaſtiſchen Philoſophie und Theologie als Vorbild hingewieſen hatte.
Nach ſeiner Meinung war es freilich nicht Okkam, der Nominaliſt, ſondern
Duns Skotus, der Realiſt, mit dem das Unheil angefangen hatte. Aber
gleichviel! Das Schlagwort: Rückkehr zur Einfachheit der Alten, los von
der Spitzfindigkeit der Neueren, war einmal gegeben[1], und die realiſtiſche
Schule wußte es bald recht wirkſam für ſich zu gebrauchen. War die Auto=
rität des Thomas von Aquino bisher von allen Seiten als überragend an=
erkannt (ohne doch für alle Teile ſeiner Lehren als verbindlich zu gelten),
ſo wurde ſie jetzt zum Kampfſymbol einer Partei, die den heiligen zu
einer ſchlechthin kanoniſchen Größe zu erheben ſuchte. Im Zeichen ſeiner
Lehre galt es den entarteten Wiſſenſchafts= und Lehrbetrieb der Univer=
ſitäten zu „reformieren“, d. h. in alter Einfachheit und Schlichtheit zu reſtau=
rieren. Man begreift, daß ſolche Schlagworte den Männern einleuchten
mußten, die um die Jahrhundertmitte im kirchlichen Leben die Ideale des
Hochmittelalters zu erneuern ſich mühten.

Man ſieht nicht recht, wo zuerſt und wie im einzelnen ſich die Reſtau=
rationspartei der „via antiqua“ und ihr Gegenſatz zur „via moderna“
herausgebildet hat. In den Pariſer Schulakten des 15. Jahrhunderts, ſo=
weit ſie bisher bekannt geworden ſind, kommen dieſe Parteinamen nicht
vor. Sehr wahrſcheinlich beſtand aber irgendein innerer Zuſammenhang
zwiſchen der Realiſtenpartei in Paris (wo ſie nach dem Abzug der Deutſchen,
d. h. ſeit dem Anfang des 15. Jahrhunderts überwog), in Löwen und in

---

[1] Beſonders klar formuliert als Äußerung des Tübingers Paulus Scriptoris in
Pellikans Chronicon (ed. Riggenbach), p. 24: solebat mihi dicere: instare tempus
mutandae theologiae et deferendae scholasticae disputationis resumendosque (esse)
priscos sanctos doctores et obmittendos Parisienses.“

Köln, der deutschen Hochburg des Realismus, und zwar eines Realismus thomistisch-albertinischer Färbung. Sehr wahrscheinlich ist ferner, daß Kölner und Pariser Einflüsse eine bedeutende Rolle bei der Einführung der via antiqua in Heidelberg gespielt haben. Der Theologe Johannes Wenck, der sie hier (anscheinend) zuerst vertrat, war in Paris zum Magister in artibus promoviert; Simon von Amsterdam, eines der ersten Parteihäupter, trat 1448 als Kölner Magister hier ein; Burckard Wenck, einer der meistgenannten antiqui, ließ sich 1449 immatrikulieren, promovierte aber dann in Paris und kehrte 1453 als Magister zurück. Und bald nach der offiziellen Zulassung der via antiqua kamen die Magister Johann Petri de Dacia, Johann Östreicher von Gertringen, Konrad Sütterlin von Bregenz u. a. m. aus Paris hier an, dazu Herwich von Amsterdam aus Köln mit einer ganzen Reihe von Kölner Bakkalaren[1].

Sehr nahe liegt die Vermutung, daß in diesem Aufmarsch der Parteien auch das kirchenpolitische Moment eine gewisse Rolle (sicherlich nicht die entscheidende!) gespielt hat. Von Johannes Wenck wissen wir, daß er als einziger Heidelberger Professor im Schisma von 1439 auf Seite des Baseler Konzils gegen Eugen IV. gestanden hat; von Rudolf von Brüssel, seinem namhaftesten Kollegen „moderner" Richtung in der theologischen Fakultät, daß er besonders eifrig die Sache Eugens IV. vertrat[2]. Rudolf war ganz in den Altheidelberger okkamistischen Traditionen erzogen worden; die Pariser und Kölner Hochschule hatten die konziliaren Ideen sehr viel länger und energischer verfochten. Vielleicht gab es von jener Zeit her in Heidelberg noch so etwas wie eine konziliare Opposition, die sich jetzt von Paris und Köln her zu verstärken suchte?

Ohne Zweifel ging der Angriff von den Thomisten aus. Gewissermaßen zahlten die Kölner Realisten jetzt den Heidelberger Nominalisten heim, was sie selber zwanzig Jahre vorher von ihnen erlitten hatten: jene Verdächtigung ihrer Rechtgläubigkeit und ihrer angeblich zu subtilen, die Fassungskraft der Hörer übersteigenden Lehrmethode, die zum Eingriff des Kur-

---

[1] Näheres s. in meiner Studie II, 61 N. und a.f.a. II, 26ss. Vgl. auch unten Kap. 17, wo ich die Möglichkeit eines Zusammenhangs zwischen der via antiqua und der niederländischen Reformbewegung der devotio moderna erörtere.

[2] Vgl. oben S. 313 bzw. 314ff. Das Parteienverhältnis wäre demnach gerade umgekehrt gewesen, wie Zarncke es sich vorstellte: die via antiqua Vorkämpferin konziliarer, nicht papalistischer Restaurationsideen! Dazu stimmt die zwangsweise Wiedereinführung der via moderna 1452 in Paris mit päpstlicher Hilfe: s. meine Studien II, 32f. u. 142.

fürstenkollegiums geführt hatte. Jetzt hieß es, die „moderne" Lehrmethode sei übermäßig subtil, sei an dem Verfall der scholastischen Wissenschaft schuld. Statutarisch waren die Heidelberger freilich gar nicht auf die okkamistische Tradition festgelegt; wohl aber durch das Herkommen, das sich mit Zähig= keit zu behaupten strebte. Anfang April 1452, in einer Fakultätssitzung der Artisten, erhoben sich zwei Anhänger des „alten Weges", Jodokus Eich= mann von Kalw und Marcellus Geist von Atzenheim, „nicht allein gegen die Person ihrer Kollegen, sondern auch gegen die Fakultät als solche, unter Schmähungen gegen den statutenmäßigen Lehrbetrieb". Ein junger, erst vor einem Jahr promovierter Landsmann und Schüler des Jodokus, Ma= gister Petrus von Calw, ließ sich in derselben Sitzung zu ganz ungebühr= lichen Äußerungen hinreißen: er wolle der ganzen Fakultät zum Trotz der „Methode der Alten" folgen und verachte die Weise der Modernen. Übri= gens könne und wolle er jedem nur abraten, in Heidelberg zu studieren, bei seinem Eide! Es gab eine sehr erregte Sitzung, man schloß die Angreifer für ein halbes Jahr von der Regenz aus und zwang den Petrus zur Ab= bitte. Aber das half nicht viel. Jodokus Eichmann und Marcellus Geist erklärten dem Dekan ihren förmlichen Austritt aus der Fakultät. Vermut= lich wußten die Opponenten bereits, daß eine gründliche Reform von oben her nahe bevorstand. In ihrer Besorgnis beschloß die Fakultät, allen Magi= stranden, die künftig um das Barret bitten würden, einen Eid abzunehmen, der sie auf das Herkommen verpflichtete; sie sollten geloben „die Methode der Vorlesung mit Quästionen und Bedenken an der Hand der üblichen Kompendien mit Kommentierung zu beobachten, wie sie von Anbeginn unserer Fakultät herkömmlich war, nämlich auf dem üblichen Wege der Modernen, wie sie durch die Begründer unserer Fakultät, den Marsilius und die anderen Modernen eingeführt wurde". Das war eine verschärfte Fassung der Bestimmungen von 1444[1] und diente wohl der Verteidigung der Kommentare und Quästionen gegen die Forderung, sich enger an den Originaltext zu halten. Vor allem: an Stelle des ungeschriebenen Her= kommens „moderner" Schultradition wurde jetzt der Zwang einer bestimm= ten Lehrmeinung gesetzt! Im Gefühl, damit eine große Neuerung einzu= führen, berief sich die Fakultät darauf, das sei andernorts auch der Brauch[2]. Nochmals wurde eine Kommission zur Beratung positiver Abwehrmaß= nahmen gegen die via realistarum niedergesetzt. Das Ergebnis ihrer Be=

---

[1] S. oben S. 379.

[2] Vielleicht war dabei an Köln gedacht?

ratungen zeigt, daß man sich der Notwendigkeit ernstlicher Reform jetzt
bewußt geworden war. Vor allem — hieß es — müßten wirklich brauch=
bare Lehrbücher für den ganzen Umkreis der Lehrkurse beschafft werden,
Kommentare, die den Text von Wort zu Wort auflösen und erläutern[1].
Sodann müßten die Lehrer sich sorgfältig an die Materie des Textes halten
— also rein sophistische Abschweifungen vermeiden — und die Scholaren
angehalten werden, wenigstens für die gangbaren Bücher sich selbst, min=
destens zu zweit oder dritt, einen eigenen Text zu beschaffen, damit sie
den Vorlesungen wirklich folgen könnten. Mit anderen Worten: der her=
kömmliche Schlendrian eines ungeregelten Vorlesungswesens sollte jetzt
durch pädagogisch zweckmäßige Vorschriften verbessert werden. Zugleich
aber wollte man den Kurfürsten bitten, keine grundsätzliche Neuerung der
Methode zu genehmigen, sondern das alte Herkommen zu belassen, wie es
von Anfang an friedlich bestanden habe.

Indessen ehe diese Kommissionsvorschläge (vom 3. Juni) von der Fa=
kultät beraten werden konnten, war die ganze Sachlage durch das tat=
kräftige Eingreifen Kurfürst Friedrichs I. bereits verändert. Vom 29. Mai
ist eine umfassende „Reformation" der gesamten Universität datiert, die
der Landesherr kurzerhand von seiner Kanzlei aus (daher in deutscher
Sprache) und offenbar ohne jede Vorberatung im Universitätsrat erließ.
Sie ist in sehr energischem Ton gehalten, bedroht jeden Widerspruch mit
der fürstlichen Ungnade[2] und besiegelt stärker als jede frühere Urkunde den
Charakter des Studiums als Landeshochschule. Obwohl sie tief in den
eigentlichen Lehrbetrieb und in die Verteilung kirchlicher Pfründen ein=
greift, erwähnt sie die Zuständigkeit kirchlicher Instanzen mit keinem Wort.
Hier war nun die Frage der „via antiqua" auf eine sehr einfache Weise
entschieden: ohne Einschränkung sollte in der Artistenfakultät jeder lesen
und hören können, was von der Kirche nicht verboten sei; beide Wege,
der neue und der alte, sollten gleiches Promotionsrecht genießen, in glei=
chem Ansehen stehen und sich miteinander friedlich vertragen. Ein ent=
sprechendes Fakultätsstatut sollte zur Genehmigung vorgelegt werden.

Damit war der Sieg der Reformpartei mit einem Schlage entschieden.
Wir wissen nichts Näheres über die Verbindungsfäden, die von ihr zur
kurfürstlichen Regierung hinüberführten. Aber wir können sie ahnen.

---

[1] Vgl. dazu oben S. 178 ff.

[2] U.B. I, nr. 109. „Dan ob iemants herwider üst understeen wurde, wolten
wir darczu tun lassen, das ein ieglicher versteen mochte, uns das nit lieb were."

Jodokus Eichmann, ihr Dorkämpfer bei den Artisten, hat später, als Doktor
der Theologie und Heidelberger Prediger, die Rolle eines kurfürstlichen
Kommissars bei der pfälzischen Klosterreform gespielt[1]. Außerdem scheint
es, daß er dem Kanzler Friedrichs I., dem ehemaligen Professor des Kirchen=
rechts und mehrmaligen Rektor der Universität Johann Seiler gen. Gulden=
kopff, in der gemeinsamen Begünstigung humanistischer Bestrebungen nahe=
stand. Dasselbe gilt von den Professoren Johannes Wenck und Johann
Wildenhertz, Parteigenossen Eichmanns, die unmittelbar vor bzw. nach der
Reform das Rektorat bekleideten. Man darf wohl von einem ganzen Kreise
fortschrittlich gesinnter Männer sprechen, der dem Kanzler naheestand[2]. In
Johann Guldenkopff aber dürfen wir unbedenklich den eigentlichen Ur=
heber des Reformedikts vermuten[3]. Er vertrat es im Namen des Kur=
fürsten vor der Universität. Und der Inhalt des Gesetzes läßt in jeder Zeile
den erfahrenen Juristen und Universitätsmann erkennen, der die Schäden
der Korporation genau kennt und zu ihrer Beseitigung den kürzesten Weg
einschlägt, ohne — vermöge seiner amtlichen Stellung — durch kollegiale
Rücksichten und gegenseitige Eifersucht der Fakultäten gehemmt zu sein.

In der Tat fällt auf, wie geschickt und sicher das Edikt die schon 1444
geäußerten Reformbedürfnisse der Korporation zu befriedigen wußte, ohne
den kurfürstlichen Kassen irgendwelche neuen Opfer zuzumuten. Es brachte
außer der Freigabe der via antiqua vor allem eine Neuordnung des akade=
mischen Pfründenwesens, der politischen Universitätsverfassung und die
Begründung neuer Lehrstühle. Dem ewigen, so lange schon vergeblich

---

[1] R. Lossen, a. a. O., 94, N. 2.

[2] Das bedeutet aber weder, daß die via antiqua als solche den humanistischen
Bestrebungen näher stand als ihre Gegner, noch daß ihre ersten Vertreter alle beson=
ders hervorragende Köpfe gewesen wären. In den Dekanatsakten des Burkard Wenck
z. B. (a.f.a. II, 58f.) wimmelt es noch ärger von Barbarismen des lateinischen Aus=
drucks als sonst.

[3] S. meine Studien II, 67f. Johann Guldenkopff hatte auch als Kanzler noch
Universitätspfründen inne: die Wimpfener Talpfründe (s. U.B. I, p. 162, Z. 17) und
die Altarstelle zum hl. Kreuz in der Marienkapelle (a.f.a. II, 34). Über die Erb=
schaft seines Hauses, das unter gewissen Auflagen (Zahlung einer Rente an das Altar=
benefiz vom hl. Kreuz) an die Universität kam, gab es verwickelte Verhandlungen.
Schließlich übernahm der Kurfürst das Haus gegen Zahlung der darauf liegenden
Rente. Diese selbst floß teilweise dem Benefiziaten, einem natürlichen Sohn Gulden=
kopffs, teilweise der Artistenfakultät zur Instandhaltung der neuen Burse zu; außer=
dem schenkte die Universität der Fakultät 100 fl. Rentenablösung aus der Erbschaft
„ad levandum et tollendum eandem": a.f.a. II, 34*, 43ᵛ, 51ᵛ; U.B. II, 393.

bekämpften Intrigieren der Profeſſoren um die fetteſten akademiſchen
Pfründen wurde ein Ende gemacht durch eine klare, feſte Benefizien=
ordnung. Drei ordentliche Lehrſtühle der Theologen, drei des kanoniſchen
Rechts und einer. der Medizin erhielten jeder eine beſtimmte Dienſtwoh=
nung und beſtimmte, benannte Kanonikerpfründen an Heiliggeiſt zuge=
wieſen, und zwar ſo, daß die Anwärter je nach der Anciennetät in die je=
weils beſſere Stelle einrücken ſollten. Die übrigen Benefizien der Univer=
ſität wurden in erſter Linie zur Verſorgung derjenigen ordentlich leſenden
Doktoren beſtimmt, für die noch keine der ſieben Hauptprofeſſuren frei war.
Das geſchah offenbar auf Koſten der Artiſten, die alſo jetzt unter allen Um=
ſtänden hinter den Doktoren der oberen Fakultäten zurückſtehen mußten.
Dieſer Eindruck ihrer Benachteiligung wurde noch verſtärkt durch die Be=
ſtimmung, daß künftig dem Univerſitätsrat außer den Doktoren nur noch
der Dekan und vier „meiſter der freien künſt", aus den zwölf älteſten der
Fakultät ausgewählt, angehören ſollten[1]. Die frühere Univerſitätsver=
ſammlung wurde ſo zum Seniorenrat. Dadurch ſollte dem tumultuariſchen
Treiben der jüngeren Dozenten auf den Verſammlungen ein Ende gemacht
werden; aber die Artiſtenfakultät kam ſo in eine beſtändige Minderheit.

Mehr noch: ſie mußte einen Teil ihrer Pfründen zur Begründung neuer
Lehrſtühle abgeben. Nur noch vier Plätze des Artiſtenkollegs ſollten ihr
künftig zufallen, und auch dieſe nur ſolchen Magiſtern, die gleichzeitig Theo=
logie ſtudierten. Die beiden anderen wurden, wieder mit feſter Zuweiſung
kirchlicher Pfründeneinnahmen, für je einen Lizentiaten oder Bakkalar des
weltlichen Rechtes und der Medizin beſtimmt. Außerdem ſollte noch ein
Doktor des weltlichen Rechts — entſprechend der Forderung von 1444 —
berufen werden; ſeine Beſoldung war zunächſt aus kleineren Kanoniker=
pfründen des Stifts zu beſtreiten und aus den Laudaer Pfarreinkünften
der Univerſitätskaſſe zu ergänzen. Später ſollte dieſe Ergänzung wegfallen
und durch Abzüge an den größten Stipendien der Theologen erſetzt werden.
Denn künftig ſollten neuberufene Theologen nicht mehr als 100 Gulden
feſtes Gehalt empfangen, d. h. ſie wurden mit den Juriſten gleichgeſtellt.
Weitere Beſtimmungen verſchärften die Lehrpflicht der Theologen und
Juriſten noch über deren frühere Reformvorſchläge hinaus und wendeten
ſich gegen Mißbräuche bei der Promotion. Sämtlichen beſoldeten Pro=
feſſoren wurde eine Reſidenzpflicht auferlegt, die ihnen verbot, ohne Ur=
laub des Rektors bzw. des Univerſitätsrates Heidelberg länger als drei Tage

---

[1] S. oben S. 121.

zu verlassen, sämtliche Fakultäten zur Rechnungsablage vor dem Univer=
sitätsrat gezwungen.

Das Ganze bedeutete zweifellos einen Fortschritt, sowohl im Tech=
nischen der Verwaltung wie in der Gestaltung des Lehrbetriebs. Aber man
begreift, daß die artistische Fakultät über schwere Benachteiligung klagte
und sich mit letzter Energie gegen die Durchführung sträubte. Sie faßte
ihre Bedenken in einer langen Liste von Abänderungswünschen zusammen,
unter denen auch die Bitte um Ausschluß „derer vom alten Wege" erscheint.
Gegen die Neuverteilung der Pfründen und ihre Zuweisung an bestimmte
Lehrstühle berief sie sich auf den Wortlaut der päpstlichen Verleihungs=
bullen, gegen die Benachteiligung der Artisten im Universitätsrat auf das
älteste Herkommen und Privileg. An diesem Punkt drohte sie mit offener
Obstruktion. Zugleich erbat sie den Rat aller möglichen älteren Kollegen
— wohl in der Hoffnung, durch sie auf den Hof einzuwirken. Zuletzt blieb
doch alles vergeblich. Am 17. Juli ließ der Kurfürst seine Antwort in feier=
licher Sitzung der ganzen Korporation durch Kanzler Guldenkopff verlesen:
er verlangte sofortige, unveränderte Annahme der neuen Ordnung. Wer
nicht zustimme, möge die Stadt verlassen und nicht mehr zurückkehren.
Deutlicher konnte man nicht sprechen. Drei Tage darauf erklärte die Uni=
versität ihre löbliche Unterwerfung.

Die Reformation Friedrichs ist die Grundlage der Universitätsverfassung
für ein ganzes Jahrhundert geworden; erst der Sieg des protestantischen
Bekenntnisses hat einen radikalen Neubau erzwungen. Zur praktischen
Durchführung des Verfassungsgesetzes gehörte vor allem eine feste Rege=
lung des Verhältnisses beider Wege in der Artistenfakultät. Das war —
bei der gegenseitigen Verbitterung beider Parteien — schwierig genug.
Schon im September 1452 sah sich der Rektor genötigt, die gegenseitigen
Schmähungen der beiden Parteien zu verbieten[1]. Als Jodokus Eichmann
im Sommer 1453 seine Vorlesungen wieder aufnahm, suchten ihn die Stu=
denten aus dem anderen Lager mit Gewalt daran zu hindern, sprengten
zweimal seine Vorlesung und überschütteten ihn mit Schmähungen. Erneut
griff der Kurfürst ein und setzte die Bestrafung der Schuldigen durch. Erst
daraufhin nahm ihn die Fakultät wieder förmlich in ihren Rat auf, aber
erst nach Abbitte seiner früheren Beleidigungen[2]. Auch weiterhin erwiesen

---

[1] U.B. I, nr. 110.
[2] a.u. III, 17f.; a.f.a. II, 23ᵛ. Menzel, Regesten 3. Geschichte Friedrichs des
Siegreichen, p. 247 (Quellen z. bair. u. deutsch. Gesch. II).

sich immer neue Verbote gegenseitiger Schmähung der Parteien als nötig. Gleich im ersten Jahr der neuen Ordnung mußten es die Heidelberger Okkamisten erleben, daß ein übereifriger Thomist, der Zisterzienser Arnold von Heisterbach, Provisor des St. Jakobstiftes, ihrer Schule öffentlich den Vorwurf theologischer Ketzerei zu machen wagte: die okkamistische Abend=mahlslehre sei götzendienerisch und stamme aus derselben Wurzel wie die verdammte hussitische Ketzerei; die Logiker und Naturphilosophen hätten hier mit ihren miserablen Grundsätzen die wahre Lehre entstellt und ver=dürben fortgesetzt den Geist der Jugend[1]. Er wurde von der Universität zum Widerruf gezwungen, aber die Spannung blieb. Natürlich pflanzte sie sich auch auf die Studentenschaft fort und nahm dort vielfach grobe, z. T. unflätige Formen an[2]. Immerhin gelang es, eine förmliche Spaltung der Fakultät zu vermeiden und nach und nach einen modus vivendi zu gemeinsamer Arbeit zu finden[3]. Er ist dann für andere deutsche Universi=täten, zumal für die südwestdeutschen, vorbildlich geworden.

Beide Gruppen standen unter einem Dekan und wirkten als Gesamt=fakultät in allen Fragen zusammen, die sich nicht auf ihre Lehrverschieden=heit bezogen. Diese selbst kam vor allem bei der Verteilung der Lektionen und in den Examensbestimmungen zur Geltung. Anscheinend machte es anfangs Schwierigkeiten, die Sache so einzurichten, daß die Bedingungen des Studiums und der Examina nicht für einen der beiden Wege günstiger waren als für den anderen. Indessen gelang es mit der Zeit den Lehr=gang beider Gruppen einander so stark anzugleichen, daß er sich äußerlich nur noch in der Benützung verschiedener Lehrbücher unterschied[4]. Die

---

[1] Vgl. meine Studien II, 63f. u. 154f.

[2] U.B. I, nr. 110 (1452); nr. 112 (1454); a.u. II, 102ᵛ (1462); a.f.a. II, 53ᵛ (Schmähungen der via moderna durch einen Schüler, 1462); U.B. II, 422 (1462); U.B. II, 514 (ein Bakkalar der Modernen hat die via antiqua eselhaft genannt, 1489); a.f.a. II, 135 (dasselbe 1490; die antiqui werden „Jüden“ geschimpft, die man ver=treiben müsse) u. ä. m.

[3] Das in der Reformation geforderte förmliche Statut (U.B. I, 163, Z. 40ff.) wurde von der Fakultät dem Universitätsrat Dezember 1453 vorgelegt und dort ge=nehmigt. Es sollte entsprechende Anwendung auch für die Mitglieder der oberen Fakultäten finden. Der Wortlaut ist nicht überliefert. Bald machten sich zahlreiche Ergänzungen nötig; sofern sich die viae der Artistenfakultät darüber nicht einigen konnten, gaben die „Doktoren“ jedesmal die Entscheidung: a.f.a. II, 19ff. Ein förm=licher „modus regiminis magistrorum de via antiqua“, der die Vorlesungstätigkeit regelte, wurde Ende 1464 festgelegt (ebd. 59), ist aber ebenfalls nicht erhalten.

[4] Vgl. meine Studien II, 81ff. u. oben S. 166 N. 2. Verhandlungen über

innere Einrichtung der Übungen und Lektionen blieb jeder via überlassen. Den Übergang von einer via zur anderen suchte man möglichst zu erschweren, um das Ausweichen vor unbequemen Examensforderungen oder sonstigen Vorschriften zu verhindern[1]. Jede via hatte ihre besondere Examenskommission und ihre eigenen Prüfungstermine; seit 1454 kamen die regelmäßigen Prüfungen der via antiqua in Gang[2]. An der großen Jahresdeputation wurden beide Wege nebeneinander beteiligt[3]. Zur Kasse der Fakultät gehörten drei Schlüssel, von denen je einen der Dekan und je ein Mitglied beider viae verwahrte. Auch an der Vertretung der Fakultät im Konsilium der Universität hatten beide Gruppen gleichen Anteil[4]. Seit 1458 wurde eine Vorlesung für beide Wege zugleich gehalten: es war die unbeliebte, weil schwierige und wenig Kolleggeld abwerfende Vorlesung über die nikomachische Ethik[5]. Und schließlich, als die sachlichen Unterschiede beider Wege mehr und mehr zurücktraten und die Trennung zu einer bloßen Formalität wurde (darüber vgl. das letzte Kapitel!), konnte man sich sogar in den Prüfungen gegenseitig aushelfen[6].

Nach außen hin wirkte sich die Parität beider Wege zunächst zweifellos günstig aus: die Eröffnung der via antiqua lockte nicht wenige Kölner Magister und Bakkalare und mit ihnen viele niederrheinische Scholaren nach der Neckarstadt[7]. Unter ihnen den berühmtesten Schüler Herwichs von Amsterdam: den geistreichen Holländer Wessel Gansfort von Groningen, der freilich nicht viel länger als ein Jahr[8] hier aushielt. Im ganzen

---

die Angleichung 1454: a.f.a. II, 25 ss; 1454: ebd. Bl. 28ʳ, 29ᵛ. Es wurde auf Verlangen der antiqui beschlossen, die offizielle Studienzeit bis zum Bakkalarexamen auf 1½ Jahre zu verlängern. Weitere Angleichung 1468: a.f.a. II, 69ᴿ; 1473: ebd. 80ᴿ

[1] U.B. I, nr. 114 (1455); U.B. II, 454 (1472); a.f.a. III, 6—7 (1501).

[2] Erste Magisterpromotion (cum magistrandis modernis) 1453: Toepke, II, 393, N. 1. Examensbeginn 1454: a.f.a. II, 24ᴿ, 25ᵛ, 27ᴿ. Toepke, I, 265, N. 9 u. p. XI. Erst 1523 kam der Unterschied der viae im Examen wieder in Wegfall: Toepke, I, 532, es blieb aber die Bezeichnung des Promovenden als realista oder novista bzw. suevista je nach der Bursenzugehörigkeit: ebd. II, 441ff. Vgl. auch U.B. I, nr. 138 (1489).

[3] a.f.a. II, 32ᵛ (1456).

[4] a.f.a. II, 38; III, 3ᴿ. Thorbecke 81, N. 169.

[5] Meine Studien II, 97.

[6] a.f.a. III, 8 (1501).

[7] Vgl. oben S. 372 u. meine Studien II, 61, N. 5.

[8] Er ist 1456 seinem Lehrer Herwich von Amsterdam, unter dem er in Köln promoviert hatte, nach Heidelberg gefolgt; am 23. 6. 1456 wurde er als Wessel Gos=

blieb die neue Schulrichtung der älteren, „modernen" Partei zahlenmäßig unterlegen[1]. Ihr geistiges Schwergewicht wurde indessen verstärkt durch ihre enge Verbindung mit der kirchlichen Restaurationspolitik des Hofes und bald auch mit der theologischen Fakultät. Ihre namhaftesten Führer Burckard Wenck, Jodocus Eichmann und Herwich von Amsterdam stiegen zu theologischen Graden auf[2] und fanden in Johannes Wenck, dem bedeutendsten der Heidelberger Theologen, von Anfang an einen Bundesgenossen. War die Reform des philosophischen Unterrichts als ein Stück kirchlicher Restaurationspolitik gedacht, so gehörte es zur Konsequenz der Dinge, daß sie nun auch im Bereich der Theologie sich auszuwirken suchte.

II.

Außer der Neuorganisation der artistischen Fakultät machte die Reformation von 1452 auch eine Neufassung der allgemeinen Univer-

---

fort de Groningen Coloniensis mag. von der Fakultät rezipiert, respondierte am 10. Juli und zahlte die Aufnahmegebühr (a.f.a. II, 33). Am 24. 7. bittet er um seine Einreihung unter die Magister iuxta senium magisterii sui (also mit dem Kölner Promotionsdatum 1. 12. 1450?). Das wird ihm abgeschlagen, und er erhält seinen Platz post magistros anno 1452 in decanatu mag. Erhardi Knab promotos (d. i. 23. 3. 1452). Am 24. 7. erhält er Zutritt zur Artistenbibliothek; am 23. 7. promoviert er bereits Schüler (a.f.a. II, 34). Das letztere wiederholt sich am 23. 8. 1457 (Toepke, II, 396); danach kommt er in den Heidelberger Akten nicht mehr vor. Spätestens 1458 hat er Heidelberg verlassen (festlicher Empfang in Zwolle 1458), um, nach Zwischenaufenthalt in Zwolle und Köln, in Paris den Okkamismus bekämpfen zu helfen. Nach einem Brief an van Hoek (Farrago 1522, fol. 105ᵛ; Opera 877) hat irgendwann der Pfalzgraf (zweifellos Friedrich I.) durch den Beichtvater des Kölner Erzbischofs noch einmal den Versuch gemacht, ihn unter Angebot von viel Geld nach Heidelberg zu berufen. Er galt damals als berühmter Vorkämpfer der via antiqua, zog es aber vor, sich in Paris ein bedeutenderes Feld für sein Auftreten zu suchen. Alles, was die ältere Literatur über seinen angeblichen späteren Aufenthalt in Heidelberg (1477), Aufnahme in die theologische Fakultät, Kämpfe mit den Heidelberger Theologen, reformatorische Einflüsse usw. erzählt, hat M. van Rhijn Wessel Gansfort, 'sGravenhage 1917, S. 73—78 u. Beilagen S. XXXIX als Fabelei, z. T. Mißverständnis Hardenbergs, z. T. Erfindung des jüngeren Alting oder Ausschmückung Ullmanns erwiesen.

[1] Meine Studien II, 62. Thorbecke 74*, N. 205 berechnet, daß von allen Promotionen zum Bakkalar zwischen 1454 und 1523 rund 40% in der via antiqua, 60% in der via moderna erfolgten.

[2] Meine Studien II, 62f. Jodocus erscheint schon 1453 als bacc. th. u. predicator huius oppidi.

sitätsstatuten nötig. Sie erfolgte 1454, beschränkte sich aber darauf,
Altes und Neues in gemeinsamer Redaktion zu vereinigen; immerhin läßt
sie das Bestreben erkennen, die bunte Fülle älterer Disziplinarvorschriften
erstmalig zu einer übersichtlichen Ordnung zusammenzufassen und wendet
besonderes Augenmerk auf die Regelung des Bursenwesens und der latei=
nischen Elementarschulen (bachantriae), die einzelne Magister unter=
hielten[1]. Wichtiger war, daß jetzt auch die Theologen darangingen, ihre
Fakultätsstatuten zu revidieren und insbesondere eine feste Lektionsordnung
zu schaffen[2]. Von jetzt an sieht man auch den Landesherrn öfters unmittel=
bar in die innere Verwaltung der Korporation eingreifen: er regelt die
Reihenfolge bei den Prozessionen[3], trifft die Entscheidung in einem heftigen
Streit zwischen der philosophischen Fakultät und dem Universitätsrat wegen
des Baretts der Juristen[4], erläßt für die Universitätsangehörigen eine
Hochzeitsordnung[5] und begrenzt genau ihre steuerlichen Privilegien[6].

Nachträglich bemühte er sich auch, die 1452 unbefriedigt gebliebenen
Wünsche der Korporation nach Verbesserung ihrer Finanzen zu er=
füllen. Schon 1453 ist von dem Erwerb von 4 Kanonikaten pfälzischer
Stifter für die Artistenfakultät mit kurfürstlicher und päpstlicher Hilfe die
Rede[7]; 1457 übertrug der Kurfürst seine Kirchenpatronate über die Pfarr=
kirchen zu Guntheim und Pfeffingen der Universität und ließ diese Inkorpo=
ration 1472 (also erst sehr spät!) vom Papst bestätigen[8]. Damit war eine
schon 1444 ausgesprochene Bitte der Universität erfüllt[9]; die Verwendung
der neuen Einnahmen zur Anstellung eines zweiten Mediziners, um die
sich die Regierung Friedrichs bemühte, gelang aber erst dem Nachfolger

---

[1] U.B. I, nr. 112; dazu die Kleider= und Bursenordnung von 1469/70: ebd.
nr. 127.

[2] Hautz, II, 374—90. Dazu Thorbecke 91*, N. 307. U.B. I, nr. 126. U.B. II,
427f; 465.

[3] U.B. II, 452 (1472).

[4] a.f.a. II, 77f. 1471, Febr.—Juni.

[5] U.B. I, nr. 128 (1472).

[6] U.B. I, nr. 133 (1479); Oberrhein. Stadtrechte I, 518f. Vgl. auch die Bestim=
mungen der Heidelberger Stadtordnung von 1465 betr. Weinschank in den Studenten=
häusern: U.B. II, 434; Hautz, II, 398.

[7] Surburg, Wyssenburg, S. Martinus in Worms, S. Katherina in Oppenheim:
a.f.a. II, 22^v, 26^R (1453, 1. 5.).

[8] U.B. II, 391, 451, 456, 458.

[9] S. oben S. 378.

(1482[1]). Älteren Wünſchen der Korporation entſprach auch die Umwand=
lung von zwei Vikariaten des Heiliggeiſtſtiftes in Kanonikate, die Friedrich
veranlaßte; neu war die Beſtimmung, daß ſie in erſter Linie als Penſions=
pfründen für ältere Doktoren der Theologie und Jurisprudenz dienen
ſollten: weil das Generalſtudium kräftige und leiſtungsfähige Männer für
ſeine Lekturen brauche[2].

Auch für den Lebensunterhalt begabter, aber mittelloſer Studenten und
jüngerer magistri in artibus, die in den oberen Fakultäten ſtudierten,
wurde jetzt (wenn auch in beſcheidenem Umfang) geſorgt. Jahrzehntelang
war die hochherzige Schenkung des Stiftsſcholaſters Gerlach, das ſog.
„Armenkolleg" (ob. S. 153), nicht zur Ausführung gekommen. Jetzt, ſeit=
dem neuerliche Stiftungen wohlhabender Magiſter, darunter zweier Medi=
ziner, für das nötige Betriebskapital geſorgt hatten und die kurfürſtliche
Regierung die Sache betrieb, kam man endlich ans Ziel. Als Collegium
S. Dionysii, des neuen Modeheiligen, wurde das „Armenhaus" der
Univerſität 1452, nach langen Beratungen, neu gegründet. Seine Statuten
laſſen deutlich das beſondere Intereſſe der Stifter für naturwiſſenſchaftliche
Studien verſpüren[3]. Sechs ſorgfältig nach Begabung und Bedürftigkeit
ausgewählte Scholaren ſollen aufgenommen werden, nach Vorſchlag der
vereinigten Burſenvorſtände durch einen Seniorenkonvent der Univerſität,
dazu ſechs jüngere Lehrer der Artiſten, Studierende der oberen Fakultäten,
ſoweit es die Mittel erlauben. Hat einer von ihnen einmal zu ſeiner Ent=
laſtung in der artiſtiſchen Fakultät nur eine kleinere Vorleſung als Jahres=
kurs übernommen, ſo ſoll er gehalten ſein, das nächſtemal über die Troſt=
ſchrift des Boethius, Planetentheorie, Euklid oder ein anderes Buch aus
der Arithmetik, Muſik, Geometrie oder Aſtronomie je nach Wunſch der
Fakultät zu leſen — d. h. über eine Schrift, die aus dem Rahmen des ſonſt
Üblichen fällt, zu höherer Wahrung des Ruhmes der Univerſität und zur
Förderung der akademiſchen Allgemeinbildung[4]. Erſparniſſe, die das Kol=

---

[1] U.B. II, 493; Thorbecke 97, N. 250. S. auch unten Kap. 18!

[2] U.B. I, nr. 118; U.B. II, 405. Um 500 fl. ſtiftete Friedrich I. 1469 eine Seel=
meſſe für ſich bei Heiliggeiſt. Karlsr. Cop.buch 470, fol. 187—88.

[3] U.B. II, 343, 347, 374; U.B. I, nr. 111. Weitere Nachrichten: a.u. III, 18ᵛ
(Wahl des erſten Vorſtandes 1453). U.B. II, 402, 421; a.u. II, 127f. (Schenkung
von 1466); a.f.a. 65ᵛ (Baukoſtenbeitrag der Artiſtenfak. 1467); U.B. I, nr. 129
(Bibliotheksordnung 1472); a.u. III, 173 (Stiftung zur Vervollſtändigung des Neu=
baus, 1474); U.B. II, 526 (1493).

[4] „Ut ne(!) solum singulares sed etiam generales clerici efficiantur."

legium aus ſeinen Einkünften macht, ſind zur Dotierung neuer Lekturen
in der Medizin aufzuſammeln und zu verwenden. Mehr als 25 Gulden
pro Jahr ſoll für den Unterhalt des einzelnen Inſaſſen nicht aufgewendet
werden. Natürlich trägt die Lebensordnung ſtreng geiſtlichen Charakter;
ein erſter Hauch neuartiger Bildungsintereſſen kündigt ſich gleichwohl in
den Statuten an.

In den Rahmen dieſer vielſeitigen Bemühungen um die Hebung des
Studiums gehört ſchließlich auch die Verbeſſerung des allgemeinen
Burſenweſens. Das Bedürfnis nach Ordnung und Zucht an Stelle un=
geregelter Willkür, das die ganze Reſtaurationsbewegung kennzeichnet, ließ
die Bedeutung der Burſen mit ihrer halbklöſterlichen Lebensordnung, vor
allem mit ihrem Einpaukſyſtem, immer höher ſteigen. Wir hörten ſchon
von Statuten, mit deren Hilfe die gegenſeitige Konkurrenz der Burſen=
inhaber verhindert und das Leben der Burſalen unter die Aufſicht und
Diſziplinargewalt der Hochſchule gebracht werden ſollte[1]. Darüber hinaus
wurden jetzt auch halboffizielle Burſen eingerichtet. Indem ſie auch Nicht=
inſaſſen die Teilnahme an ihren Übungskurſen gewährten, wurden ſie mehr
und mehr zu Mittelpunkten des eigentlichen Schulbetriebes. Als man 1462,
während des Mainzer Bistumskrieges, die Heidelberger Akademiker mili=
täriſch organiſierte, wurden ſie nach ihrer Burſenzugehörigkeit eingeteilt,
die Burſenvorſtände zu Hauptleuten ernannt[2]. Das Emporkommen der
Burſen zu ſolcher Bedeutung hängt offenſichtlich eng mit dem Neben=
einander der beiden Schulrichtungen, der „Alten“ und der „Modernen“,
zuſammen. Wir hören zuerſt von einer Burſe der „Realiſten“ oder „Pari=
ſer“ als Gründung der via antiqua. Johannes Wenck richtete ſie, wie es
ſcheint, ſchon 1453 ein und berief die ſoeben von Paris gekommenen
jungen Magiſter Hans Petri und Burkard Wenck zu ihrer Leitung. Ihr
Sitz war das Haus Doktor Wencks, „in der auguſtinergaſſen an dem ort

---

[1] Oben S. 377 u. 391.
[2] a. u. III, 92 (U.B. II, 420). Dr. Peter von Wimpfen führte die suppositi
facultatum superiorum, Petrus de Blawbuiren die bursa suevorum, Erhard Knab
die bursa nova, Burckhard Wenck die bursa doctoris Wenck, außerdem Herwich von
Amſterdam eine bursa Coloniensis, über die ich nichts Näheres weiß. — Anläßlich
der Peſt 1480 erhalten die „tres magistri principales bursarum“ das Recht, bei der
Auswanderung der Univerſität ſich andere zu Hilfe zu nehmen legendo et exercendo
pro forma: U.B. II, 486. Seit 1458 verlangte die Artiſtenfakultät von jedem Hörer
ihrer Lektionen gleichzeitig Belegen der zugehörigen Übungen. U.B. I, nr. 117.

gegen dem diebsthorn ober gelegen". Eine förmliche „Ordnung" wurde
ihr erſt 1486 durch Jodokus Eichmann als Teſtamentsvollſtrecker des Stif=
ters, mit Einverſtändnis des Kurfürſten, verliehen. Danach zahlten die
Inſaſſen Koſtgeld, das von der theologiſchen Fakultät verwaltet wurde; ein
theologiſcher Doktor der via antiqua (als superattendens viae realium)
nebſt einem Magiſter der Artiſten führte die höhere Aufſicht. Die Burſen=
meiſter (Regenten) waren verpflichtet „zu leſſen und leren viam antiquam
als Thome Alberti und die denſelben nach ſchriben[1]".

Zahlreiche Stiftungen, über die das Statutenbuch berichtet, brachten
die Realiſtenburſe zu großem Anſehen; erſt in den Sturmjahren der Re=
formation ſcheint ſie, wie alle Univerſitätsinſtitute, ſtark verfallen zu
ſein. Die Zahl der Inſaſſen war 1524 ganz unbedeutend, das Haus in
ſo baufälligem Zuſtand, daß die Regenten es verlaſſen wollten. Kurfürſt
Ludwig V. ſetzte im nächſten Jahr einen großen Neubau durch, der 1546
auch die Inſaſſen der beiden Burſen „moderner" Schulrichtung auf=
nahm: der „Schwabenburſch" und der „neuen" oder Katharinenburſe[2].
Schon vorher war der Burſe ein größeres „Pädagogium" für Latein=
ſchüler angegliedert[3].

Die Realiſtenburſe war eine ſelbſtändige Stiftung, die der Univerſität
erſt 1546 förmlich inkorporiert wurde. Das hing mit ihrer Gründung als
Sitz einer urſprünglich oppoſitionellen Schulrichtung zuſammen. Dagegen

---

[1] Zulaſſung der erſten Burſenregenten: a.f.a. II, 24ᴿ (1453, Sept. 30); a.u. III,
18. Allerdings iſt hier nur von einem „paedagogium" die Rede, das Meiſter Wenck
ad instar paedagogii Parisiensis eingerichtet habe. War es zunächſt nur eine Knaben=
ſchule (Lateinſchule)? — „Interpretatio elenchorum scripta 1460 in Heydelberga in
bursa Parisiensium sive Dr. Wenck": C.l.m. 6695, f. 202—461. Dazu vgl. meine
Studien II, 105. Neuer Regent zugelaſſen 1478: a.u. III, 206ᵛ. Neuordnung von
1486: Statuta bursae realium U.A. I, 3, 38; ſ. U.B. II, 504. Das Wenckſche Haus
war ſchon vor 1486 (gegen Jahreszins) in Benutzung der Burſe. Der Name „Prediger=
burſch" (ſ. ob. S. 375, N. 1) war ſchon 1486 geläufig. Auch zu den Heilbronner Car=
melitern ſcheint ein näheres Verhältnis beſtanden zu haben: ſie erboten ſich 1518,
ihre ſtudierenden Brüder in die Heidelberger Realiſtenburſe zu ſchicken.

[2] Vgl. oben S. 138f. und Exkurs 4. Die älteren Häuſer dieſer beiden Burſen
blieben gleichwohl unter den alten Namen beſtehen. Die Noviſtenburſe wurde zur
Aufnahme der Inſaſſen des Dionyſianum verwendet, das baufällig war.

[3] Vgl. die iuramenta magistri recipiendi ad pedagogium vie realium uſw.
U.B. I, p. 231ff. Dieſes Pädagogium war es wohl, das 1546 nach der Zuſammen=
legung der Burſen auf kurfürſtl. Befehl in die alte Schwabenburſe verlegt wurde:
U.B. II, 912 (Hautz, I, 205, N. 90).

wurden die Burſen des „neuen Weges" als halboffizielle Einrichtungen
der artiſtiſchen Fakultät betrachtet. Die „bursa Suevorum" beſtand ſchon
lange vor Beginn des Wegeſtreits; ſie lag in der Judengaſſe. Über ihren
Urſprung iſt nichts Näheres bekannt; ihr Haus wurde 1485 von der Fakultät
angekauft und, wie es ſcheint, den Regenten vermietet[1]. Eine Neugrün=
dung von 1456 ſcheint die „Neue Burſe", ſpäter auch nach der Fakultäts=
heiligen Bursa S. Katharinae genannt, zu ſein; ſie befand ſich ebenfalls
(zur Miete) in einem der Fakultät gehörigen Hauſe der Auguſtinergaſſe,
unmittelbar am Konventshaus der Auguſtiner[2]. Von irgendwelchen Sta=
tuten dieſer beiden Häuſer iſt nichts überliefert, doch ſteht ihre Zugehörig=
keit zum „neuen Wege" aus anderen Nachrichten feſt. Ihre fortwährende
Konkurrenz zur Realiſtenburſe (und gewiſſen Privatburſen der via antiqua[3]) trug viel dazu bei, den Gegenſatz der Schulrichtungen lebendig zu
halten. Gelegentlich kam es ſogar zu Raufhändeln der Burſeninſaſſen. Die
Zuſammenziehung aller drei Hauptburſen in eine wurde deshalb im
16. Jahrhundert, als der Wegeſtreit einem neuen Geſchlecht unverſtänd=
lich geworden war, wie eine Erlöſung empfunden.

---

[1] Erſte mir bekannte Erwähnung: a.f.a. II, 26ᵛ (1423); Zulaſſung von zwei
Regenten (Peter von Blaubeuren u. Hans Blocher) 1452 Auguſt 5: a.u. III, 8ᵛ. Zu=
gehörigkeit zur via moderna: a.f.a. II, 109ᵛ; U.B. II, 655. Dazu meine Studien II,
71, N. 3; Ankauf des Hauſes, in dem „eo tempore magistri regentes et scholares
burse suevorum morabantur" (alſo der Burſe ſelbſt?) 1485: a.f.a. II, 116; Wieder=
herſtellung des Hauſes 1487: ebd. 123ᵛ; Zinszahlungen 1488: ebd. 129; ſpäterer
Verfall und große Geldnot: a.f.a. II, 166ᵛ (1499) u. paſſim bis 1518.

[2] Wahrſcheinlich war ſchon das Guldenkopfſche Haus, das die Artiſten 1456 zur
Errichtung einer perpetua bursa der Univerſität abkauften, für dieſe Neugründung
beſtimmt (a.f.a. II, 34). Doch kaufte der Kurfürſt das Haus 1457 den Artiſten wieder
ab (U.B. II, 393 und oben S. 385, N. 3). Statt deſſen wurde ein anderes Haus mit
Garten „im Auguſtinergäſſel" 1457 angekauft und von allen Auflagen und Steuern
befreit: U.B. II, 389, 394; a.f.a. II, 36, 181. Vermietung 1465: a.f.a. II, 60ᴮ;
1468: ebd. 69ᵛ. Umbau bzw. Neubau 1501: ebd. 175f. — Name: b. s. Katharinae
1529: a.u. V, 222ᵛ u. Knod, Elſäſſ. Studien II, 438. — Topographiſche Lage: U.B.
II, 496. Auch die bursa nova litt um 1518 beſtändig an Geldmangel. Eine ſichere
Verfolgung aller Nachrichten in den Akten iſt durch den vieldeutigen Namen bursa
nova erſchwert.

[3] 1464, Nov. 7 bitten 4 Magiſter der via antiqua um die Erlaubnis: ut admitte-
rentur ad regendum novam bursam in via antiqua und erhalten ſie nach Vorlage
eines modus regendi communis in eorum via. a.u. III, 109; U.B. II, 431 (Regeſt
iſt irreführend).

III.

In denselben Jahrzehnten, in denen die Neubildung so vieler Universitätsinstitute erfolgte, kam auch die Errichtung der Universitätsbibliothek zu einem ersten äußeren Abschluß.

Ihre Anfänge[1] lassen sich noch bis ins einzelne verfolgen. Es sind größtenteils Bücherstiftungen der verschiedensten Mitglieder und Gönner der jungen Hochschule. Die älteste Schenkung dieser Art stammt von Konrad von Gelnhausen (1390); sie bestand aus 211 Werken, der Mehrzahl nach theologischen und kanonistischen Inhalts, und war wie der gesamte Nachlaß Konrads für das Artistenkolleg bestimmt. Es ist anzunehmen, daß sie in dessen Räumlichkeiten bald nach der Gründung (1391) Aufstellung fand[2]. Weitere Bücherbestände kaufte die Universität an oder erhielt sie geschenkt, darunter auch hebräische und andere Schriften aus dem Besitz der 1390 vertriebenen Juden, die sie aber alle bis auf zwei lateinische Bände wieder verkaufte. Einen besonders großen Zuwachs bedeutete dann die stattliche, alle scholastischen Wissenszweige umfassende Bibliothek des Marsilius von Inghen, die er der Universität vermachte. Nach ihrem Eingang (1396) betrug deren gesamter Bücherbesitz bereits über 600 Werke. Jetzt wurde auch der erste Gesamtkatalog, nach Sachgebieten (bzw. Fakultäten) geordnet, aufgesetzt. Das Ganze galt als „libraria universitatis[3]", blieb aber in seinen Bestandteilen sorgsam geschieden: als Besitz teils der Universität, teils der Artistenfakultät. Den größten Teil der ihr gehörenden Bücher ließ die Universität jetzt auch (leihweise) im Artistenkolleg auf-

---

[1] Toepke, I (Anhang III—IV). Meine Studien I, 41ff. Vgl. auch Wilken, Geschichte . . . der Heidelbergischen Büchersammlungen. 1817.

[2] Die Universität war 1396 nicht sicher, ob sich im Artistenkolleg ein geeigneter Raum finden würde zur Aufstellung der durch andere Schenkungen inzwischen auf mehr als das Doppelte gebrachten Bibliothek: U.B. II, 90. Daraus geht m. E. keineswegs hervor (wie Toepke, I, 665, N. 4 u. 656, N. 4 will), daß das Artistenkolleg überhaupt noch keine Bücherei besessen habe. Ebensowenig beweist die Bemerkung des Rektors Berthold von Dieburg, die Toepke, I, 662, N. 4 zitiert, daß dieser den Büchernachlaß Konrads verwahrt habe — was mir im Gegenteil ganz unwahrscheinlich dünkt. — Vgl. auch U.B. I, nr. 29.

[3] Toepke, I, 655 Überschrift; für das Folgende: ebd. 665, N. 4 u. U.B. II, 90. Ferner U.B. II, 79. Anfang 1397 erhalten die Artisten die Erlaubnis, alle Bücher der Universität gegen Rückgabe zu benutzen, müssen sie jedoch sofort zurückgeben, sobald die Universität (d. h. doch wohl die Doktoren?) sie braucht; die Magister bitten, ihnen auch theologische Werke zu leihen. a.u. I, 64.

stellen — vermutlich weil ihr eigene für diesen Zweck geeignete Räume fehlten.

In den folgenden Jahrzehnten wuchs die Bibliothek langsam weiter — ausschließlich, wie es scheint[1] — durch Nachlaßstiftungen einzelner Professoren und Gönner. Einen Teil überwies die Universität dem Artisten=kolleg, den größeren Teil behielt sie im eigenen Besitz; er war in erster Linie für die „Doktoren", d. h. die Lehrer der oberen Fakultäten bestimmt.

Gleichwohl war es die Artistenfakultät, die zuerst die Errichtung eines eigenen Bibliothekgebäudes beschloß (1434). Eine Baukommission wurde ernannt — aber dann blieb die Sache wieder liegen bis zum Januar 1439, in dem die Universität sich ihrer annahm. Man beschloß jetzt im Univer=sitätsrat — nicht ohne Widerspruch von seiten artistischer Mitglieder[2] — den Neubau im Garten des Artistenkollegs zu errichten. Er sollte zwei Stockwerke haben, in jedem einen Raum. Der untere sollte als Spezial=bibliothek der Artisten gelten, ausgestattet mit ihrer Fakultätsbücherei und den (leihweise hier deponierten) Duplikaten der Universitätsbibliothek; der obere war den Hauptwerken der letzteren vorbehalten und sollte allen Fa=kultäten gemeinsam zugänglich sein. Die Ausführung des Baus, an der auch die kurfürstliche Regierung ein Recht zur Mitwirkung beanspruchte, zögerte sich noch lange hin. Erst Anfang August 1441 wurde der Grund=stein gelegt. Am 1. Juni 1442 konnten die Bücher in das neue Haus über=führt werden. Die Artistenfakultät, die von den Kosten etwa die Hälfte übernommen[3] hatte, stellte auch die Bibliotheksordnung auf. Danach blieb die Verwaltung des unteren Raumes ihr selbst überlassen; zu dem oberen

---

[1] Von der U.B. II, 167 und Thorbecke 27, N. 77 ewähnten angeblichen Schen=kung Ruprechts III. verlautet in den Universitätsakten nichts. Aufzählung aller Bücher=stiftungen von 1396—1461 bei Toepke, I, Anhang IV. — Wo die nicht im Artisten=kolleg befindlichen neueren Bücher der Universität bis 1443 aufgestellt waren, bleibt dunkel. Vgl. auch U.B. II, 243 (Büchernachlaß Laenstein bleibt zunächst in Worms), 256, 291, 314, 344.

[2] Zwei Mitglieder protestierten; später gab es lange Verhandlungen, bis die Artisten die Handwerker in ihren Garten hineinließen. Offenbar hatten sie den Ehr=geiz, eine eigene Bibliothek zu besitzen, seit den „Doktoren" die heiliggeistbibliothek (s. unten!) zur Verfügung stand: a.u. II, 158f.; U.B. II, 295f.

[3] U.B. II, 298, 304f., 312f., 319—21, dazu a.f.a. I und a.u. II passim. Die Kosten wurden im Juni 1442 auf 600 fl. veranschlagt, scheinen sich aber dann noch erhöht zu haben. Man lieh Geld bei Prof. Wenck, den Doktoren und den Artisten. Der innere Ausbau war Juni 1444 noch nicht zu Ende. — Bibliotheksordnung: a.u. II, 172ᵛ.

erhielten die Doktoren, Lizentiaten und Bakkalare der oberen Fakultäten und die Magister der Artisten den Schlüssel. Mehrfach vorhandene Werke konnten ohne weiteres ausgeliehen werden, bloß einmal vorhandene nur nach Universitätsbeschluß, nur gegen Deponierung eines gleichwertigen Werkes und nur an Doktoren und Magister. Ähnliche Statuten wurden 1454 für die artistische Bibliothek aufgestellt; doch wurde hier noch eine bestimmte Leihfrist (1—2 Monate während des Arbeitsjahres) hinzugefügt. Allmählich, auf Grund von praktischen Erfahrungen, verschärfte man die Ausleihbestimmungen, setzte leichtere Strafen für Versäumnisse, schwere für Beschädigungen der Bücher fest[1]. Schließlich wurde sogar der Bischof von Worms gebeten, für schwere Beschädigungen der Folianten durch Radieren und Herausreißen von Blättern die Exkommunikation auszusprechen[2]. Die Aufstellung der Bücher erfolgte auf Pulten (pulpeta) und zwar nach der Materie der vier Hauptwissenschaften geordnet. Die wichtigeren Werke waren, einer alten Klostertradition entsprechend, mit eisernen Ketten an ihre Pulte gefesselt. Die Aufsicht und laufende Verwaltung führten Provisoren, die von der Universität alljährlich gewählt wurden, und zwar jeweils ein Doktor und ein Magister[3]. Sie werden auch wohl „Bibliothekare" (liberarii) genannt.

In dieser Form blieb die eigentliche Universitätsbibliothek für Jahrhunderte bestehen, zunächst nur langsam durch neue Nachlaßstiftungen vermehrt. Von größeren Bücherkäufen hören wir erst seit der Mitte des Jahrhunderts; zum ersten Male 1456, als die Artistenfakultät eine Reihe klassischer Autoren aus dem Nachlaß des Kanzlers Ludwig von Ast erwarb[4].

---

[1] U.B. I, nr. 113 (1454). Wiederholt: a.f.a. III, 3ᴿ. Verschärfte Bestimmungen von 1466: a. u. III, 128 = U. B. II, 439, betr. u. a. den Gesamtkatalog aller 3 Biliotheken, ferner ein Verzeichnis der Schlüsselinhaber, der Entleiher und der ausgeliehenen Bücher. Reinigung der Bibliothek durch die Pedellen: ebd. u. U.B. I, nr. 125. Vgl. ferner U.B. II, 497 (1483) und U.B. II, 527: alphabet. Registrierung und Aufstellung nach Materien, 1493.

[2] a.f.a. II, 110 (14. 6. 1483). Der Bischof wurde indessen gebeten, solche Bannungen nicht durch öffentl. Anschlag bekanntzumachen, ne nobilibus et laicis fabule essemus et derisio [fieret].

[3] U.B. II, 359.

[4] a.f.a. II, 33 s. Ich komme auf diese und andere Bücherkäufe im Geist humanistischer Bestrebungen im 19. Kapitel zurück. Weitere Käufe: 1474 (U.B. II, 461); 1482: glossa ordinaria super bibliam (a.f.a. II, 106ᵛ) u. humanist. Bücherkauf (ebd. 105ᵛ); 1485: theoria planetarum (ebd. 116ᵛ); 1488: Averroes, fünfbändig, super physica tripartita Aristotelis (ebd. 128). Daß man überflüssige Bücher (libros non

Unterdessen aber hatte die Universität noch eine dritte Bibliothek er=
worben: die Bücherei des Stiftes zum heiligen Geist. Es war die Samm=
lung von gelehrten Werken, die Kurfürst Ludwig III. als persönlichen
Besitz zusammengebracht, teilweise wohl auch ererbt[1] hatte. Ludwig war
ein weitgereister Mann, und so fanden sich unter seinen Büchern auch
einige Kostbarkeiten, die in Deutschland nicht alltäglich waren, insbesondere
orientalische Naturwissenschaft und Geheimlehre. Es war eine rechte
Doktorenbücherei: zumeist theologische (89), aber auch auffallend viele
medizinische (45) Werke, dazu einige (12) juristische Gesetzestexte, z. T. mit
Kommentaren, und ein halbes Dutzend mathematisch=astronomischer Schrif=
ten — insgesamt 152 Handschriftenbände. Logisch=philosophische Lehr=
bücher, das übliche Rüstzeug der Schule, fehlten ganz. In einer Urkunde
von 1421, unmittelbar vor dem Auszug ins Feld gegen die Hussiten, ver=
machte Ludwig diesen Besitz testamentarisch dem Heiliggeiststift. Sie sollten
nach seinem Tode vom Schloß auf dem Jettenbühl in die Bücherei des
Stifts (von deren Anfängen wir nichts Näheres wissen) überführt werden
und dort den Lehrern und Studenten der Universität, auch durch Ausleihe,
zur Verfügung stehen. Auch der Hof behielt sich das Recht der Ausleihe,
jedoch im Einzelfall nicht länger als auf ein Jahr, vor[2]. In einem aus=
führlichen Testament, das 1436 eröffnet wurde, fanden sich diese Bestim=
mungen wesentlich verschärft: die Bücher sollten in der Heiliggeistkirche
selbst aufgestellt werden, mit Ketten und Schlössern wohl verwahrt. Jede
Ausleihe war verboten; nur der regierende Nachfolger persönlich durfte
Bücher entleihen, aber auch nur bis zu einem Monat[3]. Diese Bestimmun=
gen wurden von der Universität sorgsam beachtet, als die Bibliothek ihr
1438 durch den Regenten Otto von Mosbach übergeben wurde. Sie setzte
eine Bibliotheksordnung fest, die nur den bepfründeten Magistern einen
Zugang zu der Bücherei (zunächst im Chor von Heiliggeist) ermöglichte,
und auch ihnen nur unter genau geregelten Bedingungen[4]. Erst viel später

concathenatos) verkaufte, um andere dafür einzuhandeln, wird gelegentlich (so a. u.
III, 21ᵛ) erwähnt.

[1] Schon Ruprecht III. besaß solche Sammlungen: vgl. Z.G.O. XIV, 143 (Bibl.
Joh. de Kirchhoffen) u. U.B. II, 167. Einige der Bücher waren auch durch Abschrift auf
dem Schlosse gefertigt. Vgl. auch K. Burdach, Zentralbl. f. Bibl.wesen V (1888), 118f.

[2] U.B. I, nr. 82.

[3] U.B. II, 277 u. die dort zitierte Literatur.

[4] U.B. I, nr. 98. Katalog der Bücherei von 1438: Acta Palatina I (1766), 406
bis 420 (Kremer). Verzeichnis der Schlüsselinhaber: s. U.B. II, 294.

willigte die kurfürſtliche Regierung und der Wormſer Biſchof (als geiſtlicher
Oberer des Stifts) in die Bitte der Profeſſoren, ihnen das Entleihen ein=
zelner Bücher zwecks Abſchrift zu geſtatten. Daraufhin wurde 1472 eine
neue Bibliotheksordnung erlaſſen[1].

In demſelben Jahr ſtiftete der Mediziner Gerhard von Hohenkirchen
noch eine kleinere vierte Bibliothek: die Bücherei des Collegium Dionyſianum, zunächſt für deſſen Inſaſſen beſtimmt, aber auch den anderen
bepfründeten Ordinarien der Univerſität zugänglich. Sie enthielt Werke
aller vier Fakultäten[2].

So beſaß denn die Heidelberger Hochſchule um die Jahrhundertmitte
eine für damalige Verhältniſſe recht ſtattliche, trotz geteilter Beſitzverhält=
niſſe einheitlich dem Rektor unterſtellte Bücherſammlung. Der große
Geſamtkatalog von 1461[3] zählte rund 1600 Werke in 841 Bänden auf;
davon 136 Bände als Eigentum der Stiftsbibliothek[4]. Über ihr weiteres
Wachstum klären uns die Univerſitätsakten nur noch unvollſtändig auf.
Wohl erfahren wir gelegentlich von weiteren Ankäufen, Erbſchaften und
Geſchenken, ſo z. B. 1474 von der Stiftung der erſten Druckbände durch
Friedrich I., einem zweibändigen, grammatiſchen Kompendium des Joh.
Januenſis mit lateiniſchem Wörterbuch, das als beſonders große Koſtbar=
keit galt[5]. Aber eine Hauptquelle des Bücherzuwachſes verzeichnen die
Akten nicht, oder doch nur ausnahmsweiſe: die immer zahlreicher an=
ſchwellenden Sammelbände mit Predigten, Reden und Streitſchriften der
Konzilszeit, dazu die maſſenhaften Reden, Vorleſungen, Kompendien
Responſionen und ſonſtigen Produktionen der Heidelberger Profeſſoren

---

[1] Bitte der Univerſität 1444: U.B. I, p. 150, Z. 19ff. Genehmigung U.B. II,
441f., die betr. Stelle der a.u. III iſt undatiert. Bibliotheksordnung 1472: U.B. II,
457 u. Kremer, Urkunden 469—72.

[2] U.B. I, nr. 129. Lebensdaten Hohenkirchens ſ. bei Keuſſen, Kölner Matrikel I²
(1928), p. 180, N. 5. Die erſten mediziniſchen Bücher, die der Univerſität zugewendet
wurden, ſtammten aus dem reichen Büchernachlaß des mag. art. Johannes Mun-
ſinger, 1417: Toepke, I, 689f. Dieſer gelehrte Sammler, Verfaſſer mehrerer gram-
matiſch=logiſcher Schriften (Toepke, I, 692), iſt nicht zu verwechſeln mit dem oben
S. 232 erwähnten Arzt Heinr. Münſinger!

[3] Cod. Heid. 358, 47 u. 47a (zwei Exemplare); dazu a.u. III, 78ᵛ (betr. An=
fertigung) und Toepke, I, 695.

[4] Deren Bändezahl hat ſich alſo anſcheinend (im Vergleich mit 1438) vermindert!

[5] U.B. II, 463. Die beiden Pergamentbände ſollten mit Ketten angeſchloſſen
werden.

ſelbſt. Sie machen in dem heutigen Beſtand der ehemals pfälziſchen Bücher=
ſammlung, den die Vaticana aufbewahrt, eine der ſtärkſten Gruppen aus.
Den ſpäteren Weltruhm der Palatina haben weder dieſe gelehrten Pro=
duktionen lokalen Urſprungs noch überhaupt die ſcholaſtiſchen Wälzer des
15. Jahrhunderts begründet. Er beruht weſentlich auf den Sammlungen
halb ſchöngeiſtiger, halb gelehrter Art, die der literariſche Eifer humaniſtiſch
gebildeter Mäzene auf dem Heidelberger Schloß ſeit der Jahrhundertwende
veranſtaltet hat. In ihnen atmete ein neuer Geiſt, an dem die Hochſchule
nur einen beſcheidenen Anteil hatte. Die Bibliothek der Univerſität „ſtand
wohl auf der Höhe ihrer Zeit, aber ſie ging nicht mit der Zeit[1]“. Die Schloß=
bibliothek der Pfalzgrafen aber hatte mit der Schenkung Ludwigs III. ihre
ſcholaſtiſchen Beſtände rechtzeitig abgeſtoßen und damit Platz gewonnen
für das Einſtrömen der neuen humaniſtiſchen Gelehrſamkeit. Wer den
Katalog der ſtattlichen Bibliothek klaſſiſch=römiſcher und chriſtlicher Autoren
betrachtet, die Friedrich I. 1476 ſeinem natürlichen Sohne Ludwig ver=
machte[2], erhält davon den ſtärkſten Eindruck.

IV.

Das Bild der inneren Zuſtände unſerer Hochſchule um die Jahrhundert=
mitte wäre nicht vollſtändig ohne einen Blick auf das Leben und Treiben
der Studentenſchaft.

Freilich geben unſere Quellen — die Univerſitätsakten — davon nur
einen ſehr unvollkommenen Begriff. Und was ſonſt an kulturgeſchicht=
lichen Nachrichten zur Verfügung ſteht — ſtudentiſche Selbſtbiographien,
wie die des Thomas Platter, das Wanderbüchlein des Butzbach oder das
vielzitierte „Geſprächbüchlein für Scholaren“ von 1490[3] — trägt nirgends

---

[1] J. Wille, Aus alter u. neuer Zeit d. Heidelberger Bibliothek, Heidelberg 1906,
p. 7 (auch in: Neue Heidelb. Jahrb. XIV). Die Darſtellung iſt mehrfach ungenau.
Der Katalog von 1438 z. B. weiſt noch keine Konzilstraktate auf, die Wille (wohl
auf Grund der Stevenſonſchen Kataloge der Vaticana) ohne weiteres der Stiftsbibliothek zuſchreibt.
[2] 6. 8. 1476. Karlsruhe G. L. A. Copbch. 470 (12), f. 265^R—266^V. Über die
literar. Intereſſen der Pfalzgrafen handelt noch immer am beſten: K. Burdach,
Die pfälz. Wittelsbacher u. die altdeutſchen Hſſ. der Palatina. Centralbl. f. Bibl.weſen
V (1888), 111—133.
[3] Manuale scholarium (ed. Zarncke 1857 in: Die deutſchen Univerſitäten im
Mittelalter I. Vgl. dazu meinen Aufſatz: Über den Quellenwert u. Verfaſſer des
ſog. „Heidelberger Geſprächbüchleins für Studenten“, Z.G.O. 38, 1923. Danach ſtammt

spezifisch heidelbergische Farbe und berichtet mehr von Abenteuern, die den Zeitgenossen irgendwie interessant und auffallend erschienen, als von dem täglichen Dasein des Durchschnittsscholaren. Wer nach diesen Quellen und nach den Disziplinarakten der Universitäten das studentische Leben des ausgehenden Mittelalters zu schildern unternimmt, erweckt allzu leicht den Eindruck, als habe die Masse der Studenten aus halbverlumpten Vaganten, Raufbolden und Lüderjahnen bestanden. Sicherlich wäre aber nichts irriger. Viel näher würde man der Wahrheit kommen, wenn man sich das studentische Leben des 15. Jahrhunderts ungefähr nach Analogie moderner katholischer Studienkonvikte vorstellen wollte, in denen ein wissen=schaftlich gleichmäßig gedrilltes, moralisch sorgsam betreutes, geistig streng diszipliniertes und kontrolliertes Geschlecht von Weltgeistlichen heran=wächst. Der regelmäßige Wechsel von akademischer Vorlesung und häus=lichen Exerzitien, die genaue, gleichmäßige Tageseinteilung, der fort=während Einfluß klerikaler Erzieher, das Absingen geistlicher Lieder und Vorlesen geistlichen Erbauungsstoffes während der Mahlzeiten, die un=bedingte Abschließung von aller Einwirkung ketzerischer Meinungen, das Kameradschaftsleben der Hausgenossen im Schlafsaal und Studienraum — das alles entspricht durchaus den Traditionen der mittelalterlichen Hoch=schule mit ihren Studentenbursen und stammt aus bewußter Erneuerung dieser Traditionen im Zeitalter der Gegenreformation. Nur freilich: daß der Gegenreformation und den Jesuiten des 17. Jahrhunderts die Erneue=rung mittelalterlicher Lebensideale viel besser gelungen ist, als der Restau=rationsbewegung der via antiqua im fünfzehnten! Die Intensität des geistlichen Eifers, der in modernen katholischen Theologenkonvikten herrscht, ist etwas Neues: eine Frucht teilweise der Kirchenspaltung, teilweise des großen Säkularisationsprozesses, der mit der Renaissance beginnt. Im 15. Jahrhundert fehlt noch der hitzige Kampfeseifer einer Kirche, die sich gegen die Welt zu behaupten hat. Noch stehen die alten Ideale klerikaler Lebensweise theoretisch unbezweifelt in Kraft. Es ist nur die Praxis des Lebens, die sich von ihnen zu emanzipieren sucht.

Denn das ist allerdings der Gesamteindruck, den die Universitätsakten hinterlassen: daß hier eine stürmisch drängende Jugend sich aus den Fesseln klerikaler Lebensordnung zu befreien strebt! Alle Bemühungen der Restau=ratoren von 1452, diesem Drang zu wehren, die alten Dämme zu verfestigen

es ursprünglich aus Leipzig, von Paulus Niavis, und ist als Quelle für die Heidelberger Universitätsgeschichte nicht verwendbar.

und womöglich zu verstärken, bleiben zuletzt umsonst. Die Zuchtlosigkeit der Jugend sprengt sie gegen Ende des Jahrhunderts immer mehr. Doch liegt kein Anlaß vor, diese Jugend als Ganzes, zumal um die Jahrhundert= mitte, für zuchtlos zu halten.

Was war ihr nicht alles verboten! Nach der Abendglocke das Haus ohne Licht, mit bedecktem Gesicht oder vermummt zu verlassen, Waffen zu tragen, zu fechten, ja auch nur am Fechtunterricht teilzunehmen[1], Würfel und Karten zu spielen, an öffentlichen Orten mit Steinen zu werfen, die Weinberge und Gärten zu betreten, an Burg und Wall herumzustreichen, nachts die Stadtmauer zu erklettern, vollends (bei Strafe der Exklusion) sie zu übersteigen, an Brücke und Tor Unfug zu treiben, nächtlichen Lärm zu machen, Ständchen mit Gesang zur Laute irgendeiner Person weib= lichen oder auch männlichen Geschlechts zu bringen, die Nachtwächter zu attackieren, Anschläge vorzeitig herunterzureißen, Nachschlüssel zu gebrau= chen, lästerliche Schwüre und Flüche zu tun (besonders solche bei den Gliedmaßen Christi!), Vögel zu fangen (besonders Nachtigallen), Maibüsche abzureißen, die fürstlichen Fischweiher zu plündern, am Mühlenwehr im Neckar zu baden und dort den Mühlenbetrieb zu stören und vieles andere mehr[2]. In allen diesen Dingen verfuhr die Polizeigesetzgebung der Uni= versität rein kasuistisch: mit einer Unmasse von Einzelverboten, erwachsen aus den zufälligen Erlebnissen des Tages. Und mit jener Kunst der So= phistik, die sie in der Schule erlernte, versuchte die Jugend dann oft das strenge Verbot zu umgehen: wenn Sterne oder gar der Mond am Himmel standen, behauptete der Übeltäter, nicht „ohne Licht" auf die Straße ge= gangen zu sein; oder er barg die vorschriftsmäßig mitgenommene Laterne unter dem Mantel, um so den Häschern zu entgehen. Nächtlicher Gesang zur Laute war untersagt; aber andere Musikinstrumente zu gebrauchen, mußte man erst besonders verbieten. Seit der Restaurationsbewegung um die Jahrhundertmitte wurden manche dieser Verbote noch verschärft, neue hinzugefügt. So wurde jetzt der Besuch von öffentlichen Schenken allen Universitätsangehörigen untersagt, namentlich an Vorlesungstagen und zu

---

[1] Ein radikales Verbot des Waffentragens bei Tag und Nacht „per plateas" wurde anscheinend zuerst 1440, November 17 verkündigt: P.L.V. 600, fol. 242. Mit Verschärfung wiederholt Jan. 1441: U.B. I, nr. 99. Erst im 16. Jhdt. wurde der Degen zum unentbehrlichen Requisit studentischer Kleidung.

[2] Die Einzelbelege (auch für das Folgende) s. bei Thorbecke, p. 60—63. Vgl. auch oben S. 103 f.: Aufzählung der Verbote mehr kriminalrechtlicher Art.

solchen Zeiten, „wo dort die Laien zusammenkommen". Nach 10 Uhr abends
sollte niemand mehr „ohne vernünftigen Grund" sich auf Plätzen und
Straßen herumtreiben, vor allem nicht in weltlicher Kleidung; in letzterem
Falle verlor der Übeltäter den Schutz der akademischen Privilegien. Aber
auch damit nicht genug: 1447 wurde bestimmt, nur noch in dringenden
Notfällen dürfe ein Universitätsangehöriger zwischen 10 Uhr abends und
4 Uhr morgens seine Wohnung verlassen, und auch dann nur mit einem
Begleiter, ohne Lärm und nur so kurz als möglich. Auch im Fall eines
Brandes oder öffentlichen Auflaufs sollte jeder fein zu Hause bleiben.
Öffentliche Tanzereien und Ringelstechen (hastiludia) sollten die Studenten
nicht veranstalten und sich an ihnen nicht beteiligen, auch nicht in Faschings=
kostümen zur Fastnachtszeit. Da sie statt dessen auf die Kirchweihfeste der
umliegenden Dörfer gingen, wo sie vielfach mit den Bauern in Streit ge=
rieten, wurde ihnen auch das verboten — innerhalb eines Umkreises von
einer Meile. Besonders war es der „Rolloß" in Handschuhsheim, der zu
Übertretungen dieses Verbotes verlockte. Der Sinn aller dieser Vorschriften
war es viel weniger, eine ehrsame, klerikale Lebensweise zu erzwingen,
als öffentliches Ärgernis zu vermeiden, insbesondere jeden Zusammenstoß
mit laikalen Gewalten, der die Privilegien der Hochschule in Gefahr bringen
konnte. Das wird besonders deutlich an den Vorschriften über Bordell=
besuch. Grundsätzlich war der Besuch von Frauenhäusern und Animier=
kneipen weder Magistern noch Scholaren untersagt; wohl aber zu solchen
Zeiten, wo man dort viel reisiges Volk anzutreffen fürchtete: also aus An=
laß von Hoffestlichkeiten oder kriegerischer Unruhe, wenn die Stadt mit
Rittern und ihrem Gefolge überfüllt war. Außerdem war es nicht erlaubt,
an solchen Orten Saufereien zu halten (zechas tenere), Schmäuse zu ver=
anstalten oder daran teilzunehmen, überhaupt dort lange zu verweilen —
weil das allzu leicht zu ärgerlichen Auftritten führen konnte. Aus ähn=
lichen Gründen untersagte man das Mitnehmen zweifelhafter Frauens=
personen in die Kollegien und Bursen, allerdings (eine Randbemerkung
in den Akten bezeugt es) vielfach vergeblich.

Sehr viel Not machte die Vorschrift klerikaler Tracht für alle Studenten.
Auf alle mögliche Weise wurde sie umgangen: sei es, weil der Student
unerkannt zu bleiben wünschte oder einfach deshalb, weil er den talar=
artigen Kittel mit anhängender Kapuze gar zu altmodisch und häßlich fand.
Gern schmückte er sich vorzeitig mit dem Magisterbarett, vor allem dann,
wenn er von Adel war oder bei den Juristen studierte. Darüber gab es

gegen Jahrhundertende zwischen den Fakultäten erbitterten Streit. Schon vorher erwiesen sich alle möglichen Verbote modischen Aufputzes als notwendig, und zwar sowohl für Studenten wie für Magister[1]; auch dies gehörte zu den Lieblingsthemen der Restaurationsbewegung von 1452. Da eiferte man gegen modische Entstellungen der Kapuze, die aus einer schlichten Kopfbedeckung zu einem kunstvoll verlängerten Überwurf oder Mantelschmuck nach ritterlicher Art zu werden drohte und gegen das Tragen von Hüten — es sei denn auf der Reise; gegen allzu knappe Koller, aber auch gegen Bäusche und Schlitze; gegen Zacken, Zotteln und angenähte Schellen, gegen buntgestreifte Gewänder, Schnabelschuhe, geschlitzte und übermäßig lange Schuhe (mit Entenschnäbeln oder Kuhmäulern) und was dergleichen mehr ist. Der Erfolg blieb zuletzt doch fraglich, und die harten Strafen der Kleiderordnung von 1469 mußte man schon im nächsten Jahr wieder mildern.

Je schwieriger sich die Durchführung aller dieser Ordnungen erwies, um so mehr drängte die Universität darauf (wir hörten schon davon), das ganze Leben ihrer Studenten unter ihre Aufsicht zu bringen. Soweit als möglich sollten alle in Kontuberien und Bursen unter der Leitung von Magistern als „Regenten" wohnen. Schon 1441 wurde festgelegt, daß der Rektor, gemeinsam mit einem Seniorenrat, mindestens einmal im Halbjahr seines Rektorates alle Bursenleiter vorladen und sich nach dem Betragen ihrer Burseninsassen und aller Teilnehmer seiner Bursenübungen, auch der außerhalb wohnenden, erkundigen solle. Fand es sich dabei, daß ein Student eine private Unterkunft von üblem Leumund (domuncula suspecta) bewohne, so sollte er genötigt werden, sie zu verlassen. Auch sollte der Dekan keinen Kandidaten, der nicht in einer ordnungsmäßigen Burse wohnte, zum Examen zulassen, ehe er nicht Erkundigungen eingezogen hätte über den Ruf seiner Hausleute[2]. Darüber hinaus geht ein Statut der Restaurationsepoche, das allen Studierenden, zunächst der Jurisprudenz, dann, wie es scheint, aller Fakultäten, geradezu den Zwang auferlegte, mit einem Professor oder Bakkalar einer oberen Fakultät zusammenzuwohnen, der ihren Vorlesungsbesuch zu überwachen hätte. Freilich ist es gerade bei diesem Statut sehr zweifelhaft, ob es jemals streng gehand-

---

[1] U. a. mußte den Magistern der Artisten der Degen und die kurze oder seitlich aufgeschlitzte Tunika verboten werden: U.B. I, p. 134, 3. 1ff. u. ö.

[2] U.B. I, nr. 99.

habt wurde[1]. Es war die Burſenordnung von 1469. Sie ſchrieb u. a. auch
vor, daß der aufſichtführende Magiſter der Burſen an allen Sonn= und Feſt=
tagen ſeine Schüler durch Glockenzeichen zum Gottesdienſt zu rufen und
zuſammen mit ihnen (bei Geldſtrafe!) die Predigt zu beſuchen habe. Das
erwies ſich aber ſehr bald als unmöglich. Schon im nächſten Jahr wurde
deshalb hinzugefügt: man wolle den Sinn dieſer Vorſchrift ſchon dann als
erfüllt anſehen, wenn der betreffende Magiſter das Glockenzeichen zum
Predigtbeſuch habe geben laſſen. Immerhin wurde alles getan, um die
Burſeninſaſſen wenigſtens vor Ausſchweifungen zu behüten. Jeden Abend
mit dem Schlag der „Weinglocke" ſollte der aufſichtführende Burſenregent
alle Hauseingänge ſorgſam verriegeln, und keine Nacht durfte er ſeine
Zöglinge unbeaufſichtigt ſchlafen laſſen[2].

Die Univerſität hatte guten Grund, das Leben und Treiben ihrer Scho=
laren ſo ängſtlich zu überwachen. Denn mißtrauiſch, ja vielfach feindſelig
ſtand die Bürgerſchaft der kleinen Stadt den „Langmänteln" und „Platten=
trägern" gegenüber, die ſo viel Unruhe in ihre halbdörfliche Lebensweiſe
brachten, ſo viele neidiſch beobachtete Steuerfreiheiten und Privilegien des
Gerichtsſtandes genoſſen. Studentiſches Leben war in Deutſchland etwas
Neues, gänzlich Unbekanntes; und was ſich als akademiſche Sitte in der
Großſtadt Paris, im geſchloſſenen Bezirk des „lateiniſchen Viertels" ent=
wickelt hatte, ließ ſich nicht ohne viel Ärgernis in die ſpießige deutſche Klein=
ſtadt übertragen, in der alles eng beieinander und durcheinander wohnte.
Die Studenten, die dem friedlichen Ackerbürger des Nachts ſo gern die
Säue aus dem Kofen auf die Gaſſe trieben, die ſeine Weinberge und Obſt=
gärten plünderten, die in Tanzlokalen und Schenken ſo übermütig auf=

---

[1] U.B. I, 187, Z. 19ff., dazu die Noten 5 und 6. Der Wortlaut iſt einigermaßen
unklar.

[2] U.B. I, nr. 99. — Zum herkömmlichen Betrieb der Burſen gehörte auch die
ſog. „Depoſition" (Fuchſentaufe) mit ihren derben Späßen, die Thorbecke S. 55ff.
auf Grund des manuale scholarium ausführlich ſchildert. Indeſſen iſt mir zweifel=
haft, ob ſie in Heidelberg im 15. Jhdt. überhaupt in Gebrauch geweſen iſt. Die ein=
zige Erwähnung findet ſich in der Matrikel 1454 (Toepke, I, 278) an einer Stelle,
wo ſie nur formelhaft gemeint ſein kann und nichts anderes bezeichnet, als die
Immatrikulation ſelbſt. Wenn 1532—54 in der Matrikel öfters davon die Rede iſt,
daß einzelne Inſkribierte ſchon lange vor der Immatrikulation „cornua depoſuerunt",
ſo wird damit zunächſt nur formelhaft konſtatiert, daß ſie ſtatutenwidrig in einer
Burſe Aufnahme gefunden hatten, ohne rechtzeitig zur Immatrikulation angemeldet
zu ſein. Immerhin beweiſt die Reform Ottheinrichs 1558 (Thorbecke p. 50*, N. 81),
daß es im 16. Jahrhundert in Heidelberg Depoſitionsbräuche gegeben haben muß.

traten und sich jederzeit etwas Besseres dünkten, erschienen allzu leicht als
unerwünschte Zaungäste, als Störenfriede und Taugenichtse. Gleich zu
Anfang verbot die Universität ihren Angehörigen die lustigen nächtlichen
Besuche der Bursen untereinander, in Masken oder komischen Kostümen,
wie sie in Paris an akademischen Festtagen üblich waren: weil die Heidel=
berger diesen Brauch nicht verstehen und mit Schlägereien dazwischenfahren
würden[1]. So gab es immer wieder Reibereien mit der Bürgerschaft. Sie
wurden verschärft durch die Anwesenheit zahlreicher Kriegsleute, die immer
leicht mit der Waffe dreinschlugen: gereizt bald durch eifersüchtige Händel
um Frauenzimmer, bald durch wirkliche oder scheinbare Spionage, bald
auch durch bloße Renommistereien kampflustiger oder streitsüchtiger Scho=
laren. Die Akten der Universität verzeichnen eine lange Reihe von Rauf=
händeln und „Studentenkriegen" während des 15. Jahrhunderts, zum Teil
recht gefährlicher Art. Am ärgsten war es wohl 1406, als sich aus kleineren
Zusammenstößen zuerst zwischen Studenten und Bürgern, dann mit dem
fürstlichen Hofgesinde ein allgemeiner Aufruhr der Stadtbevölkerung gegen
die akademischen Fremdlinge entwickelte. Die Sturmglocke wurde geläutet,
die Burse des Magisters Johann von Frankfurt förmlich gestürmt und nur
durch das mutige Dazwischentreten des Bischofs von Speyer ein allgemeines
Blutbad verhindert. Aber in allen Teilen der Stadt jagte die wildgewordene
Bevölkerung, Männer und Weiber, mit dem Rufe: „Tod den Platten=
trägern"! die Scholaren aus ihren Wohnungen und Schlupfwinkeln auf,
mißhandelte sie schwer und plünderte ihre Habseligkeiten — merkwürdiger=
weise ohne daß die Regierung König Ruprechts eingriff. Erst am nächsten
Tage, als eine Universitätsdeputation im Schloß vorstellig wurde und die
Hochschule ihre Vorlesungen demonstrativ einstellte, wurde ihr Genugtuung
und Schutz zuteil. Aber es dauerte noch über drei Wochen, ehe sie sich durch
die Maßnahmen des Königs für befriedigt erklären konnte und ihre Tätig=
keit wieder aufnahm. Eine ähnliche Studentenhatz gab es 1422, als ein
Gefolgsmann der Gräfin von Württemberg auf der Durchreise in Heidel=
berg bei einer Rauferei im Bordell von Studenten schwer mißhandelt und
ihm eine Hand abgehauen wurde. Zehn Tage später überfielen Knechte
des kurfürstlichen Marstalls mehrere Bursen, verfolgten die Insassen von
Kammer zu Kammer und drohten, sie alle umzubringen. Auch diesmal
wurde besonders Magister Johann von Frankfurt am Leben bedroht, und
es ging die Rede auf der Gasse, „daz sie lieber erslagen und doben wolden

---

[1] U.B. I, nr. 25.

studenten und paffen dan die Huffen und glaubten, daz sie me lones davon
heten". Diesmal dauerte es fast ein Jahr, bis der Streit zwischen Univer=
sität und Hof um die Bestrafung der Schuldigen zu Ende kam. Mit Zähig=
keit pflegte die akademische Korporation in solchen Fällen ihre Privilegien
zu verteidigen. Aber wie groß die Spannung zwischen ihr und der Bürger=
schaft war, zeigte sich besonders deutlich 1435, als das unsinnige Gerücht
in Heidelberg umlief, die Studenten hätten sich verschworen, die Stadt an
60 Enden anzuzünden; die Universität mußte allen Scholaren einen förm=
lichen Eid abnehmen, daß sie der Herrschaft, den Räten und der Stadt
keinen Schaden zufügen wollten, um die Einwohnerschaft zu beruhigen[1].

Neue Spannungen brachten die Kriegszeiten unter Friedrich I.; wir
hörten schon früher davon[2]. Indessen zeigt die zweite Jahrhunderthälfte
im ganzen ein wesentlich besseres Einvernehmen zwischen Studenten= und
Bürgerschaft. Die Berichte über blutige Raufhändel werden viel seltener[3].
Sicherlich hatte daran die tatkräftige, rasch zugreifende Regierung Fried=
richs I. einen wesentlichen Teil des Verdienstes. An die Stelle eines un=
sicheren, ungeregelten Nebeneinanders akademischer Gerichtsbarkeit und
landesfürstlicher Polizei trat allmählich eine feste, einheitlich durchgreifende
staatliche Exekutivgewalt, die Ordnung schuf. Die akademischen Privilegien
wurden klarer abgegrenzt — auch gegenüber der Stadt[4] —, akademischer

---

[1] Von den oben geschilderten Streitfällen berichten die Akten 1388: Hautz, I, 79;
Thorbecke 38. 1406: Hautz, I, 244ff.; Thorbecke 39ff.; U.B. II, 161; Wundt,
Magazin f. pfälz. Gesch. III, 337—40; Toepke, I, 634, 644. 1421: Hautz, I, 283.
1422: U.B. I, nr. 85, II, 214, 216—18. 1434/36: U.B. I, nr. 96; U.B. II, 266,
279. 1435: U.B. II, 276; Toepke, I, 650. 1444: U.B. II, 324; Hautz, I, 292.
1446: U.B. II, 329f. 1457: U.B. II, 395. Vgl. auch oben S. 107f.

[2] S. oben S. 370f.

[3] Dom 12. 7. 1473 berichten a.f.a. II 81 und a.u. III 172ᵛ: Reiterknechte (ruteri)
drangen in die bursa Suevorum ein aus Anlaß einer Schlägerei, verwundeten 7 Stu=
denten, die meisten tödlich. Die Universität vertrat Schadensersatzansprüche der Ver=
wundeten und ihrer Angehörigen gegen die adligen Herrn der Übeltäter. Die Streit=
sache entschied schließlich der Kurfürst, der Entschädigung durch Zuwendung von kirch=
lichen Benefizien versprach und für Bezahlung der Ärzte sorgte. Die Universität ließ
zum Zeichen ihrer Entrüstung und ihres Schmerzes die große Jahresdisputation aus=
fallen. Nach Auffassung der Bürgerschaft war vor allem das Herumlaufen der Stu=
denten mit Waffen bei Tag und Nacht an der Schlägerei schuld. Bericht eines Augen=
zeugen in Berliner cod. lat. fol. 49, siehe: Anz. f. Kunde d. dtsch. Vorzeit 1874,
p. 245—47. Mißhandlung von Studenten durch das Hofgesinde 1499: U.B. II,
569/70.

[4] Vgl. oben S. 391, N. 6 und S. 109.

Klerus und Laienschaft allmählich an das Zusammenleben gewöhnt. „Stu=
dentenkriege" waren jetzt nicht mehr zu befürchten, dafür mehrte sich ein
anderes Übel, das schon früher zuweilen den friedlichen Fortgang des
Studiums unterbrochen hatte: die Pest.

Das Auftreten pestartiger Epidemien (der eigentliche Charakter
der Krankheit ist nur selten erkennbar) gehörte zu den regelmäßigen Er=
scheinungen städtischen Lebens im Mittelalter. In den engen finsteren
Gassen der Neckarstadt mögen sie wohl einen besonders günstigen Nähr=
boden gefunden haben. Jedenfalls waren ihre Verheerungen hier so groß,
daß sie sehr häufig zu einer Flucht ganzer Bursen, ja Fakultäten oder der
ganzen Universität in benachbarte, zuweilen auch in weit entfernte Orte
des fränkisch=rheinischen Gebietes führten. Aus der älteren Zeit wird der=
gleichen nur selten berichtet (1388, 1407, 1426, 1437); seit der zweiten
Jahrhunderthälfte immer häufiger. Nicht weniger als neunzehnmal ist die
Universität zwischen 1426 und 1597 förmlich ausgewandert. Allmählich
bildete sich dafür eine feste Praxis aus. Man suchte den Fortgang der
Studien nach Möglichkeit auch außerhalb Heidelbergs zu sichern. Schon
1407 erlaubte deshalb die Artistenfakultät ihren Mitgliedern die Abhaltung
von Vorlesungen und Übungen an anderen Orten. Dieselbe Erlaubnis
wurde 1426 allen Universitätsangehörigen erteilt. Neue Quartiere suchten
die Bursenvorsteher sich selbst, zuweilen mit Unterstützung der Universität.
Besoldungen und Stipendien liefen dann auch außerhalb Heidelbergs weiter,
die auswärts verbrachte Studienzeit wurde für das Examen voll ange=
rechnet. Seit 1460 durften auch Neuimmatrikulationen, wenigstens mit
vorläufiger Geltung, von den Bursenvorständen am Gastort vorgenommen
werden; ebenso die Prüfungen der Artisten. Nur die Promotionsfeierlich=
keiten blieben an Heidelberg gebunden: dort war und blieb der alleinige
Sitz der Universität. Deshalb mußte auch der Rektor mit den Universitäts=
insignien unter allen Umständen dort verbleiben, und ein kleiner Stamm
von Professoren führte mit ihm gemeinsam die Universitätsverwaltung,
vor allem die Wahl der Examinatoren und die Promotionsfeierlichkeiten
fort[1]. So war alles wohl geregelt; nur eines nicht, das uns heute am wich=
tigsten scheint: Maßnahmen zur durchgreifenden Sanierung der Stadt.

---

[1] Sorgsame Zusammenstellung aller Einzelheiten bei Toepke, I, p. XXXVff.
und III, 877/78. Dazu Thorbecke 32*ff. (N. 136). Dort auch Bericht über eine
seltene Schrift des pfalzgräflichen Leibarztes Konrad Schelling von 1500 über die
Pestilenz. U.B. II, 41, 166, 234, 290, 404, 486; U.B. I, nr. 139.

Von ihnen hört man — in bescheidenen Anfängen — erst seit dem 16. Jahr=
hundert. Das Mittelalter war eben gewöhnt, in der Seuche nicht so sehr
den Feind zu erblicken, der sich mit der Kraft menschlichen Willens bekämp=
fen und besiegen läßt, als die unabwendbare Schickung von Gott.

III. Abschnitt. Zwischen alter und neuer Zeit. Verdämmern
der scholastischen Bildungsideale.

Siebzehntes Kapitel

Scholastischer Lehrbetrieb der nachkonziliaren Zeit bei Artisten und Theologen. Auseinandersetzung mit der Mystik.

Man kann die Wissenschaftsgeschichte des 15. Jahrhunderts als einen in immer neuen Anläufen sich vollziehenden Prozeß der Selbstheilung schildern[1]. Die Grundtatsache, von der alle Restaurations= und Reformations= versuche ausgehen, ist immer dieselbe: das unaufhaltsame Schalwerden der spätscholastischen Wissenschaft, das Nachlassen ihrer inneren Spannungen bis zur völligen Verödung. Die Ursachen dieser Erscheinung sind uns längst bekannt: einerseits der lähmende Druck der Autoritäten, verstärkt durch die strenge kirchliche Lehraufsicht, anderseits die hoffnungslose Verstrickung des Denkens in eine entartete, zu leerer Spielerei gewordene Methode. Dieses Zweite war es zuerst, was die Zeitgenossen als Gefahr empfanden. Schon zur Zeit des Konstanzer Konzils hörten wir den Ruf der Kirchenreformer — Gersons voran — ertönen: Fort mit den unnützen Subtilitäten und Wortklaubereien der Dialektiker! Zurück zu einer einfach=erbaulichen Theo= logie ohne künstlich geschaffene Kontroversen der „Metaphysiker" und „Ter= ministen"! Ein Kampfruf, der in immer neuen Abwandlungen fortklingt durch das ganze Jahrhundert und sein Gegenstück findet in dem Streben nach apostolisch=einfacher Frömmigkeit, wie es die Laienkreise der Zeit viel=

---

[1] Nicht etwa als Prozeß einer einfachen „Selbstzersetzung" oder „=auflösung", da die positiven Antriebe der scholastischen Arbeit — rationaler Erkenntniswille einer= seits, religiöser Bußernst anderseits — als solche erhalten bleiben, ja sich noch wesent= lich verstärken. Eine nähere Auseinandersetzung mit der „Dekadenz"=These des geist= reichen Buches von R. Stadelmann, Vom Geist des ausgehenden Mittelalters (1929), ist hier nicht möglich, ergibt sich aber implicite aus meiner Darstellung in diesem und dem folgenden Kapitel.

fach bewegt. Sehr bald griff die Reformbewegung der Theologen auch
auf die Philosophie über. Die Artisten versuchten es mit der „via antiqua". Eine Erneuerung der großen vorskotistischen Systeme sollte die Erlösung vom Übermaß dialektischer Künste der „Modernen" bringen; zugleich sollte die Rückkehr zum älteren Begriffsrealismus die große Gefahr
bloßer Wortspielerei vermindern, die man den Okkamisten und ihrer „terministischen" Logik schuld gab. Mit welchem Erfolg, werden wir noch sehen.
Den Bedürfnissen der Zeit jedenfalls genügten diese Restaurationsversuche
nicht lange. Überall an den Universitäten drang der Humanismus ein,
durch Wanderpoeten und Rechtsstudenten aus Italien über die Berge getragen. Er versprach viel gründlicher mit den „unnützen Subtilitäten" der
Metaphysiker und Logiker aufzuräumen als alle früheren Reformer. Loci
communes, rhetorisch wirksame, aus antiker Weisheit geschöpfte Gemeinplätze sollten an die Stelle der schwerfälligen Quästionen und Distinktionen
treten, eine elegante, jedem Gebildeten verständliche Sprache das lateinische
Kauderwelsch der scholastischen Autoren verdrängen. Aber so selbstbewußt
nun auch diese neue Bewegung auftrat — an die Tiefe des eigentlichen
Problems spätscholastischer Wissenschaft reichte sie zumeist gar nicht heran.
Denn jetzt zeigte sich, daß nicht bloß die Form, sondern zugleich der Inhalt
dieser Wissenschaft fraglich geworden war. Man wollte und mußte los
vom Zwang der alten Autoritäten. Vernunft und Offenbarung, in der
klassischen Scholastik des 13. Jahrhunderts scheinbar für immer miteinander
versöhnt, strebten wieder auseinander. In solcher Lage halfen weder die
Restaurationsversuche der via antiqua noch die formalrhetorischen Künste
der humanistischen „Poeten".

Einen Augenblick schien es, als wäre die mystische Bewegung, die seit
dem 14. Jahrhundert in Deutschland eine eigene philosophische Sprache
gefunden hatte, berufen, das erlösende Wort zu sprechen. Mystische Versenkung in Gott war seit langem das Mittel, mit dem die religiös Erweckten
sich über ihr Ungenügen am offiziellen Sakralapparat der Kirche hinweg-
halfen. Unmittelbares Ergreifen Gottes durch mystische Kontemplation
schien sowohl die Vermittlungstätigkeit des Priesters wie den verwickelten
Begriffsapparat der offiziellen Schultheologie entbehrlich zu machen. Mystisch erbauliche Züge trug auch die „vereinfachte" Theologie des Johannes
Gerson; und Erbaulichkeit im Sinne der Mystik wurde ein neues Ziel
deutscher Theologie um die Jahrhundertmitte, als Dionysius Carthusianus
seine großen kompilatorischen Werke schrieb. Aus diesen Bestrebungen er-

wuchs, sie alle weit überragend, alle lebendigen Kräfte spätmittelalter=
licher Denkarbeit in sich vereinigend, in geheimnisvoll=einsamer Größe das
Werk des Nikolaus Cusanus. In ihm fand die Sehnsucht der Zeit nach Be=
freiung vom Druck der Autoritäten, nach einem originalen Neuansatz des
Denkens ihren stärksten, überzeugendsten Ausdruck. Mit einem Schlage
schien die deutsche Philosophie und Theologie auf eine neue Ebene ge=
hoben. Aber weit entfernt, die Hochschulen für sich zu erobern, weckte diese
Philosophie ihren Widerspruch. Er ist gerade in Heidelberg literarisch
formuliert worden — von demselben Johannes Wenck, den wir als Ge=
burtshelfer der „via antiqua" kennen lernten. Viel zu tief war die Schul=
wissenschaft in die Geleise des Herkommens eingefahren, als daß sie durch
einen einzelnen, einen genialen Außenseiter (obgleich in der Rolle des Kar=
dinals, päpstlichen Legaten und Visitators der deutschen Kirchen), daraus
hätte befreit werden können. Und ebensowenig wie die Philosophie des
Kusaners vermochte die originelle, halbmystische Theologie eines Wessel
Gansfort auf deutschen Hochschulen Wurzel zu schlagen. Die Lehrtätigkeit
dieses geistreichen Niederländers ist sowohl in Köln wie in Heidelberg nur
eine kurze Gastrolle geblieben. Er zog sich bald in die Abgeschiedenheit
holländischer Klöster zurück, wo er im Kreis intimer Freunde seine Ideen,
wenig gestört und wenig beachtet, ausreifen lassen konnte. Das kunstvolle
Gebäude der scholastischen Theologie aber erhielt sich im wesentlichen un=
verändert auf den Universitäten — zuletzt nur noch ein leblos gewordenes
leeres Gehäuse, das dann unter den Erdstößen der religiösen Revolution
wie ein Kartenhaus zusammenstürzte.

Man kann die Reformation Martin Luthers als den letzten und groß=
artigsten der Versuche spätmittelalterlicher Theologie betrachten, aus der
Verstrickung in die Netze weltlicher Sophistik zu sich selber zu gelangen. Es
führt eine vielverschlungene Linie von Johannes Gersons Ruf „Fort mit
den unnützen Subtilitäten!" bis in die Klosterzelle des jungen Luther, der
„das Mark des Weizens und den Kern der Nuß" göttlicher Wahrheit zu
finden hoffte, ohne alle Verkleidung durch menschliche Spekulation. Nur
bleibt ein grundsätzlicher Unterschied. Jene älteren Theologen meinten mit
ihrer Rückkehr zur „simplicitas" früherer Zeiten nicht viel mehr als eine
Veränderung der Form, der wissenschaftlichen Methode; die mystischen
und halbmystischen Laienkreise dachten vor allem an eine Rückkehr zu aposto=
lischer Einfachheit des Lebenswandels und der kirchlichen Lebensregeln.
Luthers Reformwille stieß aus viel größerer Tiefe vor. Ihm ging es nicht

um die Form, sondern um die Sache, ja um das Kernstück aller Theologie: um die Rückführung des Dogmas auf seinen Ursprung, auf das urchristliche Gotteserlebnis. Darum war seine reformatorische Tat von bleibender und durchschlagender Wirkung.

Erst in den Tagen Luthers kam denn auch die latente Spannung zwischen menschlicher Vernunft und den Geheimnissen göttlicher Offenbarung, an der die Scholastik seit dem 14. Jahrhundert krankte, zu offener Entladung. Luther selbst schlug sich entschlossen auf die Seite der Offenbarung und stieß die mit Aristoteles eingedrungenen Elemente selbstherrlichen Denkens menschlicher Vernunft wieder aus. Zur selben Zeit aber war auch der deutsche Humanismus längst über seine rhetorischen Anfänge hinausgewachsen — die Gestalt des Erasmus zeigt es am deutlichsten! — und zur Teilnahme an den geistigen Entscheidungen der Zeit befähigt. Nicht so, daß er die Ansprüche der Humanität, des rationalen Denkens gegen das christliche Dogma radikal zu vertreten befähigt gewesen wäre. Aber doch so: daß er den rationalen Elementen des spätscholastischen Denkens ein ganz neues Gewicht gab. Die Theologie des Erasmus ist echte Spätscholastik; aber sie ist zugleich deren Überwindung, sofern sie von quälenden Spannungen zwischen Vernunft und Offenbarung, menschlichem Geltungswillen und göttlicher Majestät nichts mehr weiß, weil sie bereits im Begriff steht, die christliche Erlösungsreligion — vernunftoptimistisch — zu einer Morallehre zu verflüchtigen, die auch dem bloßen, gesunden Menschenverstand einleuchten muß.

Mit diesem Aufbrechen latenter innerer Gegensätze wird für die Entwicklung scholastischer Wissenschaft eine völlig neue Epoche beginnen. Einstweilen war freilich bis dahin der Weg noch weit. Zumal in Heidelberg, wo man sich nur sehr zögernd zur Aufnahme neuer Ideen entschloß. Immerhin sieht man deutlich, wie auch hier seit den Reformen Friedrichs I. die Zeit langsamen Unsicherwerdens der Traditionen beginnt, Neues von außen herandrängt und Einlaß begehrt: bei den Artisten die neue humanistische Bildung, bei den Medizinern das Laientum, bei den Juristen das weltliche römische Recht. Indem wir die halben Erfolge des scholastischen Restaurationsversuchs von 1452, das rasche Versumpfen des Wegestreits, die Auseinandersetzung Johannes Wencks mit der kusanischen Theologie, die Rezeption des römischen Rechts und schließlich das Eindringen humanistischer Reformtendenzen beobachten, entrollt sich vor uns das Gesamtbild unserer Universität zwischen alter und neuer Zeit.

Von der wissenschaftlichen Leistung der Heidelberger Scholastik in der zweiten Jahrhunderthälfte ist quellenmäßig noch schwerer ein Bild zu gewinnen als in den früheren Jahrzehnten. War die literarische Produktion damals spärlich gewesen, so versiegte sie jetzt beinahe ganz. Jedenfalls ist uns von der Mehrzahl der Professoren nichts weiter überliefert als ein großer Haufen von Gelegenheitsreden, Festansprachen und Predigten[1]. Gewiß gibt es unter diesen Stücken manche, die zu ihrer Zeit als Glanzleistungen rhetorischer Kunst tiefen Eindruck gemacht haben werden. Man kennt ja die Verdienste der Scholastik um das mittelalterliche Predigtwesen: die kunstvolle Ordnung und Gliederung des rhetorischen Stoffes nach logischen Kategorien, die Einführung strafferer Gedankenzucht und größerer dogmatischer Sicherheit, die Mitteilung mannigfaltigen Bildungsgutes, die Fülle gelehrter Zitate und Anspielungen, den Schmuck der Allegorien, Bilder, Vergleiche[2]. Auch inhaltlich haben manche der Heidelberger Predigten ihren Wert, als Zeugnisse fortdauernden klerikalen Reformeifers, wie er sich vor allem in den Synodalreden einzelner Professoren (im Auftrag der pfälzischen Bischöfe) äußert. Indessen, nichts verblaßt bekanntlich schneller als rhetorische Effekte. Und gerade die spätscholastische Kunstrede mit ihrem starren Schematismus, der das Thema bis in die einzelnen Worte zerlegt, mit ihrem pedantischen Ausmalen konventioneller Vergleiche und biblischer Redensarten, ihren gekünstelten Allegorien, Figuren und Etymologien, ihrer öden Wortklauberei, wirkt auf den heutigen Leser meist unausstehlich fade. Was soll man dazu sagen, wenn etwa Rudolf Schmidt (Fabri) von Rüdesheim (einer der ansehnlichsten Gegner der via antiqua 1452!) in seiner Schlußrede zur Sentenzenvorlesung ganz ernsthaft die Frage erörtert,

---

[1] S. Beilage III.

[2] Vgl. R. Cruel, Geschichte der deutschen Predigt im Mittelalter, 1879; A. Linsenmayer, Geschichte der Predigt in Deutschland (bis z. Ausgang d. 14. Jhdt.s), 1886; P. Arendt, Die theolog. und histor. Bedeutung der Konstanzer Konzilspredigten. Freib. theolog. Diss. 1922 (maschinenschriftl.); J. Schnitzer, Savonarola (1924) II, 664ff. Eine recht lehrreiche Anweisung zur scholastischen Predigttechnik gibt Nikolaus von Landau (Mönch in Otterberg) im prohemium seiner Predigtsammlung (novi sermones, 1341): Cassel, Landesbibl., cod. theol.,in 4⁰ nr. 11. Einen ganz kurzen modus predicandi, der im wesentlichen nur die Predigteinteilung erläutert, schrieb der Heidelberger Magister Stephanus Hoest, der u. a. auch das Zitieren klassisch-römischer Autoren (Vergil, Horaz, Sallust, Seneka) empfiehlt; s. Beilage III! Vgl. auch oben S. 207f! Eine Anzahl von Reden, z. T. Synodalreden, von Heidelberger Professoren enthielt auch der (jetzt verlorene) Sammelband Gerh. Brants, den Hottinger (Collegium sapientiae restitutum, 1656, p. 58—70) beschreibt.

wie es möglich ſei, Gott ſitzend auf dem Thron des Himmels vorzuſtellen, da er doch (nach einem Prophetenwort) immer gerade aufgerichtet ſei und niemals nach Art der Sitzenden ſich krümme[1]! Oder gar, wenn Rudolf von Brüſſel in der Vorrede zu einer Lektion über Metaphyſik (1448[2]) die philoſophiſche Fakultät mit Julius Cäſar vergleicht unter folgender Be= gründung: Cäſar kommt von caedere, denn Cäſar zerſchnitt (cecidit) ſeiner Mutter bei der Geburt den Leib und er fällte (cecidit) viele Feinde; ebenſo nimmt unſere Fakultät ihren Urſprung von ruhmreichen Männern, die ebenfalls alle ihren Müttern bei der Geburt den Leib zerſchnitten haben und ihrerſeits die Wiſſenſchaften gleichſam aus ihren Eingeweiden gebären mußten! Dabei hat es der ſchärfſten „Zäſuren" und Einteilungen des Den= kens bedurft — mit dem Meſſer des Geiſtes —, um das Syſtem der philoſo= phiſchen Wiſſenſchaften ans Tageslicht zu bringen; und endlich hat die Fakultät von jeher viele Gegner in Disputationen „zu Fall gebracht". Man ſieht, wie hier der Vergleich nicht nur zum Erſatz des Gedankens, ſondern geradezu des Denkens geworden iſt! Merkwürdig, daß ein ſolcher Unſinn in vollem Ernſt vor gebildeten Männern ausgeſprochen, ja als Stilmuſter ſchriftlich fixiert werden konnte! Gewiß, das iſt Zeitſtil. Aber es gab doch ſchon damals eine modernere Redeweiſe. Wir kennen Predigten des Niko= laus Cuſanus von echtem Tiefſinn und einem lebendigen ungekünſtelten Pathos, das wirklich zu überzeugen verſteht[3]. Auch die Predigten Gabriel Biels, der in Tübingen als bedeutendſter Theologe der moderni und als der letzte große Syſtematiker ſcholaſtiſcher Theologie europäiſchen Ruhm gewann, erheben ſich durch die vornehme Schlichtheit ihrer Form und den gehaltenen Ernſt ihres Ausdrucks, der überall lebendige religiöſe Empfin= dung verrät, weit über das leere Wortgepränge der ſcholaſtiſchen Durch= ſchnittspredigt[4]. Überhaupt iſt die Geſtalt Gabriel Biels ein Beweis dafür

---

[1] P.L.V. 370f. 121ᵛ. S. meine Studien II, 58, N. 4. Dieſer Magiſter iſt nicht mit dem beinahe gleichnamigen Curialiſten und ſpäteren Biſchof v. Breslau zu ver= wechſeln. Über dieſen letzteren, der 1422 hier immatrikuliert, 1426 zum mag. art. promoviert wurde, vgl. Jaun, K.v.R. 1881 und A.D.B. 29, p. 529ff.

[2] P.L.V. 370, f. 146—150. Wie die reichliche Überlieferung ſeiner Predigten zeigt, gehörte Rudolf zu den beliebteſten Feſtrednern der Univerſität. Er intereſſierte ſich auch für humaniſtiſche Literatur (ſ. Beil. III, nr. 2, i).

[3] Einige Beiſpiele bei F. A. Scharpff, Des Nik. v. Cuſa wichtigſte Schriften in dtſch. Überſetzung, 1862, 597ff.

[4] Über die Bedeutung der Heidelberger Rhetorik als Quelle für das allmäh= liche Eindringen humaniſtiſcher Stilelemente vgl. Kapitel 19!

— wohl der einzige überzeugende! —, daß im Rückschlag gegen die via antiqua auch die Lehre der moderni noch einer gewissen inneren Erneuerung fähig war: durch Restauration der echten Theologie des Meisters Okkam. In Heidelberg ist davon nichts zu merken. Hier scheint der Wissenschaftsbetrieb der moderni sich in der reinen Schultätigkeit, und zwar im herkömmlichen Stil, zu erschöpfen.

Um so wichtiger wäre es, über den praktischen Erfolg ihrer Gegner, der Restauratoren von 1452, ins klare zu kommen. Gelang es ihnen, wenigstens zeitweise, frisches Leben in die trostlose Einöde einer entarteten Sophistik zu bringen?

Ein sicheres Urteil zu gewinnen ist dadurch erschwert, daß unsere Quellen viel zu wenig vom täglichen Lehrbetrieb berichten. Immerhin lassen die Statutenveränderungen, die seit der Jahrhundertmitte auftreten, und einzelne Probestücke von Disputationen und Vorlesungen doch einige Rückschlüsse zu. Danach trat im Lehrstoff der Artisten keine wesentliche Änderung ein. Die via antiqua legte ihren logischen Anfängerübungen nicht mehr den beliebten Abriß des Marsilius von Inghen über die „parva logicalia" zugrunde, sondern den Originaltraktat des 13. Jahrhunderts (summula Petri Hispani, tractatus VII), den jenes Handbuch nur hatte kommentieren und erweitern wollen. Außerdem beschränkte sie ihren Anfängerkurs nicht mehr auf die „parva logicalia", d. h. auf die neueren, sog. terministischen Teile der Logik, sondern verlangte seine Ausdehnung auch auf die „fünf ersten Traktate" des Petrus Hispanus, d. h. auf die Lehre vom Urteil, von den Kategorien, den Universalien u. a. m.[1]. Damit sollte wohl die extreme Einseitigkeit, mit der man bisher die „terministische" Logik betrieben hatte, abgemildert werden; neben der sprachlogischen („sermozinalen") Betrachtung der neueren (mittelalterlichen) Logiker sollte offenbar das alt=aristotelische Lehrgut wieder stärker zu Ehren kommen, das von „terministischen" Künsten noch nichts enthielt und das auf eine Wissenschaftslehre (Methodik) der sog. „realen" Disziplinen (Physik, Meta=physik, Ethik, Psychologie) hinauslief. Indessen von den Grundgedanken und der Methode der „Terministen", die sich ja auch schon im siebenten Traktat des Petrus fanden, kam auch die via antiqua nicht mehr los. Die aus=gedehnte Lehrbuchliteratur beider Wege stimmt darin durchaus überein, daß beide Parteien mit Eifer an dem immer weiteren Ausbau der „parva logicalia" und ihrer „terministischen" Erfindungen arbeiten — nur daß

---

[1] Meine Studien II, 88ff.; dazu oben S. 166ff.

die Autoren des „alten Weges" sich mit Vorliebe auf den Originaltraktat des Petrus, statt auf das Handbuch des Marsilius beziehen. Wer also, wie es die Forschung (im Gefolge Prantls) lange Zeit versucht hat, die Neuerung der antiqui wesentlich als ein Aufsuchen neuer Lehrstoffe, als eine grund-sätzliche Abkehr vom Terminismus und der „sermozinalen" Logik auffaßt, gerät bald in heillose Schwierigkeiten. Eine Überwindung der „sermo-zinalen" Wissenschaftslehre, eine Rückkehr zur Pflege „realer" Disziplinen hat die via antiqua so wenig zustandegebracht, daß sie in Heidelberg im Gegenteil mitgeholfen hat, die Behandlung „realer" Lehrstoffe im Ober-kurs der Bakkalaren zugunsten „sermozinaler" Logik noch weiter zu be-schränken. Seit der Jahrhundertmitte sieht man diese auch in den „real-wissenschaftlichen" Studienplan der Bakkalare eindringen, während die mathematisch-astronomischen Studien daraus verschwinden (oder zu selten behandelten Nebenfächern werden) und selbst die Hauptvorlesungen über Ethik und Metaphysik kaum noch zustandezubringen sind.

Dem Hauptübel des spätscholastischen Wissenschaftsbetriebes, dem Über-wuchern einer zum Selbstzweck gewordenen Logik und Sophistik, hat also die via antiqua offenbar nicht abzuhelfen vermocht. Das wesentliche Neue, das sie brachte, die Rückkehr zum Begriffsrealismus in der Erkenntnis-lehre, blieb ohne praktisch sichtbare Wirkung, weil die schöpferische, system-bildende Kraft der älteren scholastischen Philosophie nicht künstlich erneuert werden konnte. Man stritt wieder, wie in den großen Tagen der Scholastik, über Nominalismus und Realismus, über die intra- oder extramentale Bedeutung der Allgemeinbegriffe. Aber die alten damit zusammenhängen-den Spannungen des systematischen Denkens kehrten nicht wieder, und so artete das Ganze immer mehr in einen bloßen Wortstreit aus.

Immerhin läßt sich wenigstens in einer Richtung ein positiver Erfolg der via antiqua beobachten: in einer Vereinfachung der pädagogischen Technik und der literarischen Darstellungsform.

Eine Promotionsrede des Vizekanzlers von 1468[1] rühmt es als beson-deren Vorzug der via antiqua, daß sie sich eng an die aristotelischen Texte und ihre Reihenfolge anlehne, den mühsamen und trockenen Umweg der Quästionen vermeide, knapper und übersichtlicher verfahre als früher üblich. Unfruchtbare dialektische Klopffechtereien würden von ihr ver-mieden, der wesentliche Kern der Texte erfaßt. Allerdings — räumt der Redner bei anderer Gelegenheit ein — sind die aristotelischen Texte oft

---

[1] Meine Studien II, 102ff. Hoest gehörte selber zur via moderna.

äußerst dunkel, und es ist das Verdienst der Modernen, sie durch Erläute=
rungen und handbuchmäßige Zusammenfassung des Inhalts leichter zu=
gänglich gemacht zu haben. Aber dabei sind diese immer in Gefahr, die
solide Grundlage der Textkenntnis über selbständigen Konstruktionen zu
verlieren. Die beiden Wege unterscheiden sich also darin, daß sie zwei ver=
schiedene Grundformen mittelalterlichen Kommentierens pflegen: der eine
mehr den modus expositionis, der andere mehr den modus quaestionum.

Es ist anzunehmen, daß diese Beschreibung im wesentlichen zutrifft.
Wir hörten schon von den Bemühungen der Artistenfakultät in den Reform=
jahren, die Technik ihrer Vorlesungen zu verbessern[1]. Sie weisen genau in
dieselbe Richtung, die Stephan Hoest andeutet: Beschaffung brauchbarer
aristotelischer Texte und deren sorgsame Kommentierung ohne allzu weite
Abschweifungen. Dürften wir den Schülertext eines „Realisten" von 1460,
eines Insassen der bursa Wenck, den eine Münchener Handschrift enthält[2],
als Niederschlag ordentlicher Vorlesungen und als deren vollständige Wie=
dergabe betrachten, so hätte sich die Lektionstätigkeit der antiqui auf eine
sklavische Sinnerläuterung des aristotelischen Textes beschränkt. Einfach,
knapp und leichtfaßlich war eine solche Methode gewiß, aber zugleich ge=
eignet, die wissenschaftliche Selbsttätigkeit der Magister vollends zu ersticken.
Das ist auch der Eindruck, den man aus der philosophischen Lehrbuchliteratur
„realistischer" Richtung in der zweiten Jahrhunderthälfte gewinnt; zumal
in den naturphilosophischen Handbüchern findet man selten mehr als dürf=
tige und gänzlich unselbständige Auszüge der aristotelischen Schriften. Das
Kleinmeisterliche, Zunft= und Schulmäßige des spätscholastischen Lehr=
betriebes wurde also durch diese Reform — jedenfalls im Gebiet der arti=
stischen Studien — nicht behoben, sondern eher noch verstärkt.

Günstiger wird man vielleicht die Wirkung der Reform auf den theo=
logischen Studienbetrieb beurteilen dürfen. Wenigstens dann, wenn
eine zufällig erhaltene Vorlesungsprobe der sechziger Jahre als charakte=
ristisch gelten darf: eine Sentenzenvorlesung, die frater Leonhart Romolt,
Schüler des Herwich von Amsterdam, um 1469 gehalten hat und deren
didaktischen Aufbau wir schon früher gelegentlich besprochen haben[3]. Hier
ist nicht nur viel sophistisches, sondern vor allem auch rhetorisches Ranken=

---

[1] Oben S. 383f.
[2] C.l.m. 6695, fol. 202ss. Vgl. meine Studien II, 105. Dort ist (Zeile 2 v. u.)
der Druckfehler „Logit" in „Topik" zu verbessern. Vgl. auch oben S. 177f.
[3] Oben S. 213f. und Exkurs 6.

werk beschnitten. Die Verwendung scholastischer Autoritäten und die Erörterung ihrer Kontroversen erscheint (im Vergleich etwa mit Marsilius)
stark eingeschränkt; der Bibeltext, Aristoteles, Augustin, der Lombarde
treten als Grundlage der Erörterung schärfer hervor. Außer ihnen werden
fast nur noch Scholastiker des 13. Jahrhunderts, vor allem Thomas, Alexander von Hales und Skotus zitiert; eine auffallend große Rolle spielen
daneben (wie auch bei anderen Vertretern der via antiqua) die mystischen
Schriften des Pseudodionysius. Er wird geradezu als Fürst aller Theologen
(theologorum monarcha) gerühmt, neben ihm Thomas von Aquin als
Scharffinnigster der Scholastiker und als frommer Beter, schließlich auch der
große Augustin; besser aber und zuverlässiger als alle Autoritäten erscheint
dem Redner Gottes Wort selbst[1]. Die wissenschaftliche Argumentation wirkt
(im Vergleich mit älteren Stilmustern) eher simpel als weitschweifig; inhaltlich freilich ist sie sehr uninteressant: ein bloßes Spiel mit Argumenten ohne
ernsthaften philosophisch-theologischen Gehalt.

Zuletzt hing der Erfolg der Reformbewegung von dem geistigen Format
der Persönlichkeiten ab, die sie vertraten. Nun hat aber von der jüngeren
theologischen Generation, die sich um 1452 zu Worte meldete, niemand eine
literarische Produktion von nennenswertem Umfang hinterlassen. Von
Herwich von Amsterdam kennen wir ein paar Gelegenheitsreden, von Jodokus Eichmann außerdem eine Stilblütensammlung aus seinen Predigten,
eine quodlibetarische Quästion[2] und eine Zusammenstellung von 12 physio-
gnomischen Regeln, die uraltes, pseudoaristotelisches Traditionsgut weiter-

---

[1] Thomas de A. scolasticorum doctorum pro discutiendis difficultatibus sacrarum litterarum eque curiosissimus et sagacissimus ... ubi humanum ingenium defi-
cere sensit, ad orationem convolavit experimento quaerens pocius quam discere
divina (petens?). ... Si auctoritatem quaerimus fatebimur quidem et libenter
concedemus philosophis dictum Boethii in topicis, quod „locus ab auctoritate" est
infirmissimus; sed id Boethium de auctoritate humana intellexisse minime dubi-
tamus, de divina quoque non ita; nam impossibile est deum fallere. C.l.m. 7080
fol. 167ᵛ.

[2] S. Beilage III, 3, c. und oben S. 186 N. 3, 188 N. 1. Die Quästion läßt den
Jodokus als einen ernst zu nehmenden Thomisten erkennen. Sie behandelt das natürliche Vermögen des Menschen zum sittlich Guten, im Rahmen rein artistischer Argumentation, also wesentlich mit Hilfsmitteln der aristotelischen Psychologie und Ethik,
aber doch (schon die Formulierung der Quästion zeigt es!) als Vorbereitung auf
theologische Gedankengänge, übrigens in streng thomistischem Sinn. Die Beweisführung ist knapp, klar, frei von Sophistereien und unnötigen Verwicklungen — entspricht also formal durchaus dem Reformprogramm.

geben[1]. Das ist alles. Dagegen gab es einen unter den älteren Lehrern, der auch literarisch einen Namen besaß und schon vor der Reform von 1452 im Sinn der via antiqua wirkte: Johannes Wenck von Herrenberg, den Gründer der Realistenburse. Er ist der einzige[2] unter den Universitäts=lehrern der Jahrhundertmitte, dessen Gestalt uns deutlicher greifbar wird und dessen Werk uns in die großen Gegensätze der Zeit hineinschauen läßt.

Als Magister der freien Künste war er 1426 aus Paris gekommen, wo damals gerade die thomistisch=skotistische Richtung ausschließlich herrschte. Schon bei der Immatrikulation besaß er die Priesterweihe; unter Anleitung Nikolaus Magnis erwarb er 1427—32 die theologischen Grade. Die prak=tisch=seelsorgerliche Richtung der Heidelberger Theologenschule (seit Mat=thäus von Krakau) erscheint bei ihm noch verstärkt. Zugleich aber gewinnt sie eine modernere, man möchte sagen zeitgemäßere Färbung durch die Beimischung mystischer Elemente zur scholastischen Tradition. Bis zu einem gewissen Grade gehörte auch das zur großen Restaurationsbewegung der Jahrhundertmitte.

Sofern die kirchliche Restauration nicht nur auf Wiederherstellung äußerer Ordnungen, sondern zugleich auf Erneuerung des geistlichen Le=bens in der Kirche abzielte, konnte sie sich der Tatsache nicht verschließen, daß die Frömmigkeit der Laienwelt seit langem stärker von der mystischen als von der scholastischen Predigt angezogen wurde. Zwar bilden Mystik und Scholastik keine absoluten, einander ausschließenden Gegensätze. Die Frühscholastik des 12. Jahrhunderts war aufs stärkste von neuplatonisch=mystischen Ideen beherrscht gewesen. Die Schriften Bernhards von Clair=vaux und der Schule von St. Viktor hatten ihnen ein Ansehen gegeben, das in der scholastischen Literatur durch Jahrhunderte nachwirkte. Noch im 13. Jahrhundert vertrat eine so große Autorität wie Bonaventura dieselbe Richtung. Indessen hatte das verstärkte Eindringen aristotelischer Ideen seit Albert und Thomas dann doch bewirkt, daß mystische Kontemplation

---

[1] S. Beilage III, 3, d. Die Berufung Eichmanns auf Albertus (Magnus) und dessen Schüler Ulrich von Straßburg bestätigt seine Zugehörigkeit zur albertistisch=thomistischen Richtung. Vgl. R. Foerster, Scriptores physiognomici graeci et latini. 1893.

[2] Über Wessel Gansfort vgl. oben S. 389. N.8. Er kann ebensowenig als Heidel=berger Gelehrter gelten, wie Gabriel Biel, der 1432 hier immatrikuliert, 1435 zum Bakkalar, 1438 zum mag. art. promoviert wurde und zuletzt 1441 als Promotor in den Akten erscheint: Toepke, I, 191; II, 385f. Auch Nikolaus von Cusa war hier 1416 immatrikuliert: ebd. I, 128.

und scholastische Spekulation einander mehr und mehr entfremdet wurden.
Die offizielle Schultheologie der nachthomistischen Zeit bemühte sich, das
Gebiet der rational begreifbaren Glaubenswahrheiten soweit als möglich
auszudehnen — recht im Gegensatz zur mystischen Theologie der Geheim-
nisse und supra-rationalen Gottesschau; und die nüchterne Willens-Theo-
logie Okkams vertrug sich erst recht nicht mit mystischem Denken, dem das
göttliche Sein stets wichtiger war als das göttliche Handeln. In Deutschland hatte überdies die Verurteilung Meister Ekkeharts und das Auftreten
pantheistischer Sekten seit dem 14. Jahrhundert auf die Gefahren aufmerksam gemacht, die dem streng kirchlichen Begriff der Jenseitigkeit und
Personalität Gottes von seiten der neuplatonischen Spekulation drohten.
So waren hier die Ansätze zu einer ganz neuartigen, eigentümlich deutschen Philosophie, die das mystisch-theologische Denken Ekkeharts barg[1],
rasch wieder erstickt und auf den neugegründeten Universitäten gar nicht
erst aufgenommen worden. Hauptaufgabe der Scholastik war und blieb die
rationale Erläuterung und Begründung des kirchlichen Dogmas, des offiziellen kirchlichen Buß- und Sakralapparates und der kirchlichen Rechtsinstitutionen. Je kunstvoller und verwickelter dabei ihre Distinktionen und
Kontroversen wurden, um so weiter entfernten sie sich vom Verständnis
des frommen Laien. Dessen Bedürfnissen nach religiöser Erhebung und Erbauung schienen die Methoden mystischer Kontemplation, unmittelbar in-
tuitiven Gotteserlebens viel besser zu entsprechen. Im Gesamtbild deutscher
Frömmigkeit des 15. Jahrhunderts erscheint die scholastische Theologie fast
wie ein Fremdgewächs, aus romanischem Boden hierher verpflanzt — mit
ihrer dürren, wortklaubenden und begriffspaltenden Predigt, ihrem leeren
oratorischen Prunk unverständlich für deutsche Gemütsart.

Im Gegensatz dazu hatten sich die Lehren mystischer oder halbmystischer
„Gottesfreunde" unter dem Laienvolk immer weiter ausgebreitet, in den
mannigfaltigsten Spielarten, von offener oder versteckter pantheistischer
Ketzerei bis zu strengster kirchlicher Devotion. Weltprediger und Ordensleute, Winkelpfaffen und kirchliche Prälaten erbauten sich an einer massenhaften mystischen Traktatliteratur, die neben der offiziellen Schultheologie,
vielfach ohne jede Fühlung mit ihr entstand. Soweit es sich dabei um

---

[1] Daß es sich um eine wesentlich neuartige Philosophie handelt, nicht um eine
bloße Abwandlung mystisch-scholastischen Erbgutes, scheint mir die Untersuchung von
Käte Oltmanns, Meister Eckhart. Seine Philosophie. (Philof. Abhdl. 2), Frankfurt
1935, völlig einleuchtend zu machen.

ketzerische Lehren handelte, stand die Schultheologie (wie wir im 14. Kapitel gesehen haben) zu wachsamer Abwehr bereit. Aber gegen das Ganze der mystischen Bewegung konnte sie sich unmöglich rein abwehrend verhalten, sollte die Kluft, die ihren Lehrbetrieb vom religiösen Leben des Volkes trennte, nicht unüberbrückbar werden. Wir hörten schon früher von dem Eindringen mystischer Elemente in die Theologie Gersons und des Matthäus von Krakau. Mehr als eine Wendung ins Praktisch-Erbauliche unter Benutzung gewisser traditioneller Grundgedanken der mystischen affektiven Gottesschau war damit freilich nicht gemeint. Das Ganze des aristotelisch-scholastischen Lehrsystems wurde dadurch nicht verändert. Aber um die Jahrhundertmitte gab es neue Anstöße zur Aufnahme mystischer Anregungen durch die Universitätstheologie.

Sie gingen aus von der großen, geistig überaus fruchtbaren Erweckungsbewegung, die man mit dem gelehrten Namen der „devotio moderna" zu bezeichnen pflegt. Ihr Hauptsitz waren die Niederlande, wo sie vor allem in den Häusern der „Brüder vom gemeinsamen Leben" Pflege und Ausbildung fand. Von diesen Häusern führen deutlich sichtbare Verbindungsfäden sowohl zur kirchlichen Restaurationsbewegung der Jahrhundertmitte wie zu der — Deutschland kaum berührenden — halbmystischen Reformtheologie eines Wessel Gansfort[1] und zuletzt auch noch zu der humanistischen Theologie des Erasmus hinüber. Im Gegensatz zu der rein spekulativen, ans Pantheistische streifenden Mystik Meister Eckeharts und zu der ekstatisch-affektiven Versenkung der älteren französischen Mystiker und Visionäre wurde hier eine praktisch-erbauliche Mystik gepflegt, die in höchst eigentümlicher Weise klösterliche Kontemplation und Aktivität des Willens miteinander vereinigte. Da sie sich — zunächst jedenfalls — streng im Rahmen des dogmatischen Herkommens hielt, war sie noch leichter als andere Formen der Mystik mit den scholastischen Lehren zu vereinigen.

Das geschah zuerst und am gründlichsten in den Schriften des Kartäusers Dionysius Rickel (1420—71), der in ungeheuer umfangreichen Kompilationen die Summe aller scholastischen Tradition zog, die mystischen Ideen des (Pseudo-)Dionysius Areopagita (aus dem 5. Jahrhundert) damit verband, zugleich die restaurativen, kirchenreformerischen Bestrebungen der devotio moderna in zahlreichen asketischen Traktaten verfocht und

---

[1] Vgl. darüber meinen Aufsatz: Romant. u. revolutionäre Elemente in d. dtsch. Theologie am Vorabend der Reformation. Dtsch. Vierteljschr. f. Literaturwiss. und Geistesgeschichte V, 1927.

schließlich auch noch — als Gehilfe des Nikolaus Cusanus — an der prak=
tischen Restauration der niederländischen Kirche eifrigen Anteil nahm. Es
ist sehr möglich — obwohl nicht streng beweisbar — daß die Schriften dieses
Mannes oder der Eindruck der hinter ihm stehenden großen Bewegung
durch Vermittlung des Karthäuserordens bis nach Heidelberg hinübergewirkt
und an ihrem Teil auch den Sieg der Reformbestrebungen an der Univer=
sität erleichtert haben[1]. Jedenfalls lag es nahe, das Streben der Brüder
nach frommer „simplicitas" des Lebens und Denkens — ein uraltes Motiv
aller christlichen Asketik! — auch auf die Wissenschaft zu übertragen und
die Vereinfachung der theologischen Lehrform im Sinne der via antiqua
als eine Forderung echter Frömmigkeit zu betrachten[2]. Sicherlich hat Jo=
hannes Wenck so gedacht.

Sehr eindringlich wird in seinen theologischen Schriften die Absicht
schlichter Erbaulichkeit und betont biblischer Grundhaltung an Stelle prun=

---

[1] Die Zahl der in Heidelberg studierenden und lehrenden Niederländer war seit
den Tagen des Marsilius auffallend groß. Durch ihre Pfründen blieben sie in dauern=
der Verbindung mit der Heimat. Über das Auftreten der Simon und Herwich von
Amsterdam seit 1448 zusammen mit Kölner und Pariser Graduierten vgl. oben S. 382,
über die Berufung Wessel Gansforts 1456: oben S. 389, N. 8. Einer der erbittertsten Vor=
kämpfer der via antiqua in Heidelberg, Marcellus Geist von Atzenheim, trat später
in die Mainzer Karthause ein, half dort bei der Abschrift von Cusas „de docta igno=
rantia", von Wencks Gegenschrift und dessen Briefwechsel mit Joh. de Geilnhusen
und übersetzte eine Predigt Cusas ins Deutsche: Nic. Cusanus, Docta ignorantia, ed.
Klibansky, 1932, p. VI. Die dadurch hergestellte Beziehung Wencks zum Karthäuser=
orden verstärkt sich noch durch die Auffindung seines memoriale divinorum officiorum
in der Mainzer Karthause (s. Beilage III, 10, n). Übrigens war der Prior der Kar=
thause in Roeremonde, in der Dionysius Rickel lebte, kein anderer als der ehemalige
Heidelberger Rektor Barthol. de Traiecto (s. oben S. 314, N. 2!) Er gehörte (vielleicht
nicht zufällig?) derselben konzilsfreundlichen Partei an wie Joh. Wenck. Schon früher
war mag. Heinr. von Altendorf in den Karthäuserorden getreten, s. oben S. 254.
Unter den Karthäusern wirkte zweifellos am stärksten das Grundbuch aller praktisch=
erbaulichen Mystik des Spätmittelalters fort: die vita Christi des Karthäusers Ludolf
v. Sachsen (gest. 1378 oder 1377). Vgl. darüber H. Böhmer, Loyola und die deutsche
Mystik, Berichte über die Verhandlg. der sächs. Akad. Phil.=hist. Kl., Bd. 73, 1921.

[2] Mit dieser vorsichtigen Formulierung möchte ich immerhin einen Schritt über
meine frühere, rein negative Beurteilung des Zusammenhangs zwischen via antiqua
und devotio moderna hinausgehen; s. meine Studien II, 140f. Festzuhalten ist
jedoch die dort zitierte Feststellung Mestwerdts, daß die Frömmigkeitsideale der Brüder
v. g. L. keine direkte Beziehung zu einem der beiden „Wege" besitzen, sondern über
beide hinausstreben.

tender scholastischer Gelehrsamkeit spürbar. Seine Predigten und An=
sprachen wirken viel einfacher, schlichter als die der meisten seiner Kollegen;
sie reihen die Gedanken oft willkürlich und ohne klare systematische, begriff=
liche Gliederung, dafür aber auch ohne umständlichen Schematismus an=
einander. Auffallend ist die Massenhaftigkeit der Bibelzitate und der Ver=
such, durch beständige Wiederholung eines wirksamen biblischen Leit=
spruches (besonders in der Leichenpredigt von 1437) rhetorische Effekte zu
erzielen. Gelehrte Zitate werden nur aus der Väterliteratur (z. B. aus
Johannes Damaszenus, Ambrosius, Augustinus) gelegentlich beigebracht,
scholastische Quästionen durchweg vermieden. Fast niemals fehlt ein Zitat
aus Dionysius Areopagita. Auf das Martyrium dieses Heiligen (der mit
dem französischen Missionärheiligen St. Denis, wie üblich, zu einer Person
verschmilzt) hielt Wenck 1457 eine eigene Festpredigt, in der die (auch sonst
bei ihm vorkommende) symbolische Ausdeutung hebräischer Buchstaben als
Hilfsmittel der Bibelexegese auffällt[1]. An gewisse Gepflogenheiten mysti=
scher Literatur könnten die geheimnisvollen Dreiecke erinnern, die sich am
Rande seines Kommentars zur „himmlischen Hierarchie" des Pseudo=
dionysius (von 1455) aufgezeichnet finden: sie umschließen jeweils ein drei=
gegliedertes Schema theologischer Begriffe, wie es zu rhetorischen Zwecken
gebraucht wurde[2]. Aber das sind nur Äußerlichkeiten; inhaltlich ist das
Buch gut scholastisch, nur daß einmal das herkömmliche Stoffgebiet
scholastischer Kommentare verlassen, ein mystischer Text zur Vorlage ge=
nommen und im gemeinscholastischen Sinne — thomistischer Grundrich=
tung — erläutert wird. Dabei benutzt der Verfasser eifrig die Bilder und
Vergleiche mystischer Schriftsteller. Der liber de causis, Bernhard von
Clairvaux und sogar Scotus Eriugena werden gelegentlich zitiert. Auch

---

[1] Die littera hebraica Thau, die zur Bezeichnung von Pf. 37, v. 39 dient, wird
auf die crux commissa gedeutet. Die Spielerei findet sich, wie mir Cl. Bäumker
freundlichst mitteilte, schon bei Tertullian. Vgl. auch De ignota litteratura, p. 55
und Nik. Cusanus Docta ignorantia, ed. Klibansky p. 48ff. Ähnliche Spielereien
mit griechischen und hebräischen Buchstaben (z. T. nach Joh. Damascenus) enthält
die Predigt von 1434 (nr. b), der Brief an Joh. Geilnhusen (nr. l), der Dionysius=
kommentar (nr. o) und vor allem der Jeremiaskommentar (s. Beil. II, nr. 10b).

[2] Quod deus dat: tractatur securius — auditur utilius — sapitur dulcius. Oder:
scientia — virtus — dignitas usw. Ähnliche Spielereien finden sich offenbar in der
Schrift „De divina sapientia" des Jakobus von Lilienstein O. Pr., über die M. Grab=
mann in der Festschrift für Jos. Schlecht (Beiträge z. Gesch. d. Renaissance u. Refor=
mation), 1917, p. 124ff. berichtet.

die mystische Vorstellung von der Vereinigung der frommen Seele mit
Gott wird aufgenommen, aber in streng biblischer, dogmatisch gewisser=
maßen unverfänglicher Form[1]. Die Bibel als die einzig.reine Quelle der
Theologie wird überschwänglich gepriesen, jedoch vor einer willkürlichen,
aus eitler und kahler (nuda) Spekulation entspringenden Auslegung des
Bibelwortes gewarnt. Leuchtende Wahrheit (lucentem scientiam) und
feurige Gottesliebe gilt es aus der Schrift zu holen, nicht aber einzelne bibli=
sche Worte zu benutzen, um die eigenen Irrtümer damit zu beschönigen[2].
Noch alle Ketzer haben sich (wie Hilarius sagt) auf Bibelworte berufen.
Anderseits ist nicht minder verderblich eine Theologie, die sich vom bibli=
schen Grundtext entfernt; denn der Glaube ruht (wieder nach Hilarius)
nicht auf der philosophischen Quästion, sondern auf der Lehre des Evan=
geliums. Und nun geht es (frei nach Simon de Cascia[3]) über die After=
gelehrten her, die eigener Erfindung vertrauen, statt den heiligen Vätern
und Doktoren der Kirche, die alles besser zu wissen glauben, übernatürliche
Theologie und natürliche Philosophie miteinander vermischen, die alles
durch ihr ewiges „utrum" in Frage stellen, die Worte Christi, der Apostel
und wahren Heiligen durch Syllogismen korrigieren, „als ob die philo=
sophische, aristotelische und dialektische Redeweise schöner wäre als die Weise
der Apostel und Propheten", die theologische Dinge nicht anders begreifen
können, als unter Führung des blinden Heiden Aristoteles, des dunklen
Plato und dergleichen Philosophen mehr[4], die sich auf den schwachen Stab
natürlicher Wissenschaft stützen statt auf das Gotteswort selbst. Nur der
textuale Zusammenhang der Schrift selber darf zu ihrer Auslegung benutzt
werden. Man sieht, das ist ein ganzes theologisches Reformprogramm,
und sogleich erläutert der Magister seine eigene Interpretationsmethode:
sie will dem Zusammenhang des Wortlauts der Vorlage möglichst getreu=
lich folgen. Was denn auch am Text des Dionysius geschieht, ohne alle
Verwicklung durch Quästionen.

---

[1] Meine Studien II, 52, N. 3.

[2] Ebd. N. 4. Das lange Hilariuszitat findet sich: Migne, X, 566—69 passim.

[3] Simon de Cascia (Augustiner=Eremit, 1278—1348, gest. in Florenz), De gestis
Domini in expos. super evang. quadrag., Florenz 1496, ed. Morini, in: Le opere
di Simone da Cascia attribiute al Cavalua, Perugia 1899ff. (mir nicht zugänglich).
Inhaltsangabe bei Mattioli, Il beato Simone Fidati da Cascia (Antologia agostini-
ana II), Roma 1898, p. 245ff.

[4] Vansteenberghe, a. a. O., p. 6 hat das völlig mißverstanden als Angriff
auf die Humanisten und ihre Verehrung für die Klassiker!

Fällt schon der Dionysiuskommentar aus dem Rahmen des schulmäßig Üblichen, so noch viel mehr eine Erbauungsschrift in deutscher Sprache, die erst ganz neuerdings ans Tageslicht getreten ist[1]: Das „Büchlein von der Seele". Meister Hans Wenck hat es „zu Beginn der Fastenzeit" 1436, mitten in Rektoratsgeschäften, für den kurfürstlichen Hofmeister Grafen Michael von Wertheim niedergeschrieben, der schon lange begehrt hatte „etwas zu wiessen von der sele des menschen nach dem als es dann geburt eynem leyen zu wiessen". Das war ein Lieblingsthema mystischer Laientraktate. Es wurde gewöhnlich im Sinn der älteren visionären Mystik behandelt, die auf Grund des bekannten Bibelwortes (Genesis I 27) vom Abbild des Göttlichen Wesens in der menschlichen Seele eine maßlos ausschweifende „Spiegelung" (speculatio) theologischer Wahrheiten in allegorischen Szenen entwickelt hatte. Besonders beliebt war der Typus der sog. „Brautmystik". Da findet man die Seele als minnende Jungfrau dargestellt, wie sie sich von allen möglichen allegorischen Engelwesen, wie Gottesfurcht, geistliche Zucht, Gerechtigkeit, Reue, Beichte, Genugtuung, Weisheit, Glaube, Liebe und Hoffnung für die Brautfahrt zum himmlischen Bräutigam vorbereiten läßt. Im Spiegel der Weisheit erblickt sie phantastische Szenen, Sinnbilder menschlicher Vergänglichkeit und den ganzen Inhalt göttlicher Offenbarung. Mit Weisheit und Tugend ausgerüstet, tritt sie zuletzt die Brautfahrt an, geleitet von der Minne, die den Himmelsbräutigam mit einem Liebespfeil ins Herz trifft, so daß er der Seele in

---

[1] Cod. Heidelb. 368, 192 wurde von der U.B. Heidelberg auf Anregung der Cusanus=Commission am 6. 10. 1930 bei Baer in Frankfurt ersteigert. Der ungewöhnlich schön ausgestattete Band (rubrizierte Prachthandschrift!) bedürfte dringend der Bearbeitung von theologischer und germanistischer Seite. Er enthält außer der Wenckschen Schrift noch folgende Stücke: f. 1—95ᵛ eine stark erbauliche Erklärung der 10 Gebote, z. T. in Dialogform (Gespräch zwischen Meister und Schüler) von Joh. de Lindauwe fr. ord. min. ac s. theol. professor; f. 96ᴿ — 98ᴿ: Auslegung von Matth. 22, 37 (beides deutsch); f. 98ᵛ: 3 latein. Gebete; f. 118ᵛ—123ᵛ: wortreiche deutsche Paraphrase des Vaterunser; f. 123ᵛ—124ᴿ: gereimte Merkverse mit Apostel= und Prophetennamen; f. 125ᴿ—144ᵛ: deutsche Sterbekunst; f. 145—147: deutsche geistliche Lieder, dazwischen eine latein. Auslegung des Vaterunser; f. 149ᴿ—247ᵛ: eine deutsche Version der vitae patrum; 248ᴿ — 264ᴿ: weitere Auslegungen des Vaterunser, kleinere Erbauungstraktate, ein geistliches Abc, ein gereimtes Morgengebet, Marienlieder u. a. m. Die Stücke sind z. T. von großem Reiz und frei von der geistlichen Schwüle so mancher mystischer Erbauungstraktate. Ich denke mir, daß die ganze Hs. für den Grafen von Wertheim geschrieben wurde. Über diesen vgl. Eberhard Windeckes Denkwürdigkeiten, hrsg. v. Altmann 1893, Register.

die Arme sinkt, ihr den Vermählungsring reicht und sich unter süßen Küssen
auf ewig mit ihr vereinigt[1]. Eine süßliche Rhetorik, zumeist verbunden mit
eindringlich visionärer Ausmalung der himmlischen Freuden und des Schrek-
kens der Verdammten, die der Teufel ins höllische Feuer führt, pflegte den
Reiz und die erbaulich-weckende Wirkung solcher Lektüre zu erhöhen. Unser
Autor kennt diese Literatur: er zitiert aus dem „buche von der mynnenden
sele" den schönen Satz, die Liebe (zu Gott) sei stärker als der Tod. Aber
er ist weit entfernt von aller mystischen Gefühlsschwelgerei. Was er in
seinen zwölf kurzen Kapiteln bietet, ist ein merkwürdiges Mittelding zwischen scholastischer Belehrung, in stark popularisierter Form, und unmittelbar
seelsorgerlicher Erbauung. Nicht so sehr auf das Erwecken frommer Ge-
fühle, wie auf „nützlich erkenntnis" kommt es dem Verfasser an: „wann
doch das mensch von got vernonfft empfangen hat dar durch es adelicher
ist allen tieren, das es die selb vernonfft übe erelichen und nützlichen." So
wird denn zuerst einmal ein Stück handfester Schulpsychologie geboten, um
dem Leser klare Begriffe zu verschaffen: aristotelisch-augustinische Sätze über
das Wesen der Seele, den Ursprung aller Erkenntnis in der sinnlichen Anschauung („sehenlicher vorbildunge"), die Entstehung der Allgemeinbegriffe
„durch innerliche Kraft der verstantnüs" u. dgl. m. Dabei macht die Übersetzung scholastischer Kunstausdrücke ins Deutsche[2] und die Vereinfachung
aristotelischer Gedankengänge für Laienverstand viel Not. Die Erklärung
des Unterschieds zwischen Intellekt und Wille gibt Gelegenheit, einen von
Wenck mehrfach, auch in Predigten, erörterten Lieblingsgedanken der thomi-

---

[1] Vgl. das Urbild dieser Literatur: die Tochter Sion (filia Sion) oder die minnende
Seele, übers. v. K. Simrock 1851 — Produkt eines unbekannten Dominikaners oder
Franziskaners (13. Jhd.). Phantastisch erweitert finden sich ähnliche Szenen im „Buch
der Kunst wie der weltlich mensch mag geistlich werden", auch „buochlin von der
gemahlschaft der sele" genannt, das in vielen Auflagen, zuerst m. W. 1477 bei Joh.
Bäumler in Augsburg erschien, wiederholt 1478, 1491, dann 1497 bei Hanns Schön-
perger in Augsburg; Neudruck 1572 von Sebastian Mayer in Dinglingen. Vgl. auch
Preger, Geschichte d. dtsch. Mystik I, 284.

[2] Beispiele: unsehelich natur = natura invisibilis; sehenliche vorbildunge =
species sensibilis; bettelt = accipit; liecht der sele = intellectus agens bzw. lumen
naturale animae; in etlichem wege = quodammodo; inbyldunge = phantasia
imaginatio; gestalt = forma; bildunge = figura; innerliche kraft der verstantnus =
vis (potentia) interior intellectus; wesenlichen nach der natur = essentialiter secundum naturam; wesen, kraft, werk = natura (essentia), potentia, actus u. a. m. —
Für freundliche hilfeleistung bei der Vergleichung der Schrift mit den lateinischen
Aristotelestexten bin ich meinem Kollegen Martin Honecker zu Dank verpflichtet.

stischen Psychologie breit auszuführen: der Wille ist im Reich der Seele
wie eine blinde Kaiserin. Sie befiehlt allen Seelenkräften, aber sie bedarf
des Herzogs Vernunft, der alles regieren und die Werke anzeigen muß,
die zu tun sind[1]. Sie ist dem Menschen unentbehrlich als die „Kunst", die
einen rechten Lebenswandel lehrt in allen Lebenslagen; sie entfaltet sich
in natürlichen und geistlichen „Künsten", als da sind: Logik, Grammatik,
Rhetorik, Ethik, Ökonomik, Politik, kaiserliches und geistliches Recht, endlich
und vor allem Theologie. Jede dieser „Künste" hat ihre vielerlei Bücher,
in denen die Weisheit von viel Tausend Jahren gesammelt ist, und töricht
sind die Menschen, die solche Schätze verschmähen, weil sie in ihrer Hoffahrt
meinen, mit ihren eigenen unsteten Gedanken auszukommen. Als könnte
der Handwerker irgend etwas schaffen ohne Handwerkszeug und ohne hand=
werkliche Tradition!

Man sieht: dieser Reformer denkt nicht daran, vor dem Anspruch mysti=
scher Frömmigkeit auf intuitive Wahrheitserkenntnis zurückzuweichen und
irgend etwas von dem Monopolbesitz des scholastischen Handwerks zu
opfern. Er ist sehr stolz auf seine Stellung als Meister der heiligen Schrift.
Wie hoch, sagt er sehr naiv, steht doch ein solcher über dem Weingärtner
oder Ackermann, der immer nur ein einzelnes und vergängliches Werk
bauen kann, während der Prediger und Theologe durch seine Schriften
5000 oder 6000 unsterbliche Seelen auf einmal zu erbauen vermag!

Und nun wird (vom 3. Kapitel an) dargelegt, was die Seele tun muß,
um nach Gottes Willen den Leib zu regieren und das unsterbliche Teil,
die vernünftige Natur des Menschen über das Kreatürliche siegen zu lassen.
Hier spricht der Prediger, der ganz unbefangen vereinzelte Motive der
aristotelischen Psychologie und Ethik und der augustinisch=thomistischen
Gotteslehre mit mystischen Gedanken (z. T. aus Hugo von St. Viktor) ver=
knüpft, um erbaulich zu wirken. Sehr wirksam wird etwa der Gegensatz
geschildert zwischen der Demut des rechten Christen, der nicht auf seine
guten Werke vertraut, sondern Gott allein die Ehre gibt und „seinen Bettel=
sack breit macht gegen Gott", um von ihm alle guten Gaben zu empfangen
— und der Hoffahrt, dieser Herzensgeschwulst, die den Weg für das Ein=
fließen der göttlichen Gnade verstopft, während die Demut den Gnaden=
strom durch eine Herzensfalte leicht auffängt. Mit Augustin und allen

---

[1] Man beachte, daß Wille (voluntas) weiblich, Vernunft (intellectus) männlich
gesehen wird! Streng thomistisch müßte allerdings wohl der intellectus als Herrscher
erscheinen.

Mystikern wird das sittliche und intellektuelle Vermögen des Menschen als „inbyldunge gotes", die Seele als Spiegel der göttlichen Dreifaltigkeit be= schrieben[1] — mit Aristoteles die Fähigkeit der Seele, Funktionen des Leibes zu gebieten, mit Plato und Bibelstellen ihre Unsterblichkeit bewiesen — mit den Mystikern ihre Vereinigung mit Gott als höchstes Ziel hingestellt, jedoch nicht „wesenlichen nach der natur" (darauf legt der Autor hier wie auch sonst großen Nachdruck!), sondern „durch gnade und liebe", als liebende Vereinigung des Gemüts. Den Schluß bildet eine Art christlicher Tugend= lehre, in der vor allem zur Selbstprüfung aufgefordert wird: gute Gedanken, heißt es da, wecken Empfindungen der Freude, bei denen das Herz sich weitet und Blut·in die Adern ergießt; bei trotzigen und leidsamen zieht es sich zusammen und läßt den Menschen bleich und elend erscheinen[2]. Unsere Werke aber folgen uns ins Jenseits nach. Gott gab uns — mit Hilfe des Bußsakraments — sein ewiges Gericht selbst in die Hand.

Das geistige Gewicht des Büchleins ist gewiß nicht groß; aber es ist fast einzig in seiner Art als Bemühung eines Scholastikers, in einer Lehr= schrift unmittelbar volkstümlich und erbaulich zu reden. Es stimmt gut damit zusammen, daß wir den Verfasser mehrfach als seelsorgerlichen Be= rater von Laien in Anspruch genommen sehen[3]. Eine dieser Anfragen

---

[1] Wie der Jäger durch den Leithund den Hirsch aufspürt, so der Mensch im Glauben Gott. Vgl. damit die Schrift des Cusanus de venatione sapientiae!

[2] Bekanntlich spielt diese Regel der Selbsterkenntnis eine große Rolle in aller mittelalterlichen Bußliteratur bis zu Loyola hin. Die Aufgabe, der Schrift Wencks ihre historische Stellung innerhalb dieser Literatur anzuweisen, insbesondere ihr Ver= hältnis zu den Erbauungsschriften der devotio moderna zu untersuchen, kann hier nicht nebenbei gelöst werden. Noch fehlt es fast ganz an Vorarbeiten zu einer Geschichte der populartheologischen Literatur des 15. Jahrhunderts, die doch geistesgeschichtlich eine eminente Rolle gespielt hat. Für die Neubelebung des mystischen Elements innerhalb der Scholastik um die Mitte des Jahrhunderts vgl. auch den v. Grabmann a. a. O. wiedergegebenen Text des Jakob von Lilienstein und die hier nicht bespro= chenen Stücke des Cod. Heid. 368, 192. Ferner die (etwas einseitige) Charakteristik der „deutschen Mystik" bei H. Böhmer a. a. O. und in dessen andern Loyolaarbeiten.

[3] Briefwechsel mit Joh. Geilnhusen 1442; f. Beilage III 10, 1. Ferner: Schreiben [Kurfürst] Ludwigs [IV.?] aus Mainz vom 7. 4. 1445: ein Joh. Schopp von Stutt= gart, ehemals Student in der Heidelberger Artistenfakultät (1434 imm.), jetzt Laie, hat in schwerer Krankheit feierlich gelobt, im Fall der Genesung das Studium wieder aufzunehmen, hat aber jetzt das väterliche Erbe allein übernehmen und Lehnseid dafür leisten müssen. Er hat beim Absender angefragt, ob wohl Lösung des Gelübdes möglich sei; dieser gibt die Anfrage zur Entscheidung an Joh. Wenck weiter. P.L.V.

bezog sich darauf, daß ein Laie, Hofbeamter (officialis et negociator) des Herzog Sigmund von Oeſtreich, den Vorſatz gefaßt hatte (angeblich unter lollhardiſchem Einfluß) in einer ſelbſterbauten Waldklauſe bei Hall (Salz= kammergut) als Eremit ein „abgeſchaiden leben" zu führen. Alles Zureden ſeines Bruders, des Maulbronner Abtes Johann von Gelnhauſen, und ſeiner Freunde, doch lieber einem regulierten Orden beizutreten, beant= wortet er mit ſeinem Wahlſpruch: „wage ich mich an Chriſtum unſern herren, er waget ſich an mich", unter Schmähungen auf das behagliche Kloſterdaſein der „wolgelebten", nicht wolgelerten Maulbronner Mönche. Johannes Wenck, zu einem ſchriftlichen Gutachten aufgefordert, erteilt dieſes, indem er die brieflichen Äußerungen des Eremiten, auf 17 Sätze ſäuberlich verteilt, mit gelehrten und bibliſchen Argumenten bekämpft. Man ſieht den Mann der kirchlichen Ordnung gegen radikales Schwärmertum fechten — ähnlich, wie einſt ſein Lehrer Nikolaus Magni gegen die lollhar= diſchen Lehren vom Bettlertum Chriſti geſtritten hatte. Doch iſt ſeine Schrift viel weniger ſteif, mehr ein Appell an Verſtand und Gemüt zugleich. Man hört kräftige Warnungen vor dem geiſtlichen Hochmut, der lieber auf un= ſichere Offenbarungen des eigenen Herzens vertraut als auf das klare Gotteswort und die kirchliche Lehre. „Sich an Gott wagen", das heißt Gott verſuchen; die Weisheit der Gottesgelehrten verſchmähen, heißt der Zucht des berufenen Lehrers entfliehen!

Es iſt immer dieſelbe ſelbſtſichere und ſelbſtbewußte Haltung des Man= nes, der feſt in der Tradition ſeiner Schule ſteht und allen extremen Stel= lungen mißtraut. Aus dieſer Haltung heraus iſt auch der leidenſchaftliche Angriff zu verſtehen, den Johannes Wenck gegen den größten Gelehrten und genialſten Denker ſeines Zeitalters richtete: gegen Nikolaus Cuſanus und ſeine Schrift de docta ignorantia.

Den uralten chriſtlich=asketiſchen Gedanken, daß fromme Herzenseinfalt oft entdeckt, was keine Weisheit der Gelehrten ſieht, hatte Cuſa in das ſokratiſche Paradoxon abgewandelt: die tiefſte Weisheit beſtehe eben darin, zu wiſſen, daß man nichts weiß. Aber dieſer geiſtreiche Einfall darf nicht darüber täuſchen, daß auch des Cuſaners Anliegen noch immer das alte der chriſtlichen Myſtiker war: er ſucht neue Wege, das Geheimnis des gött= lichen Weſens unmittelbar zu ergreifen, nicht aber (wie einſt Sokrates):

naiv hingenommene Wahrheit in ihrer Geltung zu erschüttern[1]. Im Zu=
sammenhang spätscholastischen Denkens betrachtet, erscheint seine „Lehre
vom Nichtwissen" als die großartigste Steigerung und Neufassung des uns
wohlbekannten Kampfrufes: Weg von den nutzlosen Subtilitäten der Dia=
lektiker! Weg vom Streit um Worte statt um Sachen! Weg von den Auto=
ritäten der Schule zum echten und ursprünglichen Quell aller Wahrheit!
Nur daß hier als Quell der Wahrheit nicht irgendein System der Hoch=
scholastik erscheint, auch nicht die Überlieferung der Väter, ja nicht einmal
das Bibelwort, sondern — um mit Johannes Wenck zu reden — die reine
und kahle (nuda) Spekulation, die den Menschen an die Grenzen seines Wis=
sens — und eben damit über diese Grenzen hinausführt. Mit einem Schlage
schien erreicht, was selbst die tiefsinnig bohrende Denkarbeit eines Wilhelm
Okkam nicht erreicht hatte: der lähmende Druck der scholastischen Autori=
täten war beseitigt, das Verhältnis von Glauben und Wissen, das Grund=
problem aller Scholastik, grundsätzlich neu gefaßt. Wer die jüngeren Schrif=
ten Cusas, zumal den sprühend lebendigen Dialog des Laien (Idiota) über
die Weisheit liest, spürt heute noch den beglückenden seelischen Schwung,
mit dem diese Befreiung, die erste Vorahnung einer neuen Ära des Philo=
sophierens und Forschens erlebt wurde.

Aber freilich: der Weg des Cusaners führte nicht nur weit ab von allen
bisher betretenen Pfaden, nicht nur in tiefe Dunkelheiten und Paradoxien
hinein: es war der Weg verdoppelter Gefahren, weil sich der Denker ge=
wissermaßen blindlings auf den schmalen Grat hinauswagte, der kirchliche
Rechtgläubigkeit von offener Ketzerei schied — blindlings vertrauend, es
werde am Ende des Weges die offenbarte Wahrheit des Christentums zu
finden sein. Man begreift das Entsetzen, mit dem schulgerechte Durch=
schnittstheologen von der Art Wencks diesem nachtwandlerischen Treiben
zusahen. In einer Streitschrift voll eifernden Hohns, die schon im Titel
— De ignota litteratura — den Gegner herabzusetzen sucht, greift er den
kühnen Zeitgenossen an, übrigens ohne dessen Namen zu nennen[2]. Es

---

[1] Vgl. Joachim Ritter, Docta ignorantia. Die Theorie des Nichtwissens bei
Nik. Cusanus, 1921, p. 1ff. In der Auseinandersetzung Ritters mit R. Stadelmann
(H.Z. 147, 400ff.) möchte ich mich der Meinung Ritters anschließen, daß Cusas Vor=
haben weit mehr als mutiger und hoffnungsvoller Neuanfang einer originalen Gottes=
und Welterkenntnis, denn als „Zersetzungs"= und „Verfalls"erscheinung aufzufassen ist.

[2] Es ist schwer vorzustellen, daß er es in diesem Ton getan hätte, wenn Cusa
damals schon Kardinal gewesen wäre. Man wird deshalb die undatierte Schrift wohl
auf die Zeit vor Ende 1448 ansetzen müssen, also noch während des Baseler Konzils.

bedarf gar nicht der Vermutung, die Nikolaus Cusanus in seiner Erwide=
rung (theologia docta ignorantiae) aussprach: daß Johannes Wenck durch
politische Gegnerschaft gereizt worden sei. Als einziger Gegner Eugens IV.
in Heidelberg habe er in Nikolaus den Papalisten und Kritiker des Konzils
treffen wollen und ihn darum als „Pseudoapostel" beschimpft[1]. Das ist
sehr wohl möglich. Aber zur Erklärung genügt auch frommer Eifer des
rechtgläubigen Theologen allein[2].

Auf den Inhalt seiner Streitschrift im einzelnen brauchen wir hier nicht
näher einzugehen. Nikolaus Cusanus hat sie später in sehr überlegenem
Tone abgefertigt: als törichtes Gezeter eines Ketzerriechers, der nichts als
seine Schulautoritäten kennt und dessen Angriff kaum eine Widerlegung
lohnt. Wirklich steht die Wencksche Schrift bei weitem nicht auf der geistigen
Höhe, die ihr Gegenstand erfordert hätte. Das geistreiche Spiel der Para=
doxien, in dem sich Cusanus gefällt, ist seinem Kritiker unverständlich. Er
vereinfacht es in plumper Weise, indem er jeweils ein Glied des Paradoxon
herauslöst, jede zugespitzte Formulierung in die schulgerechte Form der
Proposition oder des Corollariums bringt und nun mit schwerem Geschütz
dagegen feuert. Der philosophische Tiefsinn des kusanischen Zentralbegriffs
der „coincidentia oppositorum" wird gar nicht verstanden, ein massiver
Pantheismus daraus gemacht, und auch sonst im einzelnen vieles miß=
deutet, wie Cusa später bemängelte. Trotz alledem leitete den Kritiker ein
richtiger Instinkt, wenn er hier Gefahren für die herkömmliche Auffassung
des christlichen Dogmas witterte. Die absolute Transzendenz und Persona=
lität Gottes, sein in die Zeit hineinwirkender Schöpferwille ließen sich zwar
mit dem, was Cusa wollte, vereinigen; aber doch nur vermöge gedank=
licher Kühnheiten, die fast etwas Zweideutiges haben. Die Neigung Cusas,
Gott und Christus zu Allgemeinbegriffen zu verflüchtigen (universalizare[3]),

Anderseits zeigt eine Anspielung auf den Briefwechsel mit Gelnhausen von 1442 auf
S. 30 („abgeschaiden leben"), daß die Schrift nach 1442 entstand. Leider gibt die Neu=
ausgabe der Apologia doctae ignorantiae von Klibansky (1932) keine Erörterung
der Datierungsfrage. Sicherlich ist aber die Apologie erst einige Zeit nach Abschluß
des Konzils geschrieben, wie die Ausführungen p. 5, Z. 9—14 zeigen.

    [1] Apologia, p. 5.
    [2] Johannes Gelnhausen (Mainz, Cod. 190, f. 149ᵛ rühmt ihn als erprobten Be=
kämpfer der Waldenser und Begharden in Predigt und Lehrvortrag.
    [3] Der Ausdruck ist von Dansteenberghe irrig als nominalistische Kritik gedeutet
worden: s. meine Studien II, 53f. Für die thomistische Haltung Wencks spricht u. a.
auch die Beibehaltung des aristotelisch=thomistischen Begriffs der species intelligibiles
S. 28, überhaupt der aristotelischen Psychologie und Erkenntnislehre.

die „Schöpfung" Gottes zu bloßer „Entfaltung" umzudenken, wird uner=
bittlich ans Licht gezogen und — nicht ohne Grund — mit der Mystik
Ekkeharts und gewisser beghardischer Sektierer verglichen. Und ebenso
richtig sieht Wenck, was diesen neuen Mystiker von andern unterscheidet:
daß seine Mystik weder praktisch=erbaulichen Charakter trägt, wie die nieder=
ländische, noch ein affektives Erleben darstellt, wie die französische, sondern
eine neuartige Form rein intellektueller Spekulation[1]. Es wirkt sehr plump,
wenn er den gewollten Paradoxien des Cusaners immer wieder den aristo=
telischen Satz vom Widerspruch entgegenhält. Aber daß hier in der Tat
die Grundthese aller Scholastik in Frage gestellt war: die Vereinbarkeit des
christlichen Dogmas mit den Gesetzen menschlicher ratio, daß Gott jetzt
wirklich ein „verborgener" Gott werden sollte und daß der naive Glaube
bedroht war, er lasse sich, wenn auch nur gleichnishaft (änigmatisch), so
doch aus zureichenden Vernunftgründen erkennen — das alles hat Wenck
recht wohl bemerkt[1]. Nikolaus Cusa wußte sehr gut, weshalb er dem gering
geschätzten Gegner dennoch eine ausführliche und sehr gehaltvolle Verteidi=
gungsschrift widmete. Was aus der Kritik des Heidelberger Professors
sprach, war nicht die Meinung eines einzelnen. Es war der Gegensatz der
wissenschaftlichen Tradition gegen den Propheten einer neuen Zeit.

---

[1] Vgl. J. Ritter, a. a. O., 22ff. über den davon handelnden Streit der Tegern=
seer Gefolgschaft des Cusanus mit Vincent von Aggsbach.

[1] Daß es mit „furchtbarer Angst" bemerkt und daß er die Philosophie Cusas
als „Schwäche, als Nachlassen des Denkmutes", als ein Zeichen sichtbaren „Verfalls"
der Zeit empfunden oder getadelt habe (Stadelmann, a. a. O., 40 bzw. 43), kann
ich nicht finden.

Achtzehntes Kapitel

Rezeption des weltlichen Rechts.
Medizinische Laienprofessur.

Die „Reformation" der Heidelberger Hochschule von 1452 trug ein Doppelantlitz. Sie blickte nach rückwärts, indem sie die Restauration von Wissenschaftsidealen einer vergangenen Zeit unternahm. Aber sie wies gleichzeitig vorwärts, indem sie eine allgemeine Reform veralteter Lehr= methoden versuchte und den Umkreis des herkömmlichen Wissenschafts= betriebes wenigstens an einer Stelle erweiterte: durch Aufnahme des römi= schen Kaiserrechts. Das war ein Schritt von großer historischer Allgemein= bedeutung.

Das Eindringen römischer Rechtsgedanken und Prozeßformen in das spätmittelalterliche deutsche Recht, dessen allmähliche Zersetzung, Über= wältigung oder doch grundlegende Umgestaltung durch den Vorgang der sog. „Rezeption" gehört bekanntlich zu den meistumstrittenen Gegenständen rechtshistorischer Forschung. So verwickelt und schwer übersehbar im ein= zelnen dieser Vorgang nun auch verlaufen ist: sicher ist, daß den Univer= sitäten ein ganz überragender Anteil daran zukam. Eine Zeit lang glaubte man, daß weniger der eigentliche akademische Unterricht als eine aus= gedehnte, halbpopuläre, an italienische Vorbilder sich anlehnende Rechts= literatur, und weniger die Oberschicht der juristischen „Doktoren" als die Masse der Halbgebildeten, die an gerichtlichen Prozessen beteiligt waren, wie Gerichtsschreiber, Notare und Sachwalter, dem Eindringen des fremden Rechts den Weg bereitet hätten. Diese Meinung darf heute als überwun= den gelten: nicht in der Richtung von unten nach oben, von den Lokal= gerichten mit ihren mehr praktischen Bedürfnissen aufsteigend zu den oberen Instanzen, sondern gerade umgekehrt hat sich die Rezeption voll= zogen. Das Ganze erscheint als ein Teilvorgang des allgemeinen Romani= sierungsprozesses, den deutsches Denken unter dem Einfluß der Scholastik

28*

durchgemacht hat — als eine Bewegung, in der zunächst mehr theoretische als praktische Bedürfnisse den entscheidenden Antrieb gaben. „Die gelehrte Kenntnis (des römischen Rechts) eilte seiner Anwendung voraus" (v. Below). Die juristische Gelehrsamkeit der Universitäten drängte schon zu einer Zeit nach Erweiterung ihres Stoffgebietes über das kirchlich=kanonische Recht hinaus, als die deutschen Gerichte noch längst keinen nennenswerten Bedarf an romanistisch geschulten Juristen besaßen. Freilich: allein aus den Bedürfnissen der gelehrten Theorie läßt sich nicht einmal die Gründung legistischer Lehrstühle an den deutschen Universitäten zureichend erklären — noch viel weniger die ungeheure praktisch=geschichtliche Auswirkung der Rezeption: die Überfremdung des gesamten deutschen Rechtslebens seit dem 16. Jahrhundert. Sie wurde erst dadurch möglich, daß die Zersplitterung und Erstarrung des deutschen Rechts und Gerichtswesens (eine Folge unserer unglücklichen staatlichen Entwicklung) das gelehrte fremde Recht nicht als Fremdkörper, sondern als bequemes Hilfsmittel der neuen territorialstaatlichen Ordnung erscheinen ließ.

Daß neben dem kanonischen auch das weltliche Recht durch eigene Lehrstühle vertreten sei, gehörte nicht unbedingt zum Begriff einer vollständigen mittelalterlichen Universität. Nur in Italien war das legistische Studium alteingesessen — in den wichtigsten Rechtsschulen sogar älter als das kanonistische. Aber die ältesten deutschen Universitäten folgten ja mehr dem Vorbild von Paris als dem von Bologna. Und den Parisern hatte Honorius III. das Studium des Zivilrechts gänzlich verboten. Grundsätzlich war es den Priestern überhaupt untersagt — schon deshalb, weil die Bestimmungen des alten Kaiserrechts über das Verhältnis von Staat und Kirche sich mit der kurialen Theorie durchaus nicht vertrugen. Freilich gab es von diesem Verbot viele Ausnahmen. Es geriet schon im 13. Jahrhundert mehr und mehr außer Übung. Die ältesten deutschen Universitäten aber bewährten ihren streng päpstlichen Charakter auch darin, daß sie zunächst lange Zeit praktisch (wenn auch nicht theoretisch[1]) auf die Einrichtung legistischer Lehrstühle verzichteten. Freilich nicht überall: in Köln war das römische Recht von Anfang an regelmäßig vertreten; dort besaß man auch seit 1394 ein päpstliches Privileg, nach dem jeweils bis zu 20 Geistliche gleichzeitig das

---

[1] Stiftungsbrief Ruprechts I. für Heidelberg: U.B. I, 5, 3. 15 im Gegensatz zur Gründungsbulle Urbans VI., ebd. p. 3, 3. 45. Auch spricht der Amtseid der Magister 1386 U.B. I, p. 14, 3. 15 ohne weiteres von „jus utrumque"! Vgl. auch oben S. 65.

Kaiserrecht dort studieren durften[1]. Überhaupt scheint es, daß die Kölner Juristenfakultät des 15. Jahrhunderts eine Ausnahmestellung in Deutsch= land einnahm, nach Zahl der Lehrer wie nach Vielseitigkeit des Unter= richts: sie besaß neben drei kanonistischen zwei legistische Lehrstühle mit fester Besoldung, dazu eine große Zahl weiterer, von Privatpfründen leben= der Professoren (durchschnittlich 12—16). Als Ziel des legistischen Unter= richts wurde hier noch 1457 ausdrücklich bezeichnet: den Klerikern das Ver= ständnis des kanonischen Rechts (durch gründliche Kenntnis der römischen Rechts= und Prozeßformen) zu erleichtern[2]. Das war ein legitimer Zweck, dem zunächst wohl fast alle Deutschen zustrebten, die sich in Italien oder Orleans legistische Kenntnisse holten. Wie notwendig sie den Kanonisten erschienen, zeigt u. a. der Bücherbestand der ältesten Heidelberger Biblio= theken: sie weisen nicht wenige legistische Text= und Handbücher aus dem Nachlaß des Marsilius von Inghen, des Wormser Kantors Colinus u. a. m. auf.

Indessen das geistliche Interesse blieb nicht das einzige. Neben den Stiftskanonikern und Anwärtern auf Bischofsstühle sieht man im Lauf des 15. Jahrhunderts allmählich auch Laien nach Italien pilgern, um dort den Ehrentitel eines Doctor legum oder juris utriusque zu erwerben. Je sel= tener er in Deutschland zunächst war, um so höher stand er im sozialen An= sehen — weit über der Magisterwürde einer deutschen Fakultät. Wer immer nach ansehnlichen Stellen im Staats= und Hofdienst deutscher Fürsten, als Sachwalter deutscher Städte oder geistlicher Stifter strebte, tat gut dar= an, sich mit dem italienischen Doktorhut zu schmücken. Italien war nun einmal — und blieb es noch für Jahrhunderte — das eigentliche Mutter= land juristischer Gelehrsamkeit im Abendland. Mit Italien hängt denn auch alles zusammen, was von den Anfängen legistischer Studien in Heidel= berg berichtet wird.

Von Anfang an gab es hier einzelne Graduierte des römischen Rechtes, von denen aber keiner als Lehrer tätig war. Von dem abenteuerlichen Aragonesen Mathäus Clementis, päpstlichem Protonotar und römischem Doktor, der hier Anfang 1388 vorübergehend auftauchte, ist das zweifel= haft[3]. Die Regierung Ruprechts II. scheint dem Kaiserrecht geradezu feind=

---

[1] Keussen, Die Kölner Juristenfakultät im Mittelalter. Festschr. 3. Kölner Juristentag 1913.

[2] Bianco, I,166, danach Stölzel, Gelehrtes Richtertum (1872), 87.

[3] S. Exkurs 10!

lich gewesen zu sein[1]. Dagegen hat die Universität als solche das Fehlen
eines legistischen Lehrstuhles von Anfang an als Mangel betrachtet. In
dem großen Rotulus von 1401 bat sie (ohne Erfolg) ausdrücklich um die
Erlaubnis für ihre geistlichen Mitglieder und Benefiziaten, trotz der ent=
gegenstehenden kanonischen Bestimmungen Zivilrecht und Medizin zu stu=
dieren und in beiden Fakultäten akademische Grade zu erwerben[2]. Unter
König Ruprecht stand ihr dessen Protonotar und Rat Job Vener aus Straß=
burg, Lizentiat und später Doktor beider Rechte, besonders nahe[3]. Er hatte
nur einen Teil seines Studiums in Heidelberg absolviert, blieb aber auch
nach seiner (wohl im Ausland erfolgten) Promotion mit der Universität
in enger Verbindung, fühlte sich weiter als ihr Mitglied, tritt gelegentlich
als Zeuge in einer Rektoratsabrechnung auf, später auch als Promotor
seines Bruders — freilich nur ehrenhalber, nicht als Ordinarius. Eine
ähnliche Rolle spielte unter Ludwig III. der kurfürstliche Rat Johann Kirch=
heim der Jüngere, Doktor des weltlichen Rechts, dem König Sigmund
zusammen mit seinem Vater, einem königlichen Protonotar gleichen Na=
mens, 1422 den Titel eines „comes palatinus" und später ebenfalls den
Protonotartitel verlieh. Er kann an der Universität nicht gelehrt haben,
da er in deren Akten nur ein einziges Mal erscheint: als Promotor des
späteren kurfürstlichen Kanzlers und Wormser Dompropstes Ludwig von
Ast, den wir bereits als Sprecher der Gesandtschaft des Kurfürstenkollegs
an Eugen IV. 1433 und an König Albrecht 1438 kennen lernten[4]. Dieser
Kölner Magister artium, aus einer Familie von offenbar italienischer Ab=
stammung, in Heidelberg 1423 immatrikuliert, wird seine legistischen Stu=
dien in Italien betrieben haben; in Heidelberg konnte er nur kanonistisches
Recht lernen. Gleichwohl wurde er hier 1427 zum Bakkalar, 1428 zum
Doktor beider Rechte promoviert, als „primus hic in legibus promotus",
und zwar durch Zusammenwirken der Heidelberger Kanonisten mit Joh.
Kirchheim, dem kurfürstlichen Rat und Legisten. Es war ein großes, beson=
ders feierlich begangenes Ereignis, für uns vor allem deshalb interessant,

---

[1] Wortlaut der sog. rupertin. Konstitution bei Tolner, Cod. dipl. Palat, p. 139.
Dazu vgl. die Übergehung der Fakultät „weltlicher Rechte" in sämtlichen Urkunden
Ruprechts II., während sie unter Ruprecht III. 1398 sofort wieder genannt wird!

[2] U.B. I, 25, Z. 25—27; 80, Z. 29—35.

[3] Über ihn vgl. außer Thorbeckes Notizen a. a. O.: Chmel, Regesta Ruperti
u. RTA. IV—VI, Register. Ferner oben S. 259, N. 2.

[4] S. oben S. 299, N. 1 u. S. 307 (Kap. 13). Ferner vgl. über ihn und seinen
Promotor Joh. Kirchheim den Exkurs 10!

weil er das starke Interesse des pfälzischen Hofes für die Gewinnung legi=
stisch gebildeter Juristen deutlich erkennen läßt. Ein regelmäßiger Unter=
richt in weltlichem Recht kam indessen auch jetzt noch nicht zustande. Wir
hörten schon früher die Klage der Universität darüber im Zusammenhang
der Reformvorschläge von 1444[1]. Man geht wohl nicht fehl mit der Ver=
mutung, damals habe das Kölner Vorbild (ähnlich wie in der Artisten=
fakultät) eine gewisse Rolle gespielt[2]. Jedenfalls forderte man jetzt, was
die Kölner schon besaßen: zwei legistische Lehrstühle neben den drei kanoni=
stischen. Friedrich I. erfüllte diesen Wunsch in der Reformation von 1452,
dem Werk des Kanonisten und Kanzlers Johannes Guldenkopff. Eine
Doktorpfründe für die Lektur des Kodex und eine Lizentiatenpfründe für
die Institutionen wurde begründet[3].

Die Verbindung zwischen Universität und kurfürstlicher Regierung ist
in Heidelberg so eng, daß es vergebliches Bemühen wäre, zu fragen, ob
der entscheidende Anstoß zur Einführung des weltlichen Rechts mehr von
der einen oder mehr von der anderen Seite gekommen ist. Während noch
unter König Ruprecht die pfälzische Politik hauptsächlich von Theologen
beraten wird[4], sind schon unter Ludwig III. akademisch gebildete Juristen
in den Vordergrund getreten. Aus dem juristisch gelehrten „Oberschreiber"
(Protonotar) ist ein „Kanzler" geworden: der Mittelpunkt aller inneren
Staatsgeschäfte. Ein in Italien geschulter, humanistisch gebildeter Doktor
beider Rechte, Ludwig von Ast, dient als diplomatischer Unterhändler und
Orator, ein Professor des Kirchenrechts wird zum Kanzler berufen. Und
seit der Jahrhundertmitte sieht man Regierung und Universität eifrig be=
müht, durch Entsendung von jüngeren Heidelberger Gelehrten auf italie=
nische Rechtsschulen sich einen ständigen Nachwuchs von gelehrten Kennern
des römischen Rechts zu sichern[5]. Ein Heidelberger Bürgersohn aus der

---

[1] S. oben S. 378.

[2] In dieser Vermutung bestärkt mich die Tatsache, daß 1443/44 zwei nieder=
rheinische, in Italien promovierte Legisten immatrikuliert wurden, einer davon mit
besonderen Ehren: Thorbecke, a. a. O. Ferner ist zu beachten, daß Joh. Rysen,
der juristische Lehrer des reformierenden Kanzlers Guldenkopff, von Köln herkam.

[3] Vgl. oben S. 386 u. U.B. I, 164. Die Lizentiatenpfründe war sehr bescheiden
besoldet: außer freier Wohnung und Kost im Artistenkolleg nur 30 fl. Jahreseinnahmen
aus der Pfründe zu Mosbach: Adam Werner von Themar an Konr. Celtis 1499: Zs.
f. vgl. Literaturgesch., N. F. 5 (1892), S. 235.

[4] Vgl. oben Kap. 12; für das Folgende Kap. 13, bes. S. 298f.

[5] Diese Tatsache scheint der Meinung von Belows, Die Ursachen der Rezeption
d. röm. Rechts, 1905, S. 119ff., zu widersprechen, den deutschen Landesherren sei

Gefolgschaft der Herzöge, Johannes Schröder oder Hafner (Cutifiguli), der es in Heidelberg bis zum juristischen Bakkalar gebracht hatte, wurde 1452 — wohl auf fürstliche Unkosten — nach Pavia geschickt, kehrte von dort 1455 als Doktor zurück und übernahm als erster Inhaber die neu gegründete Professur für den justinianischen Kodex[1]. Sein Schüler und Nachfolger Joh. Byssingen durfte vertragsgemäß den Lehrstuhl erst übernehmen, nachdem er sich, mit einem Stipendium der Universität versehen, ebenfalls in Italien den Doktorhut geholt hatte. Und auch dessen Nachfolger Peter Wacker (Vigilius) von Sinsheim holte die fehlende Doktorpromotion in Pavia nach. In Italien hatte auch Johannes Wildenhertz aus Fritzlar studiert, der als erster Doktor beider Rechte die kanonistische Hauptprofessur versah. Wer aber auf italienischen Hochschulen studierte, brachte von dort auch zumeist ein Stück humanistischer Eloquenz, zum mindesten aber Respekt vor der neumodischen weltlichen Bildung, oft auch echte humanistische Bildungsinteressen mit nach Hause.

Die Rezeption des römischen Rechts war, gewollt oder ungewollt, ein wichtiger Schritt auf dem Wege der Säkularisierung des Staates, seiner Losreißung von der alles überschattenden kirchlichen Autorität. Nicht zufällig beginnt sie in Heidelberg in demselben Jahrzehnt, in dem sich der früher geschilderte schwere Konflikt zwischen der pfälzisch-mainzischen Politik und der Kurie vorbereitete, in dem Kurfürst Friedrich und Erzbischof Diether eine Losreißung Deutschlands vom Joch des kaiserlichen Konkordats, eine Erneuerung der konziliaren Opposition unter Verwendung weltlicher, nationalpolitischer Schlagworte planten. Es war die Zeit, in der die großen Juristen Gregor Heimburg, Martin Mayer und Heinrich Leubing, Vertreter einer neuen, wesentlich säkularen Staatsgesinnung, dem deutschen Fürstenstand zeigten, wie schneidig sich die Waffe juristischer Gelehrsamkeit gebrauchen ließ im publizistischen Streit um die Erweiterung staatlicher Hoheitsrechte.

Seit 1459 kamen in Heidelberg die ersten legistischen Promotionen in Gang. 1469 erwirkte die Universität von Papst Paul II. eine Dispens von

es nur auf die Heranziehung von Juristen, einerlei ob kanonischer oder legistischer Vorbildung, angekommen. Allerdings spielte hier die Notwendigkeit mit, den einmal gegründeten Lehrstuhl nun auch dauernd zu besetzen. — Für das Folgende s. Thorbecke, S. 100.

[1] Die von Thorbecke, a. a. O., Anm. 271 zitierte Leichenrede ist in langen Partien nur eine wörtliche Kopie der Rede des Jod. Calw auf Joh. Wildenhertz in P.L.V. 362.

allen kanonischen Verboten des legistischen Studiums für Kleriker: fünf Jahre lang sollten sie in Heidelberg römisches Recht hören können. Trotz= dem blieb zunächst das Übergewicht der kanonistischen Studien erhalten, und die neuernannten Professoren für römisches Recht drängten beim Frei= werden der einträglicheren kanonistischen Stellen in diese hinein. Aber um die Jahrhundertwende kehrte sich das Verhältnis um: mehr und mehr wurde es üblich, die juristischen Grade im Kaiserrecht oder in beiden Rechten zu erwerben. Zu Anfang des 16. Jahrhunderts war es kaum noch ein Fünftel der Promovenden, die sich mit dem Grad des Lizentiaten im Kirchenrecht begnügten[1]. Die allgemeine Verweltlichung des Studiums, die wir schon früher (im 4. Kapitel) beobachteten, setzte sich auch auf diesem Gebiete sichtbar durch.

Deutlich ist auch zu erkennen, wie seit der Einführung des weltlichen Rechts die Zahl der Heidelberger juristischen Promotionen allmählich über= haupt zunimmt. Vergleicht man ihr prozentuales Verhältnis zur Gesamt= zahl der Immatrikulierten, so zeigt sich eine stetige Abnahme bis etwa 1460, danach wieder eine langsame Zunahme, die bald nach der Jahrhundert= wende in ein schnelleres Tempo gerät[2]. Natürlich ist das kein Zufall. In= zwischen war die Nachfrage nach akademischen Juristen in der Verwaltung der Territorien und Städte und in den Gerichten höheren Grades erheb= lich gestiegen: die eigentliche „Rezeption" des römischen Rechtes, d. h. seine Überführung in die Praxis, kam allmählich in Gang.

Vereinzelt waren die Heidelberger Juristen schon früher an prozessualen Entscheidungen beteiligt worden: durch Gutachten (Konsilien) Einzelner

---

[1] Nach einer Zusammenstellung Thorbeckes in dessen handschriftl. Nachlaß pro= movierten in Heidelberg 1492—1512 zum bacc. jur. insgesamt 96 Studierende, davon im kanon. Recht 23 (= 24%), im weltl. Recht 19 (= 19%), in beiden 54 (= 56%); zum lic. jur. 38, davon entsprechend im kanon. Recht usw. 7 (= 18%), 6 (= 15%), 25 (= 65%). Die Vergleichszahlen für den Zeitraum 1459—92 gibt Thorbecke in f. Text S. 101. Es sind insgesamt 90 bacc. jur., davon 55 (= 61%) can., 13 (= 14%) leg., 22 (= 24%) u. j. Zum Dr. jur. promovierten 1492—1512: 2 can., 2 leg., 9 u. j.; entsprechend 1459—92: 7 can., 6 u. j. Das gegenseitige Verhältnis verschob sich bis 1522 noch weiter zuungunsten des kanon. Rechts; f. d. Zahlen bei Thorbecke, N. 283. Seit 1523 hörten überhaupt die Promotionen im Kirchenrecht auf.

[2] Ich berechne (unter Zuhilfenahme der Scharnkeschen Dissertation, p. 32) den Anteil der in Heidelberg Promovierten an der Gesamtzahl aller im gleichen Zeitraum Immatrikulierten folgendermaßen: 1409—19 bacc. jur. 2,9%; lic. jur. 1,5%; ent= sprechend 1449—63: 2,0% bzw. 0,8%; 1471—85: 2,2% bzw. 0,8%; 1505—15: 2,9% bzw. 1,4%.

oder auch der ganzen Fakultät[1]. Unter Friedrich I. wurden sie zu unmittelbarer Mitwirkung an einer wichtigen Gerichtsreform berufen. Das Bestreben dieses tatkräftigen Regenten, gegen geistliche Gerichte, kaiserliche
Landgerichte und gegen die Einmischung der westfälischen Vehme seine
eigene Gerichtshoheit beständig auszudehnen und innerlich zu befestigen,
tritt in vielseitigen Maßnahmen hervor. Das wichtigste war die Einsetzung
eines ständigen Hofgerichts 1462[2], das neben seiner herkömmlichen Tätigkeit als Lehns- oder Mannengericht für Ritterbürtige künftig auch als
oberstes allgemeines Landgericht, d. h. als Appellationsinstanz für alle
Stände fungieren sollte. Es tagte viermal im Jahr unter dem Vorsitz des
adligen Hofrichters (als solcher erscheint 1465 der Bischof von Worms) und
zählte unter seinen Beisitzern regelmäßig einige Rechtsgelehrte, darunter
gewöhnlich einen Professor der Heidelberger Fakultät oder zwei. Anfangs
wurden diese, wie es scheint, wechselnd und nach Gelegenheit herangezogen.
Die Entwicklung führte indessen überall dahin, daß die gelehrten Beisitzer
der Hof- und Landgerichte allmählich das Übergewicht über die rechts-
ungelehrten, adligen erlangten. So auch in Heidelberg im Lauf des
16. Jahrhunderts. Schon unter dem Neffen und Nachfolger Friedrichs,
dem Kurfürsten Philipp, wurde die Teilnahme der Professoren stark erweitert und fest geregelt. Durch ein Dekret von 1498, das vom Dekan der
Fakultät angeregt war, ernannte der Kurfürst alle fünf Ordinarien der
Fakultät als „gelehrte Räte" zu beständigen Mitgliedern des Hofgerichts.
Wenn dieses in den Fakultätsferien tagte, sollten sie alle miteinander an
den Sitzungen teilnehmen, andernfalls diejenigen, die vormittags lasen,
jeweils am Nachmittag und umgekehrt. Zur Vorbereitung dieser Sitzungen

---

[1] Beispiele für Letzteres: Erbietung des Deutschmeisters in Stralsund für sich und
die Livländer an die Bevollmächtigten des Hochmeisters auf verschiedene jurist.
Fakultäten, darunter Heidelberg: Keussen, Urkundenbuch der Univ. Köln nr. 684
nach Liv.-Est.- u. Curländ. Urk.buch IX (1889) nr. 465. — Rechtsgutachten für Kloster
Gnadenthal über die Erbfähigkeit geistlicher Personen, um 1450: s. ob. S. 224, N. 3 u.
U.B. II, 356.

[2] Dieses Datum, das Tritheim überliefert, wird von Karlowa, Über d. Rezeption des röm. Rechts in Deutschland, mit bes. Rücksicht auf Churpfalz (Heidelberger
Festrede z. 22. 11. 1878), S. 37, N. 24 als das wahrscheinlichste erwiesen. Die von
Mathias von Kemnat angegebene Jahreszahl 1472 könnte sich auf den Erlaß einer
Hofgerichtsordnung od. dgl. beziehen. — Über die rechtsgeschichtliche Bedeutung und
den Ursprung der „Hofgerichte" am besten noch immer Stölzel, Entwicklung des
gelehrten Richtertums I (1872), 243ff.

ſollten die Akten aller vorkommenden Prozeſſe den Profeſſoren regelmäßig
zugeſtellt werden. Jeder von ihnen ſollte ſein ſchriftliches Gutachten auf=
ſeßen, die Fakultät unter dem Dorſiß des Dekans jeweils am Donnerstag
oder ſonſt an Dakanztagen darüber Ratſchlag halten und ſich auf eine
gemeinſame Sentenz zu vereinigen ſuchen[1].

Man ſieht: das ſchriftliche Derfahren der römiſchen Prozeßform hat
ſich ſchon zu dieſem Zeitpunkt am Ḩofgericht vollſtändig durchgeſeßt. In=
folgedeſſen erſcheint die Mitwirkung der gelehrten Juriſten ganz unent=
behrlich. Kurfürſt Philipp verſprach ſich davon nicht nur ein höheres Maß
von Rechtsſicherheit, ſondern zugleich eine ſtarke Anregung für den Lehr=
betrieb: „damit die legenten ſich auch in practic erſehen und deſtmer ge=
urſacht werden, fliß zu thon.“ Aber welche Arbeitslaſt bürdete er damit
ſeinen Profeſſoren auf! Überdies blieb es nicht bei der Abgabe von Kon=
ſilien zum Ḩofgericht. Immer häufiger wurden die Fälle, in denen die
Profeſſoren zu Derwaltungsgeſchäften, zum Austrag von Rechtshändeln
mehr politiſcher Natur, zu Reiſen u. dgl. gebraucht wurden. Mit einer
regelmäßigen Lehrtätigkeit war das alles ſchwer zu vereinigen, und recht
häufig mußte die Regierung die Univerſität um Urlaub für die von ihr
beanſpruchten Dozenten bitten[2]. Manche von ihnen benüßten die Ferien,
wie es ſcheint, um ſich durch Abreiſe der läſtigen Teilnahme am Ḩofgericht
zu entziehen. Deshalb beſtimmte der Kurfürſt 1503, die Ferien ſollten
zwiſchen die Tagungszeiten des Ḩofgerichts gelegt und die Dorleſungen ſo
eingerichtet werden, daß zu jeder Sißung des Ḩofgerichts zwei feſt beſtimmte
Dozenten, je ein Legiſt und ein Kanoniſt, deputiert werden könnten[3]. Bei
dieſer Beſchränkung blieb es dann auch in den nächſten Jahrzehnten. Doch
ſind es ſeit 1522 nur noch zwei Legiſten, die beſtändig zum Ḩofgericht und
zu Derwaltungsgeſchäften gebraucht werden ſollen; allen übrigen wird
zugeſagt, daß man ſie zu den Stunden ihrer Lehrtätigkeit mit ſolchen Ge=
ſchäften verſchonen wird.

Es ſcheint nach alledem, daß die Zahl der verfügbaren juriſtiſchen Rat=
geber um die Jahrhundertwende bei raſch wachſendem Bedarf bereits an=
fing knapp zu werden. Eifrig war denn auch Kurfürſt Philipp bemüht,

---

[1] U.B. I, nr. 149.
[2] Beiſpiele: U.B. II, 548, 564, 601, 607—09, 614 uſw.
[3] A.u. IV, 3. Wortlaut bei Karlowa a. a. O. 38, N. 26 nach Wundt, Pro-
gramma de origine et progressu fac. iurid. II, p. 16f.; von Thorbecke, N. 291 zu
S. 103 m. E. mißverſtanden.

das juristische Studium zu mehren und zu bessern; keiner Fakultät hat er
so viel Sorgfalt angedeihen lassen wie dieser. Zunächst bemühte er sich,
einen zweiten Lehrstuhl für die wichtigste der kanonistischen Lekturen, die
Dekretalenvorlesung zu beschaffen; sie behandelte u. a. das romanistische
Prozeßverfahren und war darum für jeden Juristen unentbehrlich[1]. Die
Universität sollte dafür aus ihren Einkünften 60 Gulden bereitstellen. Aber
sie machte Schwierigkeiten und versteckte sich (wie es scheint) hinter angeb=
lichen kanonistischen Bestimmungen oder päpstlichen Privilegien. Auch ein
direkter kurfürstlicher Befehl, der etwaige Schwierigkeiten in Rom auf
diplomatischem Wege zu beseitigen versprach, blieb ohne Erfolg. Schließ=
lich einigte man sich dahin — auf Anregung der Studierenden, wie es
heißt — die unnütz gewordene, weil veraltete Lektur des Dekrets eingehen
zu lassen und dem dafür bestimmten Professor eine zweite Lektur der
Dekretalien zu übertragen. Ausdrücklich wurde dafür die päpstliche Ge=
nehmigung eingeholt. Ob dieser Wechsel praktisch durchgeführt worden
ist, sieht man nicht deutlich. Formell blieb jedenfalls der Lehrstuhl für das
Dekret zunächst noch bestehen, erscheint aber seit der „Reformation" Lud=
wigs V. von 1522 nicht mehr in den Akten. Er wurde durch eine weitere
legistische Professur ersetzt.

Eine Verstärkung des weltlichen Rechts war der zweite Schritt, den die
Reformpolitik Kurfürst Philipps 1498 unternahm. Er beabsichtigte ur=
sprünglich nach Analogie des Artistenkollegs ein Studienhaus für die Ju=
risten zu gründen, ließ dafür Statuten entwerfen und setzte aus kirchlichen
Pfründen, die er (mit Zustimmung Bischof Dalbergs) der Universität neu
inkorporierte, 200 Gulden jährlich aus: davon sollten zwei Legisten, und
zwar Doktoren, besoldet werden, die als Bursenvorstand zu fungieren, in
der Burse zu wohnen und täglich einmal darin zu lesen hätten[2]. Auch eine
„lectio humanitatis" sollte (nach dem Statutenentwurf) für die Burse ein=
gerichtet werden; kein Geringerer als Jakob Wimpfeling wurde zu diesem
Zweck berufen[3]. Zuletzt ist aber — nach längeren Verhandlungen — aus

---

[1] Siehe ob. S. 218, dazu U.B. II, 544, 547; U.B. I, nr. 448.

[2] U.B. I, nr. 145, 147. Statutenentwurf (wohl der in U.B. I, nr. 147 geforderte):
Hautz, II, 408; Wundt, a. a. O. II, 14f.; Thorbecke, 102. Sehr auffallend ist,
daß U.B. I, 201, Z. 36ff. nur von bischöflicher, nicht päpstlicher Genehmigung der
Pfründeninkorporation die Rede ist.

[3] Hautz, II, 408; Riegger, Amoenitates literariae Friburgenses (1775), 423
(autobiograph. Bericht in der Expurgatio). Wenn der Statutenentwurf die lectio

der Stiftung doch nichts geworden. Vielleicht fehlte es an Geld, vielleicht
erwies sich auch die halbklösterliche Lebensordnung der Bursen als unge=
eignet für die weltliche Gesinnung der juristischen Studenten, zumal derer
von Adel — jedenfalls verlautet vom Bestehen einer Juristenburse gar
nichts mehr[1]. Nur eine dritte legistische Professur wurde eingerichtet: für
die Pandekten. Kurfürst Philipp betrachtete sie als seine persönliche Stif=
tung und verfügte darüber, ohne die Universität vorher zu fragen. Der
Inhaber sollte in erster Linie dem Hofe als kurfürstlicher Rat verpflichtet
sein, erst in zweiter Linie, sozusagen im Nebenamt, sich als Mitglied der
akademischen Korporation betrachten. Dem entsprach es, daß bald
ein Adliger auf den neuen Lehrstuhl berufen wurde: 1498 erschien
Johann von Dalheim, Doktor der Universität Siena, 1499 der pfälzische
Ritter Florentius von Denningen, der noch unter Ludwig V. als kur=
pfälzischer Kanzler eine große Rolle gespielt hat[2]. Ein neuartiger Gelehr=

---

humanitatis „non tamen per religiosum" vorsah, so könnte sich das etwa gegen
Jacobus Dracontius richten, der humanistische Übungen in der bursa nova abhielt.

[1] Was Hautz, I, 334 darüber aus späteren Nachrichten sich zusammenreimt, ist
ohne Wert.

[2] Thorbecke, 102, N. 282 bezieht sich auf a.u. III, 392 betr. Berufung Dal=
heims; dort ist von Dalheim aber gar nicht die Rede. Statt dessen melden a. u. III,
376ᵛ unter dem 1. 4. 98: Joh. Dalheim, novellus doctor, bittet immatrikuliert zu
werden unter Einschränkung des Eides, sofern dieser zum Gehorsam gegen den Rektor
verpflichtet: „salvis quibuscumque iussionibus principis et suorum heredum et his,
que mihi ex fundatione lecture mee incumbunt." Diese Einschränkung habe der
Fürst verlangt; sie wird aber von der Universität für unnötig erklärt. Weiter fordert
Dalheim, bereits vor seiner Immatrikulation (die erst am 20. 6. erfolgte, Toepke, I,
429), seine schon angekündigte öffentliche Antrittsvorlesung halten zu dürfen, was auf
Wunsch des Kurfürsten auch bewilligt wird. Letzterer forderte am 27. 3. bei den
Artisten die Einräumung des großen Hörsaals für Dalheim: U.B. II, 562. Vgl. auch
Wundt, a. a. O., II, 14f. — Bestallungsurkunde für Florentius von Denningen vom
26. 12. 1499: Pfälz. Copialbuch 818, Bl. 424. Der Kurfürst ernennt ihn darin zum
Hofrichter und verleiht ihm „die new lectur inn keyserlichen rechte inn unnserm studio
und universitet zu Heydelberg uff zwey jar." Die Besoldung beträgt 200 fl. jährlich
— also die ganze 1498 für zwei Legisten vorgesehene Summe! (G.L.A. Karlsruhe;
Notiz auch bei Häusser, I, 455.) Über seine Lehrtätigkeit berichtet Jacob Spiegel in
Lex. iur. civil. 1539: me admodum adolescente leges Heidelbergae profitebatur
magna cum laude. Das Regest U.B. II, 577 (20. 10. 1500) ist irreführend. Nach
a.u. III, 403—04 handelt es sich nur um eine Veränderung der Vorlesungsstunde für
Denningen, die der Kurfürst wünscht, die aber der Universität unmöglich erscheint.
Denningen erklärt, an dem betr. Schreiben des Fürsten unschuldig zu sein; er sei

tentypus zog damit in die Hochſchule ein — der Typus des weitgereiſten
Kavaliers von weltmänniſch=humaniſtiſcher Bildung und herrenmäßigem
Auftreten.

———————

Der betont geiſtliche Charakter des Studiums, der das Eindringen welt=
lichen Rechts auf deutſchen Univerſitäten ſo lange verhindert hatte, lähmte
auch die freie Entwicklung der mediziniſchen Wiſſenſchaft. An dem
kümmerlichen Vegetieren der Heidelberger mediziniſchen Fakultät hat ſich
auch durch die Reform von 1452 noch nichts geändert. Es iſt ſogar zweifel=
haft, ob die von ihr geſchaffene zweite Lehrſtelle (für einen Lizentiaten
oder Bakkalar) regelmäßig beſetzt worden iſt. Jedenfalls fand der huma=
niſtiſche Wanderpoet Peter Luder noch 1458 Anlaß zu ſeinem kritiſchen
(ſchon früher zitierten) Wort: Heidelberg ſei ein „medizinfreier Ort". Auch
aus den Spargeldern, welche die Stifter der Armenburſe von 1452 aus
deren Überſchüſſen ſammeln und für die Einrichtung von drei mediziniſchen
Lekturen (über Avicenna, Hippokrates und Galen) verwenden wollten[1],
ſcheint nichts geworden zu ſein. Außer dem Geldmangel war ein Haupt=
hindernis jeder Reform der allzu enge Kreis der Perſönlichkeiten, die zur
Beſetzung der Lehrſtühle zur Verfügung ſtanden. Längſt war die Medizin
eine Laienwiſſenſchaft geworden, und der klerikale Charakter der Profeſ=
ſuren hielt die beſten Leute fern. Das hat ſchon Friedrich I. klar erkannt.
Er erwirkte in Rom eine Bulle, die es geſtattete, auch einen verheirateten
Laien in den Genuß der geiſtlichen Pfründeneinkünfte des erſten medi=
ziniſchen Lehrſtuhls zu ſetzen (1475[2]). Sein Nachfolger Philipp ſuchte prak=
tiſchen Nutzen daraus zu ziehen, als die Profeſſur 1481 durch den Tod
des hochbetagten Erhard Knab von Zwiefalten endlich frei wurde. Er
wünſchte ſie mit einem Laien, Dr. Jodokus von Gengen, zu beſetzen, ſtieß

———————

gern zur Anpaſſung an die Wünſche der Univerſität bereit, wie auch in früheren
Semeſtern, müſſe ſich aber nach der Entſcheidung des Fürſten richten, der dieſe Lektur
errichtet habe! Alſo fürſtliches Eingreifen ſogar in die Einzelheiten des Lektions=
planes!

[1] U.B. I, 169, 3. 11—18.

[2] U.B. II, 467. Das Heiraten der Magiſter wird um dieſelbe Zeit auch an anderen
deutſchen Univerſitäten beobachtet; z. B. in Jngolſtadt: vgl. G. Bauch, Anfänge des
Humanismus in Jngolſtadt (1901), S. 26.

aber auf erbitterten Widerstand der Universität, die sofort einen Schüler
Erhards, Dr. Martin Rentz von Wisensteig, zu dessen Nachfolger gewählt
hatte und gegen das Eindringen eines Laien in ihre Korporation sich aus
grundsätzlichen Bedenken sträubte. Trotz jener päpstlichen Dispens fand
sie es auch unmöglich, kirchliche Einkünfte unmittelbar einem Laien zuzu=
wenden. Nach langen Verhandlungen wurde die Stelle mitsamt ihren Pfrün=
deneinkünften geteilt; Martin Rentz rückte aus seinem früheren Nebenposten
(als medizinisches Mitglied des Artistenkollegs) in die Hauptprofessur, das
Dekanat und den Universitätsrat auf, erhielt aber Dr. Jost als Kollegen
aufgenötigt (1482/85). Der rein klerikale Charakter der Universität war
damit an einer wichtigen Stelle durchbrochen[1]. Der medizinischen Fakultät
war freilich nicht auf die Dauer geholfen: gleich nach dem Tod Martins
und Josts (1503/04) erneuerte sich die Schwierigkeit, einen tüchtigen Arzt
für die kümmerlich besoldete, nun auch noch geteilte Stelle zu gewinnen.
Und weiteren Versuchen der Regierung zur Säkularisierung des Studiums
setze sich die Universität nach wie vor entgegen. Der Wunsch des Kur=
fürsten, die Artisten möchten einen verheirateten Bursenregenten in seiner
Stelle belassen, wurde 1482 abgeschlagen[2]. Gleichwohl: der Weg war ein=
mal beschritten, der aus den alten klerikalen Lebensordnungen ins Freie
führen konnte. Es kam nur auf die Energie an, mit der man vom Hofe
her auf ihm weiterdrängte.

Hier aber hatte sich längst eine neue geistige Welt aufgetan, unter Füh=
rung des jungen geistreichen Kanzlers Johann von Dalberg, dessen Hand
man wohl schon in vielen der soeben besprochenen Maßnahmen zur akade=
mischen Studienreform vermuten darf. Der Humanistenkreis, den er um
sich sammelte, wurde rasch das wichtigste Zentrum der neuen, von Italien
herüberkommenden Bildung in Deutschland. Hier, wo die scholastisch=
klerikalen Bildungsideale des Mittelalters verblaßten, stand man recht
eigentlich auf der Schwelle zwischen alter und neuer Zeit. Legisten und
Mediziner aber, die in Italien ihre wissenschaftliche Ausbildung empfingen,
hatten das Eindringen humanistischer Bildungselemente in die deutsche
akademische Welt schon seit Jahrzehnten vorbereitet.

---

[1] U.B. II, 467, 482, 490—93, 501; Thorbecke, 97.

[2] U.B. I, nr. 136. Ungemein bezeichnend ist der folgende Eintrag im Fakultäts=
buch der Artisten vom 9. 6. 1480 (unter dem Dekanat Wimpfelings!): Quidam magister, qui duxit uxorem nondum consummato matrimonio, iudicatus est ydoneus
ad deponendum pro quodam baccalariando (a.f.a. II, 100).

Indem wir den Vorgang dieser zweiten, nicht minder wichtigen Rezeption romanischen Kulturgutes verfolgen, führt unsere Erzählung bis
unmittelbar an die Grenze der hier behandelten Geschichtsepoche heran:
an die Grenze, wo der unaufhaltsame Verfall des mittelalterlichen Generalstudiums deutlich sichtbar wird.

Neunzehntes Kapitel

Eindringen humanistischer Bestrebungen. Der Musenhof Kurfürst Philipps (1476—1508) und die Universität

I.

Das gegenseitige Verhältnis von Scholastik und Humanismus ist dem gereizten Selbstgefühl humanistischer Autoren vielfach als unbedingter und ausschließender Gegensatz erschienen. Ihren verzerrten Schilderungen folgend und ohne nähere Kenntnis vom Wesen spätscholastischer Wissenschaft haben auch neuere Geschichtschreiber sich nicht genug tun können im Tadel der barbarischen Unwissenheit und Verständnislosigkeit, mit der die ersten Humanisten, frühe Vorboten einer neuen, helleren Geistesepoche, auf deutschen Universitäten zu kämpfen gehabt hätten. In Wahrheit ist weder das Dunkel auf der einen Seite so tief noch das Licht auf der anderen so hell gewesen, wie sie glaubten. Wer sich genauer umsieht in der Geschichte unserer Hochschulen, der findet zwar mancherlei kleinlichen Streit um akademische Pfründen und persönliche Reibereien aller Art, aber so gut wie nirgends Auseinandersetzungen von grundsätzlicher Bedeutung[1]. Statt dramatischer Kämpfe zwischen alter und neuer Zeit beobachten wir überall das allmähliche Eindringen humanistischer Bestrebungen — zuerst der Redeformen, dann auch der Denkgewohnheiten — in den Bereich scholasti-

---

[1] Merkwürdigerweise hat G. Bauch dieses allgemeine Ergebnis seiner sorgsamen universitätsgeschichtlichen Forschungen selber nicht bemerkt. Klarer sehen G. Kaufmann, Gesch. d. dtsch. Universitäten II, 572ff. und F. Paulsen, Gesch. d. gelehrten Unterrichts I³ (1919), 78ff. Meine eigene Auffassung habe ich — in viel weiterem Rahmen — entwickelt in meiner Abhandlung: Die geschichtl. Bedeutung des dtsch. Humanismus, H.3. 127. Die Übertreibung der Gegensätze zwischen Scholastik und Humanismus und die Überschätzung des Humanismus als Träger einer neuen Weltanschauung findet sich vor allem in der biographischen Einzelforschung, soweit sie unter dem Einfluß Burckhardtscher Ideen steht. G. Voigts klassische Darstellung ist davon noch frei.

scher Wissenschaft, bis diese ganz durchsetzt war mit fremdem Gedankengut und darüber vollends ihre Selbstsicherheit verlor. Man könnte weder behaupten, daß sich die scholastische Lehrtradition gegen den Ansturm der Neuerer behauptet habe, noch daß sie unterlegen sei. Sie wandelte sich ab, in einer stillen, unaufhaltsamen, aber niemals voll gelingenden Rezeption „humanistischer" Ideen. Wesen und Grenzen dieser Wandlung sind dadurch bestimmt, daß ein erheblicher Teil der Reformwünsche, mit denen die Humanisten auf den Plan traten, nichts grundsätzlich Neues bedeutete, sondern unmittelbar in den Zusammenhang jenes Selbstheilungsprozesses spätscholastischer Wissenschaft hineingehört, dessen verschiedene Stadien wir durch das ganze 15. Jahrhundert hindurch verfolgten[1]. Insbesondere der deutsche Schulhumanismus läßt sich fast ebensogut als eine Fortsetzung spätscholastischer Reformbemühungen wie als deren Überwindung auffassen.

Lange Zeit war es üblich, das Auftreten „humanistischer" Bestrebungen ohne weiteres als Symptom für den Durchbruch jenes neuen Welt- und Lebensgefühls zu betrachten, das der Begriff der „Renaissance" (bekanntlich einer der weitesten, inhaltreichsten und unbestimmtesten unseres historischen Denkens) umschließt: für den Durchbruch aus der strengen Gebundenheit an kirchlich-religiöse Autoritäten zu freier Menschlichkeit, aus dem Zwang einer festen Lehrtradition zu freier, selbständiger „Entdeckung der Welt und des Menschen[2]". Aber in dem gewaltigen, auf lange Zeiträume sich erstreckenden Kulturwandel, in dem sich die moderne Welt aus mittelalterlicher Gebundenheit losgelöst hat, war die Rolle des Humanismus nur die eines Mithelfers von anfänglich recht bescheidenen Funktionen. Das gilt grundsätzlich für die Italiener ebenso wie für die Deutschen. Die „Wiederbelebung des klassischen Altertums", die Erweckung eines neuen Sinns für die Schönheiten klassisch-antiker Literatur und Kunst, die das Wesen der humanistischen Bewegung ausmacht, bedeutete noch keineswegs den Durchbruch eines neuen Welt- und Lebensgefühls schlechthin. Wohl

---

[1] Vgl. oben die Übersicht zu Anfang des Kap. 17.

[2] Zum mindesten etwas von dem Emanzipationsbedürfnis des echten „Renaissancemenschen" scheint die biographische Einzelforschung des 19. Jahrhunderts bei jedem Humanisten als selbstverständlich vorauszusetzen. Wo man nichts davon entdeckt, ist man enttäuscht, spricht von der Halbheit einer Haltung, die scholastische Fesseln „noch nicht" ganz abgestreift habe und bemerkt gar nicht, daß sich spätscholastischer und humanistischer Wissenschaftsbetrieb viel mehr ihrem Gegenstand als ihrem Wesen nach voneinander unterscheiden.

hat sie diesen erleichtert: auf die Dauer war es höchst folgenreich, daß die Ausschließlichkeit der mittelalterlich=christlichen Kulturtraditionen durch= brochen wurde, daß die Bildung des klassischen Römertums als eine gei= stige Welt von eigenem Rang neben das dualistische Weltbild des christ= lichen Mittelalters trat. Aber von der Vorahnung eines solchen Kultur= wandels bis zu seinem vollen Bewußtwerden gab es viele Stufen der Klarheit, und selbst die größten der italienischen Humanisten des 14. und des 15. Jahrhunderts sind niemals dahin gelangt, die Schranken der mittel= alterlichen Weltansicht wirklich zu durchstoßen. Nur ganz wenige von ihnen erreichten eine Höhe klassischer Bildung und äußerer Lebensstellung, auf der das neue Bewußtsein von der Würde des Menschen sichtbare Gestalt gewinnen und das mittelalterliche Kreatur= und Sündengefühl verdäm= mern konnte. Zu ernsthafter Kritik an den philosophischen und historischen Traditionen der kirchlichen Wissenschaft drang eigentlich nur einer vor: Laurentius Valla. Die große Masse der italienischen Humanisten begnügte sich mit dem vertieften Genuß antiker Bildungsschätze und dem selbst= gefälligen Spiel der neulateinischen Eloquenz, ohne das Bedürfnis nach grundsätzlicher Besinnung auf die großen Lebensfragen auch nur zu ver= spüren. Ihnen war es um neue Stoffe und neue Formen literarischer Be= tätigung, nicht um Fragen der Weltanschauung zu tun.

Dennoch ging von Italien der große Anstoß der europäischen Renais= sancebewegung aus, weil hier die politischen und wirtschaftlich=sozialen Voraussetzungen, auf denen das Kultursystem des Mittelolters beruhte, zuerst und am sichtbarsten brüchig geworden waren und weil die unzer= störbar fortwirkende Kraft nationaler Erinnerungen der „Wiedergeburt" einer vor= und außerchristlichen, rein weltlichen Bildung zuhilfe kam. In Deutschland fehlte das alles. Hier stand das Kultursystem des Mittelalters in seinen Grundfesten noch unerschüttert da. Nach wie vor überschattete die religiöse Idee, die Predigt der christlichen Kirche, alle anderen geistigen Interessen. Nur gegen die theologische Form dieser Predigt (das über= künstliche Dogmengebäude der Pariser Scholastik) und gegen die romani= sierte Gestalt dieser Kirche (ihre Erstarrung zu einem reinen Rechts= institut) sahen wir oppositionelle Strömungen sich regen. Gewiß fehlte es auch in Deutschland nicht ganz an Erscheinungen, die das Aufkommen einer neuen, bürgerlichen Laienbildung weltlichen Charakters an Stelle der versunkenen aristokratischen des Hochmittelalters erwarten ließen. Wir kommen darauf noch zurück. Aber im ganzen schien die Entwicklung doch

eher auf eine neue Intensivierung als auf ein Nachlassen und Verdämmern
der kirchlich-religiösen Lebensideale hinzudrängen. In dieser Umwelt
konnte der Humanismus, als er über die Alpen drang, als Pflege literarischer Kunstformen nur eine sehr beschränkte Bedeutung gewinnen. Breiteren Anhang, ein stärkeres Echo fand er erst, als er seine literarischen Bestrebungen mit moralisch-pädagogischen und religiösen Ideen verband und
so ein weltanschauliches Aussehen gewann, das ihn dem Durchschnitts-
deutschen erst verständlich machte — dem Geist seiner italienischen Vorbilder
freilich fast völlig entfremdete.

Bis dahin war es indessen ein weiter Weg, und wir haben die Aufgabe, seine einzelnen Etappen an der Geschichte unserer Universität zu
verfolgen.

II.

Der erste Schritt war die Nachahmung neulateinischer Sprachformen und
antikischer Redewendungen, die den Deutschen an den italienischen Oratoren und Kanzlisten als besonders modern und elegant auffielen. Gelegenheit zu solcher Berührung boten vor allem die großen Weltkonzilien von
Pisa, Konstanz und Basel. Wir hörten schon von dem starken Anteil der
Heidelberger Professoren an den Gesandtschaften, die mit diesen Konzilien
zusammenhingen[1]. Wer aber als Gesandter des pfälzischen Hofes in Rom
oder in Basel nicht als rückständig oder barbarisch auffallen wollte, mußte
sich bemühen, seine scholastischen Redekünste zum mindesten durch Ein-
flechten einiger antikisch klingender Redensarten oder durch Zitate aus altrömischen Autoren aufzuschönen. Besonders deutlich läßt sich das an den
Gesandtschaftsreden des Ludwig von Ast beobachten. Ihr Aufbau und
lateinischer Stil entspricht noch ganz dem scholastischen Herkommen; aber
er gibt sich hochmodern, wenn er (in seiner Ansprache vor dem Papst 1433)
den christlichen Gott als „unsterblichen König des Olymps" anruft und in
einer Prunkrede vor König Albrecht (1438) außer zahlreichen Daten der
römischen Geschichte (nebst Zitaten aus Sallust und Vergil) auch noch die
Heroensage Altgriechenlands, Herkules, den Styx und den Fall Trojas
heraufbeschwört. Ludwig von Ast war pfälzischer Kanzler. In den Kanz-
leien aber war der Bedarf an prächtig und eindrucksvoll klingenden Phrasen
besonders groß. Eben deshalb wurden sie vielerorts in Deutschland zu

---

[1] S. ob. Kap. 13, bes. S. 298f. Für das Folgende auch Exkurs 10 u. S. 307
u. 438.

Keimzellen humaniſtiſcher Intereſſen. Rhetoriſche Handbücher und For=
mularſammlungen zu Kanzleizwecken gehören zu den früheſten Zeugniſſen
der humaniſtiſchen Studien in Deutſchland.

Aber nicht nur praktiſche Bedürfniſſe bereiteten dem Import der neuen
ſüdländiſchen Literatur den Weg. Es gab doch auch dieſſeits der Alpen
eine Laienſchaft, die an ſchöngeiſtiger Lektüre rein weltlichen Stils allmäh=
lich Geſchmack gewann. Unter den Ratsgeſchlechtern der großen ſüddeut=
ſchen Reichsſtädte, die durch ſo viele Handelsbeziehungen mit Italien ver=
bunden waren, finden ſich einzelne, wie die Goſſembrot in Augsburg und
die Pirckheimer in Nürnberg, die ſeit der Jahrhundertmitte zu höherer Bil=
dung aufſtiegen und in denen das Intereſſe an humaniſtiſcher Bildung ſo=
zuſagen erblich wurde. In Italien gebildete Juriſten, wie Gregor Heim=
burg oder Heinrich Leubing, Ärzte, Notare, Stadtſchreiber, ſeit Enea Silvio
auch einzelne Mitglieder der kaiſerlichen Kanzlei, bildeten hie und da ſeit
den fünfziger Jahren literariſche Zirkel („Sodalitäten“), in denen man ſich
eifrig mühte, die leichte Eleganz der italieniſchen Briefſtellerei nachzu=
ahmen und die Kenntnis humaniſtiſcher Belletriſtik neueren und älteren
Datums zu verbreiten. Das Intereſſe dieſer Kreiſe iſt einerſeits ein for=
males (Verbeſſerung des lateiniſchen Briefſtils), anderſeits — und ſtärker
noch! — ein ſtoffliches: man findet Gefallen an einer Lektüre, die gar nicht
mehr nach geiſtlichem Pathos ſchmeckt, die Neugier kitzelt, gelehrt ſcheint
und doch wohlgefällig iſt. Welche große Rolle dabei — in den erſten An=
fängen wenigſtens — das erotiſche Moment ſpielte, hat ſchon G. Voigt
einleuchtend gezeigt[1]. Eine ſo tecke und doch moraliſch verbrämte Liebes=
geſchichte wie die Enea Silvios, des ſpäteren Papſtes, von Euryalus und
Lukrezia war außerhalb der italieniſchen Literatur nirgends zu finden.
Auch die italieniſche Humaniſtenkomödie mit ihren teilweiſe recht derben
und obſzönen Stoffen fand in Deutſchland eifrige Leſer und Abſchreiber.
Ein wenig ſonderbar wirkt freilich der Eifer, mit dem ſich dieſe würdigen
ſchwäbiſch=bayriſchen Stadtväter fingierte Liebesgeſchichten erzählen und
zu allerhand Abenteuern gegenſeitig ermutigen — nur um der literariſchen

---

[1] Enea Silvio II (1862), 342ff. Das Beſte zur Aufhellung der Anfänge des deut=
ſchen Humanismus in den ſüddeutſchen Reichsſtädten hat außer ihm und Max Herr=
mann die Forſchung P. Joachimſohns (Joachimſens) geleiſtet. Wertvolle Hand=
ſchriftenforſchungen bringt neuerdings der Germaniſt E. Beutler, Forſchungen und
Texte zur frühhumaniſtiſchen Komödie, 1927, deſſen Ergebniſſe auch für die Heidel=
berger Gelehrtengeſchichte von Nutzen ſind.

Mode willen! Aber es fehlt auch nicht an elegischen und moral-philoso-
phischen Betrachtungen im Stile Petrarcas, an antiquarischen, lokalhistori-
schen und andern gelehrten Liebhabereien, die ihnen besser zu Gesichte
stehen. Und bald genug sorgten die Schulmeister der großen Stadtschulen
(wie die von Ulm und Schlettstadt) dafür, daß die Bewegung in ein mora-
lisch-pädagogisches Fahrwasser geriet. Im ganzen blieb es ein sehr eng
beschränkter Kreis, der an dieser literarischen Betriebsamkeit Anteil nahm.
Alles was man hier las und schrieb, war eben doch gelehrte oder halb-
gelehrte Poesie, die sich trotz aller Bemühungen eines Niklas von Wyle
nicht wirklich eindeutschen ließ — Liebhaberei einer bürgerlichen Oberschicht, die erst allmählich, dank der Tätigkeit von Lateinschulen und Universitäten, an Umfang zunahm. Mit den kirchlichen Bildungsaufgaben der
Universität hatten diese frühhumanistischen Bestrebungen eigentlich nicht
das geringste zu tun. Aber wir sahen ja schon, wie die scholastische Universität längst im Begriff war, sich zur allgemeinen Bildungsanstalt zu entwickeln, ihren streng geistlichen Charakter zu verlieren. In wenigen Jahren
wurden die deutschen Universitätsstädte zu den Hauptsitzen der humanistischen Bewegung. Neben Augsburg, Ulm und Nürnberg traten Wien,
Heidelberg und Basel, später auch Erfurt, Leipzig und Ingolstadt als solche
hervor.

Den äußeren Anknüpfungspunkt bildete überall — wie natürlich —
der massenhafte Bedarf an Schulrhetorik. So gut wie die fürstlichen Oratoren wollten auch die akademischen Gelegenheitsredner durch Kenntnis
der neu in Mode gekommenen römisch-griechischen Autoren, durch cicero-
nianische Phrasen, durch Zitate aus Livius, Sallust, Seneka, durch Vergleiche
und Bilder aus der antiken Mythologie glänzen. Man erweiterte einfach den
Zitatenschatz, den man aus mittelalterlichen Florilegien und den Kirchenvätern zur Hand hatte, durch Lektüre der neuen italienischen Vorbilder[1].
Derartige Dekorationen finden sich — mitten im Redefluß eines unver-
fälschten Schullateins — in vielen Heidelberger akademischen Reden seit
der Jahrhundertmitte, ohne Unterschied der Fakultäten und philosophischen
Schulrichtungen. Natürlich brachten vor allem die in Italien promovierten
Professoren (gewöhnlich Mediziner oder Juristen) den Geschmack für solche

---

[1] Vgl. hierzu u. a. M. Grabmann, Festschrift f. Jos. Schlecht (1917), p. 126f.
Über die Zusammenhänge von mittelalterlicher und frühhumanistischer Rhetorik an
den Universitäten vgl. die gute Arbeit von K. Großmann, Die Frühzeit des Humanismus in Wien, Jhrb. für Landeskunde von Niederösterreich XXII (1929), 220ff.

Redekünſte mit heim. Unter ihnen als wichtigſter der 1450 hier aufgenom=
mene Kanoniſt Dr. Johannes Wildenherß aus Frißlar. Er wird als ein
viel gereiſter, ſehr gelehrter, zugleich aber gaſtfreier, umgänglicher und
wißig=heiterer Mann geſchildert; aus Italien und andern Ländern habe
er alles heimgebracht, was es dort an humaniſtiſchem Wiſſen zu lernen gab;
dieſe Schäße habe er durch ungemein emſiges Studium noch vermehrt und
als erſter Heidelberger Ausleger klaſſiſcher Autoren gewirkt. Das muß ſchon
zu Anfang der fünfziger Jahre geweſen ſein[1] — alſo genau um dieſelbe
Zeit, als man auch in Wien die erſten humaniſtiſchen Vorleſungen erlebte[2].
Neben Wildenherß ſtanden andere mit ähnlichen Intereſſen. So hat der
Heidelberger Mediziner Erhard Knab 1453 ein Büchlein über rhetoriſche
Kunſtformen herausgegeben[3] und der Theologe Rudolf von Brüſſel ſchon
zur Zeit des Baſeler Konzils (1436) die Griſeldisgeſchichte des Petrarka in
ſeinen Sammelband abgeſchrieben[4]. Im Frühjahr 1456 kaufte die Artiſten=
fakultät einen ganzen Stamm „humaniſtiſcher“ Bücher für ihre Bibliothek,
zum Teil aus dem Nachlaß des Kanzlers Ludwig Aſt: darunter Cicero,
Quintilian, Seneka, Lukan, Terenz, Vergil, Salluſt, Valerius Maximus,
Boethius, Briefe Petrarkas u. a. m. Von ähnlichen Käufen hört man auch
ſpäter noch mehrfach[5]. Eine beſonders große Bücherzahl wurde 1482 unter
Mitwirkung Wimpfelings erworben, darunter Schriften von Horaz, Per=
ſius, Terenz, Martial, Laurentius Valla, die Briefe Ovids, Cäſars Kom=
mentarien, Ciceros Briefe, ſeine Rhetorik und ſeine Schrift de officiis ſamt
Kommentar. Aber das war ſchon zu einer Zeit, als längſt der Anfang
zu einer eigenen humaniſtiſchen Lektur an der Univerſität gemacht war.
Ihre Begründung ging auf Anregung des pfälziſchen Hofes unter Fried=
rich I. zurück, der als Mäzen humaniſtiſcher „Poeten“ eine Sonderſtellung
unter ſeinen fürſtlichen Standesgenoſſen einnimmt.

Höheren Bildungsintereſſen hatte ſich die deutſche Adelsgeſellſchaft im
allgemeinen ſtark entfremdet. Man braucht den boshaften Schilderungen

---

[1] S. Exkurs 11.

[2] K. Großmann, a. a. O., 227ff.

[3] Er hatte in Bologna promoviert: Thorbecke, S. 96, N. 245. Sein aggregatorium rhetoricae editum in univ. Heidelb. anno 1453 ſteht C.l.m. 7495, f. 1ss.

[4] S. Beilage III, 2, nr. i. Vgl. zum Folgenden meinen Aufſaß: Aus dem Kreiſe
der Hofpoeten Pfalzgraf Friedrichs I., Z.G.O., N. F. 38, 109ff. (mit Einzelnachweiſen).

[5] So 1474: U.B. II, 461; von Servius grammaticus wurde ein Vergilkommentar
beſchafft. Bücheranſchaffungskommiſſion 12. 1. 1475 gebildet: a.f.a. 82ᵛ. Bücherkauf
der Artiſten 28. 6. 1482: a.f.a. II, 105ᵛ.

Enea Silvios von der Roheit und Völlerei der deutschen Edelleute nicht
jedes Wort zu glauben; aber Tatsache ist, daß der Italiener mit seinen
Versuchen, fürstliche und adlige Abnehmer für den Import humanistischer
Literatur zu finden, gänzlich scheiterte. An den bayrisch-österreichischen
Adelssitzen scheint man um die Jahrhundertmitte den Bedarf an Roman-
lektüre — soweit ein solcher überhaupt bestand — im wesentlichen noch
immer aus den Schätzen der altdeutschen Überlieferung befriedigt zu haben[1].
Nur im Südwesten Deutschlands gab es ein paar kleinere Höfe, die dem
Einströmen west- und südeuropäischer Bildung sich öffneten. Der Augs-
burger Bischof Peter von Schaumburg galt als Gönner des dortigen
Humanistenkreises. Auf der Plassenburg über Kulmbach sammelte im
Auftrag des Markgrafen Johann von Brandenburg, des „Alchymisten", ein
wenig bekannter italienischer Humanist Arrigino einen Schülerkreis (wohl
von Kanzlisten und Schreibern) um sich. Sehr viel bedeutender war die
Mäzenatentätigkeit der Pfalzgräfin Mechthild, der Schwester Kurfürst Fried-
richs I., in Rottenburg, und später ihres Sohnes Grafen Eberhard von
Württemberg, für die der Schweizer Niklas von Wyle zahlreiche Über-
setzungen italienischer Poeten anfertigte. In ihrer vielbesungenen Bibliothek sammelten sich auch Verdeutschungen französischer und niederländischer
Romane an. Diesen fürstlichen Liebhabern schöner Literatur des neuesten
Modegeschmacks gesellte sich nun auch Kurfürst Friedrich I. bei.

Mitten in aller Unruhe seiner kriegerischen Regierung scheint dieser
begabte Pfälzer doch noch Zeit gefunden zu haben für allerhand Bildungsinteressen. Seine Hofchronik erzählt, er habe das Vorlesen von Dichtungen
und die Musik sehr geliebt, auch selber zur Laute zu singen verstanden,
astronomisch-mathematische Studien getrieben und sich für Alchymie interessiert[2]. Eindrucksvoller ist die sehr stattliche Liste der Bücher (weit über
100 Bände), die er seinem natürlichen Sohne Ludwig von Baiern hinterließ[3]. Darunter finden sich neben allerhand scholastischen Wälzern zumeist
juristischen, astronomischen und philosophischen Inhalts in der Hauptsache
klassische Autoren — römische Dichter, Redner, Historiker und Geographen
— und italienische Humanisten: die Komödie Philogenia des Ugolino de

---

[1] K. Burdach, Zentralbl. f. Bibl.wesen V (1888), 124ff.

[2] Michel Beheim (ed. Hofmann, Quellen 3. bair. u. dtsch. Gesch. III, 1863)
15, 71; 19, 96—98; 21, 108; 23, 122.

[3] Urkunde vom 6. 8. 1476. Karlsruhe G.L.A. Cop.buch 470, fol. 265—266[v].
Ludwig ist der spätere Graf Löwenstein.

Piſanis, die Invektiven Vallas gegen Poggio, die Nymphe Alba des Bat‐
tiſta Guarino u. a. m. Wir hörten ſchon früher (Kap. 15), wie Friedrich
ſeine eigenen Taten durch ſeinen Hoftaplan Matthias von Kemnat und
durch Michel Beheim, einen handwerklichen Reimeſchmied vom Schlage
der „Meiſterſinger", verherrlichen ließ. Das geiſtige Gewicht der Chronik,
die Matthias verfaßt und Michel als Vorlage für ſeine Reimerei benutzt
hat, iſt äußerſt gering: je tiefer man darin eindringt, deſto mehr enthüllt
ſich das Ganze als bloßes ſchlecht geordnetes Sammelſurium von Leſe‐
früchten und Kurioſitäten, die faſt alle aus den Büchern anderer zuſammen‐
geſtohlen ſind[1]. Aber das ſeltſame Machwerk iſt mit allerhand lateiniſchen
Reden und Verſen im humaniſtiſchen Stil geſchmückt und erweiſt ſich da‐
durch als Produkt einer neuen Zeit. Die meiſten dieſer Schmuckſtücke ſtam‐
men von dem Freunde und Zechgenoſſen des Matthias: dem pfälziſchen
Wanderpoeten Peter Luder aus Kislau.

Luder, wohl die intereſſanteſte Geſtalt des deutſchen Frühhumanismus,
hatte in jüngeren Jahren (1431) in Heidelberg zu ſtudieren angefangen,
dann ſich lange in Italien und auf dem Balkan umhergetrieben, in Venedig
1445 die Würde eines Notars erworben, in Padua mediziniſche, in Verona
humaniſtiſche Studien betrieben, ohne bis zu irgendeinem akademiſchen
Grad zu gelangen, und wurde als Lehrer des neuen humaniſtiſchen Latein
und Ausleger klaſſiſcher Autoren vom Kurfürſten Friedrich I. nach Heidel‐
berg berufen. Er kündigte dort im Juli 1456 Vorleſungen über Valerius
Maximus und die ſatiriſchen Epiſteln des Horaz in der Univerſität an, die
er mit einer feierlichen Antrittsrede zum Lobe der Humanitätsſtudien er‐
öffnete. Das war ein durchaus ungewöhnlicher Vorgang. Nicht die Ab‐
haltung derartiger poetiſch‐hiſtoriſcher Vorleſungen an ſich! Wahrſchein‐
lich hatte ſchon Dr. Wildenhertz — wie wir vorhin hörten — ähnliche Lek‐
tionen gehalten. Sie fielen zwar aus dem Rahmen des ſcholaſtiſchen Lehr‐
betriebes einigermaßen heraus, mochten aber als Teil des grammatiſch‐
rhetoriſchen Unterrichts gelten, der ja zum traditionellen Unterkurs der
Artiſten gehörte[2] und von den dialektiſchen Hauptvorleſungen niemals ganz
ſcharf abgegrenzt wurde. Neu und auffallend war aber, daß ein Nicht‐

---

[1] Außer meinem ſchon genannten Aufſatz beſonders P. Joachimſen, Geſchichts‐
ſchreibung und Geſchichtsauffaſſung d. dtſch. Humanismus (1910), S. 39ff. Derſ.,
Sigism. Meiſterlin (1895), 168ff. K. Hartfelder, Math. Kemnat, Forſch. z. dtſch.
Geſch. 22 (1882) u. Derſ., Z.G.O. 45 (1891), 145ff.

[2] S. ob. Kap. 8, Anfang.

graduierter zu akademischen Vorlesungen zugelassen wurde und daß er seine Tätigkeit mit einer förmlichen Programmrede nach italienischen Stilmustern eröffnete — nicht ohne Seitenhiebe auf die gelehrten „Verächter der Poeten". Nichts natürlicher, als daß manche Professoren einem solchen Beginnen mit Mißtrauen zusahen und vorherige Kontrolle der Antrittsrede verlangten. Darüber entspann sich, wie es scheint, ein Streit mit dem recht selbstbewußten Poeten, in dem ihm Dr. Wildenhertz mit großer Energie beistand[1]. Große Bedeutung kann er aber nicht gehabt haben. Denn von Anfang an sehen wir die namhaftesten Professoren mit Luder in freundschaftlichem Verkehr stehen oder als Gönner seiner humanistischen Bestrebungen auftreten: die Theologen Stephanus Hoest von Ladenburg, Jodokus Eichmann, Johannes Wenck, Johannes Ernesti[2] und die Juristen Johannes Wildenhertz, Petrus de Wimpina, Johannes Lutifiguli (Hafner). Nimmt man noch dazu den kurfürstlichen Kanzler und späteren Bischof Mathias Ramung, der Luder zusammen mit vornehmen Gästen zur Tafel lud (vielleicht hat er auch seine Berufung veranlaßt[3]?), den fürstlichen Rat Diether von Sickingen und den Leibarzt des Pfalzgrafen Heinrich Münsinger, so sieht man, daß es ihm an einflußreichen Patronen seiner Kunst wahrlich nicht fehlte. Trotzdem scheint es bald zu Reibungen zwischen ihm und allerhand Gegnern gekommen zu sein, von denen man Näheres leider nicht erfährt. Schon wenige Wochen nach Beginn seiner Vorlesungen rief der Poet, in einem schwülstigen Briefe voll ungeheurer Schmeicheleien, die Hilfe des Theologen Wenck gegen spottende und schmähende Verächter seiner Kunst an — jedoch ohne Namen zu nennen — und bedrohte diese mit Beschimpfungen in drei Sprachen! Ein Jahr darauf sah er sich veranlaßt, seine Vorlesungen aus den Hörsälen der Artisten ins Augustinerkloster zu verlegen, unter heftigen Ausfällen gegen die Dialektik, die Alleinherrschaft in Heidelberg beanspruche und der Poesie nicht einmal einen Winkel gönne, ja sie wieder über die Berge zurückzujagen wünsche. Das ist umso sonderbarer, als eben damals der Rektor Wildenhertz sehr dringend beim Pfalzgrafen vorstellig wurde, er möge doch alles tun, um Peter

[1] Vgl. Exkurs 11 und meinen Aufsatz Z.G.O., N. F. 38, S. 121; für das Folgende: ebd. 119f.

[2] Z.G.O. XXII, 54. Ob identisch mit dem von M. Beheim Str. 28 u. 30 erwähnten Lehrer des jungen Friedrich? Vgl. dazu K. Lossen, Staat und Kirche in der Pfalz (1907) 15.

[3] M. Buchner, Die Stellung des Matthias Ramung z. geist. Leben s. Zeit. Neue Heidelb. Jahrb. 16 (1910), 89.

Heidelberg zu erhalten. Er selbst habe großen Gewinn aus seinen Vor=
lesungen gezogen. Übrigens geht aus einer großen Lobrede, die der Poet
im Februar 1458 auf Friedrich I. und das Wittelbachische Haus hielt, deut=
lich hervor, daß sein Lehrauftrag an der Universität damals noch fort=
bestand; tatsächlich hat er seine Tätigkeit bis 1460 fortgesetzt. Vielleicht
hatte es also nichts weiter als Streitigkeiten um die Zuteilung eines Hör=
saales oder um die Vorlesungsstunde gegeben, die der aufgeregte Mann
in seinem Anschlag übertrieb. Da er als Nichtgraduierter keinen Zutritt
zur Fakultätsversammlung der Artisten besaß (er erscheint nirgends in
ihren Akten), stand er natürlich im Wettbewerb hinter anderen zurück.
Greifbare Beweise dafür, daß die Universität seine Vorlesungen zu hindern
gesucht hätte, fehlen durchaus. Wohl aber scheint es, daß sein lockerer
Lebenswandel — reichlich genossene Sauf= und Weiberfreuden, die ihn in
immer neue Schulden stürzten und zur Belästigung fast aller seiner Gönner
durch Bettelbriefe zwangen — auf die Dauer Anstoß erweckte. Sogar der
eifrigste Genosse seiner Schwelgereien, der Hofkaplan Matthias Kemnat,
hat ihm zuletzt darüber Vorhaltungen gemacht. Wahrscheinlich legte man
in Heidelberg nicht allzu großen Wert darauf, ihn zurückzuholen, als ihn
Pest und Krieg im Spätsommer 1460 vorübergehend nach Ulm vertrieben.
Selbst der Kurfürst, dessen Gunst er durch immer neue Schmeicheleien, Lob=
reden, Kriegslieder und Siegesgedichte warmzuhalten suchte, scheint es zu=
letzt vorgezogen zu haben, einen Ausländer statt seiner zu berufen[1]. Eben
damals starb auch sein Gönner, der hochangesehene Dr. Wildenhertz, und
so verschwindet seine Spur seit dem Winter 1460/61 aus Heidelberg; doch
bewarb er sich auch weiterhin immer von neuem um die Gunst und Unter=
stützung Friedrichs.

Welcher Art seine Lehrtätigkeit in der Neckarstadt gewesen ist, läßt sich
nur aus Andeutungen seiner Briefe erkennen. Das wichtigste war offenbar
der Lateinunterricht in einer Art von Privatburse, in die er Knaben aus
vornehmen Häusern aufnahm — ähnlich wie mehrere Jahrzehnte später
Konrad Celtes in seinem Wiener „Poetenkolleg". Es liegt nahe zu ver=
muten, daß die Absicht, ein solches Institut zu gründen, der wichtigste Grund
für seine Berufung durch den Kurfürsten gewesen ist. Die Söhne des pfäl=
zischen Adels sollten wohl ein modernes und elegantes Latein lernen, um

---

[1] So meine ich die von Wattenbach, 3.G.O. 22, S. 61 oben abgedruckten Verse
der Elegia ad Panphilam verstehen zu sollen, trotz des in C.l.m. 466 beigefügten
unklaren Kommentars.

für den fürstlichen Kanzlei= und Diplomatendienst geschult zu werden —
das läge jedenfalls ganz in der Linie eines systematischen Ausbaus der
Derwaltung, um den sich Friedrich I. bemühte. Er selbst gab aus der fürst=
lichen Schatulle Gelder dazu[1]; im übrigen bezog Luder Pensionsgelder
seiner Zöglinge, die ihm anfangs ein recht hübsches Einkommen verschafften
— solange, bis sein Institut zu veröden anfing. Er selbst machte dafür
den Mainzer Krieg, die Heidelberger Pest und den Stumpfsinn der Studie=
renden verantwortlich; man wird aber vermuten dürfen, daß auch die
Lebensweise des alten Sünders und seiner „Thais" nicht gerade dazu er=
mutigte, ihm Söhne guter Häuser anzuvertrauen. Jedenfalls sieht man
ihn schon 1460 bei dem Augsburger Stadtschreiber Valentin Eber dringend
um die Zuweisung von Zöglingen aus Schwaben bitten, um sein Institut
zu retten — notfalls ist er sogar bereit, sie um Gotteslohn zu unterrichten!

Neben diesem Knabenunterricht gingen Vorlesungen an der Univer=
sität einher: über Horaz, Valerius Maximus, Terenz, Seneka und ver=
schiedene Schriften Ciceros, insbesondere über Rhetorik. Anfangs fanden
sich (wie wir von Wildenhertz wissen) auch Magister unter seinen Zuhörern.
Später fing es mit dem Besuch zu hapern an; weil die Hörer aus der
Senekavorlesung fortblieben, kündigte der Poet einen besser anreizenden
Stoff: die anmutig=schlüpfrige „Liebeskunst" des Ovid an. Den Wert aller
dieser Bemühungen wird man nicht überschätzen: das Latein des ver=
bummelten alten Studenten war von Korrektheit weit entfernt, seine
Metrik naiv, seine Verse schauderhaft und seine Rhetorik nicht viel mehr
als eine unselbständige, teilweise wörtliche Nachahmung italienischer Vor=
lagen. Immerhin kann man seiner kurzen Anweisung zur Anfertigung
rhetorischer Schulaufsätze („ars persuadendi") nachrühmen, daß sie leicht=
faßlich ist, aktuelle Tagesbeispiele wählt und so ihren pädagogischen Zweck
recht wohl erfüllt haben mag. Seine Briefe zeigen eine ungewöhnlich
große und individuelle Lebendigkeit. Seine Antrittsrede zum Lob der
Humanitätsstudien war mit ihrem Ruhm der Geschichte als Quell mora=
lischer Erbauung und vielseitig ergötzender Belehrung (nach L. Bruni und
Petrarca) für deutsche Universitäten etwas ganz Neues; und seine Lob=
rede auf Pfalzgraf Friedrich zeigt in allem Bombast der Superlative doch
ein gewisses Talent zum Hofhistoriographen, der den Charakter seines

---

[1] Die humanistische Phrase Luders: „principis ere conductus" (Z.G.O. 22, p. 99)
ist undeutlich, läßt aber vermuten, daß L. ein fürstliches Stipendium bezog. — Für
das Folgende: Brief an Valentin Eber, ibid. 117 f.

Herrn kennt und seinen politischen Ehrgeiz errät[1]. Als ein Teil der Bered=
samkeit drang so zum erstenmal die Historie auf deutschen Universi=
täten ein.

Das war überhaupt der wesentliche Erfolg seines Wirkens: der Ein=
bruch neuer, ungewohnter Stoffe in die Traditionen der Zunft — nicht
mehr! Irgendeine Anregung zu ernsthafter Reform des akademischen
Unterrichts konnte davon nicht ausgehen. Aber das einmal geweckte Inter=
esse an der modischen Literatur dauerte nun fort. Zunächst scheint Stephan
Hoest nach Luders Weggang die rhetorisch=poetischen Vorlesungen fort=
geführt zu haben[2]. Im Sommer 1465 erschien dann, wiederum vom Pfalz=
grafen berufen, ein Italiener, der in Basel als „Poet" und Legist angestellte
Dr. jur. Pietro Antonio aus Final, um die Heidelberger Humanitätsstudien
als „Poet und Orator" zu betreuen. Er hatte dem Kurfürsten Friedrich
kurz vorher eine oratorische Stilübung „über die Würde der Fürsten" (de
principum dignitate) gewidmet und zugesandt. Sie ist in der modischen
Form eines Dialoges verfaßt, in dem der pfalzgräfliche Leibarzt Heinrich
Münsinger und der Theologe Jodokus Eichmann von Calw als Unter=
redner auftreten, ungeheure Schmeicheleien für ihren Landesherren vor=
bringen und die Überzeugung aussprechen, daß der Ursprung dieses Fürsten=
tums wie jeder echten Fürstenwürde vielfach bewährte Tüchtigkeit (virtus)
sei. Der nähere Zweck des Ganzen wird deutlich in den stark betonten An=
spielungen auf die Freigebigkeit des Pfalzgrafen, der noch niemals einen
wackeren Mann unbelohnt habe vom Hofe scheiden lassen. Zum Schluß
versichert der Autor, das Büchlein scheine zwar nur ein geringes Geschenk,
sei aber ein wahrer Edelstein, denn es werde dem Beschenkten die Unsterb=
lichkeit verschaffen. Zunächst verschaffte es dem Redner (wie es scheint)
die Berufung nach Heidelberg[3]. Dort allerdings erwies sich dann die Frei=
gebigkeit seines Mäzens bei weitem nicht so groß, wie er gehofft hatte.

---

[1] P. Joachimsen, Geschichtsauffassung und Geschichtsschreibung (1910), 38f.

[2] Belege in meinem Aufsatz Z.G.O., N. F. 38, p. 119, N. 5. Die Vermutung
Keussens (Westdt. Zeitschrift 18, 1889, S. 352—69), der von Wattenbach Z.G.O. 22,
p. 44 erwähnte mag. Stephanus sei identisch mit dem Wanderpoeten Stephanus Sur=
gonis, ist abwegig.

[3] Abdruck: M. Freher, Rer. germ. scriptores, t. II (ed. Struve, Argentor. 1717),
372—382. Näheres über das Leben und die Schriften Peter Antons s. in meiner (auf
ungedruckten Quellen ruhenden) Abhandlung: Petrus Antonius Finariensis, der Nach=
folger Peter Luders in Heidelberg. Ein Beitrag zur Geschichte des Frühhumanismus
am Oberrhein. Archiv für Kulturgeschichte XXVI, 1935 (Finkefestschrift), S. 89ff.

Durch viele Monate hielt man ihn mit unsicheren Gehaltszusagen hin, und die Universität erklärte den Wunsch des Pfalzgrafen, sie möge aus ihren Mitteln wenigstens 10 Gulden zuschießen, für unerfüllbar wegen Geld= mangels. Der Italiener klagte, er sei fast allein auf die Unterstützung des Kanzlers Mathias Ramung (der inzwischen zum Bischof von Speier auf= gerückt war) und auf die Freundschaft des Matthias Kemnat angewiesen. Diese Klage ist aber nicht etwa so zu deuten, als ob es in Heidelberg jetzt an Interesse für humanistische Eloquenz gefehlt hätte[1]. Im Gegenteil, wir hören von einer großen Prunkrede zum Lobe der Neckarstadt, ihrer Universität und ihres Landesfürsten, die Peter Antonius in Gegenwart des Kurfürsten, des Rektors und aller Professoren hielt (ein Schüler Wimp= felings hat sie später in Druck gegeben[2]). Weiterhin von großen Abhand= lungen, z.T. wiederum in Dialogform, die er im Auftrag Friedrichs für Karl den Kühnen von Burgund und Herzog Johann I. von Cleve verfaßte: halb Fürstenspiegel, halb Lobschriften, über die „Würde der Fürsten[3]". Zu= letzt blieb sein Bemühen auch nicht unbelohnt. In den Tagen Johann Dal= bergs von Worms finden wir unseren Humanisten unter dem Namen Petrus Antonius de Clapis in der höchst ansehnlichen Würde eines Dom= propstes von Worms und Kanzlers der Universität wieder.

Leider ist uns gar nichts von seiner Lehrtätigkeit an der Universität überliefert — nur daß er als Dr. juris immatrikuliert wurde. Immerhin dürfen wir annehmen, daß er den poetisch=rhetorischen Unterricht ähnlich wie früher in Basel betrieb und daß dieser seit dem Auftreten Luders nie= mals wieder ganz aufgehört hat, auch wenn uns die Akten nichts Näheres davon bezeugen. Es wird damit ähnlich gegangen sein wie in Basel, Wien

---

[1] Die ältere Geschichtschreibung des Humanismus pflegte es auf reaktionären „Haß" der „Scholastiker" gegen die „Poeten" zurückzuführen, wenn sich für letztere keine Besoldungen finden wollten. Dazu liegt aber kein Anlaß vor. Genau dieselben Schwierigkeiten erhoben sich bei jeder Veränderung „scholastischer" Lehrstühle. Es war eben wirklich kein Geld da, und so beweist es nur die Lebenstüchtigkeit Luders, daß er rechtzeitig umsattelte und als Mediziner in Basel Anstellung fand. Peter Anton suchte mit Erfolg Unterschlupf in kirchlichen Amtspfründen (s. u.).

[2] Hain 5369, Mainz, Peter von Friedberg, nach 4. 10. 1499; U.B. Freiburg.

[3] C.l.m. 10454, fol. 171—192: liber de principatus conservacione, an Herzog Karl von Burgund, editus heydelberge invictissimo friderico principe imperante 1466 kal. febr. — Ferner im P.L.V. 870, der auch die von mir zuerst benützten Stücke aus dem Nachlaß P. Luders enthält: 1. liber utilis, quem scripsit ad ducem Jo= hannem Clevensem, (i. e. praecepta morum) adscripta nota anni 1466, fol. 167—193; 2. de morte consolatoria (i. e. epistola) ad d. Mathiam episcopum spirensem, f. 201.

und andernorts: man stellte eine besondere Lehrkraft an, wenn gerade ein
Wanderpoet zur Verfügung stand; wenn nicht, fiel die Aufgabe irgend=
einem der Magister und Bursenregenten im Nebenamt zu.

Schon seit den siebziger Jahren sieht man in Heidelberg ein ganzes
Geschlecht jüngerer „scholastischer Humanisten" heranwachsen, die ihre
Kenntnis altrömischer Literatur nicht mehr in Italien, sondern an der
Universität selber empfangen haben. Jakob Wimpfeling, dessen Schüler
Jodokus Gallus aus Ruffach und Pallas Spangel aus Neustadt a. d. Hardt
sind seine bekanntesten Vertreter. Aber auch die älteren Professoren be=
teiligten sich eifrig an der neuen literarischen Mode. In ihren Sammel=
bänden (heute in der Vatikana) findet man immer wieder scholastische und
humanistische Stücke unterschiedslos miteinander gemischt. So folgt etwa
auf eine Leichenrede zum Begräbnis des Mediziners Erhard Knab eine
Abschrift der derb=obszönen Komödie Cauteriaria des Antonio Barzizza,
die Luder, wie es scheint, nach Heidelberg mitgebracht hatte; mit ihr und
mit dem (gleichfalls von Luder mitgebrachten) italienischen Bauchredner=
scherz „comoedia Bile" hat man sich in Heidelberger Professoren= und
Studentenkreisen noch in den neunziger Jahren beschäftigt[1]. Meister Ste=
phan Hoest bemühte sich, eine Synodalrede, die er (vermutlich auf Wunsch
des Bischofs Matthias Ramung) in Speyer hielt, mit klassischen Zitaten zu
würzen und gab eine Predigtanweisung (modus predicandi) heraus, die
von ebensolchen Zieraten strotzt. Seine Festrede zur Katharinenfeier der
Artisten 1464 hat später Jakob Wimpfeling als Textunterlage für rheto=
rische Vorlesungen benutzt[2]. Er hätte ebensogut die Katharinenrede seines
Kollegen Jodokus Eichmann von 1459 dazu gebrauchen können: dort findet
sich eine Empfehlung der neuen Humanitätsstudien, die fast wie ein Echo
der Antrittsrede Peter Luders klingt[3]. Von da bis zu der in Dialogform

---

[1] E. Beutler, a. a. O. passim, bes. 49f., 59ff., 67ff., 72. „Comedia Bile":
H. Holstein, Zs. f. vgl. Lit.gesch., N. F. V, 391ff. Dazu E. Beutler, German.=
roman. Monatsschr. 14 (1926), 81ff.

[2] Beilage III, nr. 5. Vgl. auch das Tetrastichon Stephans ebd. nr. 6.

[3] P.L.V. 362, f. 40—43ᵛ. Eine sehr breite, aber nicht eigentlich geschmacklose
Rhetorik! f. 42ᴿ: Betrachtungen über das Verhältnis von fortuna und virtus. f. 42ᵛ:
Notwendigkeit und Nützlichkeit des Studiums der Poeten, Oratoren und Historio=
graphen. Moralischer Nutzen des Studiums der Geschichte: Beispielsammlung der
Tugenden und Laster. Man soll aus der alten Literatur das Gute auswählen, das
Gift vermeiden. f. 43ᴿ: Die Griechen als Fürsten aller Wissenschaft. Die ausführ=
liche Behandlung der Katharinenlegende erinnert daran, daß man damals auf dem

gehaltenen Katharinenrede des Jodokus Gallus (nach 1480[1]) ist nur noch
ein kurzer Schritt. Auch von dem zweiten Führer der via antiqua, Magister
Herwich aus Amsterdam, sind rhetorische Versuche im ciceronianischen Stil
erhalten. Eine Predigt zum Peter= und Paulsfest (vor 1468) „secundum
formam Tullii rhetoris" zeigt zwar noch ein sehr hausbackenes Gebrauchs=
latein, bemüht sich aber krampfhaft, wenigstens durch häufiges Zitieren
Ciceros den Eindruck humanistischer Bildung zu erwecken[2]. Eine Leichen=
rede Herwichs auf den Tod Kurfürst Friedrichs I. gab Wimpfeling 1498 in
einem eigenen Druck als Stilmuster moralisierender Historie heraus. Her=
wichs Schüler, der Karmelitermönch Leonhard Romolt, prunkt in seinen
Einleitungsvorträgen zur Sentenzenvorlesung (1464—68) viel mit der An=
führung klassischer Autoren; als Vorläufer der christlichen Gotteserkenntnis
läßt er eine ganze Reihe antiker Dichter und Denker, von Orpheus, Thales
und Homer bis zu Ovid und Virgil, aufmarschieren[3]. Man sieht: auch der
Mönch, sobald er das Katheder besteigt, sieht sich zu Verbeugungen vor
dem literarischen Zeitgeschmack genötigt.

Solange und soweit der „Humanismus" nichts weiter bedeutete als eine
neue Form des rhetorischen Ausdrucks und eine Erweiterung des schon im
Mittelalter hochverehrten Schatzes antiker literarischer Überlieferung, konnte
ein ernsthafter Gegensatz zwischen ihm und der „Scholastik" gar nicht auf=
kommen. Höchstens der lockere Lebenswandel der humanistischen Vaganten
konnte den Vertretern des Alten anstößig sein. Was an solchem Ärgernis
in Heidelberg durch das Auftreten Peter Luders entstanden sein mochte,
wurde durch die kirchlich korrekte Persönlichkeit Peter Antons wieder aus=
geglichen. Vorübergehend tauchte dann freilich noch einmal (nach 1476)
ein Wanderpoet auf, dessen geistiges und sittliches Niveau noch erheblich
unter dem des Kislauers stand: Samuel Karoch von Lichtenberg, ein
„humanistischer Bänkelsänger" niedersten Schlages. Aber wir wissen nichts
Näheres über Dauer und Art seiner Heidelberger Wirksamkeit und ob er

---

Höhepunkt der Katharinenbegeisterung stand: 1454 hatte die Fakultät das vergoldete
Katharinenszepter anfertigen lassen! — Charakteristisch für die humanistischen Nei=
ungen Eichmanns ist auch seine etwas gewaltsam eingeschobene Erörterung des
Unterschieds von ἦθος und ἔθος in seiner quodlibetar. Quästion P.L.V. 376, f. 272ᴿ.
Vgl. endlich seine Rede auf Wildenhertz, Exkurs 11!

[1] Gedruckt: Hartfelder, N. Heidelbg. Jahrb. I (1891), 61ff.

[2] Beilage III, nr. 1. Verf. wird lic. theol. genannt; er promovierte zwischen
1461 und 1468 zum prof. theol.

[3] C.l.m. 7080, f. 164—198; s. auch Exkurs 6!

überhaupt an der Univerſität tätig geweſen iſt[1]. Über alle menſchlich=
perſönlichen Anſtöße hinaus hatte der Wiener Profeſſor Konrad Säldner
ſchon in den fünfziger Jahren die ſachlichen Leiſtungen der Poeten kritiſiert:
ihr ganzes Bemühen erſchien ihm als windige Rhetorik, ohne ſittlichen Ge=
halt, voll geſpreizter Eitelkeit und verlogener Schmeichelei, frucht= und
belanglos für den Fortſchritt echter Wiſſenſchaft, ja für die chriſtliche Denk=
weiſe nicht ungefährlich und anſtößig. Noch tiefer greifend hatte Gregor
Heimburg gewarnt vor der ewigen Nachahmung fremder Stilmuſter, ſtatt
unbeirrt und kräftig die eigene Meinung in eigenen Ausdrücken zu ſagen:
zuletzt ſei die Sache doch wichtiger als die Form, Wiſſen und Können doch
beſſer als alle Schönrednerei. Von ſolcher Kritik iſt aus dem Kreiſe der
Heidelberger Scholaſtiker nichts zu hören[2]. Umgekehrt reichte aber auch der
Reformwille der Heidelberger Humaniſten zunächſt noch gar nicht über
Äußerlichkeiten der Form hinaus. Erſt das Erſcheinen einer neuen Hu=
maniſtengeneration unter der Regierung Kurfürſt Philipps rief zu tieferer
Beſinnung auf die Methode des ſcholaſtiſchen Denkens und zu wirklicher
Überwindung der engen Grenzen ſcholaſtiſcher Bildung auf.

III.

Kurfürſt Philipp „der Aufrichtige", der 1476 als Achtundzwanzigjähriger
ſeinem kriegeriſchen Oheim nachfolgte, hat ſeinen Namen in der Geſchichte
ausſchließlich als Mäzen der Poeten und Künſtler und als erſter Vertreter
eines neuen verfeinerten Stils höfiſcher Geſelligkeit erworben. Politiſch
war ſeine Regierung nichts weniger als glücklich. Eine ſtille Natur ohne
ſtarken Ehrgeiz, aufgewachſen im Schatten ſeines willensmächtigen Oheims,
im Grunde wohl unkriegeriſch, jedenfalls mehr geneigt zu geiſtigen Ge=
nüſſen und den Freuden eines reichen Familienlebens, begnügte er ſich
zunächſt mit der Erhaltung des ſtattlichen Erbes, das ihm ſein Vorgänger
hinterlaſſen hatte. So erlebte die Pfalz zwei Jahrzehnte eines ſeltenen
Friedens, in dem die Früchte des neuen, unter Friedrich I. aufſprießenden
geiſtigen Lebens ausreifen konnten. Seit aber dann die Söhne des Kur=

----

[1] Wattenbach, J.G.O. 28 (1876), 49f. Ergänzungen im Anzeiger f. Kunde
der dtſchn. Vorzeit 1879/1881, Bd. 26—28. In der Matrikel kommt der Name Samuels
nicht vor.

[2] Was Jodocus Gallus in ſeiner (ſchon erwähnten) Katharinenrede (N. Heidelbg.
Jahrb. I, 1891, 67f.) zur Verteidigung humaniſtiſcher Studien vorbringt, bewegt ſich
ganz in den ausgefahrenen Geleiſen mittelalterlicher Tradition. (Hieronymuslegende!)

fürsten heranwuchsen — unter ihnen der dritte, Ruprecht, ein Draufgänger
voll stürmischen Ehrgeizes! — rissen sie und die bairischen Verwandten
den alternden Fürsten in eine abenteuerliche Erwerbspolitik hinein, die
in wenigen Jahren zu einer Katastrophe führte, zeitweise sogar mit der
gänzlichen Vernichtung der pfälzischen Hausmacht zu enden drohte. Der
Verlauf des bairisch=pfälzischen Erbfolgekrieges (1503—08) zeigt deutlicher
als viele andere Fehden jenes unruhigen Zeitalters, wie unsicher die poli=
tisch=militärischen Grundlagen der deutschen Territorialstaaten, auch der
größeren, noch immer waren. Das Schicksal der Pfalz, dieses Grenzlandes,
wurde überdies stark mitbestimmt vom wechselvollen Spiel der großen
europäischen Machtkämpfe, in denen sich eben damals, unter Kaiser Maxi=
milian I., die große Auseinandersetzung zwischen den Häusern Frankreich
und Habsburg vorbereitete. Kurfürst Philipp war in diese Gegensätze tief
verstrickt: mit dem Kaiser geriet er im Lauf des bairischen Erbstreites hart
aneinander, und zur Krone Frankreich war er schon 1492 in eine Art
Dienstverhältnis getreten, das ihn zum Empfang einer jährlichen Pension
von 12000 livres berechtigte. Die politischen Hoffnungen, die er auf dieses
Verhältnis gesetzt haben mochte, wurden zuletzt schwer enttäuscht: weder
das Geld, noch irgendwelche ernsthafte diplomatisch=militärische Unter=
stützung wurde ihm von Paris her zuteil. Aber für die Richtung des Geistes=
lebens am pfälzischen Hofe war die hier angeknüpfte Verbindung, die sich
seitdem in mancherlei Formen immer wieder fortgesetzt hat, höchst bedeut=
sam. Kronprinz Ludwig wurde zu seiner weltmännischen Ausbildung —
übrigens ohne viel praktischen Erfolg! — an den französischen Hof geschickt,
gleichzeitig sein jüngerer Bruder Philipp an den niederländischen. Die
Eindrücke vom Glanz der großen westeuropäischen Höfe, die sie dort emp=
fingen, sind nicht vergebens geblieben. Die pfalzgräfliche Residenz wird
im 16. Jahrhundert zum Einfallstor westeuropäischer Hofsitten und west=
europäischen Geistes in Deutschland.

Wir wissen, daß der Anfang dazu schon früher gemacht war. Dem Ein=
dringen französisch=niederländischer Hofdichtungen war noch unter Fried=
rich I. die Rezeption der niederländischen Musik gefolgt. Der bedeutende
Singmeister Johann von Soest, den er berief, scheint aber erst unter Philipp
mit größeren Mitteln zum Ausbau der pfalzgräflichen Hofkapelle versehen
zu sein[1]. Eine wunderbar feine Federzeichnung des „Hausbuchmeisters",

---

[1] Fr. Stein, Geschichte d. Musikwesens in Heidelberg, 1921. Fr. Pfaff,
Allg. konf. Monatsschrift 1887, 146ff. Johann v. Soest, der Sänger und Arzt.

mit der die von Johann gefertigte Übersetzung eines niederländischen Hof=
romans geschmückt ist, zeigt uns Philipp in Hoftracht als Mäzen des Sän=
gers, der vor ihm kniend das Buch überreicht. Ein Blick darauf genügt,
um die neue, dem ritterlich=derben Wesen des Vorgängers weit entrückte
Atmosphäre höfischer Bildung zu verspüren, die mit Philipp auf dem
Heidelberger Schloß eingezogen war. Sein Mäzenatentum war freilich nur
eine Episode von kurzer Dauer — unvergeßlich bleibt es dennoch, daß
dieser kleine Hof, soeben erst durch ein paar glückliche Feldzüge zu einiger
Wohlhäbigkeit gelangt, sogleich mit solcher Energie aus der herkömmlichen
Barbarei herausstrebte und dem Beispiel der edelsten Renaissancehöfe Ita=
liens und Westeuropas nacheiferte.

Im Mittelpunkt des humanistischen Treibens in Heidelberg stand seit
1481 der jugendliche, auf italienischen Hochschulen gebildete, mit Pfalz=
graf Philipp eng befreundete neue Kanzler der Pfalz und Bischof von
Worms, Johann Kämmerer von Dalberg — ein fürstlicher Mäzen von
feiner und gründlicher Bildung, wie man es in Deutschland noch gar nicht
erlebt hatte. Selber schriftstellerisch tätig, trotz seiner geistlichen Würde ein
gründlicher Kenner und Genießer aller weltlichen Freuden, lebensprühend
und geistvoll, sammelte er rasch einen heiteren Kreis von alten und neuen
humanistischen Freunden, Verehrern und Gesinnungsgenossen um sich, die
seine Residenzen zu Heidelberg und Ladenburg zu einem wahren Musensitz
machten. Das geistige Leben dieses Kreises, seine Ausstrahlungen auf den
kurfürstlichen Hof, die Persönlichkeiten und Schicksale seiner Mitglieder und
ihre literarischen Erzeugnisse sind oft und mit stets erneuter Begeisterung
geschildert worden. Mit Recht, sofern sich nirgends so lebhaft und viel=
seitig wie hier die verschiedenen Richtungen des deutschen Frühhumanismus
an e i n e m Ort zusammendrängten, nirgends mit so viel jugendlicher
Freudigkeit der geistige Austausch literarischer Bildungsinteressen als neue
Form der Geselligkeit genossen wurde. Unsere Erzählung, die es mit den
Schicksalen der Universität zu tun hat, muß sich in der Schilderung dieser
Dinge beschränken. Wir fragen in erster Linie, was von dem literarischen
Treiben des Dalberg=Kreises die Hochschule unmittelbar anging: worin sein
Ertrag für das wissenschaftliche Leben bestand.

In den Mittelpunkt einer solchen Betrachtung rückt ganz von selber die
merkwürdige Gestalt des Friesen Rudolf Agricola. Als ehemaliger Studien=

Liebhaberdruck 3. Tagung d. Bibliophilen 10. 10. 1920. Frankfurt, Schriftgießerei
Stenzel.

30*

genosse Dalbergs und seines Freundes, des humanistisch fein gebildeten kurfürstlichen Rates Dietrich von Plieningen hierher berufen, hat er nur ein knappes Jahr (Mai 1484—1485) in Heidelberg gewirkt, aber offenbar starke Anregungen auch auf der Universität hinterlassen[1]. Ohne jede amt= liche Stellung — er lebte hier ausschließlich als Freund und Hausgenosse Dalbergs — hielt er auch an der Hochschule Vorlesungen (zuerst über die Briefe des jüngeren Plinius[2]), nahm aktiv an ihren Disputationen teil und pflegte freundschaftlichen Umgang mit einzelnen ihrer Professoren. So mit dem Theologen Pallas Spangel, dem späteren Lehrer des jungen Melanchthon. Noch im Alter schilderte dieser seinem Zögling begeistert den Eindruck geistiger Überlegenheit, den die vornehm=stolze, vielseitig gebildete Persönlichkeit des Friesen auf die Heidelberger Professoren gemacht hatte. In allen möglichen Fragen hätten ihn die Artistenmagister zu Rate gezogen, seine Kenntnisse in der Historie, der lateinischen Sprache und der grie= chischen Literatur sich vielfach zunutze gemacht. Vor allem habe er auf eine bessere und einfachere Behandlung der aristotelischen Schriften gedrungen, deren reinen griechischen Text er in Ferrara bei Theodor Gaza kennen= gelernt habe. Während der artistischen Disputationen habe er öfters ein= gegriffen, wenn der Respondent einmal stecken blieb. Da habe er dann Gelegenheit gefunden, so schwierige Fragen, wie die nach dem Fatum, der Kausalität, dem Wesen der Entelechie, der Unsterblichkeit der Seele (letz= teres nach einem bis dahin unbekannten aristotelischen Text) zu erläutern. Seine Teilnahme an diesen Wortgefechten hätte wie eine Sensation ge= wirkt: nicht nur die Studenten strömten dann herzu, sondern auch die

---

[1] H. E. J. M. van der Velden, Rodolphus Agricola I, 1911 (Leidener Diss.), 231ff. gibt sorgsam das biographische Detail. Ordnung des biograph. Quell=Materials durch P. S. Allen, The letters of R. Agr., Engl. Hist. Review XXI, 1906, 302ff. Gute geistesgeschichtliche Würdigung insbesondere der religiösen Haltung Agr.s bei P. Mestwerdt, Die Anfänge d. Erasmus, 1917, 157ff., noch eindringlicher bei P. Joachimsen, Loci communes, in: Lutherjahrbuch VIII, 1926, 33—54. M. E. übertreibt indessen J. die Bedeutung der wissenschaftstheoretischen Reformideen Agri= colas, indem er sie tiefsinniger ausdeutet, als sie gemeint waren. Über die Abhängig= keit s. inventio dialectica von der mittelalterlichen Tradition s. außer Prantl, Gesch. d. Logik IV, 167 besonders A. Faust, Die Dialektik des Agricola: Archiv f. Gesch. d. Philos. 34 (1922), 118ff.

[2] Nachweis durch v. d. Velden. Noch 1475 hatte die Artistenfakultät die Auf= nahme des Plinius (wohl der Naturgeschichte) unter die Hauptvorlesungen abgelehnt, quod parva inde sequeretur utilitas. a.f.a. II, 86.

älteren Doktoren und Häupter der Universität. Vornehm habe er stets den
Ton scholastischer Streithähne vermieden. Auch die Juristen hätten von
seinem Umgang viel Nutzen gehabt: er habe sie gelehrt, die römischen
Gesetze als historische Zeugnisse antiken Lebens zu verstehen, ihren historischen und philosophischen Gehalt zu erfassen und ihren Sinn aus den
historischen Verhältnissen ihrer Entstehungszeit zu deuten. Letzteres Verfahren habe er auch den kanonistischen Quellen gegenüber angewandt und
so u. a. gezeigt, daß die kirchlichen Synoden Beschlüsse von kanonistischer
Gültigkeit ursprünglich nur über das Dogma, d. h. über die richtige Auslegung der Schrift, nicht über die kirchlichen Gebräuche gefaßt hätten; nur
so dürfe man deshalb den Satz verstehen: „Frustra servat Evangelium,
qui non servat Canones". Theologisch habe er viel von seinem Freunde
Wessel Gansfort gelernt, die griechischen und lateinischen Kirchenväter im
Original gelesen, die neueren Systeme der scholastischen Theologie zwar
nicht grundsätzlich verworfen (wie er denn überall auf systematisches Denken
drang), aber vor Übertreibungen und Entartungen gewarnt, zugleich auf
Reform der Kirche im altkirchlichen Geist gedrungen. Besonders sei den
Theologen sein Verständnis des griechischen Urtextes der Offenbarung
zugute gekommen. Auch auf dem Gebiete der allgemeinen Historie habe
sich Agricola (so erzählt Melanchthon) versucht; auf Wunsch des Kurfürsten
Philipp, der ihn liebte, bewunderte und auch in Regierungsgeschäften zu
Rate zog, habe er einen Abriß der Weltgeschichte unter Benutzung der
besten antiken Autoren verfaßt.

Das sind sehr späte Nachrichten (von 1539!), die auf unsicherer mündlicher Überlieferung beruhen und das Bild des Frühhumanisten vielleicht
schon ein wenig im Sinn protestantischer Theologie verklären, jedenfalls in
das eine Jahr Heidelberger Wirksamkeit unwahrscheinlich viel hineinpacken.
Man sieht aber doch deutlich, wie festen Boden die humanistischen Bestrebungen an der Universität jetzt schon gewonnen hatten und wie stark Agricola
auch unmittelbar in den akademischen Lehrbetrieb hineingewirkt hat. Er selbst
spricht in seinen Briefen nicht ohne Achtung von der Universität und berichtet von gutem Besuch seiner Vorlesungen. Die Mehrzahl seiner Hörer
besteht aus Artistenmagistern. Leider haben sie (wie er erzählt) nur sehr
wenig Zeit für humanistische Studien, weil sie mit ihren scholastischen Haar-
spaltereien zu stark beschäftigt sind; deshalb lernen sie auch nicht allzuviel,
und sein eigenes Interesse am Unterricht erlahmt dabei. Immerhin: er
stieß auf großen Lerneifer und fand viel Bewunderung. Nicht ohne Grund.

Denn die Erscheinung dieses Mannes bedeutete etwas völlig Neues, auch gegenüber allen „humanistischen" Vorläufern.

Agricola war der erste deutsche Humanist im Vollsinn des Wortes. Vielleicht sogar der einzige Deutsche jener Epoche, in dem die Ideale der italienischen Renaissancebildung, des uomo universale und des cortegiano, wirklich lebendig wurden[1]. Schriftsteller, Musiker, bildender Künstler und Gelehrter von vielseitigem Wissen, angestaunt wegen seiner Kenntnis von drei Fremdsprachen zugleich, in seiner leiblichen Erscheinung stattlich, gepflegt und würdevoll, ein Meister auch in körperlichen Gewandtheitsübungen des eleganten Hofmannes — so mag er den Heidelberger Magistern wie eine Erscheinung aus einer anderen Welt vor Augen gestanden haben. Seine Briefe zeigen nichts von der leeren Geschwätzigkeit und gegenseitigen Verhimmelung, in der andere Humanisten sich zu Stilzwecken übten, sondern einen höchst empfindsamen, geistvollen Selbstbeobachter, in dem der Weltschmerz Petrarkas sich wirklich zu erneuern scheint, mit einem deutlichen Unterton von Selbstkritik, ja Selbstironie. Sein literarischer Nachlaß ist nur schmal im Verhältnis zu dem Ruhm, den er bei Zeitgenossen und Nachfolgern genoß: Briefe, Gelegenheitsreden, ein paar lateinische Gedichte, eine kurze Petrarkabiographie, eine philosophisch-rhetorische Lehrschrift — dazu das verlorene Stück einer Weltchronik. Aber der Inhalt dieser Schriften zeigt bei sorgsamer geistesgeschichtlicher Analyse — wie sie ihnen erst neuerdings zuteil geworden ist — Ansätze eines neuen geistigen Lebens, die man in den Produktionen aller anderen deutschen Humanisten jener Generation vergebens suchen würde. Mit sicherem Instinkt hat denn auch Erasmus in diesem holländischen Landsmann (dessen Hauptwerk er nicht einmal kannte!) den Vorläufer seiner eigenen Geistesart herausgespürt.

Am stärksten und unmittelbarsten spricht sie zu uns aus der Rede zum Lob der Philosophie, die er 1476 vor dem Hof und der Universität Ferrara hielt — einem Glanzstück humanistischer Beredsamkeit, das auch die italienischen Hörer in Staunen versetzt haben soll. Es ist ein Hymnus auf die Kraft des menschlichen Geistes, der Irdisches und Himmlisches zugleich durchdringt, dem kein Geheimnis der Welt zu tief, kein Aufschwung der Gedanken zu hoch ist, der den Menschen über sich selbst erhebt, der das ewig

---

[1] Vgl. v. Bezolds bekannte Akademierede: München 1884, die sich auf das rein Persönliche beschränkt; dazu P. Joachimsen, Dtsch. Vierteljahrsschr. f. Literaturwiss. u. Geistesgesch. VIII, 1930, 454.

Bewegende iſt in der trägen Maſſe der Körperwelt, auf deſſen Höhen alles Leid der Welt, alle menſchliche Angſt, Leidenſchaft und Begierde tief unter uns verſinkt, der uns zu Übermenſchen und dem Schöpfer der Welt ſelbſt ähnlich macht. „Sie (die Philoſophie) gibt uns das, worum wir ſonſt Gott mit beſtändiger Bitte ermüden: ſie unterwirft Fortuna ihren Geſetzen, ſo ſehr ſie auch toben und wüten mag und erzwingt, daß ihre Drohungen ins Leere verhallen." Vor der hinreißenden Freudigkeit und der funkeln= den Eleganz dieſer Lobrede verblaßt nicht nur der konventionelle Phraſen= ſchwulſt ſpätſcholaſtiſcher Rhetorik, ſondern zugleich eine ganze Maſſe huma= niſtiſcher Durchſchnittsproduktionen. Hier wird im Gewand antikiſierender Kunſtrede wirklich etwas ſpürbar von der mutigen Zuverſicht eines Zeit= alters, das die Welt und die Menſchennatur neu zu entdecken meinte.

Neues zu entdecken, loszukommen von der erdrückenden Maſſe des über= kommenen Gedankengutes, an die Dinge ſelbſt heranzukommen an Stelle der Worte und „ſubſtantiellen Formen" — das iſt einer der Grundgedanken ſeines Hauptwerkes „über die dialektiſche Findekunſt" (de inventione dialec= tica). Agricola tritt hier bewußt als Reformer, ja als Zerſtörer der ſcola= ſtiſchen Methode und der ſcholaſtiſchen Wiſſenſchaftsſyſteme auf. Er wirft der Schule vor, die Grenzen der Einzeldiſziplinen verwiſcht zu haben (am ärgſten in der Theologie mit ihren naturphiloſophiſchen Spekulationen!) und ſucht deshalb ein klares, überſichtliches, der natürlichen Ordnung der Dinge angemeſſenes Schema von Geſichtspunkten der wiſſenſchaftlichen Erörterung (loci) aufzuſtellen, um die bunte Fülle der Erſcheinungen und den Zuſammenhang des wiſſenſchaftlichen Denkens danach neu zu ordnen. Er ſchilt — wie alle Reformer des 15. Jahrhunderts — über die nutzloſe Spitzfindigkeit, den leeren Formalismus, die übermäßige Komplikation und Subtilität des ſcholaſtiſchen Betriebes mit ſeinen ewigen Begriffsſpaltereien. Er drängt — wie ſchon Johannes Gerſon — auf ſeine Vereinfachung und auf die Erforſchung der Realien an Stelle der Erörterung bloßer Begriffe. Als Deutſcher erwärmt er ſich (im Gegenſatz zu den italieniſchen Huma= niſten) beſonders für die Reform der Theologie, die ihre praktiſch=religiöſen Aufgaben über lauter metaphyſiſchen und naturphiloſophiſchen Fragen ver= gißt. Er ſelber war, wie es ſcheint, in thomiſtiſch=ſkotiſtiſchen Traditionen erzogen worden. Aber als Heilmittel ſchlägt er nun nicht, wie die Männer der via antiqua, Rückkehr zu irgendwelchen Syſtemen der Hochſcholaſtik vor, ſondern fordert radikalen Abbau der ganzen ſcholaſtiſchen Tradition. Er wagt offene Kritik ſogar an der Autorität des großen Ariſtoteles (wenn

auch ohne den leichtfertigen Radikalismus eines Laurentius Valla) —
mehr noch): er wagt den Versuch eines Neubaus der Dialektik in engem
Anschluß an die rhetorisch-dialektischen Lehrschriften eines Cicero, Quintilian, Themistius und Boethius. Die philosophische Unzulänglichkeit dieses
Versuches liegt nun freilich offen zutage. Man hat darin neuerdings Ansätze zu empiristischem und positivistischem Denken, eine Art von „humani-
stischem Pragmatismus", den „Keim der utilitaristischen Ethik der Aufklärung" und einer „aufklärerischen Theologie" finden wollen[1]. Aber es ist
mehr als zweifelhaft, ob man die primitive Kompilation von Überlieferungen der spätrömischen Rhetorik und Dialektik mit allerhand scholasti-
schem Lehrgut, die Agricola bietet, in einem so weitreichenden philosophischen Sinn auslegen darf. Statt eines Systems der Wissenschaften und statt
einer echten dialektischen Methode gibt er in Wahrheit nur eine Kunst-
lehre rhetorischer Überredungskunst: eine Anweisung, wie man rhetorische
Gemeinplätze, einleuchtende Argumente und interessanten Stoff für den
Redner „erfinden" und wirksam vorbringen kann. Gerade in diesem naiven
Mißverständnis des Begriffs einer philosophischen Dialektik liegt das eigentlich Charakteristische und Zeitgemäße der Schrift. Der Überdruß an den
Künsten einer rein formalen Dialektik ist so groß geworden, daß der Sinn
der aristotelischen Logik — als reine Formenlehre des wissenschaftlichen
Denkens — gar nicht mehr verstanden wird. Was der Stolz und die Ehre
aller philosophisch-theologischen Arbeit des Mittelalters gewesen war: eine
Art Gottesdienst des Intellekts, allen praktisch-irdischen Bedürfnissen gegenüber also Selbstzweck zu sein, eben das erscheint jetzt als Erbsünde scholastischer Wissenschaft: „ut ... sola sibi discatur[2]", daß sie als Selbstzweck betrieben wird. Nicht formal-abstrakte, sondern angewandte Dialektik will Agricola bieten. Seine Wissenschaft, alle Wissenschaft soll dem Leben dienen.
Sie soll auch rein praktischen Fächern zugute kommen, wie der Politik, Ver-
waltungskunde, Kriegskunst, Pädagogik, Volksaufklärung, Technik der juristischen Rede usw. Vor allem: höher als alles theoretische Wissen steht dem
Humanisten die praktische Lebensweisheit, über aller Naturerkenntnis die
Moralphilosophie. Sein Bildungsideal ist nicht mehr das des Gelehrten,
sondern des vielseitig tätigen, bedeutenden und tugendhaften Menschen.

---

[1] P. Joachimsen, Lutherjahrbuch VIII, 1926 passim u. Dtsch. Vierteljahrsschr.
VIII, 455 f.

[2] Inv. dial. 180. Ähnlich ebd.: „sibi fere ista musisque (ut dicitur) discit; pro-
fanum certe vulgus quam longissime a sacrario suo putat arcendum."

Das wird beſonders deutlich aus dem berühmten, in Heidelberg 1484 geſchriebenen Brief „de formando studio", dem erſten humaniſtiſchen Reformprogramm für das Univerſitätsſtudium. Wenn hier in herkömm=licher Weiſe die chriſtliche Theologie über alle andere Wiſſenſchaft geſtellt und als einzig ſichere Quelle irrtumsfreier Weisheit geprieſen wird, oder wenn Agricola als letztes Ziel aller Naturerkenntnis die Einſicht in die Unzulänglichkeit alles Irdiſchen bezeichnet, ſo iſt das zwar nicht bloße Konvention — aber auch nicht viel mehr. Denn gerade dieſer Brief ſpricht den „fauſtiſchen" Bildungsdrang des Humaniſten in beſonders eindrucks=voller Weiſe aus. Der gewöhnliche Lehrbetrieb der Artiſten erſcheint ihm als leeres hoffnungsloſes Geſchwätz, als nutzloſes Rätſelraten, ihr Studien=eifer als bloße Pfründenjagd. Wahre Philoſophie hat damit nichts zu tun. Wer ſich ihr zuwendet, wird vor allem den Umkreis der artiſtiſchen Studien=fächer durchbrechen. Er wird nicht nur Moralphiloſophie aus den Schriften der Philoſophen lernen, ſondern ſich die lebendigen Vorbilder menſchlicher Tugend und Erhabenheit von den Dichtern, Geſchichtſchreibern und Ora=toren vor Augen ſtellen laſſen. In der Naturerkenntnis wird er nicht bloß die erſten vorbereitenden Schritte machen, wie jetzt in der Schule, ſondern bis zu den Dingen ſelber vordringen: die Lage der Länder, Meere, Berge und Flüſſe und ihre Natur, Sitten und Grenzen der Völker, ihre Reiche, Kräfte der Pflanzen, Art und Leben der Tiere, Ackerbau, Medizin, Kriegs=kunſt, Architektur, Muſik und bildende Künſte — alles wird er in den Be=reich ſeiner wiſſenſchaftlichen Betrachtung ziehen. Ein ganz elementarer, auf Sachwiſſen ohne äußere Grenzen gerichteter Erkenntnisdrang bricht hier durch und ringt nach Ausdruck. Freilich: als Quelle aller Erkenntnis gelten, ganz humaniſtiſch, ausſchließlich die klaſſiſchen Autoren, die wiſſens=werten Inhalt mit kunſtvoller Eloquenz verbinden. An ihrem Sprach=können muß der Studierende ſich unabläſſig üben, um ſelber zu richtigem Ausdruck ſeines Wiſſens befähigt zu werden[1]. Dieſer Punkt des Reform=programms wird mit der weitaus größten Ausführlichkeit behandelt. Über die Kunſt des Überſetzens, über Mnemotechnik und Vortragskunſt, über die Schwierigkeit der richtigen Auslegung klaſſiſcher Autoren und über die

---

[1] In dieſem Zuſammenhang mahnt A. (Lucubrationes 196), der Schüler möge ad corruptam institutionem loquendi emendandam nichts von dem herkömmlichen Schullatein gelten laſſen, was nicht durch klaſſiſche Autoren ſicher bezeugt ſei. Daraus macht Joachimſen a. a. O. 35 einen „kritiſchen Zweifel" an aller wiſſenſchaftlichen Überlieferung, der ihn an Descartes(!) erinnert.

Komposition einer Rede mit hilfe der loci weiß Agricola mit vielem Geist und aus reicher persönlicher Erfahrung zu reden. Einen praktischen Studienplan für die Neugestaltung des akademischen Unterrichts im einzelnen entwickelt er nicht.

Die Summe ist: eine Fülle von allgemeinen Anregungen, deren konsequente Verwirklichung innerhalb des Rahmens der alten Universitäten zu einer völligen Auflösung der scholastischen Studienverfassung, insbesondere bei den Artisten, hätte führen müssen. Indessen die letzte Konsequenz dieser Ideen hat sich damals wohl noch niemand, auch Agricola selbst nicht, klargemacht. Er war kein Reformer und Organisator, überhaupt kein Universitätsgelehrter, sondern ein geistvoller Einzelner, der erste Vertreter eines äußerlich und innerlich freien Literatentums in Deutschland, überaus empfindlich gegen jede auch nur scheinbare Beschränkung seiner Unabhängigkeit. Als Einsamer, innerlich unruhig und darum unstet in seinen Lebensplänen, ist er auch seinen nächsten Freunden erschienen. Geistig war er ihnen weit voraus. Aber auch den Italienern blieb er fremd: ein gründlicher, ernsthafter, systematischer deutscher Kopf, mit starken moralisch-religiösen Bedürfnissen, von denen sie ihrerseits nichts verspürten. Eine seiner schönsten Reden hat er am Weihnachtstag 1484 vor der heidelberger Universität über Christi Geburt und das Wunder der Menschwerdung gehalten, mit deutlich spürbarem herzensanteil. Auf einer Wormser Synode hat er über die Würde des priesterlichen Amtes gesprochen, und sein längstes Gedicht (in antikem Versmaß) gilt dem Lobe der heiligen Anna. Er lernte mühsam hebräisch, um das alte Testament richtig zu verstehen, denn er wollte seine Altersjahre ganz theologischen Studien widmen. Im Ordenskleide der Minoriten ließ er sich begraben. Von einer „starken inneren Spannung gegen das kirchlich-katholische System"[1] hat er sicher nichts gewußt: nur von einem tiefen Widerwillen gegen das scholastische herkommen. In diesem religiösen Ernst bei aller Weltfreudigkeit ist er ein echter Deutscher geblieben, trotz seiner italienischen Bildung, und der patriotische Ehrgeiz der späteren deutschen humanisten, ihre geistige Selbständigkeit und gleichen Rang neben den hochmütigen Italienern zu behaupten, hat schon in seinen Büchern lebhaften und erbitterten Ausdruck gefunden[2].

Agricolas Tätigkeit an der heidelberger Universität dauerte viel zu kurz, um dort unmittelbar irgendeine Reform des akademischen Studien-

---

[1] Mestwerdt, a. a. O., 172.
[2] Lucubrationes 178.

gangs zu veranlassen, wie sie z. B. in Wien seit den neunziger Jahren
versucht wurde. Im Kreise Dalbergs war nach seinem Tode der Wander=
poet Konrad Celtes die bedeutendste Gestalt, der sich gern (um des Ruhmes
willen) seinen Schüler nannte, aber schwerlich mehr als gewisse Anregungen
zum Sprachstudium von ihm empfangen hat[1]. Immerhin der erste deutsche
Humanist von Rang, der seine klassizistische Bildung nicht mehr in Italien,
sondern auf deutschem Boden durch deutsche Lehrer und aus Druckwerken
empfangen hat. Celtes hat gelegentlich in einer großen Prunkrede in
Ingolstadt eine Art von akademischem Reformprogramm entwickelt[2]. Es
steht den Ideen Agricolas nicht fern, bleibt aber unvergleichlich simpler
und äußerlicher. Das Wesentliche ist die Forderung, die eigentlich schola=
stischen Studien durch einen allgemeinen humanistischen Bildungskurs zu
ergänzen. Er soll den Fachstudien vorangehen und griechische, römische
und deutsche Geschichte, Geographie, mathematisch=astronomische Studien,
einen verbesserten grammatisch=rhetorischen Unterricht, vor allem aber
ausgedehnte Lektüre der klassischen Historiker, Dichter und Rhetoren um=
fassen. Dabei scheint Celtes in erster Linie an die Vorbildung der Juristen,
insbesondere an die Söhne vornehmer Häuser gedacht zu haben, die sich
am meisten zu seinen Vorlesungen drängten und hie und da schon anfingen,
den herkömmlichen Lehrgang der Artisten um der zeitgemäßen humani=
stischen Studien willen zu vernachlässigen. Von einer grundsätzlichen Um=
gestaltung oder Abschaffung der bisherigen Artistenfakultät und ihrer aristo=
telischen Studien ist nicht ausdrücklich die Rede, sondern zunächst nur von

---

[1] Es ist vielfach üblich zu erzählen, Celtes habe von Agricola Griechisch und
Hebräisch gelernt, so z. B. Hartfelder, H.3. 47, p. 18; vorsichtiger: Aschbach,
Wanderjahre, S.B. Wien, Bd. 60 (1868/69). Celtes selber aber weiß nur zu berichten,
daß ihm Agricola die Aufgabe gestellt hat, diese Sprachen zu lernen. Nachweislich
beherrschte er das Griechische noch als Präsident der sodalitas Rhenana nicht: Franc.
Bonomus an Celtes 20. 6. 1497, bei Bauch, Humanismus in Wien, 1903, 71. (Der
Abdruck des Briefes bei G. Bricard, De sodalitate litteraria Rhenana, Bordeaux
(thèse) 1893, appendix XXV ist unvollständig.) Im übrigen wurde er erst Dezember
1484 in Heidelberg immatrikuliert, am 11. 4. 1485 in der fac. art. als bacc. rezipiert;
im Mai verließ Agricola Heidelberg. Wann hätte also der Sprachunterricht statt=
finden sollen?

[2] G. Bauch, Humanismus in Ingolstadt, 1901, 38ff. Vgl. auch die Ode ad
Momerlochum III, 21 über die Lücken des Kölner Studiums! Ähnliche Forderungen
wie Celtes hatte schon Aeneas Sylvius aufgestellt: ep. 165 (Opp. Basil. 1571, fol. 719;
vgl. auch Böcking, Hutteni opp. suppl. II, 650). Ein ähnliches Reformprogramm
des C. Pellikan s. in dessen Chronikon, ed. Riggenbach, 1877, p. 40f.

der Ergänzung und Erweiterung ihres Studienplanes. Man sieht aber
deutlich, daß der Poet den ursprünglichen Sinn und wesentlichen Zweck der
artistischen Studien — ihre propädeutische Aufgabe im Dienst der schola=
stischen Theologie — nicht mehr begreift oder nicht mehr anerkennt. In
ihm meldet sich eine neue Generation zu Worte, die nach weltlich allge=
meiner Bildung im Sinne des italienischen Klassizismus strebt und nach
der klerikalen Bildung des Mittelalters kein Verlangen mehr trägt. Das
Ideal scholastischer Wissenschaft ist im Verdämmern; ihr Sinn wird kaum
noch verstanden. An ihre Stelle drängt sich die „Poesie" als eine Art von
ästhetisch=philosophisch=historischer Zentralwissenschaft vor. Aber war der
Begriff dieser neuen „Wissenschaft" in sich klar genug, um einen Neubau
der Hochschule darauf zu gründen? War der sittlich=geistige Gehalt der
neuen „poetischen" Bildung groß genug, um den deutschen Geist in seinen
Tiefen zu bewegen und von dem religiösen Interesse abzulenken, um das
zuletzt doch alle scholastische Bildung kreiste? Und schließlich: war Konrad
Celtes der Mann, eine solche Erneuerungsbewegung zu führen?

Er war vielleicht der einzige wirkliche „Poet" unter den hundert dichten=
den Schulmeistern des deutschen Humanismus. Land und Leute, Reise=
erlebnisse, erotische Abenteuer und mancherlei Schwänke seines unruhvollen
Vagantenlebens verstand er frisch und kräftig, lebensvoll, freilich mehr
derb als anmutig in seinen lateinischen Versen wiederzugeben. Das poetische
Element und der Drang nach unmittelbarem Erleben behauptete in ihm
stets den Vorrang vor allen gelehrten Neigungen — obgleich auch diese
eine große Rolle in seinem Leben spielten. Er war zuletzt doch ein Fah=
render, wie Peter Luder — nur in erheblich größerem Stil als dieser —
dem zu durchgreifender Wirksamkeit vor allem Stetigkeit und menschlich=
sittliche Würde fehlten. In Heidelberg ist er immer nur vorübergehend
aufgetaucht, als Gast Bischof Dalbergs oder als Erzieher der kurfürstlichen
Kinder. Aber von hier aus sammelte er (wahrscheinlich erst seit 1495[1]) jene
gelehrte Gesellschaft um sich, die ihm zur Verwirklichung seiner wissen=
schaftlich=patriotischen Lebenspläne und zur Propaganda humanistischer
Ideen dienen sollte. Dalberg selbst wurde ihr Ehrenpräsident und Pro=

---

[1] G. Bauch, Humanismus in Wien, 1903, 67ff. Die oben zitierte Monographie
von Bricard ist überholt. Das Rätsel, wieviel nun eigentlich von den Akademie=
plänen des Celtes Wirklichkeit geworden ist, scheint mir auch heute noch nicht gelöst,
die Bedeutung des Wiener „Poeten= und Mathematikerkollegiums" von den meisten
Darstellern maßlos überschätzt.

tektor, der Dalbergsche Kreis bildete die Kerntruppe. Wenn irgendwo in Deutschland, dann schien sich hier, im Kreise der Sodalitas litteraria Rhenana, ein wirkliches Zentrum neuen geistigen Lebens, ernsthafter Bemühungen um eine neue Wissenschaft zu bilden.

Es gab unter ihren Mitgliedern Scholastiker alten Stils, deren Beschäftigung mit humanistischer Literatur nicht mehr bedeutete als eine private Liebhaberei, ohne Einfluß auf ihre wissenschaftliche Tätigkeit; aber auch solche, die als Gelehrte neuen Stoffen und Aufgaben sich zuwandten. Zur ersten Gruppe gehörte vor allem der heiter-joviale, stets gastfreie Heidelberger Jurist Johannes Vigilius (Wacker) aus Sinsheim, die rechte Hand Dalbergs in allen Angelegenheiten der Sodalität, zugleich Günstling und Rat des Kurfürsten Philipp[1]. Das literarische Verdienst dieses weinfrohen Pfälzers besteht ausschließlich, soviel man sieht, in der brieflichen Vermittlung zwischen den Mitgliedern des Dalbergkreises, insbesondere mit Celtes; als „Poet" scheint er sich nicht selber versucht zu haben. Ferner die beiden namhaften Heidelberger Theologen: Jodocus Gallus, den wir bereits als Verfasser einer Katharinenrede in der Modeform des Dialogs kennenlernten[2], und Pallas Spangel, der Bewunderer Agricolas, spätere Lehrer und Gönner des jungen Melanchthon[3]. Diese Männer unterscheiden sich von der Generation der Jahrhundertmitte nur darin, daß ihnen die Beschäftigung mit humanistischer Poesie und Eloquenz, ehemals der vielbewunderte Vorzug Weniger, fast schon zur selbstverständlichen Pflicht des gebildeten Mannes geworden ist. Man könnte ihnen noch den etwas jüngeren Juristen Adam Werner von Themar anreihen (der freilich nicht zur engeren Sodalität zählte, aber mit ihren bedeutendsten Mitgliedern freundschaftlich verbunden war[4]). Ein liebenswürdiges Gemüt von schlich-

---

[1] Lebensdaten und Abdruck einer akademischen Promotionsrede bei K. Hartfelder, Zur Gelehrtengeschichte Heidelbergs. Z.G.O. 45 (N. F. 6), 1891, 152ff.

[2] Siehe ob. S. 463f., dazu Beilage III, nr. 4. Vgl. auch das Chronicon Contr. Pellicans, seines Neffen, ed. Riggenbach, 1877, bes. 6f. P. gibt eine sehr lebendige Charakteristik des stattlichen Mannes und seiner Lehrmethoden.

[3] Siehe ob. S. 463, 468 u. Beilage III, nr. 9.

[4] K. Hartfelder, W. v. Themar, Z.G.O. 33 (1880) u. Ztschr. f. vgl. Literaturgesch., N. F. 5, 1892, 214ff. Über seine jurist. Leistungen vgl. das sehr anerkennende Urteil R. Stintzings, Gesch. d. popul. Lit. d. röm.-kanon. Rechts, 1867, 176 u. Gesch. d. dtsch. Rechtswiss. I, 1880, 36. Vgl. ferner: Hartfelder, Dtsch. Übersetzungen klass. Schriftsteller a. d. Heidelberger Humanistenkreis, Heidelb. Gymn.progr. 1884, Beilage. Ders., Der Humanismus u. d. Heidelbg. Klöster. Festschr. d. Heidelbg. hist.-philos. Vereins, 1886.

ter, naiver Frömmigkeit, der seine liebsten Freundschaften mit den humanistisch gelehrten Mönchen der pfälzischen Reformklöster pflog, u. a. auch
die Zisterzienser von St. Jakob in dem neuen Sprachstil unterrichtete. Seine
lateinischen Verse, die ihm leicht aus der Feder flossen, widmete er mit
Vorliebe dem Lob der Himmelsmutter und anderer Heiliger. Darüber
hinaus hat er einige Übersetzungen klassischer und mittellateinischer Dichtungen (darunter einer Komödie Roswithas) angefertigt und später eine
Chronik der Sickingenschen Fehde geschrieben. In dieselbe Reihe gehört
schließlich noch eine Anzahl von Mitläufern, Bewunderern oder Schülern
des Celtes, wie der sächsische Edelmann Heinrich von Bünau, der Prämonstratenser Jakob Drakontius, dem man besonders kosmographische und
astronomische Kenntnisse nachrühmte, der Maulbronner Mönch Konrad
Leontorius u. a. m. Schon erntete man in der Pfalz die Früchte der Klosterreform, die einst Friedrich I. mit so eifriger Unterstützung der Universität
begonnen hatte: es gab wieder ein gelehrtes Mönchtum, das sich nun an
der literarischen Modeströmung eifrig beteiligte.

Der Bedeutendste und Bekannteste dieser gelehrten Klosterinsassen war
der Abt Johannes Trithemius von Sponheim, der im Kreise der rheinischen
Sodalität einen durchaus neuartigen, unzünftigen Gelehrtentypus ver-
körpert. Man kennt das Dilettantische und Phantastische seiner historischen
Studien, die Unzuverlässigkeit seiner Chroniken, die auch vor groben Fäl-
schungen nicht zurückscheuen. Aber es war, vom Standpunkt der scholastischen Tradition gesehen, doch etwas ganz Neues und Großes, daß hier
die Arbeit eines Menschenlebens an die Erforschung vaterländischer Geschichte aus den Originalquellen gesetzt wurde. Es gab damals keinen
zweiten Deutschen, der diese Quellen so gründlich kannte wie er, keinen,
der ihn an Sammelfleiß und antiquarischer Gelehrsamkeit erreichte. Hier
begann sich ein weites, neues Gebiet wissenschaftlicher Tätigkeit zu erschließen, von dessen Bedeutung die Universitäten bis dahin kaum etwas
geahnt hatten. Wohl an keinem Punkt ist der Einfluß italienischer Humanisten und ihrer klassischen Vorbilder fruchtbarer gewesen, als an diesem.
Was früher dem zufälligen Interesse und geistigen Vermögen dieses oder
jenes Stadt- oder Kloster-Chronisten überlassen geblieben war, wurde jetzt
mit systematischer Quellenforschung bearbeitet. Schon die Kemnat und
Luder hatten angefangen, nach italienischem Vorbild die Klosterbibliotheken
auf der Suche nach unbekannten Geschichtsquellen zu plündern. Um die
Jahrhundertwende gelangen dem Sammeleifer der Celtes, Dalberg und

Trithemius die ersten berühmten Entdeckungen verschollener deutscher Schriftsteller des Mittelalters: der Hrotsuith, des Ligurinus, der tabula Peutingeriana. Auf diesem Gebiet lag die eigentliche wissenschaftliche Leistung der Sodalität des Celtes. So bedeutende Sammler und Entdecker wie Peutinger und Pirckheimer gehörten ihr an. Der große Plan einer Germania illustrata (nach dem Vorbild des Biondo) wurde hier aufgestellt. Er ist niemals verwirklicht worden, hat aber doch den Anstoß gegeben zu jahrhundertelangen historisch=geographischen Forschungen von großer Fruchtbarkeit[1]. Erst sehr allmählich rang sich freilich die neue humanistische Geschichtschreibung aus naiver Begeisterung für das Alte zu wirklich wissen= schaftlicher, d. h. kritischer Haltung gegenüber den Quellen durch; und das rhetorische Interesse, dem sie entsprungen war, hat in ihre Auffassung und Darstellung manchen falschen Ton hineingebracht. Aber so blieb sie auch vor Erstarrung im rein Antiquarischen bewahrt. Höchst lebendig spiegelt sich in ihr das langsame Verblassen des mittelalterlichen Weltbildes, das Aufkommen der politischen und kirchlichen Ideen einer neuen Zeit.

Weniger leicht greifbar als die historischen sind die philosophischen und astrologisch=mathematischen Anregungen des Dalbergschen Freundeskreises. In den Gedichten und Epigrammen des Celtes ist wohl manches zu spüren von der Erneuerung platonischer und neuplatonischer Ideen, von jenem ästhetisierenden und mythologisierenden Pantheismus Florentiner Her= kunft, dessen allgemeine Bedeutung für das Renaissancezeitalter, insbeson= dere für seine Künstlerwelt, uns erst neuerdings (durch die Forschungen des Warburgkreises) erschlossen ist. Aber mehr als einen schwachen und undeutlichen Abglanz fremden Lichtes enthielten die naturphilosophischen Ideen des Celtes nicht. Nur daß die Erinnerung an Platos Akademie und an seine philosophischen Gastmähler bei der Begründung der rheinischen Sodalität (auch wohl ,Akademie' genannt) eine große Rolle spielte. Be= deutender war die Wirkung der kabbalistischen Zahlenmystik und der pytha= goräischen Philosophie, die Reuchlin als Mitglied des Dalbergkreises ver= breitete. Sie reichte bis in die unmittelbare Umgebung Kaiser Maximilians; Bischof Dalberg soll selbst durch eine Schrift ,über die geheimen Mysterien der Zahlen' dazu beigesteuert haben[2]. Trithemius, der das berichtet, be=

---

[1] Beste Darstellung durch P. Joachimsen, Geschichtsauffassung und Geschichts= schreibung in Deutschland unter dem Einfluß des Humanismus, 1910. Für Einzel= heiten vgl. auch Morneweg, J. v. Dalberg, 1887.

[2] Morneweg, 155.

wegte sich viel in astrologischen und dämonologischen Lehren, die später in den faustischen Schriften eines Agrippa von Nettesheim nachgewirkt und das geistige Chaos der Reformationsepoche kräftig vermehrt haben.

Besonderen Wert legte Celtes von Anfang an, wie der Humanismus überhaupt, auf die Wiederbelebung mathematisch-astronomischer Studien, deren ungebührliche Vernachlässigung er der Scholastik mit Recht vorwarf. Die Mathematiker Johann Stabius und Johann Zingler gehörten zu den ersten Mitgliedern der ‚rheinischen Sodalität‘, Bischof Dalberg selbst beschäftigte sich mit Mathematik[1], und in Wien gründete Celtes 1501 eine humanistische Erziehungsanstalt, an der die mathematischen Studien gleichberechtigt neben den poetisch-rhetorischen stehen sollten. Von konkreten Anregungen freilich, die aus seinem Kreise der mathematischen Wissenschaft zugeflossen wären, hören wir nichts — wie man sich denn überhaupt hüten muß, die praktische Bedeutung der humanistischen Liebhabereien für die Entwicklung des mathematisch-naturwissenschaftlichen Denkens zu überschätzen[2].

Um so größer war sie für die Entwicklung der Sprachstudien, insbesondere der griechischen und hebräischen. „Dreisprachig“ zu sein, galt für Ehrenpflicht der Sodalen des Dalbergschen Kreises — praktisch allerdings wurde diese Pflicht sehr weitherzig ausgelegt. Mit den griechischen Kenntnissen des Celtes hat es zeitlebens sehr gehapert, und im hebräischen ist selbst Agricola nicht über die allerersten Anfänge hinausgekommen. Doch betrieb man in Heidelberg eine sehr eifrige Übersetzungstätigkeit, an der sich auch Juristen wie Dietrich von Plieningen und Werner von Themar nicht ohne Erfolg beteiligten. Das große, alle andern überstrahlende Sprachgenie des Kreises war Johann Reuchlin, von dem sie alle lernten. Seine Lebensgeschichte zeigt ergreifend — ähnlich wie die des wackeren Conrad Pellikan, seines jüngeren Zeitgenossen — welche unsäglich mühsame, entsagungsvolle Kleinarbeit damals noch dazu gehörte, um das Griechische und Hebräische in Deutschland wirklich beherrschen zu lernen. Ohne Frage ist die einsame, unverdrossene Pionierarbeit dieser Männer für die Wesensart des deutschen Humanismus viel charakteristischer und für seinen Dauererfolg viel bedeutsamer gewesen, als alle literarische Geselligkeit der Sodalitäten. In Heidelberg hat übrigens Reuchlin nur eine Gastrolle gespielt.

---

[1] Morneweg, 286f. Dort hört man auch von der Existenz eines kurpfälzischen Hofastronomen und Mathematikers Johann Heßfurt.

[2] Vgl. meinen Aufsatz H.Z. 127, S. 418ff. u. das dort zitierte Buch von Olschki.

Als eine Art von Flüchtling 1496 hier aufgenommen, als „oberſter Zucht=
meiſter" der kurfürſtlichen Söhne und kurpfälziſcher Rat ſtattlich beſoldet,
zugleich als Vorſtand der Dalbergſchen Bibliothek tätig, wurde er raſch das
geiſtige Haupt des Dalbergſchen Kreiſes. Aber ſchon 1498 wurde er den
Freunden durch eine Geſandtſchaft nach Rom entführt, von der er nur
noch für ein paar Monate (bis Spätherbſt 1499) zurückkehrte. Schon lange
vor ſeinem Abgang nach Tübingen hatte Dalberg (im Frühjahr 1497) ſein
Kanzleramt aufgegeben und ſeine Reſidenz nach Ladenburg verlegt. Seit=
dem begann der Heidelberger Humaniſtenkreis auseinanderzubröckeln.
Wenige Jahre ſpäter (1503) ſtarb Dalberg an den Folgen eines Unglücks=
falls; unmittelbar danach brach der pfälziſch=bairiſche Erbfolgekrieg aus,
der in fünf Jahren ſchrecklicher Verwüſtung das Glück der Pfalz zerſtörte
und die ſchönſten Hoffnungen der Humaniſten begrub.

IV.

Kaum zwei Jahrzehnte hat alſo die Blüte des Heidelberger Früh=
humanismus gedauert. Aber welche Summe geiſtiger Fortſchritte wird
von dieſem Zeitraum umſchloſſen! Das Wichtigſte iſt offenbar: daß die
humaniſtiſche Reformbewegung das Stadium rein formaliſtiſcher, ſprach=
lich=rhetoriſcher Beſtrebungen überwunden und den Zugang zu weiten Ge=
bieten neuen Sachwiſſens erſchloſſen hat. Welche unmittelbare Wirkung
hat das nun alles auf den Lehrbetrieb der Heidelberger Univerſität aus=
geübt? Nahmen bloß einzelne Profeſſoren an der humaniſtiſchen Geſellig=
keit im Hauſe Dalbergs und Wackers (Vigilius) teil, oder bekam auch die
Studentenſchaft etwas von dem Wehen eines neuen Geiſtes zu ſpüren?
Das iſt die letzte Frage, die uns hier noch zu beſchäftigen hat.

Die in früheren Darſtellungen übliche Antwort lautet: hartnäckig und
unverſtändig habe ſich die gelehrte Korporation als Ganzes den Anre=
gungen des Dalbergkreiſes verſchloſſen und allen Bemühungen des Kur=
fürſten, ihren Lehrbetrieb im Sinn der humaniſtiſchen Reformer zu ver=
beſſern, widerſtanden. Dabei beruft man ſich vorzüglich auf den Wider=
ſtand der Artiſtenfakultät gegen die Einführung des Dionyſius Reuchlin,
den ſein berühmter Bruder dem Kurfürſten empfohlen hatte, als Lektor
der griechiſchen Sprache (Auguſt 1498). Man ſieht aber nicht recht, was
der eigentliche Gegenſtand des Streites über dieſen Fall geweſen iſt.
Schwerlich die Abneigung der Artiſten gegen Vorleſungen über griechiſche
Sprache; was hätten ſie dagegen einwenden ſollen? Aktenmäßig nach=

weisbar ist nur, daß sie sich die Einführung des neuen Dozenten durch ein=
faches Dekret vom Hofe nicht gefallen lassen wollten. Sie verlangten, ehe
sie ihm den größten Hörsaal (die ‚obere Schule‘) einräumten, daß er sich
ordnungsmäßig über seinen Magistergrad ausweise und an einer Dispu=
tation beteilige; übrigens sei der Hörsaal vorläufig durch das große Quod=
libet besetzt[1]. Es ist möglich, daß hinter dieser Opposition sich die Ab=
neigung der Fakultät verbarg, eine neue griechische Lektur auf Kosten ihres
Pfründenbestandes einzurichten[2]; doch wissen wir nichts Sicheres darüber;
und von einer Stellungnahme der Universität ist überhaupt nichts bekannt.
Gegen die Überlassung des großen Hörsaals an Jakob Wimpfeling, der
fast gleichzeitig eine Lektur für lateinische Poetik und Rhetorik übernahm
und der Fakultät als früheres Mitglied bekannt war, erhob sich kein Wider=
stand. Auf der anderen Seite fehlt es nicht an Zeugnissen für ein freund=
liches Verhältnis der Universität zum Dalbergkreise auch nach dem Tode
Agricolas. Dracontius, der Prämonstratenser, hielt im Auftrag des Dr. Jo=
hannes Vigilius humanistische Übungen in der „Neuen Burse“ ab, deren
Teilnehmer Vigilius selber aussuchte, persönlich förderte und gelegentlich
auch dem Kanzler Dalberg vorstellte und empfahl. Es war eine planmäßig
durchgeführte Propagandaaktion: zur Bekämpfung der scholastischen „Bar=
barei“, als deren Hauptvertreter uns ein Magister Johannes von Wein=
heim genannt wird[3]. Offenbar ist sie nicht ohne Erfolg geblieben. Jeden=
falls fand sich 1497 schon eine ganze Anzahl junger Leute, Studenten und
Bachanten, zusammen, die im Hause Dalbergs die berühmte erste Auf=
führung einer deutschen Humanistenkomödie, des Reuchlinschen Henno,

---

[1] U.B. II, 566 f. Der Ausgang des Streites war, daß Dionysius weder respon=
dierte, noch das Lektorium geöffnet erhielt: a.f.a. II, 164ᴿ. Doch wurde er am 26. 7.
1498 als Magister immatrikuliert (Toepke, I, 429) und erscheint 1499 unter den von
Wimpfeling aufgebotenen heidelberger Kronzeugen der via moderna (Ad illustriss.
Bavarie ducem ... epistola, Panzer=Copinger, II, 10781) und zwar als philo=
sophiae magister. Sein späteres Leben bleibt dunkel: Geiger, Joh. Reuchlin,
1871, 29 f.

[2] Darauf scheinen die folgenden Worte Wimpfelings in seiner Rede Pro concor=
dia dialectiorum et oratorum vom 12. 8. 1499 hinzudeuten: Taceo, quod ... prin=
ceps noster Philippus superioribus diebus lectionem in litteris humanitatis fieri ...
decrevit, cuius pio et utili decreto, voluntati et desiderio tantopere resistere, reniti
et oblatrare si consultum sit et prudenter actum vosipsi cogitate.

[3] Vigilius an Celtes (1496): bei Morneweg, Dalberg, 218. Es handelt sich
wohl um den Magister und lic. theol. Johannes Heim aus Weinheim, der 1490
Rektor war.

veranstalteten. Beim nachfolgenden Festmahl war ihr Führer, der Student Valentin Helfant, imstande, dem Gastgeber eine prunkende Lobrede im humanistenstil zu halten[1]. Noch viel größer war das Aufgebot jugendlicher „Poeten", das Jakob Wimpfeling 1499 zusammenbrachte, als er zur Verteidigung der via moderna das Lob des „göttlichen Marsilius" in klassizistischen Versmaßen besingen ließ[2]. Und als 10 Jahre später der junge Melanchthon nach Heidelberg kam, fand er an der Universität eine ganze Schar humanistisch gesinnter Studiengenossen vor, darunter so große Talente wie Butzer, Brenz, Pellikan und Sturm, die später zu Führern des deutschen geistigen Lebens geworden sind.

In seinem Kern freilich blieb der überlieferte dialektisch-aristotelische Lehrbetrieb noch lange unverändert bestehen. Er konnte wohl ergänzt, aber nicht aufgegeben werden, ehe nicht das Oberziel aller Studien, die scholastische Theologie, aus ihrer Machtstellung verdrängt oder in ihrem Wesen gänzlich verändert war. Alle Nöte, Spannungen, Unklarheiten und halbheiten einer Übergangszeit, in der das Alte schal und unverständlich wird, aber auch das Neue sich selber noch nicht recht versteht, spiegeln sich wider in der Geschichte Jakob Wimpfelings, die wir mit vollem Bedacht an das Ende unserer Darstellung setzen. Seine Erscheinung als akademischer Lehrer ist nicht bedeutsam durch irgendwelche schöpferische Leistung — er war als Wissenschaftler in keiner hinsicht originell! —, aber als getreuester und vielseitigster Ausdruck der die Zeit bewegenden hoffnungen und Sorgen. Wie die humanistische Bewegung auf das Denken und Empfinden eines spätscholastischen Theologen wirkte, hat niemand so naiv und so deutlich ausgesprochen, wie dieser lebhafte Elsässer mit dem unzähmbaren Drang zur Öffentlichkeit. Er war unfähig, irgendeinen Einfall der Welt vorzuenthalten, und so ersetzt die gewaltige Masse seiner Tagesschriftstellerei, was wir sonst an Selbstzeugnissen der heidelberger Spätscholastik entbehren müssen.

---

[1] Das Nähere bei Morneweg, a. a. O., 227ff. Über die schon ältere Tradition der heidelberger Dialoge und Schulkomödien vgl. E. Beutler a. a. O. und ob. S. 463, Knepper, Wimpfeling, 35 u. h. holstein in der Einleitung zu s. Neuausgabe des Wimpfelingschen Stylpho (Lat. Literaturdenkmäler 6), 1892.

[2] In der vorhin zitierten Schrift: Ad illustr. Bav. ducem . . . epistola von 1499. Über ihren Zusammenhang mit Wimpfeling vgl. h. F. Singer, Der humanist Jakob Merstetter, 1904. Dort auch die ältere Literatur. Ferner meine Studien I, 40f. u. II, 75ff., 129f.

Seine Anfänge führen in die siebziger Jahre zurück, in den Umkreis jener älteren, auf wesentlich formale Ziele gerichteten Generation des Heidelberger Humanismus, die wir früher besprochen haben[1]. Mit dem Kreise Dalbergs trat er nur in lose Fühlung. Die „Rheinische Gesellschaft" zählte ihn zwar zu ihren Mitgliedern, aber da er schon seit 1484 keine Heidelberger Professur mehr versah[2] und erst 1498 vorübergehend dahin zurückkehrte, blieb seine Mitgliedschaft wohl mehr eine Formalität. Mit dem Geiste freier, an heidnischen Autoren geschulter Weltlichkeit, der einen Celtes beherrschte, hatte er gar nichts zu schaffen. Er war und blieb Theologe, mit starken mönchisch-asketischen Neigungen. Aber gerade darum, weil er enger als jene an die Tradition gebunden blieb, Italien niemals gesehen, vom Geist des italienischen Humanismus nichts verspürt hatte, wird in seinen Schriften das Fragwürdige eines deutschen Humanismus um so deutlicher sichtbar: in ihnen zeigt sich, daß es dem Durchschnittsgebildeten jener Epoche im Grunde um ganz andere Dinge zu tun war, als um die Schönheit klassischer Form und um den Ideenreichtum antiker Bildung.

So ziemlich alle innerscholastischen und kirchlichen Reformtendenzen des 15. Jahrhunderts, die uns im Laufe unserer Darstellung begegnet sind, hat Wimpfeling irgendwo einmal aufgegriffen. Vereinfachung der theologischen Arbeit im Sinne praktischer Erbaulichkeit hat er in hundert Wiederholungen gepredigt, für Johannes Gerson eine eigene „Verteidigung" geschrieben. Die Reformtendenzen der großen Konzilien setzte er fort, indem er in vielen Schriften und Gutachten leidenschaftlich gegen die „römischen Curtisanen" und ihre Mißwirtschaft zu Felde zog. Dabei wiederholte er getreulich den Fehler der älteren Heidelberger Reformtheologen, weder über die Rechtslage im einzelnen noch über das praktisch Mögliche, noch über das grundsätzliche Verhältnis von Papst und Konzil zu rechter Klarheit zu kommen. Mit den Mystikern schauderte er zurück vor dem seelenlosen Mechanismus des kirchlichen Rechtswesens und gab das Studium der canones aus religiösen Gründen auf. Der Gedanke der mystischen Refor-

[1] Siehe ob. S. 463 ff. Die ältere Literatur über W. verzeichnet und verarbeitet J. Knepper, Jak. Wimpf., 1902. Zusammenstellung der heidelberg betr. Lebensdaten durch H. Holstein, Zf. f. vgl. Lit.gesch., N. F. IV, 1891, 227 ff. u. G. Knod, W. u. d. Universität Heidelberg, Z.G.O. 40, 1886, 317 ff.

[2] Zu den Zweifeln Kneppers 41 betr. Wimpfelings Predigertätigkeit in Speyer sei bemerkt, daß er a. u. III 254 bei Gelegenheit eines Pfründentauschs vom 26. 2. 1484 ausdrücklich predicator in Spira genannt wird.

mer, daß fromme Einfalt mehr wert sei als spitzfindige theologische Gelehr=
samkeit, echte Andacht keines großen Apparates, keiner äußeren kirchlichen
Pracht und keiner „Mirakel" bedürfe, war ein Lieblingsthema seiner Reden.
Dabei setzte er sich aber mit großem Eifer für eine würdige Ausgestaltung
der kirchlichen Zeremonien ein, forderte gründliche theologische Ausbildung
der Priester und erklärte gelegentlich die Wissenschaft überhaupt für das
beste Heilmittel zur moralischen Besserung der Welt. Mit den Vorkämp=
fern der via antiqua konnte er sich für die kernige, einfache Art der älteren
Scholastik begeistern, Thomas, Albertus und Duns Scotus als Vorbilder
(neben Okkam) empfehlen[1], dann aber doch wieder die moderni verteidigen
und eine Lobschrift auf Marsilius von Inghen verfassen. Mit den Huma=
nisten kämpfte er für die Einführung des Griechischen als Lehrgegenstand,
übernahm selber, von Kurfürst Philipp berufen, eine Professur für huma=
nistische Eloquenz am Juristenkollegium[2], bekämpfte vielfach und fast er=
bittert das Vorurteil, die klassische Literatur sei für das sittliche und religiöse
Empfinden des Christen anstößig und schrieb eine lateinische Schulkomödie
im neuen Stil. Aber in seinen humanistischen Vorlesungen wählte er aus=
schließlich christliche Dichter, Redner und Schriftsteller, darunter sogar
Schriften seiner Heidelberger theologischen Kollegen, als Textvorlage, schalt
auf das Eindringen römischen Rechts, das die alten deutschen Volksrechte
zugunsten habsüchtiger Advokaten vernichte, betonte im Streit mit Jakob
Locher aufs schärfste den Vorrang der scholastischen Theologie über alle
Wissenschaften und Künste, erklärte kurzerhand die neun Musen für neun
Eselinnen und nannte alle heidnischen Poeten unnütz oder gar verderblich
für das moralische Empfinden der Jugend — was ihn wiederum nicht
hinderte, eine Sammlung recht zweideutiger und unflätiger quodlibeta=
rischer Scherzreden zum Druck zu befördern.

Dieses scheinbar richtungslose Nebeneinander aller möglichen Zeit=
tendenzen ist für den Mann und seine geistige Umwelt wohl am meisten
charakteristisch. Es ist der typische Ausdruck einer Spätzeit, in der alle
überlieferten geistigen Werte relativ und damit bloße Konvention geworden
sind. Was in diesen Schriften sich vollzieht, ist weniger der Durchbruch
einer neuen geistigen Welt, als die Selbstauflösung der Scholastik; deren
innere Spannungen sind so schwach geworden, daß sie gar nicht mehr als

---

[1] Disputationsrede von 1478, bei Holstein, Zur Gelehrtengeschichte Heidel=
bergs. Schulprogr. Wilhelmshaven, p. 20.

[2] Siehe ob. S. 444.

sinnvoll empfunden, ja gar nicht mehr verstanden werden. Wer die akade=
mischen Reden Wimpfelings aufmerksam liest, erhält davon einen erschüt=
ternden Eindruck. Dieser scholastische Theologe kann durchaus nicht mehr
begreifen, wozu das Studium der secundae intentiones oder der formalitates des Duns Scotus eigentlich dienen soll, da es doch weder dem Pre=
diger noch dem Juristen noch irgendeinem anderen Berufsstand irgend
etwas nütze[1]. Er selber versichert, diese Dinge nicht zu verstehen, und er
hat sie noch niemals entbehrt, weder im Amt, noch im Umgang mit Men=
schen. Wäre es nicht viel vernünftiger, man ließe die jungen Juristen
Historien und Gesetze lesen, die künftigen Priester Hymnen lernen und
Bibelkunde treiben, statt sie mit logischen Subtilitäten zu quälen? Das ist
nicht mehr scholastisch, aber auch nicht eigentlich humanistisch gedacht. Für
Agricola und Celtes war der Maßstab der Kritik ein wesentlich ästhetischer
gewesen: sie forderten eine Wissenschaft, die lebendiges Interesse ent=
zünden könne. Für Wimpfeling gilt nur der Maßstab plattester Nützlich=
keit und moralischer Wohlanständigkeit. Was sind das doch für Argumente,
mit denen er das Studium der „schönen Wissenschaften" gegen den Brot=
neid und das Mißtrauen rückständiger „Dialektiker" verteidigt! Der Aka=
demiker könne leicht in die Lage kommen, vor Freunden, Geistlichen oder
Gelehrten eine Rede halten zu müssen über Familienangelegenheiten,
Geschäftliches, in bürgerlichen Streitsachen oder auch zum Lobe der Wissen=
schaft. Es wird ihm dann sehr wertvoll sein, ciceronische Floskeln und aller=
hand Zitate anbringen zu können aus Terenz, Plautus, Vergil, Seneka
oder Ovid, die zu allen möglichen Gelegenheiten passen; oder auch Histör=
chen oder Beispiele aus der alten Geschichte nach Valerius Maximus,
hübsche anständige Witzworte (facetiae honestae) aus Macrobius, Petrarca
oder Filelfo. Kann er gründlich Latein, so vermag er manchen Wortstreit
sprachlich ungebildeter Streithähne zu schlichten. Warum also nicht huma=
nistische Studien treiben? Zum mindesten schaden sie nicht, sondern vertra=
gen sich recht wohl mit scholastischer Gelehrsamkeit, wie das Beispiel vieler
Pariser und Heidelberger Professoren zeigt. Wie viele Jünglinge ziehen nach
Italien, nur um die humanitären Wissenschaften zu lernen! Wäre es nicht
ehrenvoller und nützlicher für unser Vaterland, sie könnten im Lande
bleiben? Und soll Heidelberg darin hinter anderen jüngeren Universitäten
zurückstehen? Soll es auf den Zuzug der Scholaren verzichten, die jetzt
schon (z. B. aus Köln und Mainz) allein zum Studium der Poeten und

---

[1] Erwiderung an Hosser, ed. Knod, Z.G.O. 40, 330.

Oratoren herbeieilen? Fielen wir in Deutschland in die alte Barbarei
zurück, dann würde es bald an den Hochschulen und Fürstenhöfen an Ora=
toren und Historikern fehlen, die vor Einheimischen und Fremden, vor den
Legaten der Kurie und ausländischen Potentaten elegant zu reden und
in modernem Stil zu schreiben wüßten. Kein Wunder, wenn Deutschland
darüber das Kaisertum, seinen uralten Ruhm und Stolz, verlöre! Und
schließlich: gar manchen hindert seine Beschränktheit, die Subtilitäten der
Logik und Dialektik zu begreifen. Einem solchen Schüler ist besser geholfen
mit einem gründlichen grammatisch=rhetorischen Unterricht, der ohne aus=
gedehnte Lektüre klassischer Autoren niemals Erfolg haben kann; von da
mag er ohne Umschweif aufsteigen zum Studium dessen, was einem ein=
fachen Priester an theologischen Kenntnissen unentbehrlich ist. Mögen dar=
um die Dialektiker aufhören, auf den humanistischen Unterricht zu schelten
und die Bursenrektoren, sich gegenseitig die Schüler und das Schulgeld zu
mißgönnen! Wer einen Schüler hat, dem es an grammatischen Kennt=
nissen fehlt, schicke ihn zum humanistischen Unterricht, und umgekehrt möge
der Humanist seine fertig ausgebildeten Zöglinge recht bald dem Dialek=
tiker zuführen! Dann wird Friede und Eintracht herrschen in den gelehrten
Korporationen statt des jetzigen Streites, der das Ansehen unseres Standes
untergräbt. Was bedeuten zuletzt alle Meinungsverschiedenheiten der
Schulen gegenüber der Gemeinsamkeit des Vaterlandes, der peripateti=
schen Tradition, der Universität, ihrer gemeinsamen Einrichtungen und
Privilegien[1]!

Wir befinden uns hier nicht mehr in der Höhenluft humanistischen
Bildungsdranges, die uns aus den Schriften eines Agricola und selbst noch
des Celtes entgegen wehte, sondern in der dumpfigen Niederung der
Heidelberger Schulstuben. In einer Welt kleinlichen Gezänks um Lehr=
pfründen und Schülerhonorare, von dem auch die Universitätsakten über=
reichlich Zeugnis geben. Für das Verständnis von Schulmeistern schreibt
Wimpfeling, selber ein praktischer Pädagoge, kein Gelehrter. Eines seiner
Hauptanliegen ist die Mahnung zur „Eintracht", ein sicheres Kennzeichen
nachlassenden Interesses und Verständnisses für die Problematik der wissen=
schaftlichen Arbeit. Es scheint, daß um die Jahrhundertwende am kurfürst=
lichen Hofe zeitweise die Absicht bestand, den immer öder werdenden Streit
der beiden Wege durch Abschaffung der via moderna zu beseitigen. Sie

---

[1] Pro concordia dialecticorum et oratorum usw. Akad. Rede vom 12. 8. 1499.
s. l. et e. (Mainz, P. Friedberg). Nach dem Exemplar der L.B. Darmstadt.

wird der humanistischen Gleichgültigkeit gegen die scholastischen Unter=
scheidungslehren, wohl auch dem alten Vorurteil entsprungen sein, als
ob die ‚Modernen‘ (als ‚Terministen‘) sich bloß mit Wortklaubereien, die
‚Antiqui‘ dagegen mehr mit den Realien beschäftigten. Jedenfalls wird
der Sachverhalt so in der (schon erwähnten) Verteidigungsschrift der Mo=
dernen von 1499 dargestellt, an der Wimpfeling höchstwahrscheinlich den
Hauptanteil hat. Hier nun bemüht er sich, den Gegensatz beider Wege als
unbedenklich, ja belanglos hinzustellen; er brauche kein Hindernis brüder=
licher Einigkeit beider Parteien zu bilden. Man erwartet die Folgerung,
daß der Kurfürst lieber beide Parteien als bloß eine abschaffen möge. Aber
Wimpfeling hängt viel zu sehr an der Tradition, um so radikale Forde=
rungen zu stellen. Ihm genügt der Nachweis, daß höchst ansehnliche Män=
ner aus der via moderna hervorgegangen sind und daß ihre Lehre sowohl
rechtgläubig wie gut aristotelisch sei. Man könnte die Modernen, fügt sein
Schüler Jakob Merstetter hinzu, geradesogut antiqui nennen. Statt auf
eine organische Universitätsreform läuft das Ganze also auf moralische
Mahnungen zur Eintracht und auf die Erhaltung des Nebeneinanders
zweier „Wege“ hinaus. Dieser Zustand wird sogar als besonders vorteil=
haft gepriesen. Das hindert Wimpfeling nicht, ein paar Jahre später
(1503) in anderem Zusammenhang den Wegestreit geradezu als Teufels=
saat zu bezeichnen und die scholastische Ausbildung der Theologen über=
haupt in Grund und Boden zu verdammen[1]. Statt sie für ihren praktischen
Beruf zu schulen, quält man sie mit unnützen Sophismen unter der Vor=
gabe, man brauche so schweres Rüstzeug aristotelischer Gelehrsamkeit, um
die Ketzer zu bekämpfen. Als ob nicht das klare Bibelwort dazu genügte,
und als ob nicht die Zeiten längst vorbei wären, in denen die Kirche es
noch nötig hatte, sich lange mit den Ketzern herumzustreiten, statt sie kurzab
der Inquisition und der weltlichen Gewalt zu übergeben! Als Beispiel
eines solchen Prozesses wird die Verurteilung des Johann von Wesel (1479)
angeführt, dessen offene hussitische Ketzereien Wimpfeling gar nicht mehr
sieht[2] und dessen Verfolgung er sehr gehässig (im Widerspruch zu seinen
eigenen Eintrachtsmahnungen) aus böswilliger Parteilichkeit thomistischer

---

[1] Concordia curatorum et fratrum mendicantium usw., 1503 unter dem Pseu=
donym Wigand Trebellius. Vgl. meine Studien zur Spätscholastik III, 45 ff., II, 130,
dazu N. Paulus in Z.G.O., N. F. 42, 296 ff. u. G. Ritter, ebd. 451 ff. Ferner:
Knod, Zentralbl. f. Bibl.wesen V (1888), 475.

[2] Vgl. ob. S. 361.

Antiqui zu erklären versucht. Er konnte keinen besseren Beweis für die
Unzulänglichkeit seiner eigenen theologischen Bildung liefern. Die Art, wie
er hier politische, theologische und philosophische Gegensätze durcheinander=
mengt, dogmatische Fragen, um die es in jenem Prozeß ging, mit dem
philosophischen Wegestreit, sodann mit dem Gegensatz zwischen Bettel=
mönchen und Weltklerus und schließlich mit dem Streit zwischen den Domi=
nikanern und Minoriten über die unbefleckte Empfängnis Mariä in Ver=
bindung bringt, gehört zu den schlimmsten Zeugnissen der geistigen Ver=
worrenheit jener Epoche.

Man sieht: Im Grunde ist Wimpfeling weder ein Humanist noch ein
echter Scholastiker, sondern ein temperamentvoller Tagesschriftsteller, dem
es viel mehr auf momentane Wirkungen als auf sachliche Konsequenz und
begriffliche Klarheit ankommt. Damit hängt es wohl auch zusammen, daß
er den Professorenberuf frühzeitig wieder aufgegeben hat[1]. Man rühmt
ihn — nicht ohne Grund — als Reformpädagogen. Aber dieses Verdienst
beschränkt sich wesentlich auf die Sphäre des Lateinunterrichts für Knaben.
Wer seine bekanntesten Reformschriften, den 'Isidoneus' oder die 'Adoles=
centia' liest, fühlt sich in die geistige Luft etwa eines katholischen Knaben=
konviktes, nicht einer Universität versetzt. In dieser Beschränkung weiß er
neue und wirklich nützliche Vorschläge zu machen. Das Gutachten dagegen,
das er 1522 zur Reform der Heidelberger Universität abstattete — zu einer
Zeit, als längst andere Entwürfe sehr namhafter Humanisten zur Hoch=
schulreform vorlagen! — kommt über ein paar Äußerlichkeiten, wie Ände=
rung der Schulbücher und stärkere Betonung der klassischen Autoren im
artistischen Unterkurs oder den uralten Gemeinplatz, der juristische und
theologische Unterricht müsse „vereinfacht" werden, kaum hinaus[2].

Die Dürftigkeit dieses Programms ist aber nicht bloß persönlich bedingt.
Zu einer wirklich durchgreifenden Universitätsreform war der deutsche
Humanismus aus eigener Kraft nicht imstande. Seine praktisch=reforme=
rische Leistung blieb im wesentlichen auf die Unterstufe des akademischen
Unterrichts beschränkt, im übrigen war er mehr kritisch als aufbauend tätig.
Er erweiterte den Interessenkreis — mehr nicht. Der Neuaufbau des gei=
stigen Lebens an den Universitäten war überhaupt nicht deren Sache allein.

---

[1] Sein zweiter Rücktritt 1501 könnte indessen mit dem Scheitern der Gründung
der Juristenburse zusammenhängen, an die er ja 1498 berufen war.

[2] U.B. I, p. 216f. Eine nähere Besprechung der Reformversuche von 1521/22
bleibt dem zweiten Bande vorbehalten.

Sein Gelingen hing zuletzt davon ab, daß neue Lebensmächte die jahr=
hundertealte enge Verbindung von aristotelischer Philosophie und christ=
licher Theologie zersprengten. Erst dann konnte Raum geschaffen werden
für das Eindringen neuer Bildungsideale. Zu solcher Sprengleistung reichte
aber die Stoßkraft des neuen humanistischen Welt= und Lebensgefühls —
auf deutschem Boden jedenfalls — noch lange nicht aus.

Auch von der sozial=wirtschaftlichen Seite her gesehen war die Zeit für
einen radikalen Neubau noch nicht gekommen. Noch immer steuerte die
große Masse der Studierenden auf den Erwerb irgendwelcher kirchlicher
Pfründen los. Solange das fortdauerte, blieb der Geist der Hochschulen
zwangsläufig klerikal. Erst wenn das kirchliche Pfründenwesen einmal
gänzlich zerschlagen und neugeordnet wurde, war ein allmähliches Ein=
strömen weltlicher Bildungsideale, eine innere Umwandlung der Hoch=
schule von daher ernsthaft möglich.

So hing zuletzt aller Fortschritt an der Auflösung des mittelalterlichen
Kirchenwesens und der mittelalterlichen Theologie. Die kirchliche Refor=
mation, die kirchliche und politische Neugestaltung der mittelalterlichen
Welt war die große, alles entscheidende Aufgabe der Zeit. Zu ihrer Vor=
bereitung hat auch das literarische Lebenswerk Jakob Wimpfelings Wesent=
liches beigetragen. Als deutscher Patriot, der für ein Neuerwachen natio=
nalen Selbstbewußtseins gegenüber den Galliern und Welschen kämpfte[1],
als einer der ersten Geschichtschreiber deutschen Volkstums, als leidenschaft=
licher Ankläger kirchlicher Mißstände, zumal in den Bettelorden, und als
Verfechter der deutschen Gravamina gegen Rom hat er in der deutschen
Geschichte seinen eigentlichen Platz. Er und die ganze Gruppe elsässischer
Humanisten, mit denen er in einer Front kämpfte. Als Gelehrter, als
Träger wissenschaftlichen Fortschritts hat von dieser Gruppe im wesent=
lichen nur der eine Beatus Rhenanus etwas bedeutet. Aber was diese
Männer als Erwecker nationalen Selbstbewußtseins und als Vorläufer der
großen allgemeinen Kirchenreform geleistet haben, bleibt ihnen unvergessen.

---

[1] In diesem Zusammenhang ist wohl auch das bittere Urteil W.s über Philipp
von der Pfalz, den Verbündeten der Franzosen, zu verstehen, das die von Knepper
132 N.2 abgedruckten Verse des Cod. Upsal. Fol. 250 enthalten und das in so auf=
fallendem Widerspruch steht zu seiner überschwänglichen Lobrede in der ‚Philippica'.

Mit diesem Ausblick auf eine kommende größere Epoche wollen wir unsere Betrachtung der ersten 120 Jahre heidelberger Universitätsgeschichte schließen. Wer die Universitätsakten aus der Epoche Kurfürst Philipps, soweit aus ihnen das innere Leben der Hochschule sichtbar wird, durchblättert, stößt fast überall auf die Spuren eines unaufhaltsamen Verfalls scholastischer Gelehrsamkeit und zunehmender Zuchtlosigkeit. Entartung des Wegestreits zu bloßem Konkurrenzkampf der Magister und Bursenregenten, Schmähworte und Tätlichkeiten der Professoren untereinander in Fakultätssitzungen und Disputationen, Unfleiß der Studierenden, Lärmen, Werfen mit Dreck und Steinchen in der Vorlesung, Nachlassen des Besuchs der Disputationen trotz aller Strafbestimmungen, Schwäche der Korporation in der Ahndung von Vergehen, Bestechlichkeit und Parteilichkeit der Prüfenden in den Examina[1], wachsender Hochmut der Juristen, die mit den Artisten in einen endlosen Streit über die Farben ihrer Barette geraten[2], schulmäßige Paukerei[3] selbst in den Vorlesungen der Theologen — das alles sind äußere Symptome einer wachsenden Gleichgültigkeit gegen die Pflichten und den geistigen Inhalt des akademischen Studiums. Wir wollen ihnen hier nicht weiter nachgehen. Genug: die Zeit war reif zum Abbruch jahrhundertealter Traditionen. Viele spürten das, die humanistisch Gebildeten am deutlichsten. Aber keiner von ihnen ahnte die Richtung des neuen Geistes, dessen gewaltiger Losbruch nun schon ganz nahe bevorstand.

Die Zukunft unserer Universität hing davon ab, ob sie dereinst imstande sein würde, sich vom religiösen Kern der scholastischen Wissenschaft her zu erneuern.

---

[1] Vgl. besonders a.f.a. II, 107ss. bis zum Schluß passim; sehr genaue Examensbestimmungen 1501: a.f.a. III, 8ᵛ. Der Streit der Examinatoren untereinander macht es u. a. notwendig, das Mitbringen langer Messer in die Prüfung zu verbieten, da dies als Bedrohung empfunden wird! Ähnliche Erscheinungen in Leipzig behandelt eingehend: Felician Geß, Die Leipziger Universität im Jahr 1502, in: Kl. Beiträge 3. Geschichte, 1894, 177ff.

[2] Er bricht schon 1471 aus: a.f.a. II, 77ss. und dauert bis 1498 fort: U.B. I, nr. 141, 142, 144, 146; U.B. II, 550, 555. Beachte die fein ironische Entscheidung der kurfürstlichen Regierung! Die endgültige Beilegung erfolgte durch kurfürstliches Dekret vom 1. 4. 1498: a.u. III, 378ᴮ.

[3] Pellikan, Chronicon 69: Pallas Spangel hört den jeweils in der letzten artistischen Vorlesung durchgenommenen Stoff ab, wobei es für Unwissende nicht immer ohne Faustschläge abgeht! Vgl. damit die Tübinger theol. Statuten bei Roth, U.B., 266ff.

Beilagen und Exkurse

Beilage I.

Lettionspläne der Heidelberger Artistenfakultät im 15. Jahrhundert.

1. Lectiones formales des Winterhalbjahrs (libri hiemales) nach dem Statutenentwurf von 1444 (U.B. I, Nr. 101, p. 152/3).

6°	schol.	physica		topicorum . . .
	bacc.	metaphysica		parva naturalia . .
9°	schol.	summula P. H.	de anima . . .	
	bacc.	metheoror.	politicorum . . .	
12°	schol.	vetus ars	priorum . . .	
	bacc.	ethica		
		9. X. 25. I. 12. III. 23. IV.		

2. Lektionsplan des ganzen Jahres nach der Statutenredaktion von 1452/1502. (a.f.a. II, 176^R, u. ib. III, 8^R) pro via antiqua.

a. Kursus der Scholaren (baccalariandi)

6°	physicorum libri 8			dispu-	
9°	*		*consequentiae Marsilii pro scol. mod. viae bis Pfingsten* **	tatio	
12°	vetus ars	anal. prior.	posterior.	topic. 1, 2, 6, 8.	quod-libetica	soph. elenchi
	9. X 24. II. 23. IV. 25. V. 25. VII. 24. VIII. etwa 7. IX. 9. X.					

* Die summula P. Hisp., die man an dieser Stelle erwartet, blieb seit der Neuordnung von 1452 den Übungen überlassen (a.f.a. III, 5^v). Das Buch de anima rückte in den Oberkurs auf.

** Nach a.f.a. III, 7^v s. unten unter Plan 3!

b. Kursus der Bakkalare (magistrandi).

6°	(physicorum libri 8)* metaphysic.	de caelo et mundo 1, 2, 4..	de gen. et corr.	de anima	dispu-	de anima
9°	[oder metaphysic.]				tatio	
12°	ethic. 1—6	insolubilia et obligatoria	metheor.	parva naturalia	quod libetica	sphera mater.

9. X.　　12. III.　　23. IV.　　23.VI.　8.VII. 10.VIII. 24.VIII. etwa 9. X.
　　　　　　　　　　　　　　　　　　　　　　　　　　　　　7. IX.

* Mit Rücksicht auf das am 6. I. stattfindende Bakkalariatsexamen war den baccalariandi gestattet, vor dem Examen nur L. I—II der Physik zu hören und den Rest nach dem Examen nachzuholen (U.B. I, 34). Darauf nahm der Studienplan der Magistranden Rücksicht. Die Metaphysik war (wohl eben deshalb) nach a.f.a. III, 7^v auf 9° verlegbar.

3. Lektionsplan des ganzen Jahres nach der Statutenredaktion von 1452/1502 (a.f.a. III, 7^v) pro via moderna.

Kursus der Bakkalare*.

6°	(physicorum libri 8?) metaphys.	(de caelo et mundo?)	de gener. et corr.	(de anima?)	dispu-	(de anima?)
9°	metaphys.		parva natur		tatio quod-	
12°	ethic. 1—6.	obligat. et insolub.	metheororum libri		libe- tica	(sphera materialis?)

9. X.　　12. III.　　23. IV.　　　15. VI.　1. VIII.　　24. VIII.　7. IX

* Über den Kursus der Scholaren ist nur bemerkt, daß „a Georii (23. IV.) pro scolaribus legantur consequentiae Marsilii simul cum priorum ad minus usque ad penthecosten" (Vgl. den Plan 2a!) — Auch die hier in Kursiv angegebenen Bücher werden nicht erwähnt und sind nach Plan 2b vermutungsweise ergänzt.

Beilage II.

Kommentare biblischer Bücher von heidelberger Theologen des 14. — 15. Jahrhunderts.

1. **Marsilius von Inghen** (*Erstmalig Rektor 1386.*)
   a) lectura in Matthaeum.
   > *Hdbger. Bibl.katalog v. 1461: cod. Heid. 358, 47, Bl. 3ᵛ. Erhalten in P.L.V. 142, fol. 27—172 (Stevenson, I, 23).*
   b) Principium super Danielem cum aliis diversis.
   > *Nachlaß des M. v. I. 1396; Toepke, I, 679, Nr. 422*
   c) Scriptum super Danielem.
   > *ibidem; Toepke, I, 680, Nr. 434. Noch 1499 ebenso wie a) in der Univ.-Bibl. vorhanden; Nachweis s. Ritter, Studien I, 191.*

2. **Conradus de Gelnhausen**
   lectura super Cantica Canticorum
   > *P.L.V. 77. Erwähnt auch im Hdbger. Bibl.katalog von 1438 (Bücherstiftg. Ludwigs III.: Acta Pal. I, 410).*

3. **Conradus de Soltau** (*Erstmalig Rektor 1393*)
   a) dicta super psalterium (secundum glosam ordinariam) collecta Pragae
   > *Berlin, theol. fol. 87 (Val. Rose, Bd. 13, 1, Nr. 525, p. 408)*
   b) Lectura super psalterio conscripta et completa a. d. 1396 IX. Kal. Apr.
   > *St. Gallen (Scherrer Nr. 316). 337 Seiten.*
   c) Glossa in psalterium, nach der Brevierordnung bis zur feria V in nocte. (inhaltlich übereinstimmend mit b))
   > *St. Gallen (Scherrer, Nr. 301, f. 3—338 und Nr. 315, f. 3—210)*

4. **Matthaeus de Krakau** (*Erstmalig Rektor 1396*)
   Einleitung in den Psalter (Schulbüchlein) anonym „episcopi Wormaciensis" (von M. v. Kr. ?)
   > *Berlin, theol. fol. 87 (Val. Rose, l. c., Nr. 525, p. 408)*
   > *Kommentare zum Prediger, Hohenlied, Matthäus, Römerbrief, in älteren Bibliographien aufgeführt, aber nicht mehr mit Bestimmtheit nachweisbar, s. bei Franke, M. v. Kr. Diss. Greifswald 1910, 134.*
   > *Einen Kommentar zur Apokalypse wünschten die Mönche von Tegernsee 1452 von Nik. Cusanus zur Abschrift zu erhalten: Vansteenberghe, Autour de la docte ignorance. Beitr. z. Gesch. d. Philos. d. MA. XIV (1915), 2—4, p. 109.*

5. **Wasmodus de Homberg** (*Erstmalig Rektor 1399*)
   expositio psalterii a Wasmodo de Homburg (parisiensi) decretorum baccalario confecta
   > *Trier, Stadtbibl. hs. Nr. 56 (Keuffer, I, 50).*

Wasmodus war als Rektor bacc. th. et decr., 1401 bacc. th. form., 1403 prof. th. Die oben genannte Schrift stellt also vermutlich nicht eine Doktorvorlesung dar.

6. **Henricus de Hassia (Altendorf)** (*Erstmalig Rektor 1400*)
   Kommentare in genesim, exodum, in proverbia Salomonis, in apocalypsim (sämtlich nicht überliefert).
   Trithemius, de scriptoribus ecclesiasticis Nr. 754, von K. Heilig, RQS 40 (1932), p. 122—174 als wahrscheinlich zuverlässig erwiesen.

7. **Nicolaus Magni de Jawor** (*Erstmalig Rektor 1406*)
   lectura super primo psalmo et aliis sequentibus usque ad ps. 17 inclusive, super psalmis 18—35 incl., super tertio et quarto nocturnis, super psalmis 62—79, super nocturnis ferie sexte et sabbati usw.
   Hdbger. Bibl.katalog von 1461: cod. Heid. 358, 47, fol. 11ᵃ.

8. **Henricus de Homberg** (*Erstmalig Rektor 1438*)
   dubia principalia et minus principalia in Lucae Evangelium et prologos
   P.L.V. codd. 126—131 (chartacei in 8°); Datierung Band 129: 1415.

9. **Henricus de Gouda** (*Erstmalig Rektor 1425*)
   a) (lectura) in Cantica Canticorum, pro cursu suo in theologia in studio Heydelbergensi
      P.L.V. 370, fol. 1—7 (wohl nur Einleitungsvorlesung)
   b) exposicio prologi in Ecclesiasticum
      ibid. fol. 8ᵛ. (wie a)

10. **Johannes Wenck de Herrenberg** (*Erstmalig Rektor 1435*)
    a) lectura super Genesim doctoris Wenck in uno volumine
       Büchernachlaß des J. W., angekauft für die Univ.-bibl. 1460, a.u. III, 73ᵛ
    b) lectura Wenck tremoris Jheremie post Hugonem de sancto Victore, Rabanum et Pascasium cum questionibus circa quamlibet litteram alphabeti Hebreorum et plura alia in uno volumine
       — ibidem —
    c) lectura Wenck super Exodo
       — ibidem —

11. **Johannes de Truczenbach** (*Erstmalig Rektor 1449*)
    expositio in quattuor ewangelia, collecta ex Nicolas de Lyra, Nic. de Gorram, glossa continuata s. Thome Aquinatis et aliis doctoribus, et lecta in studio heydelbergensi annis 1442—1443.
    P.L.V. 122
    Joh. de Truczenbach erscheint noch im Juni 1443 als bacc. th. und Artistendekan (Toepke I, 386); es handelt sich demnach um einen cursus biblicus.

12. **Rudolphus Faber de Rüdesheim** (*Erstmalig Rektor 1450*)
    Kommentare in pentateuchum, Josuam, Judices, Jesaiam
    Trithemius, Catal. vir. illustr. (Verwechslung mit dem gleichnamigen Bischof von Breslau?)

Beilage III.

Zur Bibliographie der heidelberger Scholastik in der zweiten Hälfte des
15. Jahrhunderts.

*Im folgenden gebe ich, ohne jeden Anspruch auf Vollständigkeit, was meine
Collektaneen an Notizen zur Bibliographie scholastischer Heidelberger Autoren
in der zweiten Hälfte des 15. Jahrhunderts enthalten, in alphabetischer Reihenfolge der Autorennamen. Auf die Aufzählung sämtlicher vereinzelt überlieferten
Predigten, Reden u. dgl. habe ich verzichtet. Es sind nur die Reden usw. der
namhafteren Professoren aufgenommen.*

*Die Schriften Jakob Wimpfelings sind fortgelassen, Tritheims Angaben nur
teilweise berücksichtigt, da sie sich nicht kontrollieren lassen.*

1. **Herwicus de Amsterdam**
   *in Heidelberg seit 1452; 1481 als gest. erwähnt. Lebensdaten bei Keussen,
   Kölner Matrikel I², 423*

   a) collacio secundum formam Tullii rhetoris festo Petri et Pauli, o. J.
   C.l.m. 7080, fol. 150—153

   b) ,,collaciones licentiati de Amsterdamis''
   ibid. fol. 113ᵛ—121

   c) In Fridericum victoriosissimum Bavarie ducem . . . . oratio funebris
   *Hain 931 (U.B. Heidelberg), 932, 933. Panzer VI 128, 890. Gehalten
   1477, Jan. 28.; ed. Wimpfeling Argentor. 1488/1498 (bei Grüninger).
   Vgl. auch Knepper, J. Wimpfeling (1902) 95*

   d) Kölner Kolleghefte
   C.l.m. 500, f. 146; s. Keussen, Kölner Matrikel I, 423

2. **Rudolfus de Bruxella (alias de Zeelandia)**
   *immatr. 1419; mag. art. 1423; decanus art. 1432/1453; bacc. theol. 1431;
   lic. theol. 1437; Dr. theol. 1454; vicecancellarius 1443—1460; Rektor
   1432, 1448, 1456; gest. 29. 3. 1466*

   a) Zahlreiche Promotionsreden als Vizekanzler 1443—60: *P.L.V. 370*

   b) epistola commissionis factae ad conferendum licentiam in artibus 1449:
   ibid. fol. 214

   c) principium in physicorum 1440: *ibid. fol. 143—45*

   d) dasselbe 1443: *ibid. fol. 129—139*

   e) principium metaphysice 1448: *ibid. fol. 146—150*

   f) Einleitungsrede zur disputatio theologica 1453, Aug. 22: *ibid. fol. 129
   bis 139*

   g) Einladungen zu theolog. Promotionsfeiern 1460 u. ö.: *ibid. fol. 345, 357*

   h) collacio de adventu domini: *P.L.V. 442, fol. 330ss. und fol. 343ss.*

32*

i) Francisci Petrarche poete laureati epistola de paciencia Griseldis (i. e.
translacio fabulae scriptae a Joh. Boccaccio) scripta Bruxelle anno 1436
per Radulphum de Zeelandia alias de Bruxella: *P.L.V. 608, fol. 169
bis 172; vgl. dazu RTA. XV (1914) p. 470, N. 8*

k) Quodlibetarische Quästion über den Vorrang von Papst oder Konzil
1442: *ibid. 314—19*

l) Quodlibetarische Responsionen 1443, 1445, 1446: *ibid. fol. 383ss.*

m) collacio in vigilia Penthecostes 1434: *Wolfenbüttel, cod. Weißenb. 94,
fol. 61ss.*

n) collacio de s. Katharina 1447: *C.l.m. 5411, f. 112ss.*

o) Statutenrede als Rektor 1448, 1456: *Pal. lat. Heidelberg 454, fol. 373ss·*

3. **Jodocus Eichmann (Aichemann) de Calw**

*immatr.?; mag. art. 1444; decanus art., bacc. theol. 1455; Rektor, ,,lic.
theol." 1459; als Dr. theol. erwähnt 1463, als Prediger 1486; gest. 1489.
Lebensdaten s. bei H. Holstein Heidelbergensia, Ztschr. f. vergleich. Lit.-
gesch., N. F., Bd. 5 (1892), 389f.; A.D.B. V, 741*

a) collacio de S. Katherina 1459: *P.L.V. 362, fol. 40—43*

b) collacio de obitu Joh. Wildenhercz 1460: *P.L.V. 362, fol. 44ss. Copie:
C.l.m. 1831, f. 25ss.*

c) questio quodlibetica, o. J.: *P.L.V. 376, fol. 271ss.*

d) Regule phisonomie 1474: *C.l.m. 589, fol. 1—12.*

*12 physiognomische Regeln, von Jodocus 1474 publice in cancellis pre-
dicate nec non ex multorum doctorum dictis collecte Alberti videlicet, Udal-
rici Argentinensis etc., besprochen und teilweise publiziert von H. Holstein, a. a. O., 387ff.*

*Aus seinen Predigten stellte mag. Joh. Melber aus Gerolzhofen einen
vocabularius predicantium zusammen: Holstein, a. a. O., 390; Edw.
Schröder, Jakob Schöpper v. Dortmund. Marburger Univers.progr.
1889, S. 27. Das Buch erschien in 23 Auflagen: Hain 11022—11044.
Panzer I, 35, Nr. 130. Letztere Notiz hat Hautz I, 329, N. 27 mißverstanden. Es handelt sich um eine Beispielsammlung von rhetorischen
Synonyma (,,variloquus"): Die Kunst, ein und dasselbe mit immer wieder
andern Wendungen des Ausdrucks und Gedankens zu sagen, ist der wesentliche Inhalt der damaligen Predigtanweisungen.*

4. **Jodocus Gallus (Galtz) Rubiacensis**

*immatr. 1476; mag. art. 1480; decanus art. 1484; Rektor, lic. theol.
1492; parochus in Neckarsteinach 1493; vgl. Ch. Schmidt, Hist. litté-
raire de l'Alsace II, 40ff. Hartfelder, Z.G.O., N. F. 6 (45), 163. Ders.,
Neue Heidelb. Jahrb. I (1891), 59.—A.D.B. VIII, 348—51 (J. Franck).
Knepper, Wimpfeling, Register. Thorbecke 64*. —*

a) oratio quodlibetica, 1489, *bei: Zarncke, Die deutschen Universitäten
im Mittelalter 1857, 51—61*

b) Carmen de laudibus ecclesie Spirensis (v. Wimpfeling) ed. s. l. et a.,
Vorrede von 1486 *Hain III, p. I 5*

c) Oratio synodalis, Speyer 1489, *in:*
Directorium statuum seu veracius tribilatio seculi; s. l. et a. (ed. Wimpfe-
ling, bei Attendorn Straßburg 1489) fol. b 6 a — c 5 a

d) Mensa philosophica 1489
s. A. D. B. VIII, 350

e) De beatissima artistarum patrona Catharina virgine (nach 1480)
Schlettstadt, cod. 1165, Abdruck durch Hartfelder, N. Hdbg. Jahrb. I
(1891), 61—71

f) oratio ad universitatem Heidelbergensem 1493
Cassel, Landesbibl. cod. theol. Fol. 63

 Weitere Predigten und Reden zählt Trithemius Catal. vir. illustr.
und Butzbachs Auctarium de scriptoribus ecclesiasticis auf.

5. Stephanus Hoest de Ladenburg

immatr. 1448; mag. art. 1456; decanus art. 1463; bacc. theol. 1465;
lic. theol. 1467; vicecancell. 1465—72; Rektor 1467.

a) Modus predicandi subtilis et compendiosus
hg. v. Wimpfeling Straßburg (H. Prüss) 1513

b) Tetrastichon
ibidem. Betr. simplicitas der Klosterleute, von W. schon früher veröffent-
licht, s. H. Holstein, Gymnasialprogr., Wilhelmshaven 1893, p. 10

c) Oracio ad clerum Spirensem habita (s. d.)
ibid.

d) Promotionsreden 1468 und 1469 (artist. Fak.)
C. l. m. 7080, fol. 361—66; z. T. gedruckt: Meine Studien II, 147—153.

e) Promotionsrede, wohl von 1462/3, in magisterio Gregorii de Rapolswiler
U. B. Upsala, cod. 687, fol. 76—77, gedruckt: H. Holstein, a. a. O. 25f.

f) Oratio pro laude Katharinae 1464
Cod. Upsal. 687; vgl. Holstein, a. a. O. 12

g) Drei Briefe, undat·
ibid. fol. 90 u. 98, gedr. Holstein, a. a. O. 23ff.

 Trithemius im catal. ill. vir. rühmt von St. H. ein ,,praeclarum volumen
in translationem ethicorum Aristotelis", über dessen Verbleib mir nichts
bekannt ist.

6. Erhardus Knab de Zwifalt

immatr. 1438; mag. art. 1443; decanus art. 1451, 1454; bacc. med.
1454; als lic. med. 1462 erwähnt; Rektor 1455, 1465, 1470, 1476; stirbt
1481; seit 1464 prof. med.
aggregatorium rethoricae editum in univ. Heidelb. a. 1453. *C. l. m.*
7495, fol. 1

7. Johannes Petri de Dacia vel Malmoya

immatr. 1453 als mag. art. Paris. ; bacc. theol. form., decanus art. 1464;
stirbt 1464, Aug. 18.
collacio de S. Johanne baptista. *C. l. m. 7080, f. 143ᵛ*

8. Rudolphus (Fabri) de Rüdesheim

*immatr. 1426; mag. art. 1431; decanus art. 1443, 1452; bacc. theol.
(cursor) 1440; als lic. theol. erwähnt 1452. Rektor 1450, stirbt 1460, Mai 21*

a) principium in cursum theol. 1440 et lectiones in sententias. *P.L.V. 370
fol. 97ss.*

b) Promotionsrede 1444 (Art.-Fak.). *ibid. fol. 168*

9. Pallantius Spangel al. de Novacivitate

*immatr. 1460; mag. art. 1466; vicecancellarius 1477—78; lic. theol.
1477; Rektor 1477, 1484 (als prof. theol.), 1490, 1501; gest. 1512.*

*Vgl. K. Hartfelder, Z.G.O., N. F. VI (45), p. 16ff. u. Ders., Phil.
Melanchthon als Praeceptor Germaniae (1889), p. 20f. H. Holstein,
Gymnas.-Progr. Wilhelmshaven 1893, S. 13ff.*

a) questio curialis, qualis thesaurus in bursa Jude ipsius collo suspenso
contentus fuerit et an monetatus fuit et qua moneta, wohl 1478. *C.l.m.
589, fol. 16s.*

s. H. Holstein, Ztschr. f. vgl. Litgesch. V 391

b) oratio habita ad Maximilianum regem 1489
*Gedr. bei Stephan Hoest, modus predicandi 1513 (s. ob. Nr. 5a) ed. Wimp-
feling, wiederholt bei M. Freher, Rer. Germ. script. II ed. Struvius,
p. 465*

c) Funebris oratio . . . . de illustr. domine Margarete morte conthoralis
quondam ser. principis . . . . . Philippi comitis palatini Rheni . . . . .
Heidelberge habita et inibi impressa. (1501)
Panzer, Ann. typogr. XI, 426

d) Oratio funebris in depositione M. Erhardi Knab de Zwifaltis. 1481
*Cod. Upsal. 687, fol. 91ᵛ—93, s. H. Holstein a. a. O. 15 und dessen
Ausgabe von Wimpfelings Stylpho (Lat. Liter.-Denkmäler 6, 1892), Einl.
S. VIIIf.*

e) Sermo funebris in morte Dr. Herwici de Amsterdamis 1481
*Cod. Upsal. 687, fol. 112—114, s. H. Holstein a.a.O. 16 und die eben
zitierte Ausgabe des Stylpho, Einl. VIIIf.*

f) Oratio de assumptione dominae nostrae
Cod. Upsal. 687, fol. 78ᵛ—81ᵛ, s. H. Holstein a. a. O. 16f.

g) Monopolium et societas vulgo des Liechtschiffs (quodlibetar. Scherz-
rede)
*s. Zarncke, Brants Narrenschiff (1854), Einleitung, p. LXVIII bis
LXXII; Zarncke, Die dtsch. Universitäten I, 51; Ch. Schmidt, Hist.
littér. de l'Alsace II, 41*

h) Briefe:
an P. Schott, 23. 3. 1490: *P. Schottii Argentin. Lucubratiunculae; s.
Ch. Schmidt a. a. O. I 30*
an Wimpfeling, 1495: *Hamburg, cod. Nr. 58, s. Knod, Vierteljahrschr.
f. Kult. u. Lit. d. Renaiss. I. 132*
an dens.: *Wimpfeling de integritate Argent. 1506*
an die Universität Heidelberg: *25. 10. 1501, a.u. III, 417ᵛ, s. H. Holstein a. a. O. 17.*

10. Johannes Wenck de Herrenberg

immatr. als mag. Paris., presb. Spir. dioc. 1426; bacc. theol. (cursor)
1427; lic. theol. 1432; decanus theol. 1441; Rektor (als prof. theol.)
1435/6, 1444, 1451; gest. 1460

a) Collacio de adventu domini . . . . . cum epilogo facta 1432:
   Wolfenbüttel, Cod. Weissenb. 94, f. 182—4; Karlsruhe L. B. 1036

b) Collacio in festo purificationis virginis gloriose 1434 ad universitatem
   Heydelb.
   Wolfenbüttel, cod. Weissenburg 94, f. 109—114

c) Collacio de epiphania facta 1436 ad univers. Heydelb.
   ibid. f. 176—182

d) Statutenrede als Rektor 1436: *ibid. f. 124—126*

e) Büchlein von der selen, zu Fastenanfang 1436
   Heidelberg Cod. 368, 192, f. 99—113

f) collacio in exequiis ducis Ludovici (III) 1437:
   Wolfenbüttel, Cod. Weissenb. 94, f. 182—184

g) collacio de resurrectione domini. Sermo factus ad univers. Heydelb.
   a. 1437 in cappella virginis gloriose: *P.L.V. 438, f. 270*

h) Promotionsrede (theolog. Fak.) 1441: *P.L.V. 600, f. 63ss*

i) collacio de corpore Christi 1441: *ibid. f. 67ss*

k) Epistola in causa scismatis 1441:
   Kloster Melk, cod. Fol. XXIII, Nr. 4 nach Würdtheim, Subsidia diplo-
   matica (1776), t. IX, Vorwort, o. p.

l) Epistola ad Joh. Geilnhusen, professum et antiquum abbatem in Mulbrunn 26. 3. 1442:
   Mainz, Carthus. 307 (jetzt Nr. 190), f. 150ᵛss.

m) memoriale divinorum officiorum tam de tempore quam de sanctis ad
   profectum ecclesiasticorum [canonicorum] editum.
   Niederschrift begonnen kurz nach 28. 3. 1445, vollendet 31. 10.
   1445; öffentlich vorgetragen, erläutert und abgeschrieben (rescriptum)
   in Heidelberg in scolis ad St. Jacobum vom 18. 4. bis 27. 8. 1446
   Mainz, Carthus. 132; P.L.V. 486, fol. 1—205; C.l.m. 8868 fol. 1ss.;
   Karlsruhe Landesbibl. 1036 (früher Generallandesarchiv Nr. 507). Vgl.
   Mone, Z.G.O. 18 (1865), p. 6f. und Vansteenberghe in: Bäumkers
   Beitr. z. Gesch. d. Phil. d. MA. VIII, 6 (1910), p. 4.

n) Collacio pro exequiis Joh. de Lemberg (i. e. Joh. Vaihinger de Leon-
   berg, prof. theol., z. dritten Male Rektor 1447, gest. 11. 10. 1450)
   C.l.m. 7080, f. 303ss.

o) Collacio pro exequiis Dr. Johannes Rysen 1450: *C.l.m. 7080, f. 300s.*

p) exposicio in C. Dionysii Areopagite de coelesti hierarchia 1455: *P.L.V.*
   149, f. 1—139.

q) sermo in S. Dionysium Areopagitam, habitus Heidelberge 1457, u. a.
   sermones *ibid. f. 243ss.*

r) De ignota litteratura, o. J. (nach 1448).

*Mainz, Carthus. 307 (jetzt Nr. 190) publ. v. Vansteenberghe in: Bäum-
kers Beitr. z. Gesch. d. Phil. d. MA. VIII (1910), H. 6.*

*Außerdem enthält das Verzeichnis des Büchernachlasses, den die Universität
1460 von den Testamentsexekutoren Wencks ankaufte (a.u. III, 73ᵛ), die oben
Beilage II, Nr. 10 aufgezählten Kommentare Wencks zu verschiedenen biblischen
Büchern (Nr. 1—3); ferner die Werke:* 4) exposicio prologi Cathonis (von
Wenck?); tractatus wenck credite ewangelio etc., in 1 volumine. 5) lectura
super leviticum 6) collacio de spiritu sancto et plura alia in 1 volumine 7) prima
pars operis ecclesiastici doctoris Wenck quoad officia divina tam de tempore
quam de sanctis (= C.l.m. 8868?) 8) sermones aliqui cum lectura super
ecclesiasticam Jerarchiam (= P.L.V. 149?) 9) lectura circa dionysium de
celesti Jerarchia cum textibus dionysii novissime translationis 10) exercicium
in theologia 11) memoriale divinorum officiorum tam de tempore quam de
sanctis 12) abecedarius artis 13) Irresolubilia dominice passionis.

Exkurs 1.

Zur Statistik des Auslandsstudiums der Deutschen im 14. Jahrhundert.

(Zu Seite 42 ff.)

Eine eigentliche Statistik des deutschen Auslandsstudiums im 14. Jahrhundert ist z. 3. noch nicht möglich, da die Erschließung und biographische Bearbeitung der ausländischen Matrikeln bisher über bescheidene Anfänge nicht hinausgekommen ist. Immerhin lassen sich aus vereinzelten Zahlenangaben, die uns schon heute zur Verfügung stehen, gewisse Rückschlüsse auf den Umfang der peregrinatio academica im ganzen ziehen.

Für Italien sind wir im wesentlichen auf die Matrikel der deutschen Landsmannschaft in Bologna angewiesen, die Friedländer und Malagola herausgegeben haben. Man erkennt hier an dem Steigen und Fallen der Immatrikulationsziffern den Einfluß der deutschen Universitätsgründungen recht deutlich. Jedoch macht sich zunächst nur die von Prag (1348) stärker fühlbar. 1300—1350 wurden im ganzen 1259, 1350—1400 nur noch 415 Deutsche immatrikuliert (a. a. O. XXXVI). Unmittelbar nach der Prager Gründung sank der jährliche Zugang sehr rasch (1354 = 0!), stieg aber dann wieder trotz der Gründung von Wien (1365) nicht beträchtlich bis etwa 1370, um dann erst in der Epoche weiterer deutscher Universitätsgründungen — in den beiden letzten Jahrzehnten des 14. Jahrhunderts — abermals auf ein Minimum zu fallen.

Über den Anteil der Westdeutschen am Bologneser Studium zahlenmäßige Angaben zu machen, ermöglicht uns der überaus sorgsam gearbeitete biographische Index zur Matrikel der deutschen Nation von Knod. Danach hat Berta Scharnke in einer Heidelberger Dissertation von 1921: „Über Zusammensetzung und soziale Verhältnisse der Heidelberger Universitätsangehörigen im 15. Jh." (ungedruckt) folgende Zahlen errechnet: Von den 2046 Einträgen des Zeitraums von 1289—1386 (also vor der Gründung der Heidelberger Universität) lassen sich nicht weniger als 825, d. i. 40,8%, dem Westen und Südwesten Deutschlands, d. h. den wichtigsten Rekrutierungsgebieten unserer Hochschule, zuweisen, davon 41,6% den drei oberrheinischen Diözesen Konstanz, Basel und Straßburg; für 36,7% der Gesamtzahl fehlen ausreichende Heimatangaben, und nur 22,5% stammen nachweisbar aus dem Norden, Osten und Südosten Deutschlands, den skandinavischen Ländern und Burgund.

Diesen Zahlen entspricht der starke Rückgang der deutschen Immatrikulationen in Bologna seit den Neugründungen von Heidelberg (1386), Köln (1389), Erfurt (1392). Scharnke berechnet, daß von 1386—1401 im ganzen nur 61 Einträge erfolgten, während nach dem Jahresdurchschnitt von 1289—1386 etwa 315 zu erwarten gewesen wären. Freilich war dieser Jahresdurchschnitt, wie oben gezeigt, schon seit 1348 im Sinken, und neben den westdeutschen Gründungen wirkte natürlich die Neugründung von Wien (1384) doch irgendwie mit ein.

Absolut genommen, ist der Jahresdurchschnitt der deutschen Italienfahrer auf italienischen Universitäten sicherlich kein hoher gewesen. In Bologna betrug das Jahresmittel 1300—1350: 25, 1351—1400: 8. Bologna war freilich durchaus nicht die meistbesuchte italienische Universität; viel stärker war sicher der deutsche Zustrom in Padua; mehr als 100 jährliche deutsche Immatrikulationen in ganz Italien dürfte man aber doch wohl schwerlich anzunehmen haben.

Noch weniger exakt als für Italien läßt sich der Umfang der deutschen peregrinatio academica nach Frankreich berechnen. Doch muß sie sehr erheblich gewesen sein. Im Orleans treffen wir 1378 nicht weniger als 31 Graduierte und 27 Scholaren in der deutschen Korporation, ohne daß wir sagen könnten, ob dieses Verzeichnis vollständig ist. Vgl. Fournier, La nation allemande à l'université d'Orléans au XIV. siècle. Nouv. revue historique de droit frc. et étranger, XII (1888), 407 f.: Verzeichnis der für eine Neuanschaffung der Nation zahlenden Mitglieder. Fourniers eigene Angaben über die Zahl der Deutschen in Orleans sind sehr unbestimmt: mindestens ebensoviele wie in Bologna. — Auf der Pfründensupplik (rotulus) der Pariser Universität von 1362 erscheinen nicht weniger als 55 Magister der artistischen (philosophischen) Fakultät, die der sog. „englischen“, d. h. in Wirklichkeit überwiegend deutschen Landsmannschaft (natio anglicana) angehören; dazu kommen einzelne deutsche Mitglieder der „pikardischen“ Nation (aus den Gebieten links der Mosel stammend), der medizinischen, juristischen und theologischen Fakultät. Die Zahl der deutschen Scholaren ist nicht zu ermitteln; aber sie wird naturgemäß ein Vielfaches der Magister betragen haben.

Den überwiegenden Anteil der niederländischen und überhaupt der niederrheinischen Landsleute an der deutschen Landsmannschaft in Paris zeigt jede Durchsicht von deren Promotionsregistern (Auct. chartul. univ. Paris I, ed. Denifle). Scharnke, a. a. O., berechnet danach für die Zeit vor 1386 im ganzen: 42,4% unbestimmbarer Herkunft, 33,7% Westdeutsche, 23,9% Ostdeutsche und Nichtdeutsche. Das Verhältnis von Nord- und Südwestdeutschen zeigt deutlich der Pariser rotulus von 1362: 27 Magister aus der Diözese Utrecht, 12 a. d. Kölner, 5 a. d. Lütticher, 2 a. d. Mainzer, 1 a. d. Straßburger Diözese. Vgl. Denifle, Univ. I, 612, 391 ff. — Dort noch weitere Zahlenzusammenstellungen aus Montpellier. Von den durch Fournier bekanntgemachten 58 deutschen Namen aus Orleans von 1378 (s. oben!) gehören nur 7 den mittelrheinischen Diözesen Metz, Trier, Mainz, 14 dem Niederrhein (Köln, Utrecht, Löwen) an, der Rest sind Preußen, Pommern, Livländer.

Exkurs 2.

Über den Anteil Westdeutschlands am Besuch der Prager und Wiener Hochschule vor der Gründung von Heidelberg.

(Zu Seite 42.)

Die stärksten Prager Landsmannschaften waren die „sächsische“ (norddeutsche) und „polnische“ (schlesisch-ostdeutsche). Genaue Zahlenangaben über ihr Verhältnis zur bairischen, der u. a. auch die Westdeutschen angehörten, fehlen; doch läßt schon die Einteilung (Tomek, Prager Univers., S. 9) das Übergewicht der Ostdeutschen deutlich hervortreten. Nach der Gründung von Köln und Heidelberg (1390—1408) sank der Anteil der gesamten bairischen Nation auf ein Neuntel der Universitätsmitglieder herab (ibid. 47), was immerhin auf einen erheblichen Prozentsatz Westdeutscher vor 1390 schließen läßt (vgl. auch Matthaesius, a. a. O., Bd. 53, p. 78 ff. und Drobisch, Kgl. sächs. Ges. d. W., phil.-hist. Kl. I, 1849, S. 69 f.). — Ganz gering war der Anteil der Westdeutschen am Wiener Studium. Eine oberflächliche Zählung in der ältesten Wiener Matrikel (hrsg. von Hartl u. Schrauf) — soweit sich die Herkunft der Eingetragenen erkennen läßt — ergibt folgende Zahlen: 1377—83 im Durchschnitt: 8%, 1384: 10,8%, 1385: 8%, 1386: 12%, 1387: 7%, 1388: 4,5%, 1390: 2%, 1391: 9,6%, 1395: 10%, 1401: 8,8% Westdeutsche. Man sieht deutlich die nur vorübergehende Wirkung der Neugründungen in Heidelberg und Köln. Die absoluten Zahlen schwanken zwischen 3 und 22 Eintragungen „westdeutscher" Scholaren.

Exkurs 3.

Über die Verwendbarkeit der Heidelberger Pfründensupplik von 1401 zu statistischen Berechnungen.

(Zu Seite 75.)

Der Heidelberger rotulus von 1401 — abgedruckt: U.B. I, Nr. 54 — spielt seit langem in der deutschen universitätsgeschichtlichen Literatur eine fast einzigartige Rolle, da die deutschen rotuli aus der Zeit von 1366—1417 in den vatikanischen Registern fehlen (Denifle, Univ. I, 387, N. 699), während dieser eine rotulus vermutlich ergebnislos in das Universitätsarchiv zurückgelangte. Er stimmt weitgehend mit der Matrikel überein und erscheint somit besonders geeignet als Unterlage für statistische Berechnungen. M. E. hat indessen Fr. Eulenburg (Die Frequenz d. dtsch. Universitäten, Abh. Sächs. Ges. d. W., phil.-hist. Kl., Bd. 24, Nr. II, p. 11 und: Jbb. f. Nat.-Öt. u. Statistik 68, 1897, p. 490) seine Verwendbarkeit für diesen Zweck überschätzt oder jedenfalls die Eigenart seiner Entstehung bei seinen statistischen Berechnungen nicht genügend berücksichtigt. Von den Immatrikulierten des pfründenverheißenden Jahres 1401 „studierte" sicherlich nur ein Bruchteil; dasselbe gilt in verstärktem Maße von den zahlreichen Immatrikulierten älterer Jahrgänge, die sicher nicht in solcher Zahl 3—12 Jahre auf der Hochschule geblieben waren, wie E. annimmt. Weder die Frequenzziffer 325 noch die durchschnittliche Zugangsziffer 203 sind also beweiskräftig, noch weniger natürlich die Gesamtzahl der Studienmonate (6375). Ganz unberücksichtigt bleiben bei E. die im rotulus nicht erscheinenden Immatrikulierten, also vor allem die Laienstudenten. Und doch sind von den seit 20. 12. 1400 bis zum Abschluß des rotulus immatrikulierten 263 Personen nur 194 in den rotulus aufgenommen (Thorbecke 22*): glaubt E., daß die restlichen 69 bereits vor Ablauf eines Jahres wieder abgewandert waren? Seine eigene, p. 11 erwähnte Untersuchung der Kölner rotuli zeigt vielmehr, daß ein rotulus eben nicht den wirklichen Bestand an Studierenden wiedergibt. Wenn in Heidelberg mehr „Jüngstaufgenommene" sich im rotulus finden als in Köln, so läßt sich doch nicht sagen, wieviele von ihnen eben nur um dieser Aufnahme willen immatrikuliert wurden. Die Universität selber sah sich genötigt, dem Zustrom solcher Zugvögel zu steuern, indem sie die Neuimmatrikulierten seit Anfang August eidlich verpflichtete, mindestens ein Jahr zu bleiben (a.u. I, 76). Die ganze Berechnung E.s ruht also auf brüchigen Grundlagen. Es bleibt nur der Gesamteindruck, daß die große Masse der Studenten sich nicht über 2 Jahre hier aufhielt.

Exkurs 4.

Zur Geschichte der Heidelberger Universitätsgebäude: Artistenkolleg und „collegium principis".

(Zu Seite 139.)

Es wäre Raumverschwendung, alle Irrtümer, die sich bei Hautz I, 183ff. und danach bei Hirsch (Von den Universitätsgebäuden in Heidelberg) über diese Dinge finden, im einzelnen zu berichtigen. Schuld an der Verwirrung sind 3. T. die Quellen des 16. Jahrhunderts. Der Name „collegium principis" nämlich bezeichnet von 1546 bis etwa 1560 die große Studenten burse, seit Ludwig VI. dagegen das erneuerte Magisterkolleg der Artisten. Ludwig V. ließ 1525 das alte Gebäude der (thomisti= schen) „Realistenburse" am Diebsturm (s. U.A. I, 3, Nr. 38, fol. 8ᵛ) einreißen und einen stattlichen Neubau apud scholas artistarum errichten (a.u. V, 72ᵛ, vgl. auch die Zitate bei hautz I, 195). Dieser Neubau, schon 1544 reparaturbedürftig (U.B. II, 910) nahm 1546 auch die Insassen der bursa nova sive s. Catharinae und der bursa Suevorum (beide ursprünglich okkamistischer Richtung) auf und hieß seitdem collegium principis (U.A. I, 3, Nr. 38, fol. 47ᴿ, 78ᴿ; a.u. VII, fol. 55ᵛ, zit. bei hautz I, 191, Nr. 32; die Hausordnungen ibid. II, 410 u. 416), seit dem großen Umbau von 1580 dagegen einfach die „Bursch" und ähnlich (s. ob. im Text). Das collegium artistarum in der Jüdengasse, das noch 1549 ebendort gemeinsamen Tisch besaß (U.A. I, 3, Nr. 32, fol. 131ff.) und bis 1549 fortlaufende Akten führte, geriet bald darauf völlig in Ver= fall, auch baulich (vgl. a.u. VI, 422ff. u. ö.) und war daher eine Zeitlang suspendiert. Ludwig VI. und Johann Casimir bemühten sich um Wiederherstellung (U.B. I, 316, Abs. 4; hautz II, 425ff.). Doch scheint das ehemals hirtzsche haus nicht wieder bezogen zu sein (N. A. d. St. hg. I, 95/6). Die Mitglieder waren längst nicht mehr nur Artisten; man ließ daher bei der Erneuerung die Bezeichnung collegium arti= starum fallen und nannte die Anstalt collegium principis — also ebenso wie früher die Studentenburse geheißen hatte, in der jetzt die Kollegiaten ihren Mittagstisch hatten (hautz, II, 428, Abs. 3). Es lag also für spätere Darsteller nahe, beide Institute miteinander zu verwechseln. Doch zeigen die Neubaupläne von 1618/19 (bei hirsch 19ff.) zu allem Überfluß ganz deutlich, daß sich das Magisterkolleg neben der Burse selbständig erhielt.

Exfurs 5.

Über den Gegenstand der „außerordentlichen" Vorlesungen in der Artistenfakultät.

(Zu Seite 171f.)

I. Die ältesten heidelberger Statuten nennen folgende Schriften, die nicht unter den zum Examen notwendigen Pflichtvorlesungen erscheinen: consequentiae, perspectiva, algorismus, computus cyrometricalis, theorica planetarum, de bona fortuna, Donatus — also lauter Stücke des grammatisch=dialektischen Vorkurses und des alten „Quadriviums". Auch obligatoria, insolubilia, politica, yconomica, latitudines formarum und proportiones wurden erst im Laufe des 15. Jahrhunderts und teil= weise nur vorübergehend zu Pflichtvorlesungen (s. sogleich unter II.!).

II. Eine andere, besonders lehrreiche Zusammenstellung bietet die jüngere Fas= sung der Statuten von 1452/1502 (a.f.a. III, 7ᵛ). Dort werden aufgezählt als Bücher, die man nicht im ordentlichen, öffentlichen hauptkolleg — im offiziellen Auditorium — zu hören braucht (libri, quos non oportet scolares formaliter in scolis ratione alicuius gradus audivisse), die man also (ohne Nachteil für das Examen) auch „extraordinarie", d. h. privatim in der Burse oder der Wohnung des Lehrers hören darf:

    a) Grammatik (Alexander und Donat), summula Petri Hispani, parva logicalia

    b) politica, yconomica, proportiones

    c) perspectiva, algorismus, computus, de bona fortuna, theorica planetarum.

Davon gehörte Gruppe a) dauernd, b) vorübergehend (vgl. U.B. I, 38 u. 123, Nr. 90),

aber nicht mehr 1452/1502, c) zu keiner Zeit zum Pflichtkurs. Nach a.f.a. III, fol. 6ᵃ
können auch obligatoria et insolubilia in „exerciciis (also in privaten, „außerordent=
lichen" Übungen bzw. Vorlesungen) vel lectionibus ordinariis" gehört werden. —
Endlich sind U.B. I, 168 erwähnt (als Gegenstände „außerordentlicher" Lektionen
natürlich): Boethius de consolatione philosophiae und musica (letztere nur hier!).
— Eine reichere Auswahl von Stoffen für Vorlesungen außerhalb des Pflichtkurses
weist Prag auf: Mon. hist. univ. Prag. I, 1, p. 91/92.

III. Wie man sieht, deckt sich der Begriff der „öffentlichen" Vorlesung im Mittel=
alter keineswegs mit dem „publicum" des modernen Professors. Seit der Einfüh=
rung fest und auskömmlich besoldeter Lehrstühle auch in der Artistenfakultät — im
16. Jahrhundert — wurden die „öffentlichen", d. h. zum Examen erforderten Lek=
turen meist gratis gehalten, d. h. als Dienstpflicht des beamteten Lehrers, während
die „private" Vorlesung und Übung besonderer Honorarabmachung überlassen blieb.
Übrigens lasen die (gut bepfründeten) Theologen schon im 14. Jahrhundert im all=
gemeinen gratis. Hierzu vgl. Kaufmann, Zentralbl. f. Bibl.wesen XI, 202 gegen
Horn, Beiheft XI 3. Zentralbl. f. Bibl.wesen, p. 39.

Exkurs 6

Beispiele theologischer Antrittsvorlesungen der Sententiare (principia in libros sententiarum) aus dem 14. und 15. Jahrhundert.

(Zu Seite 208 u. Seite 419.)

Das Schema des principium in libros sententiarum läßt sich zunächst ablesen
aus dem gedruckten Sentenzenwerk des Marsilius von Inghen (1393/94), das die
ältere (Pariser) Tradition der okkamistischen Schule vergegenwärtigt.

Marsilius legt den Einleitungsvorträgen zu den drei ersten Sentenzenbüchern
jedesmal denselben Begriff (die perfectio rerum creatarum) zugrunde, aus dem er
sehr geschickt drei verschiedene Quästionen entwickelt. Die responsio führt er jedesmal
bis zur Aufstellung seiner Hauptthese durch, auf die er dann den Angriff seiner Kol=
legen (Mitsententiare und Magister) erwartet. (Ich selber habe das — meine Studien
I, 38 — mißverstanden, indem ich die Opponenten — magistri mei et patres — für
die speziellen Lehrer des M. v. J. hielt.)

Dieses einfache Schema hat sich im Lauf eines halben Jahrhunderts stark kom=
pliziert und vor allem ins rein Rhetorische fortentwickelt. Die principia des Magi=
sters Rudolf von Rüdesheim (1440/45, P.L.V. 370, fol. 97—123) sind zu Kunstreden
in der Art von Predigten geworden, denen jeder wissenschaftliche Gehalt fehlt. Ihre
ungeheuerliche Länge macht die Durchführung der angehängten Disputation unmög=
lich („ne vestris venerabilitatibus tedium accrescat"), die deshalb nur bis zur Auf=
stellung der quaestio geführt wird. Das Schema ist jetzt das folgende: 1. Salutatio
et divisio actus solemnis. 2. Invocacio nominis divini. 3. Recommendacio theo=
logie im Anschluß an ein Predigtthema (Bibelspruch). 4. Anwendung des Themas
auf die 4 Sentenzenbücher im allgemeinen (cum divisione thematis) und auf das
zunächst zu behandelnde insbesondere — was nicht ohne große Künstelei abgeht. Da=
bei kurze Inhaltsangabe (continuatio) des betr. Buches. 5. Quaestio im Anschluß
an Titel oder Inhalt des betr.Buches, formuliert unter Verwendung des bibl.„thema".
5. Graciarum actio, gegen Gott, Maria, die Heiligen, die Zuhörer, die Förderer,
Gönner, Eltern, Anverwandten usw. des Prinzipianden.

Bemerkenswert ist, daß Rudolf diese umständliche Form selbst als etwas erst neuerlich Aufgekommenes betrachtet (Bl. 103ᵃ). Ferner, daß jetzt nicht mehr derselbe Grundgedanke (Begriff), sondern nur dasselbe Redethema (Scidit petram et fluxerunt aque, Jes. 48, 21) in jeder Rede wiederkehrt, und zwar sechsmal: einmal im principium zum cursus biblicus, viermal in den Einleitungsreden zu den Sentenzenbüchern, einmal in der Schlußrede (arenga epilogalis). Natürlich wird es so zu Tode geritten und zu den albernsten Vergleichen mißbraucht. Auch die Quästionen haben jede Spur von wissenschaftlichem Geist verloren und sind rein rhetorisch geworden; vgl. mein Zitat: Studien II, 58, N. 4. Wäre nicht ein paarmal von den verschiedenen Formen der Bibelexegese die Rede — natürlich ganz im herkömmlichen Sinn —, so fehlte diesen Prunkreden jeder ernsthafte Inhalt.

Das ändert sich nach Einführung der via antiqua. In den principia des Karmeliters Leonhardus Romolt (1464/68; C.l.m. 7080, fol. 164—198) finden wir allerdings dasselbe Schema und dieselbe sinn- und geschmacklose Rhetorik im Ausspinnen von Vergleichen (über das Thema: ego flos campi, Hohelied 2 — die vier Sentenzenbücher werden mit Feldblumen verglichen!) und im Lob der Bibel, der Theologie, des Lombarden usw. Aber neben die Rhetorik ist doch wieder die sachliche Erörterung ernsthafter theologischer Probleme getreten; die Schlußvorlesung gibt statt bloßer Rhetorik eine wirkliche Textinterpretation, und der Gang der Argumentation ist bedeutend knapper und klarer geworden. Unverkennbar wirkt jetzt das Vorbild des Thomas und Augustin mit ein. Der disputative Teil zeigt den Redner in direktem Angriff gegen die Thesen eines zuhörenden Kollegen, der kurz vorher seinerseits principium gehalten hat, und in der Verteidigung der eigenen Sätze.

Ein weiteres Beispiel von heidelberger Disputationen in principiis sententiarum scheint (nach Angabe des Stevensonschen Katalogs) der P.L.V. 370 auf fol. 79ss. zu enthalten: Mag. Joh. de Mechlinia, fr. Nicolai professi in Fonte salutis et mag. Joh. Kraenfuys de Amburga rationes adversus fratris(?) Joh.Wenck et fratris Joh. Brumbach questiones proemiales et propositiones in libros sententiarum cum eiusdem fratris Joh. Brumbach solutionibus.

Exturs 7.

Beispiel einer heidelberger kanonistischen Vorlesung aus dem 15. Jahrhundert.

(Zu Seite 226.)

C.l.m. 3061, fol. 25ss.: Lectura Jodocus Clammer de Memmingen super quarto [libro decretalium] de matrimonio. — Explicit f. 188: Completus est iste liber per manus Wilhelmi Roßtausch curie Aug[sburgensis] notarii jurati sub venerabili circumspecto viro domino Jodoco Clammer in decr. lic. dicte curie officiali digno presentis lecture compilatore, causarum scriba. A. d. 1440, 7. Kal. Marcii (23. 2.). — Am Anfang prachtvolle Initiale, auch sonst farbiger Schmuck. Der erste Satz scheint anzudeuten, daß wir es mit einem Teilstück einer größeren Dekretalenvorlesung zu tun haben: Visum est in precedenti libro de rebus et actibus spectantibus ad clericos; de spectantibus ad laicos stilus merito est vertendus secundum Gof[-fredum de Trano].

Der Text beginnt auf fol. 25ᵃ (die Angaben des gedruckten Katalogs sind ungenau), läuft fort bis fol. 60ᵛ; fol. 61—74 sind leer; Fortsetzung: fol. 75—188. Die

Vorlefung dringt bis zum letzten Kapitel (21, 5) vor, das auf fol. 185ᵛ beginnt und
fol. 188ᴿ zu Ende kommt.

Jodocus Clammer, in Heidelberg 1426 immatrikuliert, promovierte dort 1428
zum bacc. in j. can., 1430 zum lic. in decr.

———

Die Vorlefung beginnt mit einer Erläuterung der rubrica ,,De sponsalibus et
matrimonio". (Überschrift des titulus I.) Darlegung des juristischen Unterschieds
zwischen Verlobung und Ehe unter Berufung u. a. auf das Pandektenrecht und flei=
ßiger Zitierung älterer Commentatoren und der Glosse. Anschließend Betrachtungen
über den Vorzug des Cölibats vor der Ehe usw. Nach dieser allgemeinen Einleitung
wird die Vorlage kapitelweise abgehandelt; jedes capitulum auf etwa 2 engbeschrie=
benen Folioseiten mittleren Formats.

Das Schema dieser Commentierung entspricht genau den Angaben, die sich über
das Heft des Willelmus Bole bei Kaufmann, II, 571f. finden: wörtliche Vorlefung
des summarium nach der Glosse, anschließend Besprechung der Glosse über den Inhalt
des Kapitels; z. B. zu tit. I, cap. 1: ,,Matrimonium consensu contrahitur et tenet
nec invalidatur, si consuetudo patrie non servetur." (Dies ist der Wortlaut des summarium.) Primo [glossa] ponit casum, secundo deffinit, ibi deffinivit secundum
dominum Antonium et Nicolaum, vel sic secundum dominum Caspar[1]: ,,Post matrimonium cum una contractus, si alia superinduatur primo iniuncta, relicta secunda
ad primam redire cogitur", et uterque summarius (!) bonus.

Es folgen sodann erläuternde notanda zur Rechtsmaterie: Notandum quod licet
matrimonium inter alienigenas contractum, nam diversitas patrie et originis inter
contrahentes non inficit matrimonio. Item nota . . . . usw. Insbesondere wird die
Bedeutung der consuetudo patrie für die Gültigkeit der Eheschließung erörtert und
dabei im Anschluß an Nicolaus abbas[2] unterschieden zwischen statutum laicorum und
consuetudo patrie; selbstverständlich hat ein statutum laicorum als solches keine
Bedeutung für eine Rechtsmaterie, quae ad ecclesiam pertinet. Die consuetudo
patrie aber bestimmt der Bischof und sein ganzer Klerus (also eine streng kirchliche
Auffassung!). Concludo ergo, quoniam sufficit pro intellectu textus, quod defectus
consuetudinis secularis non annullat matrimonium datis aliis substantialiter requi-
sitis; et ex hoc patet . . . . . matrimonium laicorum consuetudine nichil operari.
Berufung auf verschiedene neuere Commentatoren (darunter auch weniger bekannte
wie Jacobus Butrigarius[3]), deren z. T. voneinander abweichende Meinungen über
die Bedeutung der Laiengewohnheit für die Eheschließung ganz knapp dargelegt
werden. Für gewisse Detailfragen verweist der Autor ohne weiteres auf die Rechts=
literatur (Antonius und Nicolaus). Auch auf neuere Konzilsbeschlüsse wird rekurriert;
das altrömische Kaiserrecht wird überall subsidiär herangezogen. Die ganze Erörterung bleibt durchaus im Rahmen sachlich-juristischer Erwägungen und schreitet ohne
langatmige Umschweife zum Ziele fort.

In ähnlicher Behandlung wie das erste werden alle folgenden Kapitel durch=
genommen.

———

[1] Ich wage nicht zu entscheiden, welcher Kanonist unter diesem, von unserm Autor
vielzitierten Namen gemeint ist.

[2] de Tudeschis, gest. 1453 (s. v. Schulte, II, 312) — also ein damals ganz mo=
derner Schriftsteller!

[3] v. Schulte, II, 248. Um 1350.

Exkurs 8.

Schema einer juristischen „repeticio" des 14. Jahrhunderts.

(Zu Seite 228.)

Der Leipziger juristische Codex 1055 (vgl. Katalog der Handschriften d. Univ.-Bibl. zu Leipzig Abt. VI, Bd. 3: Die juristischen Handschriften, v. R. Helssig, 1905, p. 178ff.) enthält verschiedenartige Produktionen juristischen Inhalts, die ein (noch nicht ermittelter)1384 nach Wien berufener Rechtslehrer z. T. selbst gefertigt, z. T. de scriptis diversorum doctorum gesammelt hat, einzelne davon vielleicht während seines vorausgegangenen Studiums in Padua. Unter diesen finden sich zwei repeticiones des Bologneser Doktors Joh. de Lignano (gest. 1383; vgl. über ihn v. Schulte, II, 257ff.), die unser Interesse darum erwecken, weil sie offenbar als unmittelbare Stilmuster eines deutschen Universitätslehrers gedient haben. Die eine, weitaus kürzere, steht fol. 10—11ᵛ und behandelt c. 9 X de sponsalibus et matrimoniis 4, 1 (am Schluß: Dom. Joh. de Lignano utriusque jur. dr. excellentissimus); die andere fol. 12—17 u. 278 behandelt das cap. dilecto (63) X de appell. 2, 28 (die Angaben Helssigs sind ungenau). Das Schema ist in beiden Fällen dasselbe. Ich beschränke mich deshalb auf die erste der genannten repeticiones.

Zunächst Verlesung des summarium: „Si vir et mulier sibi promittunt, quod ab eo tempore in antea se habebunt pro legitimis coniugibus, inter eos matrimonium est contractum." Unmittelbar darauf divisio der Dekretale: Primo casus narratio, secundo diffinicionis commissio, ibi: „quod igitur".

Nunmehr folgt eine Worterklärung des summarium und der Dekretale unter Beiziehung der Glosse. Beispiel: „redeat": quod uxor petebat. Nota, quod non licet marito sine causa dimittere uxorem; concordando in glossa: iste vir contraxit cum alia, ergo adulteratus, ergo non debet reddi uxori, ut probat textus hic et de divorciis „significasti". [Anfang des cap. 4 X de divorciis 4, 19.] Solve: quod mulier petebat, alias non compelleretur mulier eum recipere, nisi ipsa fuisset fornicata: de adulteriis, cap. „si" [„si qua mulier", Anfang von cap. 1 X de divorciis 4, 19] et cap. „significasti".

Nach Erledigung dieses Literalkommentars wird die Rechtsmaterie selbst, der sachliche Inhalt der Dekretale besprochen, und zwar wird ausschließlich die Frage erörtert, ob ein bestimmter Wortlaut des Eheversprechens, und welcher, als bindend zu betrachten sei. Der Gang dieser Erörterung ist ganz unschematisch und gleicht formal dem Gang der im Exkurs 7 beschriebenen lectura.

Exkurs 9.

Quellenstücke zur Geschichte der mittelalterlichen Medizin in Heidelberg.

I. Drei medizinische Gutachten italienischer Ärzte von 1465 für Pfalzgraf Friedrich I.

(Zu Seite 230.)

Der C.l.m. 456, aus dem Besitz des bekannten humanistischen Arztes und Chronisten Dr. Hartmann Schedel und von ihm eigenhändig geschrieben, enthält allerlei medizinische Kollektaneen, sowohl wissenschaftlicher Art (darunter Traktate des Arnald von Villanova) wie populärmedizinische. Hier findet sich fol. 46ff. unter der Überschrift: „Casus in terminis pro illustrissimo principe Friderico palatino Rheni per phisicum suum signatus" ein Gutachten des Gerardus Bolderius[1] Veronensis phisicus (so die Unterschrift fol. 54ᴿ), das mir nicht ohne historisches Interesse scheint: vor allem darum, weil es eine ausführliche Beschreibung der körperlichen Verfassung und der Lebensgewohnheiten des erlauchten Patienten enthält, die (durch alle Seltsam= keiten der traditionellen Humoralphysiologie hindurch) doch eine sorgsame und nüch= terne ärztliche Beobachtung als Grundlage erkennen läßt. Sie ist dem Veronefer Arzt offenbar von einem Heidelberger Leibmedikus geliefert; denn sie kehrt in ganz ähn= lichen Wendungen in zwei weiteren Gutachten wieder, die (fol. 132—136) von einem Hieronymus Vallensis Paduanus doctor et eques in studio Patavino und (fol. 163 bis 165) von einem Ungenannten erstattet werden. Auch ist fol. 54ᴿ ausdrücklich von einem doctor quidem intelligentissimus die Rede, der dem Gutachter den Zu= stand des Kranken geschildert hat, fol. 163ᴿ von einem schriftlichen Krankheitsbericht, auf den sich der Gutachter stützt. Der Name des Patienten scheint den Gutachtern absichtlich verschwiegen zu sein; jedenfalls reden alle drei nur von einem quidam nobilis miles Alemannicus u. ä.

1. Das erste Gutachten beginnt fol. 46ᴿ:

Vir annorum XL[2] complexionis lapse ac difformis valde in suis membris princi-palibus: cerebrum enim frigidum et humidum habet, cor vero multum calidum et siccum; corpus magnum, ad calidum et siccum declinans, habitudo vero tocius corporis macra, collum aliqualiter longum et gracile, modicum ad anteriora decli-nans; spatulas nudas carne habet, pectus strictum, pilosum; parvam habet vocem atque mollem; pilosus est, in facie pallidus, toto in corpore fuscus; fortis atque agilis in omnibus suis membris fuit, membra enim spermatica[3] grossa habuit ac fortissima, musculos autem parvos habuit semper. Eos vero nunc ex precedenti iam egritudine habet consumptos multum.

In sex rebus non naturalibus[4] se inordinate rexit: frequentissime acres intem-perantias passus est, nunc calorem, nunc frigus intensum, iam in humido, iam in nebuloso aere atque in riparum aquis moram duxit longam sepissime, ita quod ex toto humectatus et infrigidatus fuit, quod sibi ipsi videbatur in suis membris extremis quendam stuporem atque insensibilitatem habere. Fuit refectus splendide semper. Varia enim in eadem tabula cibaria sumere solet, nec in eis a medicis

---

[1] Eine Identifikation war weder mir noch dem Berliner Institut für Geschichte der Medizin (Prof. Diepgen) möglich, dessen freundlicher Beratung ich wertvolle Winke verdanke.

[2] Ist der Patient wirklich, wie Schedel angibt, der Pfälzer Friedrich I., so kommen wir also mit Hilfe seines Geburtsjahres (1425) auf 1465.

[3] Man unterschied traditionell: membra animata (Gehirn, Nervenapparat und Sinnesorgane), spiritualia (Herz, Lunge, Luftröhre), nutritiva (Magen, Darmkanal, Leber, Milz usw.), generativa oder spermatica (Urogenitalapparat).

[4] Die galenisch=arabische Medizin nannte „res non naturales" solche Dinge, die in angemessener Qualität und Quantität die Erhaltung des natürlichen, d. h. gesunden Zustands bewirken, im anderen Falle zum widernatürlichen Zustand, d. h. zur Krank= heit führen. Es sind die folgenden 6: aer ambians, cibus et potus, motus et quies, somnus et vigilia, inanitio et repletio, accidentia anime. Vgl. W. Artelt, Arzt und Leibesübungen in Mittelalter u. Renaissance. Klin. Wochenschrift X (1931), p. 847, N. 2.

signatum ordinem servat. Saepe septica, lubrica et quae dure digestionis sunt
procedunt ea, quae facilius sunt digestionis, nec ullam in comedendo horam servat,
nunc mane, nunc in meridie, immo aliquando in nocte suum sumit prandium; post
prandium[1] magnum atque fortem frigide atque crude aque potum solet sumere
frequenter. Folgt weitere Schilderung seiner Unmäßigkeit im Essen und Trinken,
Liebhaberei für Süßwein, Nachttrünke, starken Obstgenuß. Er macht sich viel Bewe=
gung, oft unmittelbar nach Tisch, täglich Jagd, Reiten, militärische Übungen wie
Laufen, Ringen, Springen, Speerwerfen usw. Nec mentem habet quietem, nunc
irascitur, nunc gaudet, cogitaciones denique profundas ac studium forte circa suum
gerit officium saepissime.

Folgt die Krankheitsbeschreibung: ein catarrus non minime salsus vel
amarus, sed plus insipidus vei dulcis aliquando. Die Krankheit ist nicht ganz und gar
erst erworben, sondern 3. T. ererbt, da beide Eltern reumata passi sunt. Schon im
13. Lebensjahr hatte er gelegentlich Anfälle von Atemnot, so daß er ex facili motu
corporis sui suffocare timuit und keine Stufe ohne Hilfe steigen konnte. Die Anfälle
wiederholten sich im 22. Lebensjahr. Im vorigen Jahr, Mitte der Fastenzeit, über=
fiel ihn ein heftiger „Katarrh" und starker Husten multum ad febrem putrida terciana
impura interpolata; Fieberanfälle, die fast bis zur Ohnmacht führten. Auch nach
dem Schwinden des Fiebers blieb starker Husten, schmerzhaftes Ausspeien von übel=
riechendem sputum, zuweilen Blutspucken. Phisicus quidam hat warme Umschläge
und Salben aus „sehr warmen und trockenen" Ingredienzien verordnet (Kamille, Anis,
Lorbeerblätter, Fenchel, Wohlgemuth, Minze u. a. m.). Diese Mittel hat aber dann
ein anderer Arzt und der Berichterstatter verworfen als allzu hitzig. Et in eodem
cum rheuma ad diversa corporis membra fluit, varios in eisdem causat dolores.
Besonders empfindlich sind Stiche in der Brust beim Atmen, am stärksten in der Gegend
der linken Brustwarze; sie hängen wohl mit einem früheren Sturz mit dem Pferde
zusammen, der zu einer percussio an dieser Stelle führte. Außerdem Schmerzen in
der Milz, die nach den Angaben des Patienten oft wiederkehren per fluxum emoroi=
darum.

Die (dem Gutachter gestellte) Frage lautet nun, was geschehen soll, wenn der
Katarrh zu starkem Husten, dieser zum Blutspucken und Empyem (empima) und schließ=
lich gar zur Schwindsucht (phtisis) oder zum Asthma führen sollte? In summa con=
silium habere desiderat contra: Reuma, tussim validam et fortem, punctiones in
pectore et presertim sub mamilla sinistra, difficultatem anhelitus, dolorem ac punc=
tionem splenis, inflacionem ad dolorem emoroidarum disposicionem ac tocius cor=
poris consumpcionem.

Es folgt das Consilium:

Es handelt sich um eine sehr gefährdete Konstitution, et nisi esset quod habet
bona et fortia membra spermatica . . . ante iuventutem periisset. Habet iste
vir cerebrum reumatisans facile cum proportionali discrasia[2] stomachi, ut credo,
et cetera membra ut plurimum calida et sicca. Daher beeinflussen sich Gehirn und
membra interiora beständig wechselseitig, auch bei vernünftiger Lebensweise, in der
Richtung einer Verstärkung des reumatismus. Da nun der „Katarrh" auch noch erb=
lich ist, wird sehr schwer zu helfen sein: quod catarrhus talis ex debilitate substancie

---

[1] ms: potum.

[2] Auf günstiger Säftemischung (eucrasia) beruht nach hippokratischer Lehre die
Gesundheit, auf ungünstiger (discrasia) die Krankheit.

cerebri non suscipit veram curacionem XI^a tercii[1]. Weitere Ausführung dieser Prognose unter Zitierung von Galen und Rhazes (liber Almansoris).

Cura. Zunächst umständliche Diätvorschriften, Verordnung körperlicher Schonung, Ruhe; sodann spezielle Heilmittel: Absude verschiedener Kräuter, Pulver zum Einnehmen, Salben gegen die Hämorrhoiden und zum Einreiben der Brust. Warnung vor dem coitus und allen starken Erregungen und körperlichen exercitia. Endlich ein sehr verwickeltes Rezept einer Medizin, das berechnet sein soll circa individuales condiciones et quasi hecceitates subiecti, quod curare sane consulendo habemus notabiliter appropriata usque per totum mensem Martii. Non enim medemur hominem, sed sortem aut calycem (Becher?), ut philosophus (dicit), quod acciones sunt suppositorium teste Averrois. Die Mischung kann nach Belieben gebraucht (also auch verändert) werden, Hauptsorge des Arztes war, nicht etwas excessior in caliditate graduatum zu verordnen, ne in febres inducatur aut in aliquid accidens periculosum contra canones nostros, ne fiat novissimus error peior priore . . .

Superest, ut clemens . . . Jesus dirigat remedia suo tempore ad salutem suam. Ipsi soli honor et gloria per omne seculum. Excellentissimi ibi doctores phisici subtrahant, addant aut permutent suo arbitrio . . .

Gerardus Bolderius Veronensis phisicus. 8 ducatus.

2. Das zweite und dritte Gutachten (fol. 132ff. bzw. 163ff.) leiten gleichfalls alle Krankheitserscheinungen des Patienten aus dem cerebrum frigidum und dem daraus folgenden Katarrh ab, dessen Bekämpfung sie den clarissimi physici, qui gubernaculo huius domini assistunt, in erster Linie empfehlen. Hieron. Dallensis nennt den Araber Mesue ausdrücklich als Quelle seiner Rezepte. Der ungenannte dritte Autor warnt vor traurigen Gedanken und zuviel Nachdenken und empfiehlt eine heitere Lebensweise, jedoch nicht letitia venerea und andere Aufregungen. Die Honorarforderung beträgt 2 bzw. 11 Dukaten.

fol. 165^R: Finiunt tria consilia edita in Italia per doctores solempnes pro inclito principe Friderico palatino Rheni. . . . Lege foeliciter. H(artmannus) S(chedel).

II. Lobrede eines Humanisten auf den pfalzgräflichen Leibarzt Münsinger.
(Zu Seite 232.)

Die im 19. Kapitel erwähnte Lobrede des Humanisten Petrus Antonius Sinarienfis auf Heidelberg (Petri Anthonii de Clapis legum doctoris oratio . . . in laudem civitatis Heydelbergensis usw., Hain 5369) enthält u. a. einen Passus, der (im Gegensatz zu Peter Luder) die Heidelberger Ärzte rühmt. Darin heißt es: Ille ipse Henricus munsynger alter Apis phoronei et phytonis filius medicine primus inventor appellandus est, qui quantam suo tempore eius probitate et cura egregia huic universitati laudem attulerit sitque in diem allaturus, noverunt nonnullae Germanie et Gallie civitates florentissime, quarum quidem gentium infinitus numerus tamquam ad omnium (si pace aliorum dixerim) medicorum principem aditum fecere adeo quidem, ut de quorum salute reliqui desperabant medici, is ipse sua prudentia ad bonam valetudinem restauraret. Cuius quidem adversa valetudine mirum in modum anguor (sic! statt angustor?), ut nonnullos eius excellenti cura orbatos esse doleo.

---

[1] Gemeint ist: Avicenna, lib. III, fen. V, tract. I, cap. II de coryza et catarrho.

Exkurs 10.

Zur Personengeschichte der ersten Heidelberger Legisten.

(Zu S. 244, S. 299, N. 1, S. 437, N. 3 u. S. 438, N. 4.)

Eine sorgsame Zusammenstellung der meisten in den Universitätsakten auffind-
baren Personalnotizen über die ältesten Heidelberger Legisten des 14. u. 15. Jahrhunderts bietet Thorbecke in der Anm. 266 zu S. 100. Ich ergänze sie im folgenden.

1. Ob der aragonische Abenteurer Matthaeus Clementis, prothonotarius
papae, natus de regno Aragoniae, doctor legens ordinarie codicem (a.u. I, 13),
der Ende 1387 bzw. Anfang 1388 hier immatrikuliert wurde, wirklich in Heidelberg
über römisches Recht gelesen hat, scheint mir keineswegs sicher. Er kam, soviel sich
erkennen läßt, als diplomatischer Agent des aragonesischen Hofes und der römischen
Curie hierher. Allenfalls hat er eine sehr kurze und bedeutungslose Gastrolle an der
Universität gespielt; denn schon längere Zeit vor dem Oktober 1389 muß er eine
spanische Reise (als angeblicher Heiratsvermittler zwischen dem pfälzischen und aragonesischen Hofe) unternommen haben, ohne dann die ihm aufgetragene Vermittlung
wirklich durchzuführen. Seine Betrügerei mußte ihn in Heidelberg unmöglich machen.
Vgl. über ihn Denifle, Die Universitäten des Mittelalters I (1885), 312, Anm. 373;
Bliemetzrieder, Studien u. Mitt. aus dem Benediktinerorden 29 (1908), 580ff.;
Finke, Z.G.O., N. F. 39, S. 508ff. (auf Grund span. Quellen); Ders. in: Gesammelte Aufsätze zur Kulturgesch. Spaniens (1928), 177ff.

2. Über den 1427/28 hier promovierten Dr. jur. utr. Ludovicus de Ast vgl.
Kapitel 13, S. 299, N. 1 u. 307. Frühere Lebensdaten bei Keussen, Kölner Matrikel
I², 162. Danach war er Sohn des Ant. Degleti von Ast, in Köln 1413 immatrikuliert, 1414
det. minderjährig, 1417 mag. art., 1423 in Heidelberg als clericus Tollensis dyoc.
immatrikuliert. 1445 wurde er zum Bischof von Worms gewählt, resignierte aber
schon nach 40 Tagen: Gams Series episcoporum ecclesie cathedralis Wormac. 1873,
p. 323 nach Schannat, Hist. episc. Wormac. I (1734), 76. Wormser Chronik des
Kirschgartner Mönchs in: Reliquiae manuscriptorum ed. J. P. Ludewig (1720) II,
161, wo Asts Tüchtigkeit in Geschäften und sein hohes Ansehen im Rat des Pfälzers
gerühmt wird. Ebd. 159 erscheint er als Wohltäter Kirschgartens. Über eine (wahrscheinlich) aus seinem Besitz stammende oder von ihm angelegte Briefsammlung mit
Stücken aus der Kanzlei König Sigismunds vgl. Heimpel, Arch. f. Urkundenforschung
XII (1931) bes. 130f.

3. Über den Promotor Ludwig Asts, den mag. leg. Johannes Kirchheim
(Kirchem) d. J. vgl. Heimpel a. a. O. u. Regesta imperii XI (ed. Altmann),
Register. Danach war er, als Sohn seines Vaters, eines königl. Protonotars,
unter die familiares König Sigmunds aufgenommen und erbte auch den Protonotartitel seines Vaters; doch fehlt jeder Beleg für eine Tätigkeit des Jüngeren im
Dienste der königl. Kanzlei. Im pfälz. Kopialbuch 810 (Karlsruhe) findet sich fol. 165,
als Insert in einer Urkunde des Pfalzgrafen vom 2.2.1425, eine Urkunde des „meyster
Johann Kircheim lerer in weltlichen rechten" und seiner Frau Mechtild betr. Verkauf
von 15 fl. Jahresgülte (um 300 fl.) auf ihrem in Heidelberg in der Nähe von St. Jakob
gelegenen Anwesen (frdl. Mitteilung H. Heimpels). Danach handelt es sich um einen
wohlhabenden, in Heidelberg ansässigen, an der Universität (vielleicht seiner Ver-
heiratung wegen?) nicht eingeschriebenen Rechtslehrer, verheirateten Laien. Als
einen Sohn dieses jüngeren Kirchheim dürfen wir wohl jenen „Joh. Kirchheim junior"

auffaſſen, der 1426 immatrikuliert wurde (Toepke, I, 168; II, 383); vielleicht iſt er identiſch mit dem Joh. Kirchem de Heydelberga, der 1452 als lic. in leg. Artiſten=dekan war? (ebd. 391). Daß der Vater ſowohl der Univerſität wie dem pfalzgräflichen Hofe ſehr nahe ſtand (letzterem wohl als rechtsgelehrter „Rat"), lehrt folgender Bericht der Univerſitätsannalen (a. u. II, 135ᴿ) über zwei am 1. Nov. 1436 (Allerheiligen) abgehaltene Univerſitätsverſammlungen, der auch für die Geſchichte Ludwigs III. neue Mitteilungen bringt: a) Verſammlung des Univerſitätsrates am 1. Nov. 12 Uhr in der Marienkapelle. Rektor trägt vor: quomodo mag. Joh. wenck et doctor kirchem retulissent ad instanciam domini ducis, quod ipse dominus dux vellet ordinare ad domum pauperum decem fl. annuos, sic quod universitas eciam ordinaret decem consimiliter, ut talis erigeretur. Die Univerſität läßt ſich aber bei dem Herzog durch eine Deputation (Joh. Plaet, Joh. Wenck, Otto de Lapide) entſchuldigen: das ſei jetzt nicht möglich, und erhält die Antwort: der Herzog wolle per unum annum dare 20 fl. pro magistro predictam domum inhabitante; b) der Bericht fährt dann fort: Nota circa festum omnium sanctorum anno quo supra congregatis omnibus suppositis per juramentum in scolis novis artistarum venerunt illuc dux Otto junior, dominus dux Ludwicus filius senioris domini senior, dominus Wormaciensis et alii cum ipsis et ibidem in presencia omnium prefatorum magister Johannes Kirchem etc. fecit arengam et subjunxit finaliter, quomodo senior dominus ad obviandum multis periculis et procurandum bonum pacis sic, quod maneret pax, ordinasse, quod senior eius filius dictus deberet post obitum eius teneri pro vero domino et singuli sui subditi deberent hoc jurare, et litteram desuper videlicet de modo jurandi conceptam legit in presencia prefatorum dominorum et suorum et universitatis etc. et finaliter subjunxit, quod senior dominus amplius vellet ducere vitam contemplativam etc.

Dieſe Angaben werden beſtätigt durch den Wortlaut der Rede Kirchheims: P.L.V. 608, f. 130ᵛ—131ᵛ. Sie trägt ſo ſtark geiſtlichen Charakter, wie man es von einem weltlichen Juriſten nicht erwartet, legt u. a. eine bibliſche Geſchichte (Jakobs Dienſt um Rahel) allegoriſch aus, um daran das Leben Ludwigs III. zu erläutern, und ſchil=dert dieſes als das Leben eines Heiligen. Ludwig hat danach ſeit der Heimkehr von der paläſtinenſiſchen Pilgerfahrt viel an ſchweren Krankheiten gelitten, dieſe aber mit wahrer chriſtlicher Geduld ertragen, als Zuchtrute zur Vorbereitung auf das himm=liſche Leben. Gerühmt wird u. a. ſeine Fürſorge für Kirchen, Klöſter, geiſtliche Stätten und Perſonen, vor allem aber: oracionum suarum assiduitas, scripturarum sacrarum revolucio, sacrorum eloquiorum meditatio et labor proprius in meditandis divinis eloquiis, ut exardescat ignis dilectionis et caritatis. Übrigens hat durch die Krank=heit keinesfalls prudentie sue ratio gelitten! Immerhin iſt er jetzt körperlich außer=ſtande propria in persona interesse rerum gerendarum cause und hat darum den Herzog Otto und vier ſeiner Räte (qui pro hac rata temporis sunt . . . . episcopus Wormaciensis, nobilis . . . . . comes M[ichael] Werthem, strenuus miles Bernardus [Kreiß von Lindenfels], validus cliens T[heodericus Camerarius]) als Regentſchaft für ſeinen Sohn Ludwig eingeſetzt. Nec illa sola causa est ymo maior incliti animi sui voluntas rerum omnium summo imperatori velle servire et contemplacioni vacare. Herzog Ludwig der Jüngere ſoll durch Herzog Otto allen Untertanen ſchon jetzt als der künftige Herr vorgeſtellt werden und ihren Huldigungseid empfangen, um ſpä=teren Erbſtreitigkeiten vorzubeugen.

Dieſe Nachricht ergänzt in willkommener Weiſe, was Eberhart Windecke von der „Abſetzung" des Kurfürſten berichtet und was ſonſt über dieſe Vorgänge bekannt iſt:

f. W. Altmann in f. Ausgabe von Windeckes Denkwürdigkeiten (1893) S. 429, N. 3—4 und Derf., Studien zu Eberhart Windecke (1891) S. 51—60. Vielleicht war die „vita contemplativa" Ludwigs III. doch nicht ganz freiwillig? Jedenfalls scheinen die Brüder des Herzogs und sein Schwiegersohn diesen Verdacht gehegt zu haben: Wind= ecke, a. a. O., 433f. (§ 450).

Exfurs 11.

Dr. Johannes Wildenhertz, der erste Heidelberger Humanist.
Aus einer Gedächtnisrede.
(Zu Seite 455.)

Die wichtigsten Stellen aus der auch formal interessanten „Collatio magistri Jodoci [Eichmann] de Calw in theol. lic. facta in obitu et exequiis venerabilis quondam viri domini Johannis Wyldenhercza ... a. d. 1460", die Thorbecke S. 100, Anm. 270 erwähnt, sind im folgenden nach einer von Thorbecke gefertigten, in Rom mit P.L.V. 1831, f. 25—30 kollationierten Abschrift wiedergegeben.

...At vero, cum mortem obit is, cuius vita omnibus confert, cuius salus multorum salutem amplectitur, cuius opes ac fortunae semper amicis presto fuere, qui liberalitate et humanitate omnes antecellit, tunc demum grave est ac difficile non conqueri. Quid enim vita hominum esset derelicta bonorum tutela, sublato amiciciae fructu ... usw.

Quodsi cui unquam in amici obitu dolere licuit, nobis certe licet maxime, qui non solum dulcissimo amicitiae fructu, sed columna quadam nostrae universitatis videmur esse privati. Ille enim consilio suo atque patrocinio facile sustentabat nos omnes adeo, ut illo vivo nullam fortunam extimescentes securi rerum in tranquillo videlicet portu videremur quiescere. Nam praestantissimus vir ille Fritzlaria Hassyae oppido oriundus fuit, ex qua velut de spinis rosa floruit et adeo floruit, ut cum alii laudem et gloriam et splendorem a patria sua assequi soleant, hic miris floribus suis, id est scientia et virtutibus, famosam patriam provinciam suam indiderit. Cum enim id intelligeret prudentissimus adolescens, quod ea, ad quae capessenda mira quodam ardore anhelabat, sibi a patria sua minime praestari possent, eam deseruit seque tum ad Italiam, omnibus optimis artibus et disciplinis refertissimam, tum et ad alias provincias contulit et ad eas praesertim, ex quibus uti mercatores preciosa quaedam advehere solent, sic et ipse sibi preciosas scientias et disciplinas vindicare posset, qua in re tam diligens, tam assiduus, tam accuratus fuit, ut id facile explicari non possit. Tam assiduus enim extitit, ut nullum tempus sive diurnum sive nocturnum fuerit, quod ignavum ac feriatum sibi praeterire passus sit. Tam accuratus apparuit, ut multa librorum volumina evolveret, evoluta intellexerit, intellecta profundae memoriae mandaverit. Nam ipse a natura optime constitutus studiis literarum deditus eam doctrinam secutus est, quam humanitatis studia appellamus. Erat aspectu gratus, familiaritate benignus, consuetudine jocundus et moribus facetus. His vitae ornamentis praeditus non solum privatorum hominum, sed etiam totius universitatis benevolentiam contraxit, cui ita carus fuit, ut ejus mortem aegerrime ferat et quod extremum potuit funus ejus singulari pompa honestavit. Nam et suis ecclesiaeque insignibus decoravit et sacerdotes discipulosque suos ad perferendum defuncti corpus destinavit. Hunc virum summae prudentiae et humanarum artium in hac nostra universitate

primum expositorem veluti ex quodam scientiarum sacrario nos datum sub-
traxit mors immatura et in optimo vitae cursu abstulit et cum ejus opera omnibus
fructuosa et universitati erant necessaria, nos optimo juris canonici ordinario lectore
spoliavit. . .

Danach war die Stellung des Johannes Wildenherk an der Universität eine
außergewöhnliche, und es erscheint doch allenfalls glaubhaft (was ich Z.G.O., Neue F.
38, S. 121 bezweifelt habe), daß er auch ohne amtliche Befugnis der Artistenfakultät
Vorhaltungen wegen ihres Verhaltens gegen Luder machen durfte. Aber ist das von
Wattenbach Z.G.O. 22, p. 100 als Nr. XI abgedruckte Schreiben des Joh. Wildenherk
überhaupt an die Artistenfakultät gerichtet? Könnte man deren Prüfung wirklich als
„examen privatum" bezeichnen? Ist nicht der mit „vos" angeredete Empfänger
vielmehr ein Einzelner — etwa der theologische oder artistische Dekan, oder irgendein
Professor, dessen Lehrtätigkeit mit derjenigen Luders konkurrierte? Jede dieser Deu=
tungen finde ich wahrscheinlicher als die von Wattenbach als selbstverständlich vor=
ausgesetzte.

Verzeichnis der Personennamen.

Die Namen weltlicher und geistlicher Fürsten (auch die der Bischöfe) sind nach den Vornamen alphabetisch geordnet (z. B. Albrecht II. von Habsburg, deutscher König = unter A; Matthias Ramung, Bischof von Speyer = unter M), die Namen der Schriftsteller und Gelehrten im allgemeinen nach dem Zweitnamen (z. B. Stephanus Hoest de Ladenburg = unter H, Thomas von Aquino = unter A). In manchen Fällen ist der Name doppelt eingeordnet und von einer Stelle auf die andere verwiesen (z. B. Matthäus von Krakau unter „Krakau", eine Verweisung = unter „Matthäus").

Von älteren scholastischen Autoren ist meist (soweit mir bekannt) das Todesjahr angegeben; die Lebensdaten der Heidelberger Magister sind im allgemeinen nicht angegeben, da sich bei Toepke, Matrikel I—III, leicht feststellen läßt, was davon überliefert ist.

Seitenzahlen mit einem * beziehen sich auf die Fußnoten.

Tafelteil

Anfang des ersten Matrikelbandes. (Rektorat des Marsilius von Inghen.)

Szepter der Universität   Szepter der Artistischen Fakultät

Die Heidelberger Hohe Schul.

Holzschnitte aus Seb. Münsters Kosmographie 1550 und 1588.

(Angebliche Darstellungen der Marien-Kapelle; vgl. dazu S. 136, Anm. 3).

Längsschiff und Chor von Heilig-Geist (Aufnahme von 1886
nach vorübergehender Entfernung der Scheidemauer).

Aufzeichnungen des Rektorats Jakob Wimpfeling 1481, eigenhändig.
(Universitätsannalen Bd. III, fol. 235 v.)

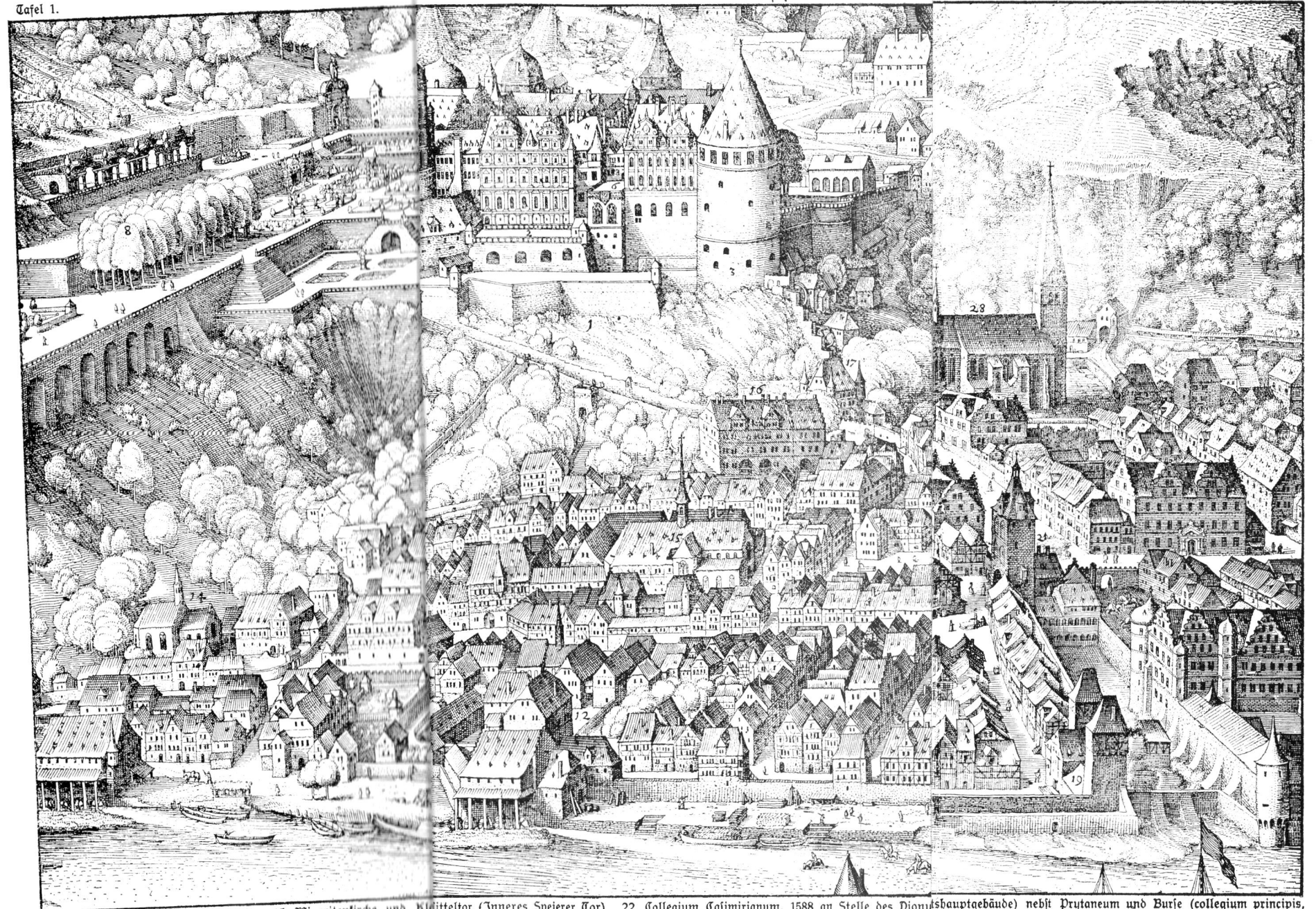

11. Heiliggeistkirche.   14. St. Jacobsstift.   15. Minoritenkirche und Klditteltor (Inneres Speierer Tor).   22. Collegium Casimirianum, 1588 an Stelle des Dionysshauptgebäude) nebst Prytaneum und Burse (collegium principis, contubernium, Bursch).   26. Marienkie, nebst Mediziner= und Juristen=Auditorium.   Ohne Nummern: Collegium artistarum, ehicher Seite desselben Straßenzuges.